GREVISSE

le Petit BON USAGE de la langue française

GRAMMAIRE

CÉDRICK FAIRON
ANNE-CATHERINE SIMON

D'APRÈS L'ŒUVRE
DE MAURICE GREVISSE

Couverture : Marie-Astrid Bailly-Maître
Création de la typographie Grevisse : Typofacto, Olivier Nineuil
Maquette intérieure et mise en page : Nord Compo

Pour toute information sur notre fonds et les nouveautés dans votre domaine de spécialisation, consultez notre site web : **www.deboecksuperieur.com**

© De Boeck Supérieur s.a., 2018
Rue du Bosquet, 7 – B-1348 Louvain-la-Neuve

Tous droits réservés pour tous pays.
Il est interdit, sauf accord préalable et écrit de l'éditeur, de reproduire (notamment par photocopie) partiellement ou totalement le présent ouvrage, de le stocker dans une banque de données ou de le communiquer au public, sous quelque forme et de quelque manière que ce soit.

Dépôt légal :
Bibliothèque nationale, Paris : novembre 2018
Bibliothèque royale de Belgique, Bruxelles : 2018/13647/136
ISBN 978-2-8073-1696-6

Sommaire

AVANT-PROPOS	15
REMERCIEMENTS	16

Partie 1
LES ÉLÉMENTS DE LA LANGUE ORALE ET ÉCRITE

Chapitre 1 Les sons et la prononciation ... 19
- **1. Les sons isolés** ... 19
  - 1. Les voyelles ... 20
  - 2. Les consonnes ... 22
  - 3. Les semi-voyelles ... 23
- **2. La prononciation en parole continue** ... 24
  - 1. La modification des consonnes au contact d'autres consonnes ... 24
  - 2. La prononciation de voyelles successives ... 24
  - 3. L'élision ... 25
  - 4. La liaison ... 26
  - 5. Le *e* muet ... 27
- **3. La prosodie** ... 27
  - 1. L'accentuation (accent tonique) ... 27
  - 2. L'intonation ... 28
  - 3. Le rythme ... 29

Chapitre 2 Les éléments de la langue écrite ... 31
- **1. Écriture et orthographe** ... 31
  - 1. Les graphèmes du français ... 31
  - 2. Graphèmes représentant des sons ... 31
  - 3. Graphèmes à valeur lexicale ou grammaticale ... 32
  - 4. Lettres historiques ... 32
- **2. Les lettres de l'alphabet** ... 33
  - 1. Inventaire des lettres minuscules et majuscules ... 33
  - 2. Emploi des majuscules ... 33
- **3. Les accents, le tréma, la cédille** ... 35
  - 1. L'accent aigu ... 35
  - 2. L'accent grave ... 36
  - 3. L'accent circonflexe ... 36
  - 4. Le tréma ... 37
  - 5. La cédille ... 38

SOMMAIRE

- **4. La ponctuation** 38
  - **1.** Ponctuation et découpe des phrases 38
  - **2.** Ponctuation modifiant le sens de la phrase 43
  - **3.** Les signes de ponctuation du mot 48

PARTIE 2
LES MOTS

- **CHAPITRE 1 LES CLASSES DE MOTS** 55
  - **1.** Définition 55
  - **2.** Les mots variables 56
  - **3.** Les mots invariables 57
- **CHAPITRE 2 L'ORIGINE DES MOTS** 59
- **CHAPITRE 3 LA FORMATION DES MOTS** 61
  - **1. La dérivation** 62
    - **1.** Principaux préfixes 63
    - **2.** Principaux suffixes 65
    - **3.** Suffixes formateurs de verbes 68
    - **4.** La conversion 69
  - **2. La composition** 70
    - **1.** Composition avec des mots français 70
    - **2.** Composition savante (avec des mots grecs ou latins) 72
    - **3.** Composition à partir de mots abrégés 76
  - **3. Autres procédés de formation** 76
- **CHAPITRE 4 LES MOTS APPARENTÉS** 79
  - **1.** Les homonymes 80
  - **2.** Les paronymes 80
  - **3.** Les synonymes 82
  - **4.** Les antonymes 82

PARTIE 3
LES CLASSES GRAMMATICALES

- **CHAPITRE 1 LE NOM** 85
  - **1. Définitions et types** 85
    - **1.** Noms communs 86
    - **2.** Noms propres 87
  - **2. Le genre du nom** 88
    - **1.** Le féminin des noms animés 89
    - **2.** Les noms à double genre 96
  - **3. Le nombre du nom** 101
    - **1.** Le pluriel des noms communs 102
    - **2.** Le pluriel des noms propres 105
    - **3.** Le pluriel des noms composés 107
    - **4.** Le pluriel des noms étrangers 110

5. Le pluriel des noms par conversion 111
6. Cas particuliers. 111

4. Le groupe nominal 112
  1. Le groupe nominal minimal 113
  2. Le groupe nominal étendu. 113

CHAPITRE 2 LE DÉTERMINANT 119

1. Définition 119
  1. Types de déterminants 119
  2. Caractéristiques. 121

2. Les articles 122
  1. L'article défini 122
  2. L'article indéfini 125
  3. L'article partitif 127
  4. La répétition de l'article 128
  5. L'omission de l'article 129

3. Les déterminants démonstratifs 130
  1. Les formes du déterminant démonstratif 131
  2. L'emploi du déterminant démonstratif 131

4. Les déterminants possessifs 132
  1. Les formes du déterminant possessif 132
  2. L'emploi du déterminant possessif 133

5. Les déterminants numéraux 135
  1. Les formes du déterminant numéral cardinal 136
  2. L'emploi du déterminant numéral cardinal. 136

6. Les déterminants relatifs, interrogatifs et exclamatifs 138
  1. Les déterminants relatifs 138
  2. Les déterminants interrogatifs 139
  3. Les déterminants exclamatifs 139

7. Les déterminants indéfinis 139
  1. Les formes du déterminant indéfini 140
  2. L'emploi du déterminant indéfini 142

CHAPITRE 3 L'ADJECTIF QUALIFICATIF 149

1. Définition 149

2. Les marques du genre et du nombre de l'adjectif 150
  1. Le féminin des adjectifs qualificatifs. 150
  2. Le pluriel des adjectifs qualificatifs 155

3. L'accord des adjectifs qualificatifs 157
  1. Règles générales 157
  2. Règles particulières 158

4. La place de l'adjectif épithète 166
  1. Règles générales 166
  2. Règles particulières 167

5. Les degrés des adjectifs qualificatifs 168
  1. Les degrés d'intensité de l'adjectif. 169
  2. Les degrés de comparaison de l'adjectif 171

- **6.** Les adjectifs numéraux ordinaux 175
- **7.** Le groupe adjectival 176

CHAPITRE 4 LE PRONOM 179

- **1. Définition** 179
- **2. Les pronoms personnels** 182
  - **1.** Définition 182
  - **2.** Les formes du pronom personnel 183
  - **3.** L'emploi du pronom personnel 187
- **3. Les pronoms possessifs** 196
- **4. Les pronoms démonstratifs** 197
  - **1.** Définition 197
  - **2.** L'emploi des pronoms démonstratifs 198
- **5. Les pronoms relatifs** 200
  - **1.** Définition 200
  - **2.** L'emploi des pronoms relatifs 203
- **6. Les pronoms interrogatifs** 208
  - **1.** Définition 208
  - **2.** L'emploi des pronoms interrogatifs 209
- **7. Les pronoms indéfinis** 211
  - **1.** Définition 211
  - **2.** L'emploi des pronoms indéfinis 213
- **8. Les compléments du pronom** 219

CHAPITRE 5 LE VERBE 221

- **1. Définition** 221
- **2. Les constructions du verbe** 222
  - **1.** Les verbes transitifs 223
  - **2.** Les verbes intransitifs 224
  - **3.** Les verbes attributifs 224
  - **4.** Les verbes impersonnels 225
  - **5.** Les verbes supports 228
- **3. Les variations du verbe** 228
  - **1.** Le mode 229
  - **2.** Le temps, l'aspect et la voix 231
  - **3.** Le nombre et les personnes 240
- **4. Les formes du verbe** 241
  - **1.** Comment varie le verbe 241
  - **2.** Les finales des temps 241
  - **3.** Les terminaisons aux différentes personnes 242
  - **4.** Les verbes auxiliaires 245
  - **5.** Les conjugaisons 249
- **5. L'emploi des modes et des temps** 256
  - **1.** L'indicatif 256
  - **2.** Le subjonctif 268
  - **3.** L'impératif 273

    4. L'infinitif 274
    5. Le participe 278

Chapitre 6 L'adverbe 289

1. Généralités 289
    1. Définition 289
    2. Invariabilité de l'adverbe 290

2. La forme des adverbes 291
    1. Les formes simples et composées 291
    2. La formation des adverbes en -*ment* 292
    3. Les adverbes par conversion 292

3. Le sens des adverbes 293
    1. Les adverbes de manière 293
    2. Les adverbes de quantité et d'intensité 295
    3. Les adverbes de temps 298
    4. Les adverbes de lieu 300
    5. Les adverbes d'affirmation 301
    6. Les adverbes de négation 301
    7. Les adverbes de doute 305
    8. Les adverbes d'interrogation 306

4. Les degrés des adverbes 306

5. La place de l'adverbe 307
    1. Avec un verbe 307
    2. Avec un adjectif, un participe ou un adverbe 308

Chapitre 7 La préposition 309

1. Définition 309

2. Principales prépositions et locutions prépositives ... 310
    1. Principales prépositions 310
    2. Principales locutions prépositives 311

3. Rapports exprimés 312

4. L'emploi des prépositions 312
    1. Les prépositions *à, de, en* se répètent 312
    2. Les prépositions *à, de, en* ne se répètent pas 313

5. La répétition des autres prépositions 314

6. Remarques sur quelques prépositions 314

Chapitre 8 La conjonction 317

1. Définition 317

2. Les conjonctions de coordination 318
    1. Principales conjonctions de coordination 318
    2. Principales relations indiquées par les conjonctions de coordination ... 321

3. Les conjonctions de subordination 322
    1. Principales conjonctions de subordination 323
    2. Principales relations indiquées par les conjonctions de subordination ... 324

Chapitre 9 L'interjection ... 325
1. Définition ... 325
2. Mots employés comme interjections ... 326
1. Principales interjections ... 327
2. Principales locutions interjectives ... 328

Partie 4
LA PHRASE SIMPLE

Chapitre 1 La phrase : définition et identification ... 331
1. Définitions de la phrase ... 331
1. Définition syntaxique (sujet-verbe) ... 332
2. Point de vue logique (prédication) ... 332
3. Point de vue sémantique (actants) ... 332
4. Point de vue informationnel (thème/rhème) ... 332
5. Point de vue pragmatique (acte de langage) ... 333
6. Point de vue typographique (majuscule-point) ... 333
2. La phrase et l'énoncé ... 333
3. La phrase de base et la phrase étendue ... 334
4. Les phrases atypiques ... 336
1. La phrase non verbale ... 336
2. La phrase elliptique ... 338
3. La phrase figée ... 339

Chapitre 2 Les fonctions dans la phrase : définition et identification ... 341
1. Les fonctions syntaxiques ... 341
1. Les fonctions dans la phrase ... 341
2. Les fonctions dans les groupes ... 342
3. Les mots sans fonction dans la phrase ... 342
2. L'identification des constituants ... 343
1. La substitution ... 343
2. Le déplacement ... 343
3. La suppression ... 344
4. Critères pour établir la fonction syntaxique d'un constituant ... 344
3. L'ambiguïté dans la phrase ... 345

Chapitre 3 Le sujet ... 347
1. Définition et identification ... 347
2. La nature syntaxique du sujet ... 348
3. La position du sujet dans la phrase ... 349
4. L'absence de sujet ... 352

Chapitre 4 Les compléments du verbe ... 353
1. Généralités ... 353
1. Types de compléments du verbe ... 353
2. Compléments essentiels et accessoires ... 354

2. L'attribut 355
　1. Définition et identification 355
　2. Verbes introducteurs 356
　3. Nature de l'attribut 358
　4. Place de l'attribut 359
3. Le complément d'objet direct et indirect 359
　1. Définition du complément d'objet direct 359
　2. Nature du complément d'objet direct 360
　3. Définition du complément d'objet indirect 361
　4. Nature du complément d'objet indirect 362
　5. Position du complément d'objet direct et indirect 362
4. Les autres compléments essentiels du verbe 364
　1. Les compléments essentiels de lieu, de quantité et de temps 364
　2. Le complément d'objet interne 365
5. Le complément d'agent 365
6. Le complément circonstanciel 366
　1. Définition et identification 366
　2. Nature du complément circonstanciel 367
7. Le complément de la phrase 368
　1. Définition et identification 368
　2. Nature des compléments de phrase 368

Chapitre 5 Les types de phrases (déclarative, interrogative, injonctive, expressive) 369

1. Définition 369
2. La phrase déclarative 370
3. La phrase interrogative 371
　1. L'interrogation totale 371
　2. L'interrogation partielle 374
4. La phrase injonctive 378
5. La phrase exclamative 379

Chapitre 6 Les formes de phrases 381

1. Définition 381
2. La phrase négative 382
　1. Définition 382
　2. Négation totale, partielle ou restrictive 382
3. La phrase passive 384
4. La phrase impersonnelle 385
　1. Structure de la phrase impersonnelle 385
　2. Verbes impersonnels ou utilisés impersonnellement 385
5. Les réorganisations de l'ordre des mots dans la phrase 387
　1. La phrase avec détachement 387
　2. La phrase emphatique (clivée) 389
　3. Les constructions en *il y a* et apparentées 391
　4. La phrase en *ce que… c'est…* (pseudoclivée) 392

SOMMAIRE

Chapitre 7 Les marques d'accord dans la phrase 393
- **1. Définition** 393
  - 1. Chaines d'accord dans la phrase 394
  - 2. Difficultés particulières 394
- **2. L'accord du verbe avec le sujet** 395
  - 1. L'accord du verbe avec un seul sujet 395
  - 2. L'accord du verbe avec plusieurs sujets 400
- **3. L'accord du participe passé** 403
  - 1. Règles générales 403
  - 2. Règles particulières 404
- **4. L'accord de l'attribut** 413

Partie 5
LA PHRASE COMPLEXE

Chapitre 1 Généralités 417
- **1. Définition de la phrase complexe** 417
- **2. La subordination comparée à la coordination et à la corrélation** ... 418
- **3. Classification des propositions subordonnées selon leur fonction** .. 419
- **4. Classification des propositions subordonnées selon le mot introducteur** 422
  - 1. Avec mot introducteur 422
  - 2. Sans mot introducteur 423

Chapitre 2 Les propositions subordonnées relatives 425
- **1. Les propositions subordonnées relatives *adjectives* (avec antécédent)** 426
  - 1. Sur le plan du sens 426
  - 2. Sur le plan syntaxique 427
- **2. Les propositions subordonnées relatives *substantives* (sans antécédent)** ... 429
- **3. Emploi du mode** 430
  - 1. À l'indicatif 430
  - 2. Au subjonctif 431
  - 3. À l'indicatif, au subjonctif ou à l'infinitif 432

Chapitre 3 Les propositions subordonnées conjonctives 433
- **1. Typologie** 433
- **2. Les propositions subordonnées conjonctives essentielles** 434
  - 1. À fonction de sujet 435
  - 2. À fonction d'attribut du sujet 436
  - 3. À fonction de séquence de l'impersonnel 437
  - 4. À fonction de complément d'objet direct ou indirect du verbe 438
  - 5. À fonction de complément du présentatif 441
- **3. Les propositions subordonnées interrogatives indirectes** 442
  - 1. Définition 442
  - 2. Verbes introducteurs 442

    3. Mots introducteurs 443
    4. Emploi du mode... 444
**4. Les propositions subordonnées conjonctives compléments
du nom ou de l'adjectif** 444
    1. Complément du nom.. 444
    2. Complément de l'adjectif.. 445
    3. Emploi du mode... 446

CHAPITRE 4   LES PROPOSITIONS SUBORDONNÉES CIRCONSTANCIELLES 447

1. Définition.. 447
    1. Mots introducteurs 447
    2. Classification selon le sens 448
    3. Classification syntaxique : attachée au verbe ou à la phrase 449
    4. Un cas particulier : les propositions subordonnées corrélatives 450
2. Les propositions circonstancielles de temps................................ 451
    1. Définition... 451
    2. Mots introducteurs 452
    3. Emploi du mode... 453
3. Les propositions circonstancielles de cause 454
    1. Définition... 454
    2. Mots introducteurs 455
    3. Emploi du mode... 456
4. Les propositions circonstancielles de but 457
    1. Définition... 457
    2. Mots introducteurs 457
    3. Emploi du mode... 458
5. Les propositions circonstancielles de conséquence........................ 458
    1. Définition... 458
    2. Mots introducteurs 459
    3. Emploi du mode... 460
6. Les propositions circonstancielles de condition et d'hypothèse 461
    1. Définition... 461
    2. Mots introducteurs 461
    3. Emploi du mode... 462
7. Les propositions circonstancielles de manière et de comparaison 463
    1. Définition... 463
    2. Mots introducteurs 464
    3. Emploi du mode... 466
**8. Les propositions circonstancielles d'opposition,
de concession et de restriction** 467
    1. Définition... 467
    2. Mots introducteurs 468
    3. Emploi du mode... 469

CHAPITRE 5   LA CONCORDANCE DES TEMPS DANS LES PROPOSITIONS SUBORDONNÉES 471

1. Verbe de la subordonnée à l'indicatif 472
    1. Le verbe principal est au présent ou au futur 472
    2. Le verbe principal est au passé 473

SOMMAIRE

2. Verbe de la subordonnée au subjonctif 475
    1. Dans la langue littéraire classique, concordance à quatre temps 475
    2. Dans la langue courante, concordance à deux temps 476

CHAPITRE 6   LES SUBORDONNÉES SANS MOT INTRODUCTEUR :
                            PROPOSITIONS INFINITIVES ET PARTICIPIALES 477
1. Définition 477
2. Les propositions subordonnées infinitives 478
    1. À fonction de sujet ou d'attribut du sujet 478
    2. À fonction de complément du présentatif ou d'un verbe impersonnel 479
    3. À fonction de complément d'objet direct ou indirect du verbe 479
    4. À fonction de complément circonstanciel 481
    5. À fonction de complément du nom ou de l'adjectif 482
3. Les propositions subordonnées participiales 482
    1. Avec un sujet propre 482
    2. Sans sujet exprimé 482
    3. En apposition 483

PARTIE 6
AU-DELÀ DE LA PHRASE

CHAPITRE 1   LES PHRASES JUXTAPOSÉES ET COORDONNÉES 487
1. Les phrases juxtaposées 487
2. Les phrases coordonnées 488
    1. Addition 489
    2. Disjonction 489
    3. Contraste 490
    4. Cause 490
    5. Conséquence 491
    6. Temporalité 491
3. Les phrases en incise et les incidentes 492
    1. Les phrases en incise 492
    2. Les phrases incidentes 493

CHAPITRE 2   LE DISCOURS RAPPORTÉ 495
1. Définition 495
2. Le discours direct 496
3. Le discours indirect 496
    1. Les verbes introducteurs 497
    2. Les modifications syntaxiques 497
    3. Les changements de temps, de mode et de personne 498
4. Le discours indirect libre 500

Partie 7
ANNEXES

Chapitre 1 Nouvelle orthographe 503
1. Les rectifications de l'orthographe de 1990 503
2. Règles modifiées 504
   1. Trait d'union pour les numéraux 504
   2. Singulier et pluriel des noms composés comportant un trait d'union 504
   3. Accent grave 504
   4. Accent circonflexe sur *i* et *u* 505
   5. Tréma 506
   6. Participe passé *laissé*+infinitif 506
   7. Singulier et pluriel des mots empruntés 506
3. Recommandations pour la création de mots nouveaux 507
4. Graphies particulières fixées ou modifiées 507
   1. Mots fréquents 508
   2. Soudure de mots 509
   3. Accents 510
   4. Diverses anomalies 511

Chapitre 2 Féminisation 513
1. Introduction 513
2. Règles morphologiques 514
   1. Noms terminés au masculin par une voyelle dans l'écriture 514
   2. Noms terminés au masculin par une consonne dans l'écriture 514
3. Règles syntaxiques 515
4. Écriture inclusive 515

Chapitre 3 Tableaux de conjugaison 517
1. Les verbes auxiliaires 517
2. Les verbes du premier groupe (*-er*) 519
3. Les verbes du deuxième groupe (*-ir*) 520
4. Les verbes du troisième groupe (*-oir*, *-re*, et certains *-ir*) 521
5. Conjugaison des verbes irréguliers et des verbes défectifs 524
   Les verbes très défectifs ou rares 559

INDEX DES AUTEURS 563
INDEX DES NOTIONS 569

Avant-propos

> *Moi, je crois que la grammaire, c'est une voie d'accès à la beauté. Quand on parle, quand on lit ou quand on écrit, on sent bien si on a fait une belle phrase ou si on est en train d'en lire une. On est capable de reconnaître une belle tournure ou un beau style. Mais quand on fait de la grammaire, on a accès à une autre dimension de la beauté de la langue. Faire de la grammaire, c'est la décortiquer, regarder comment elle est faite, la voir toute nue, en quelque sorte. Et c'est là que c'est merveilleux : parce qu'on se dit : « Comme c'est bien fait, qu'est-ce que c'est bien fichu ! »* (MURIEL BARBERY, *L'élégance du hérisson*, 2006)

Nous sommes nombreux à avoir pris gout à la langue française à travers la littérature. Nous sommes nombreuses à fréquenter assidument les romans tant pour les intrigues qu'ils nous réservent que pour le plaisir d'arpenter le chemin sinueux de leurs phrases. *Le petit bon usage* est une grammaire destinée aux amoureux de la littérature et de la langue françaises. Il marche sur les traces de son grand frère *Le bon usage* de Maurice Grevisse et d'André Goosse, véritable encyclopédie du français. *Le petit bon usage* est une grammaire complète du français actuel, présentée de manière simple et accessible. Son originalité tient à trois aspects principaux : l'utilisation de citations littéraires classiques et contemporaines pour illustrer toutes les règles de la grammaire ; la mise en avant des règles actuelles telles qu'elles sont recommandées par les institutions de référence, dont l'Académie française ; de nombreuses remarques sur la variation dans la langue.

Des citations littéraires classiques et contemporaines

Le petit bon usage compte près de 1 800 citations littéraires, provenant de 600 romans, poésies, pièces de théâtre et chansons, d'auteurs francophones (France, Belgique, Suisse, Canada, Liban, Maroc, Tunisie…). Parmi ces œuvres, les romans contemporains (publiés entre 2008 et 2018) tiennent une place importante. Les citations illustrent les règles en plongeant le lecteur dans l'univers d'un auteur, pour découvrir la grammaire à travers un roman, un poème ou une chanson. Les œuvres ont été sélectionnées sur la base de leur notoriété, parce qu'elles ont remporté un prix littéraire ou qu'elles ont rencontré un grand nombre de lecteurs. En cherchant une réponse à vos questions, vous aurez le plaisir de reconnaitre certains passages de vos œuvres favorites, et peut-être de découvrir vos prochaines lectures.

La mise en avant des règles actuelles

Henry de Montherlant disait que *c'est à l'audace de leurs fautes de grammaire que l'on reconnaît les grands écrivains*. Cela signifie que les écrivains font parfois usage de la *licence poétique*, qui les autorise à s'écarter de la norme pour coller au plus près de leur style, mais cela nous rappelle aussi que l'usage des écrivains transforme la langue. On sait que la langue française est complexe, dans son orthographe et dans sa grammaire. Régulièrement, l'Académie française ou les institutions politiques proposent de régulariser certaines incohérences. Ces propositions sont importantes pour l'apprentissage du français et pour sa diffusion dans le monde. *Le petit bon usage* met en avant les règles actuelles du français, dont les dernières rectifications remontent à 1990 et sont aujourd'hui enseignées en France et dans le reste de la francophonie, en précisant toujours quand l'ancienne orthographe est acceptée comme correcte. L'évolution perpétuelle de la langue entraine la coexistence, pendant deux ou trois générations, de plusieurs façons correctes d'écrire la même chose (*il parait* ou *il paraît* ; *un piquenique* ou *un pique-nique*). Il faut garder à l'esprit que la langue est vivante et que son vêtement, l'orthographe, s'adapte de manière à rester confortable, élégante et conviviale.

La prise en compte de la variation

La langue évolue dans le temps, de même qu'elle varie dans l'espace ou en fonction des situations dans lesquelles on l'utilise. *Le petit bon usage* est avant tout une grammaire de la langue de référence en même temps qu'il inclut ponctuellement la description de certains usages anciens, régionaux ou informels. Les sources littéraires sont ainsi complétées par des citations issues du *Dictionnaire de l'Académie* (dans ses 8e et 9e éditions), de revues spécialisées, de journaux ou de discours politiques.

Remerciements

Nous remercions Hubert Naets, qui a conçu le logiciel *Copora* et a participé à la constitution de notre base de données littéraires ainsi que Cathy Bodson qui l'a aidé dans cette tâche ; l'Institut de recherche Langage & Communication (Université catholique de Louvain) qui a contribué au financement de cette base de données, de même que le Centre VALIBEL – Discours & Variation et le Centre de traitement automatique du langage (CENTAL) ; Benoît Grevisse pour la confiance qu'il nous a accordée. *Le petit bon usage* n'aurait pas vu le jour sans le professionnalisme et la pugnacité de notre éditrice, Marie-Amélie Englebienne.

Anne-Catherine Simon remercie Kira Rahir († 2014) et Michel Francard, aux origines de sa vocation de linguistique et de grammairienne ; Arnaud Hoedt et Jérôme Piron, dont la pièce *La convivialité* a été une source d'inspiration ; Cédric, Aloys et Lhasa pour leur joie de vivre et pour leur patience.

Cédrick Fairon est reconnaissant envers Jean René Klein, Maurice Gross († 2001) et Ray C. Dougherty à qui il doit sa passion pour la linguistique et le traitement automatique du langage. Il remercie également Nadja, Victor, Jeanne et Florent pour leur soutien et leur infinie patience !

PARTIE **1**

Les éléments de la langue orale et écrite

CHAPITRE 1
Les sons et la prononciation.......................... 19

CHAPITRE 2
Les éléments de la langue écrite.................... 31

CHAPITRE **1**

Les sons et la prononciation

1. Les sons isolés 19
2. La prononciation en parole continue 24
3. La prosodie 27

1. Les sons isolés

Les sons de la parole sont produits par l'appareil vocal. L'air expulsé par les poumons fait vibrer les cordes vocales et est ensuite modulé par la position des articulateurs (le palais, la langue, les dents et les lèvres) de façon à produire des sons variés. Les sons du langage se répartissent entre voyelles et consonnes.

> **Remarque**
> La **phonétique** étudie la réalisation concrète des sons du langage : leur production, leur transmission et leur perception auditive. La **phonologie** étudie la fonction des sons (les phonèmes) et la manière dont ils se distinguent et s'organisent pour former des syllabes et des mots.

Une **syllabe** est formée d'un son ou d'un groupe de sons que l'on prononce en une seule émission de voix : *eau, mi-di, é-lé-phant*.

> ❝ *J'entends une syllabe répétée comme une prière et que je reconnais pour l'avoir déjà entendue transpercer le mur de mon appartement. « Nê, nê, nê. »* (CHRISTOPHE ONO-DIT-BIOT, ***Croire au merveilleux***, 2017) ❞

Le noyau de la syllabe est constitué par une voyelle. Selon la position de la voyelle dans la syllabe, cette voyelle est dite :
- **libre,** quand elle termine la syllabe (la syllabe est ouverte) : *dé-fi-ni* ;
- **entravée,** quand la voyelle est suivie d'une consonne prononcée (la syllabe est fermée) : *bes-tiair(e), planch(e)*.

Les **phonèmes** sont les sons qui, dans une langue donnée, permettent de distinguer les mots les uns des autres. Le français utilise 16 phonèmes-voyelles

/i,e,ɛ,a,ɑ,y,ø,œ,ə,u,o,ɔ,ɑ̃,ɛ̃,œ̃,ɔ̃/ et 18 phonèmes-consonnes /p,b,t,d,k,g,m,n,ɲ,ŋ,ʀ,f,v,s, ʃ,z,ʒ,l/. À ceux-ci s'ajoutent 3 semi-voyelles /j,w,ɥ/.

L'alphabet phonétique international permet de transcrire chaque phonème par un symbole unique, contrairement à l'orthographe usuelle où un son peut être transcrit par différentes lettres ou combinaisons de lettres (par ex. le son [s] dans *cieux, sol, assez, ça, nation*, etc.).

Les graphèmes p. 31

Les phonèmes du français (alphabet phonétique international)			
Voyelles		**Consonnes**	
Voyelles orales	**Voyelles nasales**		
[a] date	[ɑ̃] ma**n**ger	[b] **b**on	[ʀ] **r**ose
[ɑ] p**â**te	[ɛ̃] mat**in**	[d] **d**éjà	[s] **s**ol
[e] pr**é**	[ɔ̃] sais**on**	[f] **f**ier	[t] **t**as
[ɛ] m**è**re	[œ̃] l**un**di	[g] **g**are	[v] **v**erre
[ə] ch**e**min		[k] **c**ar	[z] **z**éro, o**s**er
[i] cr**i**		[l] **l**oup	[ʃ] **ch**at
[o] r**o**se, p**au**se		[m] **m**ain	[ʒ] **j**ardin
[ɔ] n**o**te, f**o**rme		[n] **n**on	[ɲ] a**gn**eau
[ø] l**ieu**		[p] **p**ar	[ŋ] smoki**ng**
[œ] p**eu**r, c**œu**r		**Semi-voyelles** (ou semi-consonnes)	
[u] tr**ou**			
[y] p**u**r		[j] **y**eux, b**i**en	
		[w] **ou**i, **ou**ate	
		[ɥ] c**u**ir, n**ui**t	

1. Les voyelles

On appelle voyelles les sons produits avec les articulateurs (mâchoires, lèvres, etc.) relativement ouverts. Le timbre d'une voyelle est la couleur sonore qui la caractérise en fonction du placement précis des articulateurs.

a) Voyelles orales et voyelles nasales

Les voyelles sont **orales** quand le son s'échappe uniquement par la bouche : [i] *lit,* [ɛ] *laid,* [u] *lourd,* [y] *lune,* etc. Elles sont **nasales** quand le souffle s'échappe simultanément par la bouche et par le nez (grâce à l'abaissement de la partie mobile du palais) : **un bon vin blanc** [œ̃,ɔ̃,ɛ̃,ɑ̃].

b) Voyelles ouvertes et voyelles fermées

Le timbre de la voyelle se modifie en fonction du degré d'ouverture de la bouche. Les voyelles sont **ouvertes ou mi-ouvertes** quand elles s'articulent avec une ouverture grande ou moyenne de la bouche : [a] *car,* [ɛ] *mère,* [ɔ] *note,* [œ] *heure,* [ɑ] *pâte,* [ɛ̃] *lin,* [ɑ̃] *plan.* Elles sont **fermées ou mi-fermées** quand elles s'articulent avec une fermeture moyenne ou quasi-complète de la bouche : [i] *cri,* [e] *dé,* [y] *mur,* [ø] *feu,* [u] *sou,* [o] *rose.*

c) Voyelles d'avant et voyelles d'arrière

Le timbre de la voyelle se modifie en fonction du lieu d'articulation. Les voyelles sont **antérieures** lorsque la langue se déplace à l'avant de la bouche : [a] *date*, [ɛ] *mère*, [e] *pré*, [i] *cri*, [y] *pur*, [ø] *peu*, [œ] *peur*, [ɛ̃] *lin*, [œ̃] *brun*. Les voyelles sont **postérieures** lorsque la langue se déplace à l'arrière de la bouche : [u] *sou*, [o] *rose*, [ɔ] *note*, [ɑ] *pâte*, [ɔ̃] *bon*, [ɑ̃] *plan*.

d) Voyelles labialisées et voyelles étirées

Le timbre de la voyelle se modifie en fonction de la position des lèvres (projetées vers l'avant ou étirées en forme de sourire). Les voyelles sont **labialisées** lorsque les lèvres, projetées vers l'avant, forment une cavité de résonance supplémentaire : [y] *pur*, [ø] *peu*, [œ] *peur*, [œ̃] *brun*, [u] *bout*, [o] *beau*, [ɔ] *bol*. Elles sont **étirées** lorsque les lèvres sont plaquées contre les dents : [i] *cri*, [e] *pré*, [ɛ] *mère*, [a] *date*, [ɑ] *pâte*, [ɑ̃] *danse*.

e) Tableau des voyelles

Les caractéristiques articulatoires permettent de décrire chaque voyelle par une combinaison de traits qui l'oppose aux autres voyelles. Le français usuel compte 12 voyelles orales et 4 voyelles nasales.

		Antérieures		Postérieures	
		Étirées	Labialisées	Étirées	Labialisées
Orales	**Fermées**	[i] cri	[y] pur		[u] bout
	Mi-fermées	[e] pré	[ø] peu		[o] beau
	Mi-ouvertes	[ɛ] mère	[œ] peur		[ɔ] bol
	Ouvertes	[a] date		[ɑ] pâte	
Nasales		[ɛ̃] brin			[ɔ̃] long
			[œ̃] brun	[ɑ̃] ange	

> **Remarques**
> 1. La voyelle [ə], comme dans *chemin* [ʃəmɛ̃], est dite *centrale* : elle n'est ni antérieure ni postérieure ; elle n'est ni ouverte ni fermée. Il s'agit du *e* dit *muet*.
> 2. La voyelle postérieure [ɑ], dite *a vélaire*, est aujourd'hui rarement utilisée. La plupart des francophones ne font plus de différence audible entre *les pâtes* et *les pattes*, ou remplacent la différence de timbre par une différence de durée (en allongeant la voyelle dans *pâtes*). Il en va de même pour la différence entre *brun* et *brin*, qui s'estompe au profit de la seconde voyelle.

f) Durée des voyelles

D'après leur durée, les voyelles sont :

- longues : *corps, mur, tige, rage, bêle* ;
- mi-longues : *coude, nue* ;
- brèves : *lu, prix, bac*.

Le double point après une voyelle marque qu'elle est longue : *mur* [myːʀ]. Le simple point indique qu'elle est mi-longue : *coude* [kuˑd].

> **Remarque**
> Dans certaines variétés de français, la durée d'une voyelle est utilisée pour distinguer deux mots : *belle* [bɛl] vs *bêle* [bɛːl].

2. Les consonnes

Les consonnes sont des bruits de frottement ou d'explosion produits par le souffle qui rencontre dans la bouche divers obstacles résultant de la fermeture ou du resserrement des lèvres, des dents, de la langue contre le palais, etc. Les consonnes sont décrites par leur mode d'articulation, leur lieu d'articulation et leur caractère sonore ou sourd.

a) Mode d'articulation

Le mode d'articulation correspond à la manière dont le son est produit.

- Les consonnes **fricatives** résultent d'un bruit de frottement produit par l'échappement de l'air alors que les organes buccaux sont resserrés : [f] *faux*, [v] *veau*, [s] *sot*, [z] *zoo*, [ʃ] *chaud*, [ʒ] *jolie*.
- Les consonnes **occlusives** sont produites par l'échappement brusque de l'air à l'ouverture des organes articulateurs (lèvres, langue, etc.) : [p] *peau*, [b] *beau*, [t] *taux*, [d] *dos*, [k] *car*, [g] *gare*.
- Les consonnes **nasales** sont produites par un échappement de l'air à travers le nez : [m] *maux*, [n] *nos*, [ɲ] *gagne* et [ŋ] *gang*.
- Les consonnes **vibrantes** sont articulées au moyen d'une vibration de l'arrière de la langue contre l'arrière du palais (pour le [ʀ] dit *parisien*) ou de la pointe de la langue contre le palais (pour le [r] dit *roulé*).
- Le [l] *lac* est une consonne **latérale** produite par l'écoulement de l'air de part et d'autre de la langue.

b) Lieu d'articulation

Le lieu d'articulation permet de distinguer les consonnes selon l'endroit où les organes articulatoires se touchent ou se resserrent.

- Les consonnes **bilabiales** (lèvres) : [b] *beau*, [p] *peau*, [m] *maux*, et **labio-dentales** (lèvre supérieure contre les dents) : [v] *veau*, [f] *faux*.
- Les consonnes **dentales** ou **alvéolaires** (langue contre les dents ou l'arrière des dents) : [t] *taux*, [d] *dos*, [s] *sot*, [z] *zoo*, [n] *nos*, [l] *lac*.
- Les consonnes **palatales** (langue contre le palais) : [ʃ] *chaud*, [ʒ] *jolie*, [ɲ] *gagne*.
- Les consonnes **vélaires** (langue contre l'arrière du palais) : [k] *car*, [g] *gare*, [ʀ] *rare*, [ŋ] *gang*.

CHAPITRE **1** Les sons et la prononciation

c) Caractère sourd ou sonore

Les consonnes sont **sonores** quand le souffle qui les produit fait vibrer les cordes vocales resserrées ; elles sont **sourdes** quand les cordes vocales, légèrement écartées, restent au repos. Dans la paire [p-b], le [p] *peau* est sourd et le [b] *beau* est sonore. On sent la différence en posant un doigt sur sa gorge lorsqu'on les prononce : la gorge vibre pour une consonne sonore (ou une voyelle) et ne vibre pas pour une consonne sourde.

d) Tableau des consonnes

Les caractéristiques articulatoires des consonnes permettent de décrire chacune d'elle par trois traits qui les opposent à toutes les autres.

		Labiales	Dentales	Palatales et vélaires
Occlusives	Sourdes	[p] **p**eau	[t] **t**aux	[k] **c**ar
	Sonores	[b] **b**eau	[d] **d**os	[g] **g**are
Nasales	Sonores	[m] **m**aux	[n] **n**os	[ɲ] ga**gn**e
				[ŋ] ga**ng**
Fricatives	Sourdes	[f] **f**aux	[s] **s**ot	[ʃ] **ch**aud
	Sonores	[v] **v**eau	[z] **z**oo	[ʒ] **j**olie
Vibrantes et latérales	Sonores			[ʀ] **r**ose
				[l] **l**ac

Élision
p. 25
⌃
Liaison
p. 26
⌃

> **Remarques**
> 1. Le **h** (aussi appelé *h aspiré*) n'existe plus comme son distinctif en français. On l'appelle parfois *h muet* pour cette raison. Lorsqu'il est d'origine germanique, le *h* initial de mot empêche l'élision ou la liaison (par ex. *le haricot, le hêtre, le héros*, mais *l'histoire, l'huile, l'huître*). Par conséquent, *le hêtre* [lə.ɛtʀ] s'oppose à *l'être* [lɛtʀ] ; *les héros* [le.e.ʀo] s'oppose à *les zéros* [lɛ.ze.ʀo]).
> 2. D'un point de vue auditif, les consonnes *s* [s] et *z* [z] sont appelées *sifflantes* ; les consonnes *ch* [ʃ] et *j* [ʒ] sont appelées *chuintantes* ; le [r] vibré avec la pointe de la langue est appelé *roulé*.
> 3. Dans la prononciation, une consonne est simple quand elle est produite en une seule émission vocale. Elle est double (ou géminée) quand elle donne l'impression d'être émise deux fois de suite : [m] se prononce simple dans *sommet* [sɔmɛ] et peut se prononcer double dans *sommité* [sɔmmite] ou dans *grammaire* [gʀammɛʀ].

3. Les semi-voyelles

Il y a trois semi-voyelles (ou semi-consonnes) :
- [ɥ] (qu'on nomme *ué*), comme dans *lui* [lɥi], *juin* [ʒɥɛ̃], *fuir* [fɥiʀ] ;
- [w] (qu'on nomme *oué*), comme dans *oui* [wi], *poids* [pwa] ;
- [j] (qu'on nomme *yod*), comme dans *pied* [pje], *yeux* [jø].

23

D'ordinaire, la semi-voyelle se lie dans la prononciation à la voyelle qui suit ou à celle qui précède, pour former une **diphtongue**. La voyelle et la semi-voyelle sont prononcées en une seule syllabe : *lier* [lje], *œil* [œj].

2. La prononciation en parole continue

Les mots sont rarement prononcés de manière isolée. Dans la prononciation courante, le contact des mots dans la phrase modifie l'articulation des consonnes et des voyelles.

1. La modification des consonnes au contact d'autres consonnes

Lorsque deux consonnes se trouvent en contact l'une avec l'autre, dans un mot ou à la frontière entre deux mots, leur prononciation tend à se rapprocher en adoptant des caractéristiques articulatoires communes. Il s'agit du phénomène d'**assimilation**.

- L'assimilation est **progressive** quand la première consonne impose son caractère à la seconde : dans *subsister* (prononcé [sybziste]), la consonne sonore [b] modifie le [s] en [z].
- L'assimilation est **régressive** quand une consonne modifie celle qui précède : dans *absent* (prononcé [apsã]), la consonne [s] assourdit le [b] en [p]. C'est le même phénomène dans *médecin* prononcé [metsɛ̃].

Il y a **dissimilation** lorsque deux consonnes identiques, se trouvant dans le voisinage l'une de l'autre, se différencient. Quand le mot latin *peregrinum* est devenu en français *pèlerin*, le premier [ʀ] s'est transformé en [l].

2. La prononciation de voyelles successives

Le **hiatus** est la prononciation de deux voyelles successives dans deux syllabes détachées : *né-ant* [neã]. Le hiatus s'oppose à la **diphtongue** qui regroupe deux voyelles dans une même syllabe : *Louis* [lwi].

Quand deux voyelles se suivent, comme dans *nuage*, on peut les prononcer en une seule syllabe [nɥaʒ] ou en deux syllabes [ny.aʒ], en fonction d'habitudes (personnelles, régionales, etc.) ou de nécessités rythmiques (en poésie ou en théâtre classique).

> **Remarque**
> Les francophones hors de France ont tendance à prononcer en deux syllabes des mots que les Français prononcent en une seule : *lion* fr. Belgique [li.ɔ̃] vs fr. France [ljɔ̃].

Il y a **synérèse** lorsque deux voyelles contiguës se fondent en une seule syllabe, la première voyelle étant prononcée comme une semi-voyelle. Il y a **diérèse** lorsque les voyelles se trouvent dissociées dans deux syllabes. Les poètes ou les chanteurs jouent de cette flexibilité pour régler le nombre de syllabes dans leurs vers.

> *C'est le **duel** effrayant de deux spectres d'airain.* (Victor Hugo, **Le mariage de Roland**, 1859) (Le mot *duel* est prononcé en une seule syllabe ; le vers compte 12 syllabes.)
>
> *J'ai su tout ce détail d'un **an-ci-en** valet.* (Pierre Corneille, **Le menteur**, 1644) (Le mot *ancien* est prononcé en trois syllabes ; le vers compte 12 syllabes.)
>
> *Le **ciel**, tu le visites souvent*
> *Des **nu-ages** pris entre les dents.* (Pierre Lapointe, **Mais sais-tu vraiment qui tu es ?**, 2017) (*Ciel* est prononcé en une syllabe et *nu-age* en deux syllabes. Chaque vers compte 8 syllabes.)

> **Remarque**
> L'articulation correcte des voyelles exige que les muscles de la bouche soient tendus, afin que la voyelle reste stable. Lorsque l'articulation est relâchée, on peut être amené à insérer une semi-voyelle entre deux voyelles, comme *Noël* prononcé [nɔwɛl], ou à ajouter une semi-voyelle après une voyelle, comme *année* prononcé [anej]. Ces prononciations sont perçues comme informelles.

3. L'élision

Élision à l'écrit p. 48

e e muet p. 27

L'élision est la suppression d'une des voyelles finales *a, e, i*, devant un mot commençant par une voyelle ou un *h* muet. L'élision permet d'éviter le hiatus, qui est la prononciation de deux voyelles successives. Les élisions dans la prononciation ne sont pas toujours marquées dans l'écriture, en particulier pour le *e* : *faibl(e) escorte, il a presqu(e) échoué*. À l'écrit, la voyelle élidée est remplacée par une apostrophe : *l'or, d'abord, l'heure, s'il t'aperçoit*.

L'élision n'a pas lieu devant le nom *un* (chiffre ou numéro), ni devant *oui, huit, huitain, huitaine, huitième, onze, onzième, yacht, yak, yatagan, yole, yucca*, ni devant certains noms propres tels que *Yougoslavie, Yémen, Yucatan*, etc. :

> *Quelquefois, je me dis **que** oui, mais le plus souvent je reste convaincu du contraire.* (Éric Faye, **Il faut tenter de vivre**, 2015)
>
> *Il crève d'angoisse depuis bien avant **le** onze septembre 2001.* (Gaëlle Pingault, **Ce qui nous lie**, 2011)

Toutefois on a pu dire et on trouve encore parfois :

> *Je pense **qu'oui**.* (Jean de La Bruyère, **Les caractères**, 1688)
>
> *Et vous dites au chauffeur de taxi **qu'oui**, merci, ça va là, très bien, je vous dois ?* (Jean-Luc Benoziglio, **La boîte noire**, 1974)
>
> *Lorsque Sylvain, dehors, frappe du poing sur le rideau de fer, il est plus **d'onze** heures.* (Sébastien Japrisot, **Un long dimanche de fiançailles**, 1991)

Pour *ouate*, même si l'usage varie, on écrit plus souvent *l'ouate* que *la ouate*.

> ❝ *Sa voix sonnait bizarrement dans l'ouate, au bord de l'asphyxie.* (ANNE-MARIE GARAT, ***La source***, 2015) ❞

> **Remarque**
> La voyelle *u* ne peut pas s'élider, en particulier dans le pronom *tu*. On observe cependant des élisions lorsqu'un auteur veut imiter le style parlé :
> *Hein ? T'es complètement malade !* (DIDIER VAN CAUWELAERT, ***Le principe de Pauline***, 2014)
> *Ah sacré papa*
> *Dis-moi où es-tu caché ?*
> *Ça doit faire au moins mille fois*
> *Que j'ai compté mes doigts*
> *Où t'es, papa où t'es ?* (STROMAE, ***Papaoutai***, 2013)

4. La liaison

<small>Le *h* muet p. 23</small>

La liaison consiste à prononcer, devant un mot commençant par une voyelle ou un *h* muet, une consonne finale, muette en dehors de cette position. Il se produit alors un enchaînement car la consonne finale s'appuie si intimement sur la voyelle du mot suivant que, pour l'oreille, elle fait corps avec lui plutôt qu'avec le mot auquel elle appartient :

> ❝ *Tu crois que ça t'a été donné, sans sueur, sans_efforts* [sɑ̃.ze.fɔʀ]*, et que c'est_ennuyeux* [sɛ.tɑ̃.nɥi.jø]. (ALICE ZENITER, ***Jusque dans nos bras***, 2010) ❞

La liaison est obligatoire entre un déterminant et un nom, entre un adjectif et le nom qui suit, ou dans certaines expressions figées : *les_idées, le petit_enfant, pas_à pas*. La liaison est interdite entre deux groupes syntaxiques, comme dans *le petit / attend sa maman* où *petit* fait partie du groupe sujet. Dans les autres cas, la liaison est facultative : *deux_idées(_)essentielles, des choses(_)insensées, il faut(_)aimer, il n'est pas(_)arrivé*, etc.

> **Remarques**
> 1. Certaines lettres voient leur prononciation modifiée dans les liaisons :
>   - *s* et *x* se prononcent [z] : *pas_à pas* [pa.za.pa], *deux_hommes* [dø.zɔm] ; en français, la liaison en [z] est la plus fréquente et couvre 50 % des cas ;
>   - *d* se prononce [t] : *grand_effort* [gʀɑ̃.tɛ.fɔʀ] ;
>   - *g* se prononce [k] : *sang_et eau* [sɑ̃.ke.o] ;
>   - *on* se prononce [ɔn] dans certains cas : *bon enfant* [bɔ.nɑ̃.fɑ̃]
> 2. Dans certains contextes très formels, on peut prononcer la consonne de liaison sans l'enchaîner avec la voyelle qui suit. La liaison sans enchaînement est plutôt rare et réservée au registre politique :
>   *Il y a d'abord cette belle expérience de deux journaux, l'un francophone, l'autre néerlandophone, prenant_ensemble* [pʀənɑ̃t.ɑ̃sɑ̃blə]*, pendant_un mois* [pɑ̃dɑ̃t.œ̃mwa]*, le pouls de chacune de nos communautés et régions.* (ALBERT II DE BELGIQUE, ***Vœux de fin d'année***, 2007)
> 3. La liaison facultative est une marque stylistique : elle est réalisée plus fréquemment lorsqu'on s'exprime de manière formelle. Il arrive que des liaisons interdites soient réalisées dans un style poétique soutenu :
>   *Quand les mois_auront passé.* (GEORGES BRASSENS, ***Les amoureux des bancs publics***, 1953)

CHAPITRE **1** Les sons et la prononciation

5. Le *e* muet

Alphabet phonétique p. 20

Le *e* qui n'est ni accentué ni suivi d'une consonne double, comme dans *chemin* [ʃəmɛ̃], est conventionnellement noté [ə] dans l'alphabet phonétique ; sa prononciation se confond généralement avec celle du [œ] (comme dans *œuf*) ou du [ø] (comme dans *deux*). On prononce ainsi *chemin* [ʃœmɛ̃] ou [ʃømɛ̃], voire [ʃmɛ̃]. Ce *e* a la particularité d'être instable dans la prononciation, c'est pourquoi il est nommé *e muet* ou *e caduc*.

Le *e* n'est généralement pas prononcé en fin de mot, ni quand il est précédé ou suivi d'une seule consonne prononcée, comme dans *maint(e)nant* [mɛ̃tnɑ̃]. Lorsqu'il est précédé de deux consonnes et suivi d'une consonne, il est maintenu dans la prononciation, comme dans *squelette* [skəlɛt]. Lorsque deux syllabes consécutives contiennent un *e*, on peut choisir de prononcer l'un ou l'autre, ou les deux, comme dans *simple demi-heur(e)*. En conséquence de ces règles, la plupart des *e* à l'écrit ne sont pas prononcés :

> *Après la séanc(e) halluciné(e) qu'il s'était offert(e), on n'aurait pas pu app(e)ler autrement un(e) simple d(e)mi-heure à rouler tranquill(e)ment sur un(e) joli(e) p(e)tit(e) rout(e) peu fréquenté(e).* (PHILIPPE DJIAN, ***Marlène***, 2017)

Un [ə] peut être inséré dans la prononciation, sans qu'il y ait de *e* à l'écrit, pour servir d'appui dans une succession de trois consonnes ou plus :

> *On l'a trouvée hier avant le lever du jour*
> *Un peu à l'est-e de* [lɛstədə] *Johannesburg.* (JEANNE CHERHAL, ***Noxolo***, 2014)

> **Remarque**
> Semi-voyelles p. 23
> Comme pour les semi-voyelles, la prononciation du *e* muet peut enfreindre les règles énoncées plus haut pour des raisons rythmiques, afin d'assurer un nombre précis de syllabes dans un vers.
>
> *Ne cherche plus longtemps de fontaine*
> *Toi qui as besoin d'eau.*
> *Ne cherche plus, aux larmes d'Hélène*
> *Va-t'en remplir ton seau.* (GEORGES BRASSENS, ***Les sabots d'Hélène***, 1954)

3. La prosodie

La prosodie désigne les variations de la voix dans la parole : durée (allongements et pauses), hauteur (mélodie) et intensité (volume sonore). Ces variations forment l'accentuation, l'intonation et le rythme.

1. L'accentuation (accent tonique)

L'accentuation consiste à prononcer la dernière syllabe d'un mot ou d'un groupe de mots avec une force particulière qui fait qu'elle se détache des syllabes environnantes. La syllabe accentuée peut être allongée, suivie d'une pause silencieuse ou porter un mouvement mélodique audible. Elle est parfois prononcée

PARTIE **1**   Les éléments de la langue orale et écrite

Les accents à l'écrit p. 35

avec une intensité accrue. Les syllabes frappées de l'accent sont **toniques** ; les syllabes non accentuées sont **atones**.

Il faut se garder de confondre l'accent prosodique avec les accents à l'écrit.

a) *L'accent final*

Le e muet p. 27

L'accent final est obligatoire et il frappe la dernière syllabe articulée d'un mot ou d'un groupe de mots. Il peut s'agir de l'avant-dernière syllabe écrite quand la finale contient un *e* muet : *C'est la vérité, mon sentiment, l'indifférenc(e), les montagn(es), ils désespèr(ent).*

Dans la phrase, l'accent frappe la dernière syllabe de chaque groupe de mots unis par le sens : c'est le groupe accentuel. Il y a plusieurs manières correctes de former les groupes accentuels selon le sens que l'on veut transmettre ou selon la vitesse de parole (plus on parle vite, plus les groupes accentuels sont longs) :

> *Au bout d'une **heur**(e) tout était déci**dé** ; un grand bruit d'hommes et de che**vaux** avait succédé au silenc(e).* (ALFRED DE MUSSET, *Le fils du Titien*, 1838)

b) *L'accent initial*

L'accent initial est facultatif en français. On le nomme *accent d'insistance* ou *accent expressif*. Cet accent ne remplace pas l'accent final. Il se réalise sur la première syllabe du mot, ou sur la seconde lorsque le mot débute par une voyelle, et se marque généralement par un ton haut et une intensité accrue, sans allongement syllabique :

> *Où **four**mille, où **four**mille, où se lève la foule,*
> *La foule épouvantable avec des bruits de houle*
> ***Hur**lant comme une chienne, **hur**lant comme une mer*
> (ARTHUR RIMBAUD, *Le forgeron*, 1892) (Accents initiaux d'emphase.)

> *Toute l'entreprise de Nietzsche tend en effet à fortifier le « **sur**moi » en accroissement et en élargissement du moi.* (SIMON LIBERATI, *Les rameaux noirs*, 2017) (Accent initial d'insistance.)

2. L'intonation

Les phrases ne sont pas prononcées sur un ton monotone, mais en variant la mélodie de la voix. Cette variation de la mélodie forme l'intonation :

- une intonation montante (//) est associée à une continuation (dans une phrase ou à la fin d'une phrase qui appelle une réponse) ;
- une intonation descendante (\\) indique un achèvement (fin de phrase) ou un ordre ;
- une intonation montante-descendante (/\) sert à marquer l'importance d'un mot.

> *Demain, // dès l'aube, // à l'heure où blanchit la campagne, //*
> *Je partirai.* \\ (Victor Hugo, **Demain, dès l'aube ...**, 1847) (La phrase est découpée par trois contours mélodiques indiquant la continuation suivis d'un contour indiquant la finalité.)
>
> *Dis, // viens plus près !* \\ (Arthur Rimbaud, **Ce que retient Nina**, 1895) (Un contour de continuation suivi d'un contour d'ordre.)
>
> *Tu pars aussi ? //* (Albert Cohen, **Belle du Seigneur**, 1968) (Intonation montante de question.)
>
> *C'est incroyable /\ comme tu es belle.* (Virginie Despentes, **Apocalypse bébé**, 2010) (Contour montant-descendant marquant l'exclamation.)

> **Remarques**
> 1. L'intonation et l'accentuation sont étroitement liées : le mouvement intonatif est porté par la syllabe accentuée finale.
> 2. Le **ton** est le degré de hauteur musicale d'un son : tel son est plus ou moins aigu, plus ou moins grave. Dans un sens large, le ton est la manière particulière de parler relativement aux mouvements de la pensée ou de l'humeur : une phrase peut être dite sur un ton impérieux, doctoral, badin, doucereux, etc.

3. Le rythme

Le rythme se définit par la vitesse de parole, les scansions et les pauses :
- la vitesse de parole, ou débit, se mesure par le nombre de syllabes ou de mots articulés par seconde ; le débit varie généralement entre 3 et 7 syllabes par seconde ;
- une scansion rythmique résulte du retour, à intervalles réguliers, d'une syllabe accentuée ;
- les pauses silencieuses ou d'hésitation (*euh*) interviennent également dans la perception du débit et du rythme.

> **Remarque**
> Chaque style de parole se définit par un rythme particulier. Le journaliste radiophonique adopte un débit de parole rapide, avec peu de pauses et des accents initiaux réguliers. Le discours d'un politicien se caractérise par un débit lent, des pauses nombreuses et des groupes accentuels courts.

CHAPITRE **2**

Les éléments de la langue écrite

1. Écriture et orthographe 31
2. Les lettres de l'alphabet 33
3. Les accents, le tréma, la cédille 35
4. La ponctuation 38

1. Écriture et orthographe

L'**écriture** est une technique pour représenter les mots et les phrases sur un support visuel. En français, l'écriture représente principalement la prononciation de la langue orale, selon un principe *phonographique* (littéralement « écrire les sons »).

L'**orthographe** est la manière d'écrire les mots de la langue d'une part en conformité avec le système graphique retenu, d'autre part en tenant compte de certains rapports établis avec le lexique ou avec la grammaire. L'orthographe résulte d'un choix entre différentes considérations et elle est réglée par convention. L'orthographe n'est pas la langue, mais une technique pour l'écrire. Elle peut évoluer sans porter atteinte à l'intégrité de la langue.

1. Les graphèmes du français

Sons français p. 19

Un graphème est un signe graphique composé d'une ou de plusieurs lettres. Un peu plus de 80 % des graphèmes du français représentent des sons. Cependant, le système d'écriture du français est complexe : on compte quelque 130 graphèmes (lettres ou combinaisons de lettres) pour représenter environ 35 sons. Cela est dû au fait qu'un graphème peut se composer d'une ou de plusieurs lettres, qu'un même graphème peut représenter différents sons, et qu'un son peut être représenté par différents graphèmes.

2. Graphèmes représentant des sons

1° Le cas le plus simple, mais pas le plus fréquent, est qu'un graphème se transcrive par une lettre et corresponde à un son, comme les trois lettres du mot *sol* [sɔl].

2° Certains graphèmes sont formés par la combinaison de deux lettres (**ch**-e-v-a-l, ge-**ai**, r-a-**ss**-u-r-**an**-t) ou de trois lettres (**eau**).

3° Un même graphème peut représenter plusieurs sons, comme *s* dans **s**ol [sɔl] ou dans apai**s**er [apeze] ; *c* dans **c**abane [kaban] ou dans **c**ire [siʀ].

4° Un même son peut être représenté par différents graphèmes, comme [o] dans **o**ser, p**au**se, chât**eau** ; ou [s] dans **s**ang, a**ss**ez, **c**éder, **ç**a, **sc**ience, **s**ix, tra**c**tion, i**sth**me, etc.

3. Graphèmes à valeur lexicale ou grammaticale

Certains graphèmes ne se prononcent pas, mais contribuent au **sens lexical ou grammatical** lorsqu'ils :

<small>Liaison p. 26</small>

1° représentent le pluriel d'un mot (le *-s* final dans enfant**s**, passée**s** ; le *-x* dans bijou**x**) ou une marque de personne, de genre ou de nombre dans la conjugaison, comme *-s, -t -nt* ou *-e* dans les exemples suivants : je sai**s**, tu venai**s**, ils étaie**nt**, elle est arrivé**e**. Ces graphèmes ne se prononcent pas, sauf lorsqu'ils entrainent un phénomène de liaison : ils_étaient_arrivés [ilzetɛtaʀive].

<small>Dérivation p. 62</small>

2° indiquent qu'un mot est dérivé d'un autre et qu'ils appartiennent à la même famille, comme le *p* de cham**p**être qu'on retrouve dans cham**p** ; le *t* dans toi**t**ure et toi**t**, le *s* dans boi**s**é et boi**s**, etc. Cette logique permet de rectifier certaines anomalies orthographiques : bonho**mm**ie (à privilégier à bonhomie) comme bonho**mm**e ; charr**i**ot (à privilégier à chariot) comme cha**rr**ue et cha**rr**ier ; etc.

3° permettent de distinguer des mots qui se prononcent de la même façon, mais ont des graphies différentes : ver, verre, vers, vert, vair ; champ, chant ; compte, comte, conte ; se, ce ; ses, ces ; on, ont ; etc.

4. Lettres historiques

L'orthographe n'a pas évolué en même temps que la prononciation et l'Académie française a souvent privilégié les graphies fidèles à l'étymologie, les lettres historiques ou étymologiques :

1° il arrive qu'une ou plusieurs lettres du mot latin qui a évolué en français (*jugum* a donné joug), disparues dans la prononciation depuis le moyen âge, soient pourtant toujours exigées par l'orthographe : doi**gt**, tor**t**, ver**t**, lour**d**, cer**f**. Ces **graphies anciennes** sont parfois régularisées selon le principe de correspondance entre les sons et les lettres comme clé (au lieu de clef) ;

2° le français savant a emprunté de nombreux mots au grec et leur graphie a été adaptée à l'aide de « **lettres grecques** » (*th, ph, rh, y*) : ps**y**ch**o**logie, **th**éâtre, **rh**étorique, etc. ;

3° la **consonne *h* initiale** a été utilisée pour distinguer la prononciation de la voyelle *u* qui n'était pas différente graphiquement de *v* : **h**uile était ainsi orthographié vile. Cette consonne *h* se distingue de celle que l'on trouve à l'initiale des mots empruntés aux langues germaniques (**h**aricot, **h**ache, **h**aine) : il s'agit là du *h* aspiré qui empêche la liaison et l'élision (des#haricots [deaʀiko], la hache, la haine).

Ces lettres étymologiques et historiques peuvent constituer une aide pour le lecteur cultivé. Cependant, elles représentent une difficulté pour quiconque ne leur trouve pas de correspondance avec la prononciation.

2. Les lettres de l'alphabet

La langue écrite dispose pour former les graphèmes de vingt-six lettres, dont l'ensemble constitue l'alphabet. L'alphabet français s'est constitué à partir de l'alphabet latin. Ce dernier comprenait uniquement des lettres capitales dites romaines. Les lettres minuscules se sont développées ultérieurement.

1. Inventaire des lettres minuscules et majuscules

Les lettres sont **majuscules** (ou **capitales**) : A, B, C, D, E, F, G, H, I, J, K, L, M, N, O, P, Q, R, S, T, U, V, W, X, Y, Z ; ou **minuscules** : a, b, c, d, e, f, g, h, i, j, k, l, m, n, o, p, q, r, s, t, u, v, w, x, y, z.

Il y a six lettres-voyelles : *a, e, i, o, u, y* ; les autres sont les lettres-consonnes. Les lettres-voyelles *i, u* et *y* correspondent parfois à des semi-voyelles dans la prononciation.

Semi-voyelles p. 23

Les caractères sont **italiques** lorsqu'ils sont légèrement inclinés vers la droite et **romains** lorsqu'ils sont perpendiculaires à la ligne. Les caractères italiques sont utilisés de manière équivalente aux guillemets, pour désigner un exemple ou une citation.

Guillemets p. 45

2. Emploi des majuscules

Les majuscules ont un rôle démarcatif (marquer le début d'une phrase) ou un rôle distinctif (noms propres).

a) Rôle démarcatif

Majuscule après le point p. 38

Les majuscules sont utilisées au début d'une phrase, d'un titre ou d'un texte. Le plus souvent, la majuscule suit un signe de ponctuation fort (point, point d'exclamation, point d'interrogation). Après les deux points, on met une majuscule si la phrase est une citation (1) et on met une minuscule si la phrase développe ou illustre ce qui précède (2).

> 66
> Elle éludait d'une boutade, disant par exemple : Eh bien, c'est tout simplement un nom parfait, n'est-ce pas ? (Marie Ndiaye, *La cheffe, roman d'une cuisinière*, 2016) (1)
>
> Cette canicule, par exemple : je ne sais pas pourquoi les gens s'en plaignent. (Amélie Nothomb, *Le fait du prince*, 2008) (2)
> 99

En poésie, on utilise la majuscule en début de chaque vers dans un poème de forme régulière, de sorte que la majuscule ne coïncide pas nécessairement avec un début de phrase.

> *Et dès lors, je me suis baigné dans le Poème*
> *De la mer, infusé d'astres et lactescent.* (ARTHUR RIMBAUD, **Le bateau ivre**, 1871)
>
> *Les bois noirs sur le ciel, la neige en bandes blanches*
> *Alternent. La nature a comme dix-sept ans.* (CHARLES CROS, **Le coffret de santal**, 1873)

b) Rôle distinctif

Nom propre p. 87

1° La majuscule s'emploie pour marquer un nom propre, par opposition à un nom commun (*les Vosges, Bruxelles, la Loire, la Terre, Julien Sorel*). Elle est utilisée pour les noms de pays et de peuples (*la France, les Français*), mais pas pour les noms de langues ou les adjectifs (*le français*, langue qu'on parle ; *le peuple français*).

2° Les titres des œuvres littéraires ou des ouvrages d'art prennent également une majuscule : *Le bateau ivre* de Rimbaud, la *9ᵉ Symphonie* de Beethoven, le *Printemps* de Botticelli, etc. Si le titre est formé d'une suite de mots, seul le premier mot prend une majuscule : *À l'ombre des jeunes filles en fleurs, Le dernier jour d'un condamné, Le malade imaginaire*.

3° On utilise aussi la majuscule pour marquer un mot utilisé dans une fonction ou un titre lorsqu'on s'adresse à quelqu'un (*Madame, le Premier Ministre*), désignant un concept (*le Bien et le Mal*), un courant (*le Romantisme*) ou un évènement historique (*la Révolution française, le 11-Septembre, Mai-68*).

> *Il me semble que le cliché, c'est plutôt de dire "Je perds ma vie à la gagner", a repris Paz. – Un slogan de **Mai-68**... – ... dont il a inversé les termes, corrigea-t-elle à nouveau. »* (CHRISTOPHE ONO-DIT-BIOT, **Plonger**, 2013)
>
> *Le **Baroque** aime l'asymétrique, le trompe-l'œil, l'extravagance. Simon a mis ses écouteurs mais il entend l'Italien citer Montaigne en français dans le texte : « Je ne peins pas l'être, je peins le passage. Insaisissable, le **Baroque** se déplace d'un pays à l'autre, d'un siècle à l'autre, XVIᵉ en Italie, concile de Trente, **Contre-Réforme**, premier XVIIᵉ en France, Scarron, Saint-Amant, deuxième XVIIᵉ, retour en Italie, Bavière, XVIIIᵉ, Prague, Saint-Pétersbourg, Amérique du Sud, **Rococo**... »* (LAURENT BINET, **La septième fonction du langage**, 2015)

> **Remarques**
> 1. On distingue habituellement les capitales, qui constituent des séries continues de grandes lettres (*C'EST IMPORTANT*), des majuscules, qui sont placées au début d'un mot (*Pierre*).
> 2. Les points cardinaux (nord, sud, est, ouest) ne prennent une majuscule que lorsqu'ils désignent un ensemble de régions (par ex. *les oiseaux du Nord et du Sud*) ou la région sud d'un pays ou d'un continent (*le Nord de l'Allemagne, les pays de l'Est*).

*L'exquis, le savoureux cahotent vers **l'ouest de la capitale**, l'aigre va aux masures. Le moelleux et le succulent galopent à la cour, l'insipide et le blet s'en vont à Paris.* (ÉRIC VUILLARD, *14 Juillet*, 2016)

On escorta Sitting Bull et Buffalo Bill jusqu'au petit écrin où ils devaient, les pieds sur un tapis de paille, se tenir devant un maigre bouleau badigeonné sur une toile, censée représenter l'Ouest sauvage. (ÉRIC VUILLARD, *Tristesse de la terre*, 2014)

3. Pour les noms de fêtes (religieuses ou civiles), la règle est de mettre une majuscule si le nom comporte un seul mot (*Noël, Pâques*) et de ne mettre la majuscule qu'au mot le plus spécifique si le nom comporte plusieurs mots (*jour de l'An, lundi de Pâques, fête des Mères*). Ces règles ne sont pas toujours respectées dans les usages.

3. Les accents, le tréma, la cédille

Les accents, le tréma et la cédille sont des signes qui s'ajoutent à une lettre pour en modifier la valeur. Les accents et la cédille indiquent une prononciation particulière (*é, è, ç*) ou empêchent la confusion entre les mots qui s'écrivent de la même manière (*du, dû ; a, à*). L'apostrophe est utilisée pour marquer l'élision d'une voyelle (*l'amour*).

On distingue trois sortes d'accents : l'accent aigu (´), l'accent grave (`) et l'accent circonflexe (ˆ).

1. L'accent aigu

L'accent aigu se met sur le *e* représentant le son [e] non suivi d'un *-d*, d'un *-r* ou d'un *-z* finals : *vérité, coupés* (que l'on peut comparer à *pied, chanter, nez*).

Remarques

1. La nouvelle orthographe a muni d'un accent aigu les mots où il avait été omis ou dont la prononciation a changé. L'ancienne orthographe reste acceptée.

asséner	québécois	réfréner
démiurge	recéler	sénestre, etc.

2. On munit également d'un accent les mots empruntés à d'autres langues lorsqu'ils n'ont pas valeur de citation.

Mots empruntés au latin

artéfact	facsimilé	mémorandum	vadémécum
critérium	linoléum	placébo	véto, etc.
délirium trémens	média	référendum	
désidérata	mémento	sénior	

Mots empruntés à d'autres langues

allégro	édelweiss	péséta	séquoia
braséro	imprésario	péso	sombréro
décrescendo	pédigrée	piéta	trémolo
diésel	pérestroïka	révolver	zarzuéla, etc.

2. L'accent grave

L'accent grave se met sur le *e*, sur le *a* et sur le *u*.

L'accent grave se met sur le *e* représentant le son [ɛ] lorsqu'il est suivi d'une consonne et d'un *e* muet final de mot (*père*), ou lorsqu'il apparait en fin de mot devant -*s* (*procès*).

Lorsqu'un *e* prononcé [ɛ] est suivi d'une syllabe non finale avec un *e* muet, le *è* s'est généralisé là où on employait parfois le *é*.

- C'est le cas au présent, au futur et au conditionnel de verbes comme *céder*, *interpréter* ou *régler* : *je cèderai, elle considèrera, nous interprèterons*[1].
- Dans les inversions interrogatives, la première personne du singulier à l'indicatif présent porte un accent grave lorsqu'elle est suivie du pronom *je* : *puissè-je, dussè-je*[2].
- L'emploi du *è* pour noter le son [ɛ] est étendu à tous les verbes du type -*eler* et -*eter* : au présent, au futur et au conditionnel, l'accent grave remplace la double consonne qui suivait le *e* (*je pèle, il ruissèle, elle étiquètera*). Les noms en -*ement* dérivés de ces verbes suivent la même orthographe[3] (*craquèlement, ruissèlement*, etc.). Font exception *appeler* (et *rappeler*) et *jeter* (et ses composés) dont la graphie avec la double consonne est stabilisée dans l'usage : *j'appelle, elle jette, nous interjetterons*.

Sur *a*, on a un accent grave dans *deçà, déjà, delà, voilà, holà* (mais non dans *cela*).

Sur *a*, *u*, *e*, l'accent apparait dans certains mots qui peuvent par ce moyen être distingués de mots homonymes : *à, a ; là, la ; çà, ca ; où, ou ; dès, des*.

> **Remarque**
> La nouvelle orthographe a muni d'un accent aigu les mots où il avait été omis, ou dont la prononciation a changé. L'ancienne orthographe reste acceptée.
>
> | | | | |
> |---|---|---|---|
> | abrègement | cèleri | évènement | règlementer |
> | allègement | crèmerie | hébètement | sècheresse, etc. |
> | allègrement | crèneler | règlementaire | |
> | assèchement | empiètement | règlementation | |

Liste complète, p. 510

3. L'accent circonflexe

L'accent circonflexe se met sur *a, e, o*, et indique la chute d'un *s* ou d'une voyelle de l'ancienne orthographe : *bâtir* (autrefois *bastir*), *tête* (*teste*), *âge* (*eage*). L'accent circonflexe indique également la prononciation longue de certaines voyelles : *cône* [koːn], *infâme* [ɛ̃faːm], *extrême* [ɛkstrɛːm].

En nouvelle orthographe, les voyelles *i* et *u* ne portent plus d'accent circonflexe.

Nouvelle orthographe, p. 503

---

1. L'orthographe antérieure à 1990 est toujours acceptée : *je céderai, elle considérera, nous interpréterons*.
2. L'orthographe antérieure à 1990 est toujours acceptée : *puissé-je, dussé-je*.
3. Liste complète des mots concernés : *amoncèlement, bossèlement, chancèlement, cisèlement, cliquètement, craquèlement, craquètement, cuvèlement, dénivèlement, ensorcèlement, étincèlement, grommèlement, martèlement, morcèlement, musèlement, nivèlement, ruissèlement, volètement*.

Une première exception concerne la terminaison dans la conjugaison des verbes. On continue d'utiliser l'accent circonflexe sur *i* ou sur *u* aux temps et modes suivants :

- au passé simple : *nous vîmes, vous reçûtes* comme *nous chantâmes* ;
- à l'imparfait du subjonctif (troisième personne du singulier) : *qu'il fît, qu'elle voulût* comme *qu'elle chantât* ;
- au plus-que-parfait du subjonctif (troisième personne du singulier) : *qu'elle eût voulu, nous voulûmes qu'il prît la parole, il eût préféré qu'on le prévînt.*

La seconde exception prévoit le maintien de l'accent circonflexe dans les mots où il apporte une distinction de sens utile : *dû* (qui s'oppose à *du*), *jeûne* (qui s'oppose à *jeune*), les adjectifs *mûr* (qui s'oppose à *mur*) et *sûr* (qui s'oppose à *sur*), et le verbe *crû* (du verbe *croitre* étant donné que sa conjugaison est en partie homographe de celle du verbe *croire*). L'exception ne concerne pas les dérivés et les composés de ces mots (*sûr* mais *sureté*). Comme c'était déjà le cas pour *dû*, les adjectifs *mûr* et *sûr* ne prennent un accent circonflexe qu'au masculin singulier.

> **Remarques**
> 1. Les personnes qui ont la maitrise de l'orthographe ancienne peuvent naturellement ne pas suivre cette nouvelle norme.
> 2. Cette mesure entraine la rectification de certaines anomalies étymologiques, en établissant des régularités. On écrit désormais *mu* (comme déjà *su, tu, vu, lu*), *plait* (comme déjà *tait, fait*), *piqure, surpiqure* (comme déjà *morsure*), *traine, traitre*, et leurs dérivés (comme déjà *gaine, haine, faine*), et *ambigument, assidument, congrument, continument, crument, dument, goulument, incongrument, indument, nument* (comme déjà *absolument, éperdument, ingénument, résolument*).
> 3. Sur ce point comme sur les autres, aucune modification n'est apportée aux noms propres ni aux adjectifs issus de ces noms (*Nîmes, nîmois*).

4. Le tréma

Nouvelle orthographe, p. 503

Le tréma (¨) se met sur les voyelles *e, i, u*, pour indiquer que ces voyelles sont prononcées : *haïr, coïnculpé, aigüe, Noël*.

Le tréma sur la voyelle *u* indique que cette lettre doit être prononcée séparément de la lettre *g* qui précède, ce qui permet d'éviter des prononciations erronées : *il argüe* se prononce [aʀgy] et ne se prononce pas comme *il nargue* [naʀg]. On écrit donc : *il argüe* (et toute la conjugaison du verbe *argüer*) ; *aigüe* (et ses dérivés, comme *suraigüe*, etc.), *ambigüe, exigüe, contigüe, ambigüité, exigüité, contigüité, cigüe* ; *gagéure* qui se prononce [gaʒyʀ], *mangeüre, rongeüre, vergeüre*.

> **Remarque**
> Anciennement, certains mots prenaient le tréma sur le *e*, malgré la prononciation de la voyelle *u* : *aiguë, ambiguë*, etc. Ces anciennes graphies sont encore acceptées.

5. La cédille

La cédille (ͅ) se place sous le *c* devant *a, o, u*, pour indiquer que ce *c* doit être prononcé [s] : *avança, leçon, reçu*.

4. La ponctuation

La ponctuation est l'art d'indiquer, par des signes conventionnels, l'organisation d'un texte écrit, en signalant les pauses à faire dans la lecture, en séparant ou en regroupant des éléments de la phrase, ou en véhiculant des informations sémantiques. Les signes de ponctuation sont aussi utilisés au niveau du mot, pour relier des mots entre eux ou pour indiquer une abréviation (*quand-même, M.*, etc.).

Les signes de ponctuation sont :

le point	.	les deux points	:	les guillemets français	« »
le point d'interrogation	?	les points de suspension	...	les guillemets anglais	" "
le point d'exclamation	!	le point médian	·	le tiret	–
la virgule	,	les parenthèses	( )	le trait d'union	-
le point-virgule	;	les crochets	[ ]	l'astérisque	*

> **Remarque**
> Le trait d'union (-) est plus court que le tiret (–) et sert à la coupe ou au regroupement des mots.

Trait d'union p. 50

1. Ponctuation et découpe des phrases

Le point, le point-virgule et la virgule marquent des interruptions d'importance décroissante, de même que les points de suspension.

a) Le point

Majuscule en début de phrase p. 33

Le point indique la fin d'une phrase, simple ou complexe, et est suivi d'une majuscule.

> 66 *Les pleurs la réveillent. Elle vous regarde. Elle regarde la chambre. Et de nouveau elle vous regarde. Elle caresse votre main.* (Marguerite Duras, **La maladie de la mort**, 1989) 99

Quand le point isole un segment inférieur à la phrase, cela a pour effet de mettre ce segment en évidence ou de simuler le style parlé.

> *Charlotte est étourdie par son apparition. Il tourne la tête à droite, à gauche.* **Comme attiré par tout ce qui n'est pas elle.** *Le serveur apporte sa boisson, qu'il avale aussitôt. D'une traite, sans respirer entre les gorgées.* (DAVID FOENKINOS, ***Charlotte***, 2014)

Le point peut regrouper plusieurs propositions syntaxiques coordonnées ou juxtaposées, qui forment un tout du point de vue du sens.

> *J'ai tendu des cordes de clocher à clocher ; des guirlandes de fenêtre à fenêtre ; des chaines d'or d'étoile à étoile, et je danse.* (ARTHUR RIMBAUD, ***Phrases***, 1886)
>
> *Ils rient, boivent, elle repart travailler, et lui fait ce qu'il a à faire.* (LAURENT MAUVIGNIER, ***Continuer***, 2016)

Point d'abrègement p. 48

Le point se place aussi après tout mot écrit en abrégé.

b) La virgule

La virgule marque une pause de moindre durée que le point. Elle permet d'isoler un élément dans le développement de la phrase, qu'il s'agisse d'éléments de même statut ou de statut différent.

- **La virgule sépare des éléments de même statut**

1° La virgule sépare des éléments juxtaposés, qu'ils soient sujets, verbes, compléments, attributs, propositions, etc.

> *Tous ces hommes qui ont* **creusé, réfléchi, cherché, échoué** *et cherché encore.* (LAURENT GAUDÉ, ***Écoutez nos défaites***, 2016)
>
> *Nous nous retrouvions autour de la musique russe ou polonaise, autour* **de Rimski, de Borodine, de Szymanowsky.** (MATHIAS ÉNARD, ***Boussole***, 2015)
>
> *La terre a disparu, la maison baigne, les arbres submergés ruissèlent, le fleuve lui-même qui termine mon horizon comme une mer parait noyé.* (PHILIPPE CLAUDEL, ***Connaissance de l'Est***, 1907)

Remarque
Quand les conjonctions *et, ou, ni* sont répétées plus de deux fois dans une énumération, on sépare généralement par une virgule les éléments coordonnés :

*Et la terre, et le fleuve, et leur flotte, et le port,
Sont des champs de carnage où triomphe la mort.* (PIERRE CORNEILLE, ***Le Cid***, 1637)

*Et son bras et sa jambe, et sa cuisse et ses reins,
Polis comme de l'huile, onduleux comme un cygne,
Passaient devant mes yeux clairvoyants et sereins.*
(CHARLES BAUDELAIRE, ***Les bijoux***, 1842)

> *Tout, autour, **et** la nuit **et** le monde, **et** la plupart du cosmos, eût fait claquer les dents d'un légionnaire ou d'un ours.* (Yann Moix, **Naissance**, 2013)
>
> *Les idées qui se présentent aux gens qui sont bien élevés, et qui ont un grand esprit, sont **ou** naïves, **ou** nobles, **ou** sublimes.* (Montesquieu, **Essai sur le goût**, 1757)

2° La virgule est souvent placée avant la conjonction *mais, or, donc, car* lorsque les éléments sont introduits par ces conjonctions.

> *En général je ne trouve pas particulièrement séduisant ce genre d'accoutrement, **mais** sur elle c'était seyant.* (Serge Joncour, **L'écrivain national**, 2014)
>
> *Tout est bon dans le film pour faire japonais, **or** les studios manquent d'accessoires.* (Éric Faye, **Éclipses japonaises**, 2016)
>
> *Il serait dommage de rebrousser chemin, **car** sitôt passé cette porte, on gagne un autre monde.* (Nicolas d'Estienne d'Orves, **La gloire des maudits**, 2017)

3° La virgule isole les éléments identiques qui sont répétés avec un effet d'insistance.

> *Rien n'arrête leur course, ils vont, ils vont, ils vont !* (Victor Hugo, **L'aigle du casque**, 1859)
>
> *Bien, bien, bien, semble dire Albert, rien d'autre, le reste est bloqué dans sa poitrine.* (Pierre Lemaitre, **Au revoir là-haut**, 2013)

• La virgule sépare des éléments de statut différent

1° La virgule isole un complément ou une proposition (subordonnée, participiale, etc.) placé en tête de phrase.

> ***Sur ce sentiment inconnu**, dont l'ennui, la douceur m'obsèdent, j'hésite à apposer le nom, le beau nom grave de tristesse.* (Françoise Sagan, **Bonjour tristesse**, 1954)
>
> ***Quand on peut raconter le réel**, il s'éclaire.* (Alexis Jenni, **Son visage et le tien**, 2014)

Toutefois, on omet ordinairement la virgule en cas d'inversion, quand le verbe suit immédiatement le complément et que le sujet est placé après le verbe.

> ***De la plage étincelante et de la petite main chaude** naît un parfum.* (Léonor de Recondo, **Pietra viva**, 2013)

Dans des phrases où la proposition subordonnée est intimement liée par le sens à la principale et qu'aucune pause n'est demandée, on ne met pas la virgule.

> *Visiblement, les éleveurs devenaient très vite nerveux et impatients **quand des troupeaux se mélangeaient**. (Olivier Truc, Le dernier Lapon, 2012).*
>
> *Marianne serrait les dents et poussait un petit cri **dès que le fouet s'abattait violemment sur l'animal**. (Mathias Énard, Zone, 2008)*
>
> *Le village prenait place au cœur de la forêt **sans que la présence des êtres humains se marquât plus bruyamment que celle des oiseaux, des serpents ou des insectes**. (Jean-Christophe Rufin, Rouge Brésil, 2001)*

Phrase avec détachement p. 387

2° La virgule isole un élément détaché, placé en tête ou en fin de phrase, dans des constructions détachées.

> ***Moi**, je suis un invalide du cœur. (Pierre Lemaitre, Au revoir là-haut, 2013)*
>
> ***L'embrasement du ciel**, Michelangelo l'a déjà connu dans sa vie. (Léonor de Recondo, Pietra viva, 2013)*

Phrase incidente p. 493

3° Deux virgules encadrent un élément ayant une valeur purement explicative ou une proposition incidente ; on parle de virgule ouvrante et de virgule fermante.

> *Elena, **qui ne prenait officiellement son poste qu'au 1er septembre**, profita de ses derniers jours libres pour faire rénover chaque pièce de la maison. (Liliana Lazar, Enfants du diable, 2015)*
>
> *Il n'empêche que, **non content de faire dire à Paul le contraire de ce qu'il disait**, il s'emploie à discréditer ce qu'il a effectivement dit et, **en faisant passer sa lettre authentique pour un faux**, à justifier toutes ses inquiétudes. (Emmanuel Carrère, Le Royaume, 2014)*

Prop. subordonnée phrase p. 449

4° On insère une virgule avant les propositions subordonnées à valeur de justification ou de commentaire, qui sont associées à la phrase sans dépendre directement du verbe principal.

> *Aucun voisin ne s'étonnerait d'entendre des cris de douleur, **puisque tout le monde la voyait proche de son terme**. (Liliana Lazar, Enfants du diable, 2015)*

Mais on ne met pas de virgule quand la proposition subordonnée dépend du verbe et est intimement liée par le sens à la proposition principale.

> *Il était inquiet **parce que l'obscurité blanche persistait autour de lui**. (Michel Tournier, Vendredi ou La vie sauvage, 1971)*
>
> *Tout s'est fait **sans que nous parlions**. (Laurent Gaudé, Ouragan, 2010)*

> Mot mis en apos- trophe p. 342

5° La virgule isole les mots en apostrophe.

> *Sois sage, ô ma **Douleur**, et tiens-toi plus tranquille.* (Charles Baudelaire, **Recueillement**, 1861)

> Ellipse p. 338

6° La virgule est insérée entre des groupes syntaxiques rapprochés suite à une ellipse d'un verbe ou d'un autre mot exprimé dans une proposition précédente.

> *Le devoir des juges est de rendre la justice ; **leur métier, de la différer.*** (Jean de La Bruyère, **Les caractères**, 1688)

- **La virgule est en principe interdite**

La virgule est en principe interdite entre des groupes étroitement liés d'un point de vue syntaxique, comme le verbe et le sujet, ou le verbe et le complément qui suit immédiatement. Cependant, la longueur d'un groupe peut justifier l'insertion d'une virgule. Cet usage est assez rare, voire varie selon les éditions d'une même œuvre.

> *Les sophistes dont Julien était environné, se déchaînèrent contre le christianisme.* (François-René de Chateaubriand, **Le génie du christianisme**, 1828)

c) Le point-virgule

Le point-virgule s'emploie pour séparer, dans une phrase, les parties dont une au moins est déjà subdivisée par la virgule, ou encore pour séparer des propositions de même fonction qui ont une certaine étendue.

> *C'étaient deux femmes, l'une très vieille et courbée ; l'autre, une jeune fille, blonde, élancée.* (Alain Fournier, **Le grand Meaulnes**, 1913)
>
> *Je m'emparai du téléphone pour appeler les secours ; le souvenir de la conversation de la veille arrêta mon geste.* (Amélie Nothomb, **Le fait du prince**, 2008)
>
> *Soudain, il entendit un bêlement : ce n'était pas surprenant ; quelques moutons redevenus sauvages habitaient au cœur de l'île ; ceux-là avaient trouvé comme lui un abri sûr.* (Marguerite Yourcenar, **Un homme obscur**, 1985)

d) Les points de suspension

Les points de suspension indiquent que l'expression de la pensée reste incomplète par réticence, par convenance ou pour une autre raison.

> *Jamais Camille n'avait été aussi… Il cherche.* (Pierre Lemaitre, **Alex**, 2011)
>
> *Du coup, quand à son tour elle est tombée enceinte, elle a eu envie que son enfant soit…* (Thomas Gunzig, **Manuel de survie à l'usage des incapables**, 2013)

CHAPITRE **2** Les éléments de la langue écrite

> **Remarques**
> 1. Quand ils marquent l'inachèvement d'une énumération, les points de suspension sont en concurrence avec *etc.* suivi d'un point. On ne fait pas précéder les points de suspension d'une virgule, pas plus qu'on ne fait suivre la mention *etc.* de points de suspension.
>
> *Vos yeux, vos cheveux…* (Daniel Rondeau, **Mécaniques du chaos**, 2017)
>
> *Et tous les vendredis, dès l'aube, à l'heure où blanchit etc., elle installait une Paulette toute fripée près de la vitre.* (Anna Gavalda, **Ensemble, c'est tout**, 2010)
>
> 2. Les points de suspension entre crochets […] indiquent qu'une citation est donnée de manière incomplète.
> 3. Les points de suspension, comme l'astérisque, peuvent être utilisés pour abréger un mot qu'on préfère ne pas écrire.
>
> *Par exemple, je suis bien sûr que la comtesse de B…, qui répondit sans difficulté à ma première lettre.* (Choderlos de Laclos, **Les liaisons dangereuses**, 1782)

2. Ponctuation modifiant le sens de la phrase

Les signes de ponctuation sont utilisés pour indiquer une discontinuité dans la phrase (l'insertion d'un commentaire, d'un exemple, d'un discours rapporté, etc.) ou une valeur particulière de la phrase (interrogation, exclamation).

a) Les deux points

Les deux points s'emploient :

1° pour introduire une citation, un discours direct ; dans ce cas uniquement, les deux points sont suivis d'une majuscule :

> *Quand Verlaine dit : « L'espoir luit comme un brin de paille dans l'étable », c'est une superbe imagination lyrique.* (Milan Kundera, **Testaments trahis**, 1993)

2° pour introduire une énumération ou des exemples qui développent un terme :

> *Il n'y a pour l'homme que trois événements : naître, vivre et mourir.* (Jean de La Bruyère, **Les caractères**, 1688)
>
> *Le fonctionnalisme se divise lui-même en deux sous-courants : les machiavéliens et les cicéroniens.* (Laurent Binet, **La septième fonction du langage**, 2015)

3° pour annoncer l'analyse, l'explication, le développement, la conséquence, la synthèse de ce qui précède :

> *Les téléspectateurs ne considèrent jamais le fond d'un débat : ils sont happés par la forme.* (Yann Moix, **La meute**, 2010)
>
> *Quiconque s'est déjà risqué à la photographie le sait : il n'y a pas de prise parfaite.* (Jakuta Alikavazovic, **La blonde et le bunker**, 2012)

b) Le point d'interrogation

Phrase interrogative p. 371

Le point d'interrogation s'emploie après toute phrase exprimant une interrogation directe. Il correspond généralement à une intonation montante de question. Si la phrase interrogative est suivie d'une incise, le point d'interrogation se place à la fin de la phrase interrogative :

> N'est-il pas dans son assiette ? Et que fait-il ? Agent de police ? de bourse ? de change ? Comptable ? Commis ? (PATRICK ROEGIERS, **La géométrie des sentiments**, 1998)
>
> — Tu veux que je vienne ? demandait Joséphine, à contrecœur. (KATHERINE PANCOL, **Les écureuils de Central Park sont tristes le lundi**, 2010)

> **Remarque**
> Un point d'interrogation placé entre parenthèses (?) marque un commentaire de l'auteur pour attirer l'attention sur le caractère incertain du terme utilisé :
> *Pour ne rien oublier, il attrapa son cahier de textes, un feutre, et nota à la va-vite tout ce qui lui venait à l'esprit : vêtements, argent, train, avion (?), Spider-Man, passeport !* (PIERRE LEMAITRE, *Trois jours et une vie*, 2016)

c) Le point d'exclamation

Phrase exclamative p. 370

Le point d'exclamation se met après une exclamation et il correspond généralement à une intonation descendante. Ses valeurs sémantiques sont variées : dépit, alerte, ordre, etc.

> Alors ils m'ont laissé seul. Un moyen de fuir, mon Dieu ! un moyen quelconque ! Il faut que je m'évade ! il le faut ! sur-le-champ ! par les portes, par les fenêtres, par la charpente du toit ! quand même je devrais laisser de ma chair après les poutres ! Ô rage ! démons ! malédiction ! (VICTOR HUGO, **Le dernier jour d'un condamné**, 1829)

d) Les parenthèses

Les parenthèses s'emploient pour intercaler dans une phrase un commentaire ou une rectification, qui pourrait être supprimé sans affecter le sens général. À la différence d'un élément inséré entre virgules, qui garde un lien syntaxique avec le contexte, le contenu d'une parenthèse peut être indépendant de celui-ci (c'est ce qu'on appelle une *phrase incidente*).

> On conte qu'un serpent voisin d'un horloger
> (C'était pour l'horloger un mauvais voisinage)
> Entra dans sa boutique. (JEAN DE LA FONTAINE, **Le serpent et la lime**, 1668)
>
> J'ai résolu d'écrire au hasard. Entreprise difficile : la plume (c'est un stylo) reste en retard sur la pensée. Or il importe de ne pas prévoir ce qu'on va dire. (ANDRÉ GIDE, **Ainsi soit-il ou Les jeux sont faits**, 1952)

CHAPITRE **2** Les éléments de la langue écrite

> **Remarques**
> 1. Dans un texte théâtral, les parenthèses isolent des indications scéniques données aux acteurs, qu'on appelle des *didascalies*.
>   *L'élève (cherche un instant, puis, heureuse de savoir) – Paris, c'est le chef-lieu de… la France ?* (Eugène Ionesco, ***La leçon***, 1951)
> 2. Dans un texte scientifique ou administratif, les parenthèses peuvent encadrer une référence (titre, page, renvoi).
> 3. Dans une citation, la mention (*sic*) indique que les propos rapportés sont fidèles à la source. On indique (*sic*) quand on trouve une erreur orthographique ou un mot qui semble inapproprié.
>   *Au soir, m'allant coucher, je trouvis (sic) trois anges à mon lit couchés, un aux pieds, deux au chevet.* (Victor Hugo, ***Les misérables***, 1862)
> 4. Le contenu de la parenthèse pouvant être indépendant du contexte, il conserve sa ponctuation propre et le signe de ponctuation final précède la parenthèse fermante.
>   *Le commissaire s'empresse de lui faire signer cette déclaration anodine, avant de lui apprendre avec un sourire de porc sauvage que c'était une ruse. (Plus tard, devant la juge d'instruction, elle se rétractera, s'indignera du procédé (« Ils ont triché, menti ! »), sans grand effet.)* (Philippe Jaenada, ***Sulak***, 2013)

e) Les crochets

Les crochets servent au même usage que les parenthèses, mais ils sont moins usités.

> *Les douze meilleurs de la Reichssonderklasse [littéralement « classe exceptionnelle du Reich »] ont été distingués et vont recevoir l'agrafe d'or ou d'argent de la NSRL (Société national-socialiste pour la gymnastique).* (Laurent Binet, ***HHhH***, 2010)

On les emploie aussi pour isoler une indication qui contient déjà des parenthèses :

> *Il se réduit à l'observance sans tapage ni ostentation des obligations islamiques principales (la prière, le ramadhan, le pèlerinage [el hadj] et l'aumône légale [zakat]) et quelques rites traditionnels devenus au fil du temps.* (Boualem Sansal, ***Gouverner au nom d'Allah***, 2013)

Les crochets servent également à encadrer une transcription de la prononciation réalisée à l'aide de symboles phonétiques : *crochets* [kʁɔʃɛ].

f) Les guillemets

Discours direct p. 496

Les guillemets s'emploient pour encadrer une citation ou un discours direct :

> *Laurent Fabius proteste avec une moue dédaigneuse : « Je n'ai pas dit ça… » Mitterrand, hargneux : « Mais si ! »* (Laurent Binet, ***La septième fonction du langage***, 2015)

Caractères italiques p. 33

Les guillemets sont parfois employés au lieu des caractères italiques pour souligner certains mots dans une phrase (néologismes, mots étrangers, populaires ou familiers, mots que l'auteur veut mettre en évidence ou doter d'un sens particulier, etc.). Il est préférable de recourir aux caractères italiques et de réserver les guillemets pour l'encadrement des citations.

> Un général trois étoiles l'avait averti à Paris que « quelqu'un » prendrait contact avec lui de façon discrète, pour le mener à l'intermédiaire de confiance censé ouvrir la négociation. (SERGE BRAMLY, **Le premier principe, le second principe**, 2008)

Remarque
Les guillemets vont toujours par paire. Les guillemets français (« ... ») sont concurrencés par les guillemets anglais ("..."). Lorsqu'on introduit une citation à l'intérieur d'une autre citation, on utilise les deux sortes de guillemets pour les séparer, d'abord les français puis les anglais.

J'étais de plus en plus stupéfait. « À la fin de l'année dernière, je l'ai croisé dans le tram. Sa vue avait fort baissé. Il portait d'énormes lentilles. Il m'a quand même reconnu. "Votre belle voix est gravée dans mon vieux crâne," m'a-t-il avoué. – Ce sont ses flatteries idiotes qui t'ont poussée à le revoir ? T'es une grande fille maintenant ! » (ALAIN BERENBOOM, **La fortune Gutmeyer**, 2015)

g) L'astérisque

L'astérisque est un signe en forme d'étoile qui indique un renvoi ou qui, simple ou triple, remplace un nom propre qu'on ne veut pas faire connaitre, sinon parfois par la simple initiale, ou une date :

> *La passion très véritable que le comte M*** avait eue pour la Fausta se réveilla avec fureur.* (STENDHAL, **La chartreuse de Parme**, 1839)
>
> *Le pauvre demeura six mois à B***, où il devint célèbre.* (BERNARD QUIRINY, **Histoires assassines**, 2017)
>
> *Du château de..., ce 2 octobre 17**, au soir.* (CHODERLOS DE LACLOS, **Les liaisons dangereuses**, 1782)

Dans un usage spécialisé, un astérisque précédant une forme indique que cette forme ne respecte pas les règles orthographiques ou grammaticales de la langue (on parle de forme *agrammaticale*) : **elles sourièrent* (au lieu de : *elles sourirent*).

h) Le tiret

Le tiret s'emploie dans un dialogue pour introduire les paroles d'un personnage ou indiquer le changement d'interlocuteur. Il dispense d'utiliser les guillemets :

> *– Le champagne est le meilleur repas, dit-elle.*
> *– Vous voulez dire la meilleure boisson pour accompagner un repas ? repris-je, très Français voulant enseigner les subtilités de sa langue.*

> — Non. Vous voyez, je ne dîne pas. Le champagne, c'est boire et manger.
> — Attention à l'ivresse.
> — Je la recherche. L'ivresse du champagne est un trésor.
> (Amélie Nothomb, **Le fait du prince**, 2008)

Lorsque le tiret est répété (tiret ouvrant et tiret fermant), il est utilisé pour séparer du contexte des mots, des propositions, comme le feraient les parenthèses :

> *À moins de tenter – sans espoir de réussite aucune – de se déguiser en un de ces pauvres petits singes affreusement enchaînés à un orgue de Barbarie…* (Patrick Declerck, **Crâne**, 2016)

Il faut distinguer, typographiquement, le tiret (–) du trait d'union (-) qui est plus court.

Trait d'union p. 50

i) L'alinéa

L'alinéa marque une segmentation plus importante que le point ; c'est une séparation qu'on établit entre une phrase et les phrases précédentes, en la faisant commencer un peu en retrait à la ligne suivante[1], après un petit intervalle laissé en blanc. L'alinéa délimite un paragraphe : il s'emploie quand on passe d'un groupe d'idées à un autre groupe d'idées.

> *Quelques-uns ont repris du canard à l'orange. La conversation, de plus en plus facile, augmente à chaque minute un peu davantage encore l'éloignement de la nuit.*
> *Dans l'éclatante lumière des lustres, Anne Desbaresdes se tait et sourit toujours.*
> *L'homme s'est décidé à repartir vers la fin de la ville, loin de ce parc. À mesure qu'il s'en éloigne, l'odeur des magnolias diminue, faisant place à celle de la mer.*
> *Anne Desbaresdes prendra un peu de glace au moka afin qu'on la laisse en paix.*
> (Marguerite Duras, **Moderato cantabile**, 1958)

j) La barre oblique

La barre oblique remplace une conjonction de coordination (*et*, *ou*), en particulier dans des expressions elliptiques. L'usage veut qu'on ne mette pas d'espace entre la barre oblique et les mots simples qu'elle sépare, mais qu'on ajoute une espace si elle sépare deux groupes de mots ou propositions :

> *La portée sociologique du concept Langue/Parole est évidente.* (Roland Barthes, **Éléments de sémiologie**, 1964)
>
> *Un programme méthodique fut établi, et sur le fronton des écuries, on tendit une banderole bilingue : Moresnet Universität / Université de Moresnet.* (Marc Bressant, **Un si petit territoire**, 2017)

---

1. Ce retrait en début de ligne n'est plus utilisé dans les mises en page modernes.

3. Les signes de ponctuation du mot

Le blanc typographique, l'apostrophe, le trait d'union et le point sont utilisés pour abréger, segmenter ou regrouper les mots.

a) Le blanc typographique

Le blanc typographique, aussi appelé *une* espace, a pour fonction première de séparer visuellement les mots graphiques, séparation qui n'était pas marquée dans les manuscrits médiévaux. L'usage du blanc typographique est tellement courant qu'il est parfois perçu comme un critère de définition du mot ; or certains mots sont séparés par des blancs : *parce que, tout à fait, pomme de terre*, etc.

b) Le point d'abrègement

Le point se place après tout mot écrit en abrégé ou sous la forme d'un acronyme (suite d'initiales) : *etc. (et cetera)* ; *P.S. (Post scriptum)* ; *l'U.E. (l'Union européenne)*.

> **Remarques**
> 1. Le point ne s'utilise pas quand la dernière lettre du mot est conservée dans l'abréviation, ce qui explique la différence entre *Mme* (Madame) et *M.* (Monsieur) (et non pas *Mr*, abréviation de l'angl. *Mister*).
> 2. L'usage tend à se passer de point dans les sigles : *ONU, USA*, etc.
> 3. On n'emploie pas le point à la fin d'un titre, dans les symboles d'unités de mesure (*3 km, 20 €, 60 kg*) ni pour séparer la partie décimale dans les nombres écrits en chiffres, où on utilise la virgule (*22,5 €*).

Élision
p. 25

c) L'apostrophe (élision)

L'apostrophe (') se place en haut et à droite d'une consonne pour marquer l'élision de *a, e, i* : *l'arme, d'abord, l'école, s'il pleut*.

• **Règles de l'élision graphique**

1° L'élision de *a* est marquée par l'apostrophe dans l'article *la* : *l'église, l'heure*, et dans le pronom atone *la*, devant les pronoms *en, y*, ou devant un verbe :

> *Ah, ils l'ont méritée, leur Révolution française et son lot de pseudo-penseurs et de scientifiques.* (**Hyam Yared**, *Tout est halluciné*, 2016)
>
> *Même avant d'y voir Odette, même s'il ne réussissait pas à l'y voir.* (**Marcel Proust**, *Du côté de chez Swann*, 1913)

(Mais : *Laisse-la entrer, Envoie-la ouvrir*, car *la* est accentué.)

2° L'élision de *e* est marquée par l'apostrophe dans les cas suivants :
- dans l'article *le* : *l'aveugle, l'homme* ;
- dans les pronoms atones *je, me, te, se, le*, devant les pronoms *en, y*, ou devant un verbe :

> *Le hasard a voulu que j'aie une mère…* (Hervé Bazin, **Vipère au poing**, 1948)
>
> *Skandar le premier se mit à manger, tout le monde l'imita.* (Charif Majdalani, **Villa des femmes**, 2015)

(Mais : *Fais-le assoir,* car le *le* est accentué.)

- dans *de, ne, que, jusque, lorsque, puisque, quoique*, et dans les locutions conjonctives composées avec *que* :

> *Quoiqu'il ne fût plus jeune, on contait qu'il était d'une force prodigieuse.* (Victor Hugo, **Les misérables**, 1862)

- dans le pronom *ce* devant *en* et devant le *e* ou le *a* initial d'une forme simple ou composée du verbe *être* :

> *C'en est fait de nos vies.* (Yann Martel, **L'histoire de Pi**, 2001)
>
> *C'étaient des femmes.* (Jacqueline Harpman, **Moi qui n'ai pas connu les hommes**, 1995)

- dans *presqu'île, quelqu'un(e)*, mais non dans *presque entier, presque achevé, quelque autre*, etc. :

> *La vieille médina ayant été construite sur une sorte de presqu'île.* (Philippe Jaenada, **La petite femelle**, 2015)
>
> *L'après-midi était presque achevé.* (Marc Bressant, **Un si petit territoire**, 2017)

- dans *entre*, élément des deux verbes *s'entr'appeler, s'entr'avertir*. Mais sans élision graphique : *entre eux, entre amis, entre autres*, etc. :

> *Entre amis, il ne faut jamais qu'on s'abandonne.* (Jean de La Fontaine, **Le chat et les deux moineaux**, 1693)
>
> *Il entrouvrit l'enveloppe.* (Honoré de Balzac, **Le père Goriot**, 1835)

> **Remarque**
> L'Académie a abandonné, dans les mots suivants, l'apostrophe qui marquait l'élision du *e* final de *entre*, et a soudé les éléments composants : *s'entraccorder, s'entraccuser, entracte, s'entradmirer, entraide, s'entraider, entrouverture, entrouvrir*.
> La graphie avec soudure est également privilégiée par les dictionnaires de référence pour *s'entraimer, s'entrapercevoir* et *s'entrégorger*. Elle tend à se généraliser.

3° L'élision de *i* est marquée par l'apostrophe dans la conjonction *si* devant *il(s)* :

> *Je ne sais même pas s'ils se connaissaient.* (Romain Gary, **La vie devant soi**, 1975)

d) Le trait d'union

Le trait d'union (-) sert à lier plusieurs mots unis par une relation lexicale ou syntaxique : *arc-en-ciel, dit-il, toi-même*.

• Le trait d'union dans le mot

> Mots composés p.70

Le trait d'union remplit une fonction **lexicale** lorsqu'il marque la liaison entre les éléments de mots composés : *arc-en-ciel, vis-à-vis, après-midi, c'est-à-dire*, etc.

Le trait d'union est concurrencé, et progressivement remplacé, par la **soudure,** qui consiste à ne pas séparer les mots. En nouvelle orthographe, le trait d'union est remplacé par la soudure dans les cas suivants.

- Les composés formés avec *contr(e)* et *entr(e)* : *contrattaque, contreculture, contrenquête, entretemps, s'entretuer*.
- Les composés formés avec *extra-, infra-, intra-, ultra-*, sauf si la soudure engendre une prononciation erronée (comme *intra-utérin* : *intra*utérin pourrait se lire [o]) : *extrafort, infrason, intraatomique, intraveineuse, ultramoderne*.
- Les composés d'éléments savants, en particulier en *-o* : *autoécole, microonde, socioéconomique*.
- Les mots d'origine étrangère ou formés par onomatopée : *apriori, bouiboui, checkup, statuquo, weekend*, etc.
- Certains composés formés d'un verbe et un nom, d'un verbe et de *tout*, avec *basse-, mille-, haute-*, et quelques autres : *croquemonsieur, hautparleur, mangetout, millepatte, portemonnaie, rondpoint, chauvesouris, saufconduit*, etc.

> Liste complète des mots soudés, p.509

Remarque
Pour tous les composés où la nouvelle orthographe préfère la soudure au trait d'union, aucune des deux graphies ne peut être considérée comme fautive.

Mots d'origine latine

| apriori | exlibris | exvoto | statuquo | vadémécum |

Mots d'origine étrangère

baseball	cowboy	harakiri	sidecar
basketball	fairplay	hotdog	striptease
blackout	globetrotteur	motocross	volleyball
bluejean	handball	ossobuco	weekend, etc.

Dans les **noms de nombres composés**, le trait d'union est utilisé entre toutes les parties, que le nombre soit inférieur ou supérieur à cent : *quatre-vingt-huit, cinq-cent-vingt-cinq, vingt-et-un-mille-six-cent-deux*, etc.

Remarques
1. On distingue ainsi *quarante-et-un tiers* (41/3) de *quarante et un tiers* (40+1/3), et aussi *mille-cent-vingt septièmes* (1120/7) de *mille-cent vingt-septièmes* (1100/27), ou encore de *mille-cent-vingt-septième* (1127[e]).

> **2.** On considère généralement que million et milliard sont des noms et ne sont donc pas concernés par le trait d'union dans les numéraux. Certaines grammaires et certains correcteurs d'orthographe considèrent cependant que *million* et *milliard* sont des noms numéraux et qu'on peut les écrire avec un trait d'union. Sans recommander cet usage, on ne le considérera pas comme fautif : *un-million-cent euros, cinq-millions-deux-cent-mille voyageurs*, etc.

- **Le trait d'union pour grouper les mots**

Le trait d'union remplit une fonction **syntaxique** lorsqu'il unit deux mots formant un groupe. On utilise le trait d'union dans les cas suivants.

- Entre le verbe et le pronom placé après lui : *Dit-il, Puis-je, Voit-on, Est-ce vrai ?*
- Entre le verbe à l'impératif et les pronoms personnels compléments de ce verbe : *Crois-moi, Prends-le, Dites-le-moi, Faites-le-moi savoir*. (Lorsque le pronom est complément d'un autre verbe, on ne met pas de trait d'union : *Veuille* **me** *suivre, viens* **me le** *raconter*.)
- Avant et après le *t*, consonne de liaison entre un verbe et un pronom : *Répliqua-t-il, Chante-t-elle, Convainc-t-on*.
- Devant *ci* et *là* joints aux diverses formes du pronom *celui* ou à un nom précédé d'un adjectif démonstratif : *celui-ci, ceux-là, cette personne-ci, ces choses-là* ; et dans les expressions composées avec *ci* et *là* : *ci-contre, ci-joint, là-haut, jusque-là, par-ci, par-là*, etc.
- Entre le pronom personnel et l'adjectif *même* : *moi-même, nous-mêmes*, etc. (Mais pas lorsque *même* suit un nom : il n'est pas correct d'écrire *ce livre-même.)

- **Le trait d'union et la césure (fonction typographique)**

Le trait d'union remplit une fonction typographique lorsqu'il permet de montrer qu'un mot dont la première partie est coupée à la fin d'une ligne ne fait qu'un avec la suite du mot à la ligne suivante : c'est la **césure**. Le trait d'union marque la coupure en fin de ligne et il n'est pas repris à la ligne suivante.

Les cas où **la coupure de mot est autorisée** sont les suivants.

- Quand il y a une seule consonne entre deux voyelles, la coupure se place avant la consonne : *bâ-ti-ment, dé-mé-na-geur, ca-pi-tu-ler*. Si cette consonne est un *x*, il n'y a pas de coupure possible, sauf si ce *x* est prononcé comme un son unique : *taxa-tion* [taksasjɔ̃], *auxi-liaire* [ogsiljɛʀ], mais *deu-xième* [døzjɛm].
- Quand il y a deux consonnes différentes ou une consonne redoublée entre des voyelles, la coupure se place entre les deux consonnes : *par-don, es-timation, frac-ture, pos-sibilité, al-laitement*. Cependant, les deux consonnes ne se séparent pas quand :
  - elles représentent un seul son : *élé-phant* [elefɑ̃], *hypo-thèse* [ipɔtɛz], *déta-cher* [detaʃe], *gro-gner* [gʀɔɲe].
  - la deuxième consonne est *r* ou *l* et la première autre que *r* ou *l* : *pota-ble, nu-cléaire, dé-fla-gration, pro-priétaire*.

- Quand il y a trois consonnes, la coupure se fait après la deuxième consonne : *cons-titution, obs-tétrique*. Cependant, on ne sépare pas les consonnes lorsqu'elles représentent un son unique : *mar-cher* [maʁʃe], *am-phithéâtre* [ɑ̃fiteatʁ], *Or-phée* [ɔʁfe]. Si la dernière consonne est *r* ou *l*, la coupure s'effectue après la première consonne : *ap-pliquer, res-trein-dre, des-cription*.
- Quand il y a quatre consonnes, la coupure se fait après la deuxième consonne, pour autant que ne soient pas séparées des consonnes représentant un son unique : *obs-truction, ins-trument, cons-tructif*, mais *ar-thropodes* [aʁtʁɔpɔd].

> **Remarque**
> Certaines coupures ne respectent pas les règles énoncées ci-dessus, lorsque des préfixes ou des suffixes peuvent être isolés. La coupure se place toujours après les préfixes *dé-* et *pré-* : *bis-annuel, re-structurer, endo-scopie, dé-structurer, pré-scolaire*.

La coupure est évitée dans les cas suivants.
- On ne sépare pas deux voyelles, ni une voyelle et une semi-voyelle : *théâ-tre, déo-dorant, avia-teur, atten-tion, com-bien*.
- Un *y* placé entre deux voyelles ne peut être coupé : *rayon, appuyer*.
- Aucune coupure ne s'effectue après une apostrophe : *pres-qu'ile, aujour-d'hui*.
- On évitera de rejeter à la ligne suivante une syllabe seulement composée d'une consonne et d'un *e* muet (**contredan-se*), et d'isoler en fin de ligne une syllabe formée par une voyelle seule (**a-dorer*).

e) Le point médian

Féminisation
p. 514

Dans le cadre de l'usage des formes féminines et masculines d'un mot, le point médian (·) est un signe de ponctuation utilisé pour former une **abréviation**. Il permet d'écrire de manière condensée deux formes d'un mot en séparant le suffixe masculin du suffixe féminin : *lecteur·rice, français·e*. Le point médian peut être répété pour séparer la marque du pluriel : *il·elle, il·elle·s, un·e, le·a, ce·tte, chacun·e, chef·fe·s, usager·ère·s, locaux·ales, nombreux·ses*, etc.

Écriture inclusive
p. 515

Le point médian n'est pas destiné à être lu à voix haute : la forme *tou·te·s* se lit *tous et toutes* (ou *toutes et tous*). Il s'agit d'une technique parmi d'autres pour donner autant d'importance dans les textes au genre féminin et au genre masculin. On recommande de ne pas abuser du point médian, car il peut rendre la lecture d'un texte difficile, et de le combiner avec d'autres techniques, comme l'usage de noms collectifs (*le corps professoral* au lieu de *les professeurs*).

> **Remarques**
> 1. Au clavier, le point médian s'encode grâce à la combinaison de touches Alt+250 ou Alt+0183 sur PC ; Alt+Maj+F sur Mac.
> 2. L'usage du point médian a été préféré à celui du tiret (*nombreux-se-s*), des parenthèses (*agriculteur(rices)s*) ou des majuscules (*unE avocatE*), signes qui remplissent d'autres fonctions.
> 3. On rencontre des difficultés lorsque la forme au féminin diffère de celle au masculin par la présence d'un accent : *cher·e·s* vs *chèr·e·s*.

PARTIE **2**

| Les mots

CHAPITRE 1
Les classes de mots 55

CHAPITRE 2
L'origine des mots 59

CHAPITRE 3
La formation des mots 61

CHAPITRE 4
Les mots apparentés 79

CHAPITRE **1**

| Les classes de mots

1. Définition 55
2. Les mots variables 56
3. Les mots invariables 57

1. Définition

Le mot est l'unité de base de notre système grammatical. Il se compose d'une suite de sons (ou de lettres à l'écrit), est porteur d'un sens et joue un rôle particulier dans la phrase au sein de laquelle il s'insère. Ce rôle est appelé ***fonction grammaticale***.

> *Les mots sont devenus des clowns.* (Yann Moix, *Terreur*, 2017) (Dans cette phrase, il y a 6 mots.)

À l'écrit, les mots sont généralement délimités par des espaces blancs. À l'oral, les frontières des mots sont plus difficiles à distinguer, car les mots sont rassemblés en groupes. La segmentation des énoncés oraux et la reconnaissance des mots représentent d'ailleurs un défi majeur dans l'apprentissage d'une nouvelle langue.

Plusieurs mots peuvent se combiner pour former une **locution** ayant un sens particulier : *tout à coup, à l'œil, au bas mot, moins que rien, bleu marine, bois-sans-soif, table ronde, tourner de l'œil*, etc. La frontière des mots simples ne concorde donc pas toujours avec le sens qui peut s'établir, comme nous venons de le voir, sur une séquence de mots (*ville basse, sourd-muet*) ou à l'inverse, sur des unités plus petites, appelées **morphèmes**, qui entrent dans la composition de certains mots : *re-commenc-er, sur-expos-é, photo-graphe*.

On range les mots du français en neuf **classes grammaticales** (nom, déterminant, adjectif, pronom, verbe, adverbe, préposition, conjonction, interjection). Celles-ci correspondent à la nature des mots qu'il ne faut pas confondre avec la fonction que ces mots peuvent occuper dans la phrase. Dans la phrase *L'orage gronde*, *orage* est un nom par **nature** et occupe la **fonction** de sujet de la phrase.

Ces classes peuvent elles-mêmes être regroupées selon différents critères. On oppose par exemple les mots variables aux mots invariables ou les mots lexicaux aux mots grammaticaux.

Les **mots lexicaux** sont porteurs de sens et ont essentiellement une **fonction référentielle** (ou dénotative), c'est-à-dire qu'ils renvoient au monde extérieur, ils désignent des êtres, des choses, des actions, etc. Ils forment une classe ouverte qui s'enrichit continuellement grâce à la néologie (noms, verbes, adjectifs, adverbes). Les **mots grammaticaux** ont généralement un sens plus général ou limité. Ils jouent avant tout un rôle dans l'organisation syntaxique de la phrase en introduisant des groupes ou établissent des relations entre eux. Leur nombre est plus limité et les possibilités d'extension de cette classe sont très limitées.

> **Remarque**
>
> *Coordination de phrases p. 489*
>
> L'innovation concernant les mots grammaticaux passe en général par des locutions qui apparaissent dans l'usage et se figent avec un sens particulier. Par exemple, la locution *en même temps* évoque d'abord la simultanéité temporelle de deux évènements :
>
> *En même temps, j'eus des effrois et des plaisirs pour de bon.* (JEAN-PAUL SARTRE, *Les mots*, 1964).
>
> Elle est de plus en plus souvent utilisée avec une fonction de locution conjonctive (pour introduire une précision, une restriction comparable au sens de « mais, cependant, toutefois ») :
>
> *Je n'ai jamais compris pourquoi je raffole de ces saloperies. **En même temps**, c'est pareil avec la cigarette.* (ÉRIC-EMMANUEL SCHMITT, *L'homme qui voyait à travers les visages*, 2016)
>
> *J'admets que son activité alimentaire le préoccupe vivement, reconnut ma mère. **En même temps**, c'est de son âge. Il n'a que peu d'occasions de se divertir autrement !* (YANN MOIX, *Naissance*, 2013)

2. Les mots variables

Nom p. 85

Cinq classes de mots sont variables.

1° Le **nom** ou **substantif**, qui sert à désigner, à « nommer » les êtres ou les choses.

Déterminants p. 119

2° Le **déterminant**, qui sert à marquer le sens complètement ou incomplètement déterminé du nom qu'il précède. Cette classe comprend les articles.

Adjectif p. 149

3° L'**adjectif**, qui qualifie, précise le sens du nom ou du pronom auquel il se rapporte.

Pronom p. 179

4° Le **pronom**, qui, en général, représente un nom, un adjectif, une proposition.

Verbe p. 221

5° Le **verbe**, qui exprime l'existence, l'action ou l'état.

> **Remarques**
>
> 1. Le nom, le déterminant, l'adjectif et le pronom varient en **genre**, pour indiquer, en général, le sexe des êtres et en **nombre**, pour indiquer qu'il s'agit :
>   - soit d'un seul être ou objet,
>   - soit de plusieurs êtres ou objets.
> 2. Les déterminants possessifs, les pronoms possessifs, les pronoms personnels varient, non seulement en genre et en nombre, mais aussi en personne.
>
> *Pluriel des noms p. 101*
>
> 3. Certains noms n'existent qu'au singulier (*bercail, bétail*, etc.) ou au pluriel (*fiançailles, honoraires, alentours*, etc.).

CHAPITRE **1** Les classes de mots

4. Le verbe varie :
- en nombre
- en personne, pour indiquer qu'il s'agit :
  - soit de la personne qui parle : 1re personne,
  - soit de la personne à qui l'on parle : 2e personne,
  - soit de la personne (ou de la chose) dont on parle : 3e personne ;
- en temps, pour indiquer à quel moment se situe le fait ;
- en mode, pour indiquer de quelle manière est connue et présentée l'action (ou l'état, ou l'existence).

Au participe, le verbe peut varier en genre.

3. Les mots invariables

Quatre classes de mots sont invariables :

1° l'**adverbe**, qui modifie un verbe, un adjectif ou un autre adverbe ;

2° la **préposition**, qui marque un rapport entre le mot devant lequel elle est placée et un autre mot ;

3° la **conjonction**, qui unit deux mots, deux groupes de mots ou deux propositions ;

4° l'**interjection**, qui marque l'irruption d'un sentiment personnel dans le discours.

Remarque
Il faut mentionner à part les deux **présentatifs** *voici* et *voilà*, qui servent à annoncer, à présenter.

CHAPITRE **2**

L'origine des mots

Les mots de la langue française proviennent de différentes langues.

1° D'un **fonds latin**. Vers le ve siècle, les parlers gaulois ont été supplantés par le latin populaire, qui s'est peu à peu transformé en langue romane, selon des lois dont la principale est celle de la persistance de la syllabe qui était accentuée en latin : *bastonem, radicinam, animam*, par exemple, ont abouti à *bâton, racine, âme*.

2° D'un certain nombre de **mots gaulois** ou **germaniques**. Au fonds latin – dans lequel se sont maintenus un petit nombre de mots gaulois – l'invasion franque du ve siècle a mêlé un apport assez considérable de mots germaniques, qui nous ont donné, par exemple : *banc, bannière, héron*, etc.

Les différents dialectes romans formèrent de part et d'autre d'une ligne de démarcation allant approximativement de La Rochelle à Grenoble, deux grands domaines linguistiques : au nord, celui de la **langue d'oïl**, et au sud, celui de la **langue d'oc**. À partir du xiie siècle, le francien ou dialecte de l'Île-de-France prit le pas sur les autres dialectes.

3° De différents **emprunts** faits au latin écrit, au grec, aux dialectes et à diverses langues.

   1. **Latin**. À partir du xiie siècle, le vocabulaire roman s'est enrichi, par **formation savante**, de quantité de mots calqués par les lettrés sur des mots du latin écrit. Mais certains de ces mots avaient déjà été transformés en mots romans par le peuple ; ainsi un même terme latin a pu produire un mot populaire et un mot savant, c'est-à-dire des **doublets** : *navigare* a donné *nager* (mot populaire) et *naviguer* (mot savant) ; *potionem* a donné *poison* (mot populaire) et *potion* (mot savant).

   2. **Grec**. Le grec a fourni au français, par formation populaire, un certain nombre de mots, qui sont passés par la forme latine : *baume, beurre, trésor*, etc. Il lui a fourni en outre, par formation savante, nombre de mots, transportés dans la langue, soit indirectement, en passant par le latin, soit directement (surtout au xixe s.) : *amnésie, enthousiasme, téléphone*, etc. De nombreux formants d'origine grecs restent très productifs dans la formation de néologismes : *bio, cyber, hétéro, hydro, hyper, néo, poly*, etc. Ces formants grecs ne

doivent pas être confondus avec les **abrègements** de mots français comme *télé* (abrègement de *télévision*) ou *cyber* (abrègement de *cybernétique* et désignant de manière générale le monde des réseaux informatiques) qui sont eux-mêmes devenus productifs avec un sens différent du formant originel : *cyberespace, cyberattaque, cyberterrorisme, téléphage, téléréalité, téléachat,* etc.

3. **Dialectes.** Le français a emprunté aux différents dialectes, surtout au provençal et au gascon, un certain nombre de mots : *auberge, badaud, fadaise, goujat,* etc.

4. **Langues romanes.** L'**italien** et l'**espagnol** ont fait entrer dans le français un assez grand nombre de mots : *balcon, bambin, opéra, carnaval,* etc. ; *abricot, adjudant, cigare,* etc. Le **portugais** n'a fourni qu'un petit contingent de termes : *fado, pagode, autodafé,* etc.

5. **Langues germaniques.** L'**allemand** a fait passer dans le lexique français d'assez nombreux mots relatifs surtout aux domaines des sciences (par exemple en biologie, géologie, philosophie, etc. : *enzyme, écologie, cobalt, idéal, noumène, introversion*) ou des choses militaires (*sabre, obus, dictat, hallebarde,* etc.). L'**anglais** nous a fourni un notable apport qui s'est accru, à partir du XIXe siècle, de nombreux termes concernant le sport, la marine, le commerce, la politique, la mode et la culture : *handicap, paquebot, chèque, budget, magazine, bluejean,* comics, etc. Depuis la fin du XXe siècle, le domaine des technologies a apporté un nombre particulièrement important de nouveautés, empruntées le plus souvent à l'anglais : *web, blog* (dont l'orthographe officiellement recommandée est *blogue*), *smartphone, laptop, selfie, hashtag,* etc. Une centaine de mots nous viennent du **néerlandais** : *cambuse, kermesse, matelot, polder,* etc. Quelques termes de marine nous ont été fournis par les **langues scandinaves** : *cingler, vague,* etc.

6. **Apports divers.** Le français a admis aussi un certain nombre de mots venus de l'**arabe** : *alcool, algèbre,* etc. ; de l'**hébreu** : *chérubin, zizanie,* etc. ; des **langues africaines** ; *baobab, chimpanzé,* etc. ; du **turc** : *kébab, tulipe, pacha,* etc. ; des langues de l'**Inde** ou de l'**Extrême-Orient** : *avatar, jungle, bonze, thé,* etc. ; des **langues amérindiennes** : *acajou, ananas, caoutchouc,* etc. ; de l'**argot** : *cambrioleur, maquiller, mégot,* etc.

> **Remarques**
> 1. Les emprunts ne se font pas toujours directement à la langue dont le mot est originaire, mais parfois à une langue qui sert d'intermédiaire. C'est le cas de *cougar*, par exemple, emprunté au tupi (Brésil) par l'intermédiaire de formes apparaissant dans des récits de voyage au Brésil ou de *cannibale* emprunté à l'espagnol par l'intermédiaire de textes italiens.
> 2. Les emprunts vont parfois de pair avec un ajustement morphologique ou graphique qui permet de mieux intégrer à la langue d'accueil le mot emprunté : par exemple *to like* devient *liker* (verbe du premier groupe) ou *to google* devient *googler* (ou *googliser*) :
> *La villa Punta Rossa avait mille fois été prise en photo, googlisée et facebookée* (Michel Bussi, *Le temps est assassin*, 2016)
> 3. L'étymologie populaire est un procédé suivant lequel un mot se trouve rattaché, dans la conscience du sujet, à tel mot ou à telle expression qui paraissent en fournir l'explication : ainsi *choucroute* – venu en réalité de l'alsacien *sûrkrût*, proprement « herbe (krût) aigre (sûr) » – est rattaché par l'étymologie populaire aux mots français *chou* et *croute*.

CHAPITRE **3**

| La formation des mots

1. La dérivation 62
2. La composition 70
3. Autres procédés de formation 76

La langue française, qui vit au travers de ses usagers, est en perpétuel devenir : des mots sortent de l'usage et disparaissent, d'autres naissent, formés par **dérivation**, par **composition**, et, dans une moindre mesure, par **onomatopées** et par **abréviation**.

On distingue les **mots simples** qui ne peuvent être décomposés en unités de sens plus petites (*table, rue, sol, ciel*) et les **mots construits** qui sont formés d'au moins deux unités de sens : dans *pommier*, le suffixe *-ier* signifie « arbre qui porte le fruit désigné par la base » comme dans *cerisier, poirier, prunier*, etc. Les unités de sens du lexique peuvent être composées de plusieurs unités lexicales, reliées ou non par un trait d'union, on parle alors de **mots composés** : *avant-poste, pomme de terre, tête-à-queue, table ronde*, etc.

Certains mots du vocabulaire français sont des **emprunts** faits à d'autres langues : *redingote* (de l'anglais *riding-coat*), *kimono* (du japonais). Il y a de **faux emprunts**, mots artificiellement fabriqués sur le modèle de mots étrangers : *footing* (= sport pédestre) forgé à partir de l'anglais *foot*, « pied », sur le modèle de *rowing* (= sport nautique), *babyfoot* (au lieu de *table football* en anglais), *baskets* (au lieu de *tennis shoes* ou *sneakers* en anglais).

La forme de certains mots est **calquée** par transposition des éléments dont ils sont composés dans la langue d'origine : *gratte-ciel*, par exemple, est un calque de l'anglo-américain *sky-scraper*. Dans d'autres cas, c'est le sens qui est calqué sur une autre langue, puis associé à un mot déjà existant en français : le verbe *router* (dérivé de *route* dans les années 80) reçoit ultérieurement un sens supplémentaire (dans le domaine de l'informatique) calqué sur l'anglais.

Les mots sont venus par **formation populaire** ou par **formation savante**. Dans la formation populaire, ils proviennent de l'usage naturel et spontané qu'en fait la masse des gens qui les emploient ; dans la formation savante, ils résultent de l'action délibérée de lettrés ou de commissions de terminologie. Par exemple, la

PARTIE 2   Les mots

Commission d'enrichissement de la langue française (France) crée ou promeut de nombreux termes pour désigner des réalités nouvelles ou des inventions techniques et scientifiques : *objet connecté, mobile multifonction* (pour *smartphone*), *granulés de bois* (pour *wood-pellet*), *végétalien* (pour *vegan*). Ceux-ci sont ensuite publiés au *Journal officiel de la République* et diffusés sur la toile (www.culture.fr/franceterme).

> **Remarques**
> 1. On appelle *archaïsme* un mot tombé en désuétude, un tour de phrase ou une construction hors d'usage : *occire* (« tuer »), *idoine* (« propre à »), *moult* (« beaucoup, très »). Ces archaïsmes peuvent subsister plus longtemps en contexte littéraire ou être utilisés occasionnellement pour créer un effet de style :
>
>   *Cinq lampadaires occis par la rouille.* (Marc Levy, *Un sentiment plus fort que la peur*, 2013)
>
>   *EgyptAir : recherches en cours, moult hypothèses* (Edouard Pflimlin, *Le Monde*, 20/05/2016)
>
>   Dans certains cas, un mot archaïque peut être maintenu au sein d'une locution ou d'une expression figée. C'est le cas de *fur* (qui signifie « taux, proportion ») et de *maille* (qui signifie au Moyen Âge « un demi-denier ») dans les expressions *au fur et à mesure*, *avoir maille à partir*.
> 2. On appelle *néologisme* un mot nouvellement créé ou un mot déjà en usage, mais employé dans un sens nouveau ; il y a donc des néologismes de forme et des néologismes de sens :
>
>   **Néologisme de forme** : *flexitarien, dépose-minute, mère porteuse, bébé-papiers, mariage gris.*
>
>   *La Chevrolet s'engagea dans la bretelle menant au parking dépose-minute.* (Guillaume Musso, *Demain*, 2013)
>
>   **Néologisme de sens** : *la déferlante* (des investissements japonais), *une puce* ou *un virus* (en informatique), *une souris* (d'ordinateur), *la jungle* (lieu de vie de fortune occupé par des réfugiés).

1. La dérivation

La dérivation crée des mots nouveaux en ajoutant à des mots simples une particule sans existence indépendante (un affixe) que l'on appelle :

- *préfixe* quand elle se place au début du mot : *inactif, **mé**content* ;
- *suffixe* quand elle se place en fin de mot : *mang**eable**, mang**eoire**, mang**eur**.*

Alors que l'ajout d'un préfixe produit un mot nouveau de même catégorie que la base, les suffixes, eux, servent à dériver des noms, des adjectifs, des verbes ou des adverbes à partir d'une base appartenant à une autre catégorie : *opportun* (adjectif) a donné *opportunisme* (nom).

Le radical (ou la base) est, dans un mot, l'élément essentiel, qui exprime fondamentalement le sens de ce mot ; on peut le reconnaitre en dégageant, dans les divers mots de la famille à laquelle appartient le mot considéré, l'élément commun à tous ces mots : dans *détourner*, le radical est *tour* (*contour, pourtour, détour, entourer, entourage*, etc.).

CHAPITRE **3** La formation des mots

> **Remarques**
> 1. Strictement parlant, *radical* et *racine* ne sont pas synonymes. Tandis que le **radical** est ordinairement un mot complet, la **racine** n'est qu'un fragment de mot, auquel on aboutit en éliminant, dans un mot, tous les éléments de formation secondaire : par exemple, *struct* dans *instruction*. La notion de racine est principalement utilisée dans le domaine de l'étymologie.
> 2. Certains préfixes existent cependant comme mots indépendants : *entre, sur, sous, contre,* etc.
> 3. L'orthographe du préfixe peut être modifiée : ainsi *in-* devient *il-, ir-*, par assimilation régressive, dans *illettré, irréflexion* ; dans *impoli, imbuvable*, etc., il y a simple accommodation graphique.
> 4. La dérivation est dite **régressive** quand elle procède par suppression d'une syllabe finale : *galop* est formé sur *galoper* ; *démocrate*, sur *démocratie*. Seule la connaissance de l'histoire du mot permet d'identifier les dérivations de ce type.
> 5. Certains mots sont venus par formation **parasynthétique** : à un mot simple s'ajoutent simultanément un préfixe et un suffixe : *éborgner, encolure, atterrir*.

1. Principaux préfixes

Préfixes d'origine latine		
PRÉFIXE	**SENS**	**EXEMPLES**
a- (ad-, ac-, af-, ag-, al-, an-, ap-, ar-, as-, at-)	tendance, direction	*abattre, adapter, affamer, annoter, apporter, assécher, attrister*
anté-, anti-	avant	*antédiluvien, antidater*
bien-		*bienfaisant*
b-, bis-, bé-	deux	*bipède, bisection, bévue*
circon-, circum-	autour	*circonférence, circumnavigation*
cis-	en deçà	*Cisjordanie, cisalpin*
con- (co-, col-, com-, cor-)	avec	*concitoyen, colocataire, collatéral, compatriote, corrélation*
contre-	opposition, à côté de	*contrecoup, contresigner*
dé- (des-, dis-, di-)	séparation, distinction	*décharger, dissemblable*
en-, em-	éloignement	*enlever, emmener*
entr(e)-, inter-	au milieu, à demi, réciproquement	*s'entraider, entrelacer, entrevoir, intersection*
ex- (é-, ef-, es-)	hors de	*exproprier, écrémer, effeuiller, essouffler*
extra-	hors de, superlatif	*extravagant, extrafort*
in- (il-, im-, ir-)	négation	*inactif, illettré, imbuvable, irresponsable*
mal- (mau-, malé-)	mal	*maladroit, maudire, malediction*
mé-, més-	mal, négation	*médire, mésaventure*

PARTIE 2   Les mots

Préfixes d'origine latine		
PRÉFIXE	SENS	EXEMPLES
mi-	moitié	*milieu, mi-carême*
non-	négation	*non-sens*
outre-, ultra-	au-delà de	*outrepasser, ultraviolet*
par-, per-	à travers, complètement	*parsemer, parachever, performer*
pén(é)-	presque	*pénombre*
post-	après	*postdater*
pour-, pro-	devant, à la place de	*pourvoir, pourchasser, projeter*
pré-	devant, avant	*préavis, présupposer*
re- (ra-, ré-, res-, r-)	répétition, contre, intensité	*revoir, rafraichir, réagir, ressortir, remplir*
semi-, demi-	moitié	*semi-remorque*
sou(s)-, sub-	dessous	*soulever, subvenir*
sur-, super-	au-dessus	*surcharge, superstar*
trans- (tres-, tré-, tra-)	au-delà, déplacement	*transpercer, tressaillir, trépasser, traduire*
vice, vi-	à la place de	*vice-président, vicomte*

Préfixes d'origine grecque		
PRÉFIXE	SENS	EXEMPLES
a-, an-	privation	*amoral, anaérobie*
amphi-	autour, double	*Amphibie*
ana-	renversement	*Anagramme*
anti-, anté-	opposition	*antialcoolique, antichrist*
apo-	éloignement	*Apostasie*
arch(i)-	au-dessus de	*archiconnu*
cata-	changement	*catastrophe*
di(s)-	double	*diptère, dissyllabe*
dys-	difficulté	*dysfonctionnement*
épi-	sur	*épiderme*
eu-	bien	*euphonie, euphémisme*
hémi-	demi	*hémicycle*

Préfixes d'origine grecque		
PRÉFIXE	**SENS**	**EXEMPLES**
hyper-	au-dessus	*hypertrophie, hyperespace, hypercritique*
hypo-	au-dessous	*hypogée*
méta-	changement	*métaphore*
para-	à côté	*paradoxe*
péri-	autour	*périphrase*
syn- (sym-, syl-, sy-)	avec	*synthèse, symbole, syllabe, symétrie*

> **Remarque**
> Il y a deux préfixes **anti-**. L'un vient du latin *anti*, variante de *ante* (« avant » dans le sens temporel ou locatif) : *antédiluvien, antichambre*. L'autre, plus fréquent, vient du grec et a deux acceptions principales (« contre, opposé à qqch » et « le contraire, l'opposé de ») qui peuvent traduire différentes nuances de sens. Associé à un nom, le préfixe peut signifier « qui permet de lutter contre » comme dans *antichar, antirides, antidouleur* (devant voyelle, le *-i* peut tomber *antalgique*) ou « qui est l'opposé de » comme *antihéros*.
> Associé à un adjectif, il peut signifier
> - « qui s'oppose à un système d'idées » : *antibolchévique, antieuropéen* ;
> - « qui combat la maladie » : *antibactérien, anticancéreux* ;
> - « qui supprime les effets ou protège de » : *antiatomique, antidérapant*.
> Il peut aussi fonctionner de manière plus générale comme un morphème négatif :
>
> > *Il faut reconnaître que les parents sont l'instance la plus **anti-érotique** du monde.* (AMÉLIE NOTHOMB, ***Barbe bleue***, 2012)
>
> Comme les mots, les préfixes sont des unités de sens qui peuvent être polysémiques.

2. Principaux suffixes

Comme les préfixes, beaucoup de suffixes sont également polysémiques. Ils peuvent apporter différentes nuances de sens aux bases auxquelles ils sont attachés. Les sens présentés dans les deux tableaux qui suivent constituent un large éventail qui n'est cependant pas exhaustif. Comme on le voit, certains suffixes (comme *-in*) peuvent être utilisés pour former des substantifs (*tambourin*) aussi bien que des adjectifs (*enfantin*). L'ajout d'un suffixe peut entraîner un changement de genre : *le fer, la ferraille*. Certains ajoutent une connotation péjorative (*-aille, -ard, -asse*) : *poiscaille, fêtard, tignasse*.

> *J'ai grommelé à son intention une ribambelle fleurie de mots en -asse.* (VÉRONIQUE PINGAULT, ***Les maisons aussi ont leur jardin secret***, 2015)

PARTIE 2 Les mots

Principaux suffixes formateurs de substantifs

SUFFIXES	SENS	EXEMPLES
-ade	collection, action	*colonnade, glissade*
-age	collection, action, produit, état	*feuillage, déminage, cirage, servage*
-aie, -eraie	plantation	*chênaie, hêtraie, châtaigneraie*
-ail	instrument	*épouvantail*
-aille	collection, action, péjoratif	*pierraille, trouvaille, ferraille*
-ain, -aine	habitant(e) de, collection, fonction, membre d'une collectivité	*châtelain, trentaine, douzaine, forain, sacristain, écrivain, dominicain*
-aire	objet se rapportant à	*moustiquaire, sanctuaire, ossuaire, lampadaire*
-aison	action ou son résultat	*crevaison, pendaison*
-an, -ane	habitant(e) de	*Persan, Texan, Mosan*
-ance, -ence	action ou son résultat	*alliance, puissance, présidence*
-ard	se rapportant à, péjoratif	*montagnard, brassard, criard*
-as, -asse	collection, péjoratif	*plâtras, paperasse*
-at	état, institution	*secrétariat, pensionnat*
-ateur	objet, profession	*accumulateur, administrateur*
-atoire	lieu	*observatoire*
-ature, -ure	action ou son résultat, état, fonction, lieu, collection	*coupure, magistrature, verdure, filature, chevelure*
-eau, -elle -ceau, -ereau -eteau, -isseau	diminutif	*drapeau, ruelle, lionceau, lapereau, louveteau, arbrisseau*
-ée	contenu, ayant rapport à	*cuillerée, matinée*
-(e)ment	action ou son résultat	*logement, recueillement, bâtiment*
-er, -ier, -ière	agent, réceptacle, arbre	*écolier, herbier, archer, poirier, théière*
-erie, -ie	qualité, action, lieu	*fourberie, causerie, brasserie, folie*
-esse	qualité	*finesse*
-et, -ette, -elet(te)	diminutif	*livret, fourchette, osselet, tartelette*

Variante
-*ison*
p. 67

CHAPITRE 3 La formation des mots

Principaux suffixes formateurs de substantifs		
SUFFIXES	SENS	EXEMPLES
-eur	qualité	*grandeur*
-eur, -euse	agent, instrument	*chercheur, plongeur, youtubeur, torpilleur, mitrailleuse, bétonneuse*
-ien, -éen	profession, nationalité	*historien, lycéen, Parisien*
-il	lieu	*chenil, courtil*
-ille	diminutif	*brindille, faucille*
-in, -ine	diminutif ou dépréciatif, substance	*tambourin, tantine, gamin, carabin, diablotin, chopine, caféine, grenadine, térébenthine*
-is	lieu, résultat d'une action	*logis, fouillis*
-ise	qualité	*sottise, débrouillardise, maitrise*
-isme	disposition, croyances, métier	*chauvinisme, royalisme, islamisme, journalisme*
-ison	action ou son résultat	*guérison, trahison*
-iste	profession, qui s'occupe de ou pratique le	*archiviste, gréviste, apnéiste*
-ite	produit, maladie, partisan	*anthracite, sulfite, méningite, bronchite, jésuite, sunnite*
-itude	qualité	*platitude, quiétude, exactitude, latitude, altitude*
-oir, -oire	instrument, lieu	*arrosoir, baignoire*
-on, -eron -eton, -illon	diminutif	*veston, aileron, caneton, oisillon*
-ose	maladie, produit	*tuberculose, cellulose*
-ot, -otte	diminutif	*Pierrot, menotte*
-oison	action ou son résultat	*pâmoison*
-té, -ité, -eté	qualité	*fierté, authenticité, citoyenneté, criminalité*

67

Principaux suffixes formateurs d'adjectifs		
SUFFIXES	**SENS**	**EXEMPLES**
-able, -ible	possibilité active ou passive	*blâmable, éligible*
-aire	qui a rapport à, qui a la forme	*légendaire, lunaire, triangulaire*
-ais, -ois	qui habite	*marseillais, namurois*
-al, -el	qui a le caractère de, relatif à	*royal, matinal, mortel, professionnel*
-an	qui habite, disciple de	*persan, catalan, mahométan, anglican*
-ard	qui habite, qui a le caractère de (familier ou péjoratif)	*montagnard, savoyard, vantard, thésard, mouchard, smicard, banlieusard, veinard*
-âtre	approximatif, péjoratif	*noirâtre, rougeâtre, bellâtre, folâtre*
-é	qui a le caractère de	*azuré, imagé, iodé, âgé*
-esque	qui a rapport à	*livresque, romanesque, cauchemardesque*
-et, -elet	diminutif	*propret, aigrelet*
-eur, -eux	caractère	*rageur, courageux, hargneux*
-er, -ier	caractère	*mensonger, saisonnier*
-ien	qui habite, qui s'occupe de	*parisien, historien*
-if	caractère	*tardif, craintif, coopératif, subversif*
-in	caractère, diminutif	*enfantin, blondin, rouquin*
-ique	caractère, origine	*volcanique, ibérique*
-issime	superlatif	*richissime, énormissime*
-iste	caractère, relatif à un parti	*égoïste, socialiste, terroriste*
-ot	diminutif	*pâlot, viellot, fiérot*
-u	qualité	*barbu, feuillu*
-ueux	qualité	*luxueux, majestueux*

3. Suffixes formateurs de verbes

La grande majorité des nouveaux verbes est formée au moyen du suffixe *-er* (*liker, googler, ubériser, déradicaliser, vapoter, covoiturer, téléverser*) ; quelques-uns, beaucoup plus rares, sont en *-ir* : *rougir, maigrir, s'amochir*, etc.

> *Tu les auras vus s'amochir à mesure qu'ils vieillissent.* (PIERRE MAGNAN, *Le commissaire dans la truffière*, 1978)

Certains verbes en -*er* sont formés au moyen d'un suffixe complexe, qui leur fait exprimer une nuance diminutive, péjorative ou fréquentative :

SUFFIXE	EXEMPLE	SUFFIXE	EXEMPLE
-ailler	*trainailler*	-iller	*mordiller*
-asser	*rêvasser*	-iner	*trottiner*
-ayer	*bégayer*	-iser	*neutraliser*
-eler	*bosseler*	-ocher	*effilocher*
-eter	*voleter*	-onner	*chantonner*
-eyer	*grasseyer*	-oter	*vivoter, neigeoter, picoter*
-(i)fier	*momifier*	-oyer	*foudroyer*

De nombreux adverbes sont formés à l'aide du suffixe -*ment*.

> **Remarque**
> La dérivation porte typiquement sur des formes simples, mais peut également s'appliquer à l'un des éléments d'un mot composé (*Sans-abri* > *sans-abrisme,* alors que **abrisme* n'existe pas seul).
>   Le rapport pointe la nécessité impérieuse de prévenir les expulsions locatives pour tarir à la source le **sans-abrisme**. (TONINO SERAFINI, *Libération*, 6/12/2007)

4. La conversion

La conversion (aussi appelée *dérivation impropre*), sans changer la forme des mots, les fait passer d'une catégorie grammaticale à une autre.

a) Peuvent devenir **noms** :

   1° des adjectifs : *un malade, le beau, l'humanitaire* ;

   2° des infinitifs : *le sourire, le savoir, un aller* ;

   3° des participes présents ou passés : *un trafiquant, un raccourci, une issue*.

> « *Le beau n'a qu'un type ; le laid en a mille.* » (VICTOR HUGO, *Cromwell*, 1827)

> **Remarque**
> En les faisant précéder de l'article, on peut donner à des pronoms, à des impératifs, à des mots invariables, le caractère de noms : *le moi, un rendez-vous, le bien, les devants, de grands bravos*.

b) Peuvent devenir **adjectifs** :

   1° des noms : *un ruban rose, un discours rasoir* ;

   2° des participes : *un spectacle charmant, un livre illustré* ;

   3° des adverbes : *des gens très bien*.

c) Peuvent devenir **adverbes** des noms, des adjectifs : *voir clair, voter utile*.

d) Peuvent devenir **prépositions** des adjectifs, des participes : *plein ses poches, durant dix ans, excepté les enfants.*

e) Peuvent devenir **conjonctions** certains adverbes : *Aussi j'y tiens. Ainsi* (= par conséquent) *je conclus que...*

f) Peuvent devenir **interjections** des noms, des adjectifs, des formes verbales : *Attention ! Bon ! Suffit !*

2. La composition

La composition est un mécanisme linguistique permettant de former des mots nouveaux :

1. Composition avec des mots français

a) Définition

On forme des mots nouveaux en combinant entre eux deux ou plusieurs mots français : *chou-fleur, sourd-muet, portemanteau, pomme de terre, super-héros*. Cette combinaison peut résulter d'une composition à partir de deux mots indépendants (*homme-grenouille, porte-serviette*) ou du figement d'une locution : *homme de paille, pain d'épice, plante verte*, etc. Quand les éléments qui entrent dans la composition ne sont plus interprétés dans l'usage, il est fréquent qu'ils soient agglutinés : *gendarme, monsieur, passeport, vinaigre.*

> Trait d'union p.50 ⌃

Si le trait d'union permet de marquer la différence entre certains composés et un groupe syntaxique libre équivalent (*il progresse sans gêne* vs *un sans-gêne*), il n'est pas en soi un critère suffisant de reconnaissance des mots composés, car l'usage de celui-ci n'est pas uniforme : on écrivait traditionnellement *malappris*, mais *mal-aimé* (avec trait d'union ou soudure[1]) ; *eau-de-vie*, mais *eau de rose* (avec ou sans trait d'union). Il faut donc chercher d'autres critères pour définir les mots composés.

Certains composés se caractérisent par des traits morphosyntaxiques inhabituels. Par exemple, *chaise longue* se caractérise par la postposition de l'adjectif qui serait devant le nom dans un syntagme libre *une longue chaise* ; *rouge-gorge* (en plus du trait d'union) se caractérise par l'antéposition de l'adjectif de couleur et par le genre masculin qui renvoie à la catégorie *oiseau*, à laquelle ressortit le composé, plutôt qu'au nom *gorge*.

La notion de **figement** permet de rendre compte de l'existence des locutions dans la langue. Ces unités figées sont perçues comme un seul mot (une unité lexicale) et mémorisées telles quelles, même si elles se composent de plusieurs mots séparés par des blancs. Selon la nature des mots simples avec lesquels ces

---

1. La nouvelle orthographe suggère de souder les composants sans laisser de blanc typographique (agglutination).

unités composées peuvent commuter, on parlera de *locution nominale, locution adjectivale, locution verbale*, etc. Plusieurs critères (qui ne sont pas toujours présents simultanément) permettent d'identifier le figement.

1° Critère référentiel : on peut identifier le référent unique qui est globalement désigné par les locutions *pomme de terre, fort en thème* ou *galop d'essai* et remplacer celles-ci par un mot simple équivalent : *légume, érudit, test.*

2° Critère syntaxique : certaines locutions se démarquent des règles ordinaires de la syntaxe (accord, concordance des temps, etc.) :

> *Quelque chose est arrivé que nous ne sommes plus libres de défaire.* (Jean-Paul Sartre, **Les mouches**, 1943)
>
> *Elle est pathétique, mais elle a l'air heureuse.* (Virginie Despentes, **Apocalypse bébé**, 2010)

Elles peuvent également empêcher certaines transformations telles que : la passivation (*Max a fait fortune* vs **La fortune a été faite par Max*), la nominalisation (*ville haute* vs **la hauteur de la ville*), ou l'adjonction d'un adverbe (*boite noire* vs **boite très noire*).

3° Critère sémantique : le sens global de la locution n'est pas toujours équivalent à la somme des parties dont elle se compose : *cordon-bleu* (« fin cuisinier »), *table ronde* (« réunion où les intervenants sont placés sur pied d'égalité »), *boite noire* (« enregistreur des données de vol »). Ce critère est très variable : par exemple, *plante verte* est plus facilement compréhensible sur le plan littéral (on parle de **transparence sémantique**) que *boite noire* dont le sens ne peut pas être deviné.

Le phénomène du figement est dit *gradable*, car il y a des séquences très figées qui refusent tout changement et d'autres qui s'accommodent de certaines adaptations en fonction du contexte : insertion de mots (*avoir* **vraiment** *peur*), accord du verbe (*elle a* **fait** *fortune*), etc.

b) Noms composés de différentes catégories

Ces procédés de création touchent toutes les catégories grammaticales.

Noms composés	nom+nom : *homme-grenouille, moissonneuse-lieuse, artiste peintre, timbre-poste* nom+prép.+nom : *homme de paille, tableau de bord, tête à claques* nom+dét.+nom : *Château-la-Pompe, assurance tous risques* nom+adjectif : *vinaigre, carte bleue, bande dessinée, chaise longue* adjectif+nom : *blanc-seing, rouge-gorge, grand œuvre, nu-pieds, franc-maçon, vieux-beau* prép.+nom : *après-midi, à-coup, arrière-gout, sous-verre* adverbe+nom : *presqu'ile, plus-value, mal-être, pis-aller, non-lieu* verbe+nom : *cache-misère, garde-barrière, taille-crayon* verbe+verbe : *laisser-passer, savoir-faire*

Locution adjectivale	*sourd-muet, comme il faut*
Locution verbale	*faire fortune, rendre visite, savoir gré*
Locution adverbiale	*on ne peut plus, tout à fait*
Locution prépositionnelle	*en compagnie de, quant à*
Déterminant composé	*beaucoup de, une foule de*
Locution conjonctive	*bien que, au cas où*

Phrase figée p.339

Remarques

1. Quand l'expression verbale inclut d'autres éléments que le verbe lui-même, on parle d'**expression verbale figée** :

   *Il est temps d'**arrêter les frais**.* (MARC BRESSANT, *La citerne*, 2009)

   *Les choses sont claires, il n'y a pas à **chercher midi à quatorze heures**.* (JEAN GIONO, *Le hussard sur le toit*, 1951)

   *Lucile aimait **naviguer à contre-courant**, **mettre les pieds dans le plat**, se savait sous surveillance.* (DELPHINE DE VIGAN, *Rien ne s'oppose à la nuit*, 2011)

2. Le **défigement** consiste à détourner une expression figée en remplaçant certains éléments normalement obligatoires ou en modifiant une structure syntaxique normalement fixe :

   *Clara rosissante qui a mis les petits plats dans les **gigantesques**.* (DANIEL PENNAC, *La petite marchande de prose*, 1989) (Au lieu de *mettre les petits plats dans les grands*.)

2. Composition savante (avec des mots grecs ou latins)

a) Définition

On forme des mots nouveaux en combinant entre eux des formants grecs ou latins qui n'existent pas de manière autonome en français (composition savante) ou en associant ceux-ci à un mot français (composition hybride) :

grec + grec : *phil-anthrope, baro-mètre, bio-graphie* ;

grec + latin : *stétho-scope, auto-mobile* ;

français + grec : *herbi-vore, cocaïno-mane* ;

Ces compositions n'ont pas toujours eu lieu en français. La formation peut être antérieure à un emprunt : *baromètre* a été formé en anglais avant d'être emprunté en français ; *philanthrope* et *biographie* existaient déjà en grec et sont donc des emprunts savants. À l'inverse, *herbivore* (apparu en 1748) et *philatélie* (apparu en 1864) sont des compositions françaises.

Comme on le voit, tantôt les éléments composants sont soudés, tantôt ils sont reliés entre eux par le trait d'union, tantôt encore ils restent graphiquement indépendants. Face à cette hésitation de l'usage, on recommande la soudure dans les cas suivants :

- composés formés de *contr(e)-* et *entr(e)-* : *entretemps, contrexemple* ;
- composés formés d'*extra-, infra-, ultra-* : *extraterritorial, infrapaginal, ultracompliqué* (la soudure est cependant évitée dans les cas où un problème de prononciation surviendrait : *intra-utérin*) ;
- composés formés d'éléments savants (*hydro-, baro-, socio-, philo-*) : *hydrologie, bathyscaphe, barotraumatisme, sociopathe*, etc.
- les onomatopées et mots d'origine étrangère : *froufrou, tictac, weekend*, etc.

> **Remarque**
> Dans de rares cas, l'ordre des éléments entrant dans la composition est interchangeable et modifie le sens du mot. Ainsi, on oppose *cruciverbiste* (« amateur de mots croisés ») et *verbicruciste* (« personne qui conçoit les mots croisés »), mot de création plus récente.

b) Mots ou radicaux latins et grecs

Nombre de termes savants sont formés à l'aide de mots ou radicaux (formants) latins et grecs.

Mots ou radicaux latins		
FORMANTS	**SENS**	**EXEMPLES**
agri-	champ	*agricole*
-cide	qui tue	*parricide, suicide*
-cole	ayant rapport à la culture	*viticole, horticole*
-culture	act. de cultiver	*apiculture, ostréiculture*
-fère	qui porte	*crucifère*
-fique	qui produit	*frigorifique*
-fuge	qui met en fuite, qui fuit	*fébrifuge, centrifuge*
-grade	pas, degré	*plantigrade, centigrade*
omni-	tout	*omniscient, omnivore*
-pare	qui produit	*ovipare*
-pède	pied	*quadrupède*
-vore	qui mange	*granivore, carnivore*

PARTIE 2   Les mots

Mots ou radicaux grecs		
FORMANTS	SENS	EXEMPLES
aéro-	air	aéroport, aérolite
-algie	douleur	névralgie
anthropo-	homme	anthropométrie
archéo-	ancien	archéologie
auto-	soi-même	autobiographie
bathy-	profond, profondeur	bathymétrie, bathyscaphe
biblio-	livre	bibliographie
bio-	vie	biographie, biodégradable
céphale	tête	céphalopode, microcéphale
chromo-, -chrome	couleur	chromosome, monochrome
chrono-, -chrone	temps	chronomètre, isochrone
cosmo-, -cosme	monde	cosmographie, cosmonaute, microcosme
cratie, -crate	pouvoir	démocratie, aristocrate
dactylo-, -dactyle	doigt	dactylographie, ptérodactyle
dynamo-	force	dynamomètre
gast(é)r(o)-	ventre	gastéropode, gastroentérite
-gène	engendrant	hydrogène, pathogène
géo-	terre	géologie, géographie
-gramme	écrit, poids	télégramme, décagramme
grapho-, -graphie, -graphe	écrit, étude	graphologie, biographie, sismographe
hydr(o)-, -hydre	eau	hydrographie, anhydre
logo-, logie, -logue	discours	logopédie, biologie, dialogue
-mane, -manie	folie	cocaïnomane, mégalomanie
méga(lo)-	grand	mégalithique
mono-	seul	Monothéisme
morpho-, -morphe	forme	morphologie, anthropomorphe

CHAPITRE 3   La formation des mots

Mots ou radicaux grecs		
FORMANTS	**SENS**	**EXEMPLES**
nécro-	mort	*nécrophage, nécrologie*
neuro-, névr(o)-	nerf	*neurologie, névropathe, névralgie*
-nome, -nomie	règle	*métronome, gastronomie*
ortho-	droit	*orthopédie*
paléo-	ancien	*paléographie*
patho-, -pathe, -pathie	maladie	*pathogène, psychopathe, télépathie*
phago-, -phagie, -phage	manger	*phagocyte, aérophagie, anthropophage*
phil(o)-, -phile	ami	*philatélie, philosophe, bibliophile*
-phobe, -phobie	haine	*anglophobe, agoraphobie*
phono-, -phone, -phonie	voix, son	*phonétique, microphone, téléphonie*
photo-	lumière	*photographie*
ptéro-, -ptère	aile	*ptérodactyle, hélicoptère*
-scope, -scopie	regard	*spectroscope, endoscopie*
-technie	science	*pyrotechnie*
télé-	loin	*téléphone, télévision*
-thérapie	guérison	*hydrothérapie*
thermo-, -therme	chaleur	*thermomètre, isotherme*
-tomie	coupe	*laparotomie*

Remarque
De manière plaisante, des dénominations de collections sont formées à partir de formants grecs et latins : *puxisardinophilie* (« collection de boites de sardines », du grec *puxi* « boite »), *lécithiophilie* (« collection de flacons de parfum », du lat. *lecythus* « lécythe, fiole »), *digiconsuériphilie* (« collection de dés à coudre », du lat. *digitus* « doigt » et *consuere* « coudre »).

3. Composition à partir de mots abrégés

De nombreuses compositions sont également réalisées à partir de mots abrégés dont la forme pourrait se confondre avec un formant grec ou latin ou un autre affixe. On parle alors de fractomorphèmes pour désigner ces formes. Par exemple, dans *téléfilm* et *téléréalité*, *télé-* est une abréviation de *télévision* et non le formant grec *télé-* (« loin ») que l'on retrouve dans les mots *téléobjectif, télécopieur, télévision*. De même, l'élément *cyber-* (tiré de *cybernétique*) est utilisé dans une variété de composés évoquant les réseaux informatiques : *cyberespace, cyberattaque, cyberterroriste*, etc. Dans *bioingénieur* ou *biodégradation* on retrouve bien le sens du mot grec *bios* qui a servi à construire *biologie* ou *biologique* (désignant de manière générale la vie en tant que phénomène organique), alors que dans *bioplanète* (nom de magasins spécialisés dans la vente de produits issus de l'agriculture biologique), il s'agit d'une composition à partir du mot autonome *bio* (adjectif ou substantif), abrègement de *biologique* dans le sens « issu de l'agriculture biologique ».

❝*Sauf qu'elle est soprano à l'Opéra de Cologne, pas chanteuse dans des émissions de téléréalité.* (MICHEL BUSSI, *Le temps est assassin*, 2016)❞

3. Autres procédés de formation

a) Onomatopées

Les onomatopées sont des mots imitatifs qui reproduisent approximativement certains sons ou certains bruits : *cocorico, glouglou, tictac, froufrou*.

> **Remarque**
> Les onomatopées sont souvent formées par réduplication d'une même syllabe. On notera qu'elles ne reproduisent jamais exactement les bruits ou les cris dont elles voudraient donner une représentation phonétique. Le cri du canard, par exemple, évoqué en France par *couincouin*, l'est en Italie par *qua-qua*, en Allemagne par *gack-gack* (*gick-gack, pack-pack, quack-quack*), en Angleterre par *quack*, au Danemark par *rap-rap*, en Hongrie par *hap-hap*.

b) Sigles et acronymes

Les locuteurs résistent naturellement aux mots trop longs, et souvent, les abrègent. Un premier mécanisme consiste à réduire une expression à un **sigle** constitué de ses seules lettres initiales : *TVA* (= taxe sur la valeur ajoutée), *ULM* (= ultra-léger motorisé), *MDR* (= mort de rire), équivalent de l'anglais *LOL* (= laughing out loud), *RAS* (= rien à signaler). Si ce sigle constitue un mot prononçable comme un mot simple, on le qualifie d'**acronyme** : *sida* (= syndrome d'immunodéficience acquise), *OTAN* (= Organisation du traité de l'Atlantique Nord), *LIFRAS* (= Ligue francophone de recherches et d'activités subaquatiques).

c) Abrègement

Un second mécanisme repose sur la suppression d'une partie du mot : l'**abrègement** du mot peut porter sur les syllabes finales ou initiales : *auto*(mobile), *ciné*(*ma*)(tographe), *micro*(phone), *métro*(politain), (auto)*bus*. Le succès de certaines formes abrégées peut être tel que le mot original tombe en désuétude ou ne subsiste que dans des contextes littéraires :

> « On y trouvait un rythme saccadé à l'image de ce **cinématographe** dont les salles couvraient peu à peu les boulevards de Paris et de la province. (Nicolas d'Estienne d'Orves, *La gloire des maudits*, 2017) »

> **Remarques**
> 1. À l'origine *LOL* et *MDR* étaient exclusivement utilisés à l'écrit, dans les échanges électroniques (SMS, courrier électronique, etc.) où ils servaient de marquage énonciatif signifiant que l'on ne doit pas prendre au sérieux ou que l'on trouve très drôle un passage que l'on vient de lire ou d'écrire. L'usage s'est diversifié et l'on retrouve aujourd'hui ces deux formes utilisées comme adjectifs (= hilare) ou substantifs (= éclat de rire) et même à l'oral dans des expressions du type *J'étais trop MDR*. ou *Hé, LOL, hein !* Cette seconde expression assume la fonction originale : il s'agit d'un commentaire signifiant que ce qui précède dans la discussion ne doit pas être pris au sérieux. On remarquera que *LOL* et *MDR* ne sont pas interchangeables dans ces expressions qui présentent un certain degré de figement.
>
> *Je suis écrivain, ajoutais-je (wo shi zuodjia), et LOL des trois filles qui s'esclaffaient de plus belle.* (Jean-Philippe Toussaint, *Made in China*, 2017)
>
> *Certaines mesures ne méritent comme commentaires qu'un lol mêlé d'un mdr (mort de rire).* (Nicolas de Peretti, *Le Monde*, 10/04/2009)
>
> *Alors là je suis trop MDR, comment en 1 semaine un éduc peut il arriver a changer un ado ?* (Crapat16, *Forum de Charentelibre.fr*, 25/02/2012)
>
> 2. Les sigles ou acronymes constituent de nouvelles unités qui peuvent à leur tour faire l'objet de dérivation (*RMI > rmiste, PACS > pacser*).
>
> *C'est à ce moment qu'il l'a traînée au tribunal pour se pacser.* (Virginie Despentes, *Vernon Subutex 3*, 2017)
>
> 3. On se gardera de confondre **abrègement** et **abréviation**. Dans le premier cas, il s'agit d'un phénomène lexical qui produit un nouveau mot (*ciné, bus,* etc.). Dans le second, il s'agit d'un phénomène purement graphique visant à écrire le mot de manière plus courte : *M.* (= monsieur), *Mme* (= madame), *tél.* (= téléphone). Le « langage SMS » est particulièrement riche en abréviations dont beaucoup sont créées librement par les utilisateurs sans référence à une norme : *oj* (« aujourd'hui »), *pq* (« pourquoi » ou « parce que »), etc.

d) Analogie, contamination, étymologie populaire, tautologie

Parmi les actions qui s'exercent dans le domaine de la formation des mots et des expressions, il y a lieu de signaler encore : l'analogie, la contamination, l'étymologie populaire et la tautologie.

L'analogie est une influence assimilatrice qu'un mot exerce sur un autre au point de vue de la forme ou du sens ; ainsi *bijou-t-ier* a un *t* d'après les dérivés comme *pot-ier*, *cabaret-ier* ; *amerr-ir* a deux *r* devant le suffixe d'après *atterr-ir* (contrairement aux exemples précédents, ici l'adaptation est purement graphique, elle ne s'entend pas à l'oral).

La **contamination** est une sorte de croisement de deux mots ou expressions d'où résulte un mot ou une expression où se retrouve un aspect de chacun des éléments associés : ainsi le tour *je me souviens* (aujourd'hui tout à fait commun) est issu de la contamination de *je me rappelle* et *il me souvient*.

> *Faut-il qu'il m'en souvienne*
> *La joie venait toujours après la peine.* (GUILLAUME APOLLINAIRE, *Le pont Mirabeau*, 1912)

La **tautologie** est une expression pléonastique qui revient à dire deux fois la même chose, généralement par répétition littérale : *au jour d'aujourd'hui*.

Remarques

1. Un **gallicisme** est une construction propre et particulière à la langue française (impossible à traduire littéralement dans une autre langue) : *il ne voit goutte ; je me porte bien, à la bonne heure* (à ne pas confondre avec l'autre sens de gallicisme : « emprunt fait au français pas une autre langue »).

    D'ailleurs même dans le même pays, chaque fois que quelqu'un regarde les choses d'une façon un peu nouvelle, les quatre quarts des gens **ne voient goutte** *à ce qu'il leur montre.* (MARCEL PROUST, *Le côté de Guermantes*, 1920)

    Ce petit chéri **se porte bien**, *très belle flamme.* (ALBERT COHEN, *Belle du Seigneur*, 1998)

    C'est votre ami, **à la bonne heure** *! Monsieur a tout à fait l'air d'un galant homme.* (DENIS DIDEROT, *Jacques le fataliste et son maître*, 1796)

2. Un **barbarisme** est une incorrection d'ordre lexicologique ou morphologique ; il consiste à donner à un mot une forme ou un sens que n'autorisent pas le dictionnaire ou la grammaire, par exemple : *ils s'asseyèrent* (pour *ils s'assirent*), *c'est l'acceptation ordinaire de ce mot* (pour *c'est l'acception ordinaire de ce mot*), *aéropage* (pour *aréopage*), *infractus* (pour *infarctus*), etc.

3. Un **solécisme** est une incorrection d'ordre syntaxique, par exemple par non-respect des règles de l'accord du verbe ou de l'emploi de tel ou tel mode. *Il crie trop que pour être pris au sérieux* (au lieu de : *Il crie trop pour être pris au sérieux*).

    Préposition sur p. 316

4. Solécismes et barbarismes sont deux notions qui ne prennent de sens qu'en rapport avec une norme dont ils s'éloignent. Certains usages perçus à une époque comme déviants peuvent s'imposer avec le temps. Par exemple, l'usage de la préposition *sur* semble évoluer et s'éloigner de la norme, sous l'influence d'expressions parisiennes. D'origine populaire ou familière, des expressions telles que *travailler sur Paris* ou *habiter sur Paris*, s'entendent de plus en plus dans les médias au lieu *de travailler à Paris*, *près de Paris*.

CHAPITRE **4**

Les mots apparentés

1. Les homonymes 80
2. Les paronymes..................................... 80
3. Les synonymes..................................... 82
4. Les antonymes..................................... 82

Une **famille de mots** est l'ensemble de tous les mots qui peuvent se grouper autour d'un radical commun d'où ils ont été tirés par la dérivation et par la composition : *arme, armer, armée, armement, armure, armurier, armet, armoire, armoiries, armorier, armoriste, armorial, armateur, armature, désarmer, désarmement, alarme, alarmer, alarmant, alarmiste, armistice.*

> *J'ai songé à m'armer, ajoute Daniel Longérinas : un pistolet d'alarme ?* (MORGAN SPORTÈS, *Ils ont tué Pierre Overney*, 2008)

Remarques
1. Parfois, comme c'est le cas dans la famille du mot *arme*, le radical n'a subi aucune modification, mais le plus souvent le radical des mots d'une même famille se présente sous plusieurs formes : la famille de *peuple*, par exemple, offre les radicaux *peupl, popul, publ* : *peuplade, populaire, public*, etc.
2. La relation historique qui lie deux mots entre eux n'est plus toujours perçue par l'usager : peu de gens associent *pain* à *panier* ou *sel* à *salade*. À l'inverse, l'étymologie populaire établit parfois (sur la base de ressemblances formelles et/ou sémantiques) des rapports entre mots qui n'ont pourtant pas d'histoire commune. On pourrait ainsi être tenté de voir un lien étymologique entre *forain* et *foire* qui sont formellement proches et qui ont apparemment un rapport de sens puisque *le forain travaille sur la foire* (mais *forain* vient du bas lat. *foranus*, « étranger » et *foire* du bas lat. *feria*, « marché ») ; il en est de même avec la tentation de rapprocher *habits* et *s'habiller* sous prétexte que *les habits c'est pour s'habiller* (alors que *habits* vient du lat. *habitus*, « tenue » et *habillé* du gaulois *bilia*, « tronc d'arbre »).

Au-delà des familles mots et des phénomènes de composition et dérivation, on peut également identifier au sein du lexique différents types de relations de forme et de sens entre les mots.

1. Les homonymes

Les homonymes sont des mots de prononciation identique (homophones), mais différant par le sens et souvent par l'orthographe (les homonymes ne sont donc pas nécessairement homographes) :

Livre (d'images), livre (de beurre).

Chair, cher, chère, chaire.

Voler (quelque chose), voler (comme un oiseau).

2. Les paronymes

Les paronymes sont des mots proches l'un de l'autre par leur forme extérieure (orthographe et sonorité), mais de sens différents (par ex. *conjoncture* et *conjecture*, *évènement* et *avènement*). Seuls sont considérés comme paronyme les mots que l'usager est susceptible de confondre, ce qui n'est pas le cas de *roi* et *loi*, par exemple.

Exemples de paronymes.

Conjoncture : « situation qui résulte de circonstances particulières »	**Conjecture** : « hypothèse, opinion fondée sur des apparences »
Évènement : « des faits, quelque chose qui arrive, survient » (Voir exemple ci-dessous.)	**Avènement** : « commencement du règne de quelque chose »
Empreint : « marqué, qui porte l'empreinte de quelque chose »	**Emprunt** : « somme d'argent empruntée, obtenue en prêt »
Effraction : « bris de serrure ou clôture »	**Infraction** : « violation d'une règle »
Éruption : « émission de lave et de cendres par un volcan »	**Irruption** : « apparition soudaine, entrée en force »
Luxurieux : « débauché, porté à la luxure »	**Luxuriant** : « qui pousse avec abondance »
Mettre à jour : « actualiser des informations, un dossier »	**Mettre au jour** : « révéler, rendre public »
Original : « objet primitif, de référence, dont il est fait des copies »	**Originel** : « qui date de l'origine »
Partial : « qui prend parti »	**Partiel** : « qui n'est pas complet »
Précepteur : « personne chargée de l'éducation ou de l'instruction d'un individu »	**Percepteur** : « celui qui perçoit les impôts »
Prescrire : « recommander »	**Proscrire** : « interdire »
Vénéneux : « organisme ou substance contenant un poison » (Voir exemple ci-dessous.)	**Venimeux** : « animaux ou végétaux qui produisent un venin »

On peut jouer sur l'assonance de paronymes et produire un effet de sens. C'est ce que fait l'auteur de l'exemple suivant en altérant la collocation *évènement à répétition* :

> *Depuis quand les **évènements** s'annoncent-ils, chère madame ? — Un **avènement**, alors… — Tous les magnétoscopes se sont déclenchés d'un coup à la première seconde de cet **avènement**, fit observer Lekaëdec. À l'heure qu'il est, le film du vieux Job est un **avènement à répétition** !* (Daniel Pennac, **Monsieur Malaussène**, 1995)

Par exemple :

> *Le pré est **vénéneux**, mais joli en automne.* (Guillaume Apollinaire, **Les colchiques**, 1913)
>
> *Le plus souvent, de peur de recevoir un coup de dard **venimeux**, elles préfèrent abandonner leurs prises.* (Bernard Werber, **Le jour des fourmis**, 1992)

> **Remarques**
> **1.** *Il faut mieux* pour *il vaut mieux* est une confusion assez répandue que l'on retrouve chez des auteurs illustres :
> *Si vous n'osez pas regarder ce spectacle en face, madame, je crois qu'**il faut mieux** vous crever les yeux.* (Jean Giono, *Le hussard sur le toit*, 1951)
> *Il me fit signe alors qu'**il faudrait mieux** que je demande d'abord l'avis à Madelon.* (Louis-Ferdinand Céline, *Voyage au bout de la nuit*, 1932)
> **2.** Les mots *attention* et *intention* ne sont généralement confondus que dans les locutions *à l'attention de* et *à l'intention de*. La locution *à l'attention de* est une « formule administrative précisant le destinataire d'une communication ou d'un envoi. À l'attention de monsieur le préfet. » (*Dictionnaire de l'Académie*). On retrouve donc typiquement cette formule au dos d'une enveloppe ou en tête de lettre. De son côté, la locution *à l'intention de* signifie « pour, au bénéfice de ».
> On remarque cependant que dans le contexte de la correspondance, quand il est question de messages, de lettres, la locution *à l'attention de* est régulièrement utilisée en remplacement de *à l'intention de* :
> *Une lettre avait été déposée **à son attention** et la personne avait insisté pour qu'elle fût remise sans délai.* (Vincent Engel, *Le miroir des illusions*, 2016)
> *Il archive soigneusement les réponses qu'il rédige **à son attention**, faute de pouvoir les lui faire parvenir.* (Virginie Despentes, *Vernon Subutex 2*, 2015)
> La seconde locution est parfaitement acceptable également :
> *À peu près deux mois après l'entrevue de Mai avec le général, un messager déposa à l'hôpital un billet **à son intention**.* (Nguyen Hoai Huong, *L'ombre douce*, 2013)
> En dehors de ces contextes, l'usage semble plus discutable.
> On retrouve également *à l'attention de* dans l'expression figée *porter à l'attention de* (= faire connaître, faire savoir), construite sur le même moule que *soustraire à l'attention de* :
> *La lumière tombait si implacable du ciel devenu fixe que l'on aurait voulu se soustraire **à son attention**.* (Marcel Proust, *Du côté de chez Swann*, 1913)

3. Les synonymes

Les synonymes sont des mots qui appartiennent à la même classe grammaticale et présentent de fortes analogies de sens, mais différant entre eux par des nuances d'acception : *châtier, punir ; casser, rompre, briser*.

4. Les antonymes

Les antonymes ou contraires sont des mots qui, par le sens, s'opposent directement l'un à l'autre : *riche, pauvre ; naitre, mourir*.

> **Remarques**
> 1. Les liens de synonymie ou d'antonymie s'établissent entre des sens particuliers et non globalement entre des mots. Par exemple, en fonction du sens choisi, *fort* aura pour synonyme : *épicé, gros, costaud, doué,* etc. et pour antonyme : *doux, maigre, faible, nul,* etc.
> 2. L'opposition de sens des antonymes peut se caractériser de différentes manières : comme des valeurs binaires exclusives (*mort/vif* ; *vrai/faux*), comme des bornes sur une échelle graduée (*chaud/froid* ; *riche/pauvre*), comme les aspects opposés d'une réalité réversible (*monter/descendre* ; *haut/bas* ; *vendre/acheter*).

PARTIE **3**

Les classes grammaticales

CHAPITRE 1
Le nom 85

CHAPITRE 2
Le déterminant 119

CHAPITRE 3
L'adjectif qualificatif 149

CHAPITRE 4
Le pronom 179

CHAPITRE 5
Le verbe 221

CHAPITRE 6
L'adverbe 289

CHAPITRE 7
La préposition 309

CHAPITRE 8
La conjonction 317

CHAPITRE 9
L'interjection 325

CHAPITRE **1**

| Le nom

1. Définitions et types 85
2. Le genre du nom 88
3. Le nombre du nom 101
4. Le groupe nominal 112

1. Définitions et types

Le **nom** ou **substantif** est un mot qui sert à désigner les êtres, les choses, les idées : *Louis, livre, chien, gelée, bonté, néant*.

Le **nom simple** est formé d'un seul mot : *ville, chef*. Le **nom composé** est formé par la réunion de plusieurs mots exprimant une idée unique et équivalant à un seul nom : *chemin de fer, arc-en-ciel, tire-au-flanc*.

Une **locution nominale** est une réunion de mots équivalant à un nom, c'est-à-dire pouvant lui être substituée au sein d'une phrase :

> *Nous aurons beaucoup d'autres 1er janvier pour échanger des vœux.* (ÉDOUARD ESTAUNIÉ) (= Nous aurons beaucoup d'autres **dates** pour échanger des vœux. 1er janvier n'est pas un mot composé et n'est pas non plus une expression figée. C'est une locution nominale, un assemblage de mots pouvant être substitué à un nom.)

Bon nombre de locutions nominales sont **figées** (c'est-à-dire qu'on ne peut pas modifier les éléments dont elles se composent ou leur ordre). Elles peuvent alors être lexicalisées, c'est-à-dire enregistrées comme une unité à part entière du lexique, et fonctionner comme un mot composé : *un m'as-tu vu, le qu'en dira-t-on, un sot-l'y laisse, un moins que rien*, etc.

> *Les vieilles pierres de granit exhalaient* **un je ne sais quoi** *d'éternel féminin.*
> (VÉRONIQUE PINGAULT, **Les maisons aussi ont leur jardin secret**, 2015)

Les noms possèdent un genre (*dauphin* est masculin, *baleine* est féminin) et sont susceptibles de varier en nombre. Au sein d'une phrase, le nom constitue le noyau du groupe nominal, c'est-à-dire son point central. Il peut être précédé d'un déterminant et éventuellement complété de différents éléments.

1. Noms communs

Le nom commun est celui qui convient à tous les êtres ou objets d'une même espèce. Il est pourvu d'une signification, d'une définition : *tigre, menuisier, table*.

a) Noms concrets et noms abstraits

Le **nom concret** est celui qui désigne un être ou une chose réels, ayant une existence propre, perceptible par les sens : *plume, fleuve, neige*.

Le **nom abstrait** est celui qui désigne une action, une qualité, une propriété considérée comme existant indépendamment du sujet qui l'exerce ou la possède : *envol, patience, épaisseur, amour*.

Certains noms peuvent avoir une acception abstraite et une autre concrète : *cuisine* (« pièce de la maison », au sens concret vs « art de cuisiner », au sens abstrait) ; *cadre* (« bordure qui marque la limite », au sens concret vs « environnement, contexte », au sens abstrait).

b) Noms individuels et noms collectifs

Le **nom individuel** est celui qui désigne un individu, un objet particulier : *jardin, ballon, pomme*.

Le **nom collectif** est celui qui, même au singulier, désigne un ensemble, une collection d'êtres ou d'objets : *foule, tas, troupeau*.

c) Noms comptables et noms massifs

Les **noms comptables** désignent les choses que l'on peut compter. Ils peuvent être accompagnés d'un numéral : *pied, chien, pétales*. Les **noms massifs** désignent des réalités continues que l'on ne dénombre pas : *neige, sable, air*. Cette opposition concerne surtout les noms concrets.

> **Remarque**
> Une description détaillée nécessite d'aller plus loin dans la définition des classes. Par exemple, pour valider les phrases dans lesquelles le verbe *téléphoner* peut être utilisé, il est utile d'introduire la classe « humain » : *N-humain téléphone à N-humain*. Le recours à de telles classes sémantiques (que les linguistes appellent *classes d'objets*) permet de caractériser l'emploi de certains verbes. Par exemple, on peut distinguer les emplois de *prendre* à l'aide de différentes classes d'objets : *prendre un <chemin>* (= emprunter une route) ; *prendre une <boisson>* (= boire ou commander) ; *prendre un <train>* (= utiliser un moyen de transport), etc. On retrouve ce besoin de précision dans les définitions des dictionnaires. Par exemple, le Petit Robert définit *manger* par « avaler pour se nourrir (un aliment solide ou consistant) » signifiant ainsi que le verbe *manger* peut se construire avec un élément appartenant à la classe des *aliments solides ou consistant* : on peut *manger une pomme*, mais pas *manger une limonade*. De même, dans l'article consacré à *éteindre*, on distingue à côté du sens « faire cesser de brûler ou d'éclairer » le sens « faire cesser de fonctionner (un appareil électrique) », à nouveau en référence à une classe particulière.

2. Noms propres

Par opposition, le nom propre ne convient qu'à un seul être ou objet ou à un groupe d'individus de même espèce : *Jean, Liège, les Québécois, Le Louvre, ONU, la Callas*. Ils prennent toujours une majuscule et sont généralement invariables. On inclut dans cette catégorie :

- les noms de lieux (toponymes) : voies (rues, avenues, place, etc.), villages, villes, régions, pays, îles, montagne, monuments, étoiles, planètes (à l'exception de *la terre, la lune* et *le soleil* qui sont des noms communs) : *le mont Blanc, l'aiguille du Midi, Paris, la Corse, Jupiter,* etc.
- les noms des cours d'eau et des étendues d'eau (hydronymes) : rivières, fleuves, canaux, étangs, lac, mers, etc. : *le Rhin, l'Ourthe, la Mer Méditerranée, la mer des Caraïbes,* etc.
- les noms de personnes : noms de famille, prénoms, pseudonymes et sobriquets. Ces derniers font référence à une caractéristique physique ou morale ou à une anecdote qui concerne directement la personne désignée comme *Poil de carotte*.

> " *Poil de carotte [...] Elle donne ce petit nom d'amour à son dernier-né, parce qu'il a les cheveux roux et la peau tachée.* (Jules Renard, **Poil de carotte**, 1894) "

De leur côté, les noms de famille, même s'ils ont un sens qui s'explique historiquement (*Langlais, Lebreton,* etc. sont basés sur des noms géographiques ; *Boulenger, Fournier, Fabre,* etc. réfèrent à des noms de métier ; les noms de famille correspondant à des prénoms font allusion à la filiation : *Martin Pierre = Martin fils de Pierre*), s'appliquent de manière générique.

> **Remarque**
> Dans les noms propres composés, certains mots ne prennent pas de majuscule. C'est le cas :
> - de l'article ou de la préposition dans les surnoms (1,2). Mais la règle n'est pas toujours appliquée de manière systématique (3). Il y a également des exceptions : par exemple, Le Corbusier (surnom de l'architecte français Charles-Édouard Jeanneret-Gris) s'écrit toujours avec une majuscule (4) ;
>
> *Au-dessus, sur le mur, s'étalaient de gauche à droite des posters de la Callas, Che Guevara, les Doors et Attila le Hun.* (Bernard Werber, **La Révolution des fourmis**, 1996) (1)
>
> *Lanternes, poignards, gourdins. Scène violente et confuse, faite pour Rembrandt ou le Caravage.* (Emmanuel Carrère, **Le Royaume**, 2014) (2)
>
> *Sous l'auréole du sacré, Michelangelo Merisi, dit Le Caravage, a bouleversé la peinture.* (Daniel Rondeau, **Malta Hanina**, 2012) (3)
>
> *Comme les marxistes, comme les libéraux, Le Corbusier était un productiviste.* (Michel Houellebecq, **La carte et le territoire**, 2011) (4)
>
> - de la particule de noblesse : *Jean de La Fontaine, Madame de Sévigné, le marquis de Sade* ;
> - des noms communs génériques qui apparaissent dans les noms géographiques. Ces noms sont fréquemment composés d'un **générique** (océan, avenue, place, école, etc.) et d'un **spécifique** (nom ou adjectif). Le générique s'écrit généralement sans majuscule : *la mer Méditerranée, la fosse des Mariannes, l'aiguille du Midi, l'autoroute du Soleil, le pont des Soupirs, le barrage de la Plate Taille, la baie du Saint-Laurent, le mur des Lamentation, l'île de Ré,* etc. Quand le déterminant fait partie du nom propre, il commence par une majuscule : *Le Mans, Le Touquet, La Mecque,* etc.

Un nom propre peut être utilisé en lieu et place d'un nom commun, pour évoquer un trait de caractère particulier du personnage dont on emprunte le nom (*un tartuffe*, « un hypocrite », *un don juan*, « un séducteur », *un mécène*, « un donateur soutenant une cause de manière désintéressée », etc.), en référence à un inventeur (*un newton*, « unité de mesure de la force », *un pascal*, « unité de mesure de la pression », etc.) ou encore en référence à la marque d'un produit donné (*kleenex* pour « mouchoirs en papier », *frigidaire* pour « armoire frigorifique », *scotch* pour « ruban adhésif »). Cette figure de style consistant à un utiliser un nom propre comme un nom commun est appelée **antonomase**. Celle qui ont du succès se lexicalisent et finissent par être utilisées sans majuscule et ils peuvent s'accorder comme des noms communs ordinaires. On les retrouve dans les dictionnaires. Le passage du nom propre avec majuscule au nom commun avec minuscule est progressif.

> *Ils se consacraient aux relations publiques auprès des **mécènes** du moment.* (MICHEL HOUELLEBECQ, **La carte et le territoire**, 2011)
>
> *Cela faisait une sacrée brochette de **don juans**.* (JEAN-CHRISTOPHE GRANGÉ, **Le passager**, 2011)

Dérivation p. 62

Les noms propres peuvent servir de base à la dérivation d'autres unités lexicales :

> *Selon Kierkegaard dans son Traité du désespoir, l'homme connaît trois âges : celui de la jouissance esthétique et **donjuanesque**, celui du doute faustien, celui du désespoir.* (SYLVAIN TESSON, **Dans les forêts de Sibérie**, 2011)
>
> *Un corps enfin délivré de la **tartufferie** puritaine et qui s'abandonnait outrageusement à la volupté.* (LYDIE SALVAYRE, **Hymne**, 2011)
>
> *Espèces **lessepsiennes**. Bien identifiées, ces espèces* [invasives de Méditerranée] *tirent leur nom du vicomte français Ferdinand de Lesseps, architecte du Canal (1859-1869).* (MARTINE CARRET, **Le Parisien**, 07/08/2015)

Le genre peut aussi varier : *Mécène* est à l'origine un personnage masculin, mais le nom commun qui en dérive se voit régulièrement féminisé :

> *Une mère et **une mécène**.* (DAVID FOENKINOS, **Charlotte**, 2014)
>
> *« La millionnaire », comme l'appelaient les Ouïghours dans les années 90, était aussi **une mécène** qui lança une ONG pour sortir de la pauvreté un millier de femmes ouïghoures.* (PHILIPPE GRANGEREAU, **Libération**, 08/07/2009)

2. Le genre du nom

Le français a deux genres : le **masculin** et le **féminin**.

Pour les noms d'**êtres animés** il y a en général correspondance entre le genre grammatical (masculin/féminin) et le genre naturel des sexes (mâle/femelle).

CHAPITRE **1**   Le nom

Les noms sont, en général, du genre **masculin** quand ils désignent des hommes ou des animaux mâles ; on peut les faire précéder de *un, le (l')* : *le père, un cerf*. Ils sont du genre **féminin** quand ils désignent des femmes ou des animaux femelles ; on peut les faire précéder de *une, la (l')* : *la mère, une brebis*.

Les noms d'**êtres inanimés** ou de notions abstraites sont, sans variation, les uns masculins, les autres féminins ; leur genre s'explique par des raisons d'étymologie, d'analogie ou de forme. Le déterminant qui les accompagne indique leur genre :

> *Et puis, à la fin, la terre emportait la forme du bateau dans sa courbure.* (Marguerite Duras, *L'amant*, 1984) (*La fin, la terre, la forme, sa courbure* : féminin ; *du bateau* : masculin.)

1. Le féminin des noms animés

Au point de vue orthographique, le féminin des noms d'êtres animés se marque :
  a) en général, par **ajout d'un *e*** à la forme masculine (*député > députée, apprenti > apprentie, avocat > avocate*) ;
  b) par **modification ou addition de suffixe** (*maire > mairesse, programmeur > programmeuse*) ;
  c) par une **forme spéciale**, de même radical cependant que celle du masculin (*canard > cane*) ou encore par un terme spécial dont le radical est entièrement différent de celui du masculin (*coq > poule, oncle > tante*).

Il faut noter en outre que, pour certains noms d'êtres animés, il n'y a pas de variation de forme selon le genre. Dans ce cas, c'est la déterminant qui marque le genre : *une élève* vs *un élève*.

La catégorie des **noms de métiers, grades et titres** fait l'objet d'une attention particulière depuis quelques années. Différents pays de la francophonie ont publié des règles destinées à féminiser ces noms. Ces règles, le plus souvent rédigées par des commissions de linguistes, respectent les principes généraux en usage dans la langue. Elles ont force de loi dans les textes officiels et les documents administratifs, mais elles ne peuvent bien sûr être contraignantes pour les particuliers. C'est l'usage qui tranchera avec le temps.[1] Nous illustrerons les règles morphologiques concernées avec des exemples de métiers et un résumé complet des règles appliquées dans ce domaine est disponible en annexe.

a) Addition d'un -e

On obtient le féminin de la plupart des noms d'êtres animés en écrivant à la fin de la forme masculine un *e*, qui souvent ne se prononce pas.

---

1. Pour plus d'informations, on pourra consulter la « Circulaire du 11 mars 1986 relative à la féminisation des noms de métier, fonction, grade ou titre » parue au Journal officiel de la République française du 16 mars 1986. Ou les brochures *Au féminin. Guide de féminisation des titres de fonction et des textes* (Office de la langue française, Les Publications du Québec, 1991) ; *Mettre au féminin, Guide de féminisation des noms de métier, fonction, grade ou titre* (Fédération Wallonie-Bruxelles, Service de la langue française, 3ᵉ éd., 2014) ; ou encore Anne Dister et Marie-Louise Moreau (2009). *Féminiser ? Vraiment pas sorcier ! La féminisation des noms de métiers, fonctions, grades et titres*. De Boeck Duculot. Bruxelles.

Ami, amie [ami].

Ours, ourse [uʀs].

Dans certains cas, l'ajout du *e* est facultatif :

Professeur, une professeure [pʀɔfesœʀ] ou *une professeur*.

> **Remarque**
> Selon les règles de féminisation, *une professeur* s'écrit sans *e* final. Mais certains, adoptant une habitude provenant du Québec et de la Suisse écrivent tout de même *une professeure*, avec un *e* final.
>
> Peu d'hommes ont eu la chance d'avoir une **professeur** aussi douce, douée et affectueuse pour les introduire aux subtilités de l'amour physique. (NANCY HUSTON, *Danse noire*, 2013)
>
> Une jeune femme... (Barnes jeta un regard à son dossier et reprit :) Fanny Ferreira. Une professeur, à l'université. (JEAN-CHRISTOPHE GRANGÉ, *Les rivières pourpres*, 1997)
>
> Après son accident, elle était devenue **professeure** à la School of American Ballet tout en participant à la mise en scène de quelques comédies musicales à Broadway. (GUILLAUME MUSSO, *La fille de papier*, 2010)

Dans les noms terminés au masculin par une **voyelle**, l'adjonction du *e* au féminin n'entraine pas, quant à la prononciation, l'allongement de cette voyelle finale : les voyelles *i* et *u* ont la même durée dans *amie, têtue* que dans *ami, têtu*. Il devrait en être de même avec les noms de métier forgé de cette manière : *une chargée de cours, une députée, une préposée, une apprentie*, etc.

Durée des voyelles p. 21

> **Remarque**
> Il existe cependant dans de nombreuses régions de la francophonie une tendance à marquer la différence dans la prononciation par un allongement de la voyelle finale au féminin : *une députée* [yndepyte:].

Dans les noms terminés au masculin par une **consonne**, l'adjonction du *e* au féminin :

a) tantôt ne modifie pas la prononciation du nom : *aïeul, aïeule* [ajœl] ;

b) tantôt fait reparaitre, dans la prononciation, la consonne finale qui (sauf en liaison) ne se prononce pas au masculin : *marchand, marchande* [maʀʃã], [maʀʃãd] ; *parent, parente* [paʀã], [paʀãt] ;

c) tantôt, comme on va le constater, provoque un redoublement ou une modification de cette consonne finale, avec parfois une modification (phonétique ou même orthographique) de la voyelle qui précède. Ces changements sont présentés de manière synthétique dans le tableau suivant.

CHAPITRE 1 Le nom

Effets de l'ajout du *e*	Exemples	Remarques
La consonne finale se prononce, mais ne change pas		
Simple ajout d'un *e* sans doublement de consonne *-at, -ot* → *-ate, -ote*	*avocat, avocate* ; *idiot, idiote* ; 🖉 *une agente, une experte, une lieutenante, une magistrate, une marchande, une présidente, une principale*	Exceptions : *chat, chatte* ; *linot, linotte* ; *sot, sotte*
Doublement de la consonne finale : *-el* → *-elle*	*intellectuel, intellectuelle* ; *Gabriel, Gabrielle* 🖉 *un contractuel, une contractuelle*	1. Les mots en *-eau* (masc. ancien en *-el*) font leur féminin en *-elle* : *chameau, chamelle*. 2. À côté des féminins *Michelle* et *Danielle* existent aussi les formes *Michèle* et *Danièle*. 3. *Fou* (autrefois *fol*) a pour féminin *folle*.
Doublement de la consonne finale et changement phonétique : *-et* → *-ette*	*cadet, cadette* ; *coquet, coquette*	Exception : *préfet, préfète*, avec un accent grave sur le *e* qui précède le *t*.
Doublement de la consonne finale et changement phonétique (dénasalisation) : *-en, -on* → *-enne, -onne*	*gardien, gardienne* [gaʀdjɛ̃], [gaʀdjɛn] 🖉 *une chirurgienne, une doyenne, une mécanicienne, une pharmacienne* 🖉 *baron, baronne* [baʀɔ̃], [baʀɔn] ; *maçon, maçonne* ; *bucheron, bucheronne*	Pour *Lapon, Letton, Nippon, Simon*, l'usage hésite : *une Lapone* ou *Laponne*, *une Lettone* ou *Lettonne*, *une Nippone* ou *Nipponne*, *Simone* ou *Simonne* mais le redoublement du *n* semble plus rare. Exception : *compagnon* > *compagne*.
Changement phonétique sans redoublement du *-n* : *-in (-ain), -an* → *-ine, -ane*	*orphelin, orpheline* ; *châtelain, châtelaine* ; *gitan, gitane* 🖉 *échevine, artisane*	Les mots suivants font exception : *Jean, Jeanne* ; *paysan, paysanne* ; *valaisan, valaisanne* ; *veveysan, veveysanne*.
Changement phonétique ([e] devient [ɛ]) et graphique (accent grave) de la voyelle : *-er* → *-ère*	*berger, bergère* [bɛʀʒe], [bɛʀʒɛʀ] 🖉 *une conseillère, une huissière, une officière, une ouvrière*	

Effets de l'ajout du *e*	Exemples	Remarques
La consonne finale change et/ou se prononce		
La plupart des noms en -*s* (précédé d'une voyelle) ou en -*x* ont leur féminin en -*se* (*s* prononcé [z])	*bourgeois* [buʀʒwa], *bourgeoise* [buʀʒwaz] ; *époux, épouse* ; *ambitieux, ambitieuse* ; *métis, métisse* ; *roux, rousse* ; *vieux, vieille*	Le mot *andalou* (anciennement *andalous*) fait au féminin *andalouse*.
Les noms en -*f* changent *f* en *v* devant le *e* du féminin : -*f* → -*ve*	*captif, captive* ; *juif, juive* ; *veuf, veuve*	
Ajout de consonne	*favori, favorite*	
-*c* → -*que*	*franc, franque*	Sans changement à l'oral pour : *Frédéric, Frédérique* ; *turc, turque*. Le mot *grec* se distingue par le fait qu'il conserve le *c* au féminin : *grecque*.

b) *Modification ou addition de suffixe*

Suffixe	Exemples	Remarques
Les noms masculins en -*eur*		
Les noms en -*eur* auxquels **on peut** faire correspondre un participe présent en changeant -*eur* en -*ant* font leur féminin en -*euse*[1] (*eu* devient fermé) : -*eur* → -*euse*	*menteur, menteuse* ; *porteur, porteuse* ; une *carreleuse*, une *chercheuse*, une *contrôleuse*, une *vendeuse*	Exceptions : -*eur* → -*eresse* : *enchanteur, enchanteresse* ; *pécheur, pécheresse* ; *vengeur, vengeresse*
Les noms en -*eur* auxquels **on ne peut pas** faire correspondre un participe présent en changeant -*eur* en -*ant* ont une forme féminine identique au masculin	une *docteur*, une *ingénieur*, une *procureur*, une *professeur*	Recommandation au Québec et Suisse : une *docteure*, une *ingénieure*, une *procureure*, une *professeure* Cette pratique tend à se généraliser au-delà de la Suisse et du Québec.

---

1. Ces noms sont de formation populaire ; leur finale se prononçait anciennement comme celle des noms en -*eux* (on prononçait, par exemple, *un menteux*), ainsi on comprend pourquoi leur féminin est en -*euse*.

CHAPITRE 1 Le nom

Suffixe	Exemples	Remarques
Les noms masculins en *-teur*		
Les noms en *-teur* auxquels **on peut** faire correspondre un participe présent en changeant le *-eur* en *-ant* (par ex. *exécuteur* - *exécutant*) : *-teur* ⟶ *-trice*	*exécuteur, exécutrice ; inspecteur, inspectrice ; inventeur, inventrice ; persécuteur, persécutrice* 🔎 *une administratrice, une apparitrice, une aviatrice, une directrice, une éditrice, une éducatrice, une rédactrice, une rectrice*	
Les noms en *-teur* auxquels **on ne peut pas** faire correspondre un participe présent en changeant *-eur* en *-ant* font leur féminin en **-trice**[1] (par ex. *directeur* - **directant*) : *-teur* ⟶ *-trice*	*directeur, directrice ; facteur, factrice ; électeur, électrice* 🔎 *une administratrice, une apparitrice, une aviatrice, une directrice, une éducatrice, une rédactrice, une rectrice*	

Remarques

1. *Inférieur, mineur, prieur, supérieur* (qui sont d'anciens comparatifs latins employés comme noms) forment leur féminin par simple addition d'un *-e* : *inférieure, mineure, prieure, supérieure.*
2. *Ambassadeur* fait au féminin *ambassadrice*. *Empereur* fait *impératrice*. *Débiteur* fait *débiteuse* (« qui débite ») et *débitrice* (« qui doit »). *Chanteur* fait ordinairement *chanteuse* ; *cantatrice* se dit d'une chanteuse professionnelle spécialisée dans l'opéra.
3. Les termes de la langue juridique *bailleur, défendeur, demandeur, vendeur* – ainsi que *charmeur, chasseur*, quand ils sont employés dans la langue poétique – font leur féminin en *-eresse* : *bailleresse, défenderesse, venderesse, charmeresse, chasseresse.*

   *La cour condamne le défendeur à payer deux mille piastres fortes à la **demanderesse**, ou bien à l'épouser dans le jour.* (Pierre-Augustin Caron de Beaumarchais, *Le mariage de Figaro*, 1785)

   Dans l'usage courant, on a les féminins *demandeuse, vendeuse, charmeuse, chasseuse.*

   *Le rapport de forces venait de s'inverser ; elle était à présent **demandeuse**.* (Bernard Quiriny, *Le village évanoui*, 2013)
4. En médecine, la langue familière emploie parfois *doctoresse* comme féminin de *docteur*.

---

1. Ces noms sont de formation savante. Leur féminin est emprunté ou imité du féminin latin en *-trix* ; par exemple, *directrice* reproduit le féminin latin *directrix*.

Féminin en -*esse*

Une trentaine de noms (presque tous en -*e*) ont leur féminin en -*esse* :

abbé, abbesse	faune, faunesse	prêtre, prêtresse
âne, ânesse	hôte, hôtesse	prince, princesse
bougre, bougresse	ivrogne, ivrognesse	prophète, prophétesse
chanoine, chanoinesse	maitre, maitresse	sauvage, sauvagesse
comte, comtesse	mulâtre, mulâtresse	Suisse, Suissesse
devin, devineresse	nègre, négresse	tigre, tigresse
diable, diablesse	ogre, ogresse	traitre, traitresse
drôle, drôlesse	pair, pairesse	vicomte, vicomtesse
druide, druidesse	pauvre, pauvresse	
duc, duchesse	poète, poétesse	

c) *Forme spéciale au féminin*

Certains noms ont au féminin une forme spéciale, de même radical cependant que celle du masculin :

canard, cane	favori, favorite	neveu, nièce
chevreuil, chevrette	fils, fille	perroquet, perruche[2]
compagnon, compagne	gouverneur, gouvernante	roi, reine
daim, daine[1]	héros, héroïne	serviteur, servante
diacre, diaconesse	lévrier, levrette	sylphe, sylphide
dieu, déesse	loup, louve	tsar, tsarine
dindon, dinde	merle, merlette	
empereur, impératrice	mulet, mule	

Certains noms marquent la distinction des genres par **deux mots de radical différent** :

bélier, brebis	homme, femme	oncle, tante
bouc, chèvre	jars, oie	papa, maman
cerf, biche	lièvre, hase	parrain, marraine
coq, poule	mâle, femelle	père, mère
étalon, jument	mari, femme	sanglier, laie
frère, sœur	matou, chatte	singe, guenon
garçon, fille	monsieur, madame,	taureau, vache
gendre, bru	ou mademoiselle	verrat, truie

---

1. Les chasseurs disent aussi *dine*.
2. *Perruche* se dit de la femelle du perroquet ; il désigne aussi, sans distinction de sexe, un oiseau de la même famille que le perroquet, mais de taille plus petite.

d) Noms ayant la même forme aux deux genres

Certains noms de personnes dits **épicènes**, terminés pour la plupart en -*e*, ont la **même forme pour les deux genres** : *un artiste, une artiste; un élève, une élève; un bel enfant, une charmante enfant.*

Pour marquer le féminin dans l'usage des noms de professions qui se termine par -*e* au masculin, on ajoute simplement un déterminant féminin : *une aide, une architecte, une comptable, une dactylographe, une diplomate, une ministre, une secrétaire.*

Certains noms de personnes ne s'appliquant anciennement qu'à des hommes, ou pour lesquels le sexe de la personne n'a pas d'intérêt, n'avaient **pas reçu de forme féminine** : *auteur, bourreau, charlatan, cocher, déserteur, échevin, écrivain, filou, médecin, possesseur, professeur, successeur, vainqueur,* etc. Pour ce qui concerne les noms de profession, grade et titre, ce manque a été comblé par une activité néologique volontaire (basée sur les règles morphologiques standard) et il est désormais recommandé d'utiliser les formes féminisées.

> **Remarques**
> 1. Certains noms ne possèdent qu'un genre linguistique alors qu'ils peuvent désigner des êtes des deux sexes. Quand on veut préciser le sexe de l'être désigné, on peut leur adjoindre des mots comme : *homme, femme, masculin, féminin* ou pour les animaux, *mâle* et *femelle*. Quand *mâle* et *femelle* sont utilisés pour désigner des humains, c'est avec une connotation négative ou à tout le moins une certaine ironie.
>
> *Andrée gardait le flegme souriant* **d'un dandy femelle.** (Marcel Proust, *À l'ombre des jeunes filles en fleurs*, 1919)
>
> Ces adjonctions (homme/femme) peuvent également être apportées pour lever une éventuelle ambiguïté quand le nom est **épicène** (identique au masculin et féminin) ou en cas d'hésitation sur la forme féminine appropriée :
>
> *Il me semble être encore au jour où les jeunes gens et les dames montaient sur des chaises pour vous voir danser au bal, madame, ajouta l'abbé en se tournant vers* **son adversaire femelle.** (Honoré de Balzac, *Eugénie Grandet*, 1833)
>
> *La toute première* **psychiatre femme** *de l'établissement.* (Adélaïde de Clermont-Tonnerre, *Le dernier des nôtres*, 2016)
>
> *Je lui choisis un Taxi Vert propre avec* **un chauffeur femme.** (Didier van Cauwelaert, *Les Témoins de la mariée*, 2010)
>
> Un grand nombre d'animaux ayant un genre unique quel que soit le sexe sont distingués par une adjonction lexicale (mâle ou femelle) : *le mérou, le dauphin, le tigre, la girafe, la mouche, le moustique, la vipère, l'aigle,* etc.
>
> *Sa femme attendait qu'il revînt. [...] Caressant sa* **gazelle mâle.** (Guillaume Apollinaire, *La chanson du mal-aimé*, 1913)
>
> Il en est de même pour les êtres surnaturels : *un démon femelle, un vampire femelle, une goule mâle, un centaure femelle, un gobelin femelle,* etc.
>
> *Au lieu de ça,* **le gobelin femelle** *qui avait surgi et resurgi sur mon écran avait été pris dans mes rets.* (Éric Faye, *Nagasaki*, 2010)
>
> *Lui qui partit en Égypte pour trouver une épouse à enfanter,* **un messie femme**, *et réconcilier ainsi l'Orient et l'Occident.* (Mathias Énard, *Boussole*, 2015)

> **2.** Historiquement, les déterminants, adjectifs ou pronoms qui se rapportaient à ces mots invariables en genre s'accordaient au masculin même pour désigner des femmes ; ce n'est plus le cas aujourd'hui :
> *Madame de Sévigné est un grand écrivain.*
> *Cette femme est un excellent professeur.*

Il est également recommandé d'accorder les adjectifs et participe en relation avec les noms féminisés, y compris dans les appellations professionnelles complexes : *une conseillère principale, une contrôleuse adjointe, une ingénieur technicienne, une première assistante, la doyenne s'est montrée intéressée, la présidente directrice générale*.

De la même manière, certains noms ne s'appliquant qu'à des femmes n'ont **pas de forme masculine** : *lavandière, nonne, matrone*, etc. Ici aussi, l'évolution des mœurs justifie parfois des créations lexicales. On utilise par exemple le terme *maïeuticien* (1980) pour désigner « les hommes qui exercent la profession de sagefemme ».

2. Les noms à double genre

- **Aigle**

Aigle est du masculin quand il désigne l'oiseau de proie ou, au figuré, un homme de génie ; de même quand il désigne un pupitre d'église ou une décoration portant un aigle :

> ❝ *Un aigle descendit de ce ciel blanc d'archanges.* (Guillaume Apollinaire, **Un soir**, 1913)
>
> *Je veux qu'elle me regarde comme un aigle à part entière.* (Didier van Cauwelaert, **La femme de nos vies**, 2013)
>
> *Cet homme-là est un aigle.* (*Dictionnaire de l'Académie*) ❞

Il est du féminin quand il désigne expressément l'oiseau femelle ou dans le sens d'étendard, d'armoiries :

> ❝ *L'aigle est furieuse quand on lui ravit ses aiglons.* (*Dictionnaire de l'Académie*)
>
> *Des pancartes frappées d'une aigle bicéphale somment de ne pas aller plus avant et des agents grecs patrouillent le long de cette frontière morte.* (Éric Faye, **Somnambule dans Istanbul**, 2013) ❞

- **Amour**

Amour, le plus souvent, est masculin :

> *Amour **sacré** de la patrie, rends-nous l'audace et la fierté !* (Daniel-François-Esprit Auber, **La Muette de Portici**, 1828)
>
> *L'amour est **sorcier** : il sait les secrets ; il est sourcier, il sait les sources.* (Marguerite Yourcenar, **Feux**, 1936)

Il peut être féminin au pluriel, surtout en littérature, mais aussi dans l'usage courant :

> *J'entends il vous jurait une amour **éternelle**.* (Jean Racine, **Phèdre**, 1677)
>
> *Mais le vert paradis des amours **enfantines**.* (Charles Baudelaire, **Moesta et Errabunda**, 1857)
>
> *C'étaient des amours **potentielles**, des flirts sous le coude ou des casiers jadis posés, des dossiers en cours, des affaires pendantes présentant plus ou moins d'intérêt.* (Jean Echenoz, **Je m'en vais**, 1999)

Amour est toujours masculin en termes de mythologie, de peinture ou de sculpture (et prend une majuscule dans les références au dieu Amour) :

> *Peindre, sculpter des **Amours**.* (Dictionnaire de l'Académie)
>
> *Toi, chrétien, tu ignores peut-être que l'Amour est **fils** de Vénus.* (François-René de Chateaubriand, **Les martyrs**, 1810)

- **Après-midi**

Après-midi est masculin ou féminin (mais plus fréquemment masculin) :

> ***Cet** après-midi, elle a lu pendant que je préparais le repas.* (Éric-Emmanuel Schmitt, **Les perroquets de la place d'Arezzo**, 2013)
>
> *Je participai en retrait à **cette** après-midi et cette soirée de retrouvailles.* (François Garde, **Ce qu'il advint du sauvage blanc**, 2012)

- **Délice**

Délice est féminin au pluriel :

> *Il fait **toutes** ses délices de l'étude.* (Dictionnaire de l'Académie)
>
> *Je fréquentai la petite maison où l'impératrice veuve s'adonnait aux délices **sérieuses** de la méditation et des livres.* (Marguerite Yourcenar, **Mémoires d'Hadrien**, 1951)
>
> *À la source de ces **anxieuses** délices il y avait la combinaison de deux peurs contradictoires.* (Jean-Paul Sartre, **Les mots**, 1964)

PARTIE 3   Les classes grammaticales

> **Remarque**
> Dans le contexte culinaire, on remarque que le masculin a tendance à se répandre (bien que cet usage s'écarte de la norme) :
> *Hubert revint avec les liqueurs, vodka, sliwowica et autres délices **fabriqués** en Pologne.* (ALAIN BERENBOOM, *La fortune Gutmeyer*, 2015)
> *Tatin de poire pochée aux épices, crème glacée franboise-violette, sont quelques **petits** délices culinaires et poétiques que vous dégusterez ici.* (*Le Petit Futé : Saint-Malo*, 2017)
> *Saviez-vous que certains insectes sont aussi de **petits** délices culinaires ?* (*ville.montreal.qc.ca*, Consulté le 22/05/2018).

Au singulier, *délice* est du masculin :

> « *Mais presque aussitôt, il perçut sur ses lèvres **le** délice tiède d'une béance inconnue.* (JEAN-CHRISTOPHE RUFIN, *Rouge Brésil*, 2001)
>
> *À cette heure-là, en été, manger des mûres est **un** délice.* (HENRY BOSCO, *Un rameau dans la nuit*, 1950) »

- **Foudre**

Foudre est féminin dans le sens de « feu du ciel » et aussi quand il désigne de manière figurée ce qui frappe d'un coup soudain :

> « *Il faut se méfier de **la** foudre qui a tué sept personnes l'an dernier.* (NICOLAS BOUVIER, *L'usage du monde*, 1963)
>
> *Cette révélation me frappa comme **la** foudre.* (FRANÇOIS GARDE, *Ce qu'il advint du sauvage blanc*, 2012) »

Il est masculin dans les expressions *foudre de guerre, foudre d'éloquence,* ainsi que dans la langue du blason et quand il désigne le faisceau enflammé, attribut de Jupiter :

> « *Sans compter qu'au volant, ce n'est pas **un** foudre de guerre.* (PIERRE LEMAITRE, *Alex*, 2011)
>
> *Une aigle tenant **un** foudre dans ses serres.* (*Dictionnaire de l'Académie*)
>
> *L'entrée du jardin oblige à passer dans un gigantesque tonneau, **un** foudre de chêne de 1847 qui contenait 57 000 litres de rhum, précise une pancarte.* (MICHEL BUSSI, *Ne lâche pas ma main*, 2013) »

- **Gens**

Gens, nom pluriel signifiant « personnes », est du masculin :

> *Les gens **insatisfaits** détruisent tout autour d'eux.* (Leïla Slimani, **Dans le jardin de l'ogre**, 2014)

Cependant s'il est précédé immédiatement d'un adjectif ayant une terminaison différente pour chaque genre, il veut au féminin cet adjectif et tout adjectif placé avant lui :

> *Tous étaient d'ailleurs d'**excellentes** gens, des cœurs d'or.* (Marcel Aymé, **Le passe-muraille**, 2016)
>
> *Et pour célébrer la venue de la jeune fille, il avait invité lui-même ces enfants et ces **vieilles** gens débonnaires.* (Alain Fournier, **Le grand Meaulnes**, 1913)

Mais quand l'adjectif qui précède a la même terminaison aux deux genres, il reste au masculin : *Quels bons et honnêtes gens !*

Quant aux adjectifs (et pronoms) qui suivent *gens* et sont en rapport avec lui, on les laisse au masculin : *Ce sont les meilleures gens que j'aie **connus**.*

Les adjectifs qui ne précèdent *gens* que par inversion restent au masculin :

> ***Instruits** par l'expérience, les vieilles gens sont soupçonneux.* (**Dictionnaire de l'Académie**)

Remarques

1. *Gens*, dans certaines expressions telles que *gens de robe, gens de guerre, gens d'épée, gens de loi, gens de lettres, gens de bonne compagnie, gens de passage, gens de la bohème*, etc., demande toujours l'adjectif ou le participe au masculin :

   *De **nombreux** gens de lettres. Des gens d'affaires.* (**Dictionnaire de l'Académie**)

2. *Gent* signifiant « nation, race » est féminin :

   La gent marécageuse. (Jean de La Fontaine, **Les grenouilles qui demandent un roi**, 1668)

   *Il [...] s'approcha doucement de la meule autour de laquelle **la gent caquetante** picorait.* (René Barjavel, **Ravage**, 1943)

   *Il a plus d'amitié pour **la gent animale** que pour l'espèce humaine.* (Léonora Miano, **La saison de l'ombre**, 2013)

• **Hymne**

Hymne est masculin dans l'acception ordinaire, mais ordinairement féminin dans le sens de « cantique latin qui se chante à l'église » :

> *Quel hymne pourra te chanter ?* (Jean d'Ormesson, **C'est une chose étrange à la fin que le monde**, 2010)
>
> *La semaine suivante, sa ballade passait à la BBC comme **une** hymne funèbre.* (Sorj Chalandon, **Retour à Killybegs**, 2011)

- **Œuvre**

Œuvre est toujours féminin au pluriel ; il l'est généralement aussi au singulier :

> *Je crée des œuvres uniques, pleines de mouvement.* (LUC-MICHEL FOUASSIER, **Histoires Jivaro**, 2014)
>
> *Ce tableau est une œuvre de jeunesse.* (**Dictionnaire de l'Académie**)

Il est masculin quand il désigne, soit l'ensemble de la bâtisse, soit l'ensemble des œuvres d'un artiste, soit la transmutation des métaux en or, dans l'expression *le grand œuvre* : Le gros œuvre est achevé ; travailler au grand œuvre.

> *Ma fille et mon œuvre … mon cœur et mon âme.* (GASTON LEROUX, **Le mystère de la chambre jaune**, 1907)

- **Orge**

Orge est féminin, sauf dans les deux expressions orge mondé, orge perlé.

> *Rechele servit la potée d'orge perlé accompagnée d'intestins farcis.* (OLIVIER GUEZ, **Les révolutions de Jacques Koskas**, 2014)

- **Orgue**

Orgue, au singulier, est du masculin. On retrouve cette forme dans les locutions orgue portatif, orgue de Barbarie.

> *Le gibet noir mugit comme un orgue de fer !* (ARTHUR RIMBAUD, **Le bal des pendus**, 1888)
>
> *Une petite musique d'orgue de Barbarie désaffecté.* (LAURENT DEMOULIN, **Robinson**, 2017)

Le pluriel *orgues* est également du masculin quand il désigne plusieurs instruments : Les deux orgues de cette église sont excellents.

Le pluriel *orgues* est du féminin lorsqu'il désigne un instrument unique ainsi que dans la locution orgues de Staline qui désigne « un engin soviétique multitube lançant des roquettes (pendant la Deuxième Guerre mondiale) » :

> *On entendait les grandes orgues, et chanter le chœur.* (SERGE BRAMLY, **Le premier principe, le second principe**, 2008)
>
> *Des alignements de batteries de tubes rappelant les fameuses « Orgues de Staline ».* (FRANÇOIS BOSTNAVARON, **Le Monde**, 13/07/2012)

CHAPITRE **1**   Le nom

- **Pâques**

Pâques (avec *s* final), désignant la fête catholique, est masculin et singulier ; il prend la majuscule et rejette l'article :

> *Quand Pâques sera venu. Je vous paierai à Pâques prochain.* (**Dictionnaire de l'Académie**)

Pâques est féminin pluriel dans les expressions *faire ses pâques* (remarquez la minuscule) ou *Joyeuses Pâques*, et quand il est accompagné d'un article :

> *Depuis les Pâques précédentes.* (Joseph Malègue, **Augustin ou Le maître est là**, 1933)

Pâque (sans *s*), désignant la fête juive ou orthodoxe, est féminin singulier ; il prend la minuscule et l'article, mais certains auteurs emploient la majuscule :

> *Le jour de la Pâque, qui est pour Israël celui de la sortie d'Égypte.* (Emmanuel Carrère, **Le Royaume**, 2014)
>
> *La présentation générale des serfs au comte eut lieu le dimanche de la pâque orthodoxe.* (Mathias Menegoz, **Karpathia**, 2014)

- **Période**

Période, féminin dans les acceptions ordinaires, est masculin quand il désigne le point où une chose, une personne est arrivée :

> *Démosthène et Cicéron ont porté l'éloquence à son plus haut période.* (**Dictionnaire de l'Académie**)
>
> *Son existence artificielle arrivait à son dernier période : il était blessé, déjeté, fini.* (Honoré de Balzac, **La peau de chagrin**, 1831)

3. Le nombre du nom

Le français distingue deux nombres : le **singulier,** qui désigne un seul être ou un seul ensemble d'êtres (*un livre, un essaim*) et le **pluriel,** qui désigne plusieurs êtres ou plusieurs ensembles d'êtres (*des livres, des essaims*).

Du point de vue phonétique, le *s* du pluriel s'est prononcé jusqu'à la fin du XVI{e} siècle. Aujourd'hui, en général, il n'y a plus, pour l'oreille, de différence entre la forme du pluriel et celle du singulier : *l'ami, les amis*. Toutefois il subsiste deux prononciations différentes selon le nombre :

- quand on fait la liaison ;
- dans la plupart des noms en *-al* : *un animal, des animaux* ;
- dans quelques noms en *-ail* : *un émail, des émaux* ;

- dans quelques autres noms : *un os, des os* [œ̃nɔs], [dezo] ; *un œuf, des œufs* [œ̃nœf], [dezø] ; *un œil, des yeux* [œnœj], [dezjø], etc.

En général, c'est par l'article ou par l'adjectif accompagnant le nom que l'oreille peut distinguer si ce nom est au singulier ou au pluriel.

1. Le pluriel des noms communs

a) Pluriel en -s

Dans le cas général, on forme le pluriel des noms communs en ajoutant à la fin de la forme du singulier un *s*[1] (muet, sauf en liaison) : *un enfant, des enfants*. En liaison : *des enfants avides* [dezɑ̃fɑ̃zavid].

Cas particuliers :

Terminaison	Formation du pluriel	Exemples	Exceptions
Les noms terminés par *-s*, *-x* ou *-z*	ne changent pas au pluriel	*un pois, des pois ; une croix, des croix ; un nez, des nez ; un remous, des remous*	
Les noms en *-ail*	prennent un *s* au pluriel	*un éventail, des éventails ; un détail, des détails ; un portail, des portails, un cocktail, des cocktails ; un chandail, des chandails*	Excepté les neuf noms : *bail, corail, émail, fermail, soupirail, travail, vantail, ventail, vitrail*, qui changent *-ail* en *-aux* : *un bail, des baux ; un corail, des coraux*, etc. *Bétail* n'a pas de pluriel (*bestiaux* est le pluriel de l'ancien nom *bestial*). *Bercail* a un pluriel rarement usité : *bercails*.
Les noms en *-ou*	prennent un *s* au pluriel	*un clou, des clous ; un filou, des filous ; un bisou, des bisous ; un sou, des sous ; un caribou, des caribous ; un trou, des trous ; un verrou, des verrous*	Excepté les sept noms : *bijou, caillou, chou, genou, hibou, joujou* et *pou*, qui prennent un *x* : *des bijoux, des cailloux, des choux*, etc.

---

1. Origine du *s* du pluriel. Des six *cas* du latin (formes diverses par lesquelles se marquaient, au moyen de désinences particulières, les fonctions du nom dans la proposition), l'ancien français n'avait gardé que le *nominatif* (cas sujet) et l'*accusatif* (cas régime ou cas du complément), par exemple :
Singulier : suj. : *murs* (du lat., *murus*) ; compl. : *mur* (du lat., *murum*).
Pluriel : suj. : *murs* (du lat. *muri*) ; compl. : *murs* (du lat. *muros*).
Au XIIIe siècle, le cas sujet disparut, et l'on n'eut plus que les formes-types *mur* pour le singulier et *murs* pour le pluriel. Ainsi s'explique que la lettre *s* est devenue le signe caractéristique du pluriel.

b) Pluriel en -x

Terminaison	Formation du pluriel	Exemples	Exceptions
Les noms en *-al*	changent *-al* en *-aux* au pluriel	un cheval, des chevaux ; un journal, des journaux ; un animal, des animaux ; un tribunal, des tribunaux ; hôpital, hôpitaux	bal, cal, carnaval, chacal, festival, récital, régal prennent *s* au pluriel de même que quelques noms moins usités : aval, bancal, cérémonial, choral, narval, pal, etc.
Les noms en *-au*, *-eu*	prennent un *x* au pluriel	un tuyau, des tuyaux ; un cheveu, des cheveux	landau, sarrau, bleu, pneu prennent un *s* : des landaus, des sarraus, des bleus, des pneus.

c) Noms à double forme au pluriel

- **Aïeul**

Aïeul fait au pluriel *aïeuls* quand on désigne précisément le grand-père paternel et le grand-père maternel ou encore le grand-père et la grand-mère (1). Il fait aïeux, au sens d'ancêtres (2,3,4) :

> *Ses deux **aïeuls** assistaient à son mariage.* (**Dictionnaire de l'Académie**) (1)
>
> *Qui sert bien son pays n'a pas besoin d'**aïeux**.* (Voltaire, **Mérope**, 1743) (2)
>
> *La femme répond que les **aïeux** ne sont pas hors de soi, mais en soi.* (Léonora Miano, **La saison de l'ombre**, 2013) (3)
>
> *Depuis ce temps-là tous les décors de mes **aïeux**, tous mes ancêtres même les plus morts, sommeillent à jamais sous les eaux calmes d'un lac placide et dérangé par rien.* (Serge Joncour, **L'homme qui ne savait pas dire non**, 2009) (4)

> **Remarque**
>
> Régulièrement on dit les bisaïeuls, les trisaïeuls : *Souvenirs de nos trisaïeuls bornés.* (Éric Vuillard, **La bataille d'Occident**, 2012)
>
> Les pluriels bisaïeux, trisaïeux sont utilisés principalement dans les textes spécialisés (généalogie, héraldique, histoire), mais pas uniquement :
>
> *C'est fou, le nombre de retraités à la recherche de renseignements sur leurs **trisaïeux**.* (Benoît Duteurtre, **Ballets roses**, 2009)

PARTIE 3 Les classes grammaticales

- **Ail**

Ail fait au pluriel *ails* (1). La forme *aulx*, vieillie, est également admise (2).

> *Il faut planter les **ails** ronds à la pleine lune de mars.* (Claude Seignolle, **Le Berry des tradition et superstitions**, 2002) (1)
>
> *Il y a des **aulx** cultivés et des **aulx** sauvages.* (**Dictionnaire de l'Académie**) (2)

- **Ciel**

Ciel fait au pluriel *cieux* quand il désigne l'espace indéfini où se meuvent les astres, le séjour des dieux ou le paradis (1,2) et *ciels* quand il signifie « baldaquin au-dessus d'un lit » (3), « partie d'un tableau qui représente le ciel » (4) ou qu'il évoque le climat (5,6).

> *Les **cieux** et la mer ne font qu'un.* (Catherine Poulain, **Le grand marin**, 2016) (1)
>
> *La pluie et la neige qui descendent des **cieux** n'y retournent pas sans avoir abreuvé la terre.* (Jean-Claude Garrigues, **La vie en crue**, 2011) (2)
>
> *Des **ciels** de lit.* (**Dictionnaire de l'Académie**) (3)
>
> *Ce peintre fait bien les **ciels**.* (**Dictionnaire de l'Académie**) (4)
>
> *Un de ces **ciels** perfides qui caressent et brûlent la peau tendre des citadins.* (Anatole France, **Le crime de Sylvestre Bonnard**, 1881) (5)
>
> *Le printemps arrivait, précédé de grands **ciels** lumineux.* (Philippe Djian, **Impardonnables**, 2010) (6)

- **Œil**

Œil fait au pluriel *yeux* :

> *Il y a toujours une lumière,*
> *Dans les **yeux** de ma mère.* (Arno, **Les yeux de ma mère**, 1995)
>
> *La stupeur, pour se loger, n'a que ses **yeux** soudain affolés.* (Armel Job, **Tu ne jugeras point**, 2009)

Le pluriel *œils* se retrouve dans certains noms composés :
des *œils-de-bœuf* (« fenêtres rondes ou ovales ») ;
des *œils-de-perdrix* (« cors au pied ») ;
des *œils-de-chat, œils-de-tigre, œils-de-serpent* (« pierres précieuses ») ;
des *œils -de-pie* (« œillet dans une voile »).

En typographie, l'*œil* est la partie saillante du caractère d'imprimerie. Son pluriel est *œils* :

> *Alors l'inventeur eu l'heureuse idée de faire par le précipité de cuivre des rangées d'œils, de souder ces rangées d'œils sur la planche [...] puis de scier cette planche pour en tirer des lettres séparées.* (**Bulletin de la classe physico-mathématique de l'Académie impériale des sciences de Saint-Pétersbourg**, 1856)

2. Le pluriel des noms propres

• **Les noms propres avec marque du pluriel**

Les noms propres **prennent** la marque du pluriel dans certains cas.

1° Quand ils désignent des peuples ou certaines familles illustres : *les Espagnols, les Césars, les Bourbons, les Stuarts*.

2° Quand ils désignent des personnes possédant les talents, le caractère, etc. des personnages nommés ou plus généralement quand ils désignent des catégories de personnes : *Existe-t-il encore des Mécènes ?* (C'est-à-dire des hommes généreux comme Mécène.) ; *les Pasteurs sont rares*.

> *Un mental aux antipodes des **Don Juans** de plateaux.* (NATHALIE RAULIN, **Libération**, 05/08/2005) (Notons que dans ce sens, on écrirait en principe *don juans* sans majuscules.)

La marque du pluriel n'apparait cependant pas chez tous les auteurs.

3° Les noms propres géographiques désignant plusieurs pays, provinces, cours d'eau, etc., prennent la marque du pluriel : *les Amériques, les Guyanes, les deux Sèvres, les Pyrénées*. Mais on écrira : *Il n'y a pas deux France. Il y a plusieurs Montréal*.

• **Les noms propres sans marque du pluriel**

Dans d'autres cas, les noms propres **ne prennent pas** la marque du pluriel.

1° Quand ils désignent des familles entières :

> *Les **Schweitzer** sont grands et les **Sartre** petits, je tenais de mon père, voilà tout.* (JEAN-PAUL SARTRE, **Les mots**, 1964)
>
> *La vendetta qui venait de débuter et endeuillait le village ne concernait que les **Poli** et les **Amadeï**, deux familles de notables.* (JÉRÔME FERRARI, **Dans le secret**, 2007)

2° Quand ils désignent, non des familles entières, mais des individus qui ont porté le même nom :

> *Elle regarda fort ironiquement les deux **Cruchot**, qui prirent une mine piteuse.* (HONORÉ DE BALZAC, **Eugénie Grandet**, 1833)

3° Quand, par emphase, on leur donne l'article pluriel, quoiqu'on n'ait en vue qu'un seul individu :

> Un clin d'œil involontaire au XIXᵉ siècle, à l'époque où Bruxelles accueillait les Victor Hugo et autres opposants au régime… (*Philosophie Magazine*, 2016)
>
> Une race qui a des Bergson, des Freud et des Einstein ! (ALBERT COHEN, *Belle du Seigneur*, 1968)

4° Quand ils désignent des titres d'ouvrages, de revues, etc. : un paquet de « Nouvel Observateur ».

> Les Vogue et les Marie-Claire déjà cachés à la cuisine. (ALBERT COHEN, *Belle du Seigneur*, 1968)

- **Les noms propres pour lesquels l'usage varie**

Les noms propres désignant des œuvres par le nom de leur auteur peuvent prendre la marque du pluriel (1) mais on peut aussi les laisser invariables (2) : *J'ai emprunté deux Simenon* ou *deux Simenons*.

> En 1828, Guérin préconise la copie des **Raphaëls** du Vatican. (JACQUES LETHÈVE, *La vie quotidienne des artistes français au XIXᵉ siècle*, 1968) (1)
>
> Ce poupon vôtre aurait parfaitement sa place au Louvre parmi les **Van Dyck**, les **Velasquez** et les **Titien**. (YANN MOIX, *Naissance*, 2013) (2)

Les noms de marques entrés dans l'usage restent le plus souvent invariables (*deux Renault, trois Martini, deux Coca*), mais on trouve aussi des exemples de pluriel :

> Blériot se fait alors servir **deux martinis**. (PATRICK LAPEYRE, *La vie est brève et le désir sans fin*, 2010)
>
> Et face à nous, nous bouchant l'horizon, des voiliers, des yachts, des **Zodiacs**. (MICHEL BUSSI, *Le temps est assassin*, 2016)

> **Remarque**
> Pour *petit-beurre* (marque déposée de Lu, en principe sans trait d'union), on remarque que l'usage du trait d'union se généralise et qu'il y a une hésitation sur la formation du pluriel. Les grands dictionnaires actuels acceptent *des petits-beurres* et *des petits-beurre* (ainsi que les variantes sans trait d'union).
>
> Ils avaient dîné du demi-paquet de **petits-beurre**. (MARIE NDIAYE, *Ladivine*, 2013)
>
> Le maître ouvre un paquet de **petits-beurres**. (ALICE ZENITER, *L'art de perdre*, 2017)

3. Le pluriel des noms composés[1]

a) Les éléments soudés

Les noms composés dont les éléments sont soudés en un mot simple forment leur pluriel comme les noms simples : *des bonjours, des entresols, des passeports, des pourboires, des portemanteaux.*

Exceptions : *bonhomme, gentilhomme, madame, mademoiselle, monseigneur, monsieur* font au pluriel : *bonshommes, gentilshommes, mesdames, mesdemoiselles, messeigneurs (nosseigneurs), messieurs* [mɛsjø].

On dit parfois familièrement ou de manière ironique : *des madames, des monseigneurs, des monsieurs.*

> *Mais les pauvres petits **monsieurs** peuvent berner des idiotes vous voyez bien.* (YASMINA REZA, *Heureux les heureux*, 2013)

Cette règle s'applique à tous les mots dont on recommande la soudure dans le cadre des la nouvelle orthographe : *un grigri, des grigris ; un millepatte, des millepattes ; un curedent, des curedents ; un contrejour, des contrejours,* etc.

b) Les éléments non soudés

Dans les noms composés dont les éléments ne sont pas soudés en un mot simple, la marque du pluriel dépendra de la structure du composé, comme décrit ci-dessous :

• **Nom + nom en apposition**

Quand le nom composé est formé de deux noms dont l'un est apposé à l'autre, les deux éléments prennent la marque du pluriel : *des chefs-lieux, des oiseaux-mouches, des avocats-conseils, des filles-mères, des bars-tabacs, des mètres cubes,* etc.

Dans *aller-retour*, les deux noms devraient logiquement varier (1), mais on trouve également des cas où la forme ne varie pas (2).

> *Ne nous embarrassons pas à faire des **allers-retours** d'une cuisine à l'autre.* (AURÉLIE VALOGNES, *Mémé dans les orties*, 2016) (1)
>
> *Soudain, elle me flanqua deux paires de baffes, des **aller-retour** grand style.* (ALAIN BERENBOOM, *Périls en ce royaume*, 2008) (2)

• **Nom + nom complément**

Quand le nom composé est formé de deux noms dont le second (avec ou sans préposition) est complément du premier, le premier nom seul prend la marque

---

1. Les rectifications de l'orthographe française autorisées depuis 1990 modifient sensiblement les règles d'écriture et les marques du pluriel pour les noms composés.

du pluriel : *des arcs-en-ciel* [aʀkɑ̃sjɛl], *des chefs-d'œuvre, des timbres-poste*. Il en va de même lorsque l'un des deux noms est lui-même un nom composé : *des points de non-retour, des sous-marins de poche*.

En présence d'une préposition, il n'y a pas d'hésitation sur la manière de produire le pluriel, mais dans le cas contraire, le rôle syntaxique du second élément peut dans certains cas être incertain. En principe, si les deux noms en apposition ne désignent pas la même chose ou la même personne, le second nom est vu comme un complément déterminatif sans préposition et ne s'accorde pas : *des timbres-poste* (= des timbres pour la poste) ; *des bébés-éprouvette* (= issus d'une fécondation en éprouvette), *des pauses-café* (= pour prendre le café), *des poches-révolver*, etc. Mais bon nombre d'exemples plus récents montrent que cette règle n'est pas suivie systématiquement. Les grands dictionnaires ont ainsi enregistré *des timbres-quittances* (pourtant équivalent à *timbre de quittance*), *des timbres-taxes, des timbres-amendes, des romans photos, des images satellites*, etc. Cette variété se retrouve dans les textes :

> "*Après étude des plans et des* **photos satellites**, *les agents du RAID sont disposés en quatre endroits.* (PIERRE LEMAITRE, *Alex*, 2011)
>
> *Les* **images satellites**, *d'assez bonne qualité grâce à des conditions météo favorables.* (SERGE BRAMLY, *Le premier principe, le second principe*, 2008)
>
> *Des* **images satellite** *montrent un nouveau tunnel sur un site nucléaire en Corée du Nord.* (*Le Monde*, 03/12/2015)
>
> *Nigeria : des* **images satellites** *témoignent du massacre de Baga.* (*Le Monde*, 15/01/2015)"

- **Nom + adjectif**

Quand le nom composé est formé d'un nom et d'un adjectif, les deux éléments prennent la marque du pluriel : *des coffres-forts, des arcs-boutants, des comptes rendus, des tables rondes, des cartes bleues, des caisses noires, des trous noirs*, etc.

On écrit : *des grand-mères, des grand-tantes*, etc.

> **Remarque**
> Il est recommandé d'écrire de manière soudée un certain nombre de nom composés à partir d'éléments nominaux et adjectivaux. Une fois soudés, la formation du pluriel est similaire à celle des mots simples : *des arcboutants, autostops, autostoppeurs, autostoppeuses, bassecontres, bassecontristes, bassecours, bassecouriers, basselisses, basselissiers, bassetailles, branlebas, chauvesouris chèvrepieds, cinéromans, hautecontres, hautelisses, hautparleurs*.

Trait d'union et soudure p. 50

- **Mot invariable + nom**

Quand le nom composé est formé d'un mot invariable et d'un nom, évidemment le nom seul prend la marque du pluriel : *des arrière-gardes, des haut-parleurs, des non-lieux, des en-têtes, des contre-attaques, des avant-gouts, des sous-marins, des après-midis*.

- **Verbe + complément**

Quand le nom composé est formé d'un verbe et d'un nom complément d'objet direct, il forme son singulier et son pluriel comme s'il s'agissait d'un nom simple : seul le second élément prend la marque du pluriel et celle-ci n'apparaît que quand le mot est au pluriel : *un bouche-trou, des bouche-trous ; un couvre-lit, des couvre-lits ; un abat-jour, des abat-jours ; un perce-neige, des perce-neiges, un ramasse-miette, des ramasse-miettes.*

Seuls font exception quelques composés dont le second terme contient un article (*des trompe-l'œil, des trompe-la-mort*) ou commence par une majuscule (*des prie-Dieu*).

> **Remarques**
> 1. L'agglutination (soudure) est recommandée pour un certain nombre de nom très ancrés dans l'usage et composés à partir d'un élément verbal suivi d'un élément nominal. Une fois soudés, la formation du pluriel est similaire à celle des mots simples : *des piqueniques, boutentrains, brisetouts, chaussetrappes, coupecoupes, couvrepieds, crochepieds, croquemadames, croquemitaines, croquemonsieurs, croquemorts, croquenotes, faitouts, fourretouts, mangetouts, Mêletouts, passepartouts, passepasses, piqueniques, portéclés, portecrayons, portemines, portemonnaies, portevoix, poucepieds, poussepousses, risquetouts, tapeculs, tirebouchons, tirefonds, tournedos, vanupieds.*
> 2. Cette règle, issue des rectifications orthographiques de 1990, rend le système d'accord plus cohérent. Anciennement, une série d'exceptions tentaient de tenir compte du sens, (tout en suscitant beaucoup d'hésitations). On écrivait alors : *des abat-jour, des perce-neige* (en justifiant par le sens : « il abat **le** jour » ; « il perce **la** neige »).
> 3. Par ailleurs, dans certains noms composés, même au singulier, le complément d'objet direct gardait la marque du pluriel : *un casse-noisettes, un compte-gouttes, un porte-bagages, un presse-papiers*, etc. Aujourd'hui, on recommande : *un casse-noisette, un compte-goutte, un porte-bagage, un presse-papier.*
> 4. Dans les noms composés à l'aide du mot *garde*, ce mot variait au pluriel quand le composé désignait une personne : *des gardes-chasse* (« des gardes qui surveillent la chasse »), *des gardes-malades* (« des gardes qui surveillent les malades »), *des gardes-côtes* (« des gardes qui surveillent les côtes »), etc. Il restait invariable quand le composé désignait une chose (*des garde-robes*) ou un lieu (*des garde-meubles*).
> 5. Selon un ancien usage, on écrit : *des ayants droit, des ayants cause.*
> 6. Toutes ces considérations revenaient à traiter les mots composés comme s'il s'agissait de séquences de mots libres. Or, quand on écrit *un ramasse-miette*, on ne désigne pas des miettes ni l'acte de les ramasser, mais bien un objet particulier tout comme, quand on écrit *un mille-feuille*, on désigne un gâteau et non mille feuilles. Pour cette raison, on considère qu'à ce type de noms doit s'appliquer la règle générale d'accord en nombre des noms : pas de marque au singulier et *s* ou *x* au pluriel.

- **Expressions toutes faites ou elliptiques**

Quand le nom composé est formé d'une expression toute faite ou d'une expression elliptique, aucun élément ne varie au pluriel : *des meurt-de-faim, des pince-sans-rire, des on-dit, des coq-à-l'âne, des pur-sang.*

- **Noms composés étrangers**

Dans les noms composés, les mots étrangers restent invariables : des *mea culpa*, des *post-scriptum*, des *vice-rois*, des *mass-média*.

Cependant on écrit : *des facsimilés, des orangs-outangs, des best-sellers*[1].

• **Noms composés savants**

Quand le premier élément présente la terminaison *-o*, il reste invariable : *les Gallo-Romains, des électro-aimants*.

4. Le pluriel des noms étrangers

Les noms empruntés aux langues étrangères s'intègrent progressivement au français, notamment en adoptant ses règles morphologiques. On marquera donc le singulier et le pluriel des noms et adjectifs empruntés de manière régulière. Cette pratique est déjà habituelle pour des termes fréquents et bien implantés : *un accessit, des accessits ; un autodafé, des autodafés ; un intérim, des intérims ; un salami, des salamis ; un quota, des quotas*. Elle s'étend aujourd'hui à tous les noms empruntés : *un zakouski, des zakouskis ; un ravioli, des raviolis ; un graffiti, des graffitis ; un confetti, des confettis ; un scénario, des scénarios ; un jazzman, des jazzmans*. On choisit comme forme du singulier la forme la plus fréquente, même s'il s'agit d'un pluriel dans l'autre langue : *un spaghetti* (pluriel de *spaghetto* en italien), *des spaghettis*.

> **Remarques**
> Un certain nombre de cas particuliers étaient traditionnellement pris en compte pour la formation du pluriel en fonction de la langue et de la terminaison du mot.
> **1.** Les noms italiens tels que *soprano, impresario* faisaient leur pluriel en *-i* : *un soprano, des soprani ; un concerto, des concerti ; un impresario, des impresarii ; un scenario, des scenarii*, etc. Mais le pluriel français s'est progressivement imposé. On écrit : *des sopranos, des concertos, des imprésarios, des scénarios, des bravos, des lazzis, des confettis, des spaghettis*.
> **2.** Les noms anglais en *-man* faisaient leur pluriel en changeant *-man* en *-men* : *un gentleman, des gentlemen ; un barman, des barmen ; un cameraman, des cameramen*, etc.
> **3.** Les noms anglais en *-y* changeaient parfois *-y* en *-ies* au pluriel (conformément à la langue d'origine) : *une lady, des ladies ; un whisky, des whiskies ; un dandy, des dandies*, mais on écrit toujours *des jurys*. De manière générale, on préférera : *des ladys, des whiskys, des dandys*, etc.
> **4.** Les noms anglais terminés par une ou deux consonnes font leur pluriel par l'addition de *-es* (non prononcé) : *un box, des boxes ; un match, des matches ; un sandwich, des sandwiches*, etc.
>
> *À côté, se trouvaient des boxes vides.* (ÉMILE ZOLA, *Nana*, 1880)
> Mais les pluriels à la française sont aussi acceptés depuis longtemps : *des box, des matchs, des sandwichs*, etc.
>
> *Nous défaisions notre paquet de sandwichs et de gâteaux.* (MARCEL PROUST, *À l'ombre des jeunes filles en fleurs*, 1919)
> **5.** Certains mots latins restent invariables, et notamment des mots de la langue liturgique : les prières catholiques désignées par leur début sont invariables : *des Avé, des Gloria, des Pater, des Te Deum*. L'Académie écrit toutefois : *des alléluias, des bénédicités*.

---

1. On écrit *bluejean* mais *best-seller*, ce qui montre qu'il y existe encore certaines incohérences à régulariser.

5. Le pluriel des noms par conversion

Les mots invariables pris comme noms, les mots employés occasionnellement comme noms ainsi que les noms des lettres de l'alphabet, des chiffres, des notes de musique, ne changent pas au pluriel :

> On n'écrit pas l'histoire avec des **si**. (Amélie Nothomb, *Tuer le père*, 2011)
>
> Il donne des raisons, des **pourquoi**, des **parce que**. (Michel Rostain, *Jules, etc.*, 2015)

Cependant les infinitifs et les mots qui sont devenus des noms dans l'usage courant, ainsi que *avant, devant, arrière, derrière,* employés substantivement, prennent *s* au pluriel :

> Elle avait pris les **devants**. (Hélène Jousse, *Le joker*, 2013)
>
> La France première équipe de la compétition à percer le coffre-fort brésilien ne résiste pas à la furia de ses **avants**. (Olivier Guez, *Éloge de l'esquive*, 2014)
>
> C'était lui qui devait donc lire les **attendus** lugubres de cet arrêt. (Léonora Miano, *Crépuscule du tourment*, 2017)

6. Cas particuliers

a) Restrictions portant sur le nombre des noms

Certains noms ne s'emploient normalement qu'au pluriel : *des agissements, les alentours, des annales, des armoiries, les bonnes grâces, les confins, les décombres, les frais, les funérailles, des menottes, des obsèques, des pierreries,* etc. Mais l'usage ne tient pas toujours compte de cette restriction :

> Nous progressons de **décembre** en décembre, de survivant en survivant. (Emmanuel Carrère, *D'autres vies que la mienne*, 2009)
>
> Des gens ont préféré prendre un crocodile pour **armoirie** municipale. (Michel Rostain, *Jules, etc.*, 2015)
>
> Mon poignet gauche était retenu par une **menotte** accrochée à une planche de la paroi. (Michel Bussi, *N'oublier jamais*, 2014)

D'autres ne se trouvent ordinairement qu'au singulier :
- noms de sciences ou d'arts : *la botanique, la sculpture, la géométrie,* etc. ;
- noms de matières : *l'or, le plâtre,* etc. ;
- noms abstraits : *la haine, la soif,* etc. ;
- noms des sens, des points cardinaux : *l'odorat, le nord.*

> **Remarque**
> Ces noms sont parfois utilisés au pluriel quand ils désignent les différents sous-ensembles ou les variétés d'une matière, d'un sentiment, d'une science ou d'un art. La plupart de ces noms admettent le pluriel quand on les emploie au figuré ou dans des acceptions particulières :
> Deux lourds bracelets **trois ors** au poignet droit. (Katherine Pancol, *La valse lente des tortues*, 2008)
> Nous connaissons **des géométries** non euclidiennes. (Michel Houellebecq, *En présence de Schopenhauer*, 2017)
> Les armées doivent partager **les haines** des civils. (Jean Cocteau, *Les enfants terribles*, 1929)
> **Des soifs** à gober les oranges sans même les éplucher. (Serge Joncour, *L'amour sans le faire*, 2012)

Certains noms ont un sens différent au singulier et au pluriel. Comparez :

un ciseau de sculpteur	des ciseaux de coiffure
une lunette d'approche	des lunettes de lecture
écrire une lettre	faire des études de lettres
la vacance du pouvoir	les vacances à la mer

En contexte littéraire, cette distinction n'est pas toujours respectée :

> “Hé ! de combien de nos Samson modernes ne tiens-je pas la chevelure sous le ciseau ? (Choderlos de Laclos, *Les liaisons dangereuses*, 1782)”

b) Pluriel et figement

Il est fréquent que le nombre des noms employés dans des locutions ou expressions figées soit fixe :

Ne pas perdre des yeux (*de l'œil).

Tourner de l'œil (*des yeux).

Les yeux dans les yeux (*l'œil dans l'œil).

La locution *le mauvais œil* au sens de « faculté de porter malheur par le regard » est toujours au singulier :

> “On s'imagine que certaines gens jettent des sorts, *le mauvais œil*. (Guy de Maupassant, *Coco, coco, coco frais*, 1878)”

4. Le groupe nominal

Le nom est généralement accompagné d'autres mots qui précisent, déterminent, complètent l'idée qu'il exprime et qui forment avec lui un groupe nominal.

CHAPITRE **1** Le nom

> déterminant 119

Le déterminant (et l'article) sont nécessaires à l'insertion d'un nom dans une phrase. Ensemble, ils forment le **groupe nominal minimal** dont le nom constitue le **noyau**. Le **groupe nominal étendu** peut lui accueillir d'autres expansions du nom : des adjectifs ou groupes adjectivaux, des groupes prépositionnels, des propositions subordonnées.

1. Le groupe nominal minimal

Le groupe nominal minimal est composé d'un nom et de son déterminant (le cas des noms propres est particulier, car ils n'exigent généralement pas d'article).

> déterminant article 122

L'article est le déterminant élémentaire : *la porte, une maison, de l'eau*.

Les déterminants ajoutent une information complémentaire. Ils peuvent être de différents types : déterminant numéral (*deux amis*), possessif (*mon livre*), démonstratif (*cette école*), indéfini (*tout individu*), relatif (*lequel détenu* ; *laquelle loi*), interrogatif (*Quels témoins ? Combien de blessés ?*), exclamatif (*Quel bonheur !*).

> " *Il s'est empressé de reconnaître l'enfant, **lequel** enfant n'est pas de lui.* (PHILIPPE DJIAN, « *Oh…* », 2012)
>
> ***Quels*** *souvenirs gardez-vous de votre enfance ?* (MICHEL TOURNIER, *Vendredi ou La vie sauvage*, 1971) "

2. Le groupe nominal étendu

Des mots et groupes de différentes natures peuvent préciser le sens du nom.

a) Nom + épithète

Une épithète est formée d'un adjectif qualificatif placé généralement à côté d'un nom et exprimant, sans l'intermédiaire d'un verbe, une qualité de l'être ou de l'objet nommé :

> " *Une souffrance **authentique** vaut mieux qu'un bonheur **illusoire**.* (EMMANUEL CARRÈRE, *Le Royaume*, 2014) "

Remarque

La différence entre l'attribut et l'épithète, c'est que

- l'attribut suppose un lien qu'on noue entre lui et le sujet (ou le complément d'objet), il y a une **copule** :

> attribut 355

*Cet amour **est** impardonnable.* (CATHERINE CUSSET, *Une éducation catholique*, 2014)

- l'épithète ne suppose pas ce lien ; il n'y a pas de copule :

*Pollux avoue son **amour impardonnable** à Téläire.* (SYLVIE BOUISSOU, *Jean-Philippe Rameau*, 2014)

L'épithète est dite **détachée** quand elle est jointe au nom (ou au pronom) d'une façon si peu serrée qu'elle s'en sépare par une pause, généralement indiquée par une virgule à l'écrit ; elle s'écarte même souvent du nom (ou du pronom) et est fort mobile à l'intérieur de la proposition

PARTIE 3 Les classes grammaticales

> L'épithète détachée a quelque chose de la nature de l'attribut, et l'on peut concevoir qu'elle suppose une copule implicite :
> *Le paysan, furieux, leva la main.* (GUY DE MAUPASSANT, **La ficelle**, 1883)
> *Sournoises et rusées, les flammes profitaient d'une seconde d'inattention pour jaillir en flammèches à des endroits inattendus.* (CATHERINE CUSSET, **Indigo**, 2013)
> *Il ouvrit, froid et majestueux.* (KATHERINE PANCOL, **La valse lente des tortues**, 2008)

b) Nom + adverbe pris adjectivement

Le nom peut être complété par un adverbe pris adjectivement :

> " *Stupeur : qui a écrit les lignes ci-dessus ?* (BERNARD QUIRINY, **Histoires assassines**, 2015)
>
> *Il parle du temps jadis.* (MARCUS MALTE, **Le garçon**, 2016)
>
> *Il y a des tas de gens très bien qui sont chefs de cabinet.* (DANIEL PENNAC, **Au bonheur des ogres**, 1885) "

c) Apposition

Attribut du sujet p. 355

Une apposition est un nom, un pronom, un infinitif, une proposition, que l'on place à côté du nom pour définir ou qualifier l'être ou la chose que ce nom désigne ; l'apposition est comparable à la relation qui existe entre un attribut et son sujet, mais le verbe copule est absent :

> " *Jusqu'en 1967, Chengdu, **capitale de la province chinoise du Sichuan**, était une ville tranquille.* (BERNARD WERBER, **La révolution des fourmis**, 1996)
>
> *Mais la chouette était aussi l'animal de compagnie des démons, des sorcières, **la messagère de la mort**.* (MICHEL BUSSI, **On la trouvait plutôt jolie**, 2017) "

L'apposition peut également être de nature pronominale :

> " *Ils trouvèrent leur plus petit garçon, **celui de deux ans et demi**, dans les bras du brave Roger.* (HÉLÈNE JOUSSE, **Le joker**, 2013)
>
> *Les enfants **eux-mêmes** n'osaient pas grimacer.* (CAROLE MARTINEZ, **Le cœur cousu**, 2007) "

Elle peut aussi être verbale ou phrastique :

> " *Il n'eut plus qu'une chose en tête, **s'enfuir**.* (PIERRE LEMAITRE, **Au revoir là-haut**, 2013)
>
> *Elle ne souhaitait qu'une chose : **que chez ses parents, il se sente à jamais chez lui**.* (CATHERINE CUSSET, **Un brillant avenir**, 2008) "

CHAPITRE **1** Le nom

> **Remarques**
> 1. C'est le plus souvent à un nom que l'apposition se joint, mais elle peut aussi se joindre à un pronom, à un adjectif, à un infinitif, à une proposition :
> *Cet homme grossier, et malhonnête, **qui pis est**, m'exaspère.*
> *Consoler, **cet art si délicat**, est parfois difficile.*
> *Des vagues énormes déferlent, **spectacle impressionnant**.*
> 2. Le nom apposé désigne toujours le même être ou la même chose que le nom auquel il est joint.
> 3. Le nom ou le groupe nominal apposé précède parfois le nom auquel il est joint :
> *C'est l'heure où, **troupe joyeuse**, les élèves quittent la classe.*
> 4. Dans des expressions comme *le mois de mai, la ville de Montréal, le royaume de Belgique, l'île de Chypre, le nom de mère, la comédie des Plaideurs*, où les deux noms sont unis par la préposition vide *de* et désignent le même être ou la même chose, c'est le second nom qui est l'apposition. Dans *cet amour de petite fille, mon idiot de voisin* et autres expressions semblables, on peut considérer que le second nom est construit comme une apposition pour mettre en relief le premier nom.
> 5. Il est sans intérêt de chercher à reconnaître, dans des expressions comme *le mont Sinaï, le musée Grévin, le philosophe Platon, le capitaine Renaud, Sa Majesté le Roi* dont les éléments ne sont pas joints par *de*, quel est l'élément qui est l'apposition ; on peut se contenter de dire qu'on a là des « éléments juxtaposés ».

d) Nom + complément du nom

Un complément du nom se subordonne au nom pour en préciser le sens. Ce complément, qui se place après le nom, peut être un groupe nominal prépositionnel (1), un groupe infinitif (2), un groupe adverbial (3) ou une proposition subordonnée (relative ou complétive) (4).

> " *Moi, les coups, je m'en foutais, j'ai une certaine expérience **de la souffrance**.* (Jean-Michel Guenassia, *Trompe-la-mort*, 2015) (1)
>
> *L'ardeur **de vaincre** cède à la peur **de mourir**.* (Pierre Corneille, *Le Cid*, 1637) (2)
>
> *Le printemps **d'autrefois** fleurit ton tablier.* (Louis Aragon, *Plus belle que les larmes*, 1942) (3)
>
> *L'idée **qu'elle me demandait salaire de notre nuit** me traversa l'esprit.* (Adélaïde de Clermont-Tonnerre, *Le dernier des nôtres*, 2016) (4) "

Le complément du nom peut être supprimé sans remettre en cause l'acceptabilité syntaxique de la phrase (même si le contenu sémantique est forcément réduit) : *Les coups, je m'en foutais, j'ai une certaine expérience ; L'ardeur cède à la peur ; L'idée me traversa l'esprit ; Le printemps fleurit ton tablier.*

1° Le **groupe prépositionnel** complément du nom est un groupe nominal introduit par une préposition. Cette préposition est le plus souvent *de*, mais ce peut être aussi *à, autour de, en, envers, contre, par, pour, sans*, etc. : *une planche à dessin, un sirop contre la toux, la bonté envers tous.*

Le complément prépositionnel peut apporter des précisions sémantiques très variées qui dépendent de la préposition utilisée. Il peut indiquer notamment :
- l'espèce : *un cor de chasse* ;
- l'instrument : *un coup d'épée* ;
- le lieu : *la bataille de Waterloo* ;
- la matière : *une statue de bronze* ;
- la mesure : *un trajet de dix kilomètres* ;
- l'origine : *un jambon d'Ardenne* ;
- la possession : *la maison de mon père* ;
- la qualité : *un homme de cœur* ;
- le temps : *les institutions du moyen âge* ;
- la totalité : *une partie de cette somme* ;
- la destination : *une salle de sport* ;
- le contenu : *une tasse de lait*.

Le groupe prépositionnel peut être réduit à un simple pronom :

❝*J'ai une certaine expérience de ça.* (PHILIPPE DJIAN, **Chéri-Chéri**, 2014)❞

Il arrive qu'un groupe nominal dans lequel on aurait attendu une préposition donne naissance à une locution nominale de type *nom-nom*, sans préposition. C'est un tour fréquent dans le langage commercial : *un thé au citron, un thé citron ; une impression en couleur, une impression couleur ; la stratégie de Macron, la stratégie Macron*.

❝*Municipales 2020 : quelle est la stratégie Macron pour Paris ?* (MYRIAM ENCAOUA ET PAULINE THÉVENIAUD, **Le Parisien**, 25/03/2018).❞

2° Un **groupe infinitif** se compose d'un verbe à l'infinitif exprimant une action (et de ses éventuelles expansions). Il est introduit par une préposition, généralement *à* ou *de* :

❝*Je hantais ces bistrots dans l'espoir de la voir.* (MATHIAS ÉNARD, **Boussole**, 2015)

L'unique autre femme à siéger au Conseil des anciens. (LÉONORA MIANO, **La saison de l'ombre**, 2013)

D'autres s'exilent, avec l'espoir de trouver ailleurs la possibilité de peindre encore. (ANAÏS BARBEAU-LAVALETTE, **La femme qui fuit**, 2015)❞

> **Remarque**
> Certaines locutions Nom+de+verbe et Nom+à+nom se sont figées et fonctionnent comme des unités lexicales à part entière : *un empêcheur de tourner en rond, une fin de non-recevoir, la joie de vivre, le permis de conduire, un mandat d'amener, un homme à tout faire, un terrain à bâtir, un manque à gagner, une salle à manger, le fil à couper le beurre, un vent à décorner les bœufs*, etc.

CHAPITRE 1 Le nom

3° La **proposition subordonnée** complément du nom peut être relative ou conjonctive.

- La proposition subordonnée relative est introduite par un pronom relatif.

p. sub. lative 426

> *Le rêve **qu'**était en train de nous raconter Desi me faisait penser à certains rêves **que** j'ai faits dans les mois qui ont suivi la mort de mon père, **où** mon père m'apparaissait comme étant gravement malade.* (JEAN-PHILIPPE TOUSSAINT, *Made in China*, 2017) (La dernière proposition relative introduite par le pronom *où* est apposée à la précédente et se rapporte au même antécédent nominal que celle-ci, à savoir *rêves*.)

Le caractère facultatif de ces propositions relatives apparait clairement : la phrase reste correcte, même si on les supprime. Elles appartiennent au groupe nominal étendu. On peut également les remplacer par une épithète ou les pronominaliser pour mieux se rendre compte de leur position dans la structure syntaxique :

*Le rêve **évoqué** me faisait penser à certains rêves **étranges**, où mon père m'apparaissait comme étant gravement malade.* (Substitution des deux premières propositions par des épithètes.)

*Le rêve évoqué m'**y** faisait penser.* (Si on pronominalise on constate que les deux propositions qui ont *rêves* pour antécédent sont absorbées.)

p. sub. njonctive 444

- La proposition subordonnée conjonctive est introduite par la conjonction *que*.

> *La peur **que** ça réveille les vieux démons, **que** ça écarte ses ouailles.* (OLIVIER TRUC, *Le dernier Lapon*, 2012)

> *Lisa est d'avis **que** l'argent fait le bonheur – et les gens de cette maison étaient manifestement très heureux.* (NICOLAS DICKNER, *Six degrés de liberté*, 2015)

Ces constructions apparaissent surtout après des noms qui sont associés à des verbes qui se construisent avec une proposition subordonnée : *crainte (il craint que..., la crainte que), espoir (il espère que..., l'espoir que), volonté (il veut que..., la volonté que)*, etc.

À la différence des propositions relatives, le *que* des conjonctives ne joue aucun rôle dans la proposition qu'il introduit. On comparera avec l'exemple suivant :

> *L'espoir **que** j'avais mis en lui n'était qu'une illusion à laquelle je m'étais accrochée pour survivre à sa disparition.* (BLANDINE LE CALLET, *La ballade de Lila K*, 2010) (J'avais mis en lui qqch = que = l'espoir.)

Ce n'est pas le cas avec une construction comme *l'espoir que je me réveille*.

> **Remarque**
> Les différents types de compléments peuvent s'enchâsser. Dans l'exemple qui suit, le nom *épaule* est complété par un complément prépositionnel (*de la fille*) comportant un nom (*fille*) qui est lui-même complété par une proposition relative :
> *Le garçon avait passé son bras sur l'épaule de la fille qui tenait des livres contre sa poitrine.* (KATHERINE PANCOL, *La valse lente des tortues*, 2008)

CHAPITRE 2

| Le déterminant

1. Définition 119
2. Les articles 122
3. Les déterminants démonstratifs 130
4. Les déterminants possessifs 132
5. Les déterminants numéraux 135
6. Les déterminants relatifs, interrogatifs et exclamatifs 138
7. Les déterminants indéfinis 139

1. Définition

Le déterminant est un mot que l'on place devant le nom pour lui apporter différentes informations et préciser son sens. Il peut marquer le genre (masculin, féminin) et le nombre (singulier, pluriel) et ajouter des informations telles que l'appartenance, l'identification ainsi que sur le nombre précis ou imprécis des êtres ou objets désignés par le nom :

> *Il regardait **mon** oncle.* (SORJ CHALANDON, *Retour à Killybegs*, 2011) (Le déterminant possessif permet de renvoyer à une personne précise.)
>
> *Il y a **deux** enfants et **une** femme.* (LAURENT GAUDÉ, *Danser les ombres*, 2015) (Le déterminant numéral permet de dénombrer précisément les personnes dont on parle.)
>
> *J'entends chanter **quelques** oiseaux.* (JACQUELINE HARPMAN, *Moi qui n'ai pas connu les hommes*, 1995) (Le déterminant indéfini apporte une information sur le nombre de manière imprécise.)

Ensemble, le déterminant et le nom forment le **groupe nominal minimal**, dont le nom constitue le **noyau**. L'usage du déterminant est obligatoire pour l'insertion d'un nom dans une phrase. Il ne peut pas être effacé, sauf dans des cas particuliers :
* *Il regardait oncle.* * *Il y a enfant et femme.* * *J'entends chanter oiseaux.*

1. Types de déterminants

Au sein de la classe des déterminants, on distingue les **articles** qui sont les déterminants « élémentaires ». On les utilise pour insérer un nom dans une phrase

PARTIE 3   Les classes grammaticales

quand l'information complémentaire véhiculée par les autres déterminants n'est pas nécessaire.

Articles	Formes	Exemples
Définis	Masc. sing. : le, l' Fém. sing. : la, l' Pluriel : les	Dans la maison un calme étrange régnait. (Joël Dicker, *Le livre des Baltimore*, 2015)
Indéfinis	Masc. sing : un Fém. sing. : une Pluriel : des (de + adjectif)	Un beau jour ou peut-être une nuit. (Barbara, *L'aigle noir*, 1970)
Partitif	Masc. sing. : du, de l' Fém. sing. : de la, de l' Pluriel : des (pour certains noms)	Venise, c'est de l'eau, du sable et de la boue ! (Laurent Binet, *La septième fonction du langage*, 2015) Ils mangent des épinards et des brocolis, des lasagnes vertes et des kiwis. (Katherine Pancol, *La valse lente des tortues*, 2008)

Déterminants	Formes	Exemples
Démonstratifs	Masc. sing. : ce, cet Fém. sing. : cette Pluriel : ces	Je les aime profondément, tous les deux, parce que je vois ce qu'ils portent en eux, ces possibles avortés. (Léonora Miano, *Crépuscule du tourment*, 2017) Un ange gardien cette petite ! (Négar Djavadi, *Désorientale*, 2016)
Possessifs	Masc. sing. : mon, ton, son, notre, votre, leur Fém. sing. : ma, ta, sa, notre, votre, leur Pluriel : mes, tes, ses, nos, vos, leurs	Notre vie est un voyage. (Louis-Ferdinand Céline, *Voyage au bout de la nuit*, 1932) Je ne mérite pas mon fils et sa gentillesse. (Christophe Ono-Dit-Biot, *Croire au merveilleux*, 2017)
Numéraux	Masc. sing. : (un), cf. article Fém. sing. : (une), cf. article Pluriel : deux, trois, quatre...dix, cent, mille...	Elle a six cents poussins d'un coup, quarante mètres carrés de poussins. (Marguerite Duras, *L'amant*, 1984)
Indéfinis	Masc. sing. : tout, aucun, nul, chaque Fém. sing. : toute, aucune, nulle, chaque Pluriel : tous, toutes, certain(e)s, quelques, diverses, différentes, n'importe quel(le)s, etc.	Les ténèbres, la jeune femme le savait, revêtaient diverses formes. (Léonora Miano, *Les aubes écarlates*, 2009)
Interrogatifs et exclamatifs	Masc. sing. : quel Fém. sing. : quelle Pluriel : quels, quelles	Je ne sais ce que j'ai vu, quels objets usés, quelle vision lumineuse ou torturante. (Gwenaëlle Aubry, *Perséphone 2014*, 2016)

CHAPITRE **2** Le déterminant

Déterminants	Formes	Exemples
Relatifs	Masc. sing. : *lequel* Fém. sing. : *laquelle* Pluriel : *lesquel(le)s, desquel(le)s*	*Laquelle fête était toute récente, ayant eu lieu le 1er mai.* (Victor Hugo, *Les misérables*, 1862) *Mais comme le texte dit : laquelle femme je paierai à la première réquisition, ou bien j'épouserai, etc.* (Pierre-Augustin de Beaumarchais, *Le mariage de Figaro*, 1784)

2. Caractéristiques

Quelques caractéristiques des déterminants :
- dans un groupe nominal, le déterminant précède le nom noyau. Un adjectif peut s'insérer entre les deux : *mon pauvre oncle, deux grands enfants, quelques beaux oiseaux* ;
- le déterminant et le nom s'accordent en genre et en nombre : *une ombre* (fém. sing.) ; *ma file* (fém. sing.) ; *ce jardin* (masc. sing.) ; *les rideaux* (masc. plur.) ;
- tous les déterminants apportent une information quantitative qui peut être précise ou non : *le, un, mon, ce* (= un seul) ; *les, des, mes, ces, certains* (= plusieurs) ; *deux* (= un nombre précis) ;
- un déterminant peut toujours être remplacé par un article, qui est le déterminant le plus élémentaire. *Quelle vue charmante !* (= la vue) ;
- les déterminants permettent de convertir n'importe quel mot en nom occasionnel :

> *Moi seul, je sais ce que j'aurais pu faire… Pour les autres, je ne suis tout au plus qu'un peut-être.* (Stendhal, *Le rouge et le noir*, 1830)
>
> *On avance avec des si qui n'arrivent jamais.* (Jean-Michel Guenassia, *Le club des incorrigibles optimistes*, 2009)
>
> *Un tiens vaut mieux que deux tu l'auras, marmonne José d'une voix bébête.* (Lydie Salvayre, *Pas pleurer*, 2014)

- les déterminants permettent de marquer le genre des noms dont la forme ne varie pas en fonction du genre : *un/une artiste ; un/une pilote*, etc.

Les déterminants peuvent s'employer seuls devant le nom ou se combiner par exemple dans des séquences article défini + déterminant numéral (1),

121

déterminant possessif + déterminant numéral (2) ou déterminant démonstratif + déterminant indéfini (3) :

> **Les quatre** cavaliers de l'Apocalypse, Copernic, Galilée, Kepler, un peu plus tard Newton. (JEAN D'ORMESSON, *C'est une chose étrange à la fin que le monde*, 2010) (1)
>
> Il prend **mes deux** mains. (CATHERINE POULAIN, *Le grand marin*, 2016) (2)
>
> **Ces quelques** jours étaient pour lui les plus longs de l'année. (CAROLE MARTINEZ, *Le cœur cousu*, 2007) (3)

> **Remarque**
> La terminologie grammaticale évolue. Les déterminants autres que les articles étaient anciennement classés parmi les adjectifs, sous l'étiquette d'**adjectifs déterminatifs**. Selon cette terminologie, *mon* était donc un adjectif possessif et *cette* un adjectif démonstratif. La classification actuelle qui regroupe les déterminants en dehors de la classe des adjectifs permet de rendre compte des particularités de ceux-ci par rapport aux adjectifs. Si les deux classes ont en commun de s'accorder avec le nom, elles se distinguent par le fait que l'on peut généralement supprimer un adjectif au sein d'un groupe nominal, mais pas un déterminant :
>
> Le petit garçon le fusillait du regard. (JEAN-CHRISTOPHE GRANGÉ, *Le passager*, 2011) (Le garçon le fusillait du regard. *Petit garçon le fusillait du regard.)
>
> Par ailleurs, les deux catégories se distinguent également au niveau de leurs fonctions : l'adjectif peut être attribut (*Le garçon est petit*), ce qui n'est pas le cas des déterminants (*Le garçon est mon*).

2. Les articles

L'article se place devant le nom pour indiquer que celui-ci est pris dans un sens complètement ou incomplètement déterminé ; il sert aussi à indiquer le genre et le nombre du nom qu'il précède. On distingue trois espèces d'articles : l'**article défini**, l'**article indéfini** et l'**article partitif**.

1. L'article défini

L'article défini est celui qui se met devant un nom dont le sens est complètement déterminé :

> **Le** livre humiliait **l'**auteur, puisqu'il allait plus loin que lui, souvent si prudent dans **l'**usage de sa vie. (SIMON LIBERATI, *Eva*, 2015)
>
> Vous leur donnez **la** vie, ils vous donnent **la** mort. (HONORÉ DE BALZAC, *Le père Goriot*, 1835)

a) Les formes de l'article défini

- **le** pour le masculin singulier (*le confident, le crieur de nuit*) ;
- **la** pour le féminin singulier (*la garçonnière, la citerne*) ;
- **les** pour le pluriel des deux genres (*les mots, les fourmis*).

CHAPITRE **2** Le déterminant

L'**article élidé** est l'article *le* ou *la* dont la voyelle est remplacée par une apostrophe devant les mots commençant par une voyelle ou un *h* muet : *l'or, l'avion, l'habit, l'heure, l'horrible vision*.

L'**article contracté** est le résultat de la fusion des prépositions *à, de,* avec les articles *le, les* :

- *à le* se contracte en ***au*** (*au matin, au cœur de la tourmente*) ;
- *à les* se contracte en ***aux*** (*aux enfants, aux antipodes*) ;
- *de le* se contracte en ***du*** (*la chaleur du désert, le repos du guerrier*) ;
- *de les* se contracte en ***des*** (*la profondeur des abysses, la sagesse des anciens*).

b) L'emploi de l'article défini

D'une manière générale, l'article défini se met devant les noms communs pris dans un sens complètement déterminé.

a) L'article défini s'emploie pour désigner une chose ou une personne clairement identifiable par l'interlocuteur.

- Il peut s'agir d'une entité connue (*le soleil, la lune, la terre*), située par rapport à la situation de communication (*Ferme la porte !*), ou encore introduite préalablement dans le contexte :

> *Il s'assit et conseilla à son chien d'en faire autant.* **Le** *chien resta debout.* (Bernard Werber, *La révolution des fourmis*, 1996) (Après avoir précisé de quel chien on parle, on peut y faire référence avec l'article défini.)

- Le référent peut également être identifié par l'adjectif ou le complément qui accompagne le nom :

> *Le chat* **de Nina** *ronronne sur mon ventre.* (Sylvain Tesson, *Dans les forêts de Sibérie*, 2011)

> *Le chat* **noir** *avait une peur bleue de l'aspirateur* **rouge***.* (Jean-Louis Fournier, *Ma mère du Nord*, 2015)

- Le sens du groupe nominal introduit par le déterminant défini peut être générique, c'est-à-dire faire référence à la classe désignée par le nom dans son ensemble plutôt qu'à une instance spécifique de cette classe, comme c'était le cas dans les exemples qui précèdent :

> *Il sentait fort* **le** *tabac.* (Catherine Cusset, *Indigo*, 2013)

> **La** *nature nous a oubliés.* (Samuel Beckett, *Fin de partie*, 1957)

PARTIE 3 Les classes grammaticales

b) Au pluriel, l'article défini peut également réaliser une généralisation ou désigner tous les êtres d'une espèce ou d'un groupe :

> Liz aime **les** poissons. Elle collectionne **les** aquariums, disposés partout, pêle-mêle, dans **la** maison. (ANAÏS BARBEAU-LAVALETTE, *La femme qui fuit*, 2015)

c) Dans un contexte exclamatif, l'article défini contribue à véhiculer un sens démonstratif :

> Ah **les** sournois, **les** misérables ! (VIRGINIE DELOFFRE, *Léna*, 2011)

d) L'article défini est utilisé comme possessif, surtout devant des noms désignant des parties du corps ou du vêtement, ou les facultés intellectuelles :

> Je garde **les** yeux fermés. (HEDWIGE JEANMART, *Blanès*, 2014)
>
> Tu as **la** mémoire courte, Yasmina. (GILBERT SINOUÉ, *Avicenne ou La route d'Ispahan*, 1989)
>
> Morgane tira Bart par **la** manche. (MARIE-AUDE MURAIL, *Oh, boy !*, 2000)

e) L'article défini apparait parfois devant les noms propres de personnes.
  - Quand ils sont employés soit dans un sens emphatique (alors l'article est au pluriel), soit dans un sens méprisant : *les Corneille, les Racine, les Molière ont illustré la scène française. La Brinvilliers.*
  - L'article se rencontre devant des noms de cantatrices ou d'actrices célèbres (*le Tasse, le Corrège, la Callas*) (1) ou devant des noms propres accompagnés d'une épithète ou déterminés par un complément (le grand Corneille, le Racine des *Plaideurs*) (2) :

> Il s'est acheté La Traviata avec **la** Callas et la passait en boucle. (JEAN-MICHEL GUENASSIA, *Le club des incorrigibles optimistes*, 1950) (1)
>
> – C'est une bonne farce ! et le monde ricane
> Au nom doux et sacré de **la grande** Vénus ! (ARTHUR RIMBAUD, *Soleil et chair*, 1870) (2)

  - Quand ils désignent soit plusieurs individus de même nom, soit des types, des familles entières, des peuples : *les deux Corneille, les Cicérons sont rares, les Gagné, les Belges. Les Schweitzer sont nés musiciens.* (JEAN-PAUL SARTRE, *Les mots*, 1964)
  - Quand ils désignent des œuvres produites : *les Raphaëls du Vatican ; le Simenon que je préfère est « Pedigree ».*

f) Devant les noms propres de continents, de pays, de provinces, de montagnes, de mers, de cours d'eau, d'îles : *l'Amérique, la France, le Manitoba, les*

Vosges, la Méditerranée, le Zambèze, la Sardaigne. Les noms de villes rejettent l'article : *Dakar, Rome* ; sauf s'ils sont accompagnés d'une épithète ou d'un complément, ou encore s'ils étaient originairement des noms communs : *le vieux Québec, le Paris d'autrefois, Le Havre, La Haye*. On dit cependant : *Paris entier, tout Paris*.

Devant **plus, moins, mieux,** suivis d'un adjectif ou d'un participe, l'article *le* reste invariable et forme avec ces adverbes des locutions adverbiales, quand il y a comparaison entre les différents degrés d'une qualité (1), mais s'accorde lorsqu'on fait la comparaison entre des êtres ou des objets différents (2) :

> *La pluie ne les empêcha pas de se promener dans les rues pavées autour des bâtiments en brique rouge recouverts de lierre du campus le plus prestigieux du monde, le lieu sur terre où Helen se **sentait le plus heureuse** et **le plus légitime**.* (CATHERINE CUSSET, **Un brillant avenir**, 2008) (Heureuse et légitime au plus haut degré.) (1)
>
> *Je suis **la plus heureuse** des femmes d'avoir fait ce choix, je n'ai aucun regret.* (JEAN-MICHEL GUENASSIA, **La valse des arbres et du ciel**, 2016) (= La femme la plus heureuse, comparée aux autres femmes.) (2)

> **Remarque**
> Les confusions dans l'usage des locutions *le plus, le moins, le mieux* ne sont pas rare et l'on trouve régulièrement des accords abusifs :
> *À quel moment de votre vie avez-vous été **la plus** heureuse ?* (GUILLAUME MUSSO, **La fille de papier**, 2010)
> *C'était quand le jour où tu as été **la plus** heureuse de ta vie ?* (FRÉDÉRIC BEIGBEDER, **Une vie sans fin**, 2018)
> Pour s'en prémunir, on peut appliquer le test suivant. Quand on peut placer après l'adjectif les expressions *au plus haut (bas) degré, le plus (moins, mieux) possible*, on laisse l'article invariable. Quand on peut placer après l'adjectif les mots *de tous, de toutes*, on accorde l'article.

2. L'article indéfini

L'article indéfini se place devant le nom pour indique que l'être ou l'objet désigné est présenté comme non précisé, non déterminé, non encore connu :

> *Si quelqu'un, n'importe qui, **un** passant, **un** touriste, s'intéressait à moi, il pourrait croire que je souris.* (MICHEL BUSSI, **Nymphéas noirs**, 2011)

a) Les formes de l'article indéfini

L'article indéfini est :
- **un** pour le masculin singulier (*un vélo, un enfant*) ;
- **une** pour le féminin singulier (*une ville, une mer*) ;
- **des** pour le pluriel des deux genres (*des profondeurs, des sommets*).

Devant un adjectif épithète antéposé au nom, la forme *des* devient *de* (et celui-ci s'élide en *d'* si l'adjectif commence par une voyelle ou un *h* muet) :

> *En France nous savons organiser de belles manifestations.* (ALEXIS JENNI, *L'art français de la guerre*, 2011)
>
> *Elle avait un pied mignon dans d'ignobles souliers, comme l'héroïne du conte de Peau-d'Âne.* (HONORÉ DE BALZAC, *La peau de chagrin*, 1831)

> **Remarque**
> Dans une phrase négative, le nom qui suit *de* est accordé en fonction du sens. On constate qu'il est souvent au singulier, mais quand on considère que ce nom aurait été pluriel dans une phrase positive, on peut le mettre au pluriel :
> *Moi, si je suis là, c'est justement pour qu'il n'y ait pas de problèmes.* (SERGE JONCOUR, *Repose-toi sur moi*, 2016) (Il y aurait des problèmes.)
> *Il n'a pas de couche de graisse pour le protéger du froid.* (JEAN-BAPTISTE DEL AMO, *Règne animal*, 2016) (Il aurait une couche de graisse.)

b) *L'emploi de l'article indéfini*

De manière générale, le déterminant indéfini situe le nom qu'il précède dans une classe (*un enfant, un nuage, une plume*) et porte une certaine valeur numérale affaiblie. Il désigne généralement un objet ou une personne inconnue ou non précisée, sauf quand le groupe nominal est en position d'attribut. Dans ce cas, on situe un sujet clairement identifié dans une classe particulière :

> *C'était **un** philosophe, **un** platonicien, **un** élève de Philon.* (EMMANUEL CARRÈRE, *Le Royaume*, 2014)
>
> *Maud était **une** femme, pas **une** ado.* (BERNARD MINIER, *Glacé*, 2011)

En outre, l'article indéfini peut avoir, dans des emplois particuliers, certaines valeurs expressives ; ainsi il s'emploie :

a) avec une valeur de généralisation, devant un nom désignant un type, une catégorie (c'est-à-dire considéré comme représentant tous les individus de l'espèce) :

> *Un artiste est un rêveur, donc un inutile.* (PIERRE LEMAITRE, *Au revoir là-haut*, 2013)
>
> *Une baleine vaut donc vingt-sept éléphants.* (FRANÇOIS GARDE, *La baleine dans tous ses états*, 2015)

b) avec une valeur emphatique, dans des phrases exclamatives :

> *Il fait une chaleur aujourd'hui !* (KATHERINE PANCOL, *Les écureuils de Central Park sont tristes le lundi*, 2010)

c) Devant un nom propre, soit par mépris, soit par emphase, soit pour donner au nom propre la valeur d'un nom commun :

> *Un docteur de l'Église, c'est* **un** *saint qui a du génie : c'est* **un** *génie de saint : c'est* **un** *Proust, c'est* **un** *Mozart, c'est* **un** *Colette, c'est* **un** *Picasso de saint.* (YANN MOIX, *Mort et vie d'Édith Stein*, 2008)
>
> *Tous les souverains de la terre, fussent-ils* **des** *César Borgia, ne viendraient pas à bout de me l'enlever.* (ALEXANDRE DUMAS, *Le Comte de Monte-Cristo*, 1844)

3. L'article partitif

L'article partitif se place devant le nom des choses massives, non comptables, pour indiquer qu'il s'agit d'une *partie* seulement ou d'une certaine *quantité* imprécise de ce qui est désigné par le nom :

> *Il leur faut* **de l'***huile,* **du** *sel et* **de la** *farine.* (DANY LAFERRIÈRE, *L'énigme du retour*, 2009)
>
> *Les écrivains en début de carrière se plaisent à manger* **des** *lentilles dans une mansarde misérable, c'est bien connu, non ?* (NANCY HUSTON, *Danse noire*, 2013)
>
> *La bataille lui donnait* **du** *courage.* (JEAN COCTEAU, *Les enfants terribles*, 1950)

a) Les formes de l'article partitif

L'article partitif est :

du *(de l')* pour le masculin singulier (*du pain, du sucre, de l'épeautre, de l'amour*) ;
de la *(de l')* pour le féminin singulier (*de la viande, de la farine, de l'amertume*) ;
des pour le pluriel des deux genres (*des épinards*).
L'élision des formes du singulier (*du* et *de la* s'élident en *de l'*) a lieu devant une voyelle ou un *h* muet : *ressentir de l'hypocrisie, boire de l'eau.*

b) L'emploi de l'article partitif

1° Les articles partitifs se réduisent en *de* après une négation (et celui-ci s'élide devant voyelle ou *h* muet) (1,2) sauf après le verbe être (3) ou si la phrase, malgré le tour négatif, implique, quant au nom, une idée affirmative (4) :

> *M. Lepic n'a presque* **plus de** *pain.* (JULES RENARD, *Poil de carotte*, 1894) (1)
>
> *Elle ne mérite* **pas d'***amour !* (JOËL DICKER, *La vérité sur l'affaire Harry Quebert*, 2012) (2)
>
> *— Patron, c'est pas* **du** *sang.* (FRÉDÉRIC VERGER, *Arden*, 2013) (3)
>
> *Vous êtes gentille mais je ne bois que* **de l'***eau.* (NICOLAS D'ESTIENNE D'ORVES, *La gloire des maudits*, 2017) (Tour négatif, mais sens positif.) (4)

De même quand on veut insister sur le nom :

> *Et ses yeux, d'après le mokhtar, ne sont pas des yeux mais des vitres, à travers leur bleu, c'est le ciel qu'on voit.* (Vénus Khoury-Ghata, *Sept pierres pour la femme adultère*, 2009)

2° Devant un adjectif épithète antéposé au nom, la forme *des* devient *de* (et celui-ci s'élide en *d'* si l'adjectif commence par une voyelle ou un *h* muet) :

> *Le comte resta avec de grandes espérances de sauver Fabrice.* (Stendhal, *La chartreuse de Parme*, 1839)

Sauf bien entendu quand l'adjectif fait partie d'un nom composé ou d'une locution nominale (l'adjectif fait alors corps avec le nom) : *des grands-pères, des jeunes gens, des petits pois,* etc.

3° Devant les noms précédés d'un adjectif, au lieu de *du, de la, de l', des,* on met *de*, dans la langue soignée :

> *Le dimanche, ces dames vont parfois à la messe, pour entendre de bonne musique.* (Jean-Paul Sartre, *Les mots*, 1964)

> **Remarque**
> L'article partitif résulte de la combinaison ou de la fusion de la préposition *de* (qui abandonne sa valeur ordinaire) avec l'article défini *le, la, l', les*. *Des* est un article **partitif** quand il correspond au singulier *du, de la, de l'* : *J'ai mangé des épinards*. C'est un article **indéfini** quand il correspond au singulier *un* ou *une* (il désigne alors des choses nombrables) : *J'ai mangé des noix*.
> Il ne faut pas confondre ces cas avec les phrases dans lesquelles on a un article contracté avec une préposition qui introduit un complément du nom, du verbes, circonstanciels, etc. : *la cueillette des fruits, le chant des baleines, Il rêve des mers chaudes,* etc.).

Article contracté p. 123

4. La répétition de l'article

Si l'article est employé devant le premier nom d'une série, il doit l'être aussi devant chacun des autres :

> *Puis au fur et à mesure des drames, des crises et des révolutions, les couches d'immigrés sont venues se rajouter, contrariant l'ordonnancement des plans de l'architecte.* (Pascal Manoukian, *Le diable au creux de la main*, 2013)

> *Des années après la guerre, après les mariages, les enfants, les divorces, les livres, il était venu à Paris avec sa femme.* (Marguerite Duras, *L'amant*, 1984)

Mais l'article ne se répète pas quand le second nom est l'explication du premier, ou qu'il désigne le même être ou objet, ou encore quand les noms forment un tout étroitement uni dans la pensée :

> *Il trouve refuge chez un collègue et ami d'Alois Moravec.* (Laurent Binet, *HHhH*, 2011)

> *Outre les jambons et fromages, excellents certes, il y a la Chartreuse.* (Marcus Malte, *Le garçon*, 2016)

L'article se répète devant deux adjectifs unis par *et* ou par *ou* lorsque ces adjectifs qualifient des êtres ou des objets différents, quoique désignés par un seul nom :

> *Il y a de bons et de mauvais clients.* (PATRICK LAPEYRE, ***La splendeur dans l'herbe***, 2016)
> *Chaque possibilité semblait également **un** bon et **un** mauvais choix.* (YANN MARTEL, ***L'histoire de Pi***, 2001)

Mais on ne répète pas l'article si les deux adjectifs qualifient un seul et même être ou objet, un seul groupe d'êtres ou d'objets :

> ***Un** illustre et clairvoyant poète.* (ALEXANDRE POSTEL, ***Un homme effacé***, 2013)
> *Notre obésité constitue **un** formidable et spectaculaire acte de sabotage.* (AMÉLIE NOTHOMB, ***Une forme de vie***, 2010)

> **Remarque**
> Si les deux adjectifs ne sont pas unis par *et* ou par *ou*, on doit répéter l'article :
> > *Ils vivaient sans doute leur dernière journée de travail et allaient pouvoir s'offrir **une** ferme, **une** villa avec piscine, **une** chambre à l'année à Vegas, tous les rêves devenaient possibles.* (TONINO BENACQUISTA, *Malavita*, 2004)
>
> Si le nom précède les deux adjectifs coordonnés, on peut avoir les tours suivants :
> – *La langue latine et la langue grecque* (c'est le tour ordinaire).
> – *La langue latine et grecque.*
> – *La langue latine et la grecque.*
> – *Les langues latine et grecque* (surtout dans le langage technique).
>
> Dans une série de superlatifs relatifs se rapportant à un même nom, l'article doit être répété chaque fois :
> > ***La plus** délicieuse, **la plus** vicieuse, **la plus** tendre, **la plus** sale des étreintes est toujours spirituelle.* (YANNICK HAENEL, ***Je cherche l'Italie***, 2015)

5. L'omission de l'article

On omet l'article :

1° devant des compléments déterminatifs n'ayant qu'une simple valeur qualificative, ou désignant la destination d'un récipient : *une statue de marbre, une boîte à bijoux, un adverbe de lieu, une corbeille à papier* ;

2° dans certains proverbes, dans certaines comparaisons ou certaines expressions sentencieuses : *Noblesse oblige* ; *Blanc comme neige* ; *Il y a anguille sous roche* ; *Pierre qui roule n'amasse pas mousse* (**Proverbe**) ;

3° dans certaines énumérations rapides :

> *Acteurs, chanteuses, sportifs, tous ont tôt ou tard associé leur image aux emblématiques bagages de la marque.* (GILLES LEGARDINIER, ***Demain j'arrête !***, 2011)

4° devant le nom apposé ou attribué exprimant simplement une qualité :

> *Pigeon, oiseau à la grise robe.* (RÉMY BELVAUX, ANDRÉ BONZEL, BENOÎT POELVOORDE, ***C'est arrivé près de chez vous***, 1992)
> *Je crois me rappeler que vous êtes **amateur** de café.* (DANIEL PENNAC, ***La petite marchande de prose***, 1989)

Mais on met l'article si le nom apposé ou attribut garde toute sa valeur substantive et marque une identification nettement soulignée :

> Rome : *le creuset, mais aussi la fournaise, et le métal qui bout, le marteau, mais aussi l'enclume, la preuve visible des changements et des recommencements de l'histoire.* (MARGUERITE YOURCENAR, *Mémoires d'Hadrien*, 1951)
>
> *Vous dites que vous êtes le Messie ?* (ALAIN BERENBOOM, *Messie malgré tout !*, 2011)

Apostrophe p. 342

5° devant le nom mis en apostrophe :

> *Cieux, écoutez ma voix ; terre, prête l'oreille.* (JEAN RACINE, *Athalie*, 1691)
>
> *Vous croyez que je reverrai un mois de mars, docteur ?* (YANN MOIX, *Naissance*, 2013)

Verbes supports p. 228

6° dans un grand nombre d'expressions où le complément est intimement lié au verbe (*avoir peur, donner congé, rendre justice, imposer silence, perdre patience, avoir à cœur, aller à cheval,* etc.) ou à la préposition (*avec soin, sans gêne, par hasard, sous clé, sur commande, sur rendez-vous, par ouï-dire,* etc.). Dans ces constructions verbales, le sens est principalement véhiculé par le nom (on parle de **prédicat nominal**) et le verbe n'est qu'un simple **support**. Ces prédicats nominaux ont parfois un verbe morphologiquement associé dont le sens est plus ou moins équivalent : *donner congé* ≈ *congédier, perdre patience* ≈ *s'impatienter, aller à cheval* ≈ *chevaucher,* etc.

Le déterminant n'est pas toujours absent dans ces constructions à verbe support : *donner une gifle ; chanter les louanges, adresser des félicitations,* etc.

Remarques

1. Souvent devant les noms unis au moyen de *soit… ou, tant… que, (ni) … ni, (et) … et* :

    Mais le temps, [...] qui n'a ni début **ni** *fin* **ni** *mesure* **ni** *épaisseur, cela l'homme ne le comprend pas.* (JEAN-MARC CECI, *Monsieur Origami*, 2016)

    Il mena le jeune homme dans le petit salon, et, **soit** *hasard,* **soit** *adresse, derrière Andrea la porte fut repoussée.* (ALEXANDRE DUMAS, *Le Comte de Monte-Cristo*, 1844)

2. Dans les inscriptions, les titres d'ouvrages, les adresses, etc. : *Maison à vendre ; Dictionnaire alphabétique et analogique de la langue française ; Monsieur X., 20, rue du Commerce.*

---

3. Les déterminants démonstratifs

Les déterminants démonstratifs sont dits *définis,* car ils apportent une détermination complète, au même titre que l'article défini. Leur sens vise à identifier précisément et complètement le nom auquel ils sont joints.

Les déterminants démonstratifs sont ceux qui marquent, en général, que l'on « montre » (réellement ou par figure) les êtres ou les objets désignés par les noms auxquels ils sont joints :

> *Je possède **ce** livre depuis dix-neuf ans.* (BERNARD QUIRINY, **Une collection très particulière**, 2012)
>
> *Seul au milieu de **ces** pierres, avec pour unique appui **ces** liasses de papiers, **ces** cartes, **ces** cahiers où j'ai écrit ma vie !* (JEAN-MARIE-GUSTAVE LE CLÉZIO, **Le chercheur d'or**, 1985)

1. Les formes du déterminant démonstratif

Le déterminant démonstratif se présente sous les formes suivantes :

	Masculin	Féminin
Singulier	ce, cet (devant voyelle)	cette
Pluriel	ces	

Au singulier, *ce* est remplacé par *cet* quand il est placé devant un mot commençant phonétiquement par une voyelle, sauf en cas de disjonction : *ce héros, ce huis clos, ce ululement,* etc. :

> *Assez rapidement, **cet** élan de tendresse se mua en autre chose.* (PATRICK DECLERCK, **Démons me turlupinant**, 2012)
>
> *Elle hait **cet** hôpital.* (LEÏLA SLIMANI, **Dans le jardin de l'ogre**, 2014)

2. L'emploi du déterminant démonstratif

Le déterminant démonstratif signale que le groupe nominal fait référence à une personne ou un objet présent, représenté ou connu dans la situation de communication. Dans le contexte de cette communication, le sens **déictique** (qui vise à montrer) peut être soutenu par un geste qui désigne l'objet de la discussion :

> *Et **cette** robe te fait un sacré ventre : on dirait que t'es enceinte.* (AURÉLIE VALOGNES, **Mémé dans les orties**, 2014)
>
> *C'est à toi, **cette** voiture ?* (PHILIPPE JAENADA, **Sulak**, 2013)

Le déterminant démonstratif s'emploie souvent avec une valeur atténuée, sans qu'il exprime précisément l'idée démonstrative :

> *C'est elle qui t'a réveillée **ce** matin.* (GWENAËLLE AUBRY, **Perséphone 2014**, 2016)
>
> *J'espère (…) que vous aurez obtenu **cette** place de bibliothécaire que vous convoitiez, dans **ce** lieu qui vous rappelle votre enfance.* (PATRICK MODIANO, **Rue des Boutiques Obscures**, 1978)

À l'inverse, les adverbes *ci* et *là* (joints au nom après lequel ils se placent par un trait d'union) peuvent renforcer le démonstratif (*ci* exprime un sens proche et *là* un sens plus lointain) :

> *Olivier arriva tôt ce matin-là au journal.* (NELLY ALARD, *Moment d'un couple*, 2013)
>
> *Je savais que ce jour-ci était d'une autre sorte que les autres.* (MARCEL PROUST, *À l'ombre des jeunes filles en fleurs*, 1919)

4. Les déterminants possessifs

Les déterminants possessifs sont également définis. Ils déterminent le nom en indiquant, en général, une idée d'appartenance :

> *Mais ma vie, mes nuits, ma respiration, mes désirs, mes envies, auraient été condamnés.* (TAHAR BEN JELLOUN, *L'enfant de sable*, 1985)

Souvent l'adjectif dit *possessif* marque, non pas strictement l'appartenance, mais divers rapports :

> *Avec plaisir, mon bon Monsieur, avec plaisir.* (ANNE CUNEO, *Le maître de Garamond*, 2002) (= Le monsieur à qui je parle.)
>
> *Sarah se lança à sa poursuite.* (AHMADOU KOUROUMA, *Allah n'est pas obligé*, 2000) (= Sarah poursuit quelqu'un.)

1. Les formes du déterminant possessif

	Un seul possesseur			Plusieurs possesseurs	
	Un seul objet		Plusieurs objets	Un seul objet	Plusieurs objets
	Masculin	Féminin	2 genres	2 genres	2 genres
1re personne	mon	ma	mes	notre	nos
2e personne	ton	ta	tes	votre	vos
3e personne	son	sa	ses	leurs	leurs

Le déterminant possessif varie d'une part en genre et en nombre avec le nom auquel il est adjoint (*mon vélo, ma voiture, mes patins*) et d'autre part en fonction de la personne grammaticale qu'il représente et dont il prend le rang (1re, 2e, 3e personne) et le nombre : *mon école* (un possesseur, un seul objet) ; *mes amis* (un possesseur, plusieurs objets) ; *nos voisins* (plusieurs possesseurs, plusieurs objets).

> **Remarque**
> Devant un mot féminin commençant par une voyelle ou un *h* muet, on emploie *mon, ton, son,* au lieu de *ma, ta, sa* : *mon erreur, ton habitude, son éclatante victoire.*

Le *h* muet
p. 23

CHAPITRE **2** Le déterminant

2. L'emploi du déterminant possessif

a) Le pluriel dit de *majesté*, de *politesse* ou de *modestie* s'applique également aux déterminants possessifs (on utilise : *notre, nos, votre, vos* au lieu *de mon, ma, mes, ton, ta, tes*) :

> Puis-je vous demander quel funeste nuage, Seigneur, a pu troubler **votre** auguste visage ? (RACINE, **Phèdre**, 1677)
>
> A propos, Seigneur, me direz-vous **votre** nom ? (JEAN-PAUL SARTRE, **Huis clos**, 1944)

b) Le déterminant possessif peut prendre une valeur expressive et marquer relativement à l'être ou à la chose dont il s'agit l'intérêt, l'affection, le mépris, la soumission, l'ironie de la personne qui parle :

> Jacques, **mon** cher ami, je crains que vous n'ayez le diable au corps. (DENIS DIDEROT, **Jacques le fataliste et son maître**, 1796)
>
> Dites ce que vous avez à dire, arrêtez avec **vos** sous-entendus. (HÉLÈNE GRÉMILLON, **La garçonnière**, 2013)
>
> Oh, vous étiez admirable, **mon** capitaine, il me coûte de l'avouer aujourd'hui, mais c'est la vérité. (JÉRÔME FERRARI, **Où j'ai laissé mon âme**, 2010)

c) En général, on remplace le déterminant possessif par l'article défini quand le rapport de possession est assez nettement indiqué par le sens général de la phrase, notamment devant les noms désignant des parties du corps ou du vêtement, les facultés intellectuelles (1), mais on met le possessif quand il faut éviter l'équivoque, ou quand on parle d'une chose habituelle (2,3) :

> Quand je ferme **les** yeux, les voix s'allument dans ma tête. (LARRY TREMBLAY, **L'orangeraie**, 2013) (1)
>
> Me prêteriez-vous **votre** bras ? (MARCUS MALTE, **Les harmoniques**, 2011) (2)
>
> **Sa** migraine lui obscurcissait la vue. (JEAN-CHRISTOPHE GRANGÉ, **Le passager**, 2011) (3)

d) Il y a beaucoup d'hésitation à propos de l'éventuel accord du possessif employé après **chacun**. Quand *chacun* ne renvoie pas dans la phrase à un pluriel qui précède, on emploie *son, sa, ses*, pour marquer la possession :

> Chacun a **son** défaut, où toujours il revient. (JEAN DE LA FONTAINE, **L'ivrogne et sa femme**, 1668)
>
> Rendue à sa violence primordiale, la nature se déchaîne et confronte chacun à **sa** vérité intime. (LAURENT GAUDÉ, **Ouragan**, 2010)
>
> Mais pour l'avenir, tous les deux, chacun à sa manière, **on** peut travailler pour la France sans être président de la République. (YANN MOIX, **Naissance**, 2013)

Quand ***chacun*** renvoie à un pluriel, il y a normalement accord du déterminant possessif avec le référent de ***chacun***, s'il renvoie à la 1re ou à la 2e personne. On emploie donc ***notre, nos*** (pour la 1re personne) ou ***votre, vos*** (pour la 2e personne) :

> *Elle **nous** enlaça une dernière fois, chacun **notre** tour.* (Joël Dicker, **Le livre des Baltimore**, 2015)
>
> *Durant tout le trajet, **nous** nous enfermâmes chacun dans **nos** pensées.* (Agnès Martin-Lugand, **Les gens heureux lisent et boivent du café**, 2013)
>
> *Des survivants, voilà ce que **vous** êtes, chacun à **votre** manière et tous autant que vous êtes.* (Delphine de Vigan, **D'après une histoire vraie**, 2015)

Si chacun renvoie à la 3e personne du pluriel, l'usage est plus hésitant : on emploie tantôt ***son, sa, ses*** (comme s'il n'y avait qu'un possesseur), tantôt ***leur(s)*** (faisant référence à plusieurs possesseurs).

> *Les princes électeurs touchèrent chacun **sa** part.* (Éric Vuillard, **Conquistadors**, 2009)
>
> *Ils ont vécu chacun **leur** vie quand il le fallait !* (Marc Bressant, **Assurez-vous de n'avoir rien oublié**, 2010)
>
> *Ils parlaient abondamment mais chacun à **son** tour.* (Alexis Jenni, **La conquête des îles de la Terre Ferme**, 2017)

Cette hésitation se retrouve en fait pour toutes les personnes du pluriel :

> *Tucker et moi travaillions pour feu Thomas Colbert, chacun à **sa** manière.* (François Garde, **Pour trois couronnes**, 2013) (1re pl.)
>
> *Et **vous** en avez souffert, chacun à **sa** manière.* (Miano Léonora, **Crépuscule du tourment**, 2017) (2e pl.)

Il semble en particulier, que ce sont les constructions similaires à *chacun à son <NOM>* qui suscitent le plus d'hésitation *chacun à (son/sa/ses)(rythme/tour/manière/ guise,* etc.). C'est-à-dire que les formes du possessif qui désignent un possesseur unique sont souvent utilisées, même si le référent de ***chaque*** désigne plusieurs possesseurs (***nous***, ***vous***, ***ils***).

a) Accord

1° *Leur, notre, votre,* ainsi que les noms qu'ils accompagnent, restent **au singulier** devant les noms qui n'admettent pas le pluriel (1) et quand il n'y a qu'un seul objet possédé par l'ensemble des possesseurs (2) :

> *Il pensait à **votre** avenir, il voulait vous voir faire des études sérieuses.* (Boualem Sansal, **Le village de l'Allemand ou Le journal des frères Schiller**, 2007) (1)
>
> *Seuls les fous s'attachent à **leur** empire.* (Marie-Claire Blais, **Une réunion près de la mer**, 2018) (2)

2° Ils prennent la forme du **pluriel** :
- devant les noms qui n'ont pas de singulier :

> *On les traîne en place publique et, devant tout le village, on expérimente à **leurs** dépens un supplice encore peu usité.* (Sportès Morgan, *Le ciel ne parle pas*, 2017)
>
> *Ils nettoient leur paillasse, ôtent leur blouse, **leurs** lunettes, **leurs** gants.* (Alexis Jenni, *La nuit de Walenhammes*, 2015)

- quand la phrase implique l'idée de réciprocité, de comparaison ou d'addition :

> *Nous avons échangé **nos** adresses.* (Sorj Chalandon, *Mon traître*, 2008)
>
> *Elle nous dit juste de parler chacun notre tour parce que **nos** voix se chevauchaient.* (Serge Joncour, *L'écrivain national*, 2014)

- quand il y a plusieurs objets possédés par chaque possesseur :

> *Les mères rassemblent **leurs** enfants autour de **leurs** jambes.* (René Barjavel, *Ravage*, 1943)

3° Lorsque chacun des possesseurs ne possède qu'un seul objet, selon le point de vue de l'esprit, on emploie :
- le **singulier** si on envisage le type plutôt que la collection :

> *Un jour il devient un grand arbre et les oiseaux du ciel font **leur** nid dans ses branches.* (Emmanuel Carrère, *Le Royaume*, 2014)

- le **pluriel** si on envisage la pluralité ou la variété du détail :

> *Il le compare [...] à un arbre immense dans lequel les oiseaux font **leurs** nids.* (Emmanuel Carrère, *Le Royaume*, 2014)
>
> *Ils houspillaient **leurs** épouses puis les aidaient à enfiler **leurs** manteaux.* (Leïla Slimani, *Chanson douce*, 2016)

5. Les déterminants numéraux

Les déterminants numéraux cardinaux expriment le nombre précis des êtres ou objets désignés par le nom.

> *Elle les aurait bien mérités, ses **trois** jours et **deux** nuits de plaisirs à Paris !* (Michel Bussi, *Un avion sans elle*, 2012)
>
> ***Cinq** hommes... **six**... **sept**... Et des fenêtres qui s'ouvrent un peu partout, des chuchotements...* (Georges Simenon, *Le chien jaune*, 1931)

> **Remarques**
> 1. Les adjectifs numéraux perdent quelquefois leur valeur précise et marquent un nombre ou un rang approximatifs, indéterminés :
> *Je les mis, en **deux** mots, au courant de la situation.* (GASTON LEROUX, *Le mystère de la chambre jaune*, 1907)
> *Il m'avait dit **cent** fois avoir grandi à la campagne.* (ANNE CUNEO, *Le maître de Garamond*, 2002)
>
> Adjectifs ordinaux p.175
>
> 2. Il ne faut pas confondre les déterminants numéraux **cardinaux** avec les adjectifs numéraux **ordinaux** qui indiquent l'ordre, le rang des êtres ou des objets dont on parle :
> *Citoyens, le **dix-neuvième** siècle est grand, mais le **vingtième** siècle sera heureux.* (VICTOR HUGO, *Les misérables*, 1862)
> *Nous cinq enfants, moi la **troisième**, bien planquée au milieu, la solitaire entre les solitaires.* (OCÉANE MADELAINE, *D'argile et de feu*, 2014)

1. Les formes du déterminant numéral cardinal

On distingue les formes simples et composées.

Formes simples sont : *un, deux, trois, quatre, cinq, six, sept, huit, neuf, dix, onze, douze, treize, quatorze, quinze, seize, vingt, trente, quarante, cinquante, soixante, cent, mille*[1].

Les autres formes sont **composées** :
- soit par addition : *dix-sept, soixante-dix, trente-et-un,* etc. ;
- soit par multiplication : *quatre-vingts, six-cents,* etc.

Dans *quatre-vingt-dix,* il y a à la fois multiplication et addition.

2. L'emploi du déterminant numéral cardinal

L'écriture des formes composées adopte plusieurs principes généraux.

Nouvelle orthographe p.504

- On met un trait d'union entre tous les nombres (y compris quand ils sont joints par *et*), sauf avant et après *million* et *milliard* qui ne sont pas des déterminants, mais des noms[2] (voir cependant la remarque 3. ci-dessous).
- *Vingt* et *cent* prennent un *s* quand ils sont multipliés et terminent le déterminant numéral : *Il fallait deux-cents kilos de fleurs pour un litre d'eau de lavande. Il avait déboursé près de quatre-vingts euros.* Mais : *quatre-vingt-deux dollars ; six-cent-vingt hommes.* Les noms *millier, million, milliard, billion, trillion,* etc., varient au pluriel et n'empêchent pas l'accord de *vingt* et *cent*) :

> 66 *Il a laissé après lui à ses ayants droit une des plus colossales fortunes d'Afrique noire, plus de **trois mille cinq cents milliards** de francs CFA* (AHMADOU KOUROUMA, *Allah n'est pas obligé*) (Ou *trois-mille-cinq-cents milliards*, en nouvelle orthographe.) 99

- Tous les autres déterminants numéraux sont invariables, y compris *mille* : *deux-mille ans*.

---

1. *Septante* (70) et *nonante* (90) sont courants, et officiels en Belgique et en Suisse romande. *Huitante* (80) est également employé en Suisse romande, ainsi que *octante* (80).
2. Auparavant, dans les adjectifs numéraux composés, on mettait le trait d'union entre les éléments qui sont l'un et l'autre moindres que cent, sauf s'ils sont joints par *et* : *Trente-huit mille six cent vingt-cinq. Trente et un.*

- *Et* ne se met que pour joindre *un* aux dizaines (sauf quatre-vingt-un) et dans soixante-et-onze. On dira donc : quarante-et-un, mais cent-deux, mille-un, mille-deux, etc.

> **Remarques**
> 1. *Vingt* et *cent*, mis pour *vingtième* et *centième*, ne varient pas : page quatre-vingt, l'an huit-cent.
> 2. Dans la date des années de l'ère chrétienne, quand *mille* commence la date, on écrit *mille* ou *mil* :
>   Wanborough Manor, un domaine ancestral datant de *l'an mil*. (Joël Dicker, **Les derniers jours de nos pères**, 2012)
>   J'ai l'impression d'arpenter le monde de *l'an mille*. (Alexis Jenni, **L'art français de la guerre**, 2011)
> 3. *Million* et *milliard*, qui sont parfois appelés *noms numéraux*, sont des noms à part entière : ils ont besoin d'un déterminant, ils varient au pluriel et le nom qu'ils accompagnent est introduit par une préposition (un million d'euros). De plus, ils n'empêchent pas la variation de *vingt* et *cent* (deux cents millions, quatre-vingts milliards). On considère généralement qu'ils ne sont pas concernés par les traits d'union de la nouvelle orthographe. Mais comme les Rectifications relatives au trait d'union parlent simplement de **numéraux**, cela laisse de la place à l'interprétation : faut-il y inclure les **noms numéraux** ? Certains sont de cet avis et proposent d'écrire : cinq-millions-deux-cent-mille voyageurs. Certains correcteurs orthographiques compatibles avec la nouvelle orthographe vont également en ce sens.

Les déterminants cardinaux s'emploient souvent à la place des adjectifs ordinaux dans l'indication du rang d'un souverain dans une dynastie, du quantième du mois, etc. : *Louis quatorze. Le quatre aout*. Mais on dit : *François premier, le premier aout*.

Plusieurs expressions sont formées à partir de déterminants numéraux, sans nom exprimé. L'expression *des mille et des cents* signifie « beaucoup d'argent ». Le nom de monnaie n'est pas exprimé, *mille* est invariable et *cent* s'écrit avec un *-s* (1) ; on dit *trente-six, cent-et-un, mille* ou *mille-et-un*, pour exprimer de manière indéterminée un grand nombre (2) ; *un cinq-à-sept (ou cinq à sept)* est « un rendez-vous érotique dans l'après-midi » (3) ; *être/se mettre sur son trente-et-un.* consiste à « porter/mettre ses plus beaux habits » (4) ; *à la six-quatre-deux* signifie « négligemment, de manière trop rapide » (5)

> " *Après s'être vanté de gagner* **des mille et des cents** *grâce à sa musique* (Patrick Lapeyre, **La splendeur dans l'herbe**, 2016) (1)
>
> *Vous cherchez les* **mille et une** *raisons qui justifient mon retard.* (Geneviève Damas, **Patricia**, 2017) (2)
>
> *Il aurait pu avoir des femmes, il aurait pu passer des cinq-à-sept dans des cinq étoiles.* (David Foenkinos, **La délicatesse**, 2009) (3)
>
> *Ma fiancée est sur son trente et un.* (Jean-Louis Fournier, **Poète et paysan**, 2010) (Moins fréquemment on trouve également sur son trente-deux, son trente-six.) (4)
>
> *Et puis elle me rend mes baisers vite ; je n'aime pas du tout qu'on m'embrasse à la six-quatre-deux !* (Colette, **Claudine à l'école**, 1900) (5) "

D'autres expressions figées, plus nombreuses, comportent à la fois un déterminant numéral et un nom : *être six pied sous terre*, « être mort » (1) ; *Voir trente-six chandelles*, « être étourdi par un choc, un coup » (2) ; *Trois francs six sous*, « pour presque rien » (3) ; *Tous les trente-six du mois*, « jamais ou rarement » (4).

> *Georges est six pieds sous terre depuis des mois mais je sens qu'il n'est pas bien loin.* (Philippe Djian, **Love Song**, 2013) (1)
>
> *Une beigne d'une telle force qu'elle en voyait trente-six chandelles.* (Émile Zola, **L'assommoir**, 1877) (2)
>
> *Se lever aux aurores pour trois francs six sous !* (Pierre Lemaitre, **Trois jours et une vie**, 2016) (3)
>
> *Je travaillais à présent dans une entreprise d'urbanisme qui nous payait tous les trente-six du mois.* (Richard Millet, **La fiancée libanaise**, 2011) (4)

> **Remarque**
> *Mille* et *cent* (numéraux) ne doivent pas être confondus avec les noms qui sont leurs homographes :
> - Quand *cent* désigne la centième partie d'une unité monétaire (du dollar, de l'euro dans certains pays...), c'est un nom et il varie au pluriel : *douze dollars et cinquante cents* (prononcé [sɛnt]).
> - *Mille*, nom de mesure itinéraire, est une francisation de l'anglais *mile* [maɪl], forme qui se trouve parfois en français : *le record du monde du mile* (athlétisme) ; *les cinq-cents miles d'Indianapolis* (course automobile annuelle). Sur terre, un mile correspond approximativement à 1,6 km.
>
> *On se traîne à 50. On a mis six heures pour faire deux cent soixante-dix miles.* (Michel Bussi, **Gravé dans le sable**, 2014)
>
> - La forme francisée *mille* varie au pluriel :
> *Au bout de deux milles, le chemin escalada une côte abrupte et entra en plein bois.* (Louis Hémon, **Maria Chapdelaine**, 1913)
>
> - Le nom *mille*, désigne aussi par ellipse, le mille marin (ou *mille nautique* pour la Marine nationale française) qui équivaut pour sa part à 1 852 m.
>
> *À quelques milles de l'épave croisait un voilier hollandais.* (Daniel Rondeau, **Malta Hanina**, 2012)

6. Les déterminants relatifs, interrogatifs et exclamatifs

1. Les déterminants relatifs

Les déterminants relatifs sont ceux qui se placent devant un nom pour indiquer que l'on met la proposition qu'ils introduisent en relation avec ce même nom déjà exprimé (ou suggéré) précédemment.

Ce sont :

- pour **le singulier** { Masculin : lequel, duquel, auquel
  Féminin : laquelle, de laquelle, à laquelle
- pour **le pluriel** { Masculin : lesquels, desquels, auxquels
  Féminin : lesquelles, desquelles, auxquelles

Les déterminants relatifs sont essentiellement utilisés dans la langue juridique ou administrative. Ils sont également présents dans l'usage littéraire :

> *Ils pourraient gagner Udine et le domaine de son ami, le comte C*** . **Lequel** ami est mélomane et attentionné.* (Vincent Engel, *Alma Viva*, 2017)
>
> *Il a donc fait appel à la voie hiérarchique. **Laquelle** voie menait à la police.* (Daniel Pennac, *Au bonheur des ogres*, 1985)
>
> *Mais comme le texte dit : **laquelle** femme je paierai à la première réquisition, ou bien j'épouserai, etc. La cour condamne le défendeur à payer deux mille piastres.* (Pierre-Augustin Caron de Beaumarchais, *Le mariage de Figaro*, 1784)

2. Les déterminants interrogatifs

Les déterminants interrogatifs : *quel, quelle, quels, quelles,* indiquent que l'être désigné par le nom fait l'objet d'une question relative à la qualité, à l'identité, au rang :

> *Mais cet enfant fatal, Abner, vous l'avez vu : Quel est-il ? de **quel** sang ? et de **quelle** tribu ?* (Jean Racine, *Athalie*, 1691) (Le premier *quel* est un pronom interrogatif et non un déterminant.)
>
> ***Quelles** affaires fait donc ma mère à cette heure de la nuit dans sa chambre à coucher ?* (Réjean Ducharme, *L'avalée des avalés*, 1966)

3. Les déterminants exclamatifs

Ces mêmes déterminants *quel, quelle, quels, quelles,* sont exclamatifs quand ils servent à exprimer l'admiration, l'étonnement, l'indignation :

> *J'ai reçu tes cartes ! **Quelles** cartes ! Ma-gni-fiques !* (Joël Dicker, *Les derniers jours de nos pères*, 2012)
>
> ***Quelle** coïncidence, ah mon Dieu, **quelle** coïncidence !* (Eugène Ionesco, *La cantatrice chauve*, 1950)

7. Les déterminants indéfinis

Les déterminants indéfinis sont ceux qui se joignent au nom pour marquer, en général, une idée plus ou moins vague de quantité (grande, petite ou nulle : *quelques, nuls, aucun, toute, plus de,* etc.) ou de qualité (restriction, identité, ressemblance : *tel, même, je ne sais quel,* etc.) :

> ***Certain** matin il me devint tout à fait impossible de me lever.* (Louis-Ferdinand Céline, *Voyage au bout de la nuit*, 1932)

> *Plusieurs mois passèrent durant lesquels rien ne se passa, sinon le temps.* (VINCENT ENGEL, *La peur du paradis*, 2009)

1. Les formes du déterminant indéfini

aucun	divers	certain	quel
nul	je ne sais quel[1]	maint	quelconque
pas un	l'un et l'autre	plusieurs	quelque
chaque	n'importe quel	plus d'un	tel
différents			tout

Les formes des déterminants indéfinis peuvent être simples ou composées. Certaines de ces **formes simples** varient en genre (*aucun/aucune* ; *nul/nulle*) et parfois en nombre (*certain/certains*). Mais certaines formes n'existent qu'au singulier ou au pluriel : *plusieurs, divers, différents* sont toujours au pluriel ; *aucun* et *nul* sont généralement singuliers (sauf devant un nom strictement pluriel).

Les **formes composées** de déterminants indéfinis sont assez nombreuses et variées. Elles sont construites sur différents modèles :
a) à partir du mot *quel* : *n'importe quel, je ne sais quel* (*quel* varie en genre) ;
b) à partir d'un adverbe de degré : une locution adverbiale évoquant une certaine quantité ou le degré et construite sur la structure **adv+*de*** peut servir de déterminant indéfini devant un nom. Le déterminant évoque alors une idée en rapport direct avec l'adverbe : *(beaucoup, infiniment, peu, trop, plus, moins, énormément) de*.

> *Il y a **beaucoup de** vies qui sont tombées quand j'ai secoué ma mémoire* (GRAND CORPS MALADE, *1000 vies*, 2018)
> *Avec **infiniment de** brumes à venir* (JACQUES BREL, *Le plat pays*, 1962)
> *Les vieux ne bougent plus leurs gestes ont **trop de** rides* (JACQUES BREL, *Les vieux*, 1963)
> *Un coin de ciel qui vire au mauve*
> *J'étais déjà bien **peu de** choses* (BENJAMIN BIOLAY, *Volver*, 2017)

D'autres types d'expressions adverbiales jouent également ce rôle de déterminant indéfini : *nombre de, quantité de, force, la plupart de,* etc. :

> *Le journaliste décrit son martyr avec **force** détails.* (KAMEL DAOUD, *Meursault, contre-enquête*, 2013)
> *L'embouteillage mélange **quantité de** voitures aux fenêtres ouvertes.* (MAYLIS DE KERANGAL, *Réparer les vivants*, 2013)

---

1. De même : *On ne sait quel, Dieu sait quel, nous ne savons quel,* etc. : *Les frais monteront à **Dieu sait quelle** somme !*

Avec *un peu de*, le nom qui suit est généralement au singulier (1), sauf pour les noms qui s'utilisent toujours au pluriel (*un peu de rillettes, victuailles*, etc.). Cependant, on trouve aussi des pluriels (2,3) :

> *Une photo qui j'espère mettra **un peu de** lumière sur les restes de nos joies* (Pierre Lapointe, **Une lettre**, 2017) (1)
>
> *L'empereur acquiesça avec **un peu de** regrets et la jeune femme fut décapitée.* (Alexis Jenni, **L'art français de la guerre**, 2011) (Influence de l'expression *avoir des regrets*, dans laquelle le nom *regrets* est au pluriel.) (2)
>
> *Il faut bien [...] faire **un peu de** réserves pour les jours sans pluie.* (Scholastique Mukasonga, **L'Iguifou**, 2010) (Influence de l'expression *faire des réserves* dans laquelle le nom *réserves* est au pluriel.) (3)

c) à partir d'un déterminant nominal : un groupe nominal évoquant une unité de mesure (*un litre de, des kilos de, deux tonnes de*, etc.) ou une notion plus vague de collection ou de quantité (*un tas de, une foule de, un paquet de, une flopée de, une ribambelle de*, etc.) peut prendre une valeur déterminative dans une construction du type **Dét. N$_1$ de N$_2$** : *un tas d'ennuis, une tonne de vêtements*, etc. On peut tester la valeur déterminative de la séquence **N$_1$ de** en remplaçant celle-ci par un déterminant simple : *une foule de supporters = des supporters*.

Dans certains cas, il y a une sélection (une spécialisation) qui s'établit entre le N$_1$ et le N$_2$. Par exemple, *régime* s'utilise avec les fruits de certaines plantes, reliés en grappe (*un régime de bananes, un régime de dattes*) et *banc* désigne un ensemble d'animaux marins d'une même espèce (*un banc de poissons, un banc d'huitres*). À côté de cette spécialisation, on remarque que certains déterminants nominaux sont utilisés de manière métaphorique : *un troupeau de N* peut désigner de manière métaphorique « un groupe massif et désorganisé d'humains » (*touristes, élèves, clients*, etc.) (1). Il y a aussi des déterminants qui n'apparaissent que de manière métaphorique (2,3) :

> ***Un troupeau de** gosses dévala la rue en sens inverse.* (Jean-Baptiste Del Amo, **Une éducation libertine**, 2008) (1)
>
> *Murmurant entre leurs dents **une litanie de** jurons, ils prenaient acte du coup qui les frappait.* (Alexandre Postel, **Les deux pigeons**, 2016) (2)
>
> *Dans la rue, l'Internationale résonne, rythmée par **un concert de** klaxons.* (Laurent Binet, **La septième fonction du langage**, 2015) (3)

Remarque
On ne confondra pas les déterminants nominaux (*Une flopée de supporters sont arrivés au stade*) avec les groupes nominaux libres (*Une voiture de supporters a été incendiée*) ou avec les locutions figées (*Une voiture de fonction représente un avantage en nature*). On peut distinguer les deux premiers en soulignant que dans ces deux structures qui ont la forme **Det N$_1$ de N$_2$**, ce n'est pas le même nom (N) qui est noyau du groupe nominal. Dans le *une flopée de supporters* on parle de supporters (N$_2$ est le noyau) et dans le second exemple, on parle

> d'une voiture (cette fois, N₁ est le noyau qui reçoit une extension sous forme de complément prépositionnel). Dans le 3ᵉ cas (*une voiture de fonction*), on a une locution qui désigne une réalité particulière (conceptuelle) et fonctionne comme un mot composé.

2. L'emploi du déterminant indéfini
• **Aucun, nul**

Aucun et *nul*, marquant la quantité zéro, ne s'emploient généralement qu'au singulier :

> *Ma tristesse ne me laissait **aucun** répit.* (Tahar Ben Jelloun, **L'enfant de sable**, 1985)
>
> ***Nulle** santé étincelante sans pratique assidue du coït, socle et burin de la nation régénérée.* (Olivier Guez, **Les révolutions de Jacques Koskas**, 2014)

Ils s'emploient au pluriel devant des noms qui n'ont pas de singulier ou qui prennent au pluriel un sens particulier :

> *Il n'avait raté aucun baptême, **aucunes** funérailles et autres sauteries du gotha européen.* (Serge Bramly, **Le premier principe, le second principe**, 2008) (*Funérailles* est un nom féminin pluriel.)
>
> *Un baiser sur la tempe qui ne lui valait **aucunes** représailles.* (Hédi Kaddour, **Les prépondérants**, 2015) (*Représailles* est un nom féminin pluriel.)
>
> *L'enfant n'a subi **aucuns** sévices.* (Job Armel, **Tu ne jugeras point**, 2009) (*Sévices* est un nom masculin pluriel.)

Même en dehors de ces cas, on trouve occasionnellement des exemples pluriels en contexte littéraire :

> *Vous vous ébahissez bellement, et, en vérité, comme **aucunes** personnes ignorantes.* (Victor Hugo, **Les misérables**, 1862)
>
> *Son menton était droit, ses lèvres n'offraient **aucunes** sinuosités.* (Honoré de Balzac, **Eugénie Grandet**, 1833)
>
> *Je ne rétorquai donc pas qu'à part les siennes, **nulles** mains étrangères ne se seraient crues autorisées à fouiner sous mon lit.* (Bernard Werber, **Les Thanatonautes**, 1994)

Aucun a signifié primitivement *quelque*, *quelqu'un*. Il a conservé cette valeur positive dans certains cas (1), mais le plus souvent, accompagné de la négation *ne*, il a pris la valeur de *nul* par contagion (2,3) :

> *Cet ouvrage est le meilleur qu'on ait fait dans **aucun** pays sur ce sujet.* (**Dictionnaire de l'Académie**) (1)
>
> *Le réseau était tombé et, en ce lundi matin, plus **aucun** ordinateur **ne** fonctionnait.* (Nelly Allard, **Moment d'un couple**, 2013) (2)
>
> ***Aucune** instance suprême ne les montre du doigt, **aucun** séraphin **ne** croise au-dessus de leurs têtes.* (Marcus Malte, **Le garçon**, 2016) (3)

CHAPITRE **2** Le déterminant

- **Quelque**

Dans le cas le plus simple, *quelque* est déterminant, il se rapporte à un nom et varie :

> *Candide, en s'en retournant avec son abbé périgourdin, sentit* **quelques** *remords d'avoir fait une infidélité à Mlle Cunégonde.* (VOLTAIRE, *Candide ou L'optimisme*, 1759)
>
> *Pendant* **quelques** *mois, je ne remarquai rien qui pût captiver mon attention.* (BENJAMIN CONSTANT, *Adolphe*, 1816)

> **Remarques**
> Le **déterminant indéfini** *quelques* ne doit pas être confondu avec ses **homonymes** (*quelque, quelque que, quel que*, etc.).
> **1.** *Quelque* est **adverbe** et invariable quand, devant un nom de nombre, il signifie « environ », ou encore dans l'expression *quelque peu* :
> *Très bien, il l'avait voulu, halant derrière lui* **quelque** *trente affaires criminelles dénouées à grand renfort de rêveries, de promenades et de montées d'algues.* (FRED VARGAS, *Pars vite et reviens tard*, 2001)
> *Ses quinze ans et demi commençaient à devenir* **quelque peu** *révolutionnaires.* (HERVÉ BAZIN, *Vipère au poing*, 1948)
> **2.** Dans l'expression toutes affaires cessante, *quelque…que*, il convient de distinguer plusieurs situations possibles :
> • Devant un nom, *quelque* est **déterminant indéfini** et variable : *Quelques raisons que vous donniez, vous ne convaincrez personne.*
> • Devant un simple adjectif, il est **adverbe** et invariable : *Quelque bonnes que soient vos raisons, vous ne convaincrez personne.*
> • Devant un adverbe, il est lui-même **adverbe** et invariable : *Quelque habilement que vous raisonniez, vous ne convaincrez personne.*
> • Devant un adjectif suivi d'un nom, il est **adverbe** et invariable quand le nom est attribut (le verbe de la subordonnée est alors *être* ou un verbe similaire) : *Quelque bonnes raisons que représentent ces témoignages, vous ne convaincrez personne.* (= Ces témoignages sont de bonnes raisons). Sinon, il est **déterminant indéfini** et variable : *Quelques bonnes raisons que vous donniez, vous ne convaincrez personne.*
> **3.** *Quel que* s'écrit en deux mots quand il est suivi du verbe *être* ou d'un verbe similaire (parfois précédé de *devoir, pouvoir*), soit immédiatement, soit avec l'intermédiaire d'un pronom ; *quel* est alors attribut et s'accorde avec le sujet du verbe :
> *Quel que soit l'avenir, notre passé est terminé.* (DRISS CHRAÏBI, *La Civilisation, ma Mère !...*, 1972)
> *Tout ce qui est vivant sait se défendre,* **quelle que** *soit sa taille.* (YANN MARTEL, *L'histoire de Pi*, 2001)
> *Et puis un père et un fils doivent s'aimer,* **quelles que** *soient les circonstances.* (GUEZ OLIVIER, *La disparition de Josef Mengele*, 2017)
> • S'il y a des sujets synonymes, l'accord se fait avec le plus rapproché :
> *Et désormais, tous les personnages que je pourrais inventer,* **quelle que** *soit leur stature, leur histoire, leur blessure, ne seraient jamais à la hauteur.* (DELPHINE DE VIGAN, *D'après une histoire vraie*, 2015)
> • S'il y a deux sujets joints par *ou*, l'accord se fait avec les deux sujets ou avec le plus rapproché seulement, selon que c'est l'idée de conjonction ou l'idée de disjonction qui domine :
> *Regarder aujourd'hui une photo de Mars, […]* **quels que** *soient l'échelle ou le procédé ne suggère absolument pas que l'on puisse trouver un réseau de canaux.* (ALEXIS JENNI, *Son visage et le tien*, 2014)
> **Quelle que** *soit l'offre ou l'interlocuteur, il ne sait plus que satisfaire ou contenter.* (SERGE JONCOUR, *L'homme qui ne savait pas dire non*, 2009)

- **Chaque**

Chaque est exclusivement déterminant singulier :

> *Chaque homme a besoin d'esclaves comme d'air pur. Commander, c'est respirer.* (ALBERT CAMUS, **La chute**, 1956)

> **Remarque**
> La langue commerciale emploie *chaque* au sens du pronom *chacun* : *J'ai acheté trois couettes blanches, au prix de 10 euros chaque.* (MORGAN SPORTÈS, **Tout, tout de suite**, 2016) Dans un style plus soutenu, on dirait *au prix de 10 euros chacune.*

- **Différent, divers**

Différents, divers, sont déterminants indéfinis lorsque, placés devant le nom, ils marquent la pluralité de personnes, de choses qui ne sont pas les mêmes :

> *Il les sortit et les regarda sous **différents** angles.* (OLIVIER TRUC, **Le dernier Lapon**, 2012)

> *J'examinais récemment **diverses** traductions de l'Iliade.* (FRANÇOIS WEYERGANS, **Trois jours chez ma mère**, 2005)

- **Certain**

Certain est déterminant indéfini lorsqu'il est placé devant le nom ; il est parfois précédé de l'article *un(e)* au singulier, ou de la préposition *de,* sans article, au pluriel :

> ***Certain** jour, la terre brune s'est mise à verdoyer ; des milliers de plantes ont germé tout à coup comme à une parole de commandement.* (PATRICK DEVILLE, **Equatoria**, 2009)

> *Une **certaine** joie de vivre est en train de revenir par ici !* (MARC BRESSANT, **La citerne**, 2009)

> *Il y a de **certains** esprits qu'il ne faut prendre qu'en biaisant.* (MOLIÈRE, **L'avare**, 1668)

- **Tout**

Tout, en tant que déterminant indéfini, identifie l'ensemble des êtes ou objets désignés par le nom, en les considérant de manière individuelle. Il est synonyme de « chaque », « n'importe quel ». Il s'accorde en genre avec le nom, mais est utilisé principalement au singulier :

> *Dans ces étendues désertiques, les hommes sont si rares que **toute** rencontre avec un être humain est une fête.* (VIRGINIE DELOFFRE, **Léna**, 2011)

On retrouve toutefois le déterminant au pluriel dans des emplois poétiques ou littéraires :

> ***Toutes** lumières allumées, le Magasin repose dans sa poudre d'or.* (DANIEL PENNAC, **Au bonheur des ogres**, 1985)

> ***Toutes** marques d'amour dissimulées, elle sonnait le maître d'hôtel qui peu après arrivait.* (ALBERT COHEN, **Belle du Seigneur**, 1968)

CHAPITRE **2**   Le déterminant

Tout est également employé au pluriel dans des déterminants nominaux (*toutes sortes de <N>, toutes espèces de <N>*) ainsi que dans des locutions adverbiales (*toutes affaires cessantes, toutes réflexions faites, toutes proportions gardées*). Certaines de ces locutions sont utilisées au singulier ou au pluriel :

> *Il fallait que j'envoie,* **toutes affaires cessantes,** *un SMS à Pointel.* (Yannick Haenel, **Tiens ferme ta couronne**, 2017)
>
> *Oncle Numéro 3 devait* **toute affaire cessante** *punir sévèrement sa fille.* (Négar Djavadi, **Désorientale**, 2016)
>
> *Il fallait qu'il y passe, et pour* **toutes espèces de** *raisons, pas très bonnes toutes, mais solides toutes.* (Louis-Ferdinand Céline, **Voyage au bout de la nuit**, 1932)
>
> *Je n'ai jamais été bien jeune, à présent* **toute espèce de** *jeunesse m'a abandonné définitivement.* (Marie NDiaye, **Les grandes personnes**, 2011)

Les déterminants nominaux *toute espèce de* et *toute sorte de* au singulier peuvent être utilisés même si le nom qui suit est au pluriel :

> *Jamais on n'a entendu parler d'épouser la sœur de lait de sa cousine ; cela passe* **toute espèce de** *bornes.* (Alfred de Musset, **On ne badine pas avec l'amour**, 1834)

Tout peut être suivi d'un article, d'un déterminant démonstratif ou possessif (on le qualifie alors de **prédéterminant**). Il signifie alors « les uns et les autres sans exception » ou « l'entièreté » :

> *J'admirais le naturel parfait de* **toutes** *ses réponses.* (Prosper Mérimée, **La Vénus d'Ille**, 1837) (= Les unes et les autres sans exception.)
>
> **Tous** *les hommes seront frères.* (François Garde, **L'effroi**, 2016) (= Sans exception.)
>
> *Virgil se demanda qui pouvait bien agiter* **toute** *cette eau.* (Pascal Manoukian, **Les échoués**, 2015) (= L'entièreté.)

Tout suivi de *autre* est déterminant indéfini et variable s'il se rapporte au nom qui suit *autre* ; il peut alors être rapproché immédiatement de ce nom :

> *La tâche est jugée suffisamment pénible pour qu'on les dispense de toute autre activité.* (Marcus Malte, **Le garçon**, 2016) (= Toute activité autre.)

Il est adverbe et invariable s'il modifie autre ; il signifie alors « entièrement », et on ne peut le séparer de *autre* :

> *La Défense, c'est une tout autre ville, irréelle et droite.* (Serge Joncour, **Repose-toi sur moi**, 2016) (= Une ville entièrement autre.)

PARTIE 3 Les classes grammaticales

Remarque
Le déterminant indéfini ne doit pas être confondu avec d'autres usages de *tout* qui peut également être adjectif qualificatif, pronom, nom ou adverbe.

Adverbe
Tout est adverbe et invariable quand il signifie « entièrement, tout à fait, très » ; il est placé devant un adjectif, une locution adjective, un participe, un adverbe qu'il modifie :

*Il faut nous débrouiller **tout** seuls !* (Marc Bressant, *Un si petit territoire*, 2017)

*Les enfants revinrent **tout** en larmes, me conter ce qu'ils avaient vu.* (Alphonse Daudet, *Lettres de mon moulin*, 1869)

Tout, adverbe, varie en genre et en nombre devant un mot féminin commençant par une consonne (à l'oral) ou un *h* aspiré :

*Camille était toute rouge et **toute** honteuse.* (Comtesse de Ségur, *Les petites filles modèles*, 1858)

*Une colère **toute** légitime monte en eux.* (Léonora Miano, *Crépuscule du tourment*, 2017)

Il y a quand même des hésitations à propos de cet accord :

*La journée fut ennuyeuse pour Julien, il la passa **toute** entière à exécuter avec gaucherie son plan de séduction.* (Stendhal, *Le rouge et le noir*, 1830)

*Prends ma bouche ; je suis à toi **tout** entière.* (Jean-Paul Sartre, *Huis clos*, 1944)

Dans l'expression *tout en N* (*tout en sueur, tout en émoi*, etc.), *tout* peut être vu comme un adverbe (au sens de « complètement ») ou comme un adjectif détaché (au sens de « entier »). Dans le premier cas, il est invariable (1) et dans le second cas on l'accorde (2) :

*Elle arrivait **tout** en sueur vers le bas de la rue Nationale* (Gustave Flaubert, *Madame Bovary*, 1856) (*Tout* = complètement.) (1)

*Elle était dodue, énergique, **toute** en rondeurs juxtaposées et fermes.* (Marie NDiaye, *Ladivine*, 2013) (*Toute* = entière.) (2)

Tout est encore adverbe dans l'expression concessive *tout … que* signifiant « quelque… que »[1], et aussi devant un **gérondif** :

*Prenez garde, Cibo, prenez garde à votre salut éternel, **tout** cardinal que vous êtes.* (Alfred de Musset, *Lorenzaccio*, 1895)

*Raymond avait vu ses parents mourir **tout** en restant vivants.* (David Foenkinos, *La tête de l'emploi*, 2016)

Tout est invariable devant un nom propre de personne désignant l'ensemble des œuvres de la personne nommée :

*Je n'ai pas lu **tout** Proust.* (Jean-Louis Fournier, *Mon autopsie*, 2017)

*En quittant la porte de Clignancourt, elle a jeté **tout** Blixen, **tout** Forster, en partant de la rue du Commerce, ç'a été le tour de Zweig et Pirandello. Quand elle a quitté Champigny, elle a balancé **tout** Duras.* (Pierre Lemaitre, *Alex*, 2011)

Tout devant un nom propre de ville reste invariable, qu'il s'agisse des habitants ou qu'il s'agisse de la ville au sens matériel :

*Je pensais à l'époque où cette forêt recouvrait **tout** Montmartre.* (Christophe Ono-Dit-Biot, *Plonger*, 2013)

*Mon fils adoré, **tout** Nice est fier de toi.* (Romain Gary, *La promesse de l'aube*, 1960)

*La plupart ne venaient que dans le but d'apercevoir la Moretta pour en rendre compte après dans **tout** Venise.* (Véronique Olmi, *Bakhita*, 2017)

---

[1]. *Tout* est suivi, dans ce cas, d'un attribut, qui est, soit un adjectif, soit un participe, soit un nom faisant fonction d'adjectif.

CHAPITRE **2** Le déterminant

Cependant, devant un nom de ville féminin (pris au sens matériel ou métaphorique) on met parfois le féminin *toute* :

C'était le même admirable panorama de Rome, **toute** Rome jusqu'aux arbres lointains du Janicule, une Rome écrasée, ce jour-là, sous un ciel de plomb. (ÉMILE ZOLA, *Les trois villes*, 1896)

Pendant ce temps où **toute** Santiago murmurait, négociait, empruntait pour s'armer. (ALEXIS JENNI, *La conquête des îles de la Terre Ferme*, 2017)

Tout + nom. Tout peut servir à renforcer un nom. Dans être tout yeux, tout oreilles ; être tout feu, tout flamme, et dans les expressions commerciales *tout laine, tout soie*, etc., il est invariable comme adverbe. Soyez **tout** yeux et **tout** oreilles. (STENDHAL, *Le rouge et le noir*, 1830) Dans ce type d'usage, on peut considérer *tout*, soit comme un adverbe signifiant « entièrement » (1) soit comme un adjectif s'accordant avec le nom qui suit (2) :

Un front **tout** innocence et des yeux **tout** azur. (VICTOR HUGO, *Le roi s'amuse*, 1832) (1)

Elle était **toute** certitude en cet instant. (CATHERINE CUSSET, *Indigo*, 2013) (2)

Adjectif
Tout est adjectif qualificatif quand il signifie « entier » ou « unique » dans le groupe prépositionnel *pour tout(e) nom* :

Le remède ! ce serait, en attendant l'exorcisme... ce serait de vous mettre à l'eau bénite pour **toute** boisson. (DENIS DIDEROT, *Jacques le fataliste et son maître*, 1796)

Il est généralement utilisé avec des noms singuliers ou avec des noms utilisés uniquement au pluriel :

Des otites pour **toutes** vacances. (YANN MOIX, *Naissance*, 2013)

Pronom indéfini
Tout, comme pronom indéfini masculin singulier, est utilisé comme **nominal** pour désigner de manière générique « toutes les choses » :

Tout est mouvement. (HONORÉ DE BALZAC, *La peau de chagrin*, 1831)

Tout est pénible, **tout** est amer puisqu'elle est morte. (ALAIN FOURNIER, *Le grand Meaulnes*, 1913)

On le retrouve dans certaines expressions et proverbes qui par essence visent un haut degré de généricité : *tout est bien qui finit bien, tout vient à point à qui sait attendre, tout ce qui brille n'est pas or, tout fait farine à bon moulin*, etc. (**Proverbes**)
Au pluriel *tous* (masculin, prononcé [tus]) et *toutes* (féminin, prononcé [tut]) peuvent soit représenter un nom ou pronom précédemment exprimé, soit signifier « toute chose, tout le monde » :

Quand **tous** furent réunis, le jour était presque tombé. (ÉRIC VUILLARD, *Conquistadors*, 2009)

Soûls, ne l'étions-nous pas **tous** ? [tus]. (BERNARD QUIRINY, *Contes carnivores*, 2008)

Toutes restèrent bouche bée. (MOHAMMED DIB, *La grande maison*, 1952)

Les devoirs de **tous** sont les grands devoirs. Il y en a quatre. Saint Matthieu les indique. (VICTOR HUGO, *Les misérables*, 1862) (Emploi générique.)

Nom
Tout est nom quand il signifie « la chose entière » : il est alors précédé de l'article ou d'un déterminatif et s'écrit *touts* au pluriel :

Le **tout** est un rébus, une devinette, une interrogation béante, une énigme. (JEAN D'ORMESSON, *C'est une chose étrange à la fin que le monde*, 2010)

Et puisque les événements prenaient ce tour désespéré je me décidais à risquer le **tout** pour le **tout**. (LOUIS-FERDINAND CÉLINE, *Voyage au bout de la nuit*, 1932)

Les différents éléments d'une musique doivent être entendus [...] comme les parties d'un **tout**, voire de plusieurs **touts** successifs dans lesquels chaque élément est en relation avec [...] le ou les **touts** dont il fait partie. (FRANCIS WOLF, *Pourquoi la musique*, 2015)

PARTIE 3 Les classes grammaticales

> En conclusion, il importe de consulter le sens pour reconnaitre la valeur de *tout* :
> *Elles exprimaient toute leur joie.* (= Leur joie entière.)
> *Elles exprimaient toutes leur joie.* (= Toutes exprimaient leur joie.)
> *Demandez-moi toute autre chose.* (= Toute chose autre que celle-là.)
> *Vous demandez tout autre chose.* (= Tout à fait autre chose.)

- **Tel**

Tel, placé devant le nom, est déterminant indéfini dans des phrases où l'on parle de personnes ou de choses qu'on ne veut ou ne peut désigner précisément :

❝*Les candidats au pèlerinage s'inscrivaient sur une liste pour **tel** lieu saint.* (Boualem Sansal, *2084. La fin du monde*, 2015)❞

> **Remarque**
> Il faut distinguer les différents usages de *tel*.
>
> **Adjectif**
> - *Tel* est adjectif qualificatif quand il signifie « semblable » ou « si grand, si fort » :
> *Et celle-ci est d'une **telle** audace, d'une **telle** assurance !* (Guy Goffette, *Elle, par bonheur, et toujours nue*, 1998)
> *Je voudrais me libérer de la pensée que de **telles** choses ont eu lieu.* (Yannick Haenel, *Jan Karski*, 2009)
> *On a un **tel** besoin de beauté aux côtés de la mort.* (Maurice Maeterlinck, *Pelléas et Mélisande*, 1892)
>
> **Conjonction**
> - *Tel* est souvent employé, sans *que*, comme conjonction de comparaison ; il s'accorde alors tantôt avec le premier terme de la comparaison, tantôt avec le second ; l'usage hésite :
> *Il bandait ses muscles, **tel** une bête qui va sauter.* (Antoine de Saint-Exupéry, *Vol de nuit*, 1931)
> *Elle se balançait dans la tempête **tel** un panier au bras d'une ménagère.* (Bernard Minier, *Glacé*, 2011)
> *Je partis **tel** un voleur.* (Kenan Gorgün, *Détecteur de mes songes*, 2016)
> - *Tel*, suivi de *que*, peut annoncer une énumération développant un terme synthétique ; il s'accorde avec ce terme synthétique :
> *On parle, dans la principauté, environ onze à douze langues **telles que** l'arabe, le persan, le türk, le mongol, l'hindi, l'afghan...* (Nicolas Bouvier, *L'usage du monde*, 1963)
>
> **Pronom**
> - *Tel* est pronom indéfini quand il désigne une personne indéterminée ; il ne s'emploie guère qu'au singulier :
> *Le crime serait presque parfait ; **tel** est pris qui croyait prendre.* (Jakuta Alikavazovic, *La blonde et le bunker*, 2012)
> ***Tel** est fait pour être aimé, **tel** autre pour être moins aimé !* (Albert Cohen, *Belle du Seigneur*, 1968)
> *« **Telle** trouve à se vendre qui n'eût pas trouvé à se donner »* : on dit que Stendhal répétait souvent ce proverbe. (Yannick Haenel, *Je cherche l'Italie*, 2015)
>
> **Nom**
> - *Un tel* s'emploie au lieu d'un nom propre pour désigner une personne qu'on ne veut ou ne peut nommer plus précisément :
> *Il vous dira couramment et sans broncher : – « **Un tel** est traître ; – **un tel** est très méchant ; – **un tel** est grand ; – **un tel** est ridicule ».* (Victor Hugo, *Les misérables*, 1862)
> *Je suis la fille d'**une telle** et d'**un tel** ?* (Nancy Huston, *L'espèce fabulatrice*, 2008)

CHAPITRE **3**

| L'adjectif qualificatif

1. Définition 149
2. Les marques du genre et du nombre de l'adjectif 150
3. L'accord des adjectifs qualificatifs 157
4. La place de l'adjectif épithète 166
5. Les degrés des adjectifs qualificatifs 168
6. Les adjectifs numéraux ordinaux 175
7. Le groupe adjectival 176

1. Définition

L'**adjectif qualificatif** exprime une manière d'être, une qualité de l'être ou de l'objet désigné par le nom (ou le pronom) auquel il est joint. Il s'accorde en genre et en nombre avec ce nom et peut servir d'épithète (1) ou d'attribut (2).

> Leur victoire *fulgurante* menaçait de se muer en un **brutal** désastre. (Éric Vuillard, *Conquistadors*, 2009) (1)
>
> Elle paraît **jeune**, à ce moment-là. (Virginie Despentes, *Apocalypse bébé*, 2010) (2)

L'**adjectif épithète** est un constituant facultatif du groupe nominal. Il peut être directement juxtaposé au nom (devant ou derrière celui-ci) :

> Ces deux **austères** Messieurs n'ont trouvé aucune trace de sang **humain** sur la **médiocre** lame, rien que des résidus **gras** à base de caséine et des sucres de fruit provenant du fromage et des pommes **volées** dans les vergers, dont le sujet se nourrit le plus souvent. (Jacques Chessex, *Le vampire de Ropraz*, 2007)

Il peut aussi être **détaché**, c'est-à-dire, joint au nom (ou pronom) d'une manière moins directe, qui se caractérise à l'oral par une pause et à l'écrit par un signe de ponctuation.

> Elles revenaient de ces expéditions **blêmes, hagardes, épuisées**, craignant d'en avoir trop fait ou au contraire de s'être montrées trop distantes. (Frédéric Verger, *Les rêveuses*, 2017)

L'adjectif **attribut** est relié au nom (ou pronom) par un **verbe attributif** (*être, paraitre, sembler, devenir, rester*, etc.).

> *Il est un moment où la vie se recroqueville, où les actes semblent **caducs, avortés**.*
> (Éric Vuillard, ***Conquistadors***, 2017)

Dans cette fonction attribut, l'adjectif est un constituant obligatoire du groupe verbal ; on ne peut pas le supprimer : **elle paraît ; *les actes semblent*. En fonction du nom auquel il se rapporte, il peut être **attribut du sujet** ou **attribut du complément d'objet direct** :

> *La solitude devient **impossible**.* (Hélène Grémillon, ***La garçonnière***, 2013) (*Impossible* est attribut du sujet *solitude*.)
>
> *Elle trouvait Klemet **injuste** avec les éleveurs.* (Olivier Truc, ***Le dernier Lapon***, 2012) (*Injuste* est attribut du COD *Klemet*. L'adjectif *injuste* est lui-même précisé par un groupe prépositionnel complément de l'adjectif.)

2. Les marques du genre et du nombre de l'adjectif

1. Le féminin des adjectifs qualificatifs

Au point de vue orthographique, le féminin des adjectifs qualificatifs se marque :
- en général, par addition d'un *e* à la forme masculine ;
- par modification du suffixe, dans les adjectifs en -*eur*.

a) Addition d'un e

- **Règle générale**

On obtient le féminin des adjectifs en écrivant à la fin de la forme masculine un *e*, qui souvent ne se prononce pas : *un haut mur, la haute mer* [la'ot(ə)mɛr] ; *un ciel bleu, une robe bleue* [yn(ə)rɔbəblø].

Les adjectifs déjà terminés par un *e* au masculin ne changent pas au féminin : *un sol fertile, une époque fertile en évènements*. Toutefois *maitre* et *traitre*, adjectifs, font au féminin *maitresse, traitresse* :

> *Il était temps d'abattre la carte **maîtresse**.* (Olivier Guez, ***Les révolutions de Jacques Koskas***, 2014)
>
> *Ses pieds glissent sur la chaussée **traîtresse**.* (Nancy Huston, ***Danse noire***, 2013)

Durée de la voyelle p. 21

Dans les adjectifs terminés au masculin par une **voyelle** (-*i*, -*u*, -*e*), l'adjonction du *e* au féminin ne modifie ni la forme, ni sa prononciation. En principe, l'ajout du *e* ne devrait pas entrainer l'allongement de cette voyelle finale dans la prononciation : le *i* et le *u* ont la même durée dans *jolie* [ʒɔli] et *menue* [məny] que dans *joli* [ʒɔli], *menu* [məny]. Cependant, dans de très nombreuses régions de la francophonie, une différence se marque dans la prononciation.

> *Pauvre reine mère **édentée** et **détrônée**.* (Jacques Prévert, *La morale de l'histoire*, 1945)
>
> *Mon insomnie est **due** à cette lune **joufflue**, si **ambrée**, qui chamboule les sens.* (Jean-Michel Guenassia, *La valse des arbres et du ciel*, 2016)

Favori fait au féminin *favorite*.

Dans les adjectifs terminés au masculin par une **consonne**, l'adjonction du *e* au féminin :

a) tantôt ne modifie pas la prononciation de l'adjectif : *banal, banale* ;

b) tantôt fait reparaitre, dans la prononciation, la consonne finale qui (sauf en liaison) ne se prononce pas au masculin : *petit, petite* [pəti], [pətit] ; *lourd, lourde* [luːʀ], [luʀd] ;

c) tantôt, comme on va le constater, provoque un redoublement ou une modification de cette consonne finale, avec parfois une modification (phonétique ou même orthographique) de la voyelle qui précède.

- **Pas de modification de la prononciation**

Terminaison du masculin	Formation du féminin	Exception / Remarque
Les adjectifs en...		
-al, -il, -eul, -air	prennent un *e* au féminin sans autre modification : – *bancal, bancale* ; *banal, banale* – *vil, vile* ; *viril, virile* ; *civil, civile* ; *puéril, puérile* – *seul, seule* ; *peul, peule* – *clair, claire* ; *impair, impaire* ; *pair, paire*	
-er [ɛʀ]	forment leur féminin en *-ère*, avec un accent grave sur le *e* qui précède le *r* : *fier, fière* ; *cher, chère* ; *amer, amère* ; *kasher, kashère*	Les variantes orthographiques : *casher, cascher* font leur féminin de manière identique : *cashère, caschère*.
-eur	onze adjectifs en *-eur* font leur féminin par simple addition d'un *e* : *antérieur, antérieure* ; *postérieur, postérieure* ; *intérieur, intérieure* ; *ultérieur, ultérieure* ; *extérieur, extérieure* ; *majeur, majeure* ; *mineur, mineure* ; *supérieur, supérieure* ; *inférieur, inférieure* ; *meilleur, meilleure*	Certains étaient des comparatifs en latin, mais sont utilisés comme des adjectifs en français.

PARTIE 3 Les classes grammaticales

Terminaison du masculin	Formation du féminin	Exception / Remarque
-el, -eil, ainsi que nul et gentil	redoublent le l devant le e du féminin : – cruel, cruelle – pareil, pareille ; vermeil, vermeille – nul, nulle ; gentil, gentille	beau, jumeau, nouveau, fou, mou, vieux font au féminin belle, jumelle, nouvelle, folle, molle, vieille. Ces formes féminines sont tirées des masculins anciens : bel, jumel, nouvel, fol, mol, vieil, qui sont encore d'usage devant un nom masculin singulier commençant par une voyelle ou un h muet (sauf jumeau) : un bel ouvrage, un nouvel habit, un fol espoir, un mol oreiller, un vieil avare.
-c	changent c en -que au féminin : ammoniac, ammoniaque ; caduc, caduque ; franc (peuple), franque ; public, publique ; turc, turque	– blanc, franc (« qui a de la franchise »), sec ont un féminin qui se prononce différemment : blanche, franche, sèche. – grec fait grecque.

• **Avec de modification de la prononciation**

Terminaison du masculin	Formation du féminin	Exception / Remarque
Prononciation de la finale muette du masculin : les adjectifs en...		
-t, -d, -l	prennent un e au féminin (et la consonne finale du masculin se prononce) délicat [delika], délicate [delikat] idiot [idjo], idiote [idjɔt] petit [p(ə)ti], petite [p(ə)tit] soul [su], soule [sul]	sauf boulot, maigriot, pâlot, sot, vieillot qui double le t au féminin : boulotte, maigriotte, pâlotte, sotte, vieillotte.
-g	Long, oblong prennent entre le g et le e du féminin un u, qui garde au g sa prononciation gutturale [g] : long, longue [lɔ̃], [lɔ̃g] ; oblong, oblongue	
-gu	prennent sur le e du féminin un tréma, indiquant que le u doit se prononcer : aigu, aigüe [ɛgy], [ɛgy:] ; ambigu, ambigüe ; exigu, exigüe ; suraigu, suraigüe	
-et	redoublent le t devant le e du féminin : aigrelet, aigrelette ; blet, blette ; brunet, brunette ; cadet, cadette ; coquet, coquette ; maigrelet, maigrelette ; muet, muette ; propret, proprette	Exceptions : les neuf adjectifs complet, incomplet, concret, désuet, discret, indiscret, inquiet, replet, secret ne redoublent pas le t au féminin et prennent un accent grave sur le e qui précède (lat. completa, etc.) : complète, incomplète, concrète, désuète, discrète, indiscrète, inquiète, replète, secrète.

CHAPITRE 3   L'adjectif qualificatif

Terminaison du masculin	Formation du féminin	Exception / Remarque
Sonorisation de la consonne finale du masculin : les adjectifs en...		
-s (précédé d'une voyelle) ou en *-x*	ont leur féminin en *-se* (prononcé [z]) : – *gris, grise* [gʀi], [gʀiz] ; *mauvais, mauvaise* – *heureux, heureuse* ; *jaloux, jalouse*	Mais *bas, gras, las, épais, gros, métis,* *faux* (anciennement *faus*), *roux* (anciennement *rous*), ont leur féminin en *-sse* : *basse, grasse, lasse, épaisse, grosse, métisse, fausse, rousse*. **Exceptions** : – *exprès* fait *expresse* (sans accent grave), quand l'adjectif signifie « qui exprime formellement la volonté de quelqu'un ». *Une lettre exprès* reste donc invariable ; – *andalou* (anciennement *andalous*) fait *andalouse* ; – *doux* fait *douce* ; – *tiers* fait *tierce* ; – *frais* fait *fraiche*.
-f	changent *f* en *v* devant le *e* du féminin : *abusif, abusive ; actif, active ; craintif, craintive ; collectif, collective ; naïf, naïve ; pensif, pensive ; tardif, tardive ; veuf, veuve ; vif, vive*	La sonorisation de *f* en *v* s'accompagne de l'apparition d'un accent dans *bref* qui donne *brève* au féminin.
-er [e]	forment leur féminin en *-ère*, avec un accent grave sur le *e* qui précède le *r* : *léger, légère* [leʒe], [leʒɛʀ] ; *financier, financière ; nourricier, nourricière ; policier, policière ; ouvrier, ouvrière ; dépensier, dépensière ; minier, minière ; routinier, routinière*	
Dénasalisation de la finale du masculin : les adjectifs en...		
-n *-ien, -on*	redoublent le *n* devant le *e* du féminin (et il y a dénasalisation) : *ancien, ancienne* [ãsjɛ̃], [ãsjɛn] ; *bon, bonne* [bɔ̃], [bɔn]	Pour *lapon, letton, nippon*, l'usage hésite, mais tous les cas, le redoublement du *n* semble plus rare[1].
-n *-in, -ain, -ein,* *-un, -an*	ne redoublent pas le *n* (et il y a dénasalisation) : – *voisin, voisine* [vwazɛ̃], [vwazin] – *hautain, hautaine* [otɛ̃], [otɛn] – *plein, pleine* – *commun, commune* – *persan, persane* [pɛʀsã], [pɛʀsan]	Exceptions : – *paysan, valaisan* et *veveysan* doublent le *n* au féminin : *paysanne, valaisanne, veveysanne* – *bénin, malin* font au féminin *bénigne* [beniɲ], *maligne* [maliɲ] (lat. *benigna, maligna*)

---

[1]. *La civilisation lapone* (Olivier Truc, **Le dernier Lapon**, 2012) ou *la servante laponne* (Vladimir Volkoff, *Les orphelins du Tsar*, 2005).
Une jeune Lettonne (Serge Bramly, *Le premier principe, le second principe*, 2008) ou *l'action lettone* (Emmanuel Carrère, *Limonov*, 2011).
La race nipponne (Marc Bressant, *La dernière conférence*, 2008) ou *une société nippone* (Christophe Boltanski, *Minerais de sang*, 2012).

b) Modification du suffixe

Terminaison du masculin	Formation du féminin	Exception / Remarque
-eur	Les adjectifs en -eur auxquels on peut faire correspondre un participe présent en changeant -eur en -ant font leur féminin en -euse[1] (le eu se prononce [ø]) : menteur, menteuse [mɑ̃tœʀ], [mɑ̃tøz] ; flateur, flateuse ; trompeur, trompeuse.	**Exceptions** : enchanteur, pécheur, vengeur changent -eur en -eresse : enchanteresse, pécheresse, vengeresse. L'adjectif sauveur donne au féminin salvatrice. Le nom masculin sauveur se voit de plus en plus féminisé sous la forme sauveuse : Ma sauveuse, murmura-t-il avec un sourire. (ÉRIC-EMMANUEL SCHMITT, La Rêveuse d'Ostende, 2007) Pour le féminin de vainqueur, on emprunte à victorieux le féminin victorieuse.
		Onze comparatifs en -eur (certains l'étaient en latin mais sont utilisés comme des adjectifs en français) font leur féminin par simple addition d'un e ; ce sont : antérieur, postérieur ; citérieur, ultérieur ; extérieur, intérieur ; majeur, mineur ; supérieur, inférieur ; meilleur.
-teur	Les adjectifs en -teur auxquels on ne peut faire correspondre un participe présent en changeant -eur en -ant font leur féminin en -trice[2] : accusateur, accusatrice ; consolateur, consolatrice ; divinateur, divinatrice ; émetteur, émettrice ; exécuteur, exécutrice ; inspecteur, inspectrice ; persécuteur, persécutrice ; prorecteur, prorectrice.	

c) Cas spéciaux

Coi fait au féminin coite.

Pour le féminin de hébreu, on emploie juive ou israélite en parlant de per‑sonnes : le peuple hébreu, une famille juive, une personne de confession israélite ; pour les choses, on emploie hébraïque, adjectif des deux genres, mais rare au masculin : un texte hébreu, la langue hébraïque.

---

1. Ces noms sont de formation populaire ; leur finale se prononçait anciennement comme celle des noms en -eux (on prononçait, par exemple, un menteux), ainsi on comprend pourquoi leur féminin est en -euse.
2. Ces noms sont de formation savante. Leur féminin est emprunté ou imité du féminin latin en -trix ; par exemple, directrice reproduit le féminin latin directrix.

> *Il s'agissait d'un papier sur la poésie lyrique hébraïque d'Andalousie.* (Mathias Énard, **Boussole**, 2015) (Au féminin.)
>
> *« Hadès » une étrange étymologie au mot geôle qu'il rapproche du premier enfer hébraïque : « schéol ».* (Simon Liberati, **Les rameaux noirs**, 2017) (Au masculin.)

Angora, capot, chic (familier), *kaki, pop, rock, rococo, snob* n'ont qu'une forme pour les deux genres :

> *Si les rois sont dorés et les **chèvres angora**, cela ne doit pas être mal au soleil levant.* (Jean Giraudoux, **La guerre de Troie n'aura pas lieu**, 1935)
>
> *Fichtre ! te voilà belle, t'as une toilette **chic**.* (Émile Zola, **L'assommoir**, 1876)
>
> *La petite radio d'Hippolitov crache à débit constant des informations sur la guerre de 1941-1945 et des chansons **pop**.* (Sylvain Tesson, **Dans les forêts de Sibérie**, 2011)
>
> *Elle enleva son chapeau de toile **kaki**.* (Hédi Kaddour, **Les prépondérants**, 2015)

Sont inusités au masculin : *(bouche) bée, (ignorance) crasse, (rose) trémière*.

Sont inusités au féminin : *(nez) aquilin, benêt, (pied) bot, (vent) coulis, fat, (feu) grégeois, (yeux) pers, preux, (hareng) saur, (papier) vélin*.

Châtain, considéré comme n'ayant pas de féminin, varie cependant depuis longtemps :

> *Le chef d'orchestre porte une moumoute châtaine qui glisse avec la transpiration.* (Pierre Lemaitre, **Alex**, 2011)

Sterling est invariable et ne s'emploie plus aujourd'hui qu'avec le nom *livre* (unité monétaire anglaise) : *cinquante livres sterling*. Celui-ci peut occasionnellement disparaitre par ellipse :

> *Il les a revendus pour des centaines de millions de **sterling**.* (Olivier Guez, **Les révolutions de Jacques Koskas**, 2014)

2. Le pluriel des adjectifs qualificatifs

L'adjectif qualificatif s'accorde en nombre avec le nom auquel il se rapporte. Le pluriel se marque en général par l'ajout d'un *s* à la forme du singulier ou par l'ajout d'un *x* pour une série limitée d'adjectifs. Les adjectifs qui se terminent au singulier par *s* ou *x* ne changent pas de forme au pluriel.

Terminaison du singulier	Formation du pluriel	Remarques / exceptions
Cas général	Pluriel en -s : *un vin pur, des vins purs ; une eau pure, des eaux pures*	Tous les adjectifs *féminins* prennent un *s* au pluriel : *nouvelle, nouvelles ; fatale, fatales* ; etc.
Cas particuliers en fonction des terminaisons		
-al	La plupart des adjectifs en -*al* font un pluriel en -*aux* : *un soldat loyal, des soldats loyaux ; un voisin amical, des voisins amicaux*	Exceptions : *bancal, fatal, final, naval* ont leur pluriel en -*als* : *bancals, fatals, finals, navals.*
-eau	Ajout d'un *x* sans changement phonétique	*Hébreu* et *esquimau* prennent également un *x* au pluriel, sans changer de prononciation.
-s, -x	Ne varient pas au pluriel : *un vent frais, des vents frais*	Au pluriel, des liaisons peuvent s'entendre : *d'heureux évènement* [dœʁø z evɛnmɑ̃]

a) *Pluriel en -s*

On forme le pluriel des adjectifs en écrivant à la fin de la forme du singulier un *s* (muet, sauf en liaison) : *un vin pur, des vins purs ; l'eau pure ; les eaux pures.*

Tous les adjectifs *féminins* prennent un *s* au pluriel. Ce qui va suivre ne concerne que le pluriel des adjectifs *masculins*. Les adjectifs en -*s* ou -*x* ne changent pas au pluriel : *un argument bas et haineux, des arguments bas et haineux.*

b) *Pluriel en -x*

La plupart des adjectifs en -*al* changent au pluriel masculin cette finale en -*aux* : *un homme loyal, des hommes loyaux.*

" *Chérif, cousin de Bozambo, sortit son livre de grammaire : général, généraux ; amical, amicaux.* (Kateb Yacine, *Nedjma*, 1956) "

Exceptions : *bancal, fatal, naval* ont leur pluriel en -*als* :

" *Ses vieux Beyrouthins de quartier installés sur des tabourets bancals et jouant aux dames.* (Hyam Yared, *Tout est halluciné*, 2016)

Sauf qu'en Inde, les accidents de circulation étaient fréquents et souvent fatals. (Catherine Cusset, *Indigo*, 2013)

Les chantiers navals japonais construisent les navires de transport. (Patrick Deville, *Taba-Taba*, 2017) "

Pour un certain nombre d'autres adjectifs en -*al*, le pluriel masculin est peu employé ou mal fixé. Ainsi font parfois leur pluriel en -*als* : *austral, boréal, final, glacial, initial, jovial, martial, matinal, natal, pascal, théâtral*, etc. Mais rien n'empêche de donner à ces adjectifs un pluriel en -*aux* :

> À peine mes examens **finals** de théologie passés, je suis entré en apprentissage chez un orfèvre. (ANNE CUNEO, *Le maître de Garamond*, 2002)
>
> Nous allions beaucoup plus loin : [...] scores **finaux**, meilleurs joueurs, meilleurs marqueurs et transferts. (JOËL DICKER, *Le livre des Baltimore*, 2015)
>
> Certains matins **glacials**, [...] Daniel piétinait sur le seuil. (MARIE NDIAYE, *Ladivine*, 2013)
>
> J'ai vu des sanctuaires **glaciaux**. (SIMON LIBERATI, *Les rameaux noirs*, 2017)

Certains sont d'ailleurs beaucoup plus fréquents avec la finale en -*aux* :

> Vous êtes **matinaux** dans la gendarmerie ! (MICHEL BUSSI, *Ne lâche pas ma main*, 2014)
>
> Elle pourchassait les agents **théâtraux**, ces prometteurs d'engagements, au fond de leurs escaliers pisseux. (LOUIS-FERDINAND CÉLINE, *Voyage au bout de la nuit*, 1932)
>
> Les devis **initiaux** avaient été respectés. (MICHEL HOUELLEBECQ, *La carte et le territoire*, 2010)

Banal, terme de droit féodal, fait au masculin pluriel *banaux* : *des fours banaux*. Dans l'emploi ordinaire, il fait *banaux* ou *banals* :

> Ils emploient les mots les plus **banals** de leur lexique. (BERNARD QUIRINY, *Contes carnivores*, 2008)
>
> Patrick Le Braouzec avait été condamné plusieurs fois pour des délits **banaux**. (MICHEL HOUELLEBECQ, *La carte et le territoire*, 2010)

Beau, nouveau, jumeau, hébreu prennent un *x* au pluriel :
Les adjectifs en -*eau* prennent un *x* au pluriel (*beau, nouveau, jumeau, manceau, tourangeau*, etc.) : Il en va de même pour *esquimau* et *hébreu* : *de beaux sentiments ; des textes hébreux*.

3. L'accord des adjectifs qualificatifs
1. Règles générales
L'adjectif qualificatif s'accorde en genre et en nombre avec le nom ou le pronom auquel il se rapporte :

> Les reflets **métalliques** du fleuve, la silhouette **imposante** des bateaux au repos, le son **discret** de l'eau, tout ça forme un tableau **humide** et **onirique** dans lequel tu te fonds parfaitement. (ANAÏS BARBEAU-LAVALETTE, *La femme qui fuit*, 2015)

L'adjectif qualificatif qui se rapporte à plusieurs noms ou pronoms se met au pluriel et prend le genre des mots qualifiés :

> Tout était conservé jusqu'à l'extrême usure, et ce qui cassait s'entassait dans des boîtes de bois elles-mêmes entassées dans les recoins de ce lieu à l'abri du temps, **des modes et des engouements passagers**. (DANIEL RONDEAU, *J'écris parce que je chante mal*, 2010)

Si les mots qualifiés sont de genres différents, l'adjectif se met au masculin pluriel :

> Ils étaient tassés derrière, vêtus l'un comme l'autre d'une chemise et d'un pantalon **neufs**. (JEAN-CHRISTOPHE RUFIN, *Rouge Brésil*, 2001)

> **Remarques**
> 1. Quand l'adjectif a pour les deux genres des prononciations fort différentes, l'harmonie demande que le nom masculin soit rapproché de l'adjectif :
>   *Les gloires et les deuils nationaux*
>   (Plutôt que : *Les deuils et les gloires nationaux*).
> 2. Parfois l'adjectif, quoique se rapportant à plusieurs noms, ne s'accorde qu'avec le plus rapproché :
>   *Ses moindres actions étaient d'une correction et d'une gravité admirable.* (HIPPOLYTE-ADOLPHE TAINE, *Voyage aux Pyrénées*, 1858)
> 3. Bien entendu, si l'adjectif ne se rapporte qu'à un des deux noms coordonnés, le sens exige que l'accord n'ait lieu qu'avec le dernier nom :
>   *Un jour, le fou et son frère* **aîné** *assistèrent à un abominable prodige.* (EUGÈNE SAVITZKAYA, *Fraudeur*, 2015)

2. Règles particulières

Quand l'adjectif est en rapport avec plusieurs noms joints par une conjonction de comparaison (*comme, ainsi que*, etc.), il s'accorde avec le premier terme de la comparaison si la conjonction garde sa valeur comparative : *L'aigle a le bec, ainsi que les serres, puissant et acéré*. Mais on fait l'accord simultané si la conjonction a le sens de *et* :

> Ils portent une tunique et un turban noirs de crasse. (EMMANUEL CARRÈRE, *Limonov*, 2011)

Quand l'adjectif est en rapport avec des **noms synonymes** ou placés par **gradation**, il s'accorde avec le dernier, qui exprime l'idée dominante : *Il entra dans une colère, une fureur terrible*.

Quand l'adjectif est en rapport avec deux noms joints par *ou*, il s'accorde le plus souvent avec le dernier :

> Elle a repéré un homme ou une femme *seule*, ce soir, et l'a invité. (KATHERINE PANCOL, *La valse lente des tortues*, 2008)

> On leur enseigna comment joindre un contact sur le terrain, [...] trouver un refuge ou une maison **sûre**. (JOËL DICKER, *Les derniers jours de nos pères*, 2012)

CHAPITRE **3** L'adjectif qualificatif

Cet accord est obligatoire si l'adjectif ne qualifie évidemment que le dernier nom :

> *Je contemplais longuement un objet pris au hasard, un galet ou une orange précoce.* (Kamel Daoud, **Zabor**, 2017)

L'adjectif s'accorde avec les deux noms quand on veut marquer qu'il qualifie chacun d'eux :

> *Mais il n'avait pas la patience, le courage ou la folie **nécessaires**.* (Alexandre Postel, **Les deux pigeons**, 2016)

Quand l'adjectif suit un complément déterminatif, il s'accorde avec le nom complément ou avec le nom complété, selon le sens :

> *Un groupe de savants **darwiniens**.* (Bernard Werber, **La révolution des fourmis**, 1996)
>
> *J'avais avec cet abruti un air de famille **évident**.* (Jean-Michel Guenassia, **Trompe-la-mort**, 2015) (*Air de famille* forme une locution nominale et l'adjectif qui suit s'accorde logiquement avec le nom noyau de cette locution.)

Quand un adjectif est en rapport avec *avoir l'air*, on a, en général, la faculté d'accorder cet adjectif avec *air* ou avec le sujet :

> *Elle a l'air **contrarié**.* (Pierre Lemaitre, **Sacrifices**, 2012)
>
> *Elle a l'air **fatiguée**, ces jours-ci.* (René Goscinny, **Le petit Nicolas**, 1960)

L'adjectif précédé de ***des plus, des moins, des mieux*** se met presque toujours au pluriel, même s'il est question d'une seule personne ou d'une seule chose : ces expressions équivalant à « parmi les plus, les moins, les mieux » :

> *Il y existait une vue des plus **agréables** sur la vallée des Gobelins.* (Honoré de Balzac, **Le père Goriot**, 1835)
>
> *Ma rue était l'une des pires du quartier, une des plus **pittoresques** si l'on veut.* (Mathias Énard, **Rue des voleurs**, 2012)
>
> *Les Italiens ont cru éviter il y a peu un attentat islamiste des plus **étranges**.* (Mathias Énard, **Zone**, 2008)
>
> *J'avais pensé écrire, mais la tentative avait été des moins concluantes.* (David Foenkinos, **Je vais mieux**, 2013)

On met le singulier pour exprimer le fait que la comparaison est établie entre les différents degrés d'une qualité :

> *La chose est des plus **mystérieuse**.* (Léonora Miano, **La saison de l'ombre**, 2013)

a) Mots désignant une couleur

1° Si l'adjectif désignant la couleur est **simple,** il s'accorde avec le nom qu'il qualifie :

> *Vous avez gardé vos souliers noirs !* (MARCEL PROUST, *Le côté de Guermantes*, 1920)

Si l'adjectif désignant la couleur est **composé** (c'est-à-dire qualifié par un autre adjectif ou complété de façon quelconque), l'ensemble reste invariable :

> *Elle avait retroussé les manches sur ses bras brun clair.* (CHRISTOPHE ONO-DIT-BIOT, *Croire au merveilleux*, 2017)

> *Un homme maigre, pâle, protégé par une écharpe bleu ciel.* (SORJ CHALANDON, *Le jour d'avant*, 2017)

> *Visage de marbre clair, taches de rousseur, cheveux or et cuivre en élégant carré.* (SORJ CHALANDON, *Le jour d'avant*, 2017)

2° Le nom (simple ou composé) employé pour désigner la couleur reste invariable :

> *Les yeux de Leïli, verts à la naissance, sont devenus noisette.* (NÉGAR DJAVADI, *Désorientale*, 2016)

> *En me retournant, je reconnus le gardien rachitique, à la moustache poivre et sel.* (ÉRIC-EMMANUEL SCHMITT, *Ulysse from Bagdad*, 2008)

> *Un lutrin était couvert d'une liasse de feuilles dactylographiées et d'un volume noir aux veinures orange.* (FRÉDÉRIC VERGER, *Les Rêveuses*, 2017)

Les noms *écarlate, mauve, pourpre, rose,* devenus adjectifs, varient :

> *Mauves, ocre, rouges, jaunes, des images fractales chatoient à l'infini. Des papillons irisés s'échappent de becs d'hirondelles roses.* (BERNARD WERBER, *Les Thanatonautes*, 1994) (Dans cet exemple *ocre* reste invariable.)

b) Adjectifs composés

1° Quand un adjectif composé est formé de deux adjectifs qualificatifs, les deux éléments sont variables (*aigre-doux, sourd-muet, doux-amer, clair-obscur*).

> *Sa mère a changé de chapitre et en est revenue, à coups de remarques aigres-douces, au motif de sa visite.* (PATRICK LAPEYRE, *La vie est brève et le désir sans fin*, 2010)

Dans *grand-ducal* et dans les adjectifs composés dont le premier élément présente la désinence *-o* ou *-i*, le premier élément est invariable :

> *Arrivé, il les salua de l'archet puis se remit à improviser pour son propre et privé plaisir, avec des fougues puis de subites paresses grand-ducales.* (ALBERT COHEN, *Belle du Seigneur*, 1968)

> *Sur le modèle des conglomérats anglo-saxons, les entreprises avaient jugé bon d'embrasser une forme de communisme spatial.* (CHRISTOPHE ONO-DIT-BIOT, *Plonger*, 2013)

2° Les adjectifs composés désignant des couleurs peuvent être composés d'un adjectif de couleur auquel on adjoint un nom qui précise la couleur. Dans le cas, l'adjectif varie, mais pas le nom qui lui est associé :

> *Il porte un costume **gris acier** avec une de ces chemises de couleur pastel qui évoque toujours les peintures de cuisine, des **bleus ciel**, des **mauves pâles**.* (Pierre Lemaitre, Cadres noirs, 2010)
>
> *Je n'apercevais plus aucun de ces points **rouges laser** témoins de leur présence.* (Jean-Philippe Toussaint, Nue, 2013)

3° Dans les adjectifs composés formés d'un mot invariable et d'un adjectif, évidemment l'adjectif seul est variable :

> *L'**avant-dernière** salle était consacrée à la vieillesse et à la mort.* (Boualem Sansal, 2084. La fin du monde, 2015)

4° Dans les adjectifs composés formés de deux adjectifs, si le premier a la valeur adverbiale, il est invariable :

> *Naturellement, aucune de ces personnes « **haut placées** » auxquelles mon père avait eu affaire pendant sa vie ne s'était dérangée.* (Annie Ernaux, La place, 1983)
>
> *Au premier coup d'œil je repérais une jambe torse, une poitrine **haut perchée**, un ventre proéminent.* (Philippe Grimbert, Un secret, 2004)
>
> *La révolution est-elle **mort-née** ?* (Lydie Salvayre, Pas pleurer, 2014)

Remarques
1. Ces adjectifs composés unissent plusieurs éléments qui forment une nouvelle unité à part entière pouvant être considérée fonctionnellement comme un seul adjectif.
2. *Nouveau*, devant un participe passé pris substantivement, s'accorde :

> *Vous sentez bien qu'il faut isoler de **nouveaux mariés**.* (Prosper Mérimée, La Vénus d'Ille, 1837)
>
> *Ces **nouveaux convertis** convertiront leurs proches.* (François Garde, La baleine dans tous ses états, 2015)

Dans *nouveau-né*, *nouveau* est pris adverbialement, et reste donc généralement invariable, mais on rencontre des cas d'accord :

> *Elles lavaient les **nouveau-nés** et les cadavres.* (Carole Martinez, Le cœur cousu, 2007).
>
> *Le moelleux du nid dans lequel la lapine dépose ses lapereaux **nouveaux-nés*** (Eugène Savitzkaya, Fraudeur, 2015)

Le Dictionnaire de l'Académie signale également le féminin *nouvelle-née*, mais il faut constater que ce féminin reste rare :

> *La marque Piaget creuse l'écart avec la 900P, **nouvelle-née** de la gamme Altiplano* (David Chokron, Le Monde, 09/11/2015).
>
> *Nous étions, comme les autres, des survivantes de la guerre, **nouvelles-nées** au féminisme.* (Elizabeth Alvarez Herrera, Autoportrait féministe. Voyages entrecroisés dans le temps, 2005).

5° Dans certains cas, le premier adjectif, bien qu'employé adverbialement, s'accorde, suivant un ancien usage, comme l'adjectif (ou le participe) qui le suit :

> Les yeux et la bouche **larges** ouverts. (Jean Cocteau, *Les enfants terribles*, 1929)
>
> Ils arrivèrent **bons** derniers. (Bernard Werber, *La révolution des fourmis*, 1996)
>
> Les trois yuccas étaient encore là, **raides** morts. (Yannick Haenel, *Tiens ferme ta couronne*, 2017)

> **Remarque**
> Dans *tout-puissant*, *tout* varie au féminin seulement.
>
> Vos charmes **tout-puissants**. (Jean Racine, *Andromaque*, 1667)
>
> La France malade d'une présidence **toute-puissante**. (Guy Lardeyret, *Le Monde*, 12/06/2012)
>
> En finance, les forces du conformisme sont **toutes-puissantes**. (Vittorio De Filippis, *Libération*, 22/11/2008)

c) L'adjectif pris adverbialement

L'adjectif pris adverbialement après certains verbes reste invariable, comme dans les expressions : *voler bas, sentir bon, couter cher, voir clair, marcher droit, chanter faux, parler franc, viser juste*, etc.

> Ces écoles **coûtent cher**. (Jean-Michel Guenassia, *Trompe-la-mort*, 2015)
>
> Ses cheveux **sentent bon**. (Philippe Djian, *Chéri-Chéri*, 2014)

d) Cas particuliers

- **Demi, semi, à demi**

Demi, *semi* placés devant le nom, sont invariables et s'y joignent par un trait d'union : *une demi-heure, deux demi-douzaines, les semi-voyelles*. Placés après le nom, *demi* s'accorde en genre seulement et s'y joint par *et* : *deux heures et demie*.

> **Remarque**
> *Demi* et *demie* peuvent s'employer comme noms et varier :
>
> C'est comme les **demis**, c'est mieux que pas du tout. (Marie-Aude Murail, *Oh, boy !*, 2000)
>
> Le mécanisme produit une espèce de claquement en passant sur les heures et les **demies**. (Job Armel, *Tu ne jugeras point*, 2009)

Demi, semi, placés devant un adjectif, s'y joignent par un trait d'union, et sont invariables comme adverbes :

> Il restait bien tranquille, les paupières **demi-closes**. (Émile Zola, *Nana*, 1880)
>
> La plupart des gestes que nous faisons sont des commandes **semi-automatiques**. (Nelly Alard, *Le crieur de nuit*, 2010)

À demi s'emploie de même, mais rejette le trait d'union :

> *Elle est couchée sur ton matelas, à **demi** nue.* (Anaïs Barbeau-Lavalette, *La femme qui fuit*, 2015)

À demi, placé devant un nom, veut le trait d'union : *à demi-mot, à demi-voix, à demi-hauteur.*

> *À **demi-mots**, on devine que c'est une bâtarde du potier.* (Océane Madelaine, *D'argile et de feu*, 2014)

• **Mi**

Mi est invariable et se joint par un trait d'union au mot qu'il précède :

> *J'étais à **mi-parcours** et je commençais vaguement à me détendre.* (Agnès Martin-Lugand, *Les gens heureux lisent et boivent du café*, 2013)
>
> *Après l'amour, étendu sur le dos les yeux **mi-clos**, il soupirait de bien-être.* (Nelly Alard, *Moment d'un couple*, 2013)

• **Feu**

Feu, signifiant « défunt », varie s'il est précédé de l'article défini ou d'un adjectif possessif : *ma feue mère, les feus rois de Suède et de Danemark.*

Dans les autres cas, il reste invariable (1,2), même si on observe de la variation dans l'usage (3,4). L'usage de *feu* après le nom est une liberté prise par le poète (5).

> *Une lettre signée par **feu** Mme la Présidente.* (Éric-Emmanuel Schmitt, *Concerto à la mémoire d'un ange*, 2010) (1)
>
> *Le digne successeur de **feu** M. Swann.* (Marcel Proust, *Du côté de chez Swann*, 1917) (2)
>
> *Le texte soulignait l'attachement de **feue** Mme Daret [...] à l'article 5 du règlement intérieur.* (Pascal Manoukian, *Les échoués*, 2015) (3)
>
> *Mme Berger, cleptomane connue des forces de police, qui a une dent contre mon client, plus précisément contre **feue** Daisy, la chienne de M. Brun.* (Valognes Aurélie, *Mémé dans les orties*, 2014) (4)
>
> *Se détruira-t-elle comme les fleurs **feues**...* (Arthur Rimbaud, *Est-elle almée ?*, 1872) (5)

• **Fort**

Fort ne varie pas dans les expressions *se faire fort de, se porter fort pour* (« se porter garant, se sentir capable de »). *Se porter fort* est plus rare et généralement utilisé dans le domaine juridique :

PARTIE **3** Les classes grammaticales

> *C'était à ce résultat que le jeune homme se faisait fort de parvenir.* (LÉONORA MIANO, *Ces âmes chagrines*, 2011)
>
> *On peut parfaitement se porter fort pour des personnes non identifiées dans la convention.* (PIERRE VAN OMMESLAGHE, *Traité de droit civil belge. Les obligations*, 2013)

- **Franc de port**

Franc de port, expression vieillie signifiant que « le destinataire ne doit pas payer les frais de port », est invariable comme locution adverbiale, quand on la rapporte au verbe (1), mais varie quand elle est rapportée au nom (2) :

> *Recevoir franc de port une caisse.* (***Dictionnaire de l'Académie***) (1)
>
> *Recevoir une caisse franche de port.* (***Dictionnaire de l'Académie***) (2)

- **Grand**

Grand ne varie pas dans certaines expressions anciennes où il se trouve devant un nom féminin, auquel il se joint par un trait d'union : *des grand-mères, des grand-mamans, des grand-tantes, des grand-messes*. L'accord en nombre de *grands* au pluriel est aujourd'hui largement accepté dans les dictionnaires et dans l'usage :

> *Leurs **grands**-mères parlaient déjà de lui.* (LILIANA LAZAR, ***Terre des affranchis***, 2011)
>
> *Vous l'avez vu, lors des **grands**-messes.* (LAURENT GAUDÉ, ***Écoutez nos défaites***, 2016)
>
> *L'une des **grands**-tantes, Parvindokht, habitait dans une vieille demeure en ruine.* (NÉGAR DJAVADI, ***Désorientale***, 2016)

Grand est employé de même dans les expressions suivantes (dont la plupart d'ailleurs ne se disent pas au pluriel) : *grand-chambre, grand-chose, grand-croix, grand-faim, grand-peine, grand-peur, grand-pitié, grand-route, grand-rue, grand-salle, grand-soif*.

> *J'avais **grand-pitié** de M. de Charlus.* (MARCEL PROUST, ***Sodome et Gomorrhe***, 1922)
>
> *Je ne te demande pas **grand-chose**.* (HÉDI KADDOUR, ***Les prépondérants***, 2015)
>
> *Hébété, respirant à **grand-peine**, il n'arrivait plus à penser.* (FRÉDÉRIC VERGER, ***Les rêveuses***, 2017)

- **Haut, bas**

Haut s'emploie adverbialement dans *haut la main* :

> *Qui a décroché **haut la main** le prix Razac-sur-Livre ?* (PHILIPPE JAENADA, ***La serpe***, 2017)

Haut et *bas* s'emploient de même dans certaines exclamations elliptiques : *haut les mains ! Haut les cœurs ! Bas les armes !*

> *Haut les petits cœurs, haut les petits culs, haut les petits seins !* (Michel Bussi, **Le temps est assassin**, 2016)
>
> *Il se trouvait toujours quelque garnement pour surgir dans son dos et crier : « Haut les mains ! Les fellagas attaquent ! »* (Fawzia Zouari, **Le corps de ma mère**, 2016)
>
> *Bas les pattes, démons !* (Carole Martinez, **La Terre qui penche**, 2015)

- **Nu**

Nu est invariable devant *tête, bras, jambes, pieds,* employés sans article ; il se joint à ces noms par un trait d'union : aller nu-tête, nu-bras, nu-jambes, nu-pieds.

> *Je ne pouvais le voir **nu-tête** sans éclater de rire.* (Nicolas Bouvier, **L'usage du monde**, 1963)
>
> *Elle allait le plus souvent **nu-pieds**.* (Yanick Lahens, **Bain de lune**, 2014)

Il varie quand il est placé après le nom : aller la tête nue, les bras nus, les jambes nues, les pieds nus.

> *Je le retrouvais vieilli, à moitié fou, avançant tête **nue** sous un soleil de plomb.* (Carole Martinez, **Du domaine des murmures**, 2011)
>
> *Depuis combien de temps n'a-t-elle pas marché jambes **nues** dans la rue ?* (Patrick Lapeyre, **La splendeur dans l'herbe**, 2016)

On écrit : la **nue**-propriété, les **nus**-propriétaires.

> *Vous [...] laisseriez à votre père l'usufruit de tous les biens indivis entre vous, et dont il vous assure la **nue-propriété**.* (Honoré de Balzac, **Eugénie Grandet**, 1833)

- **Plein**

Plein, devant un nom précédé d'un déterminant est préposition et reste invariable :

> *J'avais des fleurs **plein** mes corbeilles.* (Victor Hugo, **À Mademoiselle J.**, 1835)
>
> *Il a du sang **plein** ses cheveux d'argent et sa barbe.* (Carole Martinez, **La terre qui penche**, 2015)
>
> *Ayant sa carabine sur l'épaule, avec des cartouches **plein** ses poches, de nouveau l'idée lui était venue de redescendre.* (Charles-Ferdinand Ramuz, **La grande peur dans la montagne**, 1926)

- **Possible**

Possible est invariable après *le plus, le moins, le meilleur,* etc., s'il se rapporte au pronom impersonnel *il* sous-entendu :

> *Cherchez toujours à faire soit le plus de victimes **possible**, soit l'action la plus symbolique.* (Pascal Manoukian, **Ce que tient ta main droite t'appartient**, 2017) (= Le plus de victimes qu'il soit possible de faire.)

Il est variable s'il se rapporte à un nom :

> *Je me renseignais sur lui par tous les moyens **possibles**.* (Adelaïde de Clermont-Tonnerre, *Fourrure*, 2010)

4. La place de l'adjectif épithète

1. Règles générales

Quand l'adjectif épithète est directement rattaché au nom, il se place généralement après celui-ci : *un pont suspendu, un vélo électrique, une table bancale, un match international,* etc.

Certains adjectifs ont une position fixe : *un *électrique vélo, un *international match*, etc. alors que d'autres peuvent être placés devant ou derrière le nom : *un magnifique vélo, un vélo magnifique, une cuisante défaite, une défaite cuisante,* etc. La position des adjectifs qui peuvent être déplacés est parfois contrainte par des raisons d'euphonie. On évitera en effet que l'adjectif forme avec le nom une suite de sons peu agréable à l'oreille ou difficile à prononcer : *un feu vif, un cœur sec* (plutôt que : *un vif feu, un sec cœur*).

L'adjectif inséré entre l'article et le nom se trouve intimement uni à ce nom pour former un tout. Placé après le nom, l'adjectif joue plutôt le rôle d'attribut et exprime quelque chose d'accidentel ou une qualité qu'on veut mettre en relief.

> *Clara traversait la ville, tel un **lumineux** fantôme.* (Carole Martinez, *Le cœur cousu*, 2007)
>
> *L'horloge numérique indique, en chiffres **lumineux**, 1h15 du matin.* (Morgan Sportès, *Tout, tout de suite*, 2016)

Mais dans les textes littéraires, les auteurs peuvent changer la place ordinaire de l'épithète pour produire des effets de style :

> ***Rouges** reflets sur lui, le blond fut rouquin, puis d'un blanc de **poli** métal, se mêla à la masse, lasers lumières flash. Il est mort.* (Yann Moix, *Naissance*, 2013)
>
> *Quand le front de l'enfant plein de **rouges** tourmentes, Implore l'essaim blanc des rêves indistincts.* (Arthur Rimbaud, *Les chercheuses de poux*, 1871)

Figement
p. 70

Dans certains cas, la locution nominale (adjectif-nom ou nom-adjectif) se fige avec un sens particulier (*une boite noire, une main courante, un thé dansant, un heureux évènement,* etc.). Dans ce cas, le sens global dépend de la position de l'adjectif qui ne peut pas être déplacé sans altérer le sens : *un heureux évènement* (= une naissance) mais *un évènement heureux* (= un évènement positif). Dans certains cas, tout déplacement est impossible : *un *dansant thé, une *courante main*.

2. Règles particulières

a) L'adjectif se place avant le nom

En général, l'adjectif monosyllabique se place avant le nom polysyllabique qu'il qualifie :

> Vous avez un **bel** appartement, vraiment très agréable. (BLANDINE LE CALLET, *La ballade de Lila K*, 2010)

L'adjectif ordinal se place également avant le nom auquel il se rapporte :

> Ils s'installèrent dans le **vingtième** arrondissement de Paris. (KATHERINE PANCOL, *Les écureuils de Central Park sont tristes le lundi*, 2010)

b) L'adjectif se place après le nom

En général, l'adjectif polysyllabique qualifiant un nom monosyllabique se place après celui-ci :

> Ils se laissent guider par des rites **immémoriaux** sans contester l'Autorité. (OLIVIER GUEZ, *Les révolutions de Jacques Koskas*, 2014)

C'est également le cas de nombreux adjectifs exprimant des qualités physiques, occasionnelles, accidentelles (1,2), ainsi que des adjectifs indiquant la forme ou la couleur (3,4).

> Longue silhouette **évanescente**, front **haut**, visage **émacié**. (YANICK LAHENS, *Bain de lune*, 2014) (1)
>
> Danny plongea dans l'eau **glacée**. (SIMON LIBERATI, *California Girls*, 2016) (2)
>
> Une petite valise de forme **cubique**. (BERNARD WERBER, *La révolution des fourmis*, 1996) (3)
>
> Une toile plastique **grise et ronde**. (SORJ CHALANDON, *Profession du père*, 2015) (4)

Les adjectifs dérivés d'un nom propre et ceux qui marquent une catégorie religieuse, sociale, administrative, technique, etc. se placent également après le nom (*une tragédie cornélienne, le peuple français, les prérogatives royales, le principe démocratique*).

C'est également le cas des participes passés pris adjectivement et de beaucoup d'adjectifs verbaux en *-ant* (*un directeur redouté, des sables mouvants*).

c) La place de l'adjectif modifie le sens

Certains adjectifs peuvent aussi bien être placés devant que derrière le nom, sans que cela modifie fondamentalement le sens de l'énoncé :

> « *Il bâtit dans sa capitale un palais **magnifique** et une mosquée de marbre.* (Gilbert Sinoué, *Avicenne ou La route d'Ispahan*, 1989)
>
> *Elia Mosseri [...] propriétaire d'un **magnifique** palais Art déco à Garden City.* (Mathias Énard, *Zone*, 2008) »

Mais pour certains adjectifs, le changement de position s'accompagne d'un changement de sens. En passant devant le nom, certains se dépouillant de leur valeur ordinaire pour prendre une signification figurée.

Avant le nom	Après le nom
un simple soldat (= soldat non gradé)	un soldat simple (= sans prétention)
un triste personnage, un triste individu, un triste sire (= un personnage sinistre)	un personnage triste (= qui a de la tristesse)
un grand homme (= un homme brillant).	un homme grand (= de grande taille)
un petit ami (= un amoureux)	un ami petit (= de petite taille)

Quand un sens particulier est lié à la position de l'adjectif, on se trouve face à une forme de figement. La locution ne fonctionne plus librement sur le plan syntaxique. Par exemple, on ne peut pas coordonner un deuxième adjectif sans altérer le sens. Comparez *un *gentil et petit ami* avec *un ami petit et gentil* ; *un *célèbre et triste personnage* avec *un personnage triste et célèbre*.

Noms composés p. 70

Les cas de figement adjectif-nom et nom-adjectif sont à la base de nombreux noms composés en français. Leur caractère unitaire est parfois rendu explicite par la présence d'un trait d'union, mais ce n'est pas systématique : *un amour-propre, un cousin germain, une table ronde, une boite noire, une belle-mère, un piano droit, un bouc émissaire, un cuir chevelu, une main courante, un grand brulé, un nouveau riche*, etc.

5. Les degrés des adjectifs qualificatifs

Le sens d'un adjectif peut être précisé en révélant le degré plus ou moins élevé de la qualité exprimée. C'est ce qu'on appelle les degrés (de signification) de l'adjectif qualificatif. Il y a deux manières d'exprimer ces degrés :
- en faisant état d'un degré d'intensité de l'adjectif (sur une échelle) (1, 2) ou par comparaison avec un élément de référence (3).

> « *La transfiguration de cette disparate en une personne encore **très** fascinante venait de son regard, le plus fort appel de l'au-delà que j'aie jamais reçu.* (Simon Liberati, *Eva*, 2015) (1)
>
> *C'est une créature **extrêmement** fascinante.* (Yann Martel, *L'histoire de Pi*, 2001) (2)
>
> *La cité mythique de Chichén Itzá, **la plus** grande et **la plus** fascinante **des** villes mayas.* (Jean-Michel Guenassia, *La vie rêvée d'Ernesto G.*, 2012) (3) »

Certains adjectifs n'admettent pas de degrés, parce qu'ils expriment des idées absolues (*carré, circulaire, horizontal, enceinte,* etc.) ou encore parce qu'ils expriment par eux-mêmes le comparatif ou le superlatif (*aîné, cadet, double, triple, principal, majeur, mineur, ultime,* etc.).

1. Les degrés d'intensité de l'adjectif

Les degrés s'expriment le plus souvent à l'aide d'adverbes que l'on peut classer en fonction de l'intensité qu'ils évoquent (faible, moyenne, élevée).

Intensité faible	Intensité moyenne	Intensité élevée
à peine, un peu, faiblement, légèrement, modestement, minimalement, doucement Ils s'éloignèrent par une allée **faiblement** éclairée. (HEDWIGE JEANMART, *Blanès*, 2014) Ce n'est en rien scandaleux, c'est juste **doucement** bête comme l'est toute normalité statistique. (PATRICK DECLERCK, *Crâne*, 2016)	*moyennement, modérément, assez, quasiment, plutôt, passablement, sensiblement* Yeats semble **passablement** distrait. (NANCY HUSTON, *Danse noire*, 2013) Madame de Chartres en fut **sensiblement** offensée. (MADAME DE LA FAYETTE, *La Princesse de Clèves*, 1678)	*très, fort, fortement, complètement, énormément, excessivement, extrêmement, formidablement, mortellement* on ne peut plus, on ne saurait plus, passionnément, remarquablement Je suis **mortellement** inquiet. (MARCEL AYMÉ, *Le passe-muraille*, 1941) Il était **remarquablement** beau. (GASTON LEROUX, *Le mystère de la chambre jaune*, 1907)

Les degrés peuvent aussi être marqués par l'adjonction d'un élément formant (préfixe, suffixe ou autre) qui exprime l'intensité forte ou faible, au sein même de la structure morphologique de l'adjectif : *archi-, hyper-, super-, -extra, ultra-, sur-, sous-, sub-, méga-,* etc. Même si certains de ces formants étaient des mots dans leur langue d'origine, en français ils fonctionnent globalement comme des préfixes en se plaçant devant l'adjectif qu'ils modifient (*hyper-attentif, superconstructif,* etc.). On les appellera donc **préfixes intensifs**. Il existe également un **suffixe intensif** (*-issime*) qui sert à former des termes d'étiquette : *excellentissime, importantissime, illustrissime, éminentissime* ou des superlatifs plaisants ou familiers (*grandissime, richissime, rarissime,* etc.) : *une pièce de théâtre baroquissime* (MORGAN SPORTÈS, *Le ciel ne parle pas*, 2017) ; *un crépuscule bleu étoilé kitschissime* (YASMINA REZA, *Heureux les heureux*, 2013) ; *Les choses ont pris un tour urgentissime* (MICHEL ROSTAIN, *Le fils*, 2011).

La construction qui en résulte peut être occasionnelle (*hyper-content, hyper-heureux, hyper-proche, hyper-éloigné, hyper-envieux,* etc.) ou être lexicalisée et enregistrée comme un mot du lexique français à part entière : *ultralibéral, hypersensible, hypersexualisé, hyperventilé, suréquipé, extraterrestre,* etc.

Dans la langue générale, ces formants sont accolés à des adjectifs autonomes : *hyper+riche = hyper-riche*. Mais dans les domaines techniques de nombreux adjectifs sont composés à partir d'un élément intensif et d'un autre formant non autonome : *hyper- + -chromie*

PARTIE 3 Les classes grammaticales

= *hyperchromie* (« pigmentation accrue ») ; *hyper-+-algie* = *hyperalgie* (« sensibilité accrue à la douleur »), etc. Le sens intensif est alors constitutif de l'adjectif.

> **Remarques**
> **1.** Il y a beaucoup d'hésitations sur la manière d'écrire les mots créés à partir des formants savants tels que *hyper-, super-, ultra-, sur-, sous-, sub-*. On les retrouve agglutinés à l'adjectif, reliés par un trait d'union ou simplement placés devant l'adjectif :
>
> Un garçon volontariste, cent pour cent américain, à la fois austère et **hyperactif**. (PATRICK LAPEYRE, *La vie est brève et le désir sans fin*, 2010)
>
> C'était **hyper-violent**. (MORGAN SPORTÈS, *Tout, tout de suite*, 2016)
>
> Une adolescente nymphomane, défoncée à la coke et **hyper active**. (VIRGINIE DESPENTES, *Apocalypse bébé*, 2010)
>
> On recommande d'écrire de manière agglutinée les mots qui sont formés au moyen de préfixes latins : *extra, intra ultra, infra, supra*. Cette règle s'applique aux adjectifs comme aux noms : *extraterritorial, extraterritorialité*. Le trait d'union est utilisé quand la soudure risquerait de susciter des prononciations problématiques et quand la dernière lettre du premier composant et la première lettre du second sont des voyelles qui pourraient former une diphtongue : *extra-utérin*.
> **2.** Les préfixes *sur* et *sous* peuvent aussi avoir une sens de localisation géographique (« au-dessus » ou « au-dessous ») qu'il ne faut pas confondre avec le sens intensif évoqué ici : *Une scientifique anglaise qui faisait de la plongée sous-glaciaire a été victime d'une attaque et s'est noyée.* (FRANÇOIS GARDE, *La baleine dans tous ses états*, 2015) (= sous la glace.)
> **3.** Évoquer l'intensité moyenne (entre *sous-* et *sur-*, entre *hyper-* et *hypo-*) peut simplement consister à utiliser positivement l'adjectif sans ajout de préfixe :
> *sous-utilisé* ⟶ *utilisé* ⟶ *surutilisé* ;
> *sous-qualifié* ⟶ *qualifié* ⟶ *surqualifié* ;
> *hypocalorique* ⟶ *calorique* ⟶ *hypercalorique* ;
> *hypoglycémie* ⟶ *glycémie* ⟶ *hyperglycémie*.
>
> On remarque qu'on n'a pas systématiquement la possibilité de remplacer *hypo-* par *hyper-* pour inverser le sens. Par exemple, dans le domaine médical on a la paire *allergénique* et *hypoallergénique* (« dont le risque allergique est faible, diminué »), mais pas *hyperallergénique*.
> **4.** On qualifie parfois de *superlatif absolu* la construction qui exprime une qualité portée à un très haut degré sans aucune idée de comparaison. Il se forme habituellement au moyen d'un des adverbes *très, fort, bien, extrêmement, infiniment*, etc., précédant l'adjectif : *Marie est très savante, fort savante, extrêmement savante.*

Intensité faible	Intensité moyenne	Intensité élevée
sous-, hypo-	*normo-* « conforme à la norme, normal » est surtout utilisé dans les domaines scientifique et médical	*archi-, hyper-, super-, -extra, ultra-, sur-, sous-, méga-,* etc.
Cette grosse centrale sous-utilisée (ALEXIS JENNI, *La nuit de Walenhammes*, 2015)		*L'amour **ultra**contemporain* (LAURENT DEMOULIN, *Robinson*, 2016)
Le tube de gel hypoallergénique (BLANDINE LE CALLET, *La ballade de Lila K*, 2010)	*Les otoémissions provoquées sont présentes chez presque tous les sujets **normo-entendants**.* (https://www.universalis.fr/) (= Les sujets entendant normalement.)	*Je me sens **méga**seule* (KATHERINE PANCOL, *Les écureuils de Central Park sont tristes le lundi*, 2010)

Intensité faible	Intensité moyenne	Intensité élevée
Ces moyens morphologiques sont particulièrement utilisés dans les langues de spécialité			
*hypo*chrome : « peu coloré » (*anémie hypochrome*) *hypo*tendu : « dont la tension artérielle est insuffisante » En 1946, il a organisé, dans une base de Floride, l'« Opération Everest », une simulation de montée en altitude dans un caisson *hypo*bare. (CHARLIE BUFFET, *Le Monde*, 31/10/2009)	*normo*chrome : « dont la couleur est normale, conforme à un indice de référence » (*anémie normochrome*) *normo*tendu : « dont la tension artérielle est normale » *L'oxygénothérapie normobare*[1] *peut avoir des effets délétères souvent peu connus.* (**Revue médicale suisse**, 2015)	*hyper*chrome : « qui et fortement coloré » (*effet hyperchrome de l'ADN*) *hyper*tendu : « dont la pression artérielle est excessive » *Au sein des caissons hyperbares, la pression exercée va favoriser la dissolution de l'oxygène dans le sang.* (SYLVIE BURNOUF, *Le Monde*, 06/11/2017)

2. Les degrés de comparaison de l'adjectif

Dans l'expression des degrés de comparaison de l'adjectif, on distingue le comparatif, où la comparaison se fait avec un certain nombre d'autres éléments (choses, êtres, situations) et le superlatif, où la comparaison se fait avec la totalité d'un ensemble d'éléments (choses, êtres, situations) : *Léa est plus gentille que Max* vs *Léa est la plus gentille*.

a) Le comparatif

• **Formation du comparatif**

Le comparatif appréhende la qualité évoquée par l'adjectif par comparaison avec un ou plusieurs termes. La comparaison peut établir la **supériorité**, l'**égalité** ou l'**infériorité** par rapport à la référence. L'expression comporte deux parties : un adverbe qui se place devant l'adjectif et un complément en *que* qui présente le terme de comparaison.

1) Le **comparatif d'égalité** se forme au moyen de l'adverbe *aussi* précédant l'adjectif :

" *Il est presque aussi blême que le lavabo.* (DELPHINE DE VIGAN, *Les heures souterraines*, 2009) "

---

1. « À pression atmosphérique ».

2) Le **comparatif de supériorité** se forme au moyen de l'adverbe *plus* précédant l'adjectif :

> ❝ *Il était beaucoup **plus** âgé **que** moi.* (Frédéric Verger, *Les rêveuses*, 2017) ❞

Le comparatif de supériorité utilise pour certains mots des formes particulières : *meilleur, moindre* et *pire* (formes issues des comparatifs latins *meliorem, minorem, pejorem*) sont les comparatifs de *bon, petit, mauvais*.

> ❝ *Je ne crois pas qu'au départ, j'étais **pire** ou **meilleure que** vous.* (Michel Bussi, *Gravé dans le sable*, 2014)
>
> *Cette colère amusée était **pire que** les autres injures.* (Jean-Christophe Grangé, *Le passager*, 2011) ❞

Moindre s'emploie au sens abstrait (1). Au sens concret, on dit *plus petit* (2) :

> ❝ *Dès qu'elle sentait monter en elle les prémices du **moindre** sentiment à l'égard d'un nouvel amant, elle se mettait à la recherche d'un deuxième.* (Hyam Yared, *Tout est halluciné*, 2016) (1)
>
> *Dans le train, je m'endors contre ma mère, qui est **plus** petite **que** moi.* (Anaïs Barbeau-Lavalette, *La femme qui fuit*, 2015) (2) ❞

3) Le **comparatif d'infériorité** se forme au moyen de l'adverbe *moins* précédant l'adjectif :

> ❝ *Le Minnesota est **moins** attirant **que** la Côte d'Azur.* (François Weyergans, *Trois jours chez ma mère*, 2005) ❞

- **Complément du comparatif**

Le complément du comparatif introduit par *que* peut être de différentes natures.

1) **Groupe nominal** (groupe, nom ou pronom) : la propriété évoquée par l'adjectif qui est au cœur de la comparaison porte sur deux référents :

> ❝ *Les pêcheurs étaient **moins** bouleversés **que** la population par le drame qui se jouait autour du Café de l'Amiral.* (Georges Simenon, *Le chien jaune*, 1931)
>
> *J'étais **moins** délicat **que** Huysmans sur ce chapitre.* (Michel Houellebecq, *Soumission*, 2015)
>
> *On récupère des **moins** chanceux **que** vous tous les jours.* (Aurélie Valognes, *Mémé dans les orties*, 2014) ❞

CHAPITRE **3** L'adjectif qualificatif

> **Remarque**
> On peut sous-entendre dans ces constructions le verbe *être* : *moins heureuse que ne l'est la moindre hirondelle, mois délicat que ne l'est Huysmans, moins chanceux que vous ne l'êtes*. Le verbe est explicitement mentionné dans l'exemple suivant :
> *Il ne paraît pas plus âgé que ne l'est monsieur Cruchot.* (Honoré de Balzac, **Eugénie Grandet**, 1833)

2) **Adjectif** : deux propriétés évoquées par les adjectifs qui se trouvent de part et d'autre de la comparaison sont attribuées à un référent unique (l'une de ces propriétés est présentée comme *aussi*, *plus* ou *moins* importante que l'autre).

« *Rosal de Sainte-Croix laisse entendre sa voix* **aussi** *tendre* **que** *ferme.* (Bernard Tirtiaux, **Le passeur de lumière**, 1993)

Mais Jeannette était déjantée, **plus** *folle* **que** *calculatrice.* (Daniel Rondeau, **Mécaniques du chaos**, 2017) »

3) **Groupe prépositionnel** ou **adverbial** : la propriété évoquée par l'adjectif et précisée par l'expansion prépositionnelle ou adverbiale est attribuée à un référent unique.

« *Les arbres, hêtres et chênes, y étaient* **plus** *grands* **que** *nulle part ailleurs.* (Frédéric Verger, **Arden**, 2013)

Elle était pour son mari **plus** *charmante* **que** *jamais.* (Gustave Flaubert, **Madame Bovary**, 1856)

Peut-être paraissais-je un peu **plus** *avenant* **qu'**à *mon arrivée dans le village* ? (Lydie Salvayre, **Tout homme est une nuit**, 2017) »

> prop.
> bord.
> rélative
> 450

4) **Proposition** : le comparatif peut servir à construire des corrélations comparatives entre propositions qui ont un lien et éventuellement un rapport de proportion entre elles :

« *Cette femme, parce que handicapée, s'était révélée* **plus** *forte,* **plus** *dure et* **plus** *rigoureuse* **que** *tout ce que j'avais prévu.* (Tahar Ben Jelloun, **L'enfant de sable**, 1985) (Plusieurs qualités sont évaluées dans la comparaison : forte, dure, rigoureuse.)

Elle commençait à se faire vieille, sourde et **plus** *acariâtre* **qu'**il eût été souhaitable. (Marc Bressant, **Un si petit territoire**, 2017)

Mes promenades de cet automne-là furent d'autant **plus** *agréables* **que** *je les faisais après de longues heures passées sur un livre.* (Marcel Proust, **Du côté de chez Swann**, 1913)

La jeunesse, le passé de BB sont **aussi** *différents* **que** *possible de ceux de Pauline.* (Philippe Jaenada, **La petite femelle**, 2015) (*Que possible* est une proposition adverbiale non verbale équivalente à *qu'il est possible*. Elle résulte d'une ellipse du verbe et du pronom *il* impersonnel.) »

b) Le superlatif relatif

Le **superlatif relatif** exprime une qualité portée au degré le plus élevé ou le plus bas, par comparaison, soit avec la catégorie de l'être ou l'objet dont il est question, soit avec un ou plusieurs autres êtres ou objets.

- **Formation du superlatif**

Il est formé du comparatif de supériorité ou d'infériorité précédé de l'article défini (1,2,3), d'un adjectif possessif (4,5) ou de la préposition de (6,7,8) :

> *Le sang **le plus** abject vous était précieux.* (JEAN RACINE, **Britannicus**, 1669) (1)
>
> *Le plus jeune avait quinze ans et trente **le plus** âgé.* (MARCUS MALTE, **Les harmoniques**, 2011) (2)
>
> *Comme souvent, le chemin **le plus** long est **le moins** dangereux.* (BOUALEM SANSAL, **Le village de l'Allemand ou Le journal des frères Schiller**, 2007) (3)
>
> *Ici, deux continents en étaient à rechercher **leur plus** petit dénominateur commun ; le résultat était à la mesure de l'ambition : étriqué.* (FAWZI MELLAH, **Elissa, la reine vagabonde**, 1988) (4)
>
> *Red et Sonny étaient **ses plus** anciens amis.* (CAROLINE DE MULDER, **Bye Bye Elvis**, 2014) (5)
>
> *Peut-on rien voir **de plus** agréable ?* (MOLIÈRE, **Don Juan**, 1682) (6)
>
> *Je trouve beau que des gens se rassemblent pour cela, pour se tenir le plus près possible de ce qu'il y a **de plus** pauvre et **de plus** vulnérable dans le monde et en eux-mêmes.* (EMMANUEL CARRÈRE, **Le Royaume**, 2014) (7)
>
> *En dehors des rings, le boxeur sparnacien est **le plus** aimable des hommes.* (DANIEL RONDEAU, **Boxing-Club**, 2016) (8)

Le superlatif peut être renforcé par des éléments de différentes natures :

> *Et **tout fut consterné le plus** beau et **le plus** agréable des châteaux possibles.* (VOLTAIRE, **Candide ou L'optimisme**, 1759)
>
> *À quinze ans, elle était **de loin la plus** belle fille du lycée des Adieux.* (AMÉLIE NOTHOMB, **Riquet à la houppe**, 2016)
>
> *Woody, Hillel et moi fûmes les amis **les plus** fidèles **qu'il soit**.* (JOËL DICKER **Le livre des Baltimore**, 2015)

- **Complément du superlatif**

Le superlatif peut être complété par un groupe prépositionnel ou une relative :

> *On dirait que Kiko est le plus adulte de la bande.* (Virginie Despentes, *Vernon Subutex 3*, 2017)
>
> *M. de Villefort avait la réputation d'être l'homme le moins curieux et le moins banal de France.* (Alexandre Dumas, *Le Comte de Monte-Cristo*, 1844)
>
> *Le plus fort parmi les hommes.* (Yanick Lahens, *Bain de lune*, 2014)

6. Les adjectifs numéraux ordinaux

Sauf *premier* et *second*, les adjectifs numéraux ordinaux se forment par l'addition du suffixe *-ième* aux adjectifs cardinaux correspondants : *deuxième, troisième, ... vingtième, vingt-et-unième, ... centième*, etc.

Avant d'ajouter *-ième*, on supprime le *e* final dans *quatre, trente, quarante*, etc. ; on ajoute *u* à *cinq* ; on change *f* en *v* dans *neuf*.

> **Remarques**
> 1. En dehors des adjectifs ordinaux composés, *second* et *deuxième* peuvent s'employer indifféremment. Aujourd'hui, *second* est plus utilisé dans la langue soignée. Les dictionnaires signalent que *second* s'emploie plutôt quand il n'y a que deux choses (le second tour des élections, le Second Empire, etc.), mais cette règle n'est pas toujours suivie : *Le premier jour il mangeait la viande, le second jour il mangeait la graisse, le troisième jour il rongeait l'os.* (Victor Hugo, *Les misérables*, 1862)
> 2. *Unième* ne s'emploie que dans les adjectifs ordinaux composés :
> *Beverly Brody, révèle que Jayne Mansfield est la quarante et unième femme avec qui son mari se livre à un adultère avéré.* (Simon Liberati, *Jayne Mansfield 1967*, 2011)
> *Michael Jackson est né trop tôt, mort trop tôt surtout pour connaître le monde tel qu'il sera au vingt et unième siècle.* (Yann Moix, *Cinquante ans dans la peau de Michael Jackson*, 2009)

L'adjectif numéral ordinal se place devant le nom : *la cinquième roue de la charrette, la rencontre du troisième type, le sixième sens,* etc.

> *Il a fait un premier bond, puis un second.* (Wajdi Mouawad, *Anima*, 2012)

Les ordinaux *dixième, centième, millième*, etc. peuvent être utilisés pour exprimer, de manière indéterminée, un grand nombre de fois :

De même, pour évoquer un grand nombre de fois sans préciser l'ordre de grandeur, on peut utiliser la lettre *n* ou la lettre *x* (en référence à *x* et *n* désignant un nombre en mathématique) devant le suffixe *-ième* (on écrit : *xième* ou *ixième*, *nième* ou *énième*) :

> *J'ai présenté pour la nième fois un papier sur les voyages de Faris Chidiac en Europe, dans une version différente, certes, mais j'ai toujours la sensation de rabâcher.*
>
> *Et plus loin, un ixième comptoir : Fradebu.* (Christophe Boltanski, *Minerais de sang*, 2014)

> **Remarque**
> Aux adjectifs numéraux on rattache :
> 1° Les mots **multiplicatifs** : *simple, double, triple, quadruple, quintuple, sextuple, septuple, octuple, nonuple, décuple, centuple.*
> 2° Les noms des **fractions**. Sauf *demi, tiers* et *quart*, ils se confondent, quant à la forme, avec les adjectifs ordinaux : *le cinquième de la somme, les trois huitièmes du capital.*
>> *Selon la tradition, il devait recevoir le cinquième du trésor aztèque que Cortès ramenait du Mexique.* (MICHEL BUSSI, *Mourir sur Seine*, 2008)
> 3° Des dérivés en *-ain, -aine, -aire* : *quatrain, sixain,* etc. ; *dizaine, douzaine, vingtaine,* etc. ; *quadragénaire, quinquagénaire, sexagénaire,* etc.
> 4° Des expressions **distributives** : *un à un, deux à deux, chacun dix.*

7. Le groupe adjectival

Le sens de l'adjectif qualificatif peut être précisé par différents éléments qui forment un groupe adjectival dont l'adjectif est le noyau. Les compléments de l'adjectif peuvent être :

1) un adverbe ou complément adverbial :

> *Violentes, **parfois** sanglantes, ces rencontres duraient des journées entières.* (MOHAMMED DIB, *La grande maison*, 1952)
>
> *Fils d'un père [...] inquiet **seulement** devant les chances d'un ébranlement européen.* (VICTOR HUGO, *Les misérables*, 1862)
>
> *En même temps, il se sentait désolé, furieux et **horriblement** lucide.* (JÉRÔME FERRARI, *Dans le secret*, 2007)

Degrés d'intensité de l'adjectif p. 168

Les adverbes peuvent exprimer une certaine intensité de l'adjectif.

2) un complément prépositionnel :

> *Il s'était perdu dans les bois et il était tombé dans un fossé plein **d'eau**.* (RENÉ GOSCINNY, *Les vacances du petit Nicolas*, 1962)
>
> *La disposition mathématique de son esprit le rendait apte **à tout comprendre** par le calcul.* (ALEXANDRE DUMAS, *Le Comte de Monte-Cristo*, 1844)
>
> *Le moment ultime, c'est l'instant privilégié **entre tous**, celui où l'être va enfin savoir.* (MAURICE MAETERLINCK, *Pelléas et Mélisande*, 1892)

3) une proposition conjonctive :

> *Le regard tantôt rieur et tantôt haineux **comme celui d'enfants se battant dans une cour d'école**.* (ALEXANDRE POSTEL, *Les deux pigeons*, 2016)
>
> *Fils d'un père [...] brave **comme un grenadier**, courageux **comme un penseur**.* (VICTOR HUGO, *Les misérables*, 1862)
>
> *C'est bête, je suis sûre **que mes parents auraient été d'accord**.* (JEAN-MARC CECI, *Monsieur Origami*, 2016)

CHAPITRE **3** L'adjectif qualificatif

4) un pronom :

" *Ses petits n'auraient d'autre patrimoine que leurs diplômes, elle en était consciente.*
(LÉONORA MIANO, **Ces âmes chagrines**, 2011) "

> **Remarques**
>
> **1.** Parmi les compléments de l'adjectif, il convient de signaler à part le complément du comparatif (et du superlatif relatif), qui exprime le deuxième terme de la comparaison :
>
> *Il y a un spectacle **plus** grand **que le ciel**, c'est l'intérieur de l'âme.* (CATHERINE CUSSET, **Un brillant avenir**, 2008)
>
> *Le jour n'est pas **plus** pur **que le fond de mon cœur**.* (JEAN RACINE, **Phèdre**, 1677)
>
> **2.** Deux adjectifs peuvent avoir un complément commun s'ils admettent chacun séparément la même préposition après eux :
>
> *Tu devenais rouge et furieuse **pour un rien** !* (KATHERINE PANCOL, **Les écureuils de Central Park sont tristes le lundi**, 2010)
>
> On ne dirait pas : *Prêt et avide de combattre*. On tournerait ainsi : *Prêt à combattre et avide de le faire*.

CHAPITRE **4**

| Le pronom

1. Définition 179
2. Les pronoms personnels 182
3. Les pronoms possessifs 196
4. Les pronoms démonstratifs 197
5. Les pronoms relatifs 200
6. Les pronoms interrogatifs 208
7. Les pronoms indéfinis 211
8. Les compléments du pronom 219

1. Définition

Le **pronom** est un mot grammatical qui, en général, est équivalent à un syntagme nominal. Il peut se substituer à lui ou éventuellement désigner son référent (c'est-à-dire la personne ou la chose désignée par le nom).

> *Son père, il^i sait même pas qu'on se voit !* s'exclama Zoé. *Gaétan, il^{ii} fait tout en cachette !* (Katherine Pancol, *La valse lente des tortues*, 2008) (*Il^i* = son père ; *il^{ii}* = Gaétan.)
>
> *Contrarié par cette réserve, North réclama un baiser qui lui fut offert du bout des lèvres.* (Alexandre Postel, *Un homme effacé*, 2013) (*Qui* = un baiser ; *lui* = à North.)
>
> *Petite fille, elle l'est aussi par ses caprices.* (Bernard Quiriny, *Les assoiffées*, 2010) (*L'* = petite fille.)
>
> *Je vous écrirai, croyez-le donc bien.* (Alexandre Dumas, *Le Comte de Monte-Cristo*, 1844) (*Le* = je vous écrirai.)
>
> *Quand un sujet ne l'intéresse pas, l'intimide, le chagrine ou le fâche, il se retire dans un coin de sa tête et joue les idiots.* (Alice Zeniter, *L'art de perdre*, 2017) (*L'*, *l'*, *le*, *le* = il.)

Certains pronoms peuvent varier en genre (*chacun des hommes, chacune des femmes*) et/ou en nombre (*celui-ci pleure ; ceux-ci pleurent*). Les pronoms personnels et les interrogatifs varient en fonction de leur personne (*je, tu, il, elle, nous, vous, ils, elles*).

PARTIE **3** Les classes grammaticales

et les pronoms personnels, les relatifs et interrogatifs varient d'après la fonction qu'ils jouent dans la phrase : *je plains (sujet), il me plaint* (complément d'objet direct), *Il se plaint à moi* (complément d'objet indirect).

Certains pronoms ont la forme d'une locution :

<small>Pronoms indéfinis p. 211</small>

> *Je ne sais qui exactement répondit à son appel.* (Driss Chraïbi, **La Civilisation, ma Mère !...**, 1972)

Malgré son nom, le pronom ne remplace pas que des noms. Il peut se substituer à un syntagme nominal ou un adjectif (1), une proposition (2), un groupe prépositionnel (3), un adverbe (4), un verbe (5) :

> *L'occupation soviétique était illégale en 1939, elle l'est toujours cinquante ans plus tard, allez-vous-en.* (Emmanuel Carrère, **Limonov**, 2011) (*Elle* = l'occupation soviétique ; *l'* = illégale.) (1)
>
> *Il le sait que c'est moi, et que rien ne va.* (Didier van Cauwelaert, **Le retour de Jules**, 2017) (*Le* = c'est moi et rien ne va.) (2)
>
> *Je protège Nad, et je lui donne un formidable sujet.* (Didier van Cauwelaert, **Attirances**, 2005) (*Lui* = à Nad.) (3)
>
> *Là d'où je viens aussi on peut mourir, je pense.* (Catherine Poulain, **Le grand marin**, 2016) (*Où* reprend l'adverbe *là*.) (4)
>
> *Mourir, cela n'est rien*
> *Mourir la belle affaire.* (Jacques Brel, **Vieillir**, 1999) (*Cela* = mourir.) (5)

Les exemples qui précèdent comportent des **pronoms représentants**, c'est-à-dire de pronoms substituts qui reprennent un terme du contexte.

Selon les cas, le pronom peut être utilisé avant ou après le groupe qu'il remplace. S'il apparait après le groupe qu'il remplace (ce qui est la situation la plus courante), on parle d'*anaphore*, il s'agit d'une reprise d'un **antécédent** :

> *Ces aliments lui paraissaient pharaoniques, il en rêvait la nuit.* (Amélie Nothomb, **Le crime du comte Neville**, 2015) (*En* = de ces aliments.)

Quand le pronom apparait avant le groupe auquel il se substitue, on parle de *cataphore*, il s'agit d'une annonce, d'un renvoi vers un segment à venir que l'on appelle *conséquent* :

> *Elle en rêvait, pour tout dire, de ce bébé.* (Adélaïde de Clermont-Tonnerre, **Le dernier des nôtres**, 2016) (*En* = de ce bébé.)

Quand le pronom représente un nom, il adopte le genre (masculin ou féminin) de ce nom ; quand il représente autre chose qu'un nom (une proposition ou un adjectif par exemple) ou quand il exprime une notion vague, il est au masculin singulier, car c'est ainsi que l'on marque le genre et le nombre indifférenciés :

> Micheline Brasme l'intimidait, parce qu'*elle* était connue. (BERNARD QUIRINY, **Les assoiffées**, 2010) (*Elle* = Micheline Brasme – féminin).
>
> Les alligators sont Votre armée, je *le* comprends. C'est Vous qui *les* avez lancés sur la ville. Il ne doit plus rien rester qu'eux, je *le* sais. (LAURENT GAUDÉ, **Ouragan**, 2010) (Les deux pronoms le renvoient respectivement aux propositions *Les alligators sont Votre armée* et *Il ne doit plus rien rester qu'eux*.)
>
> Que d'heureux qui ne savent pas qu'ils *le* sont ! (ALEXANDRE DUMAS FILS, **La dame aux camélias**, 1848)

Par ailleurs, il y a des pronoms qui ne représentent aucun élément exprimé dans le contexte (que ce soit avant ou après la position occupée par le pronom) : on parle alors de **pronoms nominaux**. Ils ne remplacent pas, mais jouent eux-mêmes le rôle d'un nom indéterminé :

> Non ! Rien de rien… Non ! Je ne regrette *rien*. (ÉDITH PIAF, **Je ne regrette rien**, 1960)

On retrouve également ce type de pronom dans des phrases figées comme : *Tout est dit, C'est cela, oui ! On est jamais trop prudent, Qui va à la chasse perd sa place, Qui sait ?*, etc. (dans ces exemples, le sens est générique et ne vise pas à identifier un référent en particulier).

Font également l'objet d'un usage nominal les pronoms **déictiques** (qui désignent quelqu'un, dans la situation de communication (*je, tu, me, moi, toi*, etc.) :

> *Moi* j'ai rendez-vous avec ce que j'ignore. (ÉRIC-EMMANUEL SCHMITT, **Ulysse from Bagdad**, 2008) (*Moi* et *j'* désignent la personne qui parle.)

On distingue traditionnellement six espèces de pronoms : les pronoms *personnels*, les *possessifs*, les *démonstratifs*, les *relatifs*, les *interrogatifs* et les *indéfinis*.

Type de pronom	Exemples
Pronoms personnels	*je, tu, il, elle, nous, vous, ils, elles, lui, leur,* etc.
Pronoms possessifs	*le mien, le tien, le sien, le nôtre, le vôtre,* etc.
Pronoms démonstratifs	*ce, cette, ceux, celle, celui-ci, celui-là,* etc.
Pronoms relatifs	*qui, que, quoi, dont, où, lequel, laquelle,* etc.
Pronoms interrogatifs	*qui, que, lequel, laquelle, duquel,* etc.
Pronoms indéfinis	*quelqu'un, certains, plusieurs, rien,* etc.

Toutes les classes de pronoms contiennent un nombre fini d'éléments, à l'exception de la classe des pronoms indéfinis dans laquelle on range également les numéraux cardinaux qui sont **déterminants numéraux** quand ils accompagnent un nom, mais qui s'emploient aussi seuls, comme pronoms :

> *Ils étaient deux ingénieurs appréciés.* (Jean-Michel Guenassia, *Trompe-la-mort*, 2015) (*Deux* est déterminant numéral et accompagne le mot ingénieur.)
>
> *Les types de la police étaient repassés au Miranda.[...] Ils étaient deux, même taille, pas très grands.* (Hedwige Jeanmart, *Blanès*, 2014) (*Deux* est ici pronom.)

> **Remarques**
> 1. Pour qu'un nom puisse être représenté par un pronom, il faut, en principe, que ce nom soit déterminé, c'est-à-dire précédé d'un article ou d'un adjectif possessif, démonstratif, etc. :
> *On cherche les rieurs, et moi je les évite.* (Jean de La Fontaine, *Le rieur et les poissons*, 1678) On ne dit donc pas :
> * *Vous avez tort et je ne l'ai pas.* (Ici, c'est le figement de l'expression verbale *avoir tort* qui explique l'impossibilité de remplacer le mot *tort* par un pronom.)
> * *Il a agi par jalousie, qui est un sentiment dangereux*[1].
> 2. Il arrive que le pronom représentant un nom collectif singulier s'accorde en nombre non avec ce collectif, mais avec le nom pluriel auquel on pense (il y a alors accord par **syllepse**) :
> *Jamais il n'eût tourmenté un chat inutilement. Il les respectait.* (Henry Troyat, *Une extrême amitié*, 1963)
> *Beaucoup de monde. Comme d'habitude, ils ne quittaient pas leurs pardessus.* (Patrick Modiano, *Rue des Boutiques Obscures*, 1978)

2. Les pronoms personnels

1. Définition

Les pronoms **personnels** désignent les êtres en marquant la personne verbale, donc en indiquant qu'il s'agit :
- soit de l'être *qui parle* (1re personne) : *je lis, nous lisons* ;
- soit de l'être *à qui l'on parle* (2e personne) : *tu lis, vous lisez* ;
- soit de l'être *de qui l'on parle* (3e personne) : *il lit, ils lisent.*

Pronoms conjoints et disjoints p. 189

Les pronoms personnels varient donc en fonction :
- de la personne et du nombre (*je, tu, il, elle, nous, vous, ils, elles*) ;

Pronom représentant p. 180

- de la fonction (*je manque, il me manque*) ;
- de leur position.

Pronom déictique p. 181

C'est seulement à la 3e personne que le pronom personnel peut représenter, remplacer un nom déjà exprimé. À la première et deuxième personnes, l'usage est **déictique** : le pronom désigne une personne dans la situation de communication :

---

1. Autrefois le pronom pouvait représenter un nom indéterminé : *Si vous êtes si touchés de curiosité, exercez-la du moins en un sujet noble.* (Jean de La Bruyère)

CHAPITRE **4**   Le pronom

> *Tu veux que je te mette du poivre sur la langue ?* (Driss Chraïbi, *La Civilisation, ma Mère !...*, 1972) (*Je* désigne la personne qui parle, *tu* et *te* désignent l'interlocuteur.)

2. Les formes du pronom personnel

Personne	Formes conjointes				Formes disjointes	
	Sujet	Objet direct	Objet indirect	Réfléchi	Non réfléchie	Réfléchie
1ʳᵉ singulier	je	me			moi	
2ᵉ singulier	tu	te			toi	
3ᵉ singulier	il/elle				lui/elle	soi
1ʳᵉ pluriel	nous	le/la	lui	se		
2ᵉ pluriel	vous					
3ᵉ pluriel	ils/elles	les	leur	se	eux/elles	soi

pronom indéfini on 214

En plus des formes, certains considèrent *on* comme un **pronom personnel indéfini**. Il est souvent employé à la place de *nous* à l'oral. Le rôle pronominal de *en* et *y* est également à considérer.

a) 1ʳᵉ *personne*

La première personne du singulier représente le locuteur qui parle.

> *Je pense à toi tout le temps.* (Dominique Costermans, *Nous dormirons ensemble*, 2008)

Au pluriel, le pronom désigne un ensemble de personnes dont le locuteur fait partie :

> *Nous pensons que tu commets une erreur, Alex.* (Catherine Cusset, *Un brillant avenir*, 2008)

Selon les cas, le *nous* peut inclure ou non l'interlocuteur. Par exemple, dans la phrase *Les enfants, nous partons*, on parlera de **nous inclusif**, si les enfants partent avec la personne qui a prononcé l'énoncé et de **nous exclusif**, si les enfants ne sont pas concernés par le départ (par exemple, si la personne qui prononce l'énoncé part avec une tierce personne).

La première personne du pluriel est également utilisée pour désigner une seule personne dans un usage que l'on appelle le **nous de modestie** ou **nous de majesté** (ou encore **nous majestatif**). Ce mode d'expression est généralement utilisé par un locuteur qui veut éviter de se mettre en avant (par exemple, dans un essai, dans un texte scientifique, lors d'un discours, etc.).

b) 2ᵉ personne

La deuxième personne du singulier désigne la personne à qui l'on s'adresse, l'interlocuteur :

> *Tu souffles sur la braise.* (ANAÏS BARBEAU-LAVALETTE, *La femme qui fuit*, 2015)

Au pluriel, le pronom désigne soit :
- un groupe de personnes dont le ou les interlocuteurs font partie ;
- une seule personne à laquelle on s'adresse à la forme polie. On appelle **vouvoiement** l'usage de ce **pluriel de politesse**.

> *Vous êtes jeune, vous êtes costaud.* (PHILIPPE DJIAN, *Love Song*, 2013)

> *Il demande : « Mademoiselle Mathilde, est-ce que je peux vous tutoyer ? Je suis très mal à l'aise de dire vous aux gens, surtout à ceux qui me plaisent. Quand je parle à une seule personne, j'ai l'impression de faire une faute de français. » Elle répond : « Il m'est bien égal qu'on me dise tu ou vous, pourvu qu'on me dise des choses intéressantes. Moi, je vous dis vous, Célestin, parce que j'ai peur de t'avoir, depuis hier soir, beaucoup ennuyé. »* (SÉBASTIEN JAPRISOT, *Un long dimanche de fiançailles*, 1991)

> **Remarque**
> Le choix du **vouvoiement** ou du **tutoiement** (le recours à la deuxième personne du singulier qui indique une plus grande proximité) est lié à des habitudes sociales complexes, différentes d'une région à l'autre de la francophonie et qui tiennent compte de la situation de communication, du rapport hiérarchique des personnes (on vouvoie un supérieur), de leur degré de familiarité, etc. Le passage éventuel du *vous* au *tu* peut être négocié dans la conversation et les règles de politesse voudraient que la proposition vienne de la personne la plus âgée ou hiérarchiquement supérieure (ce qui n'est pas toujours facile à déterminer). Dans le langage courant, on fait également référence au tutoiement par la formule *on se dit tu* et au vouvoiement par la formule *on se dit vous*. L'expression *être à tu et à toi* signifie « être proche de » (en référence à la proximité qu'atteste généralement le tutoiement) :
>
> *Il n'en revenait pas qu'Igor soit à tu et à toi avec une pareille célébrité.* (JEAN-MICHEL GUENASSIA, *Le club des incorrigibles optimistes*, 2009)

Quand on utilise le pluriel de politesse, l'accord des adjectifs et participes passés liés à ce pronom est sylleptique (c'est-à-dire qu'il se fait en fonction du sens). Il exige le singulier et le genre est respecté :

> *Vous êtes belle comme une créature de Khnopff.* (AMÉLIE NOTHOMB, *Barbe bleue*, 2012)

c) 3ᵉ personne

Contrairement à la 1ʳᵉ et 2ᵉ personnes qui sont déictiques, la 3ᵉ personne représente des êtres dont on parle.

CHAPITRE 4 Le pronom

Le pronom **il impersonnel** s'emploie comme **sujet syntaxique** (parfois nommé *sujet apparent* parce qu'il ne désigne rien) avec les **verbes impersonnels** qui sont suivis de la séquence de l'impersonnel (ou *sujet réel*, qui représente le sujet) : *Il est arrivé **un malheur*** (= Un malheur est arrivé) ; *Il semble que **le** temps passe trop vite* (= Le temps semble passer trop vite). On dit de ces verbes qu'ils sont occasionnellement impersonnels, car les phrases dans lesquelles ils sont utilisés résultent d'une transformation et il est possible d'identifier le sujet réel. D'autres verbes sont dits *essentiellement impersonnels*, car il n'y a pas de sujet réel (c'est le cas des verbes *météorologiques* et des formes *il y a, il fait, il est, il faut*) :

> *Sur cette frontière il neige, il fait moins trente.* (ALEXIS JENNI, *L'art français de la guerre*, 2011)

d) En et y

En et *y* sont des formes **conjointes** représentant un syntagme nominal prépositionnel en *de* (pour *en*) ou en *à* (pour *y*). Le sens véhiculé par la préposition se retrouve dans le pronom :

*J'aime les pommes, j'**en** mange beaucoup* (= je mange beaucoup de pommes).

*J'aime Paris, j'**y** habite* (= j'habite à Paris).

On les appelle parfois **pronoms adverbiaux** ou **adverbes pronominaux**, car ils sont à la fois proches des pronoms (dans la mesure où ils *représentent* un antécédent) et des adverbes (par leur dimension circonstancielle, par le fait qu'ils ne varient ni en genre ni en nombre). Ils peuvent chacun revêtir de nombreuses fonctions dont voici un aperçu non exhaustif :

EN	
Complément de verbe	*Le labo, de son côté, n'a pas réussi à faire réapparaître les numéros de série des appareils audio-visuels, téléviseur, CD portable, etc. De chacun, il s'**en** est vendu des milliers.* (PIERRE LEMAITRE, ***Travail soigné***, 2006) (Complément d'objet indirect.) *Les marches sont très hautes... et il **en** manque.* (MAURICE LEBLANC, ***L'aiguille creuse***, 1909) (Complément d'objet direct.)
Complément du nom	*J'ai mené cette vie-là, j'**en** connais les déboires.* (HONORÉ DE BALZAC, ***Le père Goriot***, 1835) *Il a un savoir livresque et cinématographique sur les deux guerres mondiales. Il **en** connaît du dehors les modalités, la logistique, les stratégies, le déroulement. Il **en** connaît les horreurs innommables.* (LYDIE SALVAYRE, ***BW***, 2009)
Complément d'un groupe attribut	*À la Pietà, on est coutumier du silence, sauf pour la musique – mais n'**en** est-elle pas la forme la plus pure ?* (VINCENT ENGEL, ***Alma Viva***, 2017)

Complément de pronom	Est-ce que, par hasard, Simon Herzog connaîtrait des Bulgares dans le milieu universitaire ? Simon réfléchit. Oui, il **en** connaît un. (LAURENT BINET, *La septième fonction du langage*, 2015)
Y Complément d'objet indirect de verbe	On ne change pas le passé, Harry. N'**y** pensez pas. (JOËL DICKER, *La vérité sur l'affaire Harry Quebert*, 2012) C'était « original », cette coupe de cheveux. Comptait-il faire quelque chose pour **y** remédier ? (ADELAÏDE DE CLERMONT-TONNERRE, *Fourrure*, 2010)
Complément adverbial	Lorsque *y* désigne le lieu, il peut prendre la place d'un complément introduit par d'autres préposition que *à* : Le soir où son oncle et sa tante la convoquèrent dans leur chambre, elle **y** entra à reculons. (CATHERINE CUSSET, *Un brillant avenir*, 2008) (Y marque le lieu : dans la chambre.) La caisse est notre dernière demeure, mais j'**y** habite déjà. (ALEXIS JENNI, *L'art français de la guerre*, 2011) (Y = dans la caisse.)
Complément d'un adjectif attribut ou participe passé employé de manière attributive	Édouard lui donne du « camarade Président » : il n'**y** est pas habitué, ça lui plaît. (EMMANUEL CARRÈRE, *Limonov*, 2011) Ah ! ce métier de servante, tu n'**y** es pas fait, pauvre cœur orgueilleux. (ALFRED DE MUSSET, *Lorenzaccio*, 1895) Mais revenons au cinéma. Où BW fait ce qu'on appelle ses humanités. Il **y** est très assidu. (LYDIE SALVAYRE, *BW*, 2009)

Expressions figées p. 70

Les pronoms *en* et *y* sont également utilisés dans de nombreuses expressions avec un sens imprécis : *s'en aller ; en vouloir à quelqu'un ; en finir avec quelqu'un ; n'en faire qu'à sa tête ; s'en tenir à ; il y a ; n'y voir goutte ; y regarder à deux fois ; y perdre son latin ; s'y prendre mal*, etc. Ces expressions étant le résultat d'un figement, il n'y a plus lieu de faire l'analyse des éléments qui les composent.

e) *Les pronoms réfléchis*

Verbe pronominal p. 236

Le pronom personnel est dit réfléchi lorsqu'il sert à former les **verbes pronominaux** ; il reflète alors le sujet (tantôt il est complément d'objet : *je me blesse ; je me lave les mains ; ils se réconcilient* ; tantôt il n'a aucune fonction logique : *je m'évanouis*).

Le pronom réfléchi est :

- pour la 1re personne : **me, nous**. *Je me blesse ; nous nous blessons*.
- pour la 2e personne : **te, vous**. *Tu te blesses ; vous vous blessez*.

Il n'a de forme spéciale qu'à la 3e personne : **se, soi**.

> "*On se sauve, on est poursuivi, chacun pense à soi.* (DENIS DIDEROT, *Jacques le fataliste et son maître*, 1796)
>
> *Toute épée a deux tranchants ; qui blesse avec l'un se blesse à l'autre.* (VICTOR HUGO, *Les misérables*, 1862)"

3. L'emploi du pronom personnel

Les pronoms personnels peuvent remplir, dans la phrase, les mêmes fonctions que les noms. Ils peuvent être :

1° **Sujets** : *je, tu, il, elle, nous, vous, ils, elles,* et dans certains cas : *moi, toi, lui, eux.*

2° **Compléments d'objet directs** : *me* (après impératif : *moi*), *te* (après impératif : *toi*), *le, la, se, nous, vous, les.*

3° **Compléments d'objet indirects sans préposition** : *me, te, lui, se, nous, vous, leur.*

4° **Compléments précédés d'une préposition** : *moi, toi, lui, elle, soi, nous, vous, eux, elles.*

Ces dernières formes s'emploient aussi comme attributs et comme mots renforçant le sujet, le complément d'objet direct ou indirect.

Les pronoms personnels se caractérisent aussi par la place qu'ils occupent par rapport au verbe. Ils peuvent être devant ou derrière le verbe :

> *Donne-**leur** ce qui **leur** manque le plus.* (Tonino Benacquista, **Malavita**, 2004)
>
> *Il boit ce qu'**elle lui** donne de tendresse, d'attention.* (Éric Vuillard, **La bataille d'Occident**, 2012)

On distingue les pronoms conjoints et les pronoms disjoints.

Les pronoms **conjoints** (également appelés ***pronoms atones***) sont directement accolés au verbe (ou éventuellement séparés par un autre pronom ou une particule négative) :

> ***Je** parle sans attendre de réponse.* (Marguerite Duras, **L'amant**, 1984)
>
> *Pour avoir la paix, rêve-t-**elle** que **je** n'existe plus ?* (Pierre Lemaitre, **Cadres noirs**, 2010) (Une particule négative sépare le pronom *je* du verbe auquel il est accolé.)
>
> ***Je** ne **lui** parle plus, à cette désolante ordure.* (Patrick Declerck, **Socrate dans la nuit**, 2008) (Une particule négative et un pronom indirect séparent le pronom *je*.)

Me, te, se, sont toujours **conjoints**. Dans la prononciation, ils sont atones, c'est-à-dire dépourvus d'accent d'intensité ; ils précèdent un verbe (ou un pronom), sur lequel ils s'appuient intimement :

> *Il **se** raconte des histoires et puis il aime les raconter aux autres, quitte à les enjoliver.* (Michel Rostain, **L'étoile et la vieille**, 2013)

Dans les formes conjointes, *je, me, te, se, le, la,* la voyelle s'élide devant un verbe commençant par une voyelle ou un *h* muet, et devant *en, y* : *j'ouvre, il m'appelle, il s'humecte les lèvres, tu t'en vas, je l'y envoie.*

Les **pronoms disjoints** sont les formes que l'on utilise quand ceux-ci sont séparés du verbe par d'autres éléments (préposition ou signe de ponctuation) ou qu'ils sont mis en relief dans la phrase (formule présentative *c'est… que,* *apostrophe*, etc.). On constate que leur forme peut être différente, mais qu'elle ne l'est pas toujours (c'est le cas d'*elle*, par exemple) :

> *Tu t'accroches à lui.* (ANAÏS BARBEAU-LAVALETTE, *La femme qui fuit*, 2015) (Pronom séparé du verbe par une préposition.)
>
> *La voilà ; dès que je parle d'elle, je la vois.* (JEAN-PAUL SARTRE, *Huis clos*, 1944) (Les deux *je* sont des pronoms conjoints, par contre, *elle* est reliée au verbe par une préposition qui en fait un pronom disjoint.)
>
> *Moi, avec lui, je marchais toujours sur des œufs.* (AGNÈS MARTIN-LUGAND, *Les gens heureux lisent et boivent du café*, 2013) (*Moi* et *lui* sont disjoints, *je* est conjoint.)
>
> *Eux l'ont pris.* (CHARLES-FERDINAND RAMUZ, *La grande peur dans la montagne*, 1926) (Mise en évidence du sujet.)
>
> *Après tout, c'est elle qui l'avait provoqué par son comportement obscène.* (LILIANA LAZAR, *Terre des affranchis*, 2011) (Formule présentative qui met le pronom en relief.)

Moi, toi, soi, eux sont toujours **disjoints** : *crois-moi ; C'est à toi que je parle, non à eux*.

Les autres pronoms personnels sont **conjoints ou disjoints** selon leur fonction et leur place par rapport au verbe : *on nous parle* (conjoint), *parle-nous* (disjoint).

Les formes disjointes peuvent être renforcées par l'adjonction de *même* : *moi-même, toi-même*, etc. *Nous, vous* peuvent être renforcés par *autres* : *nous autres, vous autres*.

a) Le pronom personnel sujet

Le pronom personnel sujet est le plus souvent conjoint : *je, tu, il, elle, nous, vous, ils, elles* :

> *Je pose donc je suis.* (FRÉDÉRIC BEIGBEDER, *Une vie sans fin*, 2018)

[Phrase à détachement p. 387]

Des pronoms disjoints (*moi, toi, lui, elle, nous, vous, eux, elles*) s'emploient comme sujets dans les cas suivants :

1° Détaché en début ou fin de phrase, suivi d'une apposition (ou construction détachée) ou suivi d'une proposition relative :

> *Toi aussi, mon fils, tu vas dormir…* (DANIEL PENNAC, *Monsieur Malaussène*, 1995)
>
> *Lui qui ne boit jamais, ou si peu, cette fois la tête lui tourne.* (LAURENT MAUVIGNIER, *Des hommes*, 2009)

> **Remarque**
> Sur ce point, la formule administrative *Je soussigné* fait exception. Un pronom conjoint est utilisé de manière détachée en début de phrase :
> *Je soussigné, Giancarlo Malcessati, sain d'esprit sinon de corps, ai demandé à Me Honoré Constant, notaire à Genève, de consigner ici mon testament.* (VINCENT ENGEL, *Le miroir des illusions*, 2016)

2° Quand le pronom sujet s'oppose à un autre sujet ou le renforce :

> *J'ai bien survécu, moi...* (Katherine Pancol, *Les écureuils de Central Park sont tristes le lundi*, 2010)

3° Dans les propositions où il y a ellipse du verbe :

> *Elle a rosi et j'ai ajouté en l'embrassant : — Et ça m'a plu. — Moi aussi...* (Lunatik, *Tous crocs dehors*, 2012) (Moi aussi [ça m'a plu].)

4° Quand le pronom sujet est joint à un ou plusieurs autres sujets :

> *La femme, la fille et **moi**, on y est allé au moins vingt fois.* (Jean Giono, *Le hussard sur le toit*, 1951)

5° Avec l'infinitif exclamatif ou interrogatif, avec l'infinitif de narration et avec le participe absolu :

> ***Moi**, ne plus t'aimer, pourquoi ? ... Je me moque de ton passé.* (Émile Zola, *La bête humaine*, 1890) (Avec un infinitif en proposition interrogative.)
>
> *« On rêve ! » Et **lui** de répondre, avec une ironie teintée de lyrisme : « Eh bien, je garde le mot : c'est un beau rêve. »* (Laurent Binet, *Rien ne se passe comme prévu*, 2012) (Avec infinitif de narration.)
>
> ***Lui** parti, elle nous regardait comme des intrus.* (Christophe Boltanski, *La cache*, 2015) (Avec un participe absolu.)

6° Comme sujet dans la phrase emphatique en *c'est ... qui* :

> ***Moi**, ne plus t'aimer, pourquoi ? ... Je me moque de ton passé.* (Émile Zola, *La bête humaine*, 1890) (Avec un infinitif en proposition interrogative.)
>
> *« On rêve ! » Et **lui** de répondre, avec une ironie teintée de lyrisme : « Eh bien, je garde le mot : c'est un beau rêve. »* (Laurent Binet, *Rien ne se passe comme prévu*, 2012) (Avec infinitif de narration.)
>
> ***Lui** parti, elle nous regardait comme des intrus.* (Christophe Boltanski, *La cache*, 2015) (Avec un participe absolu.)

b) *Le pronom personnel complément*

• **Pronom conjoint**

Le pronom personnel complément est le plus souvent une forme **conjointe** : *me, te, se, le, la, lui, nous, vous, les, leur* :

> "Quand il **me** prend dans ses bras / Il **me** parle tout bas. (Édith Piaf, **La vie en rose**, 1945)
>
> Il **nous** a tous manipulés. (Larry Tremblay, **L'orangeraie**, 2016)"

- **Pronom disjoint**

Les pronoms disjoints *moi, toi, soi, lui, elle, nous, vous, eux, elles* s'emploient comme compléments dans les cas suivants :

1° Pour renforcer un complément d'objet direct :

> "Zita, je t'aime **toi**. La femme. Pas l'image. (Adélaïde de Clermont-Tonnerre, **Fourrure**, 2010)"

2° Quand le pronom personnel complément est joint à un ou plusieurs autres compléments de même espèce que lui :

> "Ni **moi** ni personne en Italie n'a pu se plaire à toutes ces tristes extravagances. (Voltaire, **Candide, Préface de l'éditeur**, 1759)"

3° Dans les propositions où il y a ellipse du sujet et du verbe :

> "Qu'attendent-ils donc pour venir le demander ? **Toi**, maître el-Birouni. (Gilbert Sinoué, **Avicenne ou La route d'Ispahan**, 1989)"

4° Après un impératif affirmatif – sauf devant *en* et *y* :

> "Je suis trop vieille… vous êtes trop jeune… oubliez-**moi** ! (Gustave Flaubert, **Madame Bovary**, 1856)"

Mais : *Donnez-m'en, menez-m'y*.

5° Après une préposition, dans des compléments d'objet indirects :

> "Je pense à **toi** et je ruisselle. L'envie est là. Elle est terrible. (Marcus Malte, **Le garçon**, 2016)
>
> Vivez, régnez pour **vous** : c'est trop régner pour **elle**. (Jean Racine, **Britannicus**, 1669)
>
> J'ai compris, je n'attends rien de **lui**, je ne lui dois rien. (Éric-Emmanuel Schmitt, **Ulysse from Bagdad**, 2008)
>
> J'aurais aimé que le matelas fût imprégné d'**elle**. (Éric Faye, **Nagasaki**, 2010)"

6° Après *ne… que* et avec la construction emphatique *c'est… que* :

> "Quand je vois Danceny, je ne désire plus rien ; quand je ne le vois pas, je ne désire que **lui**. (Choderlos de Laclos, **Les liaisons dangereuses**, 1782)
>
> Allons, Pierret, tu sais bien que c'est **toi** que j'aime. (Jean Teulé, **Je, François Villon**, 2006)"

CHAPITRE **4** Le pronom

> **Remarques**
> **1.** Le pronom personnel disjoint, précédé de *à*, sert de complément d'objet indirect au participe passé :
> J'ai laissé là / un enfant, un jeune homme, un homme / qui de moi ne saura rien / ni les **rires à moi interdits** / ni les larmes **à moi refusées**. (Vincent Engel, *Le miroir des illusions*, 2016)
> Mais les paroles **à moi promises** par le regard de Gisèle pour le moment où Albertine nous aurait laissés ensemble ne purent m'être dites. (Marcel Proust, *À l'ombre des jeunes filles en fleurs*, 1919)
> **2.** Le pronom personnel peut être explétif (c'est-à-dire ne pas être nécessaire au sens ou à la syntaxe ; on pourrait le supprimer) : *goutez-moi cela*.

• Place du pronom personnel complément d'objet

1° Avec un verbe à l'impératif : le pronom personnel complément d'objet d'un impératif sans négation se place après le verbe. Le pronom est disjoint :

"*Regarde-moi, dis-moi, pourquoi m'as-tu appelé ?*" (Nelly Alard, *Moment d'un couple*, 2013)

Avec un impératif négatif, il se place avant le verbe. Le pronom est conjoint :

"*Par pitié, par grâce, ne me livrez pas !*" (Alexandre Dumas, *Le Comte de Monte-Cristo*, 1844)

Si un impératif sans négation a deux pronoms compléments d'objet, l'un direct, l'autre indirect, on place le **complément d'objet direct** le premier :

"*Dites-le-moi et je serai triste avec vous.*" (Joël Dicker, *La vérité sur l'affaire Harry Quebert*, 2012)

Toutefois, il arrive de manière exceptionnelle qu'on ait l'ordre inverse :

"*Le flot monte, on lui parle, on crie : Oh ! rends-nous-les !*" (Victor Hugo, *Les pauvres gens*, 1859)

"*Puisque nous sommes en train de nous rappeler nos noms, rappelons-nous-les tous.*" (Alexandre Dumas, *Le Comte de Monte-Cristo*, 1844)

Mais si l'impératif est négatif, le pronom **complément d'objet indirect** se place le premier (1) ; toutefois *lui* et *leur* font exception (2) :

"*Ne me le prenez pas, je vous en supplie, ne me le prenez pas.*" (Sébastien Japrisot, *Un long dimanche de fiançailles*, 1991) (1)

"*Ne lui dites jamais, s'il vous plaît. Pitié.*" (Armel Job, *Tu ne jugeras point*, 2009) (2)

2° Avec un mode autre que l'impératif : les pronoms **conjoints** compléments d'objet *me, te, se, le, la, lui, nous, vous, les, leur* se placent **avant le** verbe (avant l'auxiliaire dans les temps composés) :

> *Je te promets la clé des secrets de mon âme.* (Johnny Hallyday, **Je te promets**, 1986)
>
> *On leur avait demandé de partir.* (Delphine de Vigan, **Les heures souterraines**, 2009)
>
> *Tu lui diras les choses progressivement.* (Marie-Aude Murail, **Oh, boy !**, 2000)

Quand le verbe a deux compléments d'objet, l'un direct, l'autre **indirect**, celui-ci se place le premier (sauf avec *lui* et *leur*) :

> *Tu vas me le dire. Tu me le dois.* (Scholastique Mukasonga, **Notre-Dame du Nil**, 1831)
>
> *Nous le lui affirmons sur cette barricade.* (Victor Hugo, **Les misérables**, 1862) (*Lui* et *leur* se placent après le complément d'objet direct.)

Les pronoms personnels **disjoints** *moi, toi, soi, lui, elle, nous, vous, eux, elles* utilisés comme compléments se placent généralement **après le verbe** :

> *C'est qu'ils les aiment eux, les histoires que je ne veux pas entendre.* (Virginie Deloffre, **Léna**, 2011)
>
> *Il me plaît, à moi.* (Jean Giraudoux, **La guerre de Troie n'aura pas lieu**, 1935)

<small>Phrase avec détachement p. 387</small>

Elles sont parfois détachées avant le verbe, par effet de style :

> *À moi ils n'avaient rien demandé ; à lui, ils avaient demandé d'un geste de présenter une carte qui prouve son identité.* (Alexis Jenni, **L'art français de la guerre**, 2011)
>
> *À moi aussi, il arrive d'aboyer.* (Pascal Manoukian, **Le diable au creux de la main**, 2013)

3° Avec un infinitif complément d'un verbe principal : le pronom personnel complément de cet infinitif se place immédiatement avant ce dernier :

> *Appelez-moi votre responsable, je veux le voir.* (Anna Sam, **Les tribulations d'une caissière**, 2008)

Toutefois si l'infinitif est complément de *voir, entendre, sentir, laisser, faire, regarder, envoyer*, le pronom personnel complément de cet infinitif se place avant le verbe principal si celui-ci n'est pas à l'impératif :

> *Marseille était la dernière direction qu'on s'attendrait à le voir prendre.* (Jean-Christophe Grangé, **Le passager**, 2011)

Si au contraire le verbe principal est à l'impératif sans négation, le pronom se place après le verbe : *Faites-le prendre*.

c) Le pronom personnel attribut

Les pronoms disjoints *moi, toi, lui, elle, soi, nous, vous, eux, elles* s'emploient comme attributs après le verbe *être* (surtout avec le sujet *ce*) :

> *Ma vie c'est **toi**.* (Nelly Alard, *Moment d'un couple*, 2013)
>
> *Eh bien, toi c'est toi, moi c'est **moi**. D'accord ?* (Éric-Emmanuel Schmitt, *Les perroquets de la place d'Arezzo*, 2013)
>
> *Suis-je **moi** ou l'ombre qui s'attache à mes pas ?* (Gwenaëlle Aubry, *Perséphone 2014*, 2016)
>
> *Ma plus belle histoire d'amour c'est **vous**.* (Barbara, *Ma plus belle histoire d'amour*, 1965)
>
> *Si j'étais **vous**, j'irais faire un petit tour au spa.* (Guillaume Musso, *La fille de papier*, 2010)

Pour représenter un nom indéterminé (c'est-à-dire sans article ou précédé de l'article indéfini ou de l'article partitif) ou un adjectif, on emploie comme pronom attribut le neutre *le,* invariable :

> *— Nous serons maudits, murmura Bamby. — Nous **le** sommes déjà.* (Michel Bussi, *On la trouvait plutôt jolie*, 2017)
>
> *Je voulais devenir imprimeur, je **le** suis.* (Anne Cuneo, *Le maître de Garamond*, 2002)
>
> *Mais l'épée devait bien sûr leur être retirée et, un soir, elle **le** fut.* (Jérôme Ferrari, *Le sermon sur la chute de Rome*, 2012)

> **Remarque**
> Si le nom est déterminé (précédé d'un article ou d'un déterminant), on emploie parfois *le, la* ou *les* accordé avec ce nom. Mais cet usage reste relativement rare :
> *J'ai été cette pauvre chose-là. Tu **la** seras toi aussi.* (Henry de Montherlant)

Le, neutre, peut représenter comme attribut un participe passif :

> *Sans vous, je serais haï et digne de **l'être**.* (François de Fénelon, *Les aventures de Télémaque*, 1699)

Il peut aussi représenter, en le faisant sous-entendre au passif, un verbe qui précède, à l'actif : cet usage est condamné par Littré et par beaucoup de grammairiens, mais il est attesté par nombre d'auteurs :

> *On ne peut bien déclamer que ce qui mérite de **l'être**.* (Voltaire, *Le siècle de Louis XIV*, 1751)
>
> *Ne vous laissez pas troubler … J'avoue que je **l'**ai été moi-même au début.* (André Maurois, *Le cercle de famille*, 1936)

d) Cas particuliers

Le pronom réfléchi

À la 1re personne, on emploie comme réfléchis les pronoms *me, nous* : *je me blesse, nous nous blessons.*

À la 2ᵉ personne, ***te, vous*** : *tu te blesses, vous vous blessez*.

À la 3ᵉ personne, le pronom réfléchi a deux formes spéciales : une forme conjointe : ***se*** (toujours devant le verbe) ; une forme disjointe : ***soi*** (après le verbe) : *il(s) se blesse(nt) ; chacun pense à soi*.

> **Remarque**
> Au point de vue de sa valeur logique, le pronom de forme réfléchie a tantôt un sens réfléchi, tantôt un sens non réfléchi.
> Au sens réfléchi, il indique, comme complément d'objet direct ou indirect, que l'action revient sur le sujet : *Je me blesse. Tu te nuis.*
> Au pluriel, il peut marquer un sens réciproque : *Nous nous querellons. Ces deux hommes se disent des injures.*
> Au sens non réfléchi, il ne marque aucunement que l'action revient sur le sujet ; il n'est pas alors analysable séparément et fait corps avec le verbe. Il s'emploie ainsi, soit comme pronom sans fonction logique : (*Je m'évanouis, il se meurt*) soit comme pronom auxiliaire de conjugaison servant à faire exprimer au verbe l'idée du passif : *Le blé se vend bien.*

Soi, seul ou renforcé par *même*, ne se rapporte, en général, qu'à un sujet **indéterminé** et singulier (mais il s'agit toujours d'une personne) :

> *Plus personne ne sait combler l'abîme à l'intérieur de **soi**.* (ÉRIC VUILLARD, **La bataille d'Occident**, 2012)

> *On ne tremble jamais que pour **soi**, que pour ceux qu'on aime.* (MARCEL PROUST, **Du côté de chez Swann**, 1913)

> *Chacun pour **soi**, chacun chez **soi** !* (CAROLE MARTINEZ, **La terre qui penche**, 2015)

Avec un sujet **déterminé**, on emploie généralement *lui, elle(s), eux* :

> *M. Thiboust-Gouron était dur pour **lui-même** comme pour autrui.* (JEAN-PAUL SARTRE, **La nausée**, 1938)

Il ne serait pas incorrect de mettre *soi*, comme à l'époque classique :

> *Le feu s'était de **soi-même** éteint.* (GUSTAVE FLAUBERT, **Salammbô**, 1862)

> *Elle hochait la tête, regardant droit devant **soi**.* (ALAIN FOURNIER, **Le grand Meaulnes**, 1913)

En particulier si une équivoque par rapport au référent est possible et aussi quand le sujet désigne un type, un caractère :

> *Doña Manuela, laissant comme toujours sa fille s'occuper de **soi**.* (OCTAVE AUBRY, **Impératrice Eugénie**, 1933) (Si on avait le pronom *elle*, le référent serait équivoque : sa fille ou Doña Manuela.)

On constate que ces usages de *soi* avec sujet déterminé sont beaucoup plus rares.

> **Remarque**
> *Soi-disant* fonctionne comme un adjectif invariable s'applique à des personnes ou à des choses :
> *Il donne rendez-vous aux deux **soi-disant** vainqueurs un peu plus tard, à l'hôpital.* (Philippe Jaenada, *La petite femelle*, 2015)
> Il *croit que j'ai compris ce qui se cache réellement derrière cette **soi-disant** adoption.* (Hélène Grémillon, *La garçonnière*, 2013)
> Selon l'Académie (billet du 6 mars 2014[1]), *soi-disant* ne devrait s'appliquer qu'à des êtres doués de parole et capables de *se dire*. Dans le second exemple, on pourrait ainsi préférer l'adjectif *prétendue* pour qualifier *adoption*. Malgré le côté logique de cette explication, on remarque que l'usage ne fait pas ou plus cette analyse et que de très nombreux auteurs utilisent *soi-disant* en dehors de ce contexte restreint : *le mandat soi-disant impératif* (Jean-Paul Sartre, *Les mots*, 1963) ; *au grand détriment de toutes les maisons de campagne ou soi-disant châteaux du voisinage* (Stendhal, *Le rouge et le noir*, 1830) ; *un soi-disant contre-poison* (Victor Hugo, *Lucrèce Borgia*, 1833) ; *la soi-disant bonne santé* (Jean Giono, *Le hussard sur le toit*, 1951) ; *un soi-disant chemin* (Serge Joncour, *Bol d'air*, 2011) ; etc.
> *Soi-disant* peut également se dire au sens adverbial de « censément, prétendument » :
> *Elle avait pris la mouche un jour où il lui avait, **soi-disant**, mal parlé.* (Katherine Pancol, *Les écureuils de Central Park sont tristes le lundi*, 2010)
> *Cet enfant, l'enfant qu'il a **soi-disant** adopté.* (Hélène Grémillon, *La garçonnière*, 2013)

Les pronoms *en* et *y* sont pronoms personnels quand, représentant, soit un nom de chose ou d'animal, soit une idée, ils équivalent, le premier à un complément construit avec *de*, le second à un complément construit avec *à* ou *dans* :

> *Pour la première fois de ma vie, sans doute, je considère comme un travail manuel le fait d'écrire. Pour la première fois du moins, j'**en** apprécie l'aspect pénible.* (Philippe Jaenada, *La serpe*, 2017) (= J'apprécie l'aspect pénible de ce travail.)
>
> *Remuez le monde, changez-**en** la face.* (Alexandre Dumas, *Le Comte de Monte-Cristo*, 1844) (= changez la face de ce monde.)
>
> *Vous chantiez ? J'**en** suis fort aise : Eh bien dansez maintenant.* (Jean de La Fontaine, *La cigale et la fourmi*, 1668)
>
> *Je vais vous poser des questions et vous **y** répondrez.* (Gaston Leroux, *Le mystère de la chambre jaune*, 1907) (= Vous répondrez aux questions.)
>
> *Anne-Lise c'est le genre de numéro que je devrais effacer, mais j'**y** suis attaché à mes numéros.* (Serge Joncour, *Combien de fois je t'aime*, 2008) (Ici le référent du pronom *y* – *numéro* – est repris pour créer un effet de renforcement : *à mes numéros*.)
>
> *En dessous de nous, il **y** a un fond de 8 000 mètres. Pensez-**y**.* (Bernard Quiriny, *Histoires assassines*, 2015)

---

1. http://www.academie-francaise.fr/soi-disant-pour-pretendu

> **Remarques**
> **1.** Il est parfois difficile de décider si *en* (du lat. *inde*, « de là ») et *y* (du lat. *ibi*, « là ») sont adverbes de lieu ou pronoms personnels. On pourra observer, en particulier :
> a) qu'ils sont **pronoms personnels** quand ils représentent un nom (une chose ou une personne) ou une proposition :
>
> — *La villa n'a pas été démolie. — Si, j'en viens.* (Didier van Cauwelaert, *Attirances*, 2005)
>
> *Cette histoire de la première nuit, c'est peut-être pour vous, pensez-y.* (Emmanuel Carrère, *D'autres vies que la mienne*, 2009)
>
> *Les pochetrons du coin. Presque sympas. Ne vous y fiez pas !* (Michel Bussi, *Un avion sans elle*, 2012)
>
> b) qu'ils sont **adverbes de lieu** lorsque, ne représentant ni un nom ni une proposition, ils équivalent à « de là », « là » *Sors-tu d'ici ? Oui, j'en sors. N'allez pas là : il y fait trop chaud.*
>
> **2.** *En* et *y* ont une valeur imprécise dans un grand nombre d'expressions, telles que : *s'en aller, s'en tirer, en vouloir à quelqu'un, c'en est fait, il y va de l'honneur, il n'y paraît pas, n'y voir goutte, il s'y prend mal, s'en tenir à quelque chose, y regarder à deux fois,* etc.

3. Les pronoms possessifs

Les pronoms possessifs représentent le nom en ajoutant à l'idée de ce nom une idée de possession :

> *Il n'y avait pas d'autres voitures sur le quai, que* **la sienne**. (Claudie Gallay, *Les déferlantes*, 2008)

Le pronom possessif marque souvent, non la possession au sens strict, mais divers rapports :

> *Dans une situation aussi désespérée que la* **sienne***, elle n'avait plus le choix.* (Liliana Lazar, *Enfants du Diable*, 2016)
>
> *Adolescent, je l'ai maudit, mais je n'ai pas choisi une autre route que la* **sienne***.* (Amélie Nothomb, *Le crime du comte Neville*, 2015)
>
> *Ma carrière était fichue, et ils le savaient. La* **leur** *était au zénith.* (Bernard Quiriny, *Les assoiffées*, 2010)

Les pronoms possessifs sont :

	Un seul objet		Plusieurs objets	
	Masculin	Féminin	Masculin	Féminin
Un seul possesseur	le mien le tien le sien	la mienne la tienne la sienne	les miens les tiens les siens	les miennes les tiennes les siennes
Plusieurs possesseurs	le nôtre le vôtre le leur	la nôtre la vôtre la leur	les nôtres les vôtres les leurs	

Le pronom possessif s'emploie parfois d'une manière absolue, sans représenter aucun nom exprimé :
1° au masculin pluriel pour désigner les proches, les partisans :

> *Dans sa prison, il pourra travailler encore pour **les siens**.* (Victor Hugo, *Le dernier jour d'un condamné*, 1829)
>
> *Je me sentais isolé et sans lien avec **les miens**, même dans leur sollicitude.* (Kamel Daoud, *Zabor*, 2017)

2° dans certaines locutions : *y mettre du sien ; faire des siennes*.

> *Si chacun y met du sien, tout se passera bien.* (David Foenkinos, *Charlotte*, 2014)
>
> *Il risquait de faire des siennes en public, de la couvrir de honte.* (Armel Job, *Tu ne jugeras point*, 2009)

4. Les pronoms démonstratifs

1. Définition

Les pronoms démonstratifs désignent, sans les nommer, les êtres ou les objets que l'on montre (valeur déictique), ou dont on va parler, ou dont on vient de parler (valeur anaphorique) :

> *Voyez **ceci**, avait lancé le médecin.* (Marcus Malte, *Le garçon*, 2016)
>
> *Ils espèrent un univers parallèle plus accueillant que **celui-ci**.* (Frédéric Beigbeder, *Un roman français*, 2009)

Le pronom démonstratif n'implique pas toujours l'idée démonstrative : cette idée est effacée dans *celui, ceux, celle(s), ce* :

> ***Ceux** qui n'ont pas mis les pieds dans une école meurent de faim ?* (Mohammed Dib, *La grande maison*, 1952) (Ceux = « les personnes », non « ces personnes ».)
>
> ***Cela** est effrayant de passer aussi près de la destruction, mais **cela** effraye encore plus cette vie.* (Alexis Jenni, *L'art français de la guerre*, 2011) (Cela apparait ici comme une variante du *il* impersonnel.)

Les pronoms démonstratifs sont simples ou composés et susceptibles de varier en genre et en nombre :

	SINGULIER			PLURIEL	
	Masculin	Féminin	Neutre	Masculin	Féminin
Formes simples	celui	celle	ce	ceux	celles
Formes composées	celui-ci celui-là	celle-ci celle-là	ceci cela, ça	ceux-ci ceux-là	celles-ci celles-là

2. L'emploi des pronoms démonstratifs

Les formes composées (*celui-ci, celle-là, ceux-ci,* etc.) sont syntaxiquement autonomes.

- **Celui, celle(s), ceux**

Celui, celle(s), ceux demandent toujours après eux, soit un participe, soit un complément introduit par une préposition, soit une proposition relative :

> Il n'y a pas d'autre décoration que **celle** créée par les rayons de soleil dans les pièces que Naïma traverse timidement. (ALICE ZENITER, ***L'art de perdre***, 2017)

> Comment écrire l'histoire du fils sans **celle** du père. (PATRICK DEVILLE, ***Peste & Choléra***, 2012)

> Il n'était plus question ni de sous, ni de guerre, sinon **celle** entre l'homme et la femme. (ALAIN BERENBOOM, ***La fortune Gutmeyer***, 2015)

> **Celles** qui ouvrent leur cœur s'en mordent les doigts. (MIANO LÉONORA, ***Crépuscule du tourment***, 2017)

On trouve aussi *celui, celle(s), ceux*, suivis d'un adjectif, lorsque *celui-ci* est accompagné d'un complément :

> Ils sont si rares **ceux** capables de s'explorer. (PATRICK DECLERCK, ***Démons me turlupinant***, 2012)

- **Ce**

Ce s'emploie comme sujet :
1° devant un pronom relatif :

> **Ce** que l'on conçoit bien s'énonce clairement. (NICOLAS BOILEAU, ***L'art poétique***, 1674)

2° devant le verbe *être* (parfois précédé de *devoir* ou de *pouvoir*) :

> **Ce** fut le début du succès. (ADÉLAÏDE DE CLERMONT-TONNERRE, ***Fourrure***, 2010)

> **Ce** devait être une sorte de carnaval. (ÉRIC VUILLARD, ***Conquistadors***, 2009)

Ce, devant le verbe *être,* peut **reprendre** un sujet :

> *Tout cela, ce devait être au début.* (Patrick Modiano, *Rue des Boutiques Obscures,* 1978)
>
> *Faire un enfant, c'est un risque à courir… On ne gagne pas à tous les coups.* (Jean-Louis Fournier, *Où on va, papa ?,* 2008)

Il peut aussi **annoncer** un sujet, qui est :
- soit un nom ou un pronom introduits par *que* : *C'est un trésor que la santé* ;
- soit un infinitif introduit par *de* ou *que de* : *C'est une folie (que) d'entreprendre cela* ;
- soit une proposition introduite par *que,* parfois par *comme, quand, lorsque, si* :

> *C'est une honte qu'un mauvais homme comme lui n'ait pas rencontré plus tôt la mort.* (Alice Zeniter, *L'art de perdre,* 2017)
>
> *C'est étonnant comme les drames unissent les familles.* (David Foenkinos, *Les souvenirs,* 2011)
>
> *C'est meilleur quand c'est réchauffé.* (Jean-Michel Guenassia, *Le club des incorrigibles optimistes,* 2009)
>
> *C'est pire si tu ne dis rien.* (Jakuta Alikavazovic, *L'avancée de la nuit,* 2017)

> **Remarque**
>
> *C'est* forme avec *qui* ou *que* un tour qui permet de mettre en évidence n'importe quel constituant de la phrase, sauf le verbe :
>
> *C'est moi qui suis désolée pour toi.* (Katherine Pancol, *La valse lente des tortues,* 2008)
>
> *C'est la raison qui ouvre les yeux.* (Marcel Proust, *Sodome et Gomorrhe,* 1922)
>
> *C'est demain que tout doit se faire.* (Olivier Truc, *Le dernier Lapon,* 2012)

Ce s'emploie comme **attribut** ou comme **complément** immédiatement devant un pronom relatif :

> *Je ne pouvais pas inviter tous les exilés, car ce n'est pas ce qui manque à New York.* (Dany Laferrière, *L'énigme du retour,* 2009)
>
> *Tout ce qui vous importe, ce sont les apparences.* (Agnès Martin-Lugand, *Les gens heureux lisent et boivent du café,* 2013)

Ce, non suivi d'un pronom relatif, est complément dans certains tours anciens : *et ce, ce disant, ce faisant, pour ce faire, sur ce, de ce non content* :

> *Elle m'a tout raconté et ce, croyez-m'en, dans les moindres détails.* (Yann Moix, *Naissance,* 2013)

Les démonstratifs prochains *ceci, celui-ci, celle(s)-ci, ceux-ci* s'emploient en opposition avec les démonstratifs lointains *cela, celui-là, celle(s)-là, ceux-là,* pour distinguer nettement l'un de l'autre deux êtres ou objets, deux groupes d'êtres ou d'objets qu'on a devant soi :

> *Ceci est à moi, cela est à vous. (Dictionnaire de l'Académie)*
>
> *De ces deux frères, celui-ci est plus actif que celui-là. (Dictionnaire de l'Académie)*

Le plus souvent, quand il y a opposition, les démonstratifs prochains désignent l'être ou l'objet, les êtres ou les objets les plus rapprochés ou nommés en dernier lieu ; les démonstratifs lointains désignent l'être ou l'objet, les êtres ou les objets éloignés ou nommés en premier lieu :

> *Île de la Grande-Jatte, une discussion des ouvriers Werck et Pigot, a fini par trois balles que tira celui-ci et que reçut celui-là. (Félix Fénéon, Faits divers. 1210 nouvelles en trois lignes, 2018)*

S'il n'y a pas opposition, les **démonstratifs prochains** s'appliquent à ce qui va être dit, à l'être ou à l'objet, aux êtres ou aux objets, qu'on a devant soi, ou dont on parle, ou dont on va parler ; les **démonstratifs lointains** représentent ce qui a été dit, l'être ou l'objet, les êtres ou les objets dont on a parlé :

> *Dites ceci de ma part à vos amis. (Dictionnaire de l'Académie)*
>
> *Julien, qui avait le temps de faire des phrases, se souvint de celle-ci : – Regretteriez-vous la vie ? (Stendhal, Le rouge et le noir, 1830)*

> **Remarques**
> 1. *Celui-là, ceux-là* s'emploient au lieu de *celui, ceux,* lorsque la relative qui les détermine est rejetée après la principale :
>   *Ceux-là font bien qui font ce qu'ils doivent.* (Jean de La Bruyère, *Les caractères*, 1688)
> 2. *Ça* est une forme réduite de *cela*. Au XVIIe siècle, il était de la langue populaire ; c'est au XIXe et au XXe siècles qu'il s'est imposé dans l'usage général, tout en restant cependant moins « soigné » que *cela* :
>   *Il a une panoplie d'expressions : « Ça suffit ! » « OK ! » « Ça fera ! »* (Wadji Mouawad, *Anima*, 2012)
>   *Ça pourrait, ça devrait ne rien me faire du tout.* (Lydie Salvayre, *BW*, 2009)
> 3. *Cela, ça,* dans la langue familière, désignent parfois des personnes :
>   *Un juge, ça a des hauts et des bas.* (Albert Camus, *Les justes*, 1949)
> 4. Dans l'exemple suivant, *celui-ci* ou *celle-là* est utilisé pour référer de manière indéterminée à des individus. Il n'y a pas de mise en opposition des deux pronoms.
>   *Ils suivront celui-ci ou celle-là des jours entiers.* (Victor Hugo, *Les misérables*, 1862)

5. Les pronoms relatifs
1. Définition

Le pronom relatif sert à introduire une proposition subordonnée dite *relative*. Généralement, le pronom établi un lien entre la subordonnée relative et un antécédent qu'il représente. Cet antécédent, qui peut être un nom, un groupe nominal ou un pronom voit son sens précisé par la relative :

> Le premier pas, mon fils, [que l'on fait dans le monde]
> Est celui [dont dépend le reste de nos jours]. (VOLTAIRE, L'indiscret, 1877)
>
> Je suivais une femme [dont le regard m'avait plu]. (ÉRIC-EMMANUEL SCHMITT, Les perroquets de la place d'Arezzo, 2013)

Les pronoms *qui, que, quoi* et *où* peuvent également introduire des **relatives substantives** et dans ce cas, ils n'ont pas d'antécédent. On retrouve ce type de construction dans de nombreux proverbes : *[qui va à la chasse] perd sa place ; [qui vivra] verra ; [qui se sent morveux] se mouche ; [qui trop embrasse] mal étreint ; [qui se couche avec les chiens] se lève avec les puces,* etc. (**Proverbes**).

Les pronoms relatifs ont des formes simples et des formes composées :

Formes simples	qui, que, quoi, dont, où Les pronoms *qui, que, dont, où* peuvent être utilisés avec des antécédents des deux genres et des deux nombres. *Quoi* a généralement un référent indéterminé ou de sens vague.			
Formes composées	SINGULIER		PLURIEL	
	Masculin	Féminin	Masculin	Féminin
	lequel duquel auquel	laquelle de laquelle à laquelle	lesquels desquels auxquels	lesquelles desquelles auxquelles

Les formes simples varient essentiellement d'après leur fonction au sein de la relative et en fonction du caractère animé/inanimé de l'antécédent dans les compléments prépositionnels :

> C'est mon père, je sais **de qui** je parle. (ÉRIC-EMMANUEL SCHMITT, Le poison d'amour, 2014)
>
> Tous ceux qui ont déjà fait de la garde à vue savent **de quoi** je parle : le retour à l'état de bête soumise et inquiète. (FRÉDÉRIC BEIGBEDER, Un roman français, 2009)

Même si la forme du pronom relatif ne change pas, celui-ci est malgré tout du même genre, du même nombre et de la même personne que son antécédent :

> C'est peut-être elle **que** j'ai **fuie** en m'excluant moi-même de leur assemblée. (NÉGAR DJAVADI, Désorientale, 2016)
>
> C'est elles **que** j'ai **vues** en premier. (GAËL FAYE, Petit pays, 2016)

Les formes composées sont également marquées par le genre et le nombre de leur antécédent. Certaines formes résultent de la contraction d'une préposition (*à* ou *de*) avec le pronom : *à + lequel = auquel ; de + lequel = duquel ; de + laquelle = de laquelle,* etc.

> *La seule chose à laquelle je pense sur le moment : appeler la sécurité.* (ANNA SAM, *Les tribulations d'une caissière*, 2008)

Outre les formes signalées dans ce tableau, il y a les pronoms relatifs composés *quiconque, qui que, quoi que, qui que ce soit qui, qui que ce soit que, quoi que ce soit qui, quoi que ce soit que,* qui sont des **relatifs indéfinis** :

> *Quiconque est égaré, n'est égaré qu'à son propre détriment.* (GILBERT SINOUÉ, *Avicenne ou La route d'Ispahan*, 1989)
>
> *Qui que tu sois, tu es unique et, une fois parti, tu ne reviendras jamais.* (PATRICK DECLERCK, *Crâne*, 2016)
>
> *Quoi que tu en penses, je te préviens, je lâche la surveillance.* (FRED VARGAS, *Debout les morts*, 1995)
>
> *Je me révélais incapable d'exprimer quoi que ce soit.* (HEDWIGE JEANMART, *Blanès*, 2014)

Dans l'analyse des mots de la subordonnée, on peut considérer globalement chacun des relatifs composés *qui que, quoi que,* etc., mais strictement parlant, c'est le premier élément qui a une fonction particulière de sujet, d'attribut, etc.

> **Remarque**
> S'emploient sans antécédent :
> 1° *qui, que, quoi, où,* pris comme relatifs indéfinis ;
> 2° les relatifs indéfinis *quiconque, qui que, quoi que, qui que ce soit qui (ou que), quoi que ce soit qui (ou que)* :
>
> *Qui n'a pas connu l'absence ne sait rien de l'amour.* (CHRISTIAN BOBIN, *Une petite robe de fête*, 1991)
>
> *Vous d'abord et advienne que pourra.* (PATRICK DEVILLE, *Taba-Taba*, 2017)
>
> *Il paraît qu'avec ce qu'elle a gagné dans son hôtel, elle a de quoi assurer.* (PATRICK LAPEYRE, *La vie est brève et le désir sans fin*, 2010)
>
> *J'ai tant d'invitations que je ne sais où donner de la tête.* (MARCEL PROUST, *Sodome et Gomorrhe*, 1922)
>
> *Je tuerai quiconque de ces ivrognes et drogués tentera de le toucher.* (MOHAMED CHOUKRI, *Le pain nu*, 1973)

CHAPITRE **4** Le pronom

2. L'emploi des pronoms relatifs

Fonction	Antécédent animé	Antécédent inanimé
Sujet	qui que	qui
COD ou attribut	que	que
Complément prépositionnel	préposition + qui, dont	préposition + quoi, dont, où

- **Qui**

Qui est sujet ou complément.

a) Comme **sujet**, il s'applique à des personnes ou à des choses :

> Un jeune homme, **qui** n'avait pas l'air très intelligent, parla quelques instants avec un monsieur **qui** se trouvait à côté de lui. (Raymond Queneau, *Exercices de style*, 1947)

> North se dirigea, comme prévu, vers l'arbre **qui** se trouvait au fond du jardin. (Alexandre Postel, *Un homme effacé*, 2013)

Il s'emploie sans antécédent comme **nominal**, dans certains proverbes ou dans certaines expressions sentencieuses :

> **Qui** se sent morveux, qu'il se mouche. (Molière, *L'avare*, 1668)

> **Qui** se ressemble s'assemble, n'est-ce pas ? (Marcus Malte, *Les harmoniques*, 2011)

De même dans *qui plus est, qui mieux est, qui pis est*, et après *voici, voilà* :

> Il avait **qui plus est** le sens du symbole. (Michel Houellebecq, *Soumission*, 2015)

> Ainsi donc, voilà **qui** est fait. (Alfred de Musset, *Lorenzaccio*, 1895)

> Dans notre comédie les hommes sont souvent des bêtes ; et **qui pis est**, des bêtes méchantes. (Pierre-Augustin Caron de Beaumarchais, *Le mariage de Figaro*, 1785)

Qui répété s'emploie comme sujet au sens distributif de « celui-ci... celui-là, ceux-ci... ceux-là » :

> Les couloirs grouillent de fourmis serrant, **qui** sa plume, **qui** son duvet-souvenir. (Bernard Werber, *Les fourmis*, 1991)

b) Comme **complément**, *qui* est précédé d'une préposition et s'applique à des personnes ou à des choses personnifiées, parfois aussi à des animaux :

> *Ce n'est pas moi qui le veux ; c'est l'homme dur à qui je parle.* (Denis Diderot, **Jacques le fataliste et son maître**, 1796)
>
> *Je suis ébahie qu'un homme que je connais, qui est mon parrain, dans la voiture de qui je monte, à côté de qui je marche dans la rue, ait su inventer une histoire qui me captive.* (Catherine Cusset, **Une éducation catholique**, 2014)
>
> *Devait-elle accepter d'épouser un homme pour qui elle n'éprouvait nulle attirance.* (Lydie Salvayre, **Pas pleurer**, 2014)

Dans les phrases telles que les suivantes, *qui,* **relatif indéfini**, a sa fonction (sujet ou complément) dans la proposition relative, et cette proposition tout entière est complément du verbe principal ou d'un autre mot de la principale :

> *Vous ne savez pas à qui vous avez l'honneur de parler !* (Romain Gary, **La promesse de l'aube**, 1960)
>
> *Liane clame à qui veut bien l'entendre que le mariage lui a apporté bonheur et liberté.* (Delphine de Vigan, **Rien ne s'oppose à la nuit**, 2011)
>
> *Un enquêteur se demande à qui profite le crime.* (Bernard Quiriny, **Contes carnivores**, 2008)

- **Que**

Que, relatif, s'applique à des personnes ou à des choses. Il peut être sujet, attribut ou complément.

a) Le relatif *que* est le plus souvent **complément d'objet direct** (COD) au sein de la proposition relative :

> *Je me sentis étreint d'une sorte de regret absurde pour les enfants que cette femme aurait pu mettre au monde.* (Marguerite Yourcenar, **Le coup de grâce**, 1939) (Cette femme aurait pu mettre au monde [que=les enfants]$_{COD}$.)

b) *Que,* neutre, peut être **attribut** :

> *Vous êtes aujourd'hui ce qu'autrefois je fus.* (Pierre Corneille, **Le Cid**, 1637)
>
> *Je l'ai méconnu, je l'ai repoussé, je lui ai fait mille maux ! infâme que je suis !* (Honoré de Balzac, **Le père Goriot**, 1835)

c) Il est **sujet** dans quelques expressions figées (1,2,3,4) ou dans les **propositions infinitives** (5) :

> *Que Paul fasse ce que bon lui semble.* (Jean Cocteau, **Les enfants terribles**, 1929) (1)
>
> *Advienne que pourra, a-t-elle soupiré en me détachant d'elle pour me remettre au travail.* (Didier van Cauwelaert, **La femme de nos vies**, 2013) (2)

> *Il serait, **coûte que coûte**, le premier secrétaire de sa vie.* (David Foenkinos, **La délicatesse**, 2009) (3)
>
> *À part cela, la vie ordinaire a repris, **vaille que vaille**.* (Armel Job, **Tu ne jugeras point**, 2009) (4)
>
> *Eden ne sait **que** penser de ce discours.* (Laurent Binet, **HHhH**, 2010) (5)

Avec les verbes impersonnels, *que* introduisant la proposition relative est séquence de l'impersonnel :

> *Il avait vingt-quatre ans – le temps **qu'**il faisait était le cadet de ses soucis.* (Virginie Despentes, **Vernon Subutex 2**, 2015)

d) Il est **complément adverbial** quand il a la valeur de *où, durant lequel,* etc. :

> *Du temps **que** je gardais les bêtes sur le Luberon, je restais des semaines entières sans voir âme qui vive.* (Alphonse Daudet, **Lettres de mon moulin**, 1869)
>
> *Depuis **que** je l'ai vu entrer dans la salle d'audience, je sais qu'il est très en colère contre moi.* (Pierre Lemaitre, **Cadres noirs**, 2010).

- **Quiconque**

Quiconque ne se rapporte à aucun antécédent. Il signifie « celui, quel qu'il soit, qui » : il est donc de la 3ᵉ personne du masculin singulier et est normalement sujet :

> ***Quiconque** voulait l'accompagner essuyait un refus.* (Éric-Emmanuel Schmitt, **Les perroquets de la place d'Arezzo**, 2013)
>
> *Et l'on crevait les yeux à **quiconque** passait.* (Victor Hugo, **La conscience**, 1859)

Quiconque est aussi employé au sens de « n'importe qui » (ou de « personne ») :

> *Pourquoi ne les invite-t-il pas à souper, comme ferait **quiconque** à sa place ?* (Henry de Montherlant, **Maître de Santiago**, 1947)
>
> *Toutes les plus vives peines perdent leur force pour **quiconque** en voit le dédommagement grand et sûr.* (Jean-Jacques Rousseau, **Les rêveries du promeneur solitaire**, 1782)

Remarque

Lorsque *quiconque* a nettement rapport à une femme, l'adjectif dont il commande l'accord est au féminin (mais ce cas est relativement rare) :
Mesdames, quiconque de vous sera assez hardie pour médire de moi, je m'en ferai repentir. (Dictionnaire de l'Académie).

- **Quoi que**

Quoi que, en deux mots, doit être distingué de la conjonction *quoique*, en un mot.

Quoi que (pronom relatif) signifie « quelle que soit la chose que » :

> *Quoi que vous disiez, ne dites rien.* (Sorj Chalandon, *Retour à Killybegs*, 2011)

Quoique (conjonction) signifie « bien que » :

Conjonction p. 322

> *Vous êtes un bon serviteur, Bertuccio, quoique vous manquiez de confiance.* (Alexandre Dumas, *Le Comte de Monte-Cristo*, 1844)

- **Quoi**

Quoi, relatif, ne s'applique qu'à des choses. Il s'emploie uniquement comme complément et est presque toujours précédé d'une préposition ; il se rapporte généralement à un antécédent de sens vague (*ce, rien, chose*, etc.) ou à toute une proposition :

> *C'est la première fois que je n'ai rien sur quoi m'appuyer.* (Didier van Cauwelaert, *Attirances*, 2005)
>
> *Quand tu me corriges, sur quoi t'appuies-tu ?* (Jacqueline Harpman, *Moi qui n'ai pas connu les hommes*, 1995)

Quoi s'emploie parfois sans antécédent :

> *Faut dire que la gamine, elle a de quoi affoler, vous la verriez l'été.* (Serge Joncour, *L'écrivain national*, 2014)

> **Remarque**
>
> La langue littéraire, reprenant un vieil usage, emploie assez fréquemment *quoi* dans le sens de *lequel* :
>
> *Regrets sur quoi l'enfer se fonde.* (Guillaume Apollinaire, *La chanson du mal-aimé*, 1913) (Au lieu de *lesquels*.)
>
> *Cette cathédrale de lumière sur quoi ouvrait la porte n'était que la montée d'escalier d'une barre HLM, plutôt petite.* (Alexis Jenni, *Élucidations. 50 anecdotes*, 2013)
>
> *Il se tue pour une chose à quoi il tient.* (André Malraux, *Les conquérants*, 1928)

- **Lequel**

Lequel s'applique à des personnes ou à des choses et s'emploie comme sujet ou comme complément. Il est variable en genre et en nombre :

  a) Comme **sujet**, il se rencontre dans la langue juridique ou administrative, mais aussi dans la langue courante quand il permet d'éviter l'équivoque :

CHAPITRE **4** Le pronom

> *Le corps est lentement purgé de son sang,* **lequel** *est remplacé par un liquide réfrigéré qui, injecté à fort débit, va rincer les organes de l'intérieur.* (Maylis de Kerangal, **Réparer les vivants**, 2014)
>
> *Depuis, aucun signe de vie, sauf à Marie,* **laquelle** *a reçu ses excuses et des messages d'amour.* (Éric-Emmanuel Schmitt, **Le poison d'amour**, 2014)
>
> *Les porte-jarretelles en dentelle et les combinaisons en nylon rose,* **lesquels** *ont le pouvoir de convoquer ses rêveries d'amour les plus échevelées.* (Lydie Salvayre, **Pas pleurer**, 2014)

b) Comme **complément**, *lequel,* toujours précédé d'une préposition, renvoie le plus souvent à un nom de chose ou d'animal :

> *Je tire une luge d'enfant sur* **laquelle** *j'ai chargé un sac de vêtements.* (Sylvain Tesson, **Dans les forêts de Sibérie**, 2011)

Après *parmi, qui* ou *quoi* est exclu :

> *Pétain et ses sbires* **parmi lesquels** *Jacques de Lesdain sont à Sigmaringen.* (Patrick Deville, **Taba-Taba**, 2017)
>
> *Toute une vie étrange d'objets vieillots et désuets,* **parmi lesquels** *je passais des heures merveilleuses.* (Romain Gary, **La promesse de l'aube**, 1960)

> **Remarque**
> Dans l'exemple suivant, *lesquels* est un pronom interrogatif qui apparait à la place d'une **subordonnée complément d'objet** et exprime une **interrogation indirecte** :
> *Il a dû hésiter entre plusieurs, je serais curieux de savoir* **lesquels**. (Emmanuel Carrère, **Le Royaume**, 2014)
> *Cette jolie garçonne faisait des ravages, mais je ne savais pas* **lesquels**. (Amélie Nothomb, **Pétronille**, 2014)

• **Dont**

Dont s'applique à des personnes ou à des choses ; comme complément du sujet, du verbe, de l'attribut ou du complément d'objet direct, il marque, comme ferait le relatif ordinaire introduit par *de,* la possession, la cause, la manière, etc. :

> *Paul s'assoit à côté d'elle, ronronne dans son cou* **dont** *il aime l'odeur de bruyère.* (Leïla Slimani, **Chanson douce**, 2016)
>
> *Il lui fit onze enfants,* **dont** *huit survécurent à leur éducation chrétienne.* (Hervé Bazin, **Vipère au poing**, 1948)
>
> *C'est l'appartement d'une femme* **dont** *le mari est prisonnier de guerre.* (Yannick Haenel, **Jan Karski**, 2009)

> **Remarques**
> 1. *Dont* ne peut, en principe, dépendre d'un complément introduit par une préposition. On ne dirait pas, d'ordinaire : **Une amie dont on se console de la mort.*
> 2. *Dont* est parfois, simultanément, complément du sujet et du complément d'objet direct (ou de l'attribut) :
>
>   *Il plaignit les pauvres femmes **dont** les époux gaspillent la fortune.* (Gustave Flaubert, *L'éducation sentimentale*, 1869) (*Dont* est complément du nom *femme* et complément du nom *fortune*.)
>
> 3. Comme complément de verbe pour marquer l'origine, on distingue dans la langue générale :
>
>   1° ***d'où***, quand il s'agit de choses ou que l'on parle d'une source, d'un mouvement :
>
>   *Une ambulance fit le ménage et retourna **d'où** elle venait.* (Daniel Pennac, *Au bonheur des ogres*, 1985)
>
>   *J'ignore **d'où** ils tiraient l'énergie et la force de batailler sans lassitude pour avoir le dernier mot.* (Jean-Michel Guenassia, *Le club des incorrigibles optimistes*, 2009)
>
>   2° ***dont***, quand il s'agit de personnes, de descendance :
>
>   *Il fallait que la famille **dont** elle était sortie occupât dans son village une situation aisée.* (Marcel Proust, *À l'ombre des jeunes filles en fleurs*, 1919)
>
>   Cependant, dans un contexte plus formel (par exemple à l'écrit), on met parfois *dont* dans des phrases où il s'agit de choses :
>
>   *Je fixai la cabine **dont** il venait de sortir.* (Alain Berenboom, *La fortune Gutmeyer*, 2015)
>
>   *Elle fulminait, non contre l'enfant, mais contre le milieu, encore pétri de haines, **dont** il était issu.* (Christophe Boltanski, *La cache*, 2015)
>
>   Quand la phrase est interrogative ou qu'il n'y a pas d'antécédent exprimé, on met toujours *d'où* (qui est alors adverbe interrogatif) :
>
>   *Et le temps, **d'où** vient-il ?* (Nancy Huston, *L'espèce fabulatrice*, 2008)
>
>   *Mais **d'où** vous le sortez, celui-là ?* (René Barjavel, *Ravage*, 1943)

- **Où**

Où, relatif, ne peut s'appliquer qu'à des choses et est toujours complément circonstanciel de lieu ou de temps :

> *Je connais mal **la ville où** j'ai grandi.* (Nelly Alard, *Le crieur de nuit*, 2010)
>
> *Vous devriez dormir **dans l'état où** vous êtes !* (Bernard Minier, *Glacé*, 2011)

Il s'emploie parfois sans antécédent :

> *Les Fleuves m'ont laissé descendre **où** je voulais.* (Arthur Rimbaud, *Le bateau ivre*, 1871)

6. Les pronoms interrogatifs

Phrase interrogative p. 374

1. Définition

Les **pronoms interrogatifs** servent à interroger sur la personne ou la chose dont il est question dans la phase :

CHAPITRE **4**   Le pronom

> *Mais **qui** donc la rendait si malheureuse ?* (GUSTAVE FLAUBERT, *Madame Bovary*, 1856)
>
> *Que me veux-tu, triste oiseau de passage ?* (ALFRED DE MUSSET, *La nuit de décembre*, 1835)
>
> *Conscience, **que** me veux-tu ?* (ALEXANDRE DUMAS, *Le Comte de Monte-Cristo*, 1844)
>
> *On passe sa vie à dire merci, Merci **à qui**, **à quoi** ?* (PATRICK BRUEL, *Qui a le droit ?*, 1991)
>
> *Ils sont dans des embarras avec tous les candidats qu'ils ont... **Lequel** prendre ?* (VIRGINIE DELOFFRE, *Léna*, 2011)

Les formes des pronoms interrogatifs ne sont autres que celles des pronoms relatifs (*dont* et *où* étant exclus). *Où*, dans l'interrogation, est toujours adverbe (au même titre que *comment, quand, combien*, etc.) :

> *Burrhus, **où** courez-vous ?* (JEAN RACINE, *Britannicus*, 1669)

> **Remarque**
>
> On emploie très souvent *est-ce qui*, *est-ce que* couplé aux diverses formes du pronom interrogatif, avec une fonction de renforcement :
>
> *Qui **est-ce qui** vous a donné une couronne ?* (MAURICE MAETERLINCK, *Pelléas et Mélisande*, 1892)
>
> *Qu'**est-ce que** j'ai dit de drôle ?* (ÉRIC-EMMANUEL SCHMITT, *Les perroquets de la place d'Arezzo*, 2013)
>
> *Eh bien, les enfants, **qu'est-ce que** c'est que ce vacarme, vous ne savez pas vous amuser gentiment ?* (RENÉ GOSCINNY, *Le petit Nicolas*, 1960) (Ici, il y a à la fois un renforcement en *est-ce que* et une focalisation avec *c'est... que*. Il s'agit donc d'une double mise en évidence. C'est une construction relativement familière.)
>
> *Alors votre plat national, **qu'est-ce que** c'est ?* (MICHEL TOURNIER, *La goutte d'or*, 1985)

2. L'emploi des pronoms interrogatifs

• **Qui**

Qui interrogatif est ordinairement du masculin singulier. Il sert à interroger sur des personnes, tant dans l'interrogation indirecte que dans l'interrogation directe, et peut être sujet, attribut ou complément :

> ***Qui** a le droit ?* (PATRICK BRUEL, *Qui a le droit ?*, 1991)
>
> ***Qui** a donné l'alerte ?* (CHRISTOPHE ONO-DIT-BIOT, *Croire au merveilleux*, 2017)
>
> ***Qui** se battait avec qui et contre qui ?* (DRISS CHRAÏBI, *La Civilisation, ma Mère !...*, 1972) (Les deux autres *qui* de la phrase sont des pronoms relatifs formant chacun avec la préposition un complément d'objet *avec qui, contre qui*.)
>
> *Je me demande **qui** était l'actrice.* (FRANÇOIS WEYERGANS, *Trois jours chez ma mère*, 2005)

- **Que**

Que interrogatif est du neutre singulier. Dans l'**interrogation directe**, il s'emploie comme sujet (devant certains verbes impersonnels), comme attribut ou comme complément d'objet direct :

> *Sauf le soupir et le mal de mes fautes,* **que** *reste-t-il de ma jeunesse ?* (Gilbert Sinoué, *Avicenne ou La route d'Ispahan*, 1989) (*Que* séquence de l'impersonnel.)
>
> *Mais* **que** *ne ferais-je pour toi, mon amour !* (Marcus Malte, *Le garçon*, 2016) (*Que* complément d'objet direct.)
>
> *Alors* **qu**'*était tout ce boucan ?* (Yann Martel, *L'histoire de Pi*, 2001) (*Que* attribut.)

Dans l'**interrogation indirecte**, il s'emploie comme attribut ou comme complément d'objet direct après *avoir, savoir, pouvoir,* pris négativement et suivi d'un infinitif :

> *On ne savait où se mettre,* **que** *devenir.* (Alphonse Daudet, *Lettres de mon moulin*, 1869)
>
> *Il ne sait* **que** *répondre et soupire, oppressé.* (Marie Laberge, *Le goût du bonheur, Adélaïde*, 2001)
>
> *J'étais stupéfait, et je ne savais* **que** *dire.* (Denis Diderot, *Jacques le fataliste et son maître*, 1796)
>
> *Je n'ai* **que** *faire de vos dons.* (Molière, *L'avare*, 1668)

Quoi interrogatif est du neutre singulier. Dans l'interrogation directe, il peut être sujet (phrases elliptiques) ou complément :

> *Et* **quoi** *de plus charmant que de vivre ?* (Albert Cohen, *Belle du Seigneur*, 1968)
>
> *Ils font* **quoi***, là, au juste, tes taulards, dans ta prison de rêve ?* (Daniel Pennac, *La petite marchande de prose*, 1989)

Dans l'interrogation indirecte, il est toujours complément :

> *Je n'ai pas su* **quoi** *répondre alors je me suis tu.* (Kamel Daoud, *Meursault, contre-enquête*, 2013)
>
> *J'ai demandé de* **quoi** *elle parlait.* (Didier van Cauwelaert, *Le principe de Pauline*, 2014).

Remarque

Quoi peut s'employer dans des phrases non verbales avec les adjectifs *neuf, nouveau, autre* ou l'adverbe *plus* pour poser des questions qui appellent réellement une réponse, une information (*Quoi de neuf ? Quoi d'autre ?* etc.) :

> *À propos de l'enquête :* **quoi** *de neuf, justement ?* (Joël Dicker, *La vérité sur l'affaire Harry Quebert*, 2012)
>
> *Alors je ne ris pas, je ne parle pas...* **quoi** *d'autre ?* (David Foenkinos, *La tête de l'emploi*, 2014)

CHAPITRE **4**   Le pronom

> Mais dans les phrases non verbales construites avec d'autres adjectifs (*naturel, grand, beau,* etc.), la question est plus rhétorique et n'appelle pas de véritable réponse. Plus qu'une question, c'est une affirmation qui met en évidence la propriété exprimée par l'adjectif en soulignant qu'elle est évidente, indubitable. On constate d'ailleurs que dans ces usages, le point d'interrogation peut être omis :
>
> Je suis un homme, *quoi de plus* **naturel** *en somme.* (Michel Polnareff, **Je suis un homme,** 1996)
>
> *Quoi de plus* **beau** *que de naviguer ?* (Jean d'Ormesson, *C'est une chose étrange à la fin que le monde,* 2010)
>
> *Dire ce mot, et mourir ensuite.* **Quoi** *de plus* **grand** *!* (Victor Hugo, *Les misérables,* 1862)

• **Lequel**

Lequel interrogatif varie en genre et en nombre ; il se dit des personnes et des choses et peut remplir toutes les fonctions, tant dans l'interrogation indirecte que dans l'interrogation directe :

> " *De ton cœur ou de toi* **lequel** *est le poète ?* (Alfred de Musset, **La nuit d'août,** 1836)
>
> *Il y a bien une raison.* **Laquelle** *?* (Jean Teulé, *Je, François Villon,* 2006)
>
> **Lequel** *d'entre eux faudrait-il interroger ?* **Lequel** *de ces garçons,* **laquelle** *de ces filles ?* (Michel Bussi, *Nymphéas noirs,* 2011)
>
> *Je lui demande* **laquelle** *de ces trois transgressions lui viendrait la première à l'esprit.* (Patrick Deville, *Equatoria,* 2009) "

7. Les pronoms indéfinis

1. Définition

Les **pronoms indéfinis** servent à indiquer d'une manière vague, soit une **quantité non chiffrée** (*certains, plusieurs,* etc.), soit une **identification imprécise** de personnes ou de choses (*quelqu'un, quelque chose,* etc.) :

> " *Elle compare souvent les gens à des gâteaux ou à des viennoiseries.* **Untel** *est un chou,* **unetelle** *un croûton.* (Gilles Legardinier, **Demain j'arrête !,** 2011)
>
> *J'ai deux fils.* **L'un** *est la main,* **l'autre,** *le poing.* **L'un** *prend,* **l'autre** *donne. Un jour, c'est* **l'un,** *un jour, c'est* **l'autre.** (Larry Tremblay, *L'orangeraie,* 2016)
>
> *Un seul être vous manque, et* **tout** *est dépeuplé.* (Alphonse de Lamartine, *L'isolement, Premières méditations poétiques,* 1820) "

Les pronoms indéfinis comportent des formes simples et des formes composées. Certains sont variables en genre et/ou en nombre :

PARTIE 3   Les classes grammaticales

Quantité non chiffrée			Identification imprécise	
Quantité nulle	Totalité	Quantité indéterminée	Équivalence	Différence
aucun(e) nul(le) pas un(e) personne rien pas un	tout tous chacun(e)	d'aucun(e) plusieurs plus d'une(e) certain(e)s quelqu'un(e) quelques-un(e) quelque chose n'importe qui	le même la même, les mêmes untel, un tel, unetelle, une telle	une autre un autre d'autres l'un(e) et l'autre l'autre

Les éléments classés parmi les pronoms indéfinis sont assez divers.

Déterminants indéfinis p. 139

Certains pronoms sont à mettre en correspondance avec des déterminants indéfinis. En effet, un certain nombre d'indéfinis peuvent être utilisés tantôt comme déterminant au sein d'un groupe nominal dont ils déterminent le noyau, tantôt comme pronom, à la place de ce groupe nominal qui se voit pronominalisé : *aucun, certain, maints, nul, plusieurs, tel* et *tout*. Cette particularité ne s'applique pas à tous : par exemple, *certains, différent, divers* n'ont pas d'usage pronominal.

Déterminant indéfini	Pronom indéfini
*J'oublie qu'il n'a **aucun** sens de l'humour.* (Philippe Djian, *Chéri-Chéri*, 2014)	*J'oublie qu'il n'en a aucun.*
***Plusieurs** idées m'ont échappé.* (Simon Liberati, *Les rameaux noirs*, 2017)	*Plusieurs m'ont échappé.* (*Plusieurs* en fonction sujet.)
*J'ai aussi **plusieurs** idées de reportage…* (Olivier Guez, *Les révolutions de Jacques Koskas*, 2014)	*J'en ai plusieurs.* (En fonction objet, on remarque l'apparition de *en*.)
***Toutes** les étoiles sont fleuries.* (Antoine de Saint-Exupéry, *Le petit prince*, 1943)	*Toutes sont fleuries.*

Quand on pronominalise le complément d'objet dont fait partie le déterminant indéfini, on introduit un *en* partitif : *il n'a aucun sens de l'humour ; il n'en a aucun*.

Certains adverbes de quantité : *assez, beaucoup, combien, peu, trop,* etc., désignant une quantité indéterminée d'êtres ou d'objets, peuvent être mis au nombre des pronoms indéfinis :

> ❝ ***Beaucoup** s'amusent de cette excentricité, **certains** s'en irritent.* (Aliénor Debrocq, *À voie basse*, 2017)
>
> *Le camp est affolé, **beaucoup** pleurent, ils ont peur.* (Patrick Modiano, *Dora Bruder*, 1997)

> **Combien** ont pris la route depuis ? (Pascal Manoukian, *Le diable au creux de la main*, 2013)

De même certaines expressions, comme : *n'importe qui, n'importe quoi, tout le monde, un autre, le même*, peuvent avoir la valeur de pronoms indéfinis :

> *Je m'baladais sur l'avenue le cœur ouvert à l'inconnu / J'avais envie de dire bonjour à* **n'importe qui** / **N'importe qui** *et ce fut toi, je t'ai dit* **n'importe quoi** / *Il suffisait de te parler, pour t'apprivoiser* (Joe Dassin, *Les Champs-Élysées*, 1969)
>
> *Dieu sait qui finira.* (René Barjavel, *Ravage*, 1943)
>
> *Il dormait dans son lit lorsque lui était dehors ; la nuit, il faisait* **Dieu sait quoi.** (Jakuta Alikavazovic, *La blonde et le bunker*, 2012)

> **Remarque**
> D'anciens noms ayant pris un sens indéterminé sont utilisés comme pronom. C'est le cas d'*on*, classé parmi les pronoms personnels indéfinis, ainsi que de *rien* et *personne*.

2. L'emploi des pronoms indéfinis

• **Aucun**

Aucun a signifié autrefois « quelque, quelqu'un ». Il a conservé une valeur positive dans certains emplois :

> *Il n'était pas le dégonflé que* **d'aucuns** *s'imaginaient !* (Lydie Salvayre, *Tout homme est une nuit*, 2017)
>
> **D'aucuns** *concluraient que je suis triste, que je regrette. Ce n'est pas le cas.* (Amélie Nothomb, *La nostalgie heureuse*, 2013)
>
> *Vous valez mieux* **qu'aucun** *de nous.* (Victor Hugo, *Les misérables*, 1862)

Mais étant le plus souvent accompagné de la négation, *aucun* a pris, par contagion, la valeur négative de « pas un » :

> *Je lui inventai des excuses, mais* **aucune** *ne me convainquit.* (Simone de Beauvoir, *Mémoires d'une jeune fille rangée*, 1958)
>
> *Quel rapport ?* **Aucun**, *sans doute.* (Michel Bussi, *Un avion sans elle*, 2012)

• **Nul**

Nul se construit toujours avec une négation ; il est toujours au singulier et ne s'emploie que comme sujet.

Quand il ne renvoie à aucun nom (ou pronom) exprimé, il ne se dit que des personnes et ne peut être que masculin :

> *Nul ne peut me comprendre.* (Charles Baudelaire, **Le vin de l'assassin**, 1857)

Quand il renvoie à un nom (ou pronom) exprimé, il se dit des personnes et des choses et s'emploie aux deux genres :

> *Aucune de ces artistes ne portait de chapeau, elles étaient tête nue [...]. **Nulle** ne m'avait prêté la moindre attention.* (Jean-Michel Guenassia, **La valse des arbres et du ciel**, 2016)

- **Autrui**

Autrui ne se dit que des personnes et s'emploie comme complément prépositionnel, parfois aussi comme sujet ou comme objet direct :

> ***Autrui** est un soi ailleurs, un soi d'ailleurs, un soi venu d'ailleurs, et qui s'apprête à y retourner.* (Yann Moix, **Naissance**, 2013)

> *On ne doit pas empiéter sur la liberté d'**autrui**.* (Gilbert Sinoué, **Avicenne ou La route d'Ispahan**, 1989)

> *Notre commerce avec **autrui** n'a qu'un temps ; il cesse une fois la satisfaction obtenue, la leçon sue, le service rendu, l'œuvre accomplie.* (Marguerite Yourcenar, **Mémoires d'Hadrien**, 1951)

> *Notre désespoir ayant cela de particulier qu'il enveloppe **autrui** comme nous-mêmes, il lui semblait logique que tout le monde vînt mourir.* (Victor Hugo, **Les misérables**, 1862)

- **On**

Pronoms personnels p. 183

On (du lat. *homo,* homme) est proche des pronoms personnels. Il est régulièrement de la 3ᵉ personne du masculin singulier et ne s'emploie que comme sujet. Son sens évoque un référent animé indéfini (*on* = quelqu'un, des gens) qui peut représenter un ensemble d'êtres ou au contraire, un être unique.

Proverbe p. 339

Dans son sens le plus indéterminé, *on* apparait dans des énoncés génériques comme les proverbes. Son indétermination convient parfaitement à la visée généralisante : *on ne change pas une équipe qui gagne, on ne change pas de chevaux au milieu du gué, on reconnait l'arbre à ses fruits, on ne crache pas dans la main qui vous nourrit* (**Proverbes**).

> ***On** a souvent besoin d'un plus petit que soi.* (Jean de La Fontaine, **Le lion et le rat**, 1668)

Mais en fonction du contexte, on peut aussi représenter des collectivités plus précises ou restreintes :

> *En ce moment c'est un vrai bordel dans l'administration, **on** ne saurait même pas à qui s'adresser.* (Mathias Énard, **Boussole**, 2015) (*On* = les gens qui s'adressent à l'administration.)

CHAPITRE **4** Le pronom

> *Cet accident était de ceux dont* **on** *se souvient.* (Joël Dicker, ***La vérité sur l'affaire Harry Quebert****,* 2012) (*On* = les gens qui ont été confrontés à ce type d'accident.)

On prend parfois un sens bien déterminé et se substitue à *je, tu, nous, vous, il(s), elle(s),* en marquant la modestie, la discrétion, l'ironie, le mépris, etc. :

> **On** *ne se refuse rien chez vous.* (Amélie Nothomb, ***Barbe bleue****,* 2012) (*On* = vous ne vous refusez rien.)

Il peut aussi être équivalent à *nous* dans un style plus oral, moins formel :

> *Il m'a demandé de t'inviter.* **On** *y va ensemble, si tu veux.* (Gilles Legardinier, ***Demain j'arrête !****,* 2011) (*On* = nous.)
>
> *Nous, les pauvres cons,* **on** *est sur place.* (Laurent Binet, ***HHhH****,* 2010) (*On* = nous.)

c) Quand les circonstances marquent précisément qu'on parle d'une femme ou d'un ensemble de personnes, l'attribut de *on* s'accorde par **syllepse** (c'est-à-dire en fonction du référent du pronom *on*, l'accord est guidé par le sens) :

> *Joséphine réfléchit encore, croisa les bras sur sa poitrine et laissa tomber, funèbre :*
> *–* **On** *a l'air malignes toutes les deux dans notre lit !* (Katherine Pancol, ***Les écureuils de Central Park sont tristes le lundi****,* 2010)

Il arrive que *on* soit suivi d'un attribut au pluriel :

> **On** *n'est pas des méchants,* **on** *n'est pas des voleurs,* **on** *doit pouvoir se parler.* (Philippe Djian, ***Marlène****,* 2017)

d) Comme *on* était originairement un nom, il a gardé la faculté de prendre l'article *l'*, surtout quand l'euphonie le demande, principalement après *et, ou, où, que, si,* et parfois après *lorsque* (cet *l'* est regardé aujourd'hui comme simple *consonne euphonique*) :

> *De nouveau, la peur me reprend, cette peur que j'éprouve chaque fois que je descends la rue Mirabeau, la peur que* **l'on** *me remarque, que* **l'on** *m'arrête, que* **l'on** *me demande mes papiers.* (Patrick Modiano, ***Rue des Boutiques Obscures****,* 1978)
>
> *Si* **l'on** *ne se définit qu'en s'opposant, j'étais l'indéfini en chair et en os.* (Jean-Paul Sartre, ***Les mots****,* 1964)

- **Personne**

Personne, originairement nom féminin, s'utilise comme pronom indéfini masculin singulier. Il a gardé son sens positif dans certains emplois dans lesquels il signifie « quelqu'un, n'importe qui » :

> *N'y a-t-il **personne** qui veuille me ressusciter, en me rendant mon cher argent, ou en m'apprenant qui l'a pris.* (Molière, ***L'avare***, 1668)
>
> *Mais c'est que je ne crois pas que **personne** se soit jamais trouvé dans le cas où je suis.* (Choderlos de Laclos, ***Les liaisons dangereuses***, 1782)
>
> *Il ne pensait pas que **personne** eût jamais fait allusion à ce problème devant la Cheffe.* (Marie NDiaye, ***La Cheffe, roman d'une cuisinière***, 2016)

Mais *personne,* étant souvent accompagné d'une négation, a pris, par contagion, la valeur négative de « nul être ». C'est l'usage le plus fréquent aujourd'hui.

> *Il se dirigea vers la fenêtre, l'ouvrit encore plus grande, puis jeta un œil dehors. — Tiens, c'est curieux : **personne** !* (Éric-Emmanuel Schmitt, ***Ulysse from Bagdad***, 2008)

Il apparait régulièrement dans la dépendance de *sans* ou en lien avec l'adverbe *ne* :

> *Mais ce ne sera pas amusant du tout d'avoir un âne sans **personne** dessus.* (Comtesse de Ségur, ***Les petites filles modèles***, 1858)
>
> *Créon – Va vite. Si **personne** ne sait, tu vivras.* (Jean Anouilh, ***Antigone***, 1944)
>
> *N'y a-t-il **personne** ?* (Ahmed Sefrioui, ***La boîte à merveilles***, 1954)

Quand *personne* désigne évidemment une femme, on lui donne le genre féminin, mais cet usage est assez rare :

> *Tenez, ajouta la duchesse sur un ton mélancolique, **personne** plus que moi ne serait touchée par un sentiment vrai.* (Marcel Proust, ***Le côté de Guermantes***, 1920)

- **Quelqu'un**

Quelqu'un, employé d'une façon absolue, ne se dit que des personnes et uniquement au masculin :

> *À quoi sait-on que **quelqu'un** est mort ?* (Amélie Nothomb, ***Le fait du prince***, 2008)
>
> ***Quelqu'un** est venu vous rendre visite avant nous ?* (Daniel Rondeau, ***Mécaniques du chaos***, 2017)

e) Comme pronom **représentant**, *quelqu'un* se dit aussi bien des personnes que des choses et le pronom s'emploie aux deux genres et aux deux nombres (parfois en lien avec *en*) :

> *La plupart de ces chansons sont lugubres ; **quelques-unes** sont gaies ; une est tendre* (Victor Hugo, ***Les misérables***, 1862)

> *Seul, quelquefois, je sentais affluer du fond de moi* **quelqu'une** *de ces impressions qui me donnaient un bien-être délicieux.* (Marcel Proust, *À l'ombre des jeunes filles en fleurs*, 1919) (Ici équivalent à l'une de ces impressions. Forme rare.)
>
> *Quelqu'un arrive,* **quelqu'une** *est déjà là, Louise est parmi nous.* (Eugène Savitzkaya, *Exquise Louise*, 2003) (forme rare).

- **Rien**

Rien a signifié originairement « chose ». Il vient du latin *rem,* accusatif de *res,* chose. Il a gardé une valeur positive dans certains emplois :

> *Est-il* **rien** *de plus réel qu'un rêve ?* (Lydie Salvayre, *Hymne*, 2011)
>
> *Il se trouva lui-même mangé sans avoir eu le temps d'y* **rien** *comprendre.* (Marcel Aymé, *Les contes du chat perché*, 1934-1946)
>
> *Vivre sans* **rien** *attendre me paraissait affreux.* (Simone de Beauvoir, *Mémoires d'une jeune fille rangée*, 1958)

Mais étant le plus souvent accompagné d'une négation, *rien* a pris, par contagion, la valeur négative de « nulle chose » :

> *Les gens adorent dire « qui ne tente* **rien** *n'a* **rien** *».* (David Foenkinos, *Les souvenirs*, 2011)
>
> *Et comptez-vous pour* **rien** *Dieu qui combat pour nous ?* (Jean Racine, *Athalie*, 1691)

Rien est renforcé dans certaines formules : *absolument rien, rien du tout, deux fois rien, trois fois rien,* etc. Le pronom a par ailleurs été renominalisé avec le sens « peu de chose » :

> *Un* **rien** *soulevait un orage qui durait jusqu'au lendemain.* (Émile Zola, *Thérèse Raquin*, 1867)

- **L'un(e)… l'autre**

L'un(e)… l'autre, les un(e)s… les autres, l'un(e)… un(e) autre, les un(e)s… d'autres servent à marquer l'opposition :

> **L'un** *est orfèvre,* **l'autre** *ferronnier d'art, le troisième est garçon boucher,* **un autre** *laquais. Tous se présentent et entourent bientôt Johann.* (Blaise Cendrars, *L'or*, 1925)

L'un l'autre, les uns les autres, l'un à l'autre, l'un de l'autre, etc., marquent la réciprocité :

> *De gros nuages se mangent* **les uns les autres,** *plongeant le paysage dans une grisaille sans ombre.* (Laurent Gaudé, *Ouragan*, 2010)

> *Les femmes ont deux façons d'aimer qui peuvent résulter l'une de l'autre : elles aiment avec le cœur ou avec les sens.* (ALEXANDRE DUMAS FILS, **La dame aux camélias**, 1848)

- **Tel**

Tel marque une identification volontairement imprécise. Utilisé seul, comme nominal, *tel* peut servir à désigner des personnes de manière très générale, comme c'est le cas dans les proverbes, par exemple : *Tel père, tel fils ; Tel chien, tel maitre ; Tel refuse qui après muse ; Tel est pris qui croyait prendre*, etc. (**Proverbes**).

Souvent le pronom *tel* apparait dans des expressions plus complexes.

Tel ou tel s'utilise pour désigner quelqu'un de manière totalement imprécise :

> *Il n'a pas pesté contre les embouteillages lui qui d'ordinaire aurait sorti le bras par la fenêtre pour invectiver **tel ou tel**.* (LAURENT GAUDÉ, **Danser les ombres**, 2015)

Mais dans certains cas, on mentionne tout de même la catégorie à laquelle appartient la personne ou la chose désignée :

> *À deux ans de la retraite, il était dans un placard et n'avait plus à plaire à **tel ou tel** chef de service.* (ÉRIC FAYE, **Éclipses japonaises**, 2016)

> *Je trouve fatigantes les femmes qui nous demandent si nous avons remarqué **tel ou tel** changement physique.* (DAVID FOENKINOS, **Les souvenirs**, 2011)

Tel… tel autre s'emploie de manière distributive pour distinguer les référents, éventuellement les mettre en contraste :

> *On pouvait croire que **tel** invité se réjouirait de la présence de **tel autre** et découvrir lors de la réception qu'ils se haïssaient.* (AMÉLIE NOTHOMB, **Le crime du comte de Neville**, 2015)

> *On ne sait pas pourquoi la mémoire a choisi **tel** moment plutôt que **tel autre**.* (DAVID FOENKINOS, **Les souvenirs**, 2011)

> *Le mariage, le thème central de presque toutes ses lettres. Entre l'état des affaires et des finances, Frania ne manque jamais une occasion de s'y attarder. **Tel** est fiancé, **telle autre** mal mariée. **Telle autre** encore ferait bien de ne pas tarder.* (ALAIN BERENBOOM, **Monsieur Optimiste**, 2013) (Le genre peut éventuellement varier d'un pronom à l'autre, indiquant que les différentes personnes dont on parle ne sont pas du même sexe, mais c'est relativement peu fréquent.)

Un tel désigne de manière « anonyme » une personne. Le pronom peut s'écrire en un mot ou en deux avec ou sans majuscule. Bien que la variation soit possible, on remarque qu'en un mot, il prend généralement une majuscule (*Untel*) et en deux mots, il est généralement en minuscules (*un tel* au lieu de *un Tel*) :

> *Mais comment diable connaissez-vous **un tel** ?* (Marcel Proust, **Sodome et Gomorrhe**, 1922)
>
> *La folie **d'Untel** ou l'étrange pathologie d'un autre sont des conversations que j'ai l'impression d'avoir déjà eues mille fois.* (David Foenkinos, **La tête de l'emploi**, 2014)

8. Les compléments du pronom

Le pronom peut former un groupe lorsqu'il est accompagné d'autres mots qui le précisent, le déterminent, le complètent. Les compléments du pronom peuvent être des articles, des compléments direct ou indirect, détachés ou liés.

1° Un **article** : l'association peut être fréquente (1,2,3) ou occasionnelle (4).

> *T'aimes tellement ça être enceinte, toé, que des fois j'ai envie de te demander de porter **le** mien.* (Michel Tremblay, **La grosse femme d'à-côté est enceinte**, 1978) (1)
>
> ***L'**autre lui déclara la guerre.* (Jean de La Fontaine, **Le lion et le moucheron**, 1668) (2)
>
> *Mais comment diable connaissez-vous **un** tel ?* (Marcel Proust, **Sodome et Gomorrhe**, 1922) (3)
>
> *Il fait partie **des** quelques-uns ici à avoir travaillé en France.* (Marc Bressant, **La citerne**, 2009) (**Des** = de + les.) (4)

2° Un **adjectif** ou un syntagme adjectival.
Les adjectifs *seul, même, autre* se joignent directement à certains pronoms :

> *Du rythme de leurs soupirs émergea un langage qui pour eux **seuls** avait un sens très doux.* (Alexis Jenni, **La nuit de Walenhammes**, 2015)

D'autres sont détachés :

> *Moi, moche et méchant* (Chris Renaud et Pierre Coffin, **Moi, moche et méchant**, adaptation du titre anglais *Despicable Me*, 2010) (La version québécoise de ce titre de film calque l'anglais en proposant *Détestable moi*, une construction inhabituelle en français.)

Les adjectifs épithètes indirects sont liés au pronom indéfini par la préposition *de* :

> *Le cœur à portée de main*
> *Juste quelqu'un **de** bien.* (Enzo Enzo, **Juste quelqu'un de bien**, 1993)
>
> *Ce qui a été, c'est ce qui sera, et ce qui s'est fait, c'est ce qui se fera, il n'y a rien **de** nouveau sous le soleil.* (Ancien Testament, **Ecclésiaste 1:9**)

*Les repas en famille ont ceci **de magique** qu'on trouve toujours quelque chose à dire.* (MICHEL BUSSI, ***On la trouvait plutôt jolie***, 2017) (Le pronom démonstratif *ceci* renvoie au contexte, il annonce la proposition conjonctive introduite par *que*.)

> *Quoi interrogatif*
> p. 210

*Je suis un homme, quoi **de plus naturel** en somme.* (MICHEL POLNAREFF, ***Je suis un homme***, 1996) (Le pronom interrogatif *quoi* joue un rôle prédicatif et est équivalent à *qu'y a-t-il*, même si la question est purement rhétorique.)

3° Un **déterminant numéral** ou **indéfini**, dans certains cas :

" *Elle me regardait. Elle, moi, nous **deux**, nous seuls.* (SORJ CHALANDON, ***La légende de nos pères***, 2009) (après le pronom personnel, le cardinal joue un rôle d'adjectif).

*Je jure que **nul autre** jamais ne viendra piétiner mes plates-bandes.* (MARCUS MALTE, ***Le garçon***, 2016) "

4° Une **apposition**, qui peut être un nom, un pronom, un infinitif, une proposition :

" *On a **tous** / Quelque chose en nous de Tennessee* (Paroles MICHEL BERGER, Interprétation JOHNNY HALLYDAY, ***Quelque chose de Tennessee***, 1985)

***Moi** président de la République, j'engagerai de grands débats.* (FRANÇOIS HOLLANDE, Débat télévisé du 02/05/2012)

Et on ne put recueillir que ceci : « Mais comment avez-vous pu savoir ? Qui vous a dit ? » (MARCEL PROUST, ***Le côté de Guermantes***, 1920) "

5° Un **complément prépositionnel** :

" *Je suis sûr de pouvoir compter **sur chacun de vous**.* (RENÉ BARJAVEL, ***Ravage***, 1943)

*Les noms m'échappent, hormis ceux **de ces gamines-là**.* (CAROLE MARTINEZ, ***La terre qui penche***, 2015) "

6° Une **proposition** :

" *Ceux **qui vivent**, ce sont ceux **qui luttent**.* (VICTOR HUGO, ***Ceux qui vivent***, 1853) "

CHAPITRE 5

Le verbe

1. Définition 221
2. Les constructions du verbe 222
3. Les variations du verbe 228
4. Les formes du verbe 241
5. L'emploi des modes et des temps 256

1. Définition

Le **verbe** est un mot qui se conjugue : sa forme varie en fonction du mode, du temps, de la personne, du nombre et de la voix (active ou passive). Au participe passé, il peut également varier en genre (*élu, élue ; contraint, contrainte,* etc.). Le verbe peut servir de prédicat[1], – ou faire partie du prédicat quand il y a un attribut du sujet, le verbe étant alors appelé ***verbe attributif*** (ou *copule*).

> *Très vite il **dormait**. Les cauchemars **reprenaient**. Je **gémissais**. Il **se réveillait** et il **écoutait** (*CATHERINE POULAIN, **Le grand marin**, 2013*) (Ces verbes servent de prédicats.)*
>
> *Aujourd'hui, maman **est morte**. Ou peut-être hier, je ne sais pas. (*ALBERT CAMUS, *L'étranger,* 1942*) (Le verbe est sert de verbe attributif, c'est-à-dire de verbe lien entre le sujet et l'attribut.)*

Sur le plan sémantique, le verbe exprime, soit l'action faite (1) ou subie par le sujet (2), soit l'existence ou l'état du sujet (3), soit l'union de l'attribut au sujet (4) :

> *Le bonheur qu'on attend **gâche** parfois celui qu'on vit.* (ÉRIC-EMMANUEL SCHMITT, *Ulysse from Bagdad,* 2008) (1)
>
> *Après quelques coups de matraque, il **a été emmené** au mitard.* (PHILIPPE JAENADA, *Sulak,* 2013) (2)

---

[1]. Le prédicat de la phrase est la partie de celle-ci qui donne une information à propos du sujet. Il peut s'agir d'un verbe et de ses éventuels compléments.

> *Il y a du canard dans le réfrigérateur et une bouteille d'eau minérale au pied du lit.* (ANNA GAVALDA, *Ensemble, c'est tout*, 2007) (3)
>
> *Tout le monde est mortel et on meurt beaucoup en cette saison.* (JEAN GIONO, *Le hussard sur le toit*, 1951) (Le verbe relie l'attribut *mortel* au sujet *tout le monde*.) (4)

Certains noms peuvent exprimer une action faite ou subie : *un cri, un appel, une déchirure,* etc. À la différence de ces noms qui évoquent une action de manière *statique*, le verbe exprime un **procès**, c'est-à-dire un évènement qui se déroule dans le temps :

> *Et c'est un cri d'amour à la vie.* (GUY GOFFETTE, *Elle, par bonheur, et toujours nue*, 1998)
>
> *Quelqu'un qui, se jetant à ses pieds, avait crié l'amour d'une famille, le deuil impossible, la joie de ces retrouvailles inespérées.* (LÉONORA MIANO, *Crépuscule du tourment*, 2016)

<small>Verbes supports p. 228</small>

Dans certains cas, un **nom prédicatif** peut être associé à un verbe qui le situe dans le temps et lui sert de *support*.

<small>Compléments du verbe p. 353</small>

Sur le plan syntaxique, le verbe est le noyau du groupe verbal. Ce groupe verbal peut être limité au verbe seul : *il mange, elle dort, nous voyageons*. Il peut être accompagné de différents types de compléments (1,2) et modifié par un groupe adverbial ou circonstanciel (3,4) :

<small>Complément circonstanciel p. 366</small>

> *Il mange ce que je cuisine.* (LÉONORA MIANO, *Crépuscule du tourment*, 2016) (1)
>
> *Il mange des amandes.* (MARCUS MALTE, *Le garçon*, 2016) (2)
>
> *Il mange moins.* (VIRGINIE DESPENTES, *Vernon Subutex 1*, 2015) (3)
>
> *Il mange de bon appétit, ça fait plaisir à voir.* (VIRGINIE DESPENTES, *Vernon Subutex 1*, 2015) (4)

Une **locution verbale** est une réunion de mots qui exprime une idée unique et joue le rôle d'un verbe : *avoir besoin, avoir peur, avoir raison, avoir envie, ajouter foi, donner lieu, faire défaut, prendre garde, savoir gré, tenir tête, avoir beau, se faire fort, faire savoir,* etc.

2. Les constructions du verbe

Le verbe est le noyau du groupe verbal. On distingue les verbes selon qu'ils sont obligatoirement accompagnés d'un complément (verbes transitifs), qu'ils ne prennent pas de complément (verbes intransitifs) ou qu'ils introduisent l'attribut du sujet (verbes attributifs). Les verbes impersonnels (comme *il pleut*) font partie de la catégorie des verbes intransitifs. Les verbes pronominaux (comme *se laver, se taire*) sont transitifs ou intransitifs.

1. Les verbes transitifs

Les verbes transitifs expriment une action qui se transmet (latin *transire*, « passer ») du sujet sur une personne ou sur une chose ; ils appellent un complément d'objet (direct ou indirect) sans lequel ils auraient un sens incomplet.

Ils supposent donc une relation nécessaire entre :
- un être ou une chose qui fait l'action ;
- un être ou une chose qui la subit.

1° Ils sont transitifs **directs** quand leur complément d'objet est *direct* :

> *Ils vont tous se dire qu'ils ont acheté* **un morceau de bonheur humain**. (Christophe Ono-Dit-Biot, *Plonger*, 2013)

2° Ils sont transitifs **indirects** quand leur complément d'objet est *indirect* :

> *Mme de Rênal pensait aux passions, comme nous pensons* **à la loterie** *: duperie certaine et bonheur cherché par les fous.* (Stendhal, *Le rouge et le noir*, 1830)

Certains verbes transitifs ont ou peuvent avoir à la fois deux compléments d'objet, l'un direct, l'autre indirect :

> *Je commande [à Nicolette]$_{COI}$ [un bon petit dîner]$_{COD}$.* (Victor Hugo, *Les misérables*, 1862)
>
> *Il raconte [à tout le monde]$_{COI}$ [que le livre a été brûlé, pas pilonné]$_{COD}$.* (Nancy Huston, *Danse noire*, 2013)

Il faut être attentif aux emplois du verbe car :

a) parfois, un même verbe peut être tantôt transitif **direct**, tantôt transitif **indirect**, mais généralement avec des sens plus ou moins différents :

> *Voilà un bel exemple de remède qui* **manque son effet** *!* (Carole Martinez, *Le cœur cousu*, 2007) (Emploi transitif direct de *manquer* = rater.)
>
> *Nous pourrons bien je pense, sans qu'elle* **manque à sa promesse**, *nous rencontrer en plein jour et comme par hasard ?* (Simone de Beauvoir, *Mémoires d'une jeune fille rangée*, 1958) (Emploi transitif indirect *manquer à* = ne pas honorer.)
>
> *Ô durs talons, jamais on n'***use sa sandale** *!* (Arthur Rimbaud, *Le bal des pendus*, 1888) (Emploi transitif direct de *user* = abimer.)
>
> *Il* **use de toute son imagination** *pour m'interdire de m'éloigner de lui.* (Laurent Demoulin, *Robinson*, 2016) (Emploi transitif indirect *user de* = utiliser.)

b) certains verbes transitifs peuvent être utilisés de manière intransitive et vice versa, mais généralement le sens change plus ou moins :

> " Marie entre dans la salle à manger et **ferme la fenêtre**. (CATHERINE CUSSET, **Un brillant avenir**, 2008) (Usage transitif direct de *fermer* = refermer, verrouiller.)
>
> Et la fenêtre ferme mal, à cause du bois qui a travaillé. (PHILIPPE JAENADA, **La serpe**, 2017) (*Fermer* est utilisé avec l'adverbe *mal* qui a le rôle de complément circonstanciel de manière. Il s'agit donc d'un usage intransitif de *fermer* : ici on évoque une propriété défectueuse de la fenêtre.)
>
> J'ai l'habitude, je ne bouge pas, j'attends que ça **passe**. (MARGUERITE DURAS, **L'amant**, 1984) (Usage intransitif de *passer* = s'arrêter, s'interrompre.)
>
> Celui que j'avais élu leur chef s'avance dans ma direction puis, immobile, un sourire flottant sur les lèvres, m'observe comme je **passe le porche**. (JEAN-BAPTISTE DEL AMO, **Pornographia**, 2013) (Usage transitif direct de *passer* = dépasser, aller plus loin.) "

2. Les verbes intransitifs

Les verbes *intransitifs* sont ceux qui se construisent sans complément d'objet ni attribut. Ils expriment une action qui ne transmet pas du sujet sur une personne ou sur une chose ; ils suffisent avec leur sujet à exprimer l'idée complète de l'action :

> " Avec l'enfant nouveau... la mère qui **crie**... l'enfant **pleure**... le sang **coule**... la terre **tourne**. (JACQUES PRÉVERT, **Chanson dans le sang**, 1946)
>
> Son puissant moteur **ronfle**. (MORGAN SPORTÈS, **Tout, tout de suite**, 2011) "

Complément d'objet interne p. 365

Quelques verbes intransitifs peuvent, en devenant transitifs, avoir pour complément d'objet direct un nom qui, par sa forme ou par son sens, rappelle leur radical :

> " **Dormez votre sommeil**, riches de la terre, et demeurez dans votre poussière. (JACQUES-BÉNIGNE BOSSUET, **Oraison funèbre de Le Tellier**, 1686) "

3. Les verbes attributifs

Attribut p. 355

Les verbes d'état joignent l'attribut au sujet. On parle de *verbe attributif* ou de *verbe copule* (ou plus simplement encore de *copule*) pour le verbe *être* qui sert de lien entre l'attribut et le sujet :

> " Disons que chez vous, le dur **est** mou et le mou **est** dur. (FRED VARGAS, **Pars vite et reviens tard**, 2001) "

Certains verbes d'état ou d'action sont aussi verbes attributifs quand ils joignent l'attribut au sujet : à l'idée qu'ils expriment par eux-mêmes l'esprit associe alors l'idée du verbe *être (paraitre, sembler, devenir, rester,* etc.*)*.

> " Le jugement **reste** incertain. (MARCEL PROUST, **Sodome et Gomorrhe**, 1922)
>
> Il mourut [étant] vierge, dit-on. (ALEXIS JENNI, **Élucidations. 50 anecdotes**, 2013)
>
> Il vécut [étant] heureux. (MICHEL BUSSI, **Nymphéas noirs**, 2011) "

4. Les verbes impersonnels

Les verbes impersonnels sont ceux qui ne s'emploient qu'à la troisième personne du singulier ; ils ont pour sujet le pronom neutre *il* qui est invariable en genre et en nombre.

a) Les verbes impersonnels proprement dits expriment des phénomènes de la nature :
il pleut, il pleuvine, il bruine, il drache (Belgique)*, il tonne, il gèle, il neige, il grêle, il vente*, etc.

> *Qu'il pleuve, qu'il vente* ou *qu'il neige*, le voisin d'en face portait toujours des chaussures coupées et assemblées dans une bonne maison et impeccablement cirées. (ANNA GAVALDA, *Fendre l'armure*, 2017)
>
> Ferme donc la porte, dit la Carconte, je n'aime pas les portes ouvertes quand *il tonne*. (ALEXANDRE DUMAS, *Le Comte de Monte-Cristo*, 1844)
>
> Imaginez qu'*il flotte* à torrents... (MICHEL BUSSI, *Nymphéas noirs*, 2011)

Dans la langue orale ou familière, le pronom *il* peut être remplacé par *ça* : *ça caille, ça flotte, ça gèle, ça pèle* :

> *Brr, ça caille !* dit-elle en se frottant les jambes. (GUILLAUME MUSSO, *La fille de papier*, 2010)
>
> L'escalier est mal orienté, *ça gèle* sans arrêt. (JEAN-MICHEL GUENASSIA, *La vie rêvée d'Ernesto G.*, 2012)
>
> *Ça pèle* et pourtant « malgré le froid Paris ne manquera ni de charbon ni de gaz ». (PATRICK DEVILLE, *Taba-Taba*, 2017)

> **Remarque**
> Certains de ces verbes s'emploient parfois avec un sujet personnel dans un sens figuré :
> Boulets, mitraille, obus, mêlés aux flocons blancs, **pleuvaient**. (VICTOR HUGO, *L'expiation*, 1851)
> Le canon **tonne**, les cloches sonnent, des chœurs célèbrent son apothéose. (BLAISE CENDRARS, *L'or*, 1924)
> En attendant cette saison, il **pleut** des baisers. (MARC LEVY, *Où est-tu ?*, 2005)

Le verbe impersonnel météorologique peut être accompagné d'un constituant plus ou moins figé à valeur adverbiale. Ce constituant apporte une précision sur l'intensité du phénomène. Certains verbes ont des compléments variés : *il pleut des cordes, des trombes d'eau, des sceaux, des hallebardes, de grosses gouttes* (sont des compléments nominaux) *; à grosses gouttes* (complément prépositionnel).

> Le lendemain, il pleut des cordes. (DIDIER VAN CAUWELAERT, *Double identité*, 2012)
>
> Il pleut des trombes d'eau cette nuit, je vais aller me coucher. (MARC LEVY, *Où es-tu ?*, 2005)

Alors que pour d'autres, le choix est plus restreint : *Il neige de gros flocons* ou *à gros flocons*. Dans certains cas, la notion d'intensité est déjà incluse dans le sémantisme du verbe et il devient donc inutile, voire redondant, d'ajouter un constituant adverbial : *bruiner, pleuviner* (= pleuvoir faiblement) *; dracher (Belgique), flotter* (= pleuvoir fortement). En général, le sens de ces compléments n'est approprié qu'à certains verbes météorologiques et il est difficile de les substituer, signe du figement de ces expressions : **Il neige des hallebardes, *Il pleut des gros flocons, *Il bruine des cordes*. Avec le verbe *tomber* qui est sémantiquement plus neutre, les échanges sont possibles : *Il tombe* (*des flocons, des cordes, des hallebardes,* etc.) :

> *Il faudra faire vite, murmura l'un des soldats. Il tombe* **des flocons à habiller les pauvres**. (GILBERT SINOUÉ, *Avicenne ou La route d'Ispahan*, 1989)
>
> *Dans la rue c'est le grand essorage, il tombe* **des cordes**. (SERGE JONCOUR, **Combien de fois je t'aime**, 2008)

D'autres verbes sont impersonnels, dans un sens non exclusivement météorologique. C'est le cas de *falloir, y avoir,* et aussi *faire*.

Il fait + nom/adjectif permet d'exprimer une sensation ressentie ou décrire un état de l'environnement : *il fait froid, il fait beau, il fait moche, il fait du vent, il fait nuit noire, il fait moite, il fait soif, il fait soleil, il fait bon,* etc.

> *Il fait* **un clair de lune superbe**, *que j'irai regarder au Bois*. (MARCEL PROUST, **Le côté de Guermantes**, 1920)
>
> *Le 24 décembre au soir il neige, il fait* **grand froid**. (JACQUES CHESSEX, **Le vampire de Ropraz**, 2007)
>
> *Malgré le vent, il fait* **assez bon**. (PHILIPPE DJIAN, **Love Song**, 2013)

Un grand nombre d'expressions plus ou moins figées à valeur adverbiale sont également disponibles pour préciser la température : *Il fait un froid de loup* (MARC LEVY, **Où es-tu ?**, 2005) ; *de canard* (AURÉLIE VALOGNES, **Mémé dans les orties**, 2014) ; *à ne pas mettre un poussin dehors* (ANNE CUNEO, **Le maître de Garamond**, 2002) ; *de gueux* (KATHERINE PANCOL, **Les yeux jaunes des crocodiles**, 2006) *; de tous les diables* (ALFRED DE MUSSET, **Lorenzaccio**, 1895), etc.

> *Il fait un brouillard à couper au couteau*. (MARCEL PROUST, **Le côté de Guermantes**, 1920)
>
> *Il y avait un vent à décorner les bœufs*. (AGNÈS MARTIN-LUGAND, **Les gens heureux lisent et boivent du café**, 2013)

Il fait bon + infinitif est utilisé pour signifier qu'il est agréable ou aisé de faire l'action décrite par l'infinitif. On rencontre occasionnellement cette construction avec d'autres adjectifs que *bon* :

> *Il fait beau reprocher* aux phénoménologues leur autisme sans chat. (Muriel Barbery, **L'élégance du hérisson**, 2006)
>
> *C'est d'ailleurs un nom qu'il fait bon prononcer* en gerbant ; il ressemble déjà à un bruit d'expectoration. (Nancy Huston, **Danse noire**, 2013)
>
> *Il fait bon avoir* de bons parents comme ça. (Honoré de Balzac, **Eugénie Grandet**, 1833)

Il faut introduit une recommandation, un conseil, une obligation ou encore, une constatation désabusée :

> *Il faut toujours laisser une marge de manœuvre au destin.* (Daniel Rondeau, **Malta Hanina**, 2012)
>
> Voilà, le jeu est aussi bête que cela : *il faut toujours qu'il y ait des exclus.* (Éric-Emmanuel Schmitt, **Ulysse from Bagdad**, 2008)
>
> *Il faut coûte que coûte que tu appelles un médecin.* (Patrick Lapeyre, **La vie est brève et le désir sans fin**, 2010)

Il s'agit de… peut être synonyme de *il faut…* ou jouer le rôle d'un présentatif équivalent à *c'est* :

> *Il s'agit de bien plus : de l'honneur !* (Stendhal, **Le rouge et le noir**, 1830)
>
> *Il s'agit de « préparer idéologiquement les masses à la manif antiraciste »* qui suivra. (Morgan Sportès, **Ils ont tué Pierre Overney**, 2008)

Il y a…, il est…, c'est… sont des locutions verbales impersonnelles qui sont utilisées comme présentatifs.

> *Il y a de bonnes et de mauvaises affaires.* (Jules Vernes, **Le tour du monde en 80 jours**, 1872)

b) Un grand nombre de verbes personnels peuvent être pris impersonnellement : *il est arrivé un malheur ; il convient de partir,* etc.

> *Il est arrivé un malheur aux filles ?* (Katherine Pancol, **Les écureuils de Central Park sont tristes le lundi**, 2010)
>
> *Il convient de les recevoir dans la paix.* (Jean Giraudoux, **La guerre de Troie n'aura pas lieu**, 1935)
>
> *Il nous incombe de la décrire.* (Nancy Huston, **Bad Girl**, 2014)

Remarques
1. Le verbe *être* se combine avec des adjectifs pour former de nombreuses locutions impersonnelles : *il est possible, douteux, nécessaire, utile, bon, juste, heureux, faux, rare,* etc.

> **2.** On peut employer comme impersonnels les verbes pronominaux de sens passif :
> *Les filles, il se trame ici quelque chose de louche.* (ALICE ZENITER, *Jusque dans nos bras*, 2010)
> *Il se raconte encore qu'une bête fièvre angoissée me cloue au lit depuis hier soir.* (MICHEL ROSTAIN, *Le fils*, 2011)

5. Les verbes supports

Le verbe support est sémantiquement vide (ou presque) et il est accompagné d'un **nom prédicatif** : *porter plainte, prendre froid*, etc. Le verbe situe le nom dans le temps et lui sert de *support*. L'essentiel du sens prédicatif est porté par le nom : *donner une gifle = gifler ; pousser un cri = crier ; faire un appel = appeler,* etc.

> « À ce moment, l'agent l'**a giflé** à toute volée d'une claque épaisse et lourde, en pleine joue. (ALBERT CAMUS, *L'étranger*, 1942) (*Gifler* a un sens plein, il est autonome.)
>
> Là-dessus, je **donnais une gifle** au malheureux. (ROMAIN GARY, *La promesse de l'aube*, 1960) (*Donner* est ici un verbe support : le sens prédicatif est porté par le nom *gifle* que l'on ne peut supprimer de la phrase : **Là-dessus je donnais au malheureux.*) »

Différents verbes supports peuvent être utilisés avec un nom prédicatif donné, ce qui permet d'apporter différentes nuances de sens :

> « Alors, poussé à bout, voulant dormir, Fontan lui **allongea une gifle**, à toute volée. (ÉMILE ZOLA, *Nana*, 1880)
>
> La seconde suivante, il **prenait une gifle**. (OLIVIER TRUC, *Le dernier Lapon*, 2012) »

Les verbes supports se construisent aussi avec des groupes adjectivaux ou prépositionnels :

> « Il **fait froid** à l'intérieur. (CATHERINE CUSSET, *Indigo*, 2013) (verbe support + adjectif)
>
> Tout ce fric l'avait **mis en rogne**. (JEAN-CHRISTOPHE GRANGÉ, *Le passager*, 2011) (Verbe + groupe prépositionnel.) »

3. Les variations du verbe

Employé dans une phrase, le verbe voit sa forme affectée par plusieurs éléments et il varie d'après : le **mode**, le **temps**, l'**aspect**, la **voix**, la **personne** et le **nombre** :

> « Les gens ne **changent** pas. Ce sont les choses qui **changent**. (BORIS VIAN, *L'écume des jours*, 1947) (Le verbe *changer* est à la voix active, à la 3e personne du pluriel, de l'indicatif présent). »

1. Le mode

Les **modes** identifient les diverses manières de concevoir et de présenter l'action[1] exprimée par le verbe.

Ils sont *personnels* ou *impersonnels*.

• **Les modes personnels**

Il y a trois modes **personnels** (ou conjugués), c'est-à-dire qui varient en fonction des personnes grammaticales :

1° L'**indicatif**, qui présente l'action et la situe dans le temps (présent, passé, futur). C'est donc le mode temporel par excellence. Il permet de construire des phrases déclaratives et interrogatives :

> *Il remonte l'avenue des Gobelins, vers la place d'Italie.* (VIRGINIE DESPENTES, **Vernon Subutex 1**, 2015)

Le **conditionnel** présente l'action comme éventuelle ou comme dépendant d'une condition :

> *Il remonterait la voie de chemin de fer jusqu'à un endroit éloigné dans la forêt.* (HOAI HUONG NGUYEN, **Sous le soleil qui brûle**, 2017)

> **Remarque**
> On place désormais le **conditionnel** à l'intérieur du mode indicatif : à ce titre, il est considéré dans son emploi général, comme un futur particulier (futur dans le passé ou futur hypothétique).

2° Le **subjonctif**, qui présente l'action comme simplement envisagée dans la pensée, hypothétique, ou avec un sentiment particulier (comme dans le désir, le souhait, la volonté, etc.) :

> *Eh bien, vivement que je m'en aille !* (ADÉLAÏDE DE CLERMONT-TONNERRE, **Fourrure**, 2010)

> *Il faut qu'il vous connaisse, qu'il vous reconnaisse, avant de lire vos livres...* (NICOLAS D'ESTIENNE D'ORVES, **La gloire des maudits**, 2017)

3° L'**impératif**, qui présente l'action sous la forme d'un ordre, d'une exhortation, d'une prière :

> *Quant à vous, fuyez, partez !* (ALEXANDRE DUMAS, **Le Comte de Monte-Cristo**, 1844)

> *S'il vous plaît... dessine-moi un mouton !* (ANTOINE DE SAINT-EXUPÉRY, **Le petit prince**, 1943)

---

1. Strictement parlant : *l'action, l'existence ou l'état*. Nous allégeons l'expression.

L'impératif est un mode **défectif**, c'est-à-dire que seules certaines de ses formes sont usitées, à savoir : la 2e personne du singulier (*Mange !*), ainsi que les deux premières personnes du pluriel (*Mangeons !, Mangez !*).

- **Les modes non personnels**

Il y a deux modes **non personnels**[1], c'est-à-dire qui ne varient pas selon les personnes grammaticales : l'infinitif et le participe. Ce sont des formes à la limite du verbe et d'autres catégories grammaticales (noms, adjectifs, etc.) dont elles partagent certaines caractéristiques.

Emplois de l'infinitif
p. 274

1° L'**infinitif**, forme nominale du verbe, exprime simplement le nom de l'action : *manger, courir, plonger, rêver,* etc. Outre ses emplois verbaux, il peut assumer des fonctions du nom ou du groupe verbal (sujet, complément d'objet, etc.) :

> *Tu devras **apprendre** à courir.* (ANAÏS BARBEAU-LAVALETTE, *La femme qui fuit*, 2015)
>
> ***Mourir**, cela n'est rien*
> ***Mourir**, la belle affaire*
> *Mais **vieillir**… oh, oh **vieillir*** (JACQUES BREL, *Vieillir*, 1977)

Emplois du participe
p. 278

2° Le **participe**, forme adjectivale du verbe, exprimant l'action à la manière d'un adjectif, mais également susceptible d'emplois verbaux :

> *Son visage est **mangé** par les boucles d'une courte barbe brune.* (RENÉ BARJAVEL, *La nuit des temps*, 1968) (Participe passé.)
>
> *Les gardiens de troupeaux restaient immobiles comme des lézards **espérant** rester invisibles.* (MATHIAS MENEGOZ, *Karpathia*, 2014) (Participe présent.)

De son côté, le **gérondif** est la forme adverbiale du verbe. Il apporte une information qui caractérise les circonstances dans lesquelles se déroule le procès décrit par le verbe principal. Il a la forme du participe présent précédé de *en* :

> *J'ai cru **en écrivant** pouvoir délier le temps.* (HYAM YARED, *Tout est halluciné*, 2016) (Exprime le moyen.)
>
> *L'Histoire s'écrit aussi **en rêvant**.* (DANIEL RONDEAU, *Malta Hanina*, 2012) (Exprime la manière.)

> **Remarque**
> Certains grammairiens traitent le gérondif comme un mode à part entière, car il a une origine latine distincte du participe. En français contemporain, on peut considérer le gérondif comme une forme du participe présent précédé du mot *en*.

---

1. On parle également de **mode impersonnel**, mais cette appellation ne doit pas être confondue avec les constructions impersonnelles des verbes.

2. Le temps, l'aspect et la voix

Par essence, le verbe situe l'action dans le *temps*. Cette notion complexe comporte deux dimensions complémentaires : celle de **chronologie** (un évènement à lieu avant, de manière concomitante ou après un autre) et celle de **l'aspect** qui traduit la durée interne du procès (est-ce que l'évènement débute, se répète, se termine, etc.). La première est prise en charge par les temps verbaux, la deuxième se marque par différents procédés grammaticaux, sémantiques et lexicaux.

a) Le temps : passé, présent et futur

Les **temps** sont les formes que prend le verbe pour indiquer à quel moment de la durée on situe l'action dans l'une des trois époques : *présent, passé, futur*. On distingue les temps suivants :

- **Par rapport au moment présent**

   a) Pendant : pour évoquer la simultanéité, on conjugue au présent :

   > *Je sais si bien à quoi vous **pensez** en ce moment !* (ALBERT COHEN, *Belle du Seigneur*, 1968)

   b) Avant : pour évoquer l'antériorité, on utilise l'imparfait (1), le passé simple (2) ou le passé composé (3) :

   > *C'étaient des images obscènes… Je **dormais** dessus, quand il est entré.* (GUSTAVE FLAUBERT, *L'éducation sentimentale*, 1869) (1)
   >
   > *Elle **courut** alors vers un pin amandier, dont les rameaux serrés étaient presque impénétrables, embrassa le tronc, et **disparut** dans la ramure.* (MARCEL PAGNOL, *Manon des sources*, 1963) (2)
   >
   > *Le docteur **est venu** ce matin. Quand il est entré dans ma chambre, j'ai pleuré.* (RENÉ GOSCINNY, *Le petit Nicolas*, 1960) (3)

   c) Après : pour évoquer la postériorité, on utilise le futur simple (1) ou le futur antérieur pour faire référence à un fait futur, présenté comme antérieur à un second évoqué au futur simple (2) :

   > *Elle **viendra** demain cueillir les giroflées.* (GUILLAUME APOLLINAIRE, *Les fiançailles*, 1908) (1)
   >
   > *L'interne passera vous voir dès qu'il **aura fini**.* (LEÏLA SLIMANI, *Dans le jardin de l'ogre*, 2014) (2)

- **Par rapport à tel moment du passé**

   a) Avant : pour évoquer l'antériorité par rapport à un événement du passé, on utilise le passé antérieur (1) ou le plus-que-parfait (2)

> « *Dès qu'il **eut quitté** la pièce, Lauren ouvrit un œil et sourit malicieusement.* (MARC LEVY, ***Et si c'était vrai***, 1999) (1)
>
> *Il récita, dans une traduction improvisée, hésitante, le poème qu'il **avait écrit** avant de monter dans l'avion de l'exil.* (ÉRIC FAYE, ***Nous aurons toujours Paris***, 2009) (2) »

b) Après : pour évoquer un futur par rapport à un événement du passé on utilise le conditionnel (1) et si on mentionne une action qui aurait dû avoir lieu dans le passé on utilise le conditionnel passé (2) :

> « *J'espérais même qu'elle **ferait** un faux pas, qu'elle se **fourvoierait**.* (DRISS CHRAÏBI, ***La Civilisation, ma Mère !...***, 1972)[1] (1)
>
> *Voilà ce qu'elle **aurait dû** raconter au médecin du travail tout à l'heure. Si elle en avait eu l'envie... Ou la force ?* (ANNA GAVALDA, ***Ensemble, c'est tout***, 2007)[2] (2) »

b) Les temps dans chaque mode

1° L'**indicatif** possède dix temps : le présent, l'imparfait, le passé simple, le passé composé, le plus-que-parfait, le passé antérieur, le futur simple, le futur antérieur, le conditionnel présent et le conditionnel passé.

2° L'**impératif** possède deux temps : le présent (dont les formes marquent aussi le futur) et le passé.

3° Le **subjonctif** possède quatre temps : le présent (dont les formes marquent aussi le futur), l'imparfait, le passé et le plus-que-parfait.

4° L'**infinitif** possède trois temps : le présent (dont la forme peut marquer aussi le futur), le passé et le futur (rare : *devoir aimer*).

5° Le **participe** possède trois temps : le présent, le passé et le futur (rare : *devant aimer*).

c) Les temps simples et composés

Les **temps simples** sont ceux dans lesquels le verbe ne présente, à chaque personne, qu'un seul mot. Ils se trouvent dans la conjugaison active et dans la conjugaison pronominale (dans la conjugaison passive, uniquement au participe passé employé seul) : *je chante, je chantais, je me lève, chassé*, etc.

Les **temps composés** sont ceux dans lesquels le participe passé (simple) est joint à différentes formes des verbes *avoir* ou *être* : ils se trouvent dans la conjugaison active, dans la conjugaison passive et dans la conjugaison pronominale (dans la conjugaison passive, à tous les temps, sauf le participe passé employé seul) : *j'ai chanté, que j'eusse chanté, je suis félicité, j'avais été félicité, je suis venue.*

---

1. Autrefois appelé *futur du passé*.
2. Autrefois appelé *futur antérieur du passé*.

> **Remarque**
> Il y a des temps **surcomposés**, dans lesquels le participe passé (simple) est joint à un temps composé d'*avoir* (parfois d'*être*) :
> *J'ai su votre arrivée une demi-heure après que vous* avez eu passé *la barrière.* (ALEXANDRE DUMAS, *Le Comte de Monte-Cristo*, 1844)

d) L'aspect du verbe

L'**aspect** du verbe traduit comment l'action se développe dans la durée : de manière brève, longue ou répétitive ; selon un processus qui se termine, qui est en cours ou qui commence ; etc. Concrètement, ce sens aspectuel se marque de différentes manières :

- **L'aspect grammatical**

L'aspect grammatical provient de l'usage des formes verbales (les temps) et de l'opposition entre formes verbales simples et formes verbales composées qui permettent par exemple de distinguer : **l'accompli** et **l'inaccompli**. L'aspect inaccompli permet d'exprimer un processus qui est en train de se passer, qui n'est pas encore arrivé à son terme alors que l'aspect accompli traduit un procès qui est terminé :

> *Il nettoie doucement le visage de Helder avec son chiffon imbibé.* (CAROLINE DE MULDER, *Calcaire*, 2017) (Forme verbale simple, procès en cours.)
>
> *Il a nettoyé le terrain.* (LARRY TREMBLAY, *L'orangeraie*, 2016) (Forme verbale composée, procès terminé.)

- **L'aspect sémantique**

L'aspect sémantique provient du sens véhiculé par le verbe lui-même. On distingue ainsi les verbes perfectifs et imperfectifs. Le sens des premiers implique un procès qui arrive à son terme au bout de l'action : *il meurt, elle sort, nous montons*, etc. Une fois que l'action est terminée : *il est mort, elle est sortie, nous sommes en haut*. Au contraire, le sens des verbes imperfectifs implique une action qui peut se prolonger indéfiniment : *elle nage, il travaille, nous aimons*.

- **L'aspect lexical**

L'aspect lexical est apporté par des éléments lexicaux : des affixes[1] (*recommencer, pâlir*, etc.), des auxiliaires d'aspect qui accompagnent le verbe principal (*commencer de, terminer de, continuer à*, etc.), les temps verbaux (*j'ai mangé* vs *je mange*), des compléments circonstanciels de temps (*soudainement, fréquemment, souvent, tous les soirs*, etc.).

---

1. Les affixes sont des morphèmes (de petit éléments porteurs de sens qui ne constituent pas un mot à eux seuls, mais qui se joignent à une base pour créer un nouveau mot dérivé. Dans les exemples cités, le préfixe *re-* ajoute le sens de répétition et le suffixe *-ir* permet de créer le verbe qui exprime le sens de *devenir pâle*).

1° Aspect **instantané** (action instantanée) :

> *Un orage éclate, puissant, **effrayant**.* (Laurent Gaudé, *Écoutez nos défaites*, 2016)

2° Aspect **duratif** (action qui dure) :

> *Dans le salon, papa **était en train de parler** avec maman.* (René Goscinny, *Le petit Nicolas*, 1960)

> *Vienne la nuit sonne l'heure*
> *Les jours s'en vont je **demeure**.* (Guillaume Apollinaire, *Le pont Mirabeau*, 1912)

3° Aspect **inchoatif** ou ingressif (action qui commence) :

> *Si notre intelligence n'est pas sollicitée, notre cerveau **s'endort**.* (Amélie Nothomb, *Stupeur et tremblements*, 1999)

4° Aspect **itératif** (action qui se répète) :

> *Je lis des vers chinois en **sirotant** une vodka.* (Sylvain Tesson, *Dans les forêts de Sibérie*, 2011)

5° Aspect **accompli** (action achevée) :

> *Tu **finis d'enfiler** ta blouse blanche et descends.* (Anaïs Barbeau-Lavalette, *La femme qui fuit*, 2015)

6° Aspect **imperfectif** (action non achevée) :

> *— Ma parole, tu dormais ? — Oh ! non. Je **réfléchissais**. Je **réfléchissais** au proverbe.* (Marcel Aymé, *Le passe-muraille*, 1941)

7° **Proximité** soit dans le passé, soit dans le futur :

> *Je **viens de lire** dans un fait divers de journal un drame de passion.* (Guy de Maupassant, *Le Horla*, 1886)

> *Celui-là n'est pas comme les autres, **il va partir**.* (Hédi Kaddour, *Les prépondérants*, 2015)

Un aspect donné peut se rencontrer à d'autres personnes, à d'autres temps et à d'autres modes que ceux qu'on observe dans les exemples donnés ci-dessus ; par exemple : *Papa était en train de parler ; Tu seras en train de parler ; Qu'il soit en train de parler*.

e) La voix

On appelle *voix* les formes que prend le verbe pour exprimer le rôle du sujet dans l'action. On distingue voix active (*il trompe*) et voix passive (*il est trompé*) et on range également dans ce phénomène la forme pronominale du verbe (*il se trompe*).

- **Voix active**

La voix active indique que le sujet *fait* l'action ; cette action est considérée du point de vue de l'agent qui la réalise :

> *Le juge d'instruction* **interroge** *Mlle Stangerson.* (Gaston Leroux, **Le mystère de la chambre jaune**, 1907)

- **Voix passive**

La voix passive indique que le sujet *subit* l'action. Celle-ci est considérée à partir de l'être ou de l'objet qui la subit : *Mlle Stangerson est interrogée par le juge d'instruction*.

Les phrases ayant un verbe transitif et un complément d'objet direct peuvent être mises au passif, tout en préservant le sens global de l'énoncé (c'est le point de vue qui change) :

> *Un vieil homme vend des ballons en forme de poisson.* (Christophe Ono-Dit-Biot, **Plonger**, 2013)

[Un vieil homme]_SUJET ACTIF   vend   [des ballons…]_COD ACTIF
[Des ballons…]_SUJET PASSIF   sont vendus par   [un vieil homme]_COMPLEMENT D'AGENT

Le complément d'objet direct (COD) du verbe actif devient le sujet du verbe passif, et le sujet du verbe actif devient le complément d'agent du verbe passif.

Pour conjuguer un verbe au passif, on utilise l'auxiliaire *être* que l'on fait suivre du participe passé simple de ce verbe.

Aimer (voix passive)			
Indicatif			
Présent :	*Je suis aimé*	Passé composé :	*J'ai été aimé*
Imparfait :	*J'étais aimé*	Plus-que-parfait :	*J'avais été aimé*
Passé simple :	*Je fus aimé*	Passé antérieur :	*J'eus été aimé*
Futur simple :	*Je serai aimé*	Futur antérieur :	*J'aurai été aimé*
Conditionnel présent :	*Je serais aimé*	Conditionnel passé :	*J'aurais été aimé*
Subjonctif			
Présent :	*Que je sois aimé*	Passé :	*Que j'aie été aimé*
Imparfait :	*Que je fusse aimé*	Plus-que-parfait :	*Que j'eusse été aimé*
Impératif			
Présente :	*Sois aimé*		
Participe			
Présent :	*Étant aimé*	Passé :	*Aimé(e), ayant été aimé*
		Futur (rare) :	*Devant être aimé*

> **Remarques**
> 1. Quand le sujet du verbe actif est *on*, ce pronom disparaît dans la phrase mise au passif, qui dès lors ne comporte pas de complément d'agent :
> *Tout a été pillé, trahi, vendu.* (Nancy Huston, *Le club des miracles relatifs*, 2016) (= On a tout pillé, trahi, vendu.)
> 2. Les verbes intransitifs ne peuvent être mis au passif. Toutefois *obéir, désobéir, pardonner* font exception :
> *Vous êtes obéi.* (Jean Racine, *Britannicus*, 1669)
> *Aussitôt son despotisme est obéi par toute la maison.* (Marcel Proust, *Le côté de Guermantes*, 1920)
> *Oh ! il n'y a pas de quoi, vous êtes pardonnée, interrompit le forgeron.* (Émile Zola, *L'assommoir*, 1876)
> 3. Certains verbes intransitifs peuvent avoir un passif impersonnel :
> *Il en sera discuté par l'Assemblée.* (*Annales de l'assemblée nationale*, Tome 29, 1874)
> *Le nom de la femme de Pluton, Proserpine, dont il a été dit un mot et dont il sera parlé en temps et lieu [...].* (Stéphane Mallarmé, *Les dieux antiques*, 1880)
> *Les organisateurs seront reçus, il sera discuté de l'itinéraire, des conditions d'organisation de cette manifestation*, avait expliqué [...] Bernard Cazeneuve. (Faïza Zeroualá, *Le Monde*, 25/07/2014)
> 4. Les verbes pronominaux ne peuvent se mettre au passif : *il se vante, elle s'adapte, on s'implique* ne peuvent pas être reformulées à la voie passive. Cependant, on emploie fréquemment la forme pronominale dans le sens passif, sans indication d'agent.

f) *Forme pronominale*

La forme pronominale du verbe (ou réfléchie) indique que l'action, faite par le sujet, se réfléchit, revient sur lui. C'est un cas particulier de la voix active. Les verbes pronominaux sont ceux qui sont accompagnés des pronoms *me, te, se, nous, vous*, désignant le même être ou objet, les mêmes êtres ou objets que le sujet :

> " *Je me blesse et ma douleur est preuve et sentiment.* (Éric Vuillard, *Conquistadors*, 2009)
>
> *Eva Maria se cache derrière un arbre.* (Hélène Grémillon, *La garçonnière*, 2013)
>
> *Tu te prends donc pour un général !* (Louis-Ferdinand Céline, *Voyage au bout de la nuit*, 1932) "

Accord du participe passé des verbes pronominaux p. 411

Il faut distinguer les **constructions pronominales** (à partir de verbes autonomes) des verbes qui sont **intrinsèquement pronominaux**. Dans le premier cas, la pronominalisation est occasionnelle et modifie le sens du verbe : *apercevoir* (= voir) ; *s'apercevoir* (= se rendre compte ; se voir soi-même ou réciproquement). Dans le second, le verbe est exclusivement pronominal, il se construit toujours avec le pronom (*s'extasier, s'amouracher, s'écrouler, se méfier*, etc.). Les verbes pronominaux posent des difficultés spécifiques pour l'accord des participes passés.

Du point de vue formel, les formes pronominales se caractérisent :

- par la présence d'un pronom personnel réfléchi de même personne que le sujet : *je me comprends, tu te blesses, il se plaint, nous nous enthousiasmons, vous vous renseignez, ils se voient*. Le pronom complément est le même à la 3ᵉ personne du singulier et du pluriel ;
- par le recours à l'auxiliaire être pour la formation des temps composés (passé composé, plus-que-parfait, passé antérieur, etc.) : *je me suis blessé, tu t'étais perdu, il se sera battu, nous nous fûmes égarés, vous vous seriez blessés, qu'ils se soient compris.*

Le pronom représentant le sujet du verbe pronominal se place avant le verbe ; aux temps composés, il se place avant l'auxiliaire. Il s'agit d'un pronom conjoint.

> *Longtemps je me suis battue pour un oui, pour un non.* (Yasmina Reza, **Heureux les heureux**, 2013).

À l'impératif, ce pronom se place après le verbe : *souviens-toi, envolons-nous.*

> *Rappelle-toi Barbara*
> *Il pleuvait sans cesse sur Brest ce jour-là* (Jacques Prévert, **Barbara**, 1946).

Il est alors tonique (sauf s'il perd son accent tonique au profit d'un monosyllabe faisant corps avec la forme verbale : *Souviens-toi bien. Envolons-nous donc !*).

Verbe type : *s'envoler*			
Indicatif			
Présent :	Je m'envole	Passé composé :	Je me suis envolé
Imparfait :	Je m'envolais	Plus-que-parfait :	Je m'étais envolé
Passé simple :	Je m'envolai	Passé antérieur :	Je me fus envolé
Futur simple :	Je m'envolerai	Futur antérieur :	Je me serai envolé
Conditionnel présent :	Je m'envolerais	Conditionnel passé :	Je me serais envolé
Subjonctif			
Présent :	Que je m'envole	Passé :	Que je me sois envolé
Imparfait :	Que je m'envolasse	Plus-que-parfait :	Que je me fusse envolé
Impératif			
Présent :	Envole-toi		
Infinitif			
Présent :	S'envoler	Passé :	S'être envolé
		Futur (rare) :	Devoir s'envoler
Participe			
Présent :	S'envolant	Passé :	Envolé(e), s'étant envolé
		Futur (rare) :	Devant s'envoler

Du point de vue du sens, les verbes pronominaux présentent différentes valeurs :

Sens	Exemple
Réfléchi : l'action du sujet s'applique à lui-même.	*Puis, il **se voit** dans le miroir et il demeure stupéfait : qui est cet étranger ?* (Virginie Despentes, ***Vernon Subutex 2***, 2015)
Réciproque : l'action des différents sujets s'applique des uns aux autres.	*Deux gars dépenaillés **s'invectivent** sur un banc.* (Catherine Poulain, ***Le grand marin***, 2016)
Passif : le pronom soutient une construction passive.	*La classe sociale héréditaire **se voit** de loin, elle se porte sur le corps, elle se lit sur le visage.* (Alexis Jenni, ***L'art français de la guerre***, 2011)
Sans fonction logique : le sens n'est pas directement analysable	*Il **s'aperçoit** qu'il transpire comme au sauna.* (Virginie Despentes, ***Vernon Subutex 2***, 2015)

En fonction du contexte, plusieurs sens peuvent être possibles :

> *Plusieurs étés de suite, ils **s'aperçoivent** timidement, vont à la plage ou à la messe, boivent des citronnades.* (Frédéric Beigbeder, ***Un roman français***, 2009) (Sens réciproque = ils s'aperçoivent l'un l'autre.)
>
> *Dès que les assiégées **s'aperçoivent** que toutes les ouvrières sorties se sont fait tuer, elles décident de boucher les issues.* (Bernard Werber, ***Les fourmis***, 1991) (Sens réfléchi = elles se rendent compte.)

Les murs de la ville s'aperçoivent de loin. (Sens passif = on aperçoit les murs de la ville de loin.)

- **Verbes pronominaux réfléchis**

Les verbes pronominaux sont **réfléchis** lorsque l'action revient, se réfléchit sur le sujet ; le pronom est alors complément d'objet direct ou indirect :

> *Au moins, disait à côté de moi une femme assez commune, elle [se]$_{COD}$ dépense celle-là, elle [se]$_{COD}$ frappe à se faire mal.* (Marcel Proust, ***À l'ombre des jeunes filles en fleurs***, 1919)
>
> *Elle [se]$_{COI}$ promet d'y remédier.* (Daniel Pennac, ***La petite marchande de prose***, 1989)
>
> *Les vieilles il faut qu'elles [s']$_{COD}$ entretiennent !* (Michel Bussi, ***Mourir sur Seine***, 2008)

- **Verbes pronominaux réciproques**

Ils sont **réciproques** lorsque deux ou plusieurs sujets agissent l'un sur l'autre ou les uns sur les autres :

> *Il lève les yeux, leurs regards* **se croisent**, *ils* **se sourient** *craintivement, comme s'ils voulaient sympathiser bien qu'ils ne parlent pas la même langue.* (Pierre Lemaitre, *Sacrifices*, 2012)
>
> *Voyons, pourquoi* **se querellent**-*ils ?* (Maurice Maeterlinck, *Pelléas et Mélisande*, 1892)

Le sens réciproque est parfois indiqué par le mot *entre* qui entre dans la composition du verbe : *ils s'entreregardent, s'entretuent, s'entredévorent, s'entrégorgent*, etc. Cette construction peut être occasionnelle ou lexicalisée (c'est-à-dire enregistrée dans le lexique et présent dans les dictionnaires). On la retrouve avec des verbes autonomes utilisés de manière pronominale (*ils s'entretuent*) aussi bien qu'avec des verbes intrinsèquement pronominaux (*ils s'entraident*).

> *Elle embrassa Chloé et ils* **s'entrebaisèrent** *tous pendant quelques instants.* (Boris Vian, *L'écume des jours*, 1947)
>
> *Ils rotent. Ils* **s'entrecongratulent**. *Ils sont extrêmement contents d'eux-mêmes.* (Lydie Salvayre, *Pas pleurer*, 2014)
>
> *Elles* **s'entre-regardèrent** *furtivement, ces oies trop blanches, trop grasses, trop ternes, sans grâce ni finesse.* (Vincent Engel, *Le miroir des illusions*, 2016)

Le sens réciproque peut être renforcé ou rendu explicite par une des expressions du type : *l'un l'autre, l'un à l'autre, mutuellement, réciproquement, entre eux* :

> *On s'est déshabillés* **l'un l'autre**, *avec une violence qui n'était que l'écho de ses phrases.* (Didier van Cauwelaert, *Double identité*, 2012) (L'expression *l'un l'autre* explicite le sens réciproque qui ne serait pas clair sans celle-ci.)
>
> *Veronica et Virginia s'accrochaient* **l'une à l'autre** *pour ne pas être éjectées du véhicule.* (Scholastique Mukasonga, *Notre-Dame du Nil*, 2012)
>
> *Nous nous sommes appris* **mutuellement** *beaucoup de choses.* (Jean Giono, *Le hussard sur le toit*, 1951)
>
> *Il ne nous reste qu'à nous féliciter* **réciproquement** *d'avoir perdu en même temps le sentiment fragile et trompeur qui nous unissait.* (Denis Diderot, *Jacques le fataliste et son maître*, 1796)
>
> *Tu sais que les gauchers se reconnaissent* **entre eux** *?* (Delphine de Vigan, *D'après une histoire vraie*, 2015)

- **Verbes pronominaux subjectifs**

Certains verbes pronominaux sont dits *subjectifs*, car ils ont un pronom sans fonction logique, qui reflète simplement le sujet, sans jouer aucun rôle de complément d'objet direct ou indirect :

s'en aller	s'endormir	se jouer de	se moquer
s'ensuivre	se pâmer	s'emparer de	s'enfuir
s'écrier	se douter de	s'envoler	se rire de
s'évanouir	s'en revenir	se mourir	se prévaloir de
s'en retourner	se taire	se connaitre à	se repentir, etc

> *Maman regarde à tout et s'aperçoit de tout.* (CHODERLOS DE LACLOS, **Les liaisons dangereuses**, 1782)
>
> *Ah ! je me repens, Seigneur, si vous saviez comme je me repens, et ma fille aussi se repent.* (JEAN-PAUL SARTRE, **Les mouches**, 1943)
>
> *Elle tourna la tête et s'évanouit.* (HONORÉ DE BALZAC, **Madame Bovary**, 1856)

- **Verbes pronominaux à sens passif**

On emploie fréquemment la forme pronominale dans le sens passif, toujours sans indication d'agent (le pronom conjoint *se* ou *s'* ne s'analyse pas dans ce type de construction). Ces **verbes pronominaux passifs** expriment une action subie par le sujet :

> *Tout s'achète et tout se vend – avec une marge !* (MARCUS MALTE, **Le garçon**, 2016)
>
> *Au fond, talus traversant toute la scène. Au-delà s'aperçoit un horizon de plaine : le pays couvert de travaux de siège.* (EDMOND ROSTAND, **Cyrano de Bergerac**, 1897)
>
> *Rien ne se perd, rien ne se crée, tout se transforme.* (d'après ANTOINE LAURENT DE LAVOISIER, **Traité élémentaire de chimie**, 1789.)

3. Le nombre et les personnes

En français, il y a 3 personnes et 2 nombres.

Le verbe varie en **nombre,** c'est-à-dire suivant que le sujet est au *singulier* ou au *pluriel* : *je travaille, nous travaillons*.

Le verbe varie aussi en **personne**, c'est-à-dire suivant que le sujet désigne :

1° La personne ou les personnes qui parlent (1re personne) : *je travaille, nous travaillons*.

2° La personne ou les personnes à qui l'on parle (2e personne) : *tu travailles, vous travaillez*.

3° La personne ou les personnes de qui l'on parle, la chose ou les choses dont on parle (3e personne) : *elle travaille, elles travaillent*.

La personne est à la fois marquée par le pronom et par la terminaison verbale.

4. Les formes du verbe

1. Comment varie le verbe

Les variations du verbe en termes de mode, temps, voix, personne et nombre s'expriment de trois manières : par des changements qui affectent le radical du verbe (*je **peux**, je **pour**rais*), celui des terminaisons (*je peux, il peut*) et celui des auxiliaires (*j'**ai** pu, je **suis** allée*).

1° Le **radical**, est la partie du mot qui porte le sens lexical du verbe au travers de toute sa conjugaison et de toutes ses formes. Pour identifier le radical d'une forme verbale, il faut supprimer sa terminaison (par exemple, la terminaison de la première personne du pluriel de l'indicatif présent étant *-ons*, le radical dans la forme *nous espérons* est *espér-*). Dans le cas le plus simple (et le plus fréquent), le verbe a un radical unique : *chanter, je chante, tu chantais, il a chanté, nous chanterons*, etc. Mais d'autres verbes ont un radical qui peut varier en fonction du mode ou du temps. Par exemple, au présent de l'indicatif, le verbe *pouvoir* a trois radicaux[1] : *peu-, pouv-, peuv-*.

je	tu	il/elle	nous	vous	ils/elles
peux	**peu**x	**peu**t	**pouv**ons	**pouv**ez	**peuv**ent

La variation du radical peut tantôt entraîner son allongement (*je fin-is, nous fin-iss-ons*), tantôt donner lieu à une alternance de formes (*je meurs, nous mourrons*) qui ont généralement une partie commune (pouvant éventuellement être réduite à une seule lettre comme le *m-* des formes **meurs** et **mourrons** dans l'exemple qui précède), tantôt reposer sur l'utilisation des auxiliaires qui permettent la formation des temps composés ou du passif.

2° La **terminaison** (ou **désinence**) des formes verbales sert à marquer les modifications de personne, de nombre, de mode et de temps : *je chant**e**, nous chant**ons**, que je chant**asse***.

3° les auxiliaires sont des formes du verbe *avoir* ou *être* qui se combinent avec un participe passé pour former les temps composés et le passif.

2. Les finales des temps

En général, les finales des temps sont semblables dans la conjugaison des verbes en *-er* et dans celle des autres verbes ; elles ne diffèrent qu'au singulier de l'indicatif présent, du passé simple et de l'impératif présent, comme le fait voir le tableau suivant :

---

[1]. On préfère parfois garder le nom de radical pour faire référence à la partie lexicale du verbe qui porte le sens et de base pour les différentes *variantes* de ce radical à partir desquelles s'opère la formation des formes conjuguées.

PARTIE 3 Les classes grammaticales

Tableau synthétique des désinences verbales

		SINGULIER			PLURIEL		
		1re pers.	2e pers.	3e pers.	1re pers.	2e pers.	3e pers.
Indicatif							
Présent	verbes en -er	e	es	e	ons	ez	ent
	autres verbes	s	s	t (ou d)	ons	ez	ent
Imparfait	tous les verbes	ais	ais	ait	ions	iez	aient
Passé simple	verbes en -er	ai	as	a	âmes	âtes	èrent
	autres verbes	is us	is us	it ut	îmes ûmes	îtes ûtes	irent urent
Futur simple	tous les verbes	rai	ras	ra	rons	rez	ront
Conditionnel Présent	tous les verbes	rais	rais	rait	rions	riez	raient
Impératif							
Présent	verbes en -er	–	e	–	ons	ez	–
	autres verbes	–	s	–	ons	ez	–
Subjonctif							
Présent	tous les verbes	e	es	e	ions	iez	ent
Imparfait	verbes en -er	asse	asses	ât	assions	assiez	assent
	autres verbes	isse usse	isses usses	ît ût	issions ussions	issiez ussiez	issent ussent
Infinitif							
Présent				er	ir	oir	re
Participe							
Présent (et gér.)	tous les verbes				ant		
Passé	verbes en -er				é		
	autres verbes				i, u, s, t		

3. Les terminaisons aux différentes personnes

a) 1re personne du singulier

La 1re personne du singulier se termine :

CHAPITRE **5** Le verbe

- par *-e* à l'indicatif présent de tous les verbes en *-er* et des verbes *assaillir, couvrir* (et ses dérivés), *cueillir* (et ses dérivés), *défaillir, offrir, ouvrir* (et ses dérivés), *souffrir, tressaillir* ; ainsi qu'aux temps simples du subjonctif de tous les verbes (sauf *que je sois*) : *je march**e**, j'ouvr**e**, que je cèd**e**, que je vinss**e*** ;
- par *-ai* dans *j'ai*, ainsi qu'au futur simple de tous les verbes et au passé simple de tous les verbes en *-er* : *j'aimer**ai**, je prendr**ai**, j'aim**ai*** ;
- par *-s* à l'indicatif présent et au passé simple de tous les verbes autres que les verbes en *-er*, ainsi qu'à l'imparfait de l'indicatif et au conditionnel de tous les verbes : *je finis, je reçois, je rends ; je dormis, je reçus, je sentis ; je pensais, je disais ; je chanterais, je croirais* ;
- par *-x* à l'indicatif présent de trois verbes : *je peux, je vaux* (et composés), *je veux*.

> **Remarque**
> Quand il y a inversion du sujet à la première personne des verbes en *-er* (par exemple, dans une phrase interrogative ou une exclamative), la finale *-e* devient *-è* : *Dussè-je vivre dix vies*[1].

La 2ᵉ personne du singulier se termine par *-s* (*tu chantes, tu fus, tu lirais*) à l'exception de :
- *tu peux, tu vaux* (et composés), *tu veux*, où l'on a un *-x* ;
- l'impératif des verbes en *-er* (sauf *aller*) et des verbes *assaillir, couvrir* (et ses dérivés), *cueillir* (et ses dérivés), *défaillir, offrir, ouvrir* (et ses dérivés), *souffrir, tressaillir, savoir, vouloir*, où l'on a un *e* : *plante, couvre, sache*.

> **Remarques**
> 1. La 2ᵉ personne de l'impératif de *aller* est *va*.
> 2. La 2ᵉ personne du singulier de l'impératif de tous les verbes en *-er*, et des verbes *assaillir, couvrir*, etc., prend un *s* final devant les pronoms *en, y*, non suivis d'un infinitif :
>   *Penses-y quand tu feras tes entretiens.* (LEÏLA SLIMANI, *Chanson douce*, 2016)
>   *Manges-en donc, ma femme ? Ça nourrit au moins pour deux jours.* (HONORÉ DE BALZAC, *Eugénie Grandet*, 1833)
>   Mais devant les pronoms *en, y*, suivis d'un infinitif et devant la préposition *en*, on n'a ni *s* final ni trait d'union : *Ose en dire du bien ; Va y mettre ordre ; Laisse y porter remède ; Parle en maitre.*
> 3. Dans *va-t'en, retourne-t'en*, etc., on remarquera l'apostrophe : le *t*, en effet, n'est pas une consonne euphonique, comme dans *aime-t-il*, c'est le pronom *te* dont le *e* est élidé (comparez : *allez-vous-en*). Vu l'apostrophe, on se dispense en principe de mettre le second trait d'union.
>   *Tu as décidé de partir. Va-t'en.* (ANTOINE DE SAINT-EXUPÉRY, *Le petit prince*, 1943)
>   Il en est de même pour la locution verbale *va-t'en + infinitif* :
>   *Mais va-t'en savoir pourquoi les gens meurent.* (VINCENT ENGEL, *Le mariage de Dominique Hardenne*, 2010)

---

1. L'orthographe antérieure à 1990 est encore acceptée : *dussé-je*.

b) 3ᵉ *personne du singulier*

La 3ᵉ personne du singulier se termine :
- Par **-t** : *il finit, il part, il venait, il ferait*.
- Par **-a** et **-c** : dans *il a, il va, il vainc, il convainc*.
- Par **-e** (comme pour la 1ʳᵉ personne) : à l'indicatif présent des verbes en **-er** (sauf *aller*) et des verbes *assaillir, couvrir*, etc. (*elle envoie, elle couvre, elle offre*), ainsi qu'au subjonctif présent de tous les verbes (sauf *qu'il ait, qu'il soit*) : *qu'il plante, qu'il tienne, qu'il reçoive, qu'il rende*.
- Par **-a** au futur simple de tous les verbes : *elle chantera, elle finira, elle rendra* et au passé simple de tous les verbes en **-er** : *il chanta, il alla*.
- Par **-d** à l'indicatif présent des verbes en **-dre** (sauf *-indre, -soudre*) : *elle rend, elle fond, elle mord*. Mais : *elle plaint, elle résout*, etc.

c) 1ʳᵉ *personne du pluriel*

La 1ʳᵉ personne du pluriel se termine par **-ons** : *nous plantons, nous suivrons, nous rendrions* ; sauf au passé simple de tous les verbes et à l'indicatif présent du verbe *être*, où la finale est **-mes** : *nous eûmes, nous planâmes, nous sommes*.

d) 2ᵉ *personne du pluriel*

La 2ᵉ personne du pluriel se termine par **-ez** : *vous avez, vous chantez, vous lisiez, que vous veniez* ; sauf au passé simple de tous les verbes et à l'indicatif présent de *être, dire, redire, faire* (et composés), où la finale est **-tes** : *vous êtes, vous dites, vous faites*.

e) 3ᵉ *personne du pluriel*

La 3ᵉ personne du pluriel se termine par **-ent** : *ils chantent, ils finissaient, ils suivraient* ; sauf au futur simple de tous les verbes et à l'indicatif présent de *avoir, être, faire* (et ses dérivés), *aller*, où la finale est **-ont** : *ils planteront, ils recevront, ils ont, ils sont, ils font, ils contrefont, ils vont*.

f) *Similitudes entre certaines formes verbales*

Il y a entre certaines formes verbales des similitudes qui facilitent l'étude de la conjugaison.

À la 2ᵉ personne du singulier de l'**indicatif présent** et de l'**impératif présent**, on a des formes semblables. Toutefois, dans les verbes en **-er** et dans certains verbes en **-ir** (*assaillir, couvrir et ses dérivés, cueillir et ses dérivés, défaillir, offrir, ouvrir et ses dérivés, souffrir, tressaillir*), la 2ᵉ personne du singulier a un **s** final à l'indicatif présent, et elle n'en a pas à l'impératif présent (à moins que ce ne soit devant les pronoms *en, y*, non suivis d'un infinitif : *tu finis, finis ; tu reçois, reçois ; tu rends, rends*. Mais : *tu aimes, aime*.

À la 1ʳᵉ et à la 2ᵉ personne du pluriel de l'**indicatif présent** et de l'**impératif présent**, on a des formes semblables ; excepté *avoir* et *être* (qui empruntent au subjonctif présent les deux personnes du pluriel de leur impératif présent) : *nous aimons, aimons ; vous aimez, aimez*. Mais : *que nous ayons, ayons ; que vous ayez, ayez ; que nous soyons, soyons ; que vous soyez, soyez*.

Savoir et *vouloir* se distinguent également par leurs formes de l'impératif : *nous savons, que nous sachions, sachons ; vous voulez, que vous vouliez, voulez ou veuillez*.

Le pluriel de l'**indicatif présent**, de l'**impératif présent**, du **subjonctif présent**, ainsi que l'**indicatif imparfait** et le **participe présent** ont le même radical (il n'y a que quelques exceptions : *faire, savoir, vouloir, pouvoir,* etc.) : *nous recevons, recevons, que nous recevions, nous recevions, recevant ; nous plaignons, plaignons, que nous plaignions, nous plaignions, plaignant*.

La 1re personne du singulier du **subjonctif imparfait** présente la forme de la 2e personne du singulier du **passé simple** augmentée de *-se* : *tu aimas, que j'aimas-se ; tu pris, que je pris-se ; tu reçus, que je reçus-se ; tu vins, que je vins-se*.

Dans le **futur simple** et dans le **conditionnel présent**, généralement on retrouve la forme de l'**infinitif**, à laquelle se sont ajoutées les désinences *-ai, -as, -a, -ons, -ez, -ont*, pour le futur simple, et *-ais, -ais, -ait, -ions, -iez, -aient*, pour le conditionnel présent :

j'aimer-ai, tu aimer-as... j'aimer-ais, tu aimer-ais...

je finir-ai, tu finir-as... je finir-ais, tu finir-ais...

> **Remarques**
> 1. Dans les verbes autres que les verbes en *-er*, on observe de fréquentes modifications du radical :
>   – *ten-*ir, je *tiendr-*ai, je *tiendr-*ais ;
>   – *sav-*oir, je *saur-*ai, je *saur-*ais ;
>   – *pouv-*oir, je *pourr-*ai, je *pourr-*ais.
> 2. Dans les verbes en *-re*, l'**e** final de l'infinitif a disparu devant les désinences *-ai, – as...* ou *– ais, -ais...* : *rendre, je rendr-ai, je rendr-ais*.
> 3. Les désinences du futur simple et du conditionnel présent ne sont autres que les formes du présent ou de l'imparfait de l'indicatif du verbe *avoir* (*avons, avez, avais, avait, avions, aviez, avaient, ont* été réduits à *ons, ez, ais, ait, ions, iez, aient*) ; ainsi *j'aimerai, j'aimerais*, étaient, à l'origine : *aimer ai* (c'est-à-dire *j'ai à aimer*), *aimer ais* (c'est-à-dire *j'avais à aimer*).

4. Les verbes auxiliaires

Les verbes **auxiliaires** sont des verbes qui, dépouillant leur signification propre, servent à former les temps composés. Les verbes auxiliaires par excellence sont **avoir** et **être**. *Avoir* est le plus fréquent :

> "*C'était l'aube d'un jour d'avril. J'ai chanté ma joie bien-aimée.* (GUILLAUME APOLLINAIRE, **La chanson du mal-aimé**, 1913)
>
> *Et tous ces hommes qui* **sont** *venus détruire ma vie, pourquoi ? Ils* **ont** *incendié mes moulins, pillé et dévasté mes plantations, volé et abattu mes troupeaux, ruiné mon immense labeur, est-ce juste ?* (BLAISE CENDRARS, **L'or**, 1960)"

Les auxilliaires *être* et *avoir* sont utilisés pour former les temps composés et le passif en se combinant avec un participe passé.

PARTIE 3 Les classes grammaticales

Verbes attributifs
p. 224

> **Remarques**
> Le verbe *être* n'est pas auxiliaire :
> **1.** Quand il relie l'attribut au sujet :
> *Les hommes croient toujours que ce qu'ils vivent **est** mortel. Ils oublient simplement que ça fait partie de la vie.* (Katherine Pancol, *La valse lente des tortues*, 2008)
> *Il y a du poison dans les pointes. Paraîtrait même que c'**est** mortel si on se fait piquer dans le cou.* (Catherine Poulain, *Le grand marin*, 2016)
> **2.** Quand il signifie « exister, se trouver, aller, appartenir » ; dans ces divers sens, il peut avoir un complément :
> *Je penche donc je **suis**, se dit Rena, non, je penche vers la droite donc je **suis** en Italie, en italiques, toutes mes penchées sont en italique.* (Nancy Huston, *Infrarouge*, 2010)
> *Lorsqu'on m'a obligée à rompre avec André, j'ai tant souffert que plusieurs fois j'ai **été** à deux doigts du suicide.* (Simone de Beauvoir, *Mémoires d'une jeune fille rangée*, 1958)
> *Elle se lève matines et le monde **est** à elle.* (Bouvier Nicolas, *L'usage du monde*, 1963)

Auxiliaires de l'infinitif
p. 276

À côté des auxiliaires *avoir* et *être*, il faut mentionner quelques verbes qui sont auxiliaires lorsque, suivis d'un infinitif, ils servent à marquer certains aspects du développement de l'action ou à exprimer certaines nuances de mode. On les appelle *semi-auxiliaires* :

> *Il **va mourir** chez lui, il ne va pas à l'hôpital ?* (Muriel Barbery, *L'élégance du hérisson*, 2006) (Futur proche.)
>
> *Clov laisse tomber les objets qu'il **vient de ramasser**.* (Samuel Beckett, *Fin de partie*, 1957) (Passé récent.)
>
> *Un agent de police **vint à passer** ; alors il eut peur et s'en alla.* (Gustave Flaubert, *Madame Bovary*, 1856) (Fait fortuit.)
>
> *Dorothée **en vint à maudire** les endorphines.* (Alexandre Postel, *Les deux pigeons*, 2016) (Aboutissement.)
>
> *Le meurtre **doit avoir eu** lieu peu de temps après.* (Pierre Lemaitre, *Alex*, 2010) (Fait probable.)

a) Conjugaison avec l'auxiliaire *être*

Tableau verbe *être*
p. 277

La conjugaison du verbe *être* est présentée en annexe.
Se conjuguent avec *être* :
1° Tous les temps des verbes au **passifs**[1] :

> *Je **suis hanté** par cette scène que je lui fis.* (Albert Cohen, *Le livre de ma mère*, 1954)
>
> *Ils **ont été accusés** à tort.* (Anne Cuneo, *Le maître de Garamond*, 2002)

---

1. Strictement parlant, dans les formes passives, *être* n'est pas un auxiliaire, car il n'abandonne pas sa valeur ordinaire de verbe servant à joindre l'attribut au sujet ; d'autre part, il ne perd pas sa valeur temporelle. Comparez : *je suis félicité, je suis parti*. Dans la première phrase, *suis* joint *félicité* au sujet et marque un présent : ce n'est pas un auxiliaire. Dans la seconde, *suis* ne joint plus l'attribut au sujet et n'a plus sa valeur de présent : c'est un auxiliaire qui sert à marquer un passé.

2° Les temps composés de tous les verbes **pronominaux** :

> *Il s'est trompé d'époque.* (Bernard Minier, *Glacé*, 2011)
>
> *Ils se sont embrassés.* (Jean-Michel Guenassia, *Le club des incorrigibles optimistes*, 2009)

3° Les temps composés de quelques verbes **intransitifs** exprimant, pour la plupart, un mouvement ou un changement d'état :

aller	échoir	naitre	rester	venir
arriver	éclore	partir	retourner	revenir
décéder	entrer	repartir	sortir	parvenir
devenir	mourir	rentrer	tomber	survenir

> *Je suis arrivée en fin d'après-midi.* (Blandine Le Callet, *La ballade de Lila K*, 2010)
>
> *Il préparait des spaghettis lorsqu'elles sont rentrées.* (Philippe Djian, *Dispersez-vous, ralliez-vous !*, 2016)
>
> *Beaucoup de gens sont tombés du tabouret.* (Jean Teulé, *Le magasin des suicides*, 2007)

b) *Conjugaison avec l'auxiliaire avoir*

La conjugaison du verbe *avoir* est présentée en annexe.

Se conjuguent avec *avoir* :

1° Les verbes ***avoir*** et ***être*** : *j'ai eu, j'ai été.*

2° Tous les **verbes transitifs** (directs ou indirects) :

> *Mais j'ai fait un pas, un seul pas en avant. Et cette fois, sans se soulever, l'Arabe a tiré son couteau qu'il m'a présenté dans le soleil.* (Albert Camus, *L'étranger*, 1942)
>
> *Ils ont obéi aux mêmes ordres.* (Laurent Gaudé, *Écoutez nos défaites*, 2016)

3° La plupart des **verbes intransitifs** :

> *Elle a parlé de ce dîner.* (Virginie Despentes, *Vernon Subutex 1*, 2015)
>
> *J'ai couru jusqu'à la chambre.* (Hélène Grémillon, *Le confident*, 2010)
>
> *Aux mots « petit garçon », il a tremblé.* (Christophe Ono-Dit-Biot, *Plonger*, 2013)

4° Tous les **verbes impersonnels** proprement dits :

> *On dirait qu'il a plu sur mon cœur !* (Maurice Maeterlinck, *Pelléas et Mélisande*, 1892)
>
> *Toute la nuit, il a neigé.* (Marc Bressant, *La citerne*, 2009)

c) Cas particuliers

Verbes pris impersonnellement p. 227

Avec les verbes pris impersonnellement, on emploie le même auxiliaire que dans la conjugaison personnelle de ces verbes :

> *Je sens qu'il **est** arrivé un malheur à Richard.* (Éric-Emmanuel Schmitt, *La tectonique des sentiments*, 2008)
>
> *C'est ce qu'il **aurait** convenu de faire. Tu as raison.* (Bernard Werber, *Le jour des fourmis*, 1992)

Certains verbes intransitifs ou pris intransitivement se conjuguent avec *avoir* quand ils expriment l'action – et avec *être* quand ils expriment l'état résultant de l'action accomplie : *Depuis lors elle **a** déchu de jour en jour*. vs *Il y a longtemps qu'il **est** déchu de ce droit*.

aborder	cesser	déménager	empirer	passer
accourir	changer	descendre	expirer	ressusciter
accroitre	déborder	diminuer	grandir	vieillir, etc.
apparaitre	déchoir	disparaitre	monter	
baisser	dégénérer	embellir	paraitre	

> *Nous avons parlé de choses et d'autres, et le temps **a** passé sur nous à toute vitesse.* (David Foenkinos, *Je vais mieux*, 2013)
>
> *Le temps **est** passé, précisa-t-elle en regardant sa montre.* (Katherine Pancol, *La valse lente des tortues*, 2008)

> **Remarques**
> 1. La plupart de ces verbes se conjuguent avec *avoir* : *il a changé, déchu, embelli, grandi, vieilli…* ; quand ils prennent *être*, c'est que le participe passé est employé comme un simple adjectif : *il est changé, déchu, embelli, grandi, vieilli…*
> 2. Pour plusieurs de ces verbes (*descendre, monter, passer, ressusciter*, etc.), l'usage a fait prévaloir l'auxiliaire être *je suis passé, monté, descendu à six heures*, sauf s'ils sont construits transitivement (*J'ai descendu vos valises*).

5. Les conjugaisons

On classe les verbes en trois groupes ou **conjugaisons**, d'après les terminaisons de l'infinitif présent : on distingue les verbes en *-er,* les verbes en *-ir* et les autres verbes (principalement *-oir* et *-re*, ainsi que quelques verbes en *-ir* qui ne rentrent pas dans la deuxième conjugaison). Les deux premiers groupes contiennent des verbes aux règles de conjugaison régulières alors que le troisième est un groupe résiduel qui rassemble des verbes réguliers ou non.

Le but de ce classement est de parvenir à synthétiser des règles.

Conjugaison	Terminaison	Exemples	Fiche de conjugaison
1er groupe	verbes en *-er*	*chanter, manger, rêver*, etc.	cf. p. 519
2e groupe	verbes en *-ir*	*finir, abolir, maigrir, obéir,* etc.	cf. p. 520
3e groupe	Autres verbes : verbes en *-oir* verbes en *-re* certains verbes en *-ir* qui se distinguent des verbes du 2e groupe.	– *avoir, savoir, pouvoir*, etc. – *boire, conduire, connaitre,* etc. – *fleurir, mentir, frire, luire, revenir*, etc.	cf. p. 521

Pour distinguer les verbes en *-ir* des 2e et 3e groupe, il faut observer les radicaux. Les verbes en qui allongent leur radical par l'insertion de la syllabe *-iss-* à certaines conjugaisons font partir du 2e groupe :

- au présent (plur.) de l'indicatif : *nous fin-iss-ons* ;
- à l'imparfait de l'indicatif : *je fin-iss-ais* ;
- au présent (plur.) de l'impératif : *fin-iss-ons* ;
- au présent du subjonctif : *que je fin-iss-e* ;
- au présent du participe : *fin-iss-ant*.

Les autres qui ne présentent pas cet allongement sont dans le 3e groupe : *nous sent-ons, je sent-ais,* etc.

a) *Effectifs des différentes conjugaisons*

Les verbes du premier groupe (en *-er*) constituent la vraie conjugaison régulière en français ; ce sont de loin les plus nombreux : on estime qu'ils représentent environ les neuf dixièmes (plus de 5000) des verbes du français.

Les verbes du 2e groupe (en *-ir*) sont les verbes dont le participe présent est en *-issant*. Ils ne dépassent guère le nombre de 300.

Le 3ᵉ groupe est la classe résiduelle qui contient les « autres verbes » : une trentaine de verbes en *-ir* dont le participe présent n'est pas en *-issant,* une trentaine en *-oir* et une centaine en *-re.*

Néologismes p. 62

Les verbes de création récente sont majoritairement formés sur la conjugaison en *-er* : *googler, psychoter, solutionner, liker, cliquer,* etc. et occasionnellement sur la conjugaison en *-ir (-issant)* : *amerrir, alunir.*

> "*Cesse de faire des nœuds à ton ciboulot, me dis-je, adoptant soudain le parler militaire. Arrête de* **psychoter.** (Serge Bramly, *Le premier principe, le second principe,* 2008)
>
> *Elles lui apprenaient à [...] changer sa photo de profil, à* **unfriender** *des faux amis, à* **liker** *des youtubeuses rigolotes.* (Anna Gavalda, *Fendre l'armure,* 2017)
>
> *Seuls les Américains ont, pour l'instant, réussi à «* **amarsir** *».* (David Larousserie, *Le Monde,* 19/10/2016)."

C'est pour cette raison que ces deux conjugaisons sont dites **vivantes**. Quant à la conjugaison en *-ir* (sans *-iss-*), en *-oir* ou en *-re,* non seulement elle ne s'enrichit plus d'aucun verbe nouveau, mais elle s'appauvrit peu à peu ; c'est pourquoi elle est appelée **conjugaison morte**.

b) *Remarques sur les conjugaisons*

- **Verbes en** *-er*

Les verbes en *-cer* prennent une cédille sous le *c* devant *a* et *o*, afin de conserver au *c* la même prononciation [s] qu'à l'infinitif : *nous avançons, je plaçais, il acquiesça*.

Les verbes en *-ger* prennent un *e* après le *g* devant *a* et *o*, afin de conserver au *g* la même pronociation [ʒ] qu'à l'infinitif : *je partageais, songeant, nous mangeons*.

Les verbes en *-eler* et *-eter* qui ont un *e* muet [ə] à l'avant-dernière syllabe de l'infinitif changent cet [ə] en [ɛ] (écrit *è*) devant une syllabe muette[1] : *semer, je sème, je sèmerai ; j'achète, elle cisèle, tu furètes, nous crochèterons, il halète*[2].

Nouvelle orthographe p. 36

Exceptions : *appeler, j'appelle ; jeter, je jette*.

Les verbes qui ont un [e] (écrit *é*) à l'avant-dernière syllabe de l'infinitif (*altérer, révéler, considérer,* etc.) changent cet [e] en [ɛ] (écrit *è*) dans leur conjugaison, y compris au futur et au conditionnel : *altérer, j'altère, j'altèrerais*[3].

Exception : les verbes en *-éer* conservent l'*é* dans toute leur conjugaison : *créer, je crée, je créerai*.

Les verbes en *-yer* changent le *y* en *i* devant un *e* muet : *employer, j'emploie, j'emploierai ; ennuyer, tu ennuies, il ennuiera*.

---

1. « Présentation du Rapport, devant le Conseil supérieur de la langue française, le 19 juin 1990 » dans *Les rectifications de l'orthographe*. Journal officiel de la République française, 1990, n°100.
2. L'orthographe antérieure à 1990 est encore acceptée : *j'époussette, il caquette, ruisselante,* etc.
3. L'orthographe antérieure à 1990 est toujours acceptée : *je considérerai*.

Les verbes en **-ayer** peuvent conserver l'*y* dans toute leur conjugaison : *payer, je paye* (prononcé [pɛj]) ou *je paie* (prononcé [pɛ]).

Les verbes en **-eyer** conservent toujours le *y* : *je grasseye*.

Dans les verbes qui se terminent au participe présent par **-iant, -yant** (sauf *avoir*), **-llant, -gnant**, on a, aux deux premières personnes du pluriel de l'**indicatif imparfait** et du **subjonctif présent** un *i* après le radical :

Crier, cri-ant	Nous criions, vous criiez, que nous criions, que vous criiez
Rire, ri-ant	Nous riions, vous riiez, que nous riions, que vous riiez
Envoyer, envoy-ant	Nous envoyions, vous envoyiez, que nous envoyions, que vous envoyiez
Travailler, travaill-ant	Nous travaillions, vous travailliez, que nous travaillions, que vous travailliez
Régner, régn-ant	Nous régnions, vous régniez, que nous régnions, que vous régniez

- **Verbes en *-ir***

Bénir a deux participes passés.

Bénit, bénite, se dit de certaines **choses** consacrées par une bénédiction rituelle, mais s'emploie uniquement comme **adjectif** (épithète ou attribut) :

"*Parce que mon témoignage, ça m'étonnerait qu'ils l'accueillent comme pain **bénit**.* (FRED VARGAS, **Pars vite et reviens tard**, 2001) (Même au sens métaphorique, *pain bénit* s'écrit de cette manière.)

*Tu m'as aspergé d'eau **bénite**, parce que je t'avais dit que j'étais le diable.* (JEAN-LOUIS FOURNIER, **La servante du Seigneur**, 2013)"

Béni, bénie, s'emploie dans tous les cas où le mot n'indique pas une bénédiction rituelle :

"*C'était le jour **béni** de ton premier baiser.* (STÉPHANE MALLARMÉ, **Apparition**, 1914)

*C'est un commerçant du Bazar, courtois, fort pieux et **béni** dans ses affaires.* (NICOLAS BOUVIER, **L'usage du monde**, 1963)"

Même dans les cas où il s'agit d'une bénédiction rituelle, on emploie *béni* chaque fois que le mot est appliqué à des **personnes** et chaque fois qu'il est pris, non pas comme adjectif, mais comme **verbe**[1] :

---

1. Dans des cas où il s'agit d'une bénédiction rituelle, on trouve parfois, il est vrai, *bénit* employé comme verbe, mais seulement au sens passif : *Les drapeaux ont été bénits.* (Dictionnaire de l'Académie)

> *Le peu d'eau qui reste est **béni**.* (EMMANUEL CARRÈRE, ***Limonov***, 2011)
>
> *Loki annonça alors à tous que l'on n'échappe pas à la mort, même lorsqu'on est **béni** par les dieux.* (BERNARD WERBER, ***Les Thanatonautes***, 1994)

Fleurir, au sens propre, fait à l'imparfait de l'indicatif *fleurissais*, et au participe présent ou adjectif verbal *fleurissant* :

> *Les hortensias **fleurissaient**.* (PHILIPPE DJIAN, ***Impardonnables***, 2009)
>
> *Des massifs d'iris **fleurissaient** à profusion le long du mur.* (CLAUDIE GALLAY, ***Les déferlantes***, 2008)
>
> *Ces choses étaient importantes pour elle, **fleurissaient** sa vie.* (ALBERT COHEN, ***Le livre de ma mère***, 1954) (Usage métaphorique au sens de « embellir ».)

Dans le sens figuré de « prospérer », il fait souvent *florissait* à l'imparfait de l'indicatif, et presque toujours *florissant* au participe présent ; l'adjectif verbal est toujours *florissant* :

> *Ces émissions **florissaient** à l'époque.* (DOMINIQUE COSTERMANS, ***Outre-Mère***, 2017)
>
> *Les belles pleurèrent leurs robes inachevées, les voisines leurs **florissants** commerces de douceurs et nous, nous restions seuls, orphelins* (CAROLE MARTINEZ, ***Le cœur cousu***, 2007)
>
> *La pêche à la morue était encore une industrie **florissante** à l'époque.* (NANCY HUSTON, ***Le club des miracles relatifs***, 2016)

Haïr perd le tréma au singulier de l'indicatif présent et de l'impératif présent : *je hais* [ʒɔɛ], *tu hais, il hait, hais*.

> *Je **hais** la défaite, même celle des autres ; elle m'émeut surtout quand le vaincu est un vieillard.* (MARGUERITE YOURCENAR, ***Mémoires d'Hadrien***, 1951)

Au **passé simple** et à l'**imparfait du subjonctif**, à cause du tréma, on écrit sans accent circonflexe : *nous haïmes, vous haïtes* (ces deux formes sont presque inusitées), *il haït* [ai] :

> *Henri **haït** cette cohabitation forcée avec sa femme. Puis, par contamination, se mit à haïr Catherine elle-même.* (ÉRIC-EMMANUEL SCHMITT, ***Concerto à la mémoire d'un ange***, 2010)

- **Verbes en *-oir* et en *-re***

On écrit les participes passés *dû*, *crû* (de *croitre*), *recrû* (de *recroitre*) avec un accent circonflexe au masculin singulier seulement : *l'honneur dû ; la rivière a crû*. Mais : *la somme due*.

> *Alors, **mû** par une force obscure, il entre seul dans l'eau turquoise.* (Olivier Guez, **La disparition de Josef Mengele**, 2017)
>
> *Et pourtant, **mue** par quelque instinct, elle a patienté tout ce temps.* (Éric Faye, **Il faut tenter de vivre**, 2015)

L'accent circonflexe sur *î* et *û* se conserve uniquement pour distinguer des mots de sens différents dont l'écriture serait identique sans l'accent (*du pain* et *un dû*) et dans certaines formes verbales : passé simple (*nous suivîmes, nous voulûmes*), subjonctif imparfait (*qu'il suivît*) subjonctif plus-que-parfait (*qu'il eût suivi*). On écrit donc *mu*, comme les autres participes passés *su, tu, vu, lu*.

On écrit sans accent circonflexe : *accru, décru, ému, indu, promu, recru* (au sens de « très fatigué, harassé »).

> *Il se leva, **recru** de chagrin.* (Marie-Aude Murail, **Oh, boy !**, 2000)

Les verbes en **-indre** et en **-soudre** ne gardent le *d* que devant un *r*, c'est-à-dire au **futur simple** et au **conditionnel présent** (donc en particulier, pas de *d* au singulier du présent de l'indicatif ou de l'impératif) :

Peindre : *je peins, tu peins, il peint ; peins ; je peindrai ; je peindrais.*

Résoudre : *je résous, tu résous, il résout ; résous ; je résoudrai ; je résoudrais.*

Dans les verbes en **-indre**, les consonnes **-nd-** se changent en **-gn-** (c'est-à-dire [ɲ]) devant une voyelle : *peindre, nous peignons, je peignais, peignant*, etc.

Battre, mettre et leurs dérivés ne gardent qu'un *t* au singulier du présent de l'indicatif et de l'impératif : *mettre, je mets, tu mets, il met ; mets.*

Au singulier du présent de l'indicatif et de l'impératif, la consonne finale du radical de l'indicatif se maintient :

1° dans les verbes en **-dre** (autres que les verbes en *-indre* et en *-soudre*) :

Prendre : *je prends, tu prends, il prend ; prends.*

Répondre : *je réponds, tu réponds, il répond ; réponds.*

Répandre : *je répands, tu répands, il répand ; répands.*

Mordre : *je mords, tu mords, il mord ; mords.*

Moudre : *je mouds, tu mouds, il moud ; mouds.*

2° dans **vaincre, rompre** et dans les composés de ces verbes :

Vaincre : *je vaincs, tu vaincs, il vainc ; vaincs.*

Rompre : *je romps, tu romps, il rompt ; romps.*

Verbe en **-oitre** : on ne conserve l'accent que pour certaines formes conjuguées de *croitre* afin d'éviter des confusions : on ajoute l'accent circonflexe à chaque fois qu'une confusion serait possible avec une forme correspondante de *croire*.

> *Je croîs, tu croîs, il croît en sagesse.*
>
> *Je crûs, tu crûs, il crût, nous crûmes, vous crûtes, ils crûrent en science.*

En général, dans les verbes en **-ire** (sauf *rire, sourire* et *écrire*), le pluriel du présent de l'indicatif, l'imparfait de l'indicatif, le présent du subjonctif, le passé simple, l'imparfait du subjonctif, ont un *s* sonore [z] entre le radical et la terminaison.

> *Conduire* : *condui-s-ant, nous condui-s-ons, je condui-s-ais, que je condui-s-e, je condui-s-is, que je condui-s-isse.*

Rire, sourire ne prennent aucune consonne entre le radical et la désinence : *ri-ant, nous ri-ons, que nous ri-ions,* etc.

Écrire et ses dérivés ont un *v* entre le radical et la désinence aux temps indiqués ci-dessus : *nous écri-v-ons, que je décri-v-e, il souscri-v-ait.*

c) *Conjugaisons spécifiques*

• **Conjugaison des verbes intransitifs qui prennent l'auxiliaire être**

Les verbes dont il s'agit ici comprennent quelques verbes intransitifs exprimant pour la plupart un mouvement ou un changement d'état ainsi que certains verbes intransitifs exprimant l'état résultant de l'action accomplie.

Ils ont pour particularité de prendre l'auxiliaire *être* aux temps composés. C'est par exemple le cas pour le verbe *tomber* :

Tomber	
Indicatif	**Subjonctif**
Passé composé : *Je suis tombé* Plus-que-parfait : *J'étais tombé* Passé antérieur : *Je fus tombé* Futur antérieur : *Je serai tombé* Conditionnel passé : *Je serais tombé*	Passé : *Que je sois tombé* Plus-que-parfait : *Que je fusse tombé* **Infinitif** Passé : *Être tombé* **Participe** Passé : *Étant tombé*
Impératif	**Gérondif**
Passé : *Sois tombé*	Passé : *En étant tombé*

> Participe passé p. 403

Remarquons que le participe passé varie : *elle est tombée, nous sommes tombés,* etc.

CHAPITRE **5** Le verbe

- **La conjugaison impersonnelle**

Les verbes impersonnels ne s'emploient qu'à la 3ᵉ personne du singulier.

Verbe type : *neiger*			
Indicatif			
Présent :	*Il neige*	Passé composé :	*Il a neigé*
Imparfait :	*Il neigeait*	Plus-que-parfait :	*Il avait neigé*
Passé simple :	*Il neigea*	Passé antérieur :	*Il eut neigé*
Futur simple :	*Il neigera*	Futur antérieur :	*Il aura neigé*
Conditionnel présent :	*Il neigerait*	Conditionnel passé :	*Il aurait neigé*
Subjonctif			
Présent :	*Qu'il neige*	Passé :	*Qu'il ait neigé*
Imparfait :	*Qu'il neigeât*	Plus-que-parfait :	*Qu'il eût neigé*
Impératif			
Présent :	*Envole-toi*		
Infinitif			
Présent :	*Neiger*	Passé :	*Avoir neigé*
Participe			
Présent :	*Neigeant*	Passé :	*Neigé, ayant neigé*

- **La conjugaison des verbes irréguliers et des verbes défectifs**

a) Les verbes irréguliers

On appelle *verbes irréguliers* :

1° Ceux qui, tout en gardant le même radical à tous les temps, présentent à certaines formes des particularités de terminaisons, par exemple : *cueill-ir.* Ind. pr. *Je cueill-e* (comme *j'aim-e*).

2° Ceux dont le radical ne reste pas le même à tous les temps, comme *tenir*.

b) Les verbes défectifs

On appelle *verbes défectifs* ceux qui ne sont pas usités à certains temps ou à certaines personnes ; par exemple : *absoudre* n'a ni passé simple ni subjonctif imparfait ; *s'ensuivre* n'est usité qu'à l'infinitif et aux troisièmes personnes de chaque temps ; *gésir* ne s'emploie plus qu'au présent et à l'imparfait de l'indicatif et au participe présent.

Les conjugaisons d'un large ensemble de verbes irréguliers et défectifs sont présentées en annexe.

5. L'emploi des modes et des temps

1. L'indicatif

L'indicatif est le mode de l'action verbale considérée dans sa réalité, dans son actualisation. Le mode de l'indicatif comporte plusieurs **temps** qui permettent de situer l'action dans le présent, le passé ou le futur ; ou de présenter une action comme simplement envisagée (le conditionnel).

L'indicatif est le mode qui contient le plus grand nombre de temps verbaux. Les temps sont organisés de manière symétrique : à chaque temps simple, correspond un temps composé et un temps surcomposé.

Les formes simples expriment l'aspect inaccompli (l'action est en cours) et les formes composées expriment l'aspect accompli (l'action est achevée) ou l'antériorité (l'action se passe avant) par rapport à la forme simple correspondante.

> *Pendant que l'homme parlait, Ibn Sina avait pris les pulsations du malade.* (GILBERT SINOUÉ, *Avicenne ou La route d'Ispahan*, 1989)

	Temps simples	Temps composés	Temps surcomposés
Présent	Présent *Je trouve*		
Passé		Passé composé *J'ai trouvé*	Passé surcomposé *J'ai eu trouvé*
	Imparfait *Je trouvais*	Plus-que-parfait *J'avais trouvé*	Plus-que-parfait surcomposé *J'avais eu trouvé*
	Passé simple *Je trouvai*	Passé antérieur *J'eus trouvé*	Passé antérieur surcomposé *J'eus eu trouvé*
Futur	Futur simple *Je trouverai*	Futur antérieur *J'aurai trouvé*	Futur antérieur surcomposé *J'aurai eu trouvé*
Conditionnel	Conditionnel présent *Je trouverais*	Conditionnel passé *J'aurais trouvé*	Conditionnel passé surcomposé *J'aurais eu trouvé*

Remarques
1. Le passé composé est symétrique du présent ; il concerne des actions passées et cependant proches du présent, ou en lien avec le présent.

> **2.** On ne traite plus le conditionnel comme un mode à part entière mais comme un temps de l'indicatif. Le conditionnel est symétrique du futur : il partage la même marque morphologique -r-. Il se distingue du futur en ce qu'il envisage l'action à venir avec une forte incertitude.

À la différence des autres temps de l'indicatif, le futur et le conditionnel possèdent, en plus de leur valeur temporelle, une valeur modale, permettant au locuteur d'exprimer une attitude personnelle par rapport à ce qu'il énonce. Par exemple, le futur présente habituellement une action comme certaine (1), tandis que le conditionnel renforce le sentiment d'incertitude (2) ; mais le futur antérieur peut lui aussi marquer une incertitude sur le fait rapporté (3).

> "*On sera à Paris dans moins d'une heure.* (MICHEL BUSSI, *Un avion sans elle*, 2012) (1)
>
> *Elle serait à Rome à ce moment.* (VINCENT ENGEL, *La peur du paradis*, 2009) (2)
>
> *Il aura appris*, bien sûr, *que tu as eu hier après-midi deux mauvais points à l'école, et c'est pourquoi il ne veut pas te répondre.* (MARCEL AYMÉ, *Les contes du chat perché*, 1939) (3)"

> **Remarques**
> **1.** Les formes surcomposées (*il a eu fini*) sont formées à l'aide de deux auxiliaires. Elles expriment l'antériorité par rapport à la forme composée correspondante. Pour cette raison, les formes surcomposées sont souvent utilisées dans des propositions circonstancielles de temps.
> *Je suis qu'un pauvre paysan... J'ai 89 hectares de blé, mais le blé, ça paie quoi ? Ça paie la semence. Le blé, ça **a eu payé**, mais ça paie plus.* (FERNAND RAYNAUD, *Sketch*, 1965)
> *Ainsi, j'avais ressenti un soulagement profond quand j'**avais eu fini** ce livre.* (AMÉLIE NOTHOMB, *Le voyage d'hiver*, 2009)
> **2.** Les formes surcomposées sont apparues au XVIIe siècle. Elles sont d'un emploi plutôt rare, tant dans l'usage littéraire que courant. C'est le passé surcomposé qui s'emploie le plus fréquemment : il est venu combler une lacune liée au remplacement progressif du passé simple par le passé composé.
> *Quand on **a eu fini** de se battre, il **a commencé** à pleuvoir.* (RENÉ GOSCINNY, *Le petit Nicolas*, 1960) (Équivalent à : *Quand on **eut fini** de se battre, il **commença** à pleuvoir*.)

a) Le présent

La valeur première du présent est d'indiquer que le fait a lieu au moment même de l'énonciation :

> "*Pendant que tu te lamentes, les autres s'entraînent !* (THOMAS GUNZIG, *Manuel de survie à l'usage des incapables*, 2013)"

- **L'intervalle temporel que représente le présent peut être étroit ou large**

1° Un acte de langage doit être énoncé au présent et à la 1re personne pour être suivi d'effet. L'action qu'il décrit se réalise dans le moment même de la parole (intervalle temporel étroit) :

> *Je déclare solennellement ouverte l'occupation du lycée par une bande de spécimens humains uniquement avides de joie, de musique et de fête.* (BERNARD WERBER, **La révolution des fourmis**, 1996)

2° Le présent exprime un fait habituel, qui se répète (l'aspect répétitif est indiqué par un adverbe ou par un complément circonstanciel) :

> *Elle **appelle** sa mère **tous les jours** et elle **n'éteint jamais** la sonnerie de son cellulaire.* (DANIEL RONDEAU, **J'écris parce que je chante mal**, 2010)

3° Le présent exprime un fait permanent que nous pouvons, au moment où nous nous plaçons, regarder comme présent ; c'est le cas des faits d'expérience (1), des définitions (2) ou des maximes (3) :

> *La Terre **tourne** toujours dans le même sens et à la même vitesse.* (PIERRE LEMAITRE, **Cadres noirs**, 2010) (1)

> *La grammaire **est** l'art de parler et d'écrire correctement.* (**Dictionnaire de l'Académie**) (2)

> *Il **faut** se prêter à autrui et ne se donner qu'à soi-même.* (MICHEL DE MONTAIGNE, **Essais**, 1580) (3)

- **Un énoncé au présent peut se situer dans le passé ou dans le futur**

1° Le présent est utilisé pour exprimer un fait situé dans un passé récent ou dans un futur proche :

> *Mais nous ne pouvons, dans l'immédiat, développer ce point vu qu'une actualité plus urgente nous mobilise : nous **apprenons** à l'instant, en effet, la disparition tragique de Delahaye.* (JEAN ECHENOZ, **Je m'en vais**, 1999) (Passé récent.)

> *Je **pars** immédiatement avec Albertine pour Paris.* (MARCEL PROUST, **Sodome et Gomorrhe**, 1922) (Futur proche.)

2° Dans une subordonnée conditionnelle introduite par *si*, avec un verbe au futur dans la principale, le présent situe l'action verbale dans le futur :

> *Si j'**échoue**, j'irai dans un couvent !* (HONORÉ DE BALZAC, **Le père Goriot**, 1835)

3° Le présent exprime un fait passé qu'on présente comme s'il était en train de se produire au moment où l'on parle : c'est le « présent historique » employé pour donner l'impression qu'on voit l'action se dérouler maintenant.

> *Entre 1914 et 1916, en pleine guerre mondiale, **éclate** une nouvelle passée inaperçue sous le fracas des bombes : Einstein **annonce** la fin du règne de Newton et la naissance d'une nouvelle théorie de la gravitation universelle, baptisée relativité générale.* (JEAN D'ORMESSON, **C'est une chose étrange à la fin que le monde**, 2010)

b) Le passé composé

• **Valeur générale**

En général, le passé composé exprime un fait passé, achevé au moment où l'on parle (accompli), et que l'on considère comme relié au présent. Parfois le fait a eu lieu dans une période non encore entièrement écoulée, parfois il a une suite ou des résultats dans le présent.

> *J'ai lu* tous les livres d'anatomie, de biologie, de psychologie et même d'astrologie. *J'ai* beaucoup *lu* et *j'ai opté* pour le bonheur. La souffrance, le malheur de la solitude, je m'en débarrasse dans un grand cahier. En optant pour la vie, *j'ai accepté* l'aventure. (TAHAR BEN JELLOUN, *L'enfant de sable*, 1986)
>
> *L'épisode pathétique du capot m'a ouvert* des horizons comme la pomme tombée sur le crâne de Newton. *J'ai décidé* de ne plus être quelqu'un d'autre. (FRÉDÉRIC BEIGBEDER, *Un roman français*, 2009)

> **Remarque**
> En ancien français, une phrase comme *j'ai lu un livre* avait la valeur de « j'ai [maintenant] un livre lu » c'est-à-dire « je suis [maintenant] dans la situation d'avoir lu un livre ». De là vient le lien du participe passé avec le présent de l'énonciation.

Le passé composé marque une succession d'actions dans le récit (1). Il est souvent utilisé en contraste avec l'imparfait : le participe passé montre un fait achevé (accompli), tandis que l'imparfait marque un fait qui dure (inaccompli), le plus souvent au second plan ou appartenant au décor (2).

> *J'ai pris* mon portefeuille. *J'en ai extrait* une feuille de papier pliée en huit. Je la lui *ai donnée*. Elle l'*a dépliée* avec soin et *a découvert* son portrait-robot. (JEAN-MICHEL GUENASSIA, *Le club des incorrigibles optimistes*, 2009) (1)
>
> *Il est sorti* alors que je l'*attendais* depuis une éternité. (ANNE CUNEO, *Le maître de Garamond*, 2002) (2)

Pour marquer la succession des actions dans un récit, le passé composé a largement remplacé le passé simple, dans le style parlé et écrit. Albert Camus a popularisé cet emploi du passé composé comme temps du récit romanesque :

> *C'est alors que tout a vacillé.* La mer *a charrié* un souffle épais et ardent. *Il m'a semblé* que le ciel s'ouvrait sur toute son étendue pour laisser pleuvoir du feu. Tout mon être *s'est tendu* et *j'ai crispé* ma main sur le revolver. La gâchette *a cédé, j'ai touché* le ventre poli de la crosse et c'est là, dans le bruit à la fois sec et assourdissant, que tout *a commencé*. (ALBERT CAMUS, *L'étranger*, 1942)

- **Valeurs particulières**

Dans des emplois particuliers, le passé composé exprime :

1° l'achèvement d'une action, en mettant en avant le caractère accompli de l'action (son aspect) plutôt que sa valeur passée (sa temporalité).

> „Quand le chat **est parti**, les souris dansent. (**Proverbe**)
>
> Comme vous dites en France : quand le vin **est tiré**, il faut le boire. (Mathias Énard, **Boussole**, 2015)"

2° un fait répété ou habituel :

> „Longtemps, **je me suis couché** de bonne heure. Parfois, à peine ma bougie éteinte, mes yeux se fermaient si vite que je n'avais pas le temps de me dire : « Je m'endors. » (Marcel Proust, **Du côté de chez Swann**, 1913)"

3° un fait non accompli, mais présenté comme s'il l'était déjà (c'est la valeur du futur antérieur) :

> „**J'ai fini** dans une seconde. (Daniel Pennac, **Au bonheur des ogres**, 1985) (= J'aurai fini dans une seconde.)"

4° un fait potentiel à venir, après *si* marquant l'hypothèse, le verbe principal étant au futur :

> „Elle n'a pas pu oublier le téléphone. Si elle l'**a oublié**, elle devra retourner à la maison, trouver une excuse, inventer quelque chose. (Leïla Slimani, **Dans le jardin de l'ogre**, 2014)"

c) L'imparfait

- **Valeur générale**

L'imparfait montre généralement une action en train de se dérouler dans le passé, sans montrer le début ni la fin de cette action. L'imparfait s'oppose au passé simple et au passé composé en ce qu'il montre l'action non achevée (inaccomplie) et peut en exprimer la durée :

> „Je passai de pénibles vacances. Je **me traînais** à travers les châtaigneraies et je **pleurais**. Je **me sentais** absolument seule au monde. Cette année, ma sœur m'**était** étrangère. J'**avais** exaspéré mes parents par mon attitude agressivement austère ; ils m'**observaient** avec méfiance. (Simone de Beauvoir, **Mémoires d'une jeune fille rangée**, 1958)"

L'imparfait permet de montrer, dans le passé, plusieurs actions se déroulant ensemble, ou plusieurs états existant ensemble. C'est pourquoi il convient à la description.

> Le soleil **tombait** presque d'aplomb sur le sable et son éclat sur la mer **était** insoutenable. Il n'y **avait** plus personne sur la plage. Dans les cabanons qui **bordaient** le plateau et qui **surplombaient** la mer, on **entendait** des bruits d'assiettes et de couverts. On **respirait** à peine dans la chaleur de pierre qui **montait** du sol. (Albert Camus, *L'étranger*, 1942)

- **Valeurs temporelles particulières**

Dans des emplois temporels particuliers, l'imparfait peut marquer :
1° un fait permanent ou habituel (qui se répète) dans le passé :

> Entre les deux repas il **s'écoulait** parfois trois heures, parfois cinq. (Jacqueline Harpman, *Moi qui n'ai pas connu les hommes*, 1995)

> Mais ses absences permanentes, happé qu'il était par des voyages à travers l'Europe, les **angoissaient**. Très vite, elles avaient compris que les objets médicaux de tous ces déplacements n'**étaient** que des prétextes. Il **allait** à Paris, Milan ou Munich rencontrer des gens mystérieux dont quelques-uns parfois **débarquaient** à l'improviste au manoir, **s'enfermaient** des nuits entières avec lui et **disparaissaient** comme ils **étaient** venus. (Marc Bressant, *Un si petit territoire*, 2017)

2° un fait qui a eu lieu à un moment précis du passé :

> Des millénaires après les pharaons, les Turcs de l'empire ottoman avaient entrepris en 1820 la conquête depuis l'Égypte de ce Soudan aux frontières indécises. Une quinzaine d'années plus tard **débarquaient** ici les saint-simoniens de Sorèze. (Patrick Deville, *Taba-Taba*, 2017)

- **Valeurs modales**

L'imparfait a des valeurs modales (expression d'une attitude du locuteur), qui ne portent pas nécessairement sur une action passée.

1° L'imparfait sert à accomplir un acte de langage (requête, demande) d'une manière atténuée, afin de ne pas offenser son interlocuteur par un ton trop direct.

> Et si je suis venu à l'atelier c'est parce que je **voulais vous demander** de faire un livre avec mes dessins, et vous, vous ferez les mots. (Serge Joncour, *L'écrivain national*, 2014)

> Pailhas répondit à la deuxième sonnerie. Mathias se présenta.
> — Et alors ? fit l'autre d'un ton exaspéré. Il n'aimait pas qu'on le dérange en plein week-end.
> — *Je voulais savoir* si vous aviez progressé dans votre enquête.
> — Je suis chez moi, là. Avec mes enfants. (Jean-Christophe Grangé, *Le passager*, 2011)

2° L'imparfait, dans une subordonnée introduite par *si* traduit un fait présent ou futur envisagé comme possible.

> Les larmes d'Élisa redoublèrent ; elle lui dit que *si* sa maîtresse le lui **permettait**, elle lui conterait tout son malheur. (STENDHAL, *La chartreuse de Parme*, 1839)
>
> Et chaque mercredi après-midi elle me dit : oh Jo, Jo, si je **gagnais**, si je **gagnais**, vous n'avez pas idée de tout ce que je ferais ! (GRÉGOIRE DELACOURT, *La liste de mes envies*, 2012)

d) Le passé simple

Le passé simple exprime un fait passé dont le déroulement a pris fin (accompli) ; il ne marque aucunement le contact que ce fait, en lui-même ou par ses conséquences, peut avoir avec le présent :

> Les étoiles **s'éteignirent**. Blanquette **redoubla** de coups de cornes, le loup de coups de dents... Une lueur pâle **parut** dans l'horizon. Le chant d'un coq enroué **monta** d'une métairie. (ALPHONSE DAUDET, *Lettres de mon moulin*, 1869)

Comme il montre l'action accomplie, le passé simple permet de faire voir plusieurs actions dans leur succession et de faire apparaitre la progression des évènements. Il convient particulièrement à la narration de faits passés : c'est le temps typique du récit littéraire.

> Eva s'était replongée dans l'étude de la carte. Elle **se déplaça** le long de la grande table pour aller observer les trois cartes géologiques correspondant aux zones que Racagnal avait l'intention d'aller explorer. Elle **revint** dans le petit bureau et **s'assit** devant l'ordinateur. Elle **écrivit** quelque chose, **regarda** l'écran, **décrocha** son téléphone et **se mit** à parler anglais avec son interlocuteur. (OLIVIER TRUC, *Le dernier Lapon*, 2012)

Il arrive fréquemment que, dans un récit, on interrompe le déroulement des actions pour montrer un élément d'arrière-plan (décor, action secondaire) ; on passe donc du passé simple à l'imparfait.

> Élisa **proposa** aux enfants d'aller chercher des noisettes le long des haies [...] ; elles **acceptèrent** avec empressement, et, emportant chacune un panier, elles **coururent** du côté d'une haie de noisetiers. Pendant qu'Élisa **travaillait**, elles **remplirent** leurs paniers, puis elles se **réunirent** pour voir laquelle en avait le plus. (COMTESSE DE SÉGUR, *Les petites filles modèles*, 1858)

e) Le passé antérieur

Le passé antérieur est propre à la langue écrite. Il exprime un fait passé entièrement achevé (accompli) au moment où un autre fait passé a commencé. Le passé antérieur s'emploie presque exclusivement dans des propositions subordonnées temporelles (*quand, lorsque, dès que,* etc.) et avec un passé simple dans la principale (parfois avec un passé composé, ou un imparfait, ou un plus-que-parfait) :

> "*Mon rein guérit. **Dès que** la fièvre m'**eut quitté**, je fus placé sur un brancard et transporté dans un compartiment spécial à Bordighera, en Italie, où le soleil de la Méditerranée fut invité à me prodiguer ses soins.* (ROMAIN GARY, *La promesse de l'aube,* 1960) (La forme *fut invité* n'est pas un passé antérieur, mais un passé simple à la forme passive.)
>
> *Il regarda le bonhomme s'éloigner et **quand** il l'**eut perdu** de vue il s'engagea dans un sentier qui le conduisit en pleins champs.* (MAURICE LEBLANC, *L'aiguille creuse,* 1909)"

> **Remarque**
> Le passé antérieur s'utilise parfois dans des phrases indépendantes exprimant une action faite rapidement ; dans cet emploi, il est accompagné d'un complément de temps : *bientôt, vite,* etc. :
>> *Le révérend comprit que le terrain était bon. Huit jours plus tard, il **eut converti** Judith, quinze autres plus tard, **épousée**. Leur bonheur fut bref.* (MARCEL AYMÉ, *Le passe-muraille,* 1943)
>> *Bientôt, il l'**eut mise** dans un tel état, qu'elle finit, comme d'habitude, par se déshabiller et se coucher en pleurant.* (ÉMILE ZOLA, *Nana,* 1880)

f) Le plus-que-parfait

• **Valeur générale : achèvement et antériorité**

Le plus-que-parfait exprime, comme le passé antérieur, un fait passé qui a eu lieu avant un autre fait passé. Comme tout temps composé, il montre ce fait comme achevé ou accompli, sans assigner de borne temporelle de départ à l'action :

> "*En fin d'après-midi, papa et maman **étaient déjà installés** dans le salon de thé de notre confortable hôtel, comme deux chats qui prennent le soleil sur le rebord d'une fenêtre. Maman lisait et papa conversait avec les autres clients.* (YANN MARTEL, *L'histoire de Pi,* 2001)
>
> *Ceux qui **avaient attendu** de devenir fonctionnaires ne le deviendraient pas, ceux qui **avaient fait** des études pour avoir des postes ne les auraient pas.* (LAURENT MAUVIGNIER, *Continuer,* 2016)"

La valeur d'antériorité est surtout perceptible lorsque le plus-que-parfait est utilisé dans une proposition subordonnée décrivant une action qui commence ou se termine avant celle de la principale.

> "*Comme elle **avait été reçue** un mois plus tôt à son certificat d'études, son père et sa mère lui **avaient acheté** un bracelet-montre, une bague en argent et une paire de souliers à talons hauts.* (MARCEL AYMÉ, *Les contes du chat perché,* 1939) (La forme *avait été reçue* est un plus-que-parfait à la forme passive.)"

> *Mai **était restée** allongée sous la couverture **pendant que** Yann **avait remis** ses vêtements.* (HOAI HUONG NGUYEN, ***L'ombre douce***, 2013)

- **Valeurs modales**

Le plus-que-parfait est utilisé avec des valeurs modales (expression d'une attitude du locuteur).

1° Pour exprimer une demande d'une manière atténuée, polie :

> *Monsieur Dimanche – Monsieur, je suis votre serviteur. **J'étais venu**…
> Don Juan – Allons, vite, un siège pour monsieur Dimanche.* (MOLIÈRE, ***Don Juan***, 1665) (Monsieur Dimanche cherche à formuler une demande de manière polie avant d'être interrompu.)

2° Pour exprimer un fait irréel situé dans le passé, après *si* (le verbe principal étant au conditionnel passé) :

> *Si **j'avais pu** suivre mes plans jusqu'au bout, **j'aurais été** en très peu de temps l'homme le plus riche du monde : la découverte de l'or m'a ruiné.* (BLAISE CENDRARS, ***L'or***, 1960)

g) Le futur simple

- **Valeurs temporelles**

Le futur simple sert, en général, à exprimer un fait à venir :

> *Tout à l'heure, après les ablutions rituelles, il **sera vêtu** pour la dernière fois de blanc. Des hommes le **porteront** sur leur tête sur une confortable civière en bois de cèdre et **iront** l'enfouir dans la terre humide. La terre **se refermera** pour l'éternité sur Sidi Mohammed ben Tahar, le coiffeur.* (AHMED SEFRIOUI, ***La boîte à merveilles***, 1954)

Pour exprimer une action à venir, le futur simple est concurrencé par trois autres formes :

Présent à valeur de futur proche p. 258

- le présent de l'indicatif : *j'arrive immédiatement* (1) ;
- l'auxiliaire *aller* suivi d'un verbe à l'infinitif (*je vais partir*), formulation qui présente l'action comme imminente (d'où l'appellation *futur proche*) (2) ;
- les auxiliaires modaux *pouvoir* et *devoir* suivis d'un infinitif présentent une action comme possible ou nécessaire ; l'action est également envisagée dans le futur (3).

> *Retourne au salon, **j'arrive** dans deux minutes.* (DAVID FOENKINOS, ***Je vais mieux***, 2013) (1)
>
> *Viens, nous **allons partir** et nous marcherons à pas lourds, courbés sous notre précieux fardeau. Tu me donneras la main et nous irons…* (JEAN-PAUL SARTRE, ***Les mouches***, 1947) (2)
>
> *Il **doit partir** et il se dit rien ne presse.* (VIRGINIE DESPENTES, ***Vernon Subutex 2***, 2015) (3)

Dans certains récits historiques, le futur peut exprimer un fait passé, mais postérieur aux faits exprimés au présent :

> *Il trouve une idée, et un beau titre :* Chroniques du crime et de l'innocence. *Ce **sera** le dernier ouvrage publié de son vivant.* (Philippe Jaenada, *La serpe*, 2017)

- **Valeurs modales**

Lorsqu'il exprime une valeur modale et non plus temporelle, le futur simple peut marquer :

1° une promesse ou une menace que le locuteur fait en utilisant la 1re personne :

> *Et le Seigneur lui a dit : « J'**augmenterai** la souffrance de tes grossesses, tu **enfanteras** avec douleur, et tes désirs te **porteront** vers ton mari, mais il **dominera** sur toi. »* (Jean-Baptiste Del Amo, *Règne animal*, 2016)

2° un ordre, un souhait ou une injonction, dont on veut atténuer le caractère impératif :

> *Les travaux ne sont pas encore complètement terminés et je vous **prierai** d'excuser la gêne occasionnée par ces retards.* (Bernard Werber, *La révolution des fourmis*, 1996)

> *À huit heures je vous **rendrai** votre liberté, et vous **reviendrez** à dix souper avec le bel objet.* (Choderlos de Laclos, *Les liaisons dangereuses*, 1782)

> *Du porc à l'ananas – les dés de lard fumé revenus à la poêle, l'échine grésillant dans l'huile, mélangée au riz créole, parsemée de thym, de laurier, de girofle, sur laquelle vous **verserez** une tasse de jus d'ananas frais.* (Yann Moix, *Naissance*, 2013)

h) Le futur antérieur

- **Valeur temporelle**

Le futur antérieur exprime un fait qui sera accompli dans un moment à venir, parfois précisé par un repère temporel (une date).

> *Pour le moment, c'est un peu comme si maman n'était pas morte. Après l'enterrement, au contraire, ce sera une affaire classée et tout **aura revêtu** une allure plus officielle.* (Albert Camus, *L'étranger*, 1942)

Le futur antérieur peut également marquer qu'un fait sera accompli avant un autre fait (antériorité), tous les deux situés dans l'avenir.

> *Quand ils **auront envahi** nos villages, ils pourront avancer sur la grande ville. Ils tueront nos femmes.* (Larry Tremblay, *L'orangeraie*, 2013)

Dans un emploi modal (expression d'une attitude du locuteur), le futur antérieur peut exprimer un fait passé que l'on présente comme possible ou probable. Cet emploi sert à marquer la supposition ou diverses nuances affectives :

> *Il **aura cru** voir en moi une âme basse, il **aura pensé** que je ne répondais pas à son salut parce qu'il est prisonnier et moi fille du gouverneur.* (STENDHAL, *La chartreuse de Parme*, 1839)

> *Mais elle reste sans bouger, elle **aura marché** vers son fils et lui n'est pas là, elle va abandonner, elle ne le trouvera pas, maintenant elle le sait.* (LAURENT MAUVIGNIER, *Continuer*, 2016)

i) Le conditionnel présent

Le conditionnel a une valeur modale et une valeur temporelle.

• **Valeur modale**

Dans sa valeur modale, le conditionnel envisage une action verbale avec une forte incertitude. Il peut marquer :

1° un fait futur dont l'accomplissement dépend d'une condition présentée comme possible (sens « potentiel ») :

> *Si j'étais sûre que vous soyez tous deux bien sages* [et cela sera peut-être, mais je n'en sais rien], *dit Mme de Réan, je vous **permettrais** d'aller seuls.* (COMTESSE DE SÉGUR, *Les malheurs de Sophie*, 1858)

2° un fait présent soumis à une condition non réalisée (sens « irréel ») :

> *Si j'étais femme* [mais cela n'est pas] *je ne vous **enverrais** pas cette lettre.* (ALBERT COHEN, *Belle du Seigneur*, 1968)

> **Remarque**
>
> Parataxe
> p. 488
>
> Le conditionnel se trouve aussi dans deux phrases juxtaposées, la première exprimant la condition ; il s'agit d'un phénomène de parataxe.
>
> *Je **serais** vous, les gars, je **ferais** gaffe.* (EMMANUEL CARRÈRE, *Limonov*, 2011)

Le conditionnel n'exprime pas toujours un fait soumis à une condition. Il s'emploie encore :

1° pour atténuer une affirmation dont l'énonciateur n'est pas sûr qu'elle soit vraie :

> *Elle **serait** à Rome à ce moment.* (VINCENT ENGEL, *La peur du paradis*, 2009)

2° pour atténuer l'expression d'un souhait ou d'une volonté :

> *Je voudrais bien y aller moi aussi, repeindre la ville en rouge, il l'a compris.* (Catherine Poulain, **Le grand marin**, 2016)
>
> ***Voudriez**-vous boire un verre un soir de la semaine prochaine pour que nous en discutions ?* (Catherine Cusset, **Indigo**, 2013)

- **Valeur temporelle**

Le conditionnel présent (autrefois appelé *futur du passé*) exprime un fait futur par rapport à un moment du passé. Il est utilisé dans des propositions subordonnées, selon les règles de concordance des temps :

> *Ludovic **connaissait** à Bologne deux ou trois domestiques de grandes maisons ; il fut convenu qu'il **irait** prendre langue auprès d'eux.* (Stendhal, **La chartreuse de Parme**, 1839)
>
> *Vassili **sortit** un croûton de sa poche et lui fit comprendre qu'il **cacherait** du pain sous les tuiles.* (Frédéric Verger, **Les rêveuses**, 2017)

- **Valeur modale**

Comme le conditionnel présent, le conditionnel passé marque une action verbale qui ne s'est pas réalisée (1) ; cette action est parfois assortie d'une condition (proposition conditionnelle ou hypothétique) qui, elle non plus, ne s'est pas réalisée (sens « irréel ») (2, 3).

> ***J'aurais aimé** vadrouiller de sexe en sexe, mais force me fut de me décider à rechercher un endroit où on me donnerait du boulot.* (Louis-Ferdinand Céline, **Voyage au bout de la nuit**, 1952) (1)
>
> *« Si j'avais dû mourir [mais cela n'a pas été], **j'aurais aimé** vous dire adieu. » Et je donnai libre cours aux larmes que ma fiction rendait naturelles.* (Marcel Proust, **Sodome et Gomorrhe**, 1922) (2)
>
> *Si j'étais Dieu [et cela n'est pas], je **me serais atomisé** en des milliards de facettes pour me tenir dans le cristal de glace, l'aiguille du cèdre, la sueur des femmes, l'écaille de l'omble et les yeux du lynx.* (Sylvain Tesson, **Dans les forêts de Sibérie**, 2011) (Le conditionnel passé marque l'aspect accompli de l'action verbale, et pas l'antériorité.) (3)

Dans ses autres emplois, le conditionnel passé est utilisé :

1° pour atténuer une affirmation concernant un fait du passé dont l'énonciateur n'est pas sûr qu'il soit vrai :

> *Rainer Maria Rilke (1875-1926), écrivain autrichien. Il **serait mort** à la suite d'une piqûre de rose.* (Jean-Louis Fournier, **Ma mère du Nord**, 2015)

2° pour atténuer l'expression d'un souhait ou d'une volonté, de manière plus marquée qu'avec le conditionnel présent :

❝ — Vous travaillez ? demanda doucement Pastor, j'**aurais voulu** vous prendre un peu de votre temps. (Daniel Pennac, *La fée carabine*, 1987) ❞

- **Valeur temporelle**

Le conditionnel passé permet de transposer le futur simple après un verbe principal au passé. Cette valeur temporelle est souvent assortie de la valeur modale du conditionnel.

❝ Voltaire en avait envoyé le manuscrit à la duchesse de La Vallière, qui lui fit répondre qu'il **aurait pu** se passer d'y mettre tant d'indécences, et qu'un écrivain tel que lui n'avait pas besoin d'avoir recours à cette ressource pour se procurer des lecteurs. (Voltaire, *Candide*, Préface de l'éditeur, 1759) ❞

> **Remarque**
> Le subjonctif plus-que-parfait peut avoir le sens du conditionnel passé :
> Dante **eût cru** voir les sept cercles de l'enfer en marche. (Victor Hugo, *Les misérables*, 1862) (Avec la valeur modale de **aurait cru**.)
> On **eût cru** une coquette détaillant sa garde-robe bien pourvue et prête à conclure qu'elle n'a rien à se mettre. (Amélie Nothomb, *Le fait du prince*, 2008) (Avec la valeur modale de **aurait crû**.)

2. Le subjonctif

Le subjonctif exprime, en général, un fait envisagé dans la pensée, avec une attitude particulière du locuteur (le souhait que quelque chose se passe, le regret que quelque chose se soit passé, etc.). L'action verbale peut être réelle (1) ou non (2).

❝ Il regrettait que son mouvement d'humeur lui **ait échappé**. (Alexis Jenni, *La nuit de Walenhammes*, 2015) (1)

Il est impossible qu'on me **fasse grâce**. (Victor Hugo, *Le dernier jour d'un condamné*, 1829) (2) ❞

Il existe quatre temps du subjonctif en français. Dans le style parlé comme à l'écrit, on emploie principalement le subjonctif présent et le passé. L'imparfait et le plus-que-parfait, employés couramment en français classique (au XVIIe siècle), sont aujourd'hui réservés à l'usage littéraire ou recherché.

Temps simples	Présent
	que je trouve
	Imparfait
	que je trouvasse

Temps composés	**Passé** *que j'aie trouvé* **Plus-que-parfait** *que j'eusse trouvé*

Le subjonctif se trouve le plus souvent dans des propositions subordonnées, mais il s'emploie aussi dans des propositions indépendantes ou principales.

a) Le subjonctif dans des propositions indépendantes

- **Valeurs modales**

Le subjonctif, dans une proposition indépendante, peut exprimer :

1° un ordre ou une interdiction (en phrase négative) ; le subjonctif est utilisé à la 3ᵉ personne et est introduit par *que* :

> *Je ne veux plus d'elle ! Qu'elle **reste** sur son siège !* (Albert Cohen, **Belle du Seigneur**, 1968)
>
> *Qu'on nous **donne** du vin, j'en peux plus.* (Marcel Aymé, **Le passe-muraille**, 1943)

2° un souhait (avec ou sans *que*) :

> *Voilà une terrible tête de femme ! Dieu me **garde** d'en rencontrer une pareille.* (Denis Diderot, **Jacques le fataliste et son maître**, 1796)
>
> *Dieu vous **bénisse**, que tout **aille** pour le mieux.* (Adrien Bosc, **Constellation**, 2004)

3° hypothèse : dans deux propositions juxtaposées, la première au subjonctif et introduite par *que* équivaut à une subordonnée hypothétique introduite par *si* ;

> *Qu'il **vive** ou **périsse**, c'est la dernière fois qu'elle le voit.* (Laurent Gaudé, **Pour seul cortège**, 2013)

> **Remarque**
> La conjonction *que* introduisant les propositions indépendantes au subjonctif est une marque du subjonctif ; elle ne porte pas de sens.

- **Formes verbales figées dans leur emploi au subjonctif**

Plusieurs expressions verbales au subjonctif se sont figées, dans leur forme et dans leur sens. La conséquence est que ces verbes ne varient plus nécessairement en nombre, et qu'ils s'emploient de manière limitée.

1° Le subjonctif du verbe *savoir* (*sache*) permet d'atténuer une affirmation dans les expressions *que je sache, qu'on sache, que nous sachions* (en phrase négative), *que tu saches, que vous sachiez* (en phrase interrogative, sans négation) ; l'expression signifie « à ma connaissance » :

> *Que je sache il n'y avait pas de crypte dans le château de Hammer.* (MATHIAS ÉNARD, **Boussole**, 2015)
>
> *La Loire ne fait pas de crochets par Shanghai, que je sache !* (KATHERINE PANCOL, **La valse lente des tortues**, 2008)
>
> *Vous n'êtes pas enfermée dans une cage que je sache ?* (ANNA GAVALDA, **Ensemble, c'est tout**, 2010)

2° Le subjonctif du verbe *vivre* (*vive*) est utilisé dans les expressions exclamatives *Vive la vie ! Vive les vacances !* ou *Vivent les vacances !* Le verbe devient un marqueur d'exclamation et ne varie plus, ce qui explique que la forme au singulier puisse introduire un groupe nominal pluriel. L'usage accepte les deux formes *vive* et *vivent* devant un nom pluriel.

> *Vivent donc les enterrements !* (ALBERT CAMUS, **La chute**, 1956)
>
> *Vive les communistes ! Vive l'armée !* (BOUALEM SANSAL, **Rue Darwin**, 2011)
>
> — *Vive toi !* — *Vive moi, ça me va.* (MICHEL ROSTAIN, **Jules, etc.**, 2015)

3° Le subjonctif présent du verbe *être* (la forme *soit*, avec le sens « supposons que cette chose soit ») est utilisé pour introduire les éléments d'un problème (1), l'explication de ce qui vient d'être dit (2), les protagonistes d'une histoire (3), etc. Son caractère figé explique que la forme au singulier *soit* soit la seule utilisée.

> *Soit M le point de l'espace occupé à l'instant [...] par ce corps A ; soit M' le point de l'espace occupé à l'instant [...] par le corps B.* (HENRI POINCARÉ, **La valeur de la science**, 1905) (1)
>
> *Plus rien ne sera jamais plus comme avant. Près de cent mille emplois vont être supprimés dans la City. Soit un quart des effectifs.* (KATHERINE PANCOL, **Les écureuils de Central Park sont tristes le lundi**, 2010) (2) (Dans cet emploi, *soit* est figé avec le sens de « c'est-à-dire » et il fonctionne comme une conjonction.)
>
> *Soit un lapin terrorisé courant au point du jour à toute allure sur une vaste surface plane herbeuse. Soit un furet nommé Winston qui poursuit ce lapin. Celui-ci, apercevant non loin le seuil de son terrier, s'imagine, l'innocent, qu'il est tiré d'affaire et que là est son salut. Mais à peine s'est-il engouffré, se ruant pour s'y réfugier tout au fond, que le furet lancé à ses trousses le rejoint dans cette impasse, le saisit à la carotide et le saigne dans l'obscurité.* (JEAN ECHENOZ, **Je m'en vais**, 1999) (3)

b) *Le subjonctif dans les propositions subordonnées*

C'est principalement dans les propositions subordonnées que le subjonctif est utilisé[1].

---

1. Les emplois que nous allons signaler se retrouvent de manière détaillée dans la Partie 5 sur la phrase complexe. Pour ce qui est de la concordance des temps, et du choix à opérer entre subjonctif présent, subjonctif passé, subjonctif imparfait et subjonctif plus-que-parfait en fonction du temps du verbe principal, on se reportera au chapitre 5 de la partie 5.

• Le subjonctif dans les propositions conjonctives essentielles

Dans les propositions conjonctives essentielles (ou propositions complétives), le subjonctif s'emploie :

1° dans une subordonnée sujet introduite par *que* et placée en tête de phrase :

> *Que j'**aie appris** une langue étrangère en classe, sans aller dans le pays, le laissait incrédule.* (Annie Ernaux, *La place*, 1983)

2° dans une proposition subordonnée complément d'un verbe de forme impersonnelle marquant :
- la nécessité, la possibilité, le doute, l'obligation ou une dimension subjective (crainte, contentement, etc.) :

> *Il faut que Joseph me **tienne** la main !* (Marcel Pagnol, *La gloire de mon père*, 1957)

- la certitude ou la vraisemblance dans une phrase négative, interrogative ou au conditionnel.

> *Il n'est pas certain que cela **se soit passé** dans cet ordre.* (Serge Bramly, *Le premier principe, le second principe*, 2008)

3° dans une proposition subordonnée complément de verbes d'opinion, de déclaration ou de perception, dans une phrase négative, interrogative ou au conditionnel :

> *Tout allait, tout convenait et lui-même **ne pensait pas** que son corps **pût** plaire ou déplaire.* (Marie NDiaye, *Ladivine*, 2014)

4° dans une proposition subordonnée complément de verbes exprimant la volonté, le doute ou un sentiment du locuteur :

> *Solange **craignait** que la victoire ne **soit** trop aisée.* (Adelaïde De Clermont-Tonnerre, *Fourrure*, 2010)

5° dans une proposition subordonnée complément d'objet direct du verbe, introduite par *que* et mise en tête de la phrase avant la principale :

> *Que Pierre **soit tombé** de haut, qu'il **ait pâli** sous le choc et **se soit** soudain **senti** mal ou qu'il **ait pris** cette imposture pour une coquetterie de femme pauvre et qui veut se grandir, qu'il en **ait souri** en hochant la tête, nul **n'en saura** jamais rien.* (Guy Goffette, *Elle, par bonheur, et toujours nue*, 1998)

6° dans une proposition subordonnée attribut, complément du nom ou complément de l'adjectif, si elle exprime un fait envisagé dans la pensée.

> *Aujourd'hui, son unique désir serait que sa femme **sache** combien son amour est intact.* (Léonora Miano, *La saison de l'ombre*, 2013) (La proposition subordonnée est attribut du sujet.)

- **Le subjonctif dans les propositions subordonnées relatives**

Prop. sub. relatives p. 430

Le subjonctif s'emploie dans la subordonnée relative complément du nom ou du pronom :

1° marquant un but à atteindre, une conséquence ;

> *Je tente un signe des yeux, un mot, un truc, n'importe quoi **qui fasse** réapparaître la minette.* (Michel Rostain, *Jules, etc.*, 2015)

2° ayant un antécédent accompagné d'un superlatif relatif ou de *le seul, l'unique*, etc. ;

> *Elle est **la seule** femme **qui ait** trouvé la patience de m'aimer et de me ramener à la vie.* (Kamel Daoud, *Meursault, contre-enquête*, 2014)

3° dépendant d'une proposition principale négative, interrogative ou conditionnelle, si la proposition subordonnée relative exprime un fait envisagé simplement dans la pensée.

> *Comment ça se fait qu'un mec comme lui **n'a pas trouvé** de meuf qui **prenne** soin de lui ?* (Virginie Despentes, *Vernon Subutex 1*, 2015)

- **Le subjonctif dans les propositions subordonnées circonstancielles**

Le subjonctif s'emploie dans les propositions circonstancielles :

Prop. sub. de temps p. 451

1° marquant le temps et introduites par *avant que, en attendant que, jusqu'à ce que* ;

> *Je voudrais vous dessiner jusqu'à ce que je vous **connaisse** par cœur.* (Anna Gavalda, *Ensemble, c'est tout*, 2010)

2° marquant une cause qu'on rejette, introduites par *non que, non pas que, ce n'est pas que* ;

> *Puisque Lucile tenait le choc, s'armait, résistait, il nous fut possible de nous disputer avec elle, de lui signifier nos désaccords, d'élever la voix. **Non que nous l'ayons épargnée lorsqu'elle était dans le silence**, mais nos révoltes, alors, étaient plus sourdes, étouffées.* (Delphine de Vigan, *Rien ne s'oppose à la nuit*, 2011)

Prop. sub. de but p. 458

3° marquant le but ;

> *Mais il n'est pas mort et il rentre au village en février 1919 afin que Marcel **puisse** voir le jour.* (Jérôme Ferrari, *Le sermon sur la chute de Rome*, 2012)

Prop. sub. de conséquence p. 460

4° marquant la conséquence après une proposition principale négative ou interrogative, ou après *assez pour que, trop pour que, trop peu pour que, suffisamment pour que, sans que*, ou encore quand la subordonnée exprime un fait qui est à la fois une conséquence et un but à atteindre ;

> *Nous étions tout simplement **trop** nombreux **pour que** maman **puisse** montrer son attachement à chacun de nous.* (Fawzia Zouari, **Le corps de ma mère**, 2016)

5° marquant la condition (ou la supposition) et introduites par une locution conjonctive composée à l'aide de *que* (*en admettant que, supposé que, pourvu que*, etc.) ;

> *En admettant que l'éléphant **employât** quinze heures à se rendre à Allahabad, c'était six cents livres (15 000 F) qu'il rapporterait à son propriétaire.* (Jules Vernes, **Le tour du monde en 80 jours**, 1872)

> **Remarque**
> Le subjonctif a été utilisé couramment dans les propositions conditionnelles, y compris avec *si*, jusqu'au XVIe siècle. Il a ensuite été remplacé par l'indicatif (dans la subordonnée) et par le conditionnel (dans la proposition principale). On trouve encore dans la langue classique ou recherchée l'usage du subjonctif pour marquer une action verbale fictive (irréelle) dans le passé.
> *Eût-il vécu, mon père se fût couché sur moi de tout son long et m'eût écrasé.* (Jean-Paul Sartre, *Les mots*, 1964) (Dans la langue courante : *S'il avait vécu, mon père se serait couché sur moi de tout son long et m'aurait écrasé.*)

6° marquant la concession (ou l'opposition) :

> *Pour la première fois, je me sens en totale confiance, bien que je ne **sois** pas seule.* (Muriel Barbery, **L'élégance du hérisson**, 2006)

3. L'impératif

• **Valeur modale**

L'impératif est, d'une façon générale, le mode de l'injonction ; c'est sa valeur modale. Il permet au locuteur d'exprimer un ordre (1), un encouragement (2) ou de demander une faveur (3). À la forme négative (4), l'impératif marque une interdiction :

> ***Disparais** et ne **laisse** jamais savoir un mot de ce que tu as entendu.* (Jean-Christophe Rufin, **Rouge Brésil**, 2011) (1,4)
>
> ***Soyez** à la hauteur, et **tenez**-moi au courant.* (Didier van Cauwelaert, **Le retour de Jules**, 2017) (2,1)
>
> ***Ayez** de l'indulgence, c'est le plus beau caractère de l'amitié.* (Choderlos de Laclos, **Les liaisons dangereuses**, 1782) (3)

L'impératif se conjugue principalement à la 2e personne, du singulier ou du pluriel, ce qui s'explique par le fait qu'il est énoncé pour agir sur le comportement du destinataire. À la 1ʳᵉ personne du pluriel, l'impératif exprime une injonction qui concerne également le locuteur :

> Viens. Peut-être que Soulayed va revenir demain. **Allons** dormir. (LARRY TREMBLAY, *L'orangeraie*, 2013)

- **Valeurs particulières**

Dans des emplois particuliers, l'impératif peut exprimer :

1° une demande polie si on utilise l'impératif du verbe modal *vouloir* suivi d'un infinitif :

> **Veuillez** excuser ma tenue : j'étais en train de faire un peu de yoga. (BERNARD MINIER, *Glacé*, 2011)

2° la supposition : dans deux phrases juxtaposées, la première phrase à l'impératif est équivalente à une subordonnée conditionnelle introduite par *si*.

> **Ôtez** leurs grands pieds, leurs godillots de plomb aux figurines d'Alberto Giacometti, ce n'est plus rien. (Texte dit par FRANCIS PONGE dans le film de LUC GODEVAIS, *À propos de Giacometti*, 1970) (*Si vous ôtez leurs grands pieds...*)

> Connecteur de discours p. 320

> **Remarque**
> Certaines formes à l'impératif, comme *voyons* ou *allez*, se sont figées. Elles n'expriment plus un ordre mais sont utilisées comme des marques de la subjectivité (du locuteur) ou de l'intersubjectivité (sa relation à l'interlocuteur). Dans cet usage, l'impératif est détaché du reste de la phrase par une virgule et il fonctionne comme un marqueur (ou connecteur) de discours.
>
> *Allons, allons, faites votre droit, et n'en parlons plus.* (GUY GOFFETTE, *Elle, par bonheur, et toujours nue*, 1998)
>
> *Allez, on arrête de se prendre la tête, je fais ma valise et je te laisse l'appart.* (DIDIER VAN CAUWELAERT, *Attirances*, 2005)
>
> *Voyons, il est maintenant quatre heures cinquante.* (ALBERT COHEN, *Belle du Seigneur*, 1968)

L'**impératif passé** est d'un emploi restreint ; il indique qu'un fait devra être accompli à tel moment du futur : *Soyez arrivés pour dimanche*.

4. L'infinitif

L'infinitif est un mode non personnel : il ne varie ni en personne ni en nombre. Il exprime simplement l'idée de l'action, sans faire connaitre si l'action est réelle ou non. On distingue l'infinitif présent (*croire, naitre*) et l'infinitif passé, moins usité (*avoir cru, être né*).

> Proposition infinitive p. 478

L'infinitif est utilisé comme verbe dans la proposition infinitive, où il sélectionne un sujet et appelle un ou plusieurs compléments (1) ; il peut aussi, en gardant un sens verbal, être employé dans les fonctions ordinairement remplies par le groupe nominal, sans nécessairement être précédé d'un déterminant (2) ; enfin, lorsque l'infinitif est substantivé, il est précédé d'un déterminant et devient un nom (3,4).

> *Jean Garnier a vu Camille revenir dans le bureau.* (PIERRE LEMAITRE, **Rosy & John**, 2014) (1)
>
> *Il importe d'engranger au fond de soi la lumière qui disparaîtra bientôt, et puis de savourer, quand le vent tombe, la timide tiédeur de l'air.* (ÉRIC FAYE, **Somnambule dans Istanbul**, 2013) (2)
>
> *La forme prend plus d'importance que le fond, le paraître prend le pas sur l'être.* (BERNARD WERBER, **La révolution des fourmis**, 1996) (3)
>
> *Un laquais lui servait le boire et le manger sans le voir ni lui adresser la parole.* (JEAN-CHRISTOPHE RUFIN, **Rouge Brésil**, 2011) (4)

- **Emploi verbal de l'infinitif**

C'est surtout dans la proposition infinitive et dans la proposition subordonnée interrogative indirecte que l'infinitif s'emploie comme verbe.

L'infinitif se trouve aussi avec la valeur d'une forme personnelle dans certaines phrases indépendantes.

1° L'infinitif d'interrogation, dont le sujet non exprimé peut être le locuteur ou un sujet indéfini :

> *Où aller et que devenir, à travers ce pays affamé par le chômage ?* (ÉMILE ZOLA, **Germinal**, 1885)
>
> *Que faire quand tout manque ?* (NICOLAS BOUVIER, **L'usage du monde**, 1963)

2° L'infinitif exclamatif, qui exprime un sentiment vif, peut avoir un sujet exprimé par un pronom personnel tonique (*moi, vous*) ou se construire sans sujet :

> *Vous, avoir la présidente Tourvel ! mais quel ridicule caprice !* (CHODERLOS DE LACLOS, **Les liaisons dangereuses**, 1782)
>
> *Moi, reprendre cette bague, après qu'elle a passé par les mains de l'infâme !* (ALEXANDRE DUMAS, **Les trois mousquetaires**, 1844)

3° Dans une narration, l'infinitif permet d'enchaîner sur les propos d'un personnage pour décrire ses actions. On parle d'un « infinitif de narration », qui fait progresser le récit. Cet infinitif a un sujet propre, qui est donné par le contexte ; il est introduit par *de* et est souvent précédé de *et* pour faire le lien avec ce qui précède :

> *Mazet : On est là. **Et de redescendre** donner la main aux pompiers qui s'activent autour de l'éruption.* (Daniel Pennac, ***Monsieur Malaussène***, 1995)
>
> *Il vous aime pas beaucoup. Non, je ne crois pas. **Et de raconter** alors comment il était arrivé tout à l'heure, juste après l'épisode de la broche.* (Laurent Mauvignier, ***Des hommes***, 2009)

4° L'infinitif impératif permet d'exprimer un ordre ; il remplace l'impératif pour exprimer une injonction très générale (*ne pas se pencher, ne pas entrer*), dans un proverbe (1) ou dans une liste d'instructions (2) ; il peut aussi exprimer une injonction que le locuteur s'adresse à lui-même (3).

> *Bien **faire** et **laisser** dire.* (**Proverbe**) (1)
>
> *Pour faire le portrait d'un oiseau*
> ***Peindre*** *d'abord une cage*
> *avec une porte ouverte*
> ***peindre*** *ensuite*
> *quelque chose de joli*
> *quelque chose de simple*
> *quelque chose de beau*
> *quelque chose d'utile*
> *pour l'oiseau*
> ***Placer*** *ensuite la toile contre un arbre* (Jacques Prévert, ***Pour faire le portrait d'un oiseau***, 1945) (2)
>
> *Lorsque le taxi s'arrêtera devant l'hôtel, ne pas **entrer** tout de suite, **se promener** sur le trottoir d'en face, **guetter**.* (Albert Cohen, ***Belle du Seigneur***, 1968) (3)

> **Remarque**
> Hors de ces emplois, la phrase se construit avec un verbe conjugué en personne et en nombre, qui s'accorde avec le sujet. Les emplois où ce n'est pas le cas ne sont pas admis par l'usage : ils permettent à un auteur de faire sentir que le locuteur a une maitrise imparfaite des règles grammaticales.
> *Quand lama fâché **lui** toujours **faire** ainsi.* (Hergé, ***Tintin et le temple du soleil***, 1969)
> *Le Chinois ne décolérait pas. « Moi, rien à **faire** ! **Vous, partir** tout de suite ! »* (Pascal Manoukian, ***Les échoués***, 2015) (La première phrase de cet exemple est une phrase non verbale : *à faire* est complément du pronom indéfini *rien*.)

- **L'infinitif précédé d'un auxiliaire modal**

Utilisé avec un auxiliaire, l'infinitif reste le verbe principal de la phrase, celui qui appelle les compléments et sélectionne le sujet. L'auxiliaire peut marquer :

CHAPITRE 5 Le verbe

- l'aspect (commencement, imminence ou achèvement de l'action verbale) ;

> *J'avais déjà* **commencé à manger** *lorsqu'il est entré une bizarre petite femme qui m'a demandé si elle pouvait s'asseoir à ma table.* (ALBERT CAMUS, *L'étranger*, 1942)
>
> *Luca* **allait arriver**, *ils* **allaient se battre** *et elle ne* **pourrait** *rien* **faire**. (KATHERINE PANCOL, *La valse lente des tortues*, 2008)
>
> *Il* **termina de brosser** *le cheval, noua sa longe et se fit entreprenant.* (JEAN-BAPTISTE DEL AMO, *Une éducation libertine*, 2008)

- la modalité avec *devoir* (obligation ou probabilité) ou *pouvoir* (possibilité, permission) ;

> *S'il n'est pas là à 10h05, elle* **devra partir**. (PHILIPPE JAENADA, *Sulak*, 2013) (Obligation.)
>
> *Il avait* **dû se passer** *beaucoup de temps.* (CHARLES-FERDINAND RAMUZ, *La grande peur dans la montagne*, 1926) (Probabilité.)
>
> *À Kaboul, pour la première fois, il* **put dormir** *tranquille.* (NICOLAS BOUVIER, *L'usage du monde*, 1963) (Possibilité.)

- l'aspect causatif (ou factitif), ce qui cause l'action verbale.

> *Il bouscula alors une jeune femme et* **fit tomber** *son livre.* (DAVID FOENKINOS, *Les souvenirs*, 2013)

Deux auxiliaires, y compris *être* et *avoir* utilisés comme auxiliaires temporels, peuvent se combiner devant un infinitif :

> *Face à elles deux, Olivier va bien* **devoir être** *clair.* (NELLY ALARD, *Moment d'un couple*, 2013)
>
> *Un matin, elle s'était levée et* **avait pu décider** *de ne pas pleurer.* (VIRGINIE DESPENTES, *Vernon Subutex 1*, 2015)

- **Emploi nominal de l'infinitif**

L'infinitif peut remplir toutes les fonctions du groupe nominal. Il conserve en partie sa valeur verbale, car il peut avoir des compléments, mais remplit les mêmes fonctions syntaxiques qu'un groupe nominal :

1° sujet : le verbe principal s'accorde à la 3ᵉ personne ;

> **Verser son sang** *est aussi admirable que* **verser sa sueur** *est innommable.* (AMÉLIE NOTHOMB, *Stupeur et tremblements*, 1999)
>
> **Vivre et mourir** *se confondaient ici.* (BOUALEM SANSAL, *Le village de l'Allemand ou Le journal des frères Schiller*, 2008)

2° séquence d'une construction ou d'un verbe impersonnel ;

"Je devine la réponse, mais il faut **vérifier**. (Michel Rostain, *Jules*, etc., 2015)"

3° attribut du sujet ;

"Mais la naissance, ce n'est pas **naître**, et la mort, ce n'est pas **mourir**. On naît et on meurt à chaque instant de la vie. (Yann Moix, *Naissance*, 2013)"

> Proposition subordonnée infinitive p. 478

4° complément d'objet direct ou indirect ;

"Il renonce **à avancer** et se laisse **tomber** sur un banc. (Catherine Poulain, *Le grand marin*, 2016)"

5° complément circonstanciel introduit par une préposition ;

"J'ai déjà posé le pied dans le caniveau **pour aller y voir**, mais un long hurlement de femme me saisit le sang comme une flamme de chalumeau. (Daniel Pennac, *La fée carabine*, 1987)"

Avant de partir, un gamin lui remit un pain noir et une enveloppe. (Tahar Ben Jelloun, *L'enfant de sable*, 1986)

> Phrase avec détachement p. 387

6° construction détachée ou en apposition ;

"**Promettre**, ce n'est pas suffisant. Jure sur ton établi. « Moi, **de jurer**, ça ne me gêne guère : ces choses-là, je n'y crois pas. » (Marcel Pagnol, *Manon des sources*, 1963)"

7° complément du nom ou de l'adjectif.

"Ils imitaient James Dean, **la fureur de vivre**, le mal du gringo, il ne leur manquait que d'aller en Californie **pour être des Californiens**. (Boualem Sansal, *Rue Darwin*, 2011)"

Elle avait retrouvé son attitude du début. **Prête à affronter le monde**. (Jean-Christophe Grangé, *Le passager*, 2011)

5. Le participe

> Accord du participe passé, p. 403

Le participe est un mode impersonnel du verbe, comme l'infinitif. Il fonctionne à la fois comme un verbe, qui peut avoir un sujet et des compléments, et comme un adjectif, qui peut compléter un nom ou être attribut du sujet, et s'accorder en genre et en nombre. On distingue le participe présent (*riant*) et le participe passé (*ri, ayant ri*).

> *Riant et chantant, il s'accroupit en boule sur le sol, puis bondit en levant les bras, retomba, projeta sa jambe gauche vers le ciel, tournoya, **accompagné** par les gambades d'Anda.* (Michel Tournier, *Vendredi ou La vie sauvage*, 1971)

a) Le participe présent et l'adjectif verbal

Le participe présent est employé tantôt comme forme verbale (1) tantôt comme adjectif (2).

> *La chaîne avait déraillé. Il la remit en place sans se préoccuper de la graisse **salissant** sa main.* (Catherine Cusset, *Indigo*, 2013) (1)
>
> *La lecture des journaux est une activité **salissante**.* (Serge Bramly, *Le premier principe, le second principe*, 2008) (2)

- **Distinguer le participe présent de l'adjectif verbal**

Quatre propriétés distinguent le participe présent, employé comme verbe, de l'adjectif verbal, employé comme adjectif.

Participe présent	Adjectif verbal
Invariable (*les yeux scrutant l'obscurité*).	Varie en genre et en nombre (*une chaleur étouffante*).
Parfois précédé de *en* (par ex. *en vivant, en écrivant*), dans la forme qu'on appelait autrefois le gérondif.	Certains adjectifs verbaux ont une graphie différente du participe présent correspondant (adj. *excellent* vs part. prés. *excellant*).
En tant que verbe, il peut avoir un sujet exprimé et des compléments (ex. *la main caressant sa barbe*).	En tant qu'adjectif, il est épithète du nom (*une situation épuisante*) ou attribut (*le passé est épuisant*) ; il peut avoir un complément de l'adjectif (*un sujet étourdissant de profondeur et d'originalité*).
Envisage l'action en cours de déroulement (aspect inaccompli, en train de se faire) (*en courant*).	Exprime un état (*l'aube naissante*) ou une propriété (*une bière pétillante*).

Tous les verbes (sauf les verbes impersonnels : **pleuvant, *fallant*) ont un participe présent, alors que certains verbes n'ont pas d'adjectif verbal qui leur corresponde (**rangeante, *habillante*).

- **Le participe présent (forme verbale)**

Comme forme verbale, le participe présent exprime une action en train de s'accomplir au même moment que l'action exprimée par le verbe qu'il accompagne. Il marque donc une action présente (1) ou passée (2,3), voire même simplement envisagée dans le futur (4) :

> *Elle **le voit errant** d'une rue à l'autre, **rebroussant** chemin lorsqu'il y a trop d'eau, **sautant** sur le capot d'une voiture pour rire.* (Laurent Gaudé, *Ouragan*, 2013) (1)
>
> *Elle l'a vu **domptant** un lion, **galopant** à cheval, **surmontant** les canons.* (Véronique Olmi, *Bakhita*, 2017) (2)
>
> *Cependant, Delphine regardait le loup qui **s'en allait clochant sur trois pattes**, transi par le froid et par le chagrin.* (Marcel Aymé, *Les contes du chat perché*, 1939) (3)
>
> *Elle **se voyait vivant** à Paris, **continuant** à donner à ses fils cette éducation qui faisait l'admiration de tout le monde.* (Stendhal, *Le rouge et le noir*, 1830) (4)

> **Remarque**
> Il existe une construction particulière du participe présent : il s'agit du verbe *aller* suivi de la forme en *-ant* précédée (1) ou non (2) de la préposition *en*. Ce tour sert à marquer la continuité, la progression de l'action :
> *Il n'empêche qu'un certain malaise était attaché à ces cavernes artificielles, malaise qui **allait augmentant** à mesure que je m'enfonçais plus avant sous la roche.* (Simon Liberati, *Les rameaux noirs*, 2017) (1)
>
> *Nous trouvâmes les mêmes choses, y compris les bottes qui venaient bien à point car l'état des sandales **allait en empirant**.* (Jacqueline Harpman, *Moi qui n'ai pas connu les hommes*, 1995) (2)

Le participe présent exprime une action délimitée dans la durée, simplement passagère ; il fonctionne comme un verbe. Il a toujours le sens actif :

> *Il y avait tant de gens **parlant des langues différentes** et même **jouant de la musique**.* (Catherine Cusset, *Un brillant avenir*, 2011) (= Qui parlaient des langues différentes et même qui jouaient de la musique.)

Le participe présent est invariable, il ne s'accorde pas avec le nom qui lui sert de sujet :

> *Ainsi que le voulait la coutume, les trompettes **annonçant** le début de la bataille sonnèrent au-dessus de la plaine.* (Gilbert Sinoué, *Avicenne ou La route d'Ispahan*, 1989)
>
> *Une image de carte postale, un port noyé dans le soleil et les reflets **brillant** dans l'eau comme du papier d'aluminium.* (Laurent Mauvignier, *Des hommes*, 2009)

> **Remarque**
> Le participe présent est variable dans certaines expressions figées, selon l'usage ancien où il pouvait s'accorder : *les ayants-cause, les ayants-droit, toutes affaires cessantes, cinq heures tapantes*, etc.

On sait qu'on a affaire à un participe présent, et à pas un adjectif verbal, quand la forme en – *ant* possède une ou plusieurs des caractéristiques suivantes :
1° elle est précédée de la négation *ne* (et éventuellement suivie de *pas, plus, guère,* etc.) :

> *J'ai été huit jours **ne sachant plus** ce que je devais faire.* (HONORÉ DE BALZAC, **Le père Goriot**, 1835)
>
> *Par réflexe, je réponds oui, **ne voulant pas** la contrarier.* (BERNARD QUIRINY, **Les assoiffées**, 2010)

2° elle est suivie d'un adverbe qui la modifie :

> *Ils avancent au galop, **s'enfonçant toujours plus** dans les terres, **ne s'arrêtant jamais** dans les villages qu'ils croisent.* (LAURENT GAUDÉ, **Pour seul cortège**, 2013)
>
> ***En grimpant encore**, les maisons coloniales se font rares et le village s'éparpille comme un troupeau.* (KAMEL DAOUD, **Zabor**, 2017)

3° il s'agit d'un verbe pronominal :

> *Les visages des orphelins **se bousculant** derrière le grillage qui entourait l'institution lui apparaissaient difformes.* (LILIANA LAZAR, **Enfants du diable**, 2016)
>
> *Une maladie dégénérative ça veut dire vivre **en s'écoutant** en permanence, c'est comme vivre en dehors de soi, juste à côté, à s'observer, à tout veiller.* (SERGE JONCOUR, **Combien de fois je t'aime**, 2008)

4° elle a un complément d'objet direct ou indirect :

> ***Possédant** enfin **leurs chambres respectives** et ne voulant pas **en** démordre, ils s'enfermaient rageusement ou se traînaient de l'une à l'autre, la démarche hostile, les lèvres minces, les regards **lançant des couteaux**.* (JEAN COCTEAU, **Les enfants terribles**, 1929)
>
> *Le cœur plein des félicités de la nuit, l'esprit tranquille, la chair contente, **il s'en allait ruminant son bonheur**, comme ceux qui mâchent encore, après dîner, le goût des truffes qu'ils digèrent.* (GUSTAVE FLAUBERT, **Madame Bovary**, 1857)

> **Remarque**
> L'adjectif verbal peut aussi avoir un complément, mais l'adjectif verbal n'exprime pas une action, à la différence du participe présent : *une scène **intéressante** à regarder, un produit ni **plaisant** à l'œil ni **séduisant** au goût,* etc.

5° elle a un complément circonstanciel, qui exprime l'action :

> *Des chouettes **voletant** d'une tour à l'autre, **passant** et **repassant** entre la lune et moi, dessinaient sur mes rideaux l'ombre mobile de leurs ailes.* (François-René de Chateaubriand, *Mémoires d'outre-tombe*, 1849)
>
> *La fièvre au front, le percepteur regardait le mouvement de la place, les parapluies **dansant** sur les trottoirs, les autos ralenties sur le pavé luisant.* (Marcel Aymé, *Le passe-muraille*, 1943) (Dans *le pavé **luisant***, il s'agit d'un adjectif verbal.)

Proposition participiale p. 482

6° elle forme une proposition participiale, qui traditionnellement exprime un sujet propre :

> *Gilbert **voulant** se venger de Charles fit brûler l'église de Combray.* (Marcel Proust, *Du côté de chez Swann*, 1913)
>
> *Sniper ne **voulant** plus se mouiller là-dedans, il panique…* (Morgan Sportès, *Tout, tout de suite*, 2011)

• **Le gérondif**

Lorsque le participe présent est précédé de la préposition *en*, c'est un gérondif. Le gérondif a les mêmes caractéristiques verbales que le participe présent (il peut être nié, construire des compléments, etc.), et les mêmes valeurs de temps et d'aspect (il marque une action verbale en cours de réalisation). Le gérondif peut être précédé de *tout* (*tout en marchant*) :

> *Elle s'endormait le soir **en choisissant** leur nom, la couleur de leurs cheveux, de leurs yeux, **en définissant** leur caractère, **en** leur **inventant** une vie, un passé, un présent, **en dessinant** une ferme, un château, un moulin, une boutique.* (Katherine Pancol, *Les yeux jaunes des crocodiles*, 2006)
>
> *Tout **en sirotant** un verre de punch tiédasse et limite écœurant, j'ai périscopé à 360 pour soupeser la marchandise en libre-service.* (Anna Gavalda, *Fendre l'armure*, 2017)

Le gérondif est employé comme complément circonstanciel (de temps, de cause, de manière, de condition, etc.) ; il équivaut à un groupe adverbial.

> *Et, pour la première fois de sa vie, il roula vers Paris **en regardant** le soleil se lever.* (Anna Gavalda, *Ensemble, c'est tout*, 2010)
>
> ***En pensant** à tout ça et me racontant des chouettes histoires, j'avais oublié mon carnet et j'avais marché très vite.* (René Goscinny, *Le petit Nicolas*, 1960)
>
> *Wim rentra place d'Arezzo **en flânant**.* (Éric-Emmanuel Schmitt, *Les perroquets de la place d'Arezzo*, 2013)

• **L'adjectif verbal (forme adjective)**

L'adjectif verbal a la valeur d'un adjectif qualificatif et s'accorde en genre et en nombre avec le nom auquel il se rapporte ; c'est la raison pour laquelle il s'appelle adjectif verbal :

> *Glissez, glissez, brises **errantes**,*
> *Changez en cordes **murmurantes***
> *La feuille et la fibre des bois.* (ALPHONSE DE LAMARTINE, *La chute d'un ange*, 1838)
>
> *Il fallait arrêter de se morfondre en sous-sol et remonter vers la vie **courante**.* (PHILIPPE JAENADA, *La femme et l'ours*, 2011)

En général, l'adjectif verbal a un sens actif : *murmurante* (= qui murmure), *luisante* (= qui luit). Il a parfois un sens passif ou réfléchi : *une couleur voyante* (= qui est vue), *une personne bien portante* (= qui se porte bien), *une place payante* (= qui est payée). Parfois il n'est ni actif ni passif, et a développé un sens spécialisé : *une rue passante* (= où passe du monde), *une soirée dansante* (= où l'on danse).

Un certain nombre d'adjectifs verbaux se distinguent des participes présents correspondants par l'orthographe :

Adjectif verbal -ent	Participe présent -ant	Adjectif verbal -quant	Participe présent -cant
adhérent	adhérant	claudicant	claudiquant
affluent	affluant	communicant	communiquant
coïncident	coïncidant	convaincant	convainquant
confluent	confluant	intoxicant	intoxiquant
déférent	déférant	provocant	provoquant
différent	différant	suffoquant	suffocant
équivalent	équivalant	vaquant	vacant
excellent	excellant	**Adjectif verbal -gent**	**Participe présent -geant**
expédient	expédiant	convergent	convergeant
influent	influant	détergent	détergeant
interférent	interférant	divergent	divergeant
précédent	précédant	émergent	émergeant
somnolent	somnolant	négligent	négligeant
violent	violant	**Adjectif verbal -gant**	**Participe présent -guant**
		délégant	déléguant
		divagant	divaguant
		extravagant	extravaguant
		intrigant	intriguant
		fatigant	fatiguant
		navigant	naviguant
		zigzagant	zigzaguant

La différence de graphie permet de distinguer l'adjectif verbal du participe présent :

> Tout *suffocant*
> Et blême quand
> Sonne l'heure
> Je me souviens
> Des jours anciens
> Et je pleure. (Paul Verlaine, *Romances sans paroles*, 1874)
>
> Mais il partit sans lâcher le nom, *suffoquant* de rage. (Daniel Pennac, *Monsieur Malaussène*, 1995)
>
> Elle traversa **en zigzaguant** une zone herbeuse, où erraient des lambeaux de fumée violette qui fluctuaient en suspension dans l'air tremblant de la nuit. (Jean-Philippe Toussaint, *La vérité sur Marie*, 2009)
>
> Le silence des marcheurs leur permettait de percevoir des frôlements de serpents dans les lianes, des échappées de phacochères et le vol *zigzagant* de petits oiseaux de couleur. (Jean-Christophe Rufin, *Rouge Brésil*, 2011)

> **Remarques**
>
> 1. Certains participes présents ont été convertis en noms (*un débutant, un combattant, du courant, un faux-semblant, un mourant, un passant*, etc.) :
> *Le célébrant* avança alors vers les amoureux, leur fit joindre les mains puis les saisit entre les siennes, les enfermant comme les valves d'un coquillage. (Christophe Ono-Dit-Biot, *Plonger*, 2013)
>
> 2. Il y a parfois une différence de graphie entre l'adjectif verbal (ou le participe présent) et le nom correspondant : *un excédent* (adj. verb. *excédant*), un fabricant (part. prés. *fabriquant*), *un président* (part. prés. *présidant*), *un résident* (adj. verb. *résidant*). Le nom *différend* (= désaccord, querelle) s'oppose à la fois à l'adjectif (*différent*) et au participe présent (*différant*).
> *Entre la vie et lui, il y avait un vieux différend.* (Pierre Lemaitre, *Travail soigné*, 2006)

La conversion p. 69

L'adjectif verbal se distingue du participe présent en ce qu'il exprime un état (et non pas une action verbale), sans délimitation dans la durée, et indique, en général, une qualité plus ou moins permanente.

La forme en *-ant* est adjectif verbal quand on peut la remplacer par un autre adjectif qualificatif, et notamment :

1° quand elle est attribut (1) ou adjectif qualificatif (2) ; l'adjectif verbal peut même se placer avant le nom qu'il qualifie (3), ce qui montre la perte de son caractère verbal :

> *L'endroit était rassurant comme un jardin secret, avec ses monticules de terre et ses bouts de bois entrelacés.* (Liliana Lazar, *Enfants du diable*, 2016) (1)

> *Il était le père le plus gentil, le plus **prévenant** qu'elle connût, le plus **plaisant** à regarder aussi, estimait-elle, avec ses cheveux **abondants**, tout emmêlés car il ne s'en souciait pas, et son visage hâlé et ses yeux clairs.* (Marie Ndiaye, *Ladivine*, 2014) (2)
>
> *Le récit de sa **stupéfiante** aventure va faire de Selkirk une célébrité.* (Michel Tournier, *Vendredi ou La vie sauvage*, 1971) (3)

2° quand elle est précédée d'un adverbe (autre que l'adverbe de négation *ne*) qui la modifie :

> *D'une manière générale, pour limiter les risques d'explosion, Juliette se montrait avec Olivier **excessivement conciliante**, prévenante à la limite de la servilité.* (Nelly Alard, *Moment d'un couple*, 2013)
>
> *Il y avait longtemps que leur vie de couple n'était plus **très réjouissante**.* (Philippe Djian, *Marlène*, 2017)

> **Remarque**
> Il peut y avoir une ambiguïté de statut entre le participe présent et l'adjectif verbal lorsque la forme en *-ant* est suivie d'un complément d'objet indirect ou d'un complément circonstanciel. On admettra alors l'un et l'autre emploi[1].
> *La fillette, **obéissant** à sa mère, alla se coucher.* (= Emploi comme participe présent.)
> *La fillette, **obéissante** à sa mère, alla se coucher.* (= Emploi comme adjectif verbal.)
> *J'ai recueilli cette chienne **errant** dans le quartier.* (= Emploi comme participe présent.)
> *J'ai recueilli cette chienne **errante** dans le quartier.* (= Emploi comme adjectif verbal.)

b) *Le participe passé*

Le participe passé peut être regardé tantôt comme une forme verbale (1), tantôt comme un adjectif (2). À la différence du participe présent, il est variable en genre et en nombre.

> *Pour finir, ils étaient **arrivés** au bord du fleuve. Ils avaient **abandonné** leur fourgonnette et étaient **descendus** sur la piste cyclable. Ils avaient **marché** vers l'aval, en silence, scrutant les eaux quasi immobiles, impénétrables, qui réverbéraient la lumière du maigre soleil soudain **apparu**.* (Armel Job, *Tu ne jugeras point*, 2009) (1)
>
> *Autour, les arbres **déracinés**, la chaussée **défoncée**, les taches de sang **rouillées** sur le macadam, les rectangles béants et **carbonisés** des immeubles, prouvaient clairement que les combats avaient été rudes ; et la trêve, une fois de plus, précaire.* (Andrée Chedid, *Le message*, 2000) (2)

---

1. Conformément aux recommandations des *Tolérances grammaticales ou orthographiques* (article 8).

Le participe passé possède une forme simple (*lu, parti*) et une forme composée (*ayant lu, étant parti*).

• **Valeurs verbales du participe passé**

Temps simples et composés
p. 256

Comme forme verbale, le participe passé se trouve dans tous les **temps composés** des verbes, formés avec l'auxiliaire *avoir* ou *être* :

> Je me **suis assise** sur le bord du fauteuil en cuir. J'**avais** déjà **vu** quelque part l'imprimé des rideaux. Luc **est revenu**, il **avait enlevé** sa veste. (Yasmina Reza, *Heureux les heureux*, 2013)

> Cependant, soit qu'on **eût répondu** à cette toux par un signe équivalent qui **avait fixé** les irrésolutions de la nocturne chercheuse, soit que sans secours étranger elle **eût reconnu** qu'elle **était arrivée** au bout de sa course, elle s'approcha résolument du volet d'Aramis et frappa à trois intervalles égaux avec son doigt recourbé. (Alexandre Dumas, *Les trois mousquetaires*, 1844)

Forme passive
p. 384

L'auxiliaire *être* suivi d'un passé composé sert à former le **passif** des verbes transitifs :

> Bruno, lui, **sera condamné** à perpétuité par contumace. (Philippe Jaenada, *Sulak*, 2013)

> Elle **était adorée** du public, **adulée** par la critique. (Joël Dicker, *Le livre des Baltimore*, 2015)

Proposition subordonnée participiale
p. 482

Le participe passé se trouve aussi **employé seul** (1) ; accompagné d'un sujet propre, il peut former une **proposition subordonnée participiale** (2) :

> Des mères arrivèrent, une d'abord, **suivie** rapidement par une seconde. (Hedwige Jeanmart, *Blanès*, 2015) (1)

> **Albertine partie**, je me rappelai que j'avais promis à Swann d'écrire à Gilberte et je trouvai plus gentil de le faire tout de suite. (Marcel Proust, *Sodome et Gomorrhe*, 1922) (2)

• **Valeur adjectivale du participe passé**

Adjectif qualificatif
p. 149

Le participe passé ayant la valeur d'un **adjectif qualificatif** peut être épithète d'un nom (1), apposé (2), attribut du sujet (3) ou du complément d'objet direct (4) :

> Leur attitude énergique et **résolue** avait disparu, ils avaient maintenant un air **emprunté** et vaguement coupable. (Pierre Lemaitre, *Trois jours et une vie*, 2016) (1)

> Des troupeaux dispersés, couchés dans les herbes salines, ou cheminant serrés autour de la cape rousse du berger, n'interrompent pas la grande ligne uniforme, **amoindris** qu'ils sont par cet espace infini d'horizons bleus et de ciel ouvert. (Alphonse Daudet, *Lettres de mon moulin*, 1869) (2)

*Elle est belle, elle est drôle, elle est **désespérée**.* (Yasmina Reza, *Heureux les heureux*, 2013) (3)

*Puis Madeleine s'arrêta, frappée de voir Henri **affolé**. Elle l'avait connu soucieux, oui, colérique, honteux, **préoccupé**, et même **tourmenté**.* (Pierre Lemaitre, *Au revoir là-haut*, 2013) (4)

> **Remarques**
> 1. Le participe passé employé comme adjectif a généralement le sens passif (*un directeur respecté*) et parfois actif (*une femme réfléchie* = qui réfléchit).
> 2. Le participe *dit* se soude avec l'article défini pour désigner, généralement dans les procédures et documents administratifs, les personnes ou les choses dont on a parlé : *ledit preneur, ladite maison, audit lieu*.
>
> *Khaled doit demander **audit** Mario de se rendre le même soir dans une cabine téléphonique publique de Montrouge où Yacef l'appellera, à 22 heures précises.* (Morgan Sportès, *Tout, tout de suite*, 2011)

Employé comme adjectif, le participe passé peut conserver une partie de sa valeur verbale. Quand il possède des compléments (complément d'objet, complément circonstanciel ou complément d'agent), il est à la fois adjectif (par rapport au nom qu'il complète) et verbe (par rapport aux complément qu'il construit) (1). Lorsqu'il est employé sans complément ou avec des compléments de l'adjectif, il joue pleinement le rôle d'un adjectif, perdant sa valeur temporelle (passé) et aspectuelle (achèvement de l'action) (2). La limite entre les deux fonctions est parfois délicate à tracer.

*Comment une fille aussi **préoccupée par sa propre apparence** pouvait-elle exercer un métier qui consistait à se soucier de l'intimité des autres ?* (Michel Bussi, *N'oublier jamais*, 2014) (1)

*Entre deux villages, la route lisse, **bordée** de talus **tondus**, serpentait à travers une alternance de petites forêts touffues et de champs **tracés** au cordeau.* (Pascal Manoukian, *Les échoués*, 2015) (2)

CHAPITRE **6**

L'adverbe

1. Généralités 289
2. La forme des adverbes 291
3. Le sens des adverbes 293
4. Les degrés des adverbes 306
5. La place de l'adverbe 307

1. Généralités

1. Définition

L'**adverbe** est un mot invariable qui sert généralement de complément à un verbe, à un adjectif ou à un autre adverbe et en modifier le sens :

> *Il parle bien, ce bœuf.* (Marcel Aymé, *Les contes du chat perché*, 1939) (L'adverbe *bien* modifie le verbe *parle* et donc la relation de ce verbe avec son sujet *elle*.)
>
> *Tu sais, j'ai lu une chose très étrange.* (Alexis Jenni, *L'art français de la guerre*, 2011) (L'adverbe *très* modifie l'adjectif *étrange*, et donc la relation de cet adjectif avec le nom *chose*.)
>
> *On est allé trop loin, trop vite.* (Anaïs Barbeau-Lavalette, *La femme qui fuit*, 2017) (Les deux adverbes *trop* modifient respectivement les adverbes *loin* et *vite*.)
>
> — *Aimer beaucoup, c'est comme aimer ?*
> — *Non aimer, ça se conjugue sans adverbe et sans condition…* (Katherine Pancol, *Les écureuils de Central Park sont tristes le lundi*, 2010)

L'adverbe peut servir de complément à une préposition, à une conjonction de subordination, à un présentatif ou à un mot phrase.

> *Ils arrivèrent à Ashland bien avant la nuit.* (Michel Bussi, *Gravé dans le sable*, 2014) (*Bien* porte sur la préposition *avant*.)
>
> *J'ai continué à me débattre bien après qu'il nous a séparées.* (Blandine Le Callet, *La ballade de Lila K*, 2010) (*Bien* porte sur la conjonction de subordination *après que*.)
>
> *Tenez, voici déjà un début de collaboration.* (Maurice Leblanc, *L'aiguille creuse*, 1909) (*Déjà* porte sur le présentatif *voici*.)

> *Merci bien !* (Gustave Flaubert, *L'éducation sentimentale*, 1869) (*Bien* porte sur *merci*, utilisé comme mot phrase.)

Énonciation
p.333

Il peut aussi porter sur une phrase entière. On parle d'**adverbe de phrase** ou **d'énonciation**, parce qu'il s'agit d'un commentaire sur l'ensemble de l'énoncé qui suit :

> *Certainement, il lui arriverait une chose désagréable.* (Émile Zola, *Nana*, 1880)
>
> *Bien sûr, on peut s'amuser aussi quand il pleut.* (René Goscinny, *Le petit Nicolas*, 1960) (*Bien sûr* donne à la phrase qui suit un sens de concession : même si la pluie est désagréable, on peut aussi s'amuser quand il pleut.)
>
> *Vraiment je trouve ça énorme.* (Jean Echenoz, *Je m'en vais*, 1999)

Certains adverbes sont dits *explétifs*, car ils peuvent être supprimés sans altérer le sens de la phrase : c'est le cas de *seulement, donc, un peu, un peu, là*, dans certains contextes.

> *Voulez-vous bien être l'arbitre ?* (Muriel Barbery, *L'élégance du hérisson*, 2006)
>
> *Qu'as-tu donc, cher amour ?* (Gustave Flaubert, *L'éducation sentimentale*, 1869)
>
> *Que dis-tu là, toi ?* (Alfred de Musset, *Lorenzaccio*, 1895)
>
> *Regarde un peu ça !* (Guillaume Musso, *La fille de papier*, 2010)
>
> *Monte seulement dessus, il est solide.* (Charles-Ferdinand Ramuz, *La grande peur dans la montagne*, 1926)

2. Invariabilité de l'adverbe

Si l'adverbe est invariable, il faut remarquer que certains mots variables peuvent être employés occasionnellement comme adverbe et garder dans cet emploi leur variabilité. C'est le cas de *tout, grand, large, frais* :

> *Bizarrement, à la fin elle se relève toute contente et lui plutôt déçu.* (Patrick Lapeyre, *La vie est brève et le désir sans fin*, 2010) (*Toute* est ici employé adverbialement avec le sens de « complètement ».)
>
> *Ma sœur, grande généreuse, n'aimait rien tant qu'aider autrui et moi plus particulièrement.* (Adélaïde de Clermont-Tonnerre, *Le dernier des nôtres*, 2016)
>
> *Il riait sans plus pouvoir s'arrêter, bouche grande ouverte, chicots au vent.* (Olivier Truc, *Le dernier Lapon*, 2012)
>
> *Elle était bien ouverte, cette porte, même grand ouverte, la porte de derrière, comme pour inviter les voleurs.* (Geneviève Damas, *Si tu passes la rivière*, 2011) (L'accord de *grand* est possible, mais pas obligatoire.)

À l'inverse, d'autres adjectifs deviennent, dans cette position, invariables :

> *Chaque jour, on ne pouvait qu'admirer ses longues jambes, sa taille fine, ses seins haut placés.* (KATHERINE PANCOL, **Les yeux jaunes des crocodiles**, 2006)

Les adjectifs employés adverbialement avec un verbe restent invariables :

> *Ces écoles coûtent cher et les études durent deux ans ou plus.* (JEAN-MICHEL GUENASSIA, **Trompe-la-mort**, 2015)

> *Il semblait connaître son chemin, dans cette ville souterraine, qu'il habitait depuis onze années ; et ses yeux voyaient clair, au fond de l'éternelle nuit où il avait vécu.* (ÉMILE ZOLA, **Germinal**, 1885)

2. La forme des adverbes

1. Les formes simples et composées

Une trentaine d'adverbes très fréquents, de **forme simple,** proviennent du latin (*ailleurs, assez, bien, ci, comme, dehors, demain, encore, ensemble, hier, là, loin, lors, mal, mieux, moins, ne, non, où, peu, pis, plus, près, puis, quand, si, souvent, tant, tard, tôt, volontiers*) et du francique (*guère, trop*).

De nombreuses **locutions adverbiales** sont constituées par une réunion de mots équivalant à un adverbe : *d'ores et déjà, çà et là, en vain, ne pas, tout de suite,* etc. Dans certains cas, l'unité du groupe est matérialisée par un trait d'union : *au-delà, ci-dessus, avant-hier,* etc.

L'adverbe *ci* entre dans la composition de plusieurs locutions adverbiales composées de deux éléments. Le second élément peut être un autre adverbe (*ci-après, ci-contre, ci-dessous, ci-dessus, ci-devant*) ; un adjectif ou un participe (*ci-joint, ci-annexé, ci-inclus, ci-attaché*). Les mots formés de cette dernière manière s'accordent quand ils sont placés après le nom (valeur d'adjectif) et ne s'accordent pas quand ils le précèdent (valeur d'adverbe) :

> *Aurait-il l'obligeance de signer et de renvoyer les papiers ci-joints ?* (NANCY HUSTON, **Le club des miracles relatifs**, 2016)

> *Ci-joint l'addition.* (DANIEL PENNAC, **Au bonheur des ogres**, 2015)

Certains adverbes peuvent avoir un complément qui peut être un adverbe, un nom ou un pronom.

> *La cuirasse des fourmis ne retient pas l'aiguillon, **contrairement à** celle des scarabées.* (BERNARD WERBER, **Le jour des fourmis**, 1992)

> ***Contrairement à** toutes règles, le jeune homme avait quitté la barque sans spécifier le but et la longueur de son absence.* (MARGUERITE YOURCENAR, **Mémoires d'Hadrien**, 1974)

2. La formation des adverbes en -ment

a) Règle générale

On forme les adverbes en -ment en ajoutant ce suffixe -ment au féminin de l'adjectif : *grand, grande, grandement ; doux, douce, doucement*. Cependant beaucoup d'adjectifs ne peuvent donner naissance à des adverbes en -ment : *charmant, fâché, content*, etc.

> *Tu me déçois grandement.* (KATHERINE PANCOL, *La valse lente des tortues*, 2008)
>
> *Il est venu doucement, sans faire de bruit.* (ATIQ RAHIMI, *Syngué sabour. Pierre de patience*, 2008)

b) Règles particulières

1° Dans les adverbes en -ment correspondant à des adjectifs terminés au masculin par une voyelle, le *e* féminin de ces adverbes a disparu : *vrai, vraiment ; aisé, aisément ; poli, poliment ; éperdu, éperdument*.

> **Remarques**
> Nouvelle orthographe p. 36
> 1. L'accent circonflexe qui marquait la chute de l'*e* féminin dans : *assidûment, congrûment, continûment, crûment, goulûment, incongrûment, indûment* n'est pas obligatoire.
> 2. L'Académie écrit : *gaiement*, mais on écrit aussi *gaiment*, graphie régulière sur le même modèle que *vraiment*. La nouvelle orthographe a adopté la forme la plus régulière : *gaiment*.

2° On a **-ément** au lieu de -ement dans certains adverbes tels que : *commodément, confusément, énormément, expressément, précisément, profondément*, etc.

3° *Gentil* donne *gentiment* ; *impuni, impunément* ; *traître* donne *traitreusement*, formé sur *traitreuse*, féminin de l'ancien adjectif *traitreux*.

4° Aux adjectifs en -*ant* et -*ent* correspondent des adverbes en **-amment**, **-emment** : *vaillant, vaillamment ; prudent, prudemment*.

Exceptions : *lent, lentement ; présent, présentement ; véhément, véhémentement*.

5° Quelques adverbes en -ment sont tirés de noms, d'adjectifs indéfinis ou d'adverbes : *bêtement, diablement, vachement* (familier), *mêmement, tellement, comment, quasiment*.

3. Les adverbes par conversion

Conversion p. 69

La conversion est un mécanisme qui permet à un mot de passer d'une catégorie grammaticale à une autre sans changer de forme. Par exemple l'adjectif *beau* a donné le nom *le beau*. On constate une tendance du français actuel à utiliser de nombreux adjectifs dans une position adverbiale pour préciser le sens d'un verbe :

> *Mais comment faire pour voter utile ?* (MATHIEU LINDON, *Libération*, 24/03/2017)
>
> *À l'époque, je voyageais léger. On n'avait pas encore inventé de valises à roulettes dignes de ce nom.* (ADÉLAÏDE DE CLERMONT-TONNERRE, *Fourrure*, 2010)

> *Il parle quinze langues, il a tout lu, il boit **sec**, rit franchement, c'est une montagne de science et de charme.* (Emmanuel Carrère, **Limonov**, 2011)

L'adjectif pris adverbialement peut lui-même se voir modifié par un adverbe :

> *Voyager **trop lourd** rendait les premiers décollages périlleux et les débuts du vol énergivores.* (Pascal Manoukian, **Les échoués**, 2015)

Certaines locutions verbales composées d'un verbe et d'un adjectif pris adverbialement sont bien installées dans le lexique : *sonner creux, sonner faux, sonner juste, marcher droit, filer droit, s'arrêter net,* etc. :

> *Oh ! que la science **sonne creux** quand on y vient heurter avec désespoir une tête pleine de passion.* (Victor Hugo, **Notre-Dame de Paris**, 1831)

Mais d'autres sont des associations qui ont l'air plus occasionnelles :

> *Sa voix sonne étrangement **distante** et **fatiguée**.* (Catherine Cusset, **Un brillant avenir**, 2008)

Les raisons de ces associations sont diverses. On peut citer entre autres :
- l'adaptation d'une locution nominale : *un vote utile* donne *voter utile* ;
- le phénomène d'ellipse : *s'habiller (avec un vêtement) court ; sonner (comme si on était) distant*, etc. ;
- la recherche d'un mot plus bref que les adverbes en *-ment* qui sont par nature plus longs que les adjectifs sur lesquels ils sont construits : *fort* a donné *fortement*. Dans certains cas, l'adverbe en *-ment* a une signification qui diffère beaucoup de celle de l'adjectif *bonnement* (« simplement, vraiment, franchement ») ou l'adverbe en *-ment* n'existe pas : **courtement*.

3. Le sens des adverbes

On peut classer les adverbes en fonction du sens véhiculé : on distingue les adverbes qui marquent la manière, la quantité (et l'intensité), le temps, le lieu, l'affirmation, la négation, le doute.

1. Les adverbes de manière

ainsi	debout	gratis	pis	vite
bien	ensemble	incognito	plutôt	volontiers
comme	exprès	mal	quasi	etc.
comment	franco	mieux	recta	

> Adjectif pris adverbialement p. 162

Il faut y ajouter un très grand nombre d'adverbes en -*ment*, quantité de locutions adverbiales : *à l'envi, à dessein, à tort, à loisir, à propos, cahin-caha*, etc., certains adjectifs neutres pris adverbialement avec des verbes : *tenir bon, voler bas, coûter cher, voir clair*, etc.

- **Pis**

Pis, comparatif archaïque de *mal*, ne s'emploie plus guère que dans des locutions toutes faites. Il peut être utilisé dans des locutions plus ou moins figées : *aller de mal en pis, tant pis, qui pis est,* etc.

> *Le monde va de mal en pis.* (ALEXANDRE DUMAS, *Le Comte de Monte-Cristo*, 1844)

> *Jamais il n'a vu une nuque si puissante (et, qui pis est, poilue), sauf en cauchemar.* (MORGAN SPORTÈS, *Le ciel ne parle pas*, 2017)

En dehors de ces locutions adverbiales, *pis* peut être :
1° adjectif attribut ou complément d'un pronom neutre :

> *– Eh bien ! ton oreille ? – C'est pis que jamais.* (DENIS DIDEROT, *Jacques le fataliste et son maître*, 1796)

> *J'avoue que je fus près de me jeter à ses pieds, à lui déclarer que j'étais un brigand, un infâme, et… pis que cela, un menteur !* (HONORÉ DE BALZAC, *La peau de chagrin*, 1831)

> *Elle a volé, ruiné je ne sais pas combien de gens, il n'y a pas pis que ça comme fille.* (MARCEL PROUST, *Le côté de Guermantes*, 1920)

2° Nom (vieilli mais encore usité) :

> *Le pis était qu'il se taillait la part du lion.* (ÉMILE ZOLA, *Germinal*, 1885)

> *Le pis étant que quand même oui elle nous aime.* (YANN MOIX, *Naissance*, 2013)

Dans l'expression *dire (écrire, penser) pis que pendre de quelqu'un*, *pis* est une forme nominalisée employée sans article.

> *Maintenant, la concierge disait d'elle pis que pendre.* (ÉMILE ZOLA, *L'assommoir*, 1877)

> **Remarques**
> 1. **Pis** se distingue de **pire** en ce qu'il ne se joint jamais à un nom et en ce qu'il peut être adverbe ou pronom.
>   *Amants écartelés quelle pire aventure.* (LOUIS ARAGON, *Les belles*, 1942) (*Pis aventure.)
>   *Le petit réveil blanc était mon pire ennemi.* (OCÉANE MADELAINE, *D'argile et de feu*, 2015) (*Pis ennemi.)
> 2. **Plutôt**, en un mot, marque la préférence et en deux mots, marque le temps et s'oppose à « plus tard » :
>   *Plutôt souffrir que mourir.* (JEAN DE LA FONTAINE, *La mort et le bûcheron*, 1668)
>   *Un an plus tôt, il faisait encore des affaires à Hongkong.* (PASCAL MANOUKIAN, *Le diable au creux de la main*, 2013)

CHAPITRE 6 L'adverbe

2. Les adverbes de quantité et d'intensité

assez	fort	presque
aussi	guère	que (*vous êtes fort !*)
autant	mais (*n'en pouvoir ~*)	quelque (*dix ans*)
beaucoup	moins	si
bien (*content*)	moitié (*mort*)	tant
combien	par trop	tout (*fier*)
comme… !	pas autrement (= guère)	tout à fait
comment (= à quel point)	pas mal	tellement
davantage	peu	très
environ (*un an*)	plus	trop

Il faut y ajouter certains adverbes en *-ment* exprimant la quantité, l'intensité :
abondamment, énormément, grandement, extrêmement, immensément, complètement, etc.

- **Si, aussi**

Si, aussi se joignent à des adjectifs, à des participes-adjectifs et à des adverbes :

> *La mariée est **si** belle, les parents **si** émus, que de fleurs, quel magnifique buffet.* (ANDRÉE CHEDID, **Le message**, 2000)
>
> *Je n'avais jamais vu d'enfant **aussi** sage, **aussi** peu mobile.* (VIRGINIE DELOFFRE, **Léna**, 2011)
>
> *La princesse avait été ravie de voir arriver chez elle un homme **aussi** renommé par son esprit et un premier ministre.* (STENDHAL, **La chartreuse de Parme**, 1839)

- **Tant, autant**

Tant, autant se joignent à des noms et à des verbes :

> *J'ai **tant** de peine !* (CAROLE MARTINEZ, **La terre qui penche**, 2015)
>
> *Son cœur jetait à travers son corps **autant** de courage que de sang.* (RENÉ BARJAVEL, **Ravage**, 1943)
>
> *Je travaille **autant** que je peux pourtant.* (MOHAMMED DIB, **La grande maison**, 2005)

- **Si, tant**

Si, tant marquent l'intensité :

> *Le bruit fut **si** faible qu'elle faillit ne pas l'entendre.* (BERNARD MINIER, **Glacé**, 2011)
>
> *C'était l'homme de sa vie, l'homme qu'elle avait **tant** pleuré.* (DAVID FOENKINOS, **Les souvenirs**, 2011)

- **Aussi, autant**

Aussi, autant marquent la comparaison :

> *Il accusa le chef d'être **aussi** coupable que lui.* (MATHIAS MENEGOZ, ***Karpathia***, 2014)
>
> *Il n'y a personne que j'aime **autant** que vous.* (MARCEL AYMÉ, ***Les contes du chat perché***, 1939)

Remarques

1. ***Si**, **tant*** peuvent remplacer ***aussi**, **autant*** dans les phrases négatives ou interrogatives :
   Il n'y a rien de si beau que deux frères qui s'aiment, dit la princesse de Parme. (MARCEL PROUST, *Le côté de Guermantes*, 1920)
   Rien ne pèse tant qu'un secret. (JEAN DE LA FONTAINE, *Les femmes et le secret*, 1678)

2. ***Aussi*** signifiant « pareillement » se met dans le sens affirmatif :
   Il pleure encore et moi aussi. (CATHERINE POULAIN, *Le grand marin*, 2016)
   Avec la négation, on doit dire ***non plus*** :
   Il n'était pas pressé, moi non plus. (CLAUDIE GALLAY, *Les déferlantes*, 2008)
   Avec ***ne … que***, on met indifféremment ***non plus*** ou ***aussi*** :
   Il lit sans cesse, je ne fais non plus que lire, ou : *je ne fais aussi que lire.*

3. ***Tant*** s'emploie pour exprimer une quantité indéterminée qu'on ne veut ou ne peut préciser :
   Et nos mains innombrables. / Usines manufactures fabriques mains. / Où les ouvriers nus semblables à nos doigts. / Fabriquent du réel à tant par heure. (GUILLAUME APOLLINAIRE, *Vendémiaire*, 1920)

4. L'emploi de ***autant***, dans ce sens, est à éviter. Ne dites pas :
   *Ce mécanicien gagne autant par jour.
   *Ceci vaut autant, cela autant.

- **Beaucoup**

On utilise *beaucoup* :

a) après un comparatif, ou après un verbe d'excellence, ou avec un superlatif, *beaucoup* doit être précédé de la préposition *de* :

> *La sauce béarnaise de Pit s'était révélée **de beaucoup** supérieure à celle du chef Vaillancourt.* (MICHEL TREMBLAY, ***La grosse femme d'à-côté est enceinte***, 1978)
>
> *Ce pâturage de Sasseneire est à deux mille trois cents mètres ; il est **de beaucoup** le plus élevé de ceux que possède la commune.* (CHARLES-FERDINAND RAMUZ, ***La grande peur dans la montagne***, 2015)

b) avant un comparatif, il peut être précédé de la préposition *de* :

> *Il est **beaucoup** plus puissant qu'on ne l'imagine, vous savez ?* (YANN MOIX, ***Naissance***, 2013) (= Il est de beaucoup plus puissant qu'on ne l'imagine.)

- **Davantage**

Si auparavant on recommandait d'éviter *davantage* devant un adjectif ou un adverbe (au lieu de *Elle est davantage heureuse ; marchons davantage lentement*, on préférait *Elle est plus heureuse ; marchons plus lentement*), on constate que devant un adjectif *davantage* est devenu assez commun :

> *Le fils achète une moto qui lui donne un air **davantage** aventurier.* (Patrick Deville, **Taba-Taba**, 2017)
>
> *Les mains étaient **davantage** animales, hypertrophiées, les moustaches semblaient dessinées à la peinture noire sur les trognes.* (Yann Moix, **Naissance**, 2013)
>
> *Cette nouvelle génération se montrait davantage conservatrice, **davantage** respectueuse de l'argent et des hiérarchies sociales établies que toutes celles qui l'avaient précédée.* (Michel Houellebecq, **La carte et le territoire**, 2011)
>
> *J'ai l'air minable, je le sais… **Davantage** long que grand, je ne dispose pas d'un corps mais d'une tige, une tige qu'incline le poids de mon crâne.* (Éric-Emmanuel Schmitt, **L'homme qui voyait à travers les visages**, 2016)

> **Remarque**
> ***Davantage*** pouvait, à l'époque classique, se construire avec ***de*** et un nom, et aussi avec ***que*** :
> *Rien n'obligeait à en faire **davantage de** bruit.* (Jacques-Bénigne Bossuet, **Conférence avec M. Claude, ministre de Charenton, sur la matière de l'église**, 1682)
> *Il n'y a rien que je déteste **davantage que** de blesser tant soit peu la vérité.* (Blaise Pascal, **Les provinciales**, 1657)
>
> Ces constructions se rencontrent encore dans l'usage moderne :
> *Un professionnel saurait sans doute avec **davantage de** certitude.* (Pierre Lemaitre, **Rosy & John**, 2014)
> *Sa disparition ne m'émeut pas **davantage que** son apparition. Je la déteste ! Chat Mort ! Chameau Mort !* (Réjean Ducharme, **L'avalée des avalés**, 1966)

- **Plus, moins**

Plus, moins introduisent par *que* le complément du comparatif :

> *L'envie est **plus** irréconciliable **que** la haine.* (François de La Rochefoucauld, **Réflexions ou sentences et maximes morales**, 1665)

Toutefois lorsque le complément du comparatif est ou renferme un nom de nombre, il s'introduit par *de* :

> *Le bonheur coûte **moins de** quarante euros.* (Grégoire Delacourt, **La liste de mes envies**, 2012)

On dit : *plus **qu'**à demi, plus **qu'**à moitié*, etc., mais on peut dire aussi, surtout dans la langue littéraire : *plus **d'**à demi, plus **d'**à moitié*, etc.

3. Les adverbes de temps

alors	déjà	jadis	sitôt
après	demain	jamais	soudain
après-demain	depuis	longtemps	souvent
aujourd'hui	derechef	lors	subito
auparavant	désormais	maintenant	tantôt
aussitôt	dorénavant	naguère	tard
autrefois	encore	parfois	tôt
avant	enfin	puis	toujours
avant-hier	ensuite	quand ?	
bientôt	hier	quelquefois	

On y joint un certain nombre de locutions adverbiales, telles que : *tout de suite, de suite, par la suite, dans la suite, tout à coup, à l'instant, à jamais, à présent, de temps en temps, jusque-là, tout à l'heure,* etc.

a) Cas particuliers

• **De suite, tout de suite**

De suite signifie « sans interruption » et *tout de suite* signifie « sur-le-champ » :

" *Filip DeVloo trouve trois mots de suite, cale sur un quatrième, « Réduit aménagé » en huit lettres.* (Caroline de Mulder, *Calcaire*, 2017)

Il a reconnu la voix tout de suite. (Laurent Gaudé, *Danser les ombres*, 2015) "

> **Remarque**
> L'usage courant a admis *de suite* au sens de « sur-le-champ » :
> *Allez de suite vous restaurer.* (André Gide, *Thésée*, 1946)
> *On ne comprend pas de suite un mot semblable.* (Pierre Loti, *Aziyadé*, 1879)

• **Tout à coup, tout d'un coup**

Tout à coup signifie « soudainement » et *tout d'un coup* signifie « tout en une fois » ou « soudainement » :

" *Que ça sentait bien le roussi tout à coup.* (Anna Gavalda, *Fendre l'armure*, 2017)

Si toute ta beauté tout d'un coup s'envolait. (Edmond Rostand, *Cyrano de Bergerac*, 1897) (= En une fois.)

> *Tout d'un coup, l'homme fut devant elle de nouveau.* (MARIE NDIAYE, *Trois femmes puissantes*, 2009) (= Soudainement.)

b) Adverbes temporels utilisés comme connecteurs de discours

Une série d'adverbes ont un sens temporel qu'ils ont perdu dans certains de leurs emplois. C'est le cas de *alors, après, déjà, enfin,* etc. Ces adverbes temporels peuvent être utilisés avec leur valeur de base, mais ils peuvent aussi être utilisés dans le discours pour connecter entre elles les phrases successives ou pour marquer les étapes de la production d'un discours (souvent dans le style parlé) : ils fonctionnent alors comme des connecteurs de discours (ou marqueurs de discours). Dans cet emploi discursif, ils sont souvent placés en tête de phrase comme les conjonctions de coordination.

• Alors

Dans son sens temporel, *alors* situe une action et signifie « à ce moment-là, à cette époque-là » (1). Dans son sens de marqueur de la structure du discours, il signale le début d'une phrase ou de la prise de parole du locuteur (2).

> *Elle sortit. Thérèse **alors** alluma la lanterne accrochée dans le vestibule et la rejoignit.* (FRANÇOIS MAURIAC, *Thérèse Desqueyroux*, 1927) (1)
>
> *Le monde n'est pas ce qu'on croyait ! Voilà tout ! **Alors**, on a changé de gueule !* (LOUIS-FERDINAND CÉLINE, *Voyage au bout de la nuit*, 1932) (2)

• Après

Dans sa valeur temporelle, *après* indique la postériorité d'un évènement par rapport à l'évènement qui le précède (1,2). Dans le discours, *après* est régulièrement employé comme connecteur entre deux phrases pour introduire un argument ou une conclusion (3).

> *Tout le monde est beau, à vingt ans. **Après**, on a la tête qu'on mérite.* (DIDIER VAN CAUWELAERT, *Attirances*, 2005) (1)
>
> *Nous avons pu relever des traces assez nettes de scooter qui ne correspondent pas à celui de Labba et qui recouvrent les traces de son scooter, signe qu'il est arrivé **après**.* (OLIVIER TRUC, *Le dernier Lapon*, 2012) (2)
>
> *En plus de ne pas savoir compter, ma voisine fantôme se jouait des scènes de théâtre en solo et avait pour devise : Je vis et laissez-moi vivre. **Après**, on se demande pourquoi les banlieues débordent.* (DANIEL RONDEAU, *J'écris parce que je chante mal*, 2010) (3)

- **Déjà**

Dans sa valeur temporelle, *déjà* exprime qu'un évènement se produit plus tôt que ce qui était attendu (1). Dans sa valeur en discours, *déjà* est utilisé pour introduire un argument et pourrait se subtituer à « premièrement » (2).

> *Les autres avaient **déjà** quitté la place ; en moins de six mois, ils avaient été mis en faillite, acculés, balayés.* (Nicolas Bouvier, *L'usage du monde*, 1963) (1)
>
> *On est chez moi. Sur mon lit. Pas le sien. **Déjà**, il m'a fallu tous les trésors d'imagination du monde pour la convaincre de rester.* (Christophe Ono-Dit-Biot, *Croire au merveilleux*, 2017) (2)

- **Enfin**

Dans sa valeur temporelle, *enfin* signifie qu'un évènement se déroule à la fin d'une série d'évènements (1). Employé en discours, *enfin* peut servir à introduire le dernier élément d'une énumération (2) ou à introduire une phrase qui reformule celle qui précède (3).

> *Madame Lepic sert elle-même les enfants, d'abord grand frère Félix parce que son estomac crie la faim, puis sœur Ernestine pour sa qualité d'aînée, **enfin** Poil de Carotte qui se trouve au bout de la table.* (Jules Renard, *Poil de carotte*, 1894) (1)
>
> *— Tous les trois sont morts de peste, Clémentine. Kévin Roubaud, d'abord. Clémentine sourit.*
> *— Puis un autre dont j'ai oublié le nom, et **enfin** Rodolphe Messelet, pas plus tard qu'il y a une heure. Il est tombé comme une quille.* (Fred Vargas, *Pars vite et reviens tard*, 2001) (2)
>
> *En tout cas, tu restes ici le temps que tu veux. **Enfin** je veux dire, à la maison.* (Serge Joncour, *Bol d'air*, 2011) (3)

4. Les adverbes de lieu

ailleurs	çà	derrière	loin
alentour	céans (vieux)	dessous	où
arrière	ci	dessus	outre
attenant	contre	devant	partout
autour	dedans	ici	près
avant	dehors	là	proche (vieux)

À cette liste, il faut ajouter un certain nombre de locutions adverbiales, comme : *au-dedans, au-dehors, ci-après, ci-contre, en arrière, en avant, quelque part, là-bas, là-dedans,* etc.

5. Les adverbes d'affirmation

assurément	certes	que si	soit
aussi	en vérité	sans doute	volontiers
certainement	oui	si	vraiment
bien	précisément	si fait (vieux)	etc.

Ces adverbes sont souvent utilisés comme mot phrase en réponse à une question :

> — Vous venez prendre un verre ? — *Volontiers*. (Joël Dicker, *Le livre des Baltimore*, 2015)
>
> — N'est-ce pas l'affaire de la po... police ? questionna Mr. Collins. — *Sans doute*... Mais c'est aussi la nôtre ! (Stanislas-André Steeman, *L'assassin habite au 21*, 1939)
>
> Je ne sais pas si tu es au courant [...], mais Djilali a été arrêté. Merde, lâche le prisonnier. Et Jacqueline ? *Aussi*. (Joseph Andras, *De nos frères blessés*, 2016)

6. Les adverbes de négation

Ce sont *non*, forme tonique, et *ne*, forme atone. Certains mots, comme *aucun, aucunement, nullement, guère, jamais, rien, personne*, qui accompagnent ordinairement la négation, sont devenus aptes à exprimer eux-mêmes l'idée négative.

a) L'adverbe *non*

Non est la forme tonique de la négation. Elle s'utilise :
- dans les réponses et ailleurs, avec la valeur d'une proposition reprenant de façon négative une idée, une proposition ou un verbe antérieurs :

> La nourrice — Tu n'as pas d'amoureux ?
> Antigone — *Non*, nounou. (Jean Anouilh, *Antigone*, 1944)
>
> Toutes les femmes connaissent ça, *non* ? Pas vous ? Vous dites que non ? (Laurent Mauvignier, *Une légère blessure*, 2016)
>
> Je suis votre avocat, oui ou *non* ? (Hélène Grémillon, *La garçonnière*, 2013)

- pour nier un élément de phrase qu'il oppose à un autre élément de même fonction que le premier :

> Et certains, consultant leur désir *et non* le vôtre, vous parlent sans vous laisser placer un mot s'ils sont gais et ont envie de vous voir. (Marcel Proust, *À l'ombre des jeunes filles en fleurs*, 1918)
>
> Le viol est traumatisme *et non* simple violence aggravée. (Nancy Huston, *Bad Girl*, 2014)

> **Remarques**
> 1. ***Non*** sert de préfixe négatif devant certains noms (avec un trait d'union) : *non-intervention, non-lieu, non-sens,* etc. Il se trouve avec la même valeur devant un infinitif dans *fin de non-recevoir.*
> Dans un emploi analogue, ***non*** se place devant des adjectifs qualificatifs, des participes, des adverbes, et devant certaines prépositions mais sans trait d'union :
> *Non solvable, leçon non sue, non loin de là, non sans frémir.*
> 2. Surtout dans les réponses directes, ***non*** est souvent renforcé par *pas, point, vraiment, certes, assurément, jamais, mais, oh ! ah !,* etc. :
> *Tout danger social est-il dissipé ? non certes.* (VICTOR HUGO, *Les misérables*, 1862)
> *« Elle vous fatigue ! » dit sa mère. Il répondit : « Non ! oh non ! ».* (GUSTAVE FLAUBERT, *L'éducation sentimentale*, 1869)

b) L'adverbe *ne*

Ne est généralement accompagné d'un des mots *pas, point, aucun, aucunement, guère, jamais, nul, nullement, personne, plus, que, rien,* ou d'une des expressions *âme qui vive, qui que ce soit, quoi que ce soit, de ma vie, de longtemps, nulle part,* etc. :

> "*Tu fumes, toi ? – Non. – Bravo. **Ne** fume **jamais** !* (ÉRIC-EMMANUEL SCHMITT, *L'homme qui voyait à travers les visages*, 2016)
>
> *Il n'y avait pas âme qui vive.* (GAËL FAYE, *Petit pays*, 2016)
>
> *Personne ne sait rien d'elle.* (JEAN-MARC CECI, *Monsieur Origami*, 2016)"

Ne … que est une locution restrictive équivalant à *seulement* :

> "*Qui n'entend qu'une cloche n'entend qu'un son.* (**Proverbe**) (Celui qui n'entend qu'un témoignage n'est pas correctement informé.)
>
> *Maintenant, elle n'entend qu'un son de cloche.* (JEAN-LOUIS FOURNIER, *La servante du Seigneur*, 2013)"

> **Remarque**
> Pour nier la locution restrictive ***ne… que***, la langue moderne insère dans cette locution ***pas*** ou ***point***. Cette construction ***ne…pas*** (ou ***ne…point que***), quoique combattue par les puristes, est entrée dans l'usage :
> *C'est peut-être même pire parce que là où il y a de l'argent, il y a de la drogue – et **pas** qu'un peu et **pas** que d'une sorte.* (MURIEL BARBERY, *L'élégance du hérisson*, 2006)

- ***Ne* employé seul**

Ne s'emploie obligatoirement seul :

1° dans certaines phrases proverbiales ou sentencieuses et dans certaines expressions toutes faites :

> "*Il n'est pire eau que l'eau qui dort.* (**Proverbe**) (Il faut se méfier des personnes d'apparence inoffensive.)"

> *Ne vous déplaise,*
> *En dansant la Javanaise,*
> *Nous nous aimions*
> *Le temps d'une chanson.* (Serge Gainsbourg, *La javanaise*, 1963) (Formule elliptique : que cela ne vous contrarie pas, que cela ne vous déplaise pas.)
>
> *Qu'est-ce que vous voulez trouver dans une enfance, si ce n'est du désarroi et de l'angoisse ?* (Jérôme Ferrari, *Balco Atlantico*, 2008)
>
> *Aujourd'hui le jeune homme n'en a cure.* (Eugène Savitzkaya, *Fraudeur*, 2015) (Littéraire : ne pas se soucier.)
>
> *Il n'éprouve aucune attirance pour S. Qu'à cela ne tienne !* (Alain Berenboom, *Monsieur Optimiste*, 2013) (= Peu importe, il ne faut pas que cela soit un obstacle.)

2° avec *ni* répété :

> *Pour moi, elle n'est ni hutu ni tutsi, c'est ma mère.* (Scholastique Mukasonga, *Notre-Dame du Nil*, 2012)
>
> *Ni l'or ni la grandeur ne nous rendent heureux.* (Jean de La Fontaine, *Philémon et Baucis*, 1693)

3° avec *que*, adverbe interrogatif ou exclamatif signifiant « pourquoi » :

> *Mais pourquoi donc, vous, Japonais, écrivez-vous de haut en bas ? Que ne le faites-vous comme nous, horizontalement ?* (Morgan Sportès, *Le ciel ne parle pas*, 2017)
>
> *Que ne puis-je garder au moins de lui son masque mortuaire ?* (Jean-Baptiste Del Amo, *Pornographia*, 2013)

4° avec *savoir* ou *avoir*, suivis de *que* interrogatif et d'un infinitif :

> *Il la regardait sourire et ne savait que faire.* (Frédéric Verger, *Les rêveuses*, 2017)

Ne s'emploie facultativement seul :
1° dans les propositions relatives dépendant d'une principale interrogative ou négative :

> *Il existait peu d'ennuis dont il ne soit finalement venu à bout.* (Pierre Lemaitre, *Au revoir là-haut*, 2013)
>
> *Affreuse condition de l'homme ! il n'y a pas un de ses bonheurs qui ne vienne d'une ignorance quelconque.* (Honoré de Balzac, *Eugénie Grandet*, 1833)

2° avec *cesser*, *oser*, *pouvoir*, surtout aux temps simples et avec un infinitif complément :

> *La loi **n'a de cesse** d'imposer sa volonté, mais il est donné à chacun de nous de détruire cette volonté.* (Yannick Haenel, **Les renards pâles**, 2013)
>
> *Il **n'ose** espérer quoi que ce soit.* (Aurélie Valognes, **Mémé dans les orties**, 2015)
>
> *Ce produit, comment ça marche exactement ? [...] Je **ne peux** expliquer son principe actif.* (Jean-Christophe Grangé, **Le passager**, 2011)

> **Remarque**
> Pris négativement, ***savoir*** se construit le plus souvent avec le simple ***ne*** quand on veut exprimer l'idée de « être incertain » :
>   *Je **ne sais** si c'est une chance ou un piège de pouvoir partir, voyager, errer, oublier.* (Tahar Ben Jelloun, *L'enfant de sable*, 1985)
> Mais quand il signifie « connaître, avoir la science de », il demande la négation complète :
>   *En vérité je **ne sais pas** trop ce que je veux faire.* (Yasmina Reza, *Heureux les heureux*, 2013)
>   *Il **ne sait pas** ce qui l'attend.* (François Weyergans, *Trois jours chez ma mère*, 2005)
>   *Il ignore son nom. Il **ne sait plus rien** faire.* (Pierre Boulle, *La planète des singes*, 1963)
> Au conditionnel, comme équivalent de « pouvoir », il veut le simple ***ne*** :
>   *Il éprouve une joie qu'il **ne saurait** exprimer.* (Virginie Despentes, *Vernon Subutex 3*, 2017)

3° avec *si* conditionnel :

> *Si tu **ne** te décides **pas** immédiatement à renoncer à ta vengeance, tu en paieras mille fois le prix !* (Bernard Werber, **Les Thanatonautes**, 1994)

4° devant *autre* suivi de *que* :

> *Je n'ai d'autre fonction ici que de traducteur.* (Morgan Sportès, **Le ciel ne parle pas**, 2017)

5° après le pronom et l'adjectif interrogatif :

> *Qui **ne** court après la Fortune ?* (Jean de La Fontaine, **L'homme qui court après la fortune et l'homme qui l'attend dans son lit**, 1678)
>
> *Quelle femme **ne** fuirait pas au premier propos d'un séducteur ?* (Choderlos de Laclos, **Les liaisons dangereuses**, 1782)

6° après *depuis que, il y a* (tel temps) *que*, voici ou voilà (tel temps) *que*, quand le verbe dépendant est à un temps composé :

> *Son visage s'était beaucoup abîmé depuis qu'ils **ne** s'étaient vus.* (Éric Vuillard, **Conquistadors**, 2009)
>
> *Il y a des années que je **ne** l'ai vue.* (Anne Cuneo, **Le maître de Garamond**, 2003)

c) Le *ne* explétif

Certaines propositions subordonnées de sens positif ont cependant la négation *ne*, qui dans ce contexte n'est pas nécessaire pour le sens ou la syntaxe. On l'appelle pour cette raison *ne* explétif :

> *Je crains qu'il **ne** pleuve : une averse peut l'empêcher de venir.* (ALAIN FOURNIER, *Le grand Meaulnes*, 1913)

L'emploi de ce *ne* explétif n'a jamais été bien fixé : dans l'usage littéraire, il est le plus souvent facultatif ; dans la langue parlée, il se perd de plus en plus. C'est pourquoi il serait vain de vouloir donner pour cet emploi des règles absolues. Après les verbes de crainte pris **affirmativement**, on met ordinairement *ne* quand la subordonnée exprime un effet que l'on craint de voir se produire (avec les verbes *craindre, avoir peur, appréhender, redouter*) (1,2). Après ces verbes pris **négativement**, on ne met pas *ne* (3,4).

> *Je crains qu'il **ne** trépasse avant moi cet idiot.* (YASMINA REZA, *Heureux les heureux*, 2013) (1)
>
> *La Cheffe avait toujours **appréhendé** qu'une conduite douteuse de sa vie [...] **ne** lui fassent perdre à jamais la faveur qui lui était dévolue.* (MARIE NDIAYE, *La Cheffe, roman d'une cuisinière*, 2016) (2)
>
> *Alors que Wanda n'a pas beaucoup changé, elle **ne** craint pas qu'il la reconnaisse.* (ÉRIC-EMMANUEL SCHMITT, *Odette Toulemonde et autres histoires*, 2006) (3)
>
> *Comme je suis pauvre et que je **n'ai pas peur** qu'on me vole, j'allai ouvrir et je vis trois hommes à quelques pas de là.* (ALEXANDRE DUMAS, *Les trois mousquetaires*, 1844) (4)

> **Remarques**
> 1. Après *prendre garde que*, on met *ne* s'il s'agit d'un effet à éviter ; on ne met aucune négation s'il s'agit d'un résultat à obtenir :
>
>   *Prenez garde que la petite **n'**ait pas froid, les jardins c'est toujours un peu humide.* (MARCEL PROUST, *Sodome et Gomorrhe*, 1922)
>
>   *Écris, dit-elle tout haut, et prends garde que ce soit bien propre et lisible.* (COMTESSE DE SÉGUR, *Un bon petit diable*, 1865)
>
> 2. Après *défendre que*, on ne met pas *ne* :
>
>   *Je défends que quelqu'un le ridiculise.*(sic). (EDMOND ROSTAND, *Cyrano de Bergerac*, 1897)

7. Les adverbes de doute

Les adverbes *apparemment, peut-être, probablement, sans doute, vraisemblablement*. Ces adverbes peuvent porter sur toute la phrase et indiquer un commentaire du locuteur sur l'énonciation (par ex. pour préciser son degré de certitude par rapport à ce qu'il dit).

> *Roquenton est mort hier matin, **vraisemblablement** de chagrin.* (Marcel Aymé, *Le passe-muraille*, 1941)
>
> *Mon âme était flasque mais enfin, **apparemment** j'en avais une.* (Frédéric Beigbeder, *Une vie sans fin*, 2018)

8. Les adverbes d'interrogation

Interrogation partielle p. 374

On peut ranger dans une catégorie à part, celle des adverbes d'interrogation, certains adverbes servant à interroger sur le temps, la manière, la cause, le lieu, la quantité : *Quand ? Comment ? Pourquoi ? Que (ne) ? Où ? D'où ? Par où ? Combien ?*

> ***Quand** viens-tu voir ta mère ?* (David Foenkinos, *Les souvenirs*, 2011)
>
> ***Comment** vont tes yeux ?* (Samuel Beckett, *Fin de partie*, 1957)
>
> ***Par où** commencer ?* (Katherine Pancol, *Les yeux jaunes des crocodiles*, 2006)

Remarques

1. L'expression *est-ce que* permet de construire une phrase interrogative sans modifier l'ordre des mots. Certains la considèrent donc comme un adverbe interrogatif.
   ***Est-ce que** je vous fais horreur ?* (Victor Hugo, *Notre-Dame de Paris*, 1831)
2. Le mot grammatical *si* introduit l'interrogation indirecte ; il fonctionne plutôt comme une conjonction :
   *Je me demande **si** nous nous reverrons.* (Bernard Quiriny, *Le village évanoui*, 2014)

4. Les degrés des adverbes

Certains adverbes admettent, comme les adjectifs qualificatifs, divers degrés.

1° *Loin, longtemps, près, souvent, tôt, tard.*

> *Je me suis couché **trop tard** hier, j'avais un truc.* (Gilles Legardinier, *Demain j'arrête !*, 2011)

Adjectifs pris adverbialement p. 162

2° Les adjectifs pris adverbialement et modifiant un verbe : *bas, bon, cher,* etc.

> *Ça me coûte **très cher**, mais je ne peux pas m'en passer.* (Boris Vian, *L'écume des jours*, 1947)

3° Certaines locutions adverbiales : *à regret, à propos,* etc.

> *Alors, je vous laisse, lâcha-t-il seulement **un peu à regret**.* (Pierre Lemaitre, *Travail soigné*, 2010)

4° La plupart des adverbes en *-ment*.

> *Et la pièce se termine* **très explicitement**, *nous dirions presque* **très prosaïquement**, *par la mort de Pelléas et de Mélisande.* (Maurice Maeterlinck, *Pelléas et Mélisande*, 1892)

5° Beaucoup, bien, mal, peu.

> *Un peu de chair fraîche, ça me plaît, beaucoup…* **vraiment** *beaucoup.* (Agnès Martin-Lugand, *Les gens heureux lisent et boivent du café*, 2013)

Beaucoup, bien, mal, peu ont pour comparatifs de supériorité *plus* (ou *davantage*), *mieux, pis* (ou *plus mal*), *moins* ; et pour superlatifs relatifs *le plus, le mieux, le pis* (ou *le plus mal*), *le moins*.

5. La place de l'adverbe

La place de l'adverbe est assez variable ; assez souvent elle est choisie pour des raisons de style.

1. Avec un verbe

a) Temps simple

Si le verbe est à un temps simple, l'adverbe qui le modifie se place généralement après lui :

> *Quand on rêve* **beaucoup** *on grandit plus vite* (Romain Gary, *La vie devant soi*, 1975)
>
> *La mer était une grande nappe noire, une toison ténébreuse dans laquelle nous progressions* **laborieusement**. (Charif Majdalani, *Villa des femmes*, 2015)

b) Temps composé

Si le verbe est à un temps composé, l'adverbe se place à peu près indifféremment après le participe ou entre l'auxiliaire et le participe :

> *Il a* **beaucoup perdu** *ces derniers temps, il devait pas mal d'argent.* (Pierre Lemaitre, *Travail soigné*, 2010)
>
> *En 1972, il publia un premier roman, dont il avait* **espéré beaucoup**, *mais qui n'avait rencontré qu'un succès très confidentiel.* (Joël Dicker, *La vérité sur l'affaire Harry Quebert*, 2014)

Cependant les adverbes de lieu se placent après le participe :

> *Ils ont* **trouvé ailleurs** *l'appui dont ils avaient besoin.* (Delphine de Vigan, *Les heures souterraines*, 2009)

*Ils ont **attendu ici** pendant trois jours.* (François Garde, *L'effroi*, 2016)

*Je ne veux pas, mal vêtu, être **jeté dehors**.* (Éric Vuillard, *Conquistadors*, 2009)

> **Remarques**
> 1. L'adverbe *ne* précède toujours le verbe ; il en est de même des adverbes (ou pronoms) *en* et *y*, sauf à l'impératif affirmatif :
> *Je **ne** veux pas la perdre.* (Gilbert Sinoué, *Avicenne ou La route d'Ispahan*, 1990)
> *J'**en** viens, du Palais-Royal !* (Daniel Pennac, *Monsieur Malaussène*, 1995)
> Mais : *Vas-**y**, Jo, vas-**y** !* (Katherine Pancol, *La valse lente des tortues*, 2008)
> *Va-t-**en** au diable.* (Mohammed Dib, *La grande maison*, 2005)
>
> **Phrase avec détachement p. 387**
>
> 2. Souvent l'adverbe, et surtout l'adverbe de lieu ou de temps, se place en tête de la phrase, soit pour créer une mise en relief, soit pour indiquer que l'adverbe sert à cadrer l'ensemble de la phrase :
> ***Ici**, ils seront à l'abri.* (Marie-Aude Murail, *Oh, boy !*, 2000)
> ***Lentement** s'immisçait en lui le sentiment qu'il avait une dette envers eux, un devoir à accomplir.* (Négar Djavadi, *Désorientale*, 2016)
>
> 3. En général, les adverbes interrogatifs et exclamatifs se placent en tête de la proposition :
> ***Où** aller quand on est déjà mort ?* (Kamel Daoud, *Meursault, contre-enquête*, 2014)
> ***Comme** il fait noir dans la vallée !* (Alfred de Musset, *La nuit de mai*, 1835)
>
> 4. L'adverbe modifiant un infinitif se place tantôt avant lui, tantôt après lui ; en général, c'est le rythme qui décide :
> *À **trop** crier l'on s'enroue.* (Jean Cocteau, *Les enfants terribles*, 1929)
> *Il ne fait plus **bon** vivre **ici**, au milieu des moustiques d'une lagune ensablée.* (Vincent Engel, *AlmaViva*, 2017)
> *Tu dois aller vivre **ailleurs**.* (Jean-Michel Guenassia, *Trompe-la-mort*, 2015)
> *Faire et défaire, c'est **toujours** travailler, dit-on.* (Laurent Demoulin, *Robinson*, 2016)

2. Avec un adjectif, un participe ou un adverbe

L'adverbe se place, en général, avant l'adjectif, le participe ou l'adverbe qu'il modifie :

*Elle était là, **très** blonde, **très** mince, un foulard **très** bleu marine dans ses cheveux **très** blonds coupés **très** court, en collants **très** rouges et tennis **très** blanches.* (Katherine Pancol, *Les écureuils de Central Park sont tristes le lundi*, 2010)

*Elle haussa les épaules, **moyennement** impressionnée.* (Léonora Miano, *Ces âmes chagrines*, 2016)

*Avec son père, je fais l'amour. J'y vois **à peu près** clair.* (Marie Darrieussecq, *Le bébé*, 2002) (Locution adverbiale.)

CHAPITRE 7

La préposition

1. Définition 309
2. Principales prépositions et locutions prépositives 310
3. Rapports exprimés 312
4. L'emploi des prépositions 312
5. La répétition des autres prépositions 314
6. Remarques sur quelques prépositions 314

1. Définition

La **préposition** est un mot invariable qui établit un lien de subordination entre des mots ou des syntagmes :

> *Ma tante et lui vivaient dans un appartement des faubourgs.* (Frédéric Verger, *Arden*, 2013) (Rapport de lieu.)
>
> *Depuis deux ans, nos positions s'étaient durcies.* (Simone de Beauvoir, *Mémoires d'une jeune fille rangée*, 1958) (Rapport de temps.)
>
> *Le jardin de la maison était nippon.* (Amélie Nothomb, *Métaphysique des tubes*, 2000) (Rapport d'appartenance.)
>
> *Au centre, un homme pêche à la ligne.* (Yann Moix, *Naissance*, 2013) (Rapport de moyen.)

> **Remarque**
> La préposition est parfois un simple lien syntaxique vide de sens, notamment devant certaines épithètes, devant certains attributs, devant certaines appositions, devant certains infinitifs sujets ou compléments ; comme elle ne marque alors aucun rapport et qu'elle est vide de sens, on l'appelle **préposition vide** ou **proposition explétive** :
> *Rien de nouveau.* (Éric-Emmanuel Schmitt, *La tectonique des sentiments*, 2008)
> *Elle sera tenue pour responsable des crimes commis.* (Yannick Haenel, *Jan Karski*, 2009)
> *Il m'a serré en frère.* (Sorj Chalandon, *Mon traître*, 2008)
> *De le voir là, ça a fait un silence très inhabituel.* (Claudie Gallay, *Les déferlantes*, 2008)
> *J'aime à le croire.* (Patrick Declerck, *Socrate dans la nuit*, 2009)

Une **locution prépositive** est une réunion de mots équivalant à une préposition : *à cause de, auprès de, du côté de jusqu'à, loin de,* etc.

Certaines prépositions et certaines locutions prépositives peuvent avoir un complément : *Elle se tient tout contre le mur.*

2. Principales prépositions et locutions prépositives

1. Principales prépositions

à	de	excepté	passé	sous
après	depuis	hormis	pendant	suivant
attendu	derrière	hors	plein	supposé
avant	dès	jusque(s)	pour	sur
avec	devant	malgré	près	touchant
chez	durant	moyennant	proche	vers
concernant	en	outre	sans	vu
contre	entre	par	sauf	
dans	envers	parmi	selon	

Voici et *voilà* servent ordinairement à annoncer, à présenter : ce sont alors des **présentatifs** :

" *Voici le nouveau vizir.* (Gilbert Sinoué, *Avicenne ou La route d'Ispahan*, 1990)

Voilà ton chien ! (Samuel Beckett, *Fin de partie*, 1957) "

Ce sont proprement des prépositions quand elles introduisent une indication de temps :

" *Voilà dix ans qu'elle est à mon service.* (Nicolas d'Estienne d'Orves, *La gloire des maudits*, 2017)

Joëlle, ma femme, est morte voici dix ans. (Marc Bressant, *Assurez-vous de n'avoir rien oublié*, 2010) "

CHAPITRE **7** La préposition

> **Remarques**
> 1. *Voici, voilà*, sont formés de *voi*, impératif de *voir*, sans *s*, selon l'ancien usage, et des adverbes *ci, là*. Ces présentatifs renferment originairement un verbe, qui reste perceptible quand *voici* est suivi d'un infinitif ou quand *voici, voilà* sont précédés d'un pronom personnel complément :
> *Voici venir l'hiver, tueur des pauvres gens...* (ANNA GAVALDA, *Ensemble, c'est tout*, 2007)
> *Me voici debout.* (ÉRIC-EMMANUEL SCHMITT, *L'homme qui voyait à travers les visages*, 2016)
> *Ah ! te voilà, brigand !* (CHARLES-FERDINAND RAMUZ, *La grande peur dans la montagne*, 1926)
> 2. Dans l'analyse, on appelle *complément du présentatif* le mot ou groupe de mots exprimant ce qui est annoncé ou présenté par *voici* ou *voilà*.

2. Principales locutions prépositives

à cause de	au-dehors de	de dessous	hors de
à côté de	au-delà de	de dessus	jusqu'à, jusque
à défaut de	au-dessous de	de devant	loin de
afin de	au-dessus de	de façon à	par-dedans
à fleur de	au-devant de	de manière à	par-dehors
à force de	au lieu de	d'entre	par-delà
à l'abri de	au milieu de	de par	par-dessous
à la faveur de	au péril de	de peur de	par-dessus
à la merci de	auprès de	du côté de	par-devant
à la mode de	au prix de	en deçà de	par-devers
à l'égard de	autour de	en dedans de	par rapport à
à l'encontre de	au travers de	en dehors de	près de
à l'envi de	aux dépens de	en dépit de	proche de
à l'exception de	aux environs de	en face de	quant à
à l'exclusion de	avant de	en faveur de	sauf à
à l'insu de	d'après	en sus de	sus à
à moins de	d'avec	étant donné	vis-à-vis de
à raison de	de chez	face à	
au-dedans de	de delà	faute de	
au défaut de	de derrière	grâce à	

311

3. Rapports exprimés

Les rapports marqués par la préposition sont extrêmement nombreux ; d'autre part, une même préposition (surtout à et de) peut servir à exprimer différents rapports.

La préposition peut marquer les relations suivantes :

- le lieu, la tendance : *en, dans, à, chez, de, vers, jusqu'à, sous,* etc.
- le temps : *à, de, vers, pour, avant, après, depuis, pendant,* etc.
- l'attribution : *à, pour.*
- la cause, l'origine : *attendu, vu, pour, à cause de, grâce à,* etc.
- le but, le motif : *pour, à, envers, touchant,* etc.
- la manière, le moyen : *à, de, par, en, avec, sans, selon,* etc.
- l'ordre, le rang : *après, devant, derrière, au-dessus de,* etc.
- l'union, la conformité : *avec, selon, d'après, suivant,* etc.
- l'appartenance : *de, à,* etc.
- l'agent : *de, par* ;
- l'opposition : *contre, malgré, nonobstant,* etc.
- la séparation, l'exception : *sans, sauf, excepté,* etc.

4. L'emploi des prépositions

En principe, rien ne s'intercale entre la préposition et le mot qu'elle introduit. Pourtant des intercalations se font parfois :

> *L'Italienne a refusé de louer une seule pièce* **pour** *quatre hommes.* (KATEB YACINE, **Nedjma**, 1956)
>
> *Il a quitté Oléron en janvier 1920* **pour**, *disait-il,* **acheter** *un garage de réparations automobiles en Dordogne.* (SÉBASTIEN JAPRISOT, **Un long dimanche de fiançailles**, 1951) (Une incise apparaît entre la préposition et le verbe.)

1. Les prépositions à, de, en se répètent

Généralement les prépositions *à, de, en* se répètent devant chaque complément :

> *Il faut que je parle de lui* **à** *Mumphoo,* **à** *Tomphoo et* **à** *Stimphoo.* (YANN MARTEL, **L'histoire de Pi**, 2001)
>
> *C'est que nous avons l'intention, Basin et moi, de passer le printemps prochain* **en** *Italie et* **en** *Sicile.* (MARCEL PROUST, **Le côté de Guermantes**, 1920)

> *Je souffre de l'organe de la pensée et de l'organe du contact.* (Alexis Jenni, *L'art français de la guerre*, 2011)
>
> *Il avait voyagé en Occident : jusqu'à Buda et même jusqu'à Vienne.* (Mathias Menegoz, *Karpathia*, 2014)

2. Les prépositions *à, de, en* ne se répètent pas

1° Quand les membres du complément forment une locution :

> *Il en restait un seul exemplaire, au musée des Arts et Métiers.* (René Barjavel, *Ravage*, 1943)
>
> *L'hôtesse se mit à aller et venir d'un air très affairé.* (Alphonse Daudet, *Lettres de mon moulin*, 1869)
>
> *Vingt chauves-souris sortirent des coins et s'élancèrent en allées et venues bruissantes comme autant de salves d'éventails.* (Louis-Ferdinand Céline, *Voyage au bout de la nuit*, 1932)

2° Quand ces membres représentent le même ou les mêmes êtres ou objets :

> *Il écrivit peut-être à Monsieur Paul, le gabier, le casseur d'assiettes qu'il avait connu également en Arles, mais l'adresse était périmée.* (Pierre Michon, *Vie de Joseph Roulin*, 1988)
>
> *Il trouve refuge chez un collègue et ami.* (Laurent Binet, *HHhH*, 2010)
>
> *Si elle me prend à faire une bêtise, elle le dira à monsieur El Kassif, le directeur de la sécurité.* (Blandine Le Callet, *La ballade de Lila K*, 2010)

Si on répète la préposition, cela indique que l'on fait référence à deux personnes distinctes (1) ou cela marque une insistance particulière (2) :

> *J'ai pensé à mon père, à Ted.* (Sorj Chalandon, *Profession du père*, 2015) (À mon père et à Ted.) (1)
>
> *Enfin, madame Lerat dit d'une voix aimable : – Écoutez, c'est à monsieur Poisson... certainement, à monsieur. Poisson...* (Émile Zola, *L'assommoir*, 1877) (2)

3° Quand ces membres désignent un groupe ou une idée unique (*les adresses des amis et connaissances*), ou des actions simultanées (*il importe de bien mâcher et broyer les aliments*).

5. La répétition des autres prépositions

D'une manière générale, les prépositions ne se répètent pas, surtout lorsque les différents membres du complément sont intimement unis par le sens ou lorsqu'ils sont à peu près synonymes :

> *Ils s'aimaient depuis l'enfance ; **dans le tumulte et la passion**, mais au-delà de toute mesure.* (Andrée Chedid, *Le message*, 2000)

En répétant la préposition, on donne à chaque membre du complément un relief particulier :

> **Sur** *mes cahiers d'écolier*
> **Sur** *mon pupitre et les arbres*
> **Sur** *le sable sur la neige*
> *J'écris ton nom.* (Paul Éluard, *Liberté*, 1942)

6. Remarques sur quelques prépositions

• **À travers, au travers de**

À travers ne se construit jamais avec *de* ; *au travers* veut toujours *de* :

> *Tombé du ciel **à travers** les nuages*
> *Quel heureux présage **pour** un aiguilleur du ciel* (Jacques Higelin, *Tombé du ciel*, 1988)
>
> ***Au travers de** ces phrases, qu'avait-il voulu me dire ?* (Nicole Roland, *Kosaburo*, 1945, 2013)

• **Causer avec**

On dit *causer avec quelqu'un* ; *causer à quelqu'un* provient de la langue populaire, mais il tend à pénétrer dans la langue littéraire :

> *Vous causerez, elle a tant envie de **causer avec** vous !* (Alexandre Dumas, *Le Comte de Monte-Cristo*, 1844)
>
> *Je vous interdis de **causer à ma fille**.* (Morgan Sportès, *Tout, tout de suite*, 2016)
>
> *Vous croyez que ça me fait quelque chose de **causer à** un écrivain, non mais vous m'avez regardé.* (Philippe Djian, *Chéri-Chéri*, 2014)

• **Durant, pendant**

L'usage ne fait guère de distinction entre ces deux prépositions : on peut observer toutefois que *durant* exprime une période continue, et que *pendant* indique un moment, une portion limitée de la durée :

CHAPITRE **7** La préposition

> *Nous avions connu des problèmes de voisinage **durant** la campagne de calomnie qui avait précédé la séance du Palais des Congrès.* (BERNARD WERBER, *Les Thanatonautes*, 1994)
>
> *Il se cassa un bras lors d'un décollage mal négocié **pendant** la campagne de Norvège.* (LAURENT BINET, *HHhH*, 2010)

- **Jusque**

Jusque se construit avec une préposition : *à* (c'est le cas le plus fréquent), *vers, sur, chez,* etc. :

> *J'ai descendu bas, **jusqu'en** enfer, **jusqu'à** Dieu, **jusqu'aux** AA. Puis j'ai cru.* (DANIEL RONDEAU, *J'écris parce que je chante mal*, 2010)
>
> *O toison, moutonnant **jusque sur** l'encolure ! O boucles !* (CHARLES BAUDELAIRE, *La chevelure*, 1857)
>
> *On a discuté **jusque vers** minuit de cette… punaise !* (KATHERINE PANCOL, *La valse lente des tortues*, 2008)

Jusque se construit aussi avec les adverbes *ici, là, où, alors,* et avec certains adverbes d'intensité modifiant un adverbe de temps ou de lieu :

> *J'ai cru **jusqu'ici** vous aimer plus que vous ne m'aimiez.* (HONORÉ DE BALZAC, *Le père Goriot*, 1835)
>
> *Tu prends la pilule rouge, tu restes au Pays des Merveilles et je te montre **jusqu'où** va le terrier.* (GUILLAUME MUSSO, *Parce que je t'aime*, 2007)
>
> *On attendit **jusqu'assez** tard, personne ne vint.* (ÉRIC VUILLARD, *L'ordre du jour*, 2017)

> **Remarques**
> 1. Une erreur fréquente est l'omission de *à* dans des expressions telles que : *jusqu'à Bruxelles, jusqu'à demain, jusqu'à hier, jusqu'à dix heures, jusqu'à maintenant,* etc.
> 2. On dit *jusqu'à aujourd'hui* ou *jusqu'aujourd'hui* :
> ***Jusqu'à aujourd'hui** je n'ai parlé à personne de cette rencontre.* (FRÉDÉRIC BEIGBEDER, *Un roman français*, 2009)
> *Mais pourquoi a-t-il attendu **jusqu'aujourd'hui** ?* (ALEXANDRE DUMAS, *Les trois mousquetaires*, 1844)

- **Près de, prêt à**

Près de, suivi d'un infinitif, signifie « sur le point de » ; *prêt à* signifie « préparé à, disposé à » :

> *Je peux vous garantir qu'à l'heure qu'il est, il est pas **près de** se lever.* (CAROLINE DE MULDER, *Calcaire*, 2017)

PARTIE 3 Les classes grammaticales

> *La Mort ne surprend point le sage : Il est toujours **prêt à** partir.* (Jean de La Fontaine, **La mort et le mourant**, 1678)

- **Sur**

Solécisme
p. 78

L'usage de la préposition *sur* semble évoluer et s'éloigner de la norme, sous l'influence d'expressions parisiennes. D'origine populaire ou familière, des expressions telles que *travailler sur Paris* ou *habiter sur Paris*, s'entendent de plus en plus dans les médias au lieu de *travailler à Paris, près de Paris*. Cette incorrection syntaxique est appelée ***solécisme***.

Sur suivi d'un nom de ville peut aussi bien désigner la ville que ses environs :

> *Et pour en profiter, je pars tôt le matin, avant que tout soit bouché **sur** Marseille.* (Michel Bussi, **On la trouvait plutôt jolie**, 2017)

Ces expressions aujourd'hui largement répandues en France progressent ailleurs dans la francophonie où elles sont cependant perçues de manière plus marquée.

Avec un verbe de mouvement, la préposition *sur* remplace parfois *vers* (peut-être par analogie avec les expressions standards comme *marcher sur, mettre le cap sur*) :

> *Le navire [...] fut dérouté par mon ordre de Bordeaux, où il allait, **vers** un port de Grande-Bretagne.* (Charles de Gaulle, **Mémoires de guerre**, 1954)

> *Ce mardi 9 janvier 51, quand Leonid reçut l'ordre de se dérouter **sur** Paris, il pensait se poser au Bourget.* (Jean-Michel Guenassia, **Le club des incorrigibles optimistes**, 2009)

> *Le souci, c'est qu'il faut que j'aille **sur** Paris.* (Joseph Andras, **De nos frères blessés**, 2016)

> *Certains sont partis **sur** Toulouse.* (Rondeau Daniel, **Mécaniques du chaos**, 2017)

> **Remarque**
> Cette évolution fait l'objet de nombreux commentaires. Elle est critiquée par l'Académie française et par certains auteurs :
> *Vous allez **sur** Toulouse ? lui demande Baumgartner. La jeune femme ne répond pas tout de suite, son visage n'est pas bien distinct dans la pénombre. Puis elle articule d'une voix monocorde et récitative, un peu mécanique et vaguement inquiétante, qu'elle ne va pas **sur** Toulouse, mais **à** Toulouse, qu'il est regrettable et curieux que l'on confonde ces prépositions de plus en plus souvent, que rien ne justifie cela qui s'inscrit en tout cas dans un mouvement général de maltraitance de la langue contre lequel on ne peut que s'insurger, qu'elle en tout cas s'insurge vivement contre, puis elle tourne ses cheveux trempés sur le repose-tête du siège et s'endort aussitôt. Elle a l'air complètement cinglée.* (Jean Echenoz, **Je m'en vais**, 1999)

CHAPITRE **8**

La conjonction

1. Définition 317
2. Les conjonctions de coordination 318
3. Les conjonctions de subordination 322

1. Définition

La conjonction est un mot invariable qui sert à joindre et à mettre en rapport deux (groupes de) mots ou deux phrases. Les conjonctions de coordination unissent deux éléments en les mettant au même niveau (1,2,3) tandis que les conjonctions de subordination unissent un élément en le subordonnant à un autre (4,5) :

> *C'était une belle journée, bleue* **et** *froide.* (PHILIPPE DJIAN, ***Vengeances***, 2011) (1)
>
> *Voyez les lis des champs : ils ne travaillent* **ni** *ne filent.* (JEAN D'ORMESSON, ***C'est une chose étrange à la fin que le monde***, 2010) (2)
>
> *Je suis le chat du rabbin. Il m'arrive des tas de choses.* **Par exemple***, une fois, je suis allé à Paris et il a plu.* **Alors** *je suis rentré chez moi, en Algérie.* (JOANN SFAR, ***Le chat du rabbin***, 2005) (3)
>
> *Klemet, policier et rationnel, oui rationnel* **puisque** *policier, y voyait le signe intangible d'une faute originelle.* (OLIVIER TRUC, ***Le dernier Lapon***, 2012) (4)
>
> *La présence des enfants,* **quoique** *gênante en apparence, dans le fait augmentait le bonheur commun.* (STENDHAL, ***Le rouge et le noir***, 1830) (5)

Une locution conjonctive est une réunion de mots équivalant à une conjonction : *afin que, à moins que, pour que, c'est-à-dire*, etc.

> *Il a disparu* **alors que** *j'étais moi-même en ville.* (FRANÇOIS GARDE, ***Ce qu'il advint du sauvage blanc***, 2013)

2. Les conjonctions de coordination

1. Principales conjonctions de coordination

a) Conjonctions classiques

Le lien de coordination est assuré par des conjonctions dont c'est la fonction quasi exclusive et par une série d'adverbes. Les principales conjonctions de coordination sont : *car, donc, et, mais, ni, or, ou*.

> **Remarque**
> *Donc*
> p. 320
> La grammaire scolaire nous a habitués à retenir la liste des conjonctions de coordination à l'aide de la phrase mnémotechnique *Mais où est donc Ornicar ? (mais, ou, et, donc, or, ni, car).* Cependant, *donc* est plutôt considéré comme un adverbe que comme une conjonction.

Propositions coordonnées
p. 488

D'un point de vue syntaxique, les éléments coordonnés sont symétriques : ils restent indépendants l'un de l'autre et on peut supprimer un des éléments coordonnés sans rendre la phrase incorrecte. Cependant, du point de vue du sens, la relation établie par la conjonction de coordination est parfois asymétrique et donne à un élément un statut principal ou secondaire par rapport à l'autre : l'élément introduit par *mais* domine l'élément qui précède du point de vue du sens, l'élément introduit par *car* est secondaire car il apporte la cause ou la justification, etc.

- Et

Et est la conjonction la plus fréquente en français :

Relations encodées par et
p. 489

“*Ce fut rapide et propre.* (AMÉLIE NOTHOMB, *Riquet à la houppe*, 2016)

Ils s'installèrent dans un petit appartement à la porte de Vanves et eurent trois enfants. (JEAN-MICHEL GUENASSIA, *Le club des incorrigibles optimistes*, 2009)„

> **Remarques**
> 1. Il arrive que *et* (ou *ni*) unisse deux éléments qui n'ont pas la même fonction syntaxique dans la phrase (1) ou qui actualisent un sens différent du verbe (2). Si cela est fait de manière délibérée, c'est pour produire une figure de style appelée *zeugme*.
>
> *En deux actes et en 1902, Barrico fait dialoguer Smith et Wesson.* (JÉRÔME GARCIN dans l'émission *Le masque et la plume*, à propos de la pièce de théâtre *Smith & Wesson* d'Alessandro Barrico, 2018) (Le complément circonstanciel *en deux actes* fait référence à l'écriture de la pièce de théâtre tandis que le complément *en 1902* est le repère temporel où se situe l'action.) (1)

> Cet homme marchait pur loin des sentiers obliques,
> Vêtu de probité candide *et* de lin blanc. (Victor Hugo, *Booz endormi*, 1859) (Le premier complément *probité candide* sélectionne un sens abstrait, moral, du verbe *vêtu* tandis que le second, *de lin blanc*, sélectionne un sens concret.) (2)
>
> **2.** *Et* peut aussi coordonner des compléments n'ayant pas la même nature syntaxique.
> Ah ! savez-vous *le crime et qui vous a trahie* ? (Jean Racine, *Iphigénie*, 1674)

- **Ni**

Ni assure la coordination de deux éléments à l'intérieur d'une phrase négative et équivaut à *et ne ... pas* :

> On ne les voyait *ni* ne les entendait jamais. (Daniel Rondeau, *J'écris parce que je chante mal*, 2010)

- **Ou**

Ou indique une coordination exclusive entre deux termes (l'un exclut l'autre : *soit... soit...*) (1) ou une coordination inclusive (l'un n'exclut pas nécessairement l'autre) (2) :

> Ce sera elle *ou* moi. À vous de choisir. (Tahar Ben Jelloun, *L'enfant de sable*, 1986) (1)
>
> Une grêle de légers chocs clairs et irrités qui s'amplifiaient à mesure que nous avancions. Un peu semblables aux craquements d'un feu de bois sec *ou* à ceux du métal chauffé à blanc et qui travaille. (Nicolas Bouvier, *L'usage du monde*, 1963) (2)

- **Mais**

Mais coordonne deux termes opposés argumentativement (deux mots de sens opposés, deux arguments dont le second l'emporte sur le premier, etc.) :

> L'intention était noble *mais* dérisoire. (Gilbert Sinoué, *Avicenne ou La route d'Ispahan*, 1989)
>
> Ma mère ignorait tout de l'hôtellerie, *mais* elle fut immédiatement à la hauteur des circonstances. (Romain Gary, *La promesse de l'aube*, 1960)

> **Remarque**
> *Mais* peut coordonner deux adjectifs identiques avec un effet de renforcement :
> Qu'est-ce que j'ai été bête *mais* bête ! (Katherine Pancol, *Les yeux jaunes des crocodiles*, 2006)

- **Car**

Car relie en principe deux phrases dont la seconde est présentée comme une cause ou une justification de la première :

> Or, nous n'y manquions jamais **car** c'était une façon d'annoncer et de hâter la sortie du cours. (ALAIN-FOURNIER, *Le grand Meaulnes*, 1913)

- **Or**

Or introduit une phrase décisive pour la suite (un évènement capital dans un récit, un élément important dans une argumentation) :

> Mais j'étais convaincu qu'à force d'efforts, à force de patience et de persévérance, je finirais un jour par la vaincre. **Or**, il advenait le contraire. (LYDIE SALVAYRE, *Tout homme est une nuit*, 2017)

- **Donc**

Donc relie généralement deux phrases en introduisant la conséquence, la justification ou l'explication de ce qui précède ; par sa mobilité dans la phrase, et par la possibilité de le combiner avec d'autres conjonctions (*or donc, et donc*), il appartient plutôt à la classe des adverbes conjonctifs :

> Je pense, **donc** je suis. (RENÉ DESCARTES, *Discours de la méthode*, publié anonymement en 1637)
>
> Le cheveu est lisse, **donc** il a été lavé depuis peu. (BERNARD WERBER, *Le jour des fourmis*, 1992)

b) *Locutions et adverbes conjonctifs*

De nombreux adverbes sont utilisés comme conjonctions de coordination et ils peuvent se combiner avec les conjonctions classiques (*et pourtant, ou sinon, mais enfin*, etc.). Les locutions conjonctives remplissent les mêmes fonctions, en étant composées de plusieurs mots. On regroupe souvent ces formes dans la catégorie des connecteurs de discours.

Adverbes conjonctifs

ainsi	ensuite	sinon
aussi	néanmoins	soit... soit...
cependant	partant	tantôt... tantôt...
encore	pourtant	toutefois
enfin	puis	

CHAPITRE 8 La conjonction

Principales locutions conjonctives

à la vérité	comme si	en revanche
après tout	dans ces conditions	et puis
à savoir	d'autant que	moins que
au contraire	d'autant plus que	non moins que
au moins	de plus	non plus que
au reste	du moins	ou bien
aussi bien	du reste	par conséquent
au surplus	encore que	par contre
bien plus	en effet	quand même
c'est-à-dire	en même temps	sans quoi
c'est pourquoi	en outre	
d'ailleurs	en somme	

2. Principales relations indiquées par les conjonctions de coordination

Lorsque les conjonctions ou les adverbes relient deux propositions indépendantes, on les nomme *connecteurs (ou marqueurs) de discours*. Ils contribuent à une interprétation cohérente du discours en indiquant quelle relation (addition, conséquence, etc.) doit être établie entre les deux segments. Ils se placent le plus souvent en tête de phrase.

> **Remarque**
> Certains connecteurs de discours perdent leur sens premier pour marquer uniquement la progression du discours. C'est le cas de *alors* qui perd sa valeur temporelle ou de conséquence pour indiquer simplement le début d'une prise de parole.
> *Pourquoi ne t'occupes-tu pas de nous ramener une belle jeune femme ? Hein ? Hein ? Alors, tu ne réponds plus ?* (Joël Dicker, *La vérité sur l'affaire Harry Quebert*, 2014)
> C'est aussi le cas de *enfin, mais enfin* (parfois réduit à *fin* ; à *m'enfin*) :
> *Je ne sais pas. Des choses que vous vous dites entre hommes. Enfin, tu sais mieux que moi.* (Philippe Djian, *Marlène*, 2017)
> *M'enfin ?! Tu n'as pas dit que c'était les...* (Franquin, *Gaston. La saga des gaffes*, 1982)

Addition, liaison, transition	et, ni, puis, ensuite, alors, aussi, bien plus, aussi bien que, de même que, non moins que, or, etc.
Alternative, disjonction	ou, soit... soit, soit... ou, tantôt... tantôt, ou bien, etc.
Cause	car, en effet, de fait, effectivement, etc.
Conséquence, justification	donc, aussi, partant, alors, ainsi, par conséquent, en conséquence, conséquemment, par suite, c'est pourquoi, etc.

Explication, élaboration	savoir, à savoir, c'est-à-dire, soit
Opposition, restriction	mais, au contraire, cependant, toutefois, néanmoins, pourtant, d'ailleurs, aussi bien, au moins, du moins, au reste, du reste, en revanche, par contre, sinon
Reformulation	enfin, en fait, finalement

" *Mais ces mots : « Mademoiselle Albertine est partie », venaient de produire dans mon cœur une souffrance telle, que je ne pourrais pas y résister plus longtemps. Ainsi ce que j'avais cru n'être rien pour moi, c'était tout simplement toute ma vie.* (Marcel Proust, **Albertine disparue**, 1927) (Explication.)

Quoi ? On pouvait vivre dans ces cellules et être innocent ? Improbable, hautement improbable ! Ou sinon mon raisonnement se casserait le nez. (Albert Camus, **La chute**, 1956) (Opposition.)

Ici, il fait un peu plus clair qu'ailleurs ; et cependant la mer est sombre. (Maurice Maeterlinck, **Pelléas et Mélisande**, 1893) (Addition-opposition.)

C'est dans les mœurs, cela se fait mais pourtant, là encore, rien de tel n'advint. (Jean Echenoz, **Je m'en vais**, 1999) (Opposition.)

Jusqu'à présent, ils se sont pas mal amusés tous les deux, et souvent disputés. Partant, tout va bien. Du moins jusqu'à ce qu'elle commence à ressentir quelque chose de trouble puis de gênant. (Pierre Lemaitre, **Robe de marié**, 2009) (Addition ; conséquence ; restriction.) "

3. Les conjonctions de subordination

Les conjonctions de subordination servent à joindre une proposition subordonnée à la proposition dont elle dépend. La proposition subordonnée est essentielle (non effaçable) (1,2) ou accessoire (3,4) :

" *Elle voulait savoir si j'étais amoureux.* (Madame de la Fayette, **La Princesse de Clèves**, 1678) (1)

Elle crut que Paul l'avait prise en grippe et la fuyait. (Jean Cocteau, **Les enfants terribles**, 1950) (2)

Mais, dès lors que nous nous sommes engagés dans l'écriture d'un livre, il obéit à une fatalité qui nous dépasse. (Jean-Philippe Toussaint, **Made in China**, 2017) (3)

Dans l'écrit, il ne reste que la langue, qui, par définition, ne peut être imprimée par la passion, puisque neutre et générale. (Éric-Emmanuel Schmitt, **Diderot ou La philosophie de la séduction**, 1997) (4) "

CHAPITRE **8** La conjonction

1. Principales conjonctions de subordination

a) Conjonctions

combien (interr. indirecte)	lorsque	quoique
comme (interr. indirecte)	puisque	si
comme (circ. temporelle)	quand	
comment (interr. indirecte)	que	

b) Locutions conjonctives

à condition que	de crainte que	pendant que
afin que	de façon que	plutôt que
ainsi que	de manière que	posé que
alors que	de même que	pour que
à mesure que	de peur que	pourvu que
à moins que	depuis que	sans que
après que	de sorte que	sauf que
à proportion que	dès que	selon que
au cas où	en attendant que	si ce n'est que
attendu que	en cas que	si peu que
au cas que	en sorte que	si tant est que
au fur et à mesure que	étant donné que	soit que
au lieu que	excepté que	sitôt que
aussi bien que	jusqu'à ce que	suivant que
aussitôt que	loin que	supposé que
autant que	lors même que (littér.)	tandis que
avant que	maintenant que	tant que
bien que	malgré que	vu que
cependant que	outre que	
de ce que	parce que	

323

2. Principales relations indiquées par les conjonctions de subordination

Les types de propositions subordonnées sont nombreux. On indique ici quelques valeurs sémantiques encodées par les conjonctions de subordination les plus fréquentes.

> **Remarque**
> Certaines relations de discours, comme la cause ou la conséquence, peuvent être marquées par une conjonction de coordination (*car, par conséquent*) ou de subordination (*parce que, de sorte que*).

But	afin que, pour que, de peur que, etc.
Cause	comme, parce que, puisque, attendu que, vu que, étant donné que, etc.
Comparaison	comme, de même que, ainsi que, autant que, plus que, moins que, non moins que, selon que, suivant que, comme si, etc.
Concession, opposition	bien que, quoique, alors que, tandis que, etc.
Condition, supposition	si, au cas où, à condition que, pourvu que, à moins que, etc.
Conséquence	que, de sorte que, en sorte que, de façon que, de manière que, etc.
Temps	quand, lorsque, comme, avant que, alors que, dès lors que, tandis que, depuis que, etc.

"**De même que** les incendies éclairent toute la ville, les révolutions éclairent tout le genre humain. (Victor Hugo, *Les misérables*, 1862) (Comparaison.)

Toute puissance est faible, **à moins que** d'être unie. (Jean de La Fontaine, *Le vieillard et ses enfants*, 1668) (Restriction.)

Comme je descendais des Fleuves impassibles
Je ne me sentis plus guidé par les haleurs. (Arthur Rimbaud, *La bateau ivre*, 1871) (Temporalité.)"

CHAPITRE **9**

I L'interjection

1. Définition 325
2. Mots employés comme interjections 326

1. Définition

L'interjection est un mot (souvent invariable) inséré dans le discours pour marquer l'irruption d'une sensation ou d'un sentiment personnel, exprimés avec vivacité.

> « Elle est bien belle, votre planète. Est-ce qu'il y a des océans ?
> — Je ne puis pas le savoir, dit le géographe.
> — **Ah !** (Le petit prince était déçu.) Et des montagnes ? » (Antoine de Saint-Exupéry, *Le petit prince*, 1943)
>
> Elle lève alors les yeux… **Dieu du ciel !** (Virginie Deloffre, *Léna*, 2010)
>
> Alors on a tous crié : « **Hip, hip, hourra** » trois fois, et nous sommes allés nous coucher très énervés. (René Goscinny, *Les vacances du petit Nicolas*, 1962)

L'interjection est grammaticalement autonome : elle ne dépend d'aucun élément de la phrase et ne remplit aucune fonction grammaticale. La valeur des interjections relève de leur fonction énonciative : l'interjection manifeste une émotion liée au fait de prononcer certains énoncés dans une situation particulière.

Ordinairement l'interjection est, dans l'écriture, suivie du point d'exclamation (autrefois appelé *point d'interjection*). Dans un texte écrit, l'interjection est un des moyens de mimer le réel des conversations (le style parlé) et de faire émerger une impression de spontanéité et d'expressivité. À l'oral, l'interjection peut être accentuée et réalisée avec un contour mélodique marqué. L'interjection permet de manifester une émotion, souvent de manière subite.

2. Mots employés comme interjections

L'interjection n'est pas une catégorie grammaticale comme les autres. Peu de mots fonctionnent uniquement comme des interjections, et beaucoup de mots peuvent être utilisés comme des interjections en plus de leurs emplois habituels.

Une locution interjective est une réunion de deux ou plusieurs mots équivalant à une interjection :

> **Ah !** Non **!** C'est un peu court, jeune homme !
> On pouvait dire... **oh ! Dieu !** ... bien des choses en somme... (EDMOND ROSTAND, *Cyrano de Bergerac*, 1897)
>
> Il suffisait, **bon sang**, de lire les Évangiles ! (LYDIE SALVAYRE, *Pas pleurer*, 2014)

On emploie comme interjections :

1° de simples vocalisations : *Ah ! Eh ! Ho ! Hue ! Ouf ! Fi ! Chut !* ou des onomatopées (mot qui imite un bruit) : *Holà ! Boum ! Paf ! Patatras !*

> Cyrano – Quelqu'un m'ajuste : **Paf !** et je riposte...
> Christian – **Pif !**
> Cyrano (éclatant) – **Tonnerre !** Sortez tous ! (EDMOND ROSTAND, *Cyrano de Bergerac*, 1897)
>
> **Chut**, tu vois bien que je suis en train de lire. J'ai besoin de me concentrer. (NANCY HUSTON, *Infrarouge*, 2012)

2° des noms employés seuls : *Attention ! Courage ! Ciel !* ou associés à d'autres mots : *Bonté divine ! Ma parole ! Par exemple !*

> **Ciel**, mes bijoux ! Ça y est, elle a de nouveau égaré sa bimbeloterie. (HERGÉ, *Les bijoux de la Castafiore*, 1962)
>
> Encore ces gamines ! On n'entend plus qu'elles, **ma parole !** Je commence à en avoir assez ! (MARCEL AYMÉ, *Les contes du chat perché*, 1939)

3° des adjectifs employés seuls ou accompagnés d'un adverbe : *Bon ! Ferme ! Tout doux ! Tout beau ! Bravo !*

> **Bon !** alors trois limonades, disait-il avec colère. (SIMONE DE BEAUVOIR, *Mémoires d'une jeune fille rangée*, 1958)

4° Des adverbes ou des locutions adverbiales : *Bien ! Comment ! Eh bien ! Or çà !*

CHAPITRE **9** L'interjection

> *Il partit comme un trait ; mais les élans qu'il fit*
> *Furent vains : la Tortue arriva la première.*
> *« **Eh bien** ! lui cria-t-elle, avais-je pas raison ?*
> *De quoi vous sert votre vitesse ?*
> *Moi, l'emporter ! et que serait-ce*
> *Si vous portiez une maison ? »* (JEAN DE LA FONTAINE, **Le lièvre et la tortue**, 1668)

5° des formes verbales et spécialement des impératifs : *Allons ! Gare ! Tiens ! Suffit ! Dis donc !*

> *— Ah ! Ben t'es là, toi ?*
> *— Eh oui… ajouta Franck. Je suis venu tenir la chandelle… **Dis donc**, tu t'es faite belle !* (ANNA GAVALDA, **Ensemble, c'est tout**, 2010)

> **Remarque**
> Les interjections sont fréquemment associées à une phrase exclamative.

1. Principales interjections

Adieu !	Eh !	Hourra !	Patatras !
Ah !	Euh !	Hue !	Pif !
Ahi !	Fi !	Hum !	Pouah !
Aïe !	Fichtre !	Là !	Pst !
Allo ! (ou allô !)	Gare !	Las ! (vieux)	Quoi !
Bah !	Ha !	Mince !	Sacristi !
Baste !	Haïe !	Motus !	Saperlipopette !
Bernique ! (famil.)	Hardi !	Ô !	Saperlotte !
Bravo !	Hé !	Oh !	Sapristi !
Çà !	Hein !	Ohé !	St !
Chiche !	Hélas !	Ouais ! (vieux)	Stop !
Chut !	Hem !	Ouf !	Sus !
Ciao ! [tʃao]	Ho !	Ouiche ! (famil.)	Vivat !
Crac !	Holà !	Ouste ! (id.)	Zut ! (famil.)
Dame !	Hon !	Paf !	
Dia !	Hosanna !	Pan !	

327

2. Principales locutions interjectives

Ah ! çà	Grand Dieu !	Là ! là !	Quoi donc !
À la bonne heure !	Hé bien !	Ma foi !	Ta ta ta !
Bonté divine !	Hé quoi !	Mon Dieu !	Tout beau !
Eh bien !	Ho ! Ho !	Or çà !	Tout doux !
Eh quoi !	Jour de Dieu !	Oui-da !	
Fi donc !	Juste Ciel !	Par exemple !	

PARTIE **4**

La phrase simple

CHAPITRE 1
La phrase : définition et identification 331

CHAPITRE 2
Les fonctions dans la phrase :
définition et identification........................ 341

CHAPITRE 3
Le sujet 347

CHAPITRE 4
Les compléments du verbe........................ 353

CHAPITRE 5
Les types de phrases (déclarative, interrogative,
injonctive, expressive)............................ 369

CHAPITRE 6
Les formes de phrases 381

CHAPITRE 7
Les marques d'accord dans la phrase 393

CHAPITRE **1**

La phrase : définition et identification

1. Définitions de la phrase 331
2. La phrase et l'énoncé............................. 333
3. La phrase de base et la phrase étendue........... 334
4. Les phrases atypiques 336

1. Définitions de la phrase

Nous écrivons et nous parlons par assemblages de mots : chacun de ces assemblages, logiquement et syntaxiquement organisé, forme une phrase. La phrase constitue la plus grande unité syntaxique ; elle est à la fois structurée (chaque groupe de mots entre en relation avec d'autres groupes) et indépendante (les relations syntaxiques ne débordent pas des limites de la phrase).

Les mots dans la phrase forment des groupes organisés et interdépendants. Si l'on veut modifier l'ordre des mots dans une phrase, on ne déplace pas des mots isolés, mais des groupes de mots. Dans la phrase *Belle marquise, vos beaux yeux me font mourir d'amour*, on peut déplacer les groupes *belle marquise* ou *me font*, mais on ne peut pas séparer *belle* de *marquise*, ni *me* de *font*, car ils forment des groupes syntaxiques soudés.

> *Le maître de philosophie — On les peut mettre premièrement comme vous avez dit : « Belle Marquise, vos beaux yeux me font mourir d'amour ». Ou bien : « D'amour mourir me font, belle Marquise, vos beaux yeux ». Ou bien : « Vos yeux beaux d'amour me font, belle Marquise, mourir ». Ou bien : « Mourir vos beaux yeux, belle Marquise, d'amour me font ». Ou bien : « Me font vos yeux beaux mourir, belle Marquise, d'amour. »* (MOLIÈRE, *Le bourgeois gentilhomme*, 1670)

1. Définition syntaxique (sujet-verbe)

Selon le critère syntaxique, on identifie une phrase dès lors que l'on peut y retrouver un groupe nominal à fonction de sujet et un groupe verbal à fonction de prédicat, et qu'une relation d'interdépendance est établie entre ces deux constituants.

> *Jack parlait lentement.* (SORJ CHALANDON, **Mon traître**, 2010)
>
> *Nous empruntâmes un taxi.* (CHRISTOPHE BOLTANSKI, **Minerais de sang**, 2012)

La relation entre le sujet et le groupe verbal s'envisage selon différents points de vue.

2. Point de vue logique (prédication)

Selon la tradition logique, qui remonte à l'Antiquité, la phrase est composée de deux termes qui se définissent mutuellement : le sujet et le prédicat. Le prédicat, correspondant le plus souvent au groupe verbal, est ce qu'on affirme (ou nie) à propos du sujet. La phrase simple dit à propos du sujet

- ce qu'il fait ou subit :

> *Elle dessine trois fourmis.* (BERNARD WERBER, **La révolution des fourmis**, 1996)
>
> *Ce chien a été profondément terrorisé.* (DIDIER VAN CAUWELAERT, **Le retour de Jules**, 2017)

- ce qu'il est, qui il est, dans quel état il est :

> *Barbara était la chanteuse préférée de ma mère.* (GENEVIÈVE DAMAS, **Patricia**, 2017)
>
> *Son plaisir était de jouer son sort.* (STENDHAL, **Le rouge et le noir**, 1830)

3. Point de vue sémantique (actants)

La sémantique analyse le sens élaboré dans la phrase et envisage celle-ci comme une pièce de théâtre où chaque élément joue un rôle.

> *Un couple sort de l'eau.* (CHRISTOPHE ONO-DIT-BIOT, **Croire au merveilleux**, 2017)

Le groupe nominal *un couple* remplit le rôle d'agent contrôlant l'action et le complément *de l'eau* représente la source du mouvement décrit par le verbe *sortir*. Chaque constituant de la phrase s'envisage comme un actant (agent, objet, bénéficiaire, siège, instrument, but, etc.).

4. Point de vue informationnel (thème/rhème)

L'analyse informationnelle considère comment l'information est répartie dans la phrase. Le sujet de la phrase constitue généralement le thème, ce dont on parle, et le rhème apporte une information nouvelle à propos du sujet.

Dans chacune des phrases *Anne est assise dans l'escalier. Elle pleure.* (Pierre Lemaitre, *Sacrifices*, 2012), le sujet (*Anne, elle*) constitue le thème à propos duquel le rhème apporte des informations (*est assise dans l'escalier, pleure*).

5. Point de vue pragmatique (acte de langage)

La pragmatique est l'étude des actes qu'on peut accomplir en utilisant le langage dans une situation particulière (faire une promesse, donner un ordre, etc.). On les appelle les *actes de langage*. La phrase interrogative *Mais as-tu bientôt fini ?* (Marcel Proust, *Du côté de chez Swann*, 1913) peut être utilisée pour obtenir une information (si on cherche à savoir quelque chose qu'on ignore) ; dans un autre contexte, elle peut être utilisée pour donner un ordre, dont l'équivalent direct serait *Arrête !*

6. Point de vue typographique (majuscule-point)

On peut considérer la phrase sur la base de critères typographiques et la définir comme une suite de mots qui commence par une majuscule et se termine par un point. Cette définition est souvent insuffisante, parce que plusieurs propositions syntaxiques peuvent être regroupées par un point (1), ou parce qu'une proposition syntaxique peut être séparée à l'aide de points (2). Ces usages atypiques de la ponctuation ont une valeur stylistique ou expressive. Ils se retrouvent fréquemment dans des textes poétiques, littéraires et journalistiques.

> *Elle commença à s'agiter sur le palier, elle tenta de repousser M'ma. J'eus peur pour M'ma, j'eus peur pour nous. Soudain, la Française s'affaissa sur son perron, sans connaissance. Les gens s'étaient arrêtés, je distinguais leur ombre derrière moi, de petits attroupements s'étaient formés de-ci de-là, quelqu'un a lancé le mot « Police ! ».* (Kamel Daoud, *Meursault, contre-enquête*, 2018) (1)
>
> *Elle pourrait se mettre à pleurer. Là, tout de suite. Après tout. Personne ne la verrait. Ne l'entendrait. Elle pourrait sangloter sans retenue, sans pudeur, laisser couler sa peine sur le clavier, entre les touches, s'infiltrer dans les circuits. Mais elle sait comment cela se passe.* **Dans ces moments-là. Quand on ouvre la boîte. Quand on se laisse aller.** *Elle sait que les larmes en appellent d'autres, en rappellent d'autres, qu'elles ont le même goût de sel.* (Delphine de Vigan, *Les heures souterraines*, 2009) (2)

2. La phrase et l'énoncé

On distingue la phrase, en tant que structure syntaxique organisée par des règles grammaticales, de l'énoncé, qui est l'usage d'une phrase particulière dans un contexte donné, oral (une conversation) ou écrit (un roman). Alors que les phrases sont censées correspondre à un modèle de référence (la phrase canonique), les énoncés peuvent être formellement incomplets ou mal délimités, ce qui ne les empêche pas de convenir à leur contexte d'emploi.

> Peut-être, il avait dit, que le succès ne leur monte pas à la tête, il fallait voir s'ils en étaient dignes... Francesco, sans doute, mais lui, Basilio... (VINCENT ENGEL, *La peur du paradis*, 2009)

La distinction entre phrase (modèle-type) et énoncé (emploi particulier) permet d'expliquer que certains mots puissent accompagner une phrase sans y être syntaxiquement intégrés : ils relèvent de l'énonciation. Par exemple, l'adverbe *astucieusement* peut être utilisé dans une phrase ou hors de celle-ci. Lorsqu'il dépend du verbe de la phrase, il signifie « de manière astucieuse » (1). Lorsqu'il accompagne l'énonciation, on peut le paraphraser par « en étant astucieux » (2) :

> Sous l'œil curieux des deux hommes, il s'affaira sur les ingrédients qu'on lui avait apportés, mélangeant **astucieusement** miel, jusquiame et pavot, pour obtenir une pâte consistante. (GILBERT SINOUÉ, *Avicenne ou La route d'Ispahan*, 1989) (1)

> Alors, **astucieusement**, je leur ai demandé si je ne pourrais pas jeter un coup d'œil sur l'appartement d'un client absent, dans l'espoir qu'ils me montreraient le vôtre. Hélas, ils ont refusé. Fin de mon astuce. (ALBERT COHEN, *Belle du Seigneur*, 1968) (2)

3. La phrase de base et la phrase étendue

Considérée dans ses termes essentiels, la **phrase de base** se construit autour d'un verbe, son élément central. Selon le type de verbe, on distingue trois modèles de phrase de base (ou phrase minimale).

Verbe intransitif p. 224

1° Un sujet et un verbe intransitif qui ne requiert aucun complément :

> Rose disparaît. (BERNARD WERBER, *Les Thanatonautes*, 1994)

> Leur halo faiblit, leur chatoiement s'estompe. (FRÉDÉRIC BEIGBEDER, *Une vie sans fin*, 2017)

Verbe transitif p. 223

2° Un sujet et un verbe transitif qui construit un ou deux compléments :

> La vie perd un peu de sa folie. (PIERRE LEMAITRE, *Robe de marié*, 2009)

> Je donnai à ma nouvelle maîtresse une voiture. (ALEXANDRE DUMAS FILS, *La dame aux camélias*, 1848)

CHAPITRE 1 La phrase : définition et identification

3° Un sujet, un verbe attributif (*être, sembler*) et un attribut du sujet :

> Marie est une enfant potelée. (Océane Madelaine, ***D'argile et de feu***, 2016)
>
> Les nuages devinrent bleu sombre. (Jean Giono, ***Le hussard sur le toit***, 1951)

Les éléments de la phrase de base ne peuvent pas être supprimés, sous peine de rendre la construction incomplète ; la phrase deviendrait alors agrammaticale (ce qui est signalé par un astérisque) :

Je donnai à ma nouvelle maîtresse une nouvelle voiture. ⟶ *Je donnai.

Marie est une enfant potelée. ⟶ *Marie est.

> **Remarque**
> Lorsque le verbe est à l'impératif, le sujet n'est pas exprimé :
> **Surveille** *l'appartement*, **sois** *sage en mon absence* et **viens** *me voir tous les soirs*. (Bernard Werber, ***Le jour des fourmis***, 1992)

La **phrase étendue** s'obtient par le développement de la structure de base, en ajoutant des constituants facultatifs qui dépendent d'un élément de la phrase ou de la phrase elle-même. Les éléments ajoutés constituent des expansions, parmi lesquelles on peut citer :

- les compléments facultatifs du verbe, comme le complément circonstanciel de temps ou de lieu :

> Son frère Jules **à tout jamais** rôde avec la chienne **dans les fourrés**. (Anne-Marie Garat, ***La source***, 2015)
>
> **Dans la maison**, un homme lui tient **désormais** compagnie **à tout instant**. (Nancy Huston, ***Le club des miracles relatifs***, 2016)

- les expansions dans un groupe nominal, qui prennent la forme d'adjectifs, d'appositions, de propositions subordonnées ou participiales, etc. :

> Leur drapeau sommeillait à l'arrière, **immense, enroulé par notre vent autour de son mât**. (Sorj Chalandon, ***Retour à Killybegs***, 2011)
>
> Les familles **chargées de poussettes et d'enfants** s'engouffraient dans l'autocar **à destination de la Porte Maillot**. (Michel Houellebecq, ***La carte et le territoire***, 2011)

Énonciation
p. 333

- les éléments « hors phrase », qui enrichissent ou commentent l'énonciation :

> *D'après ce que j'ai entendu dire, vous avez connu le château dans de tout autres conditions…* (GEORGES SIMENON, *L'affaire Saint-Fiacre*, 1932)
>
> *Selon le professeur Gérard Amzallag, auteur du livre* **Philosophie biologique**, *les chamans sont aussi les gardiens et sans doute les auteurs de la littérature orale.* (BERNARD WERBER, *La révolution des fourmis*, 1996)

Une phrase étendue peut être réduite à une phrase de base en supprimant les compléments facultatifs, de manière à correspondre à un des trois modèles de la phrase de base et à ne conserver que la relation prédicative entre le sujet et le groupe verbal :

Les familles s'engouffraient dans l'autocar.
Elle prenait un calmant.

Tandis qu'une **phrase simple** contient un seul verbe conjugué, une **phrase complexe** contient plusieurs verbes dont chacun est à la base d'une proposition distincte, principale ou subordonnée.

> *Dédaignant le demi mousseux et le bol de cacahuètes que la serveuse **avait déposés** devant lui, **il se concentra** sur les vers qu'il **avait appris**, de la même façon que l'on **cherche** à **se remémorer** un souvenir agréable afin de **détendre** les nœuds qui **étranglent** l'esprit, et **s'évader**, **se réfugier** dans un cocon bénéfique.* (SERGE BRAMLY, *Arrête, arrête*, 2013) (Dans cette phrase, *se concentra* est le verbe principal.)

4. Les phrases atypiques

Certaines phrases s'écartent du modèle de référence, parce qu'elles se construisent sans verbe (phrases non verbales), parce qu'elles suppriment un élément normalement obligatoire (phrases elliptiques) ou parce qu'elles fonctionnent comme un tout dont on ne peut rien modifier (phrases figées).

1. La phrase non verbale

La phrase se construit typiquement autour du verbe, élément central qui affirme quelque chose à propos du sujet (relation prédicative). Il existe également des phrases non verbales, ou phrases nominales, qui établissent une relation prédicative non marquée par un verbe. Ces phrases se rencontrent à l'oral et à l'écrit et remplissent différentes fonctions.

Attribut
du sujet
p. 355

1° La phrase non verbale **attributive** établit une relation comparable à celle qu'on trouve entre un sujet et son attribut. Elle est à deux termes quand le sujet et l'attribut sont énoncés (1, 2, 3), ou à un seul terme, sans sujet (4).

> *Délicieux, ces calamars !* (Nancy Huston, *Infrarouge*, 2012) (= Ces calamars sont délicieux.) (1)
>
> *Complètement paf, le boss.* (Albert Cohen, *Belle du Seigneur*, 1968) (2)
>
> *Immense hypocrisie que tout cela.* (Nicolas d'Estienne d'Orves, *La gloire des maudits*, 2017) (= Tout cela n'est qu'une immense hypocrisie.) (3)
>
> *Quel crétin.* (Thomas Gunzig, *Manuel de survie à l'usage des incapables*, 2013) (4)

2° La phrase non verbale **existentielle** affirme l'existence d'un être ou d'une chose, comme on pourrait le faire avec un introducteur comme *voici, il s'agit de* ou *c'est*.

> *Partout, des tapis précieux aux couleurs vives et pourtant nuancées, des violets, des bleus, des orangés.* (Mathias Énard, *Boussole*, 2015)
>
> *Je reste éveillé toute la nuit. Trente ans, c'est impensable. Vingt ans, c'est impossible. Même dix ans, je ne pourrais pas.* **Une nuit épouvantable.** (Pierre Lemaitre, *Cadres noirs*, 2010)

3° La phrase non verbale **locative** situe un référent (personne, chose) ou un évènement.

> *À chacun sa définition de la folie.* (Léonora Miano, *Crépuscule du tourment*, 2016)
>
> *De vrais Superman, en face de nous.* (Alain Berenboom, *Périls en ce royaume*, 2014)

4° La construction de type ***heureusement que*** + phrase est très usuelle. Cette phrase ne contient pas de verbe principal. Elle se construit à l'aide de certains adverbes, noms ou adjectifs tels que : *apparemment, certainement, dommage, heureusement, nul doute, peut-être, possible, probablement, sans doute, surement, vraisemblablement*. Ces mots ont sous leur dépendance une subordonnée introduite par *que* :

> **Apparemment que** *monsieur ne croit pas au péché originel; car si tout est au mieux, il n'y a donc eu ni chute ni punition.* (Voltaire, *Candide*, 1759)
>
> **Heureusement que** *sur la tête de Rufus il y avait le képi.* (René Goscinny, *Le petit Nicolas*, 1960)
>
> **Sans doute que** *la conversation languissait,* **qu'**il craignait qu'à nouveau un ange passe. (Jean-Louis Fournier, *Où on va, papa ?*, 2008)
>
> *Sauf que ce jour-là, Valentine a disparu.* **Possible qu'**elle ait fait une mauvaise rencontre. (Virginie Despentes, *Apocalypse bébé*, 2010)

PARTIE 4 La phrase simple

> **Remarques**
> **1.** Dans une phrase non verbale à deux termes, on reconnaît le prédicat en ce qu'il peut être nié, ce qui n'est pas le cas du sujet.
> *Délicieux, ces calamars !* → *Pas délicieux* (= prédicat), *ces calamars* (= sujet) *!*
> Mais : **Délicieux, pas ces calamars !*
> **2.** Une phrase non verbale peut comporter un verbe dans une proposition subordonnée. Il ne s'agit pas du verbe principal de la phrase.
> *Bizarre cette habitude que tu as prise de m'appeler par mon prénom.* (d'après JEAN-MICHEL GUENASSIA, *La vie rêvée d'Ernesto G.*, 2010)

2. La phrase elliptique

L'ellipse consiste à omettre un ou plusieurs éléments normalement obligatoires dans une phrase. Ces éléments peuvent être reconstruits aisément car ils ont été mentionnés antérieurement.

> "*Au moins il a vu sa fille. Je ne sais pas comment il peut la renier, elle lui ressemble comme deux gouttes d'eau.* (HONORÉ DE BALZAC, *Le père Goriot*, 1835) (Elle lui ressemble comme deux gouttes d'eau [se ressemblent].)
>
> *Nous resterons là toute la journée et demain aussi.* (PATRICK DEVILLE, *Taba-Taba*, 2017) (Et demain [nous resterons là] aussi.)
>
> *Aujourd'hui, maman est morte. Ou peut-être hier, je ne sais pas.* (ALBERT CAMUS, *L'étranger*, 1942) (Ou peut-être [maman est-elle morte] hier.) "

Phrase non verbale
p. 336

> **Remarque**
> Une phrase est non verbale quand le verbe a été omis sans avoir été mentionné précédemment, ce qui la distingue de la phrase elliptique :
> *Dans la salle, ambiance religieuse, ce n'est plus un homme, c'est un monument, ce n'est plus une idole, c'est une relique. **Immense succès commercial**.* (CAROLINE DE MULDER, *Bye Bye Elvis*, 2014)

Les propositions elliptiques se rencontrent fréquemment dans les dialogues, où elles permettent de ne pas répéter une partie de la phrase précédente et donnent plus de vivacité aux répliques :

> "*— Euh ! que dites-vous ? — [Je dis que] Ce n'est personne.* (MOLIÈRE, *L'avare*, 1668)
>
> *J'étais étranger et vous ne m'avez pas accueilli. Nu et vous ne m'avez pas vêtu. Malade, en prison, et vous ne m'avez pas visité.* (EMMANUEL CARRÈRE, *Le Royaume*, 2014) "

Les phrases elliptiques se rencontrent aussi dans des coordinations : deux constructions syntaxiques sont coordonnées et le verbe (ou un autre élément) n'est pas répété dans le second membre de la coordination.

> *Il faut du vin aux hommes et **de l'eau aux chevaux**.* (Victor Hugo, **Les misérables**, 1862)
>
> *Pour comprendre le monde, il faut parfois se détourner ; pour mieux servir les hommes, les tenir un moment à distance.* (Albert Camus, **L'été**, 1954)
>
> *Lente est la fête, lente la célébration, lente la joie mystérieuse.* (François Emmanuel, **Les murmurantes**, 2013)

> **Remarque**
> Le sujet peut être omis lorsque la forme du verbe permet aisément de le reconstruire :
> *Marche, Gascon, **fais ce que dois** ! Va, Cyrano !* (Edmond Rostand, **Cyrano de Bergerac**, 1897) (= Fais ce que [tu] dois.)

3. La phrase figée

Une phrase est figée lorsqu'elle est perçue comme formant un tout, qu'aucun de ses éléments ne peut être remplacé par un autre et qu'elle est mémorisée comme telle. Par exemple, la phrase *Qui va à la chasse perd sa place* n'est pas modifiable : on ne trouvera pas dans l'usage de formulations légèrement différentes telles que *Qui va à la chasse perd son tour*, ou *Qui va à la messe perd sa place*. Ces phrases sont mémorisées comme un tout :

> *Je me suis dit : c'est mon année, qui va à la place perd... non, c'est quoi déjà l'expression ?* (Isabelle Baldacchino, **Les blondes à forte poitrine**, 2015)

Les phrases figées sont les phrases situationnelles, les proverbes et les dictons.

Les **phrases situationnelles** prennent leur sens et se prononcent dans un contexte pragmatique particulier : *Les carottes sont cuites* (se dit quand la situation est désespérée), *Le monde est petit* (se dit quand on rencontre de manière inopinée une connaissance dans un lieu inattendu), *Un ange passe* (se dit quand un silence gênant interrompt la conversation), etc.

> *À un moment, par l'un de ces hasards qui font que plusieurs conversations s'arrêtent en même temps **(un ange passe)**, le silence se fait.* (Delphine de Vigan, **Rien ne s'oppose à la nuit**, 2011).

Les **proverbes** véhiculent une vérité générale, une connaissance transmise par la sagesse populaire (on peut les faire précéder de « comme chacun sait... ») : *Chassez le naturel, il revient au galop* (= on ne peut pas changer la personnalité de quelqu'un), *L'habit ne fait pas le moine* (= il ne faut pas juger les gens sur l'apparence), *Rien ne sert de courir, il faut partir à point* (= il faut se mettre à l'ouvrage à temps plutôt que de se hâter en dernière minute), *La caque sent toujours le hareng* (= on ne peut jamais s'affranchir complètement de ses origines), etc. (**Proverbes**)

PARTIE **4**   La phrase simple

Les proverbes peuvent cependant faire l'objet de jeux et de détournements :

> *Les hommes employés comme domestiques portent des livrées, et les femmes des robes. L'habit ne fait pas la liberté, mais il lui ressemble.* (Daniel Rondeau, *Malta Hanina*, 2012)
>
> *Rien ne sert de mourir, il faut pourrir à point ?* (Patrick Declerck, *Crâne*, 2016)

Les **dictons** sont des phrases figées proches des proverbes, mais qui véhiculent essentiellement des connaissances ou des croyances relatives à la nature ou à la météo : *Noël au balcon, Pâques aux tisons* (= quand l'hiver est tardif, le printemps est froid) ; *À la Sainte-Catherine, tout bois prend racine* (= la date du 25 novembre est propice à la reprise des boutures) (*Dictons*).

CHAPITRE **2**

Les fonctions dans la phrase : définition et identification

1. Les fonctions syntaxiques..................... 341
2. L'identification des constituants................ 343
3. L'ambigüité dans la phrase.................... 345

1. Les fonctions syntaxiques

La phrase est à la fois linéaire et structurée. La **linéarité** est le fait que les mots se disposent les uns après les autres ; elle tient au fait qu'on ne peut ni écrire ni prononcer deux mots en même temps. La phase est **structurée** par le fait que chaque constituant entre en relation avec d'autres constituants. Le découpage de la phrase par la ponctuation (à l'écrit) ou par la prosodie (à l'oral) marque sa structure.

1. Les fonctions dans la phrase

Les relations de dépendance syntaxique sont exprimées en termes de **fonctions**. Un élément de la phrase remplit une fonction relativement à un autre élément :
- le verbe *de la phrase* :

> *Maître Corbeau sur un arbre perché*
> *Tenait dans son bec un fromage.* (JEAN DE LA FONTAINE, *Le corbeau et le renard*, 1668)

- le sujet *du verbe* :

> *Le petit chat est mort.* (MOLIÈRE, *L'écoles des femmes*, 1662)

- le complément *du verbe* (direct, indirect, du verbe passif, etc.) :

> *La terre est bleue comme une orange.* (PAUL ÉLUARD, *La terre est bleue...*, 1929)

- le complément *de la phrase* :

> *Incidemment, lui effleurant le bras dans la conversation, il lui proposa de l'accompagner à l'hippodrome.* (Jean-Philippe Toussaint, *Nue*, 2013)

> **Remarque**
> Les fonctions sont également définies en termes sémantiques : complément *d'objet*, complément *de lieu*, etc.

2. Les fonctions dans les groupes

Groupe nominal p.112

Chaque groupe dans la phrase est également structuré. À un niveau secondaire, s'établissent des relations de dépendance que la grammaire décrit à l'aide des fonctions suivantes :
- complément du nom, complément de l'adjectif, complément de l'adverbe ;
- épithète (du nom, etc.) ;
- apposition (au nom, à l'adjectif, etc.).

3. Les mots sans fonction dans la phrase

Certains mots n'ont aucune relation syntaxique avec les autres mots de la proposition. Ce sont :

Interjections p.325

- les **interjections** comme *ah, mon dieu !*, etc.

> *Hier, j'apprends la catastrophe... O ciel!* (Stendhal, *Le rouge et le noir*, 1830)

- le **mot mis en apostrophe**, nom ou pronom désignant l'être ou la chose personnifiée à qui on adresse la parole :

> *Ô temps ! suspends ton vol, et vous, heures propices !*
> *Suspendez votre cours.* (Alphonse De Lamartine, *Le lac*, 1820)

- le **mot explétif**, qui est un pronom personnel marquant l'intérêt que prend à l'action la personne qui parle, ou indiquant qu'on sollicite le lecteur ou l'auditeur de s'intéresser à l'action :

> *On vous happe notre homme, on vous l'échine, on vous l'assomme.* (Jean de La Fontaine, *L'éléphant et le singe de Jupiter*, 1693)
>
> *Goûtez-moi ce plat de mon invention : l'anguille sous roche.* (Amélie Nothomb, *Barbe bleue*, 2012)

CHAPITRE **2** Les fonctions dans la phrase : définition et identification

2. L'identification des constituants

L'analyse de la structure syntaxique d'une phrase se fonde sur une double opération : isoler les groupes et les sous-groupes ; identifier les relations (fonctions) qu'ils entretiennent. Les groupes peuvent être identifiés à l'aide des opérations suivantes : la substitution, le déplacement et la suppression.

1. La substitution

Lors de la substitution syntaxique, un groupe est remplacé par un seul mot, pronom ou adverbe, qui remplit une fonction équivalente dans la phrase.

> *(La femme de chambre) lissa (les gros bas d'hiver) (sur les chevilles et les mollets de Cara).* (Mathias Menegoz, **Karpathia**, 2014)

- Le groupe *la femme de chambre* est remplaçable par le pronom personnel *elle* : **Elle** *lissa les gros bas d'hiver sur les chevilles et les mollets de Cara.*
- Le groupe *les gros bas d'hiver* peut être remplacé par *les* : *La femme de chambre* **les** *glissa sur les chevilles et les mollets de Cara.*
- Le groupe *sur les chevilles et les mollets de Cara* peut être remplacé par l'adverbe *y* : *La femme de chambre* **y** *lissa les gros bas d'hiver.*

(La femme de chambre) lissa (les gros bas d'hiver) (sur les chevilles et les mollets de Cara).
≃ *(Elle) (les) (y) (lissa).*

Au final, la phrase *Elle les y lissa* est fonctionnellement équivalente à la phrase de départ. Le verbe, élément central de la phrase, ne peut être remplacé par un autre verbe, car il détermine la forme des compléments (avec ou sans préposition, etc.) ou le type de sujet accepté (humain, non humain, etc.).

L'analyse peut se répéter au sein d'un groupe si ce groupe est lui-même composé de sous-constituants.

- Le groupe prépositionnel *sur les chevilles et les mollets de Cara* contient un complément du nom *de Cara* qui peut être remplacé par un déterminant possessif : *sur* **ses** *chevilles et* **ses** *mollets.*

2. Le déplacement

Sous certaines conditions, un groupe syntaxique peut être déplacé à un autre endroit dans la phrase.

> *Marlène coinça Dan (le lendemain matin), (au petit jour).* (Philippe Djian, **Marlène**, 2017)

- Les compléments *le lendemain matin, au petit jour* peuvent être déplacés en tête de phrase : *(Le lendemain matin), (au petit jour), Marlène coinça Dan.*

Toutefois, le déplacement d'un groupe peut provoquer une modification du sens de la phrase quand ce déplacement modifie la fonction du groupe dans la phrase : *Marlène coinça Dan* n'est pas équivalent à *Dan coinça Marlène*.

De même dans la phrase suivante, le groupe *le lendemain matin* ne peut pas être déplacé sans modifier le sens de la phrase :

> *Le lendemain matin, Maria m'a annoncé que j'irais au lycée seul.* (JEAN-MICHEL GUENASSIA, **Le club des incorrigibles optimistes**, 2009) (N'est pas équivalent à : Maria m'a annoncé que j'irais au lycée seul le lendemain matin.)

3. La suppression

Un groupe syntaxique peut être supprimé, pour autant qu'il ne soit pas un constituant essentiel de la phrase de base :

> ~~*Le lendemain matin,*~~ *Maria m'a annoncé que j'irais au lycée seul.* (JEAN-MICHEL GUENASSIA, **Le club des incorrigibles optimistes**, 2009) (Le groupe *le lendemain matin* joue le rôle d'un complément accessoire du verbe, il est supprimable.)
>
> ~~*À son arrivée,*~~ *l'empereur lui fit dire qu'il le recevrait **le lendemain matin**.* (MARC BRESSANT, **Un si petit territoire**, 2017) (Le groupe *le lendemain matin* est complément essentiel du verbe et ne peut pas être supprimé.)

4. Critères pour établir la fonction syntaxique d'un constituant

La **fonction syntaxique** d'un élément est le rôle que cet élément joue dans la phrase ou dans le groupe où il est employé. La fonction d'un élément se définit toujours relativement à un autre élément : sujet *du verbe*, attribut *du sujet*, apposition *au nom*, complément d'objet direct *du verbe*, complément *du nom*, etc. Les fonctions se définissent au moyen de différents critères, qui généralement se combinent dans la pratique.

Analyse sémantique p. 332

1° Le **critère sémantique**, dominant dans la grammaire traditionnelle, associe une fonction syntaxique à un rôle sémantique dans la phrase : le sujet est défini comme l'agent qui accomplit l'action décrite par le verbe, un complément de temps, de lieu ou de manière est défini en fonction de son apport sémantique, etc.

2° Le **critère positionnel** associe une fonction à une localisation dans la phrase ou dans le groupe : généralement, le sujet précède le verbe, l'adjectif épithète précède ou suit immédiatement le nom, le complément suit l'élément qu'il complète, etc.

Accords dans la phrase p. 393

3° Le **critère d'accord** associe à une fonction des règles concernant les marques d'accord : le verbe s'accorde en genre et en nombre avec le sujet, l'adjectif s'accorde avec le nom auquel il se rapporte, etc.

4° Le **critère de la classe grammaticale** spécifie que chaque fonction peut être réalisée par une ou plusieurs catégories de mots : ainsi le sujet est généralement un nom ou un pronom ; mais il peut être réalisé par un adjectif, un verbe à l'infinitif ou une phrase relative qui sont pris comme noms.

> **Remarque**
> L'anacoluthe est une construction syntaxique modifiée en cours de route : la phrase, commencée d'une manière, s'achève d'une autre manière, soit qu'un élément présenté comme sujet est abandonné, soit que la phrase commence sur un mode déclaratif pour se conclure sur un autre mode :
> *Le nez de Cléopâtre, s'il eût été plus court, la face du monde aurait changé.* (Blaise Pascal, *Pensées*, 1669)

3. L'ambigüité dans la phrase

Une phrase ambigüe est susceptible de recevoir plusieurs interprétations.

1° L'ambigüité est syntaxique quand un constituant de la phrase peut se rattacher à l'un ou l'autre élément de cette phrase.

> *Les rescapés les avaient vus venir de loin.* (René Barjavel, *Ravage*, 1943) (Le complément *de loin* peut dépendre de *vus* ou de *venir*.)
>
> *Avez-vous vu le collier du chien que Gustave a acheté hier ?* (Victor Thibaudeau, *88 clefs pour identifier dans un texte un problème de logique ou d'expression de la pensée*, 2008) (Est-ce le chien ou le collier qui a été acheté hier ?)

2° L'ambigüité lexicale est due à un mot qui a plusieurs sens ou à deux mots différents qui ont la même graphie, comme dans la phrase *La belle porte le voile*, où *voile* peut être le verbe *voiler* (« cacher ») ou le nom *voile* (« tissu »).

> *Lorsqu'elle sourit, il pensa qu'il allait l'emporter.* (Éric-Emmanuel Schmitt, *Concerto à la mémoire d'un ange*, 2010) (L'expression *il allait l'emporter* est ambigüe : elle signifie « il allait prendre le dessus » ou « il allait l'emmener avec lui ». Selon la première interprétation, le pronom *l'*est figé et n'a pas de fonction syntaxique ; selon la seconde interprétation, le pronom *l'* renvoie à *elle*.)

CHAPITRE **3**

| Le sujet

1. Définition et identification.......................... 347
2. La nature syntaxique du sujet....................... 348
3. La position du sujet dans la phrase 349
4. L'absence de sujet................................. 352

1. Définition et identification

Dans la phrase, le sujet est l'élément qui donne ses marques de personne et de nombre au verbe : c'est avec le sujet que le verbe s'accorde.

> *La lune brillante illumine tout au-dehors.* (Joël Dicker, *La vérité sur l'affaire Harry Quebert*, 2014)
>
> *Les citadins découvrent l'odeur enivrante de l'herbe coupée.* (Patrick Deville, *Taba-Taba*, 2017)

D'un point de vue sémantique, le sujet peut être animé ou inanimé. Lorsqu'il est animé (par ex. *le garçon*), le sujet est soit l'agent, soit le siège de l'action (1). S'il est inanimé (par ex. *le feu, les arbres*), le sujet est l'instrument ou le siège (2).

> *Le garçon rebrousse chemin vers le comptoir d'un pas fatigué.* (Pierre Lemaitre, *Robe de marié*, 2009) (1)
>
> *Le feu projette ses lueurs orangées jusque sur ton épaule.* (Mathias Énard, *Parle-leur de batailles, de rois et d'éléphants*, 2011) (2)

Le sujet est un élément essentiel de la phrase, il ne peut pas être supprimé. On peut le remplacer par un pronom (*il, ça,* etc.). En général le premier groupe nominal de la phrase est le sujet.

> *Une blonde qui possédait des nichons et une nuque inoubliables a cru bon de venir rompre le silence.* (Louis-Ferdinand Céline, *Voyage au bout de la nuit*, 1952) (**Elle** a cru bon de venir rompre le silence.)

Pour trouver le sujet, on place avant le verbe la question *qui est-ce qui ?* pour les sujets animés, et *qu'est-ce qui ?* pour les sujets non animés. On peut aussi identifier le sujet en l'extrayant entre *c'est… qui…* :

> *La vie des femmes est trop limitée, ou trop secrète.* (MARGUERITE YOURCENAR, **Mémoires d'Hadrien**, 1974) (Qu'est-ce qui est trop limité, ou trop secret ? **C'est la vie des femmes qui** est trop limitée, ou trop secrète.)

2. La nature syntaxique du sujet

Le sujet par excellence est le nom (ou le groupe nominal), le nom propre ou le pronom :

> *Le soleil est encore chaud dans le ciel trouble de l'été.* (JÉRÔME FERRARI, **Le sermon sur la chute de Rome**, 2012)

> *Pascal est un marin du bitume.* (JOSEPH INCARDONA, **Derrière les panneaux, il y a des hommes**, 2015)

> *Tout s'envole dans sa tête.* (LAURENT BINET, **La septième fonction du langage**, 2015)

Peuvent être sujets tous les **équivalents du nom** :
- un infinitif

> *Aimer semble être la dernière façon de résister.* (SERGE JONCOUR, **Repose-toi sur moi**, 2016)

- un adverbe quantifieur :

> *Beaucoup sont des âmes de naufragés.* (ADRIEN BOSC, **Constellation**, 2014)

- une proposition :

> *Quiconque tente de s'y soustraire se voit conspué.* (DELPHINE DE VIGAN, **Les heures souterraines**, 2009)

- n'importe quel élément utilisé « en mention », c'est-à-dire pour se désigner lui-même :

> *« Remourir » est un verbe qui, heureusement, n'existe pas.* (JEAN-LOUIS FOURNIER, **Veuf**, 2011)

> *Taquin, qui au féminin forme trivialement taquine, est un adjectif et un nom dont la provenance – vous vous en fichez comme d'une guigne – est italienne.* (YANN MOIX, **Naissance**, 2013)

- un adjectif, un participe présent ou passé construit avec un déterminant :

> *Le vert brillant des eaux parut se rider sous ce choc.* (Jean-Christophe Rufin, **Rouge Brésil**, 2011)
>
> *Les mouches et **tous les rampants** du pays grouillaient sur la nappe.* (Jacques Prévert, **Le point du jour**, 1949)
>
> *Les blessés hurlaient, **les morts** se refroidissaient dans des postures cassées.* (Émile Zola, **Germinal**, 1885)

> **Remarque**
> L'infinitif, le participe présent et le participe passé peuvent avoir un sujet :
> *On entendit quelques secondes durant **une femme** pleurer et supplier dans la maison.* (Simon Liberati, **California Girls**, 2016)
>
> **Le vent** *aidant, l'incendie semblait devoir épargner la rive gauche.* (René Barjavel, **Ravage**, 1943)
>
> *Une fois **la frontière** dépassée, Andrea faisait argent de ses diamants.* (Alexandre Dumas, **Le Comte de Monte-Cristo**, 1844)

3. La position du sujet dans la phrase

a) Avant le verbe

Dans la plupart des phrases et des propositions, le sujet se place avant le verbe.

> ***Tous les hommes*** *ont la nostalgie de ce temps énorme où **la vie** avait encore l'élasticité du possible.* (Patrick Lapeyre, **La vie est brève et le désir sans fin**, 2010)

b) Après le verbe, dans les phrases déclaratives

Le sujet se place **après le verbe** dans les cas suivants.

1° Dans certaines propositions au subjonctif marquant le souhait, la supposition :

> *Puissiez-**vous** être toujours libres, regardant le monde sans peur, et avançant dans votre vie avec joie.* (Laurent Gaudé, **Les oliviers du Négus**, 2013)
>
> *Vienne **le vert été**.* (Hoai Huong Nguyen, **L'ombre douce**, 2013)

2° Dans la plupart des propositions en incise indiquant une parole rapportée :

> *Un mort qu'on ne connaît pas meurt un peu moins, pense-t-**elle**.* (Alice Zeniter, **L'art de perdre**, 2017)
>
> *J'eusse tant aimé, soupire **BW**, que tu me visses en cette chevaleresque situation.* (Lydie Salvayre, **BW**, 2015)

3° Dans les propositions où l'attribut est mis en tête :

> *Rares étaient ceux qui osaient essayer un plat inconnu et luxueux : ils préféraient les valeurs sûres.* (AMÉLIE NOTHOMB, **Le fait du prince**, 2008)

Phrases interrogatives, p. 371

c) Après le verbe, dans les phrases interrogatives

Le sujet se place après le verbe dans les constructions interrogatives suivantes.

1° Dans les interrogations directes si la question porte sur le verbe et que le sujet est un pronom personnel (*je, il*, etc.), ou le pronom *ce* ou *on* :

> *Peut-on avoir en soi, nuageuse, diffuse, une mémoire de l'avenir ?* (ÉRIC FAYE, **Nous aurons toujours Paris**, 2009)
>
> *Est-ce vrai de toute photo ?* (YASMINA REZA, **Babylone**, 2016)

2° Dans les interrogations directes commençant par le pronom *que* ou *quel*, interrogatif attribut ou complément d'objet direct du verbe :

> *Que sommes-nous devenus ?* (LAURENT GAUDÉ, **Danser les ombres**, 2015)
>
> *Et quelles sont les nouvelles de Paris ?* (JOËL DICKER, **Les derniers jours de nos pères**, 2012)

> **Remarques**
> 1. Si l'interrogation ne commence pas par un mot interrogatif et que le sujet n'est ni un pronom personnel ni l'un des pronoms *ce, on*, le sujet se place avant le verbe et on le répète après le verbe par un pronom personnel :
> *Le roi de France n'est-il pas prisonnier en Espagne ?* (AMIN MAALOUF, **Léon l'Africain**, 1986)
> *Tout est-il donc voué à chanceler ?* (HÉLÈNE GRÉMILLON, **La garçonnière**, 2013)
> 2. Si l'interrogation commence par un mot interrogatif ni attribut ni complément d'objet direct et que le sujet n'est ni un pronom personnel ni *ce* ou *on*, ce sujet se met facultativement en inversion :
> *Où va l'amour ?* (CAROLINE DE MULDER, **Bye Bye Elvis**, 2014) (Où l'amour va-t-il ?)
> Toutefois, après *pourquoi*, ce sujet ne se met guère en inversion :
> *Alors, pourquoi Dieu se conduit-il de manière si infantile ?* (AMÉLIE NOTHOMB, **Barbe bleue**, 2010)
> 3. Quand l'interrogation commence par *est-ce que* l'inversion du sujet n'a jamais lieu :
> *Est-ce que l'on sait où l'on va ?* (DENIS DIDEROT, **Jacques le fataliste et son maître**, 1796)
> *Est-ce que j'ai rêvé que j'oubliais ?* (LAURENT MAUVIGNIER, **Une légère blessure**, 2016)

d) Avant ou après le verbe

Le sujet se met **facultativement** après le verbe dans les cas suivants.

1° Dans les phrases commençant par *à peine, aussi, aussi bien, ainsi, au moins, du moins, en vain, vainement, peut-être, sans doute* :

> *Sans doute faisait-il partie de ces gens dont le corps se détraque tout seul.* (CAROLINE DE MULDER, **Bye Bye Elvis**, 2014)

> Sans doute *il* vous a regardé, peut-être même *il* va venir vous parler. (STENDHAL, **Le rouge et le noir**, 1830)
>
> À peine se souvient-*il* de leur rencontre, un soir, chez des amis d'amis qui habitaient en banlieue. (PATRICK LAPEYRE, **La vie est brève et le désir sans fin**, 2010)
>
> À peine *il* quitte la scène qu'il les entend derrière, grand galop de grands talons. (CAROLINE DE MULDER, **Bye Bye Elvis**, 2014)

> **Remarque**
> Si le sujet n'est ni un pronom personnel, ni *ce* ou *on*, il se place avant le verbe et se répète facultativement après lui par un pronom personnel :
> À peine le soleil était-il levé, à peine le soleil était levé. (**Dictionnaire de l'Académie**)

2° Dans les phrases commençant par le verbe intransitif (sans complément) :

> Vint **un poème** en vers libres que j'ai reproduit deux fois dans deux livres. (SIMON LIBERATI, **Les rameaux noirs**, 2017)
>
> Arrive ensuite **la conférencière** qui doit présenter la première communication. (LAURENT DEMOULIN, **Robinson**, 2016)

3° Dans les propositions relatives, si le sujet est autre chose qu'un pronom personnel ou l'un des pronoms *ce, on* : Les efforts que ce travail vous demandera, ... que vous demandera ce travail.

4° Dans les propositions commençant par un complément circonstanciel ou par certains adverbes (temps, lieu, manière), si le sujet est autre qu'un pronom personnel ou que l'un des pronoms *ce, on* :

> Et là-bas était **le détroit** qui permettrait de passer à l'océan du Sud. (ALEXIS JENNI, **La conquête des îles de la Terre Ferme**, 2017)
>
> À comparer avec un sujet pronominal : Là-bas **on** parlera longtemps de leur bravoure. (MARCUS MALTE, **Le garçon**, 2016)
>
> Ici poussaient alors **le peuplier, le hêtre, la vigne et le séquoia** mais c'est fini, tout ça. (JEAN ECHENOZ, **Je m'en vais**, 1999)
>
> Dans la cuisine le soir après le dîner, arrivent **les enfants**. (VIRGINIE DELOFFRE, **Léna**, 2010)

5° Dans des propositions infinitives, quand l'infinitif n'a pas de complément d'objet direct et que son sujet est autre chose qu'un pronom personnel ou relatif (1). Mais quand la proposition infinitive dépend de *faire*, si le sujet de l'infinitif est autre chose qu'un pronom personnel ou relatif, ce sujet se met après l'infinitif (2) :

> Ici nous avons pensé être perdus **tous deux**. (CHODERLOS DE LACLOS, **Les liaisons dangereuses**, 1782) (Ou : Ici, nous avons pensé tous deux être perdus.) (1)
>
> Il a fait grandir **son peuple** durant son exil en Égypte. (EMMANUEL CARRÈRE, **Le Royaume**, 2014) (2)

4. L'absence de sujet

Différentes raisons expliquent que le sujet ne soit pas exprimé dans la phrase.

1° À l'impératif, le sujet n'est pas réalisé :

> *Soyez heureuse pour elle.* (Didier van Cauwelaert, **La femme de nos vies**, 2010)

> *N'y pense même pas.* (Virginie Despentes, **Apocalypse bébé**, 2015)

2° Lorsque la phrase contient plusieurs verbes coordonnés ayant le même sujet, ce sujet n'est pas nécessairement répété :

> *Le président arpente la pièce, contemple longuement les jardins.* (Bernard Werber, **Le jour des fourmis**, 1992)

3° Dans un style informel, on omet parfois le sujet
- dans des tournures impersonnelles où on devrait avoir *il* :

> *Tu peux me regarder, tu sais, je suis là. **Faut** pas avoir peur de moi.* (Laurent Mauvignier, **Tout mon amour**, 2012)

> *Y a pas de quoi être fier.* (Jean-Michel Guenassia, **Le club des incorrigibles optimistes**, 2009)

- dans des tournures personnelles, quand la forme du verbe marque sans ambiguïté la personne ; ainsi, au présent de l'indicatif, la première personne du verbe *être* (*suis*, *sommes*) ne se confond ni avec la deuxième (*es*, *êtes*) ni avec la troisième (*est*, *sont*) personne :

> ***Suis** sortie de la pharmacie en chantant tout bas : Ô mon amour, à toi toujours. C'est bête, je sais.* (Albert Cohen, **Belle du Seigneur**, 1968)

- à l'écrit en particulier, dans des messages à caractère bref :

> *Je me contente d'envoyer à Kathryne un bref message : « Passeport récupéré. Caution inutile. **Vais** acheter le ticket de retour. »* (Alain Berenboom, **Hong Kong Blues**, 2016)

> **Remarque**
> Dans les phrases à verbe impersonnel *il fait, il faut, il neige, il pleut* (et verbes apparentés), le pronom *il* précède le verbe et donne ses marques (de nombre et de personne) au verbe. Pour autant, ce pronom ne représente pas un autre terme, il est une pure marque grammaticale.
> *Il avait neigé pendant la nuit.* (Sorj Chalandon, **La profession du père**, 2015)
> *Pour trouver la solution, il faut penser différemment.* (Bernard Werber, **Les fourmis**, 1991)

CHAPITRE **4**

Les compléments du verbe

1. Généralités 353
2. L'attribut 355
3. Le complément d'objet direct et indirect 359
4. Les autres compléments essentiels du verbe 364
5. Le complément d'agent 365
6. Le complément circonstanciel 366
7. Le complément de la phrase 368

1. Généralités

1. Types de compléments du verbe

On distingue les compléments

- selon le type de verbe : un verbe transitif construit un ou deux compléments (*nuire à quelqu'un*, *dire quelque chose à quelqu'un*) ; un verbe attributif (*être*, *paraitre*, *sembler*, etc.) relie l'attribut au sujet ou au complément ; les verbes intransitifs n'ont pas de complément (*crier*, *pleurer*) ;
- selon leur caractère indispensable : les **compléments essentiels** du verbe ne peuvent pas être supprimés et sont difficilement déplaçables ; les **compléments accessoires ou circonstanciels** sont effaçables et mobiles dans la phrase ;
- selon que le complément suit immédiatement le verbe : **complément d'objet direct** ; ou est introduit par une préposition : **complément d'objet indirect**.

Après avoir présenté les critères qui permettent de distinguer les compléments essentiels des compléments accessoires du verbe, ce chapitre aborde le fonctionnement des compléments suivants : l'attribut du sujet et l'attribut du complément d'objet direct ; le complément d'objet direct et indirect ; les autres compléments essentiels du verbe ; le complément d'agent ; le complément circonstanciel ; le complément de phrase.

> **Remarque**
> On est face à deux verbes homonymes lorsqu'ils diffèrent par leur sens et par leur construction syntaxique. Ainsi, *se rendre* se construisant sans complément (emploi intransitif) signifie « se soumettre à une force supérieure en abandonnant le combat », tandis que *se rendre* construisant un complément prépositionnel (emploi transitif) signifie « se transporter, aller ».
> *Ça durera six semaines donc, jusqu'à ce qu'il **se rende**.* (Morgan Sportès, *Tout, tout de suite*, 2011)
> *En septembre 1956, Ali **se rend** à Alger pour des affaires.* (Alice Zeniter, *L'art de perdre*, 2017)

2. Compléments essentiels et accessoires

Les **compléments essentiels** sont nécessaires à la construction du verbe : c'est le cas de l'attribut, du complément d'objet direct ou indirect, et d'autres compléments essentiels (de lieu). Par contre, les **compléments accessoires** complètent la prédication verbale en indiquant une précision extérieure, comme les compléments circonstanciels (de lieu, de temps, de manière, etc.), ou un commentaire sur l'énonciation, comme les compléments de phrase.

> " *De nuit* [complément accessoire], *la capitale de la Tanzanie ressemblait à une bourgade* [complément essentiel]. (Christophe Boltanski, *Minerais de sang*, 2012) "

Les compléments accessoires peuvent être supprimés, ils sont mobiles dans la phrase et ils peuvent être séparés du verbe par l'insertion de *et ce*.

Test 1 : suppression du complément	
Complément essentiel	☹ de nuit la capitale de la Tanzanie ressemblait à~~ une bourgade~~
Complément accessoire	☺ ~~de nuit~~ la capitale de la Tanzanie ressemblait à une bourgade
Test 2 : déplacement du complément	
Complément essentiel	☹ à une bourgade la capitale de la Tanzanie ressemblait
Complément accessoire	☺ **de nuit** la capitale de la Tanzanie ressemblait à une bourgade
	☺ la capitale de la Tanzanie ressemblait, **de nuit,** à une bourgade
	☺ la capitale de la Tanzanie ressemblait à une bourgade, **de nuit**
Test 3 : insertion de *et ce* entre le verbe et le complément	
Complément essentiel	☹ la capitale de la Tanzanie ressemblait, **et ce** à une bourgade
Complément accessoire	☺ la capitale de la Tanzanie ressemblait à une bourgade, **et ce** de nuit

CHAPITRE **4** Les compléments du verbe

> **Remarque**
> Dans certains cas, il est difficile de déterminer si un complément est essentiel ou s'il est accessoire.
> *Il est en train de mentir à des millions de gens.* (Alice Zeniter, *Juste avant l'oubli*, 2015)
> Le complément du verbe *mentir* peut être supprimé sans que le sens du verbe soit modifié et il peut être séparé du verbe par *et ce*. Par contre, il est difficile de le déplacer en tête de phrase.
> *Il est en train de mentir à des millions de gens.* (Test de suppression.)
> *Il est en train de mentir, et ce à des millions de gens.* (Test d'insertion.)
> *?À des millions de gens il est train de mentir.* (Test de mobilité.)
> La différence entre complément essentiel et accessoire correspond, dans certains cas, à un continuum et non à une opposition stricte.

Les compléments essentiels sont étroitement liés au verbe et leur interprétation dépend des rôles sémantiques associés au verbe. Les compléments essentiels les plus fréquents sont l'attribut du sujet, le complément d'objet direct et le complément d'objet indirect du verbe.

Les compléments accessoires correspondent aux compléments circonstanciels : ils précisent les circonstances de la prédication verbale, sans être des compléments spécifiques au verbe ; c'est la raison pour laquelle ils sont mobiles et effaçables.

2. L'attribut

1. Définition et identification

L'attribut exprime une information (qualité, nature, état) sur le sujet ou sur un complément, par l'intermédiaire d'un verbe attributif. Il y a deux types d'attributs :

- l'attribut du sujet ;

> *Plus qu'aucun autre, le roi de Némi est seul.* (Yannick Haenel, *Je cherche l'Italie*, 2016)

- l'attribut du complément d'objet direct.

> *Faute de mieux, Félix a nommé cela son « âme ».* (Bernard Werber, *Les Thanatonautes*, 1994)

L'attribut du sujet possède les caractéristiques suivantes :
- il fait partie du groupe verbal et se place habituellement après le verbe ;
- il ne peut pas être supprimé ;
- avec certains verbes d'état (*être, paraître, devenir*, etc.), il peut être remplacé par le pronom personnel *le/l'* ;
- il peut être remplacé par un adjectif et s'accorde avec le sujet.

L'attribut du complément d'objet direct exprime une qualité qui est accordée au complément objet du verbe.

> *Je les trouvais **molles** et **pathétiques** et elles devaient me trouver **rude** et **grossière**.*
> (NÉGAR DJAVADI, *Désorientale*, 2016)

> **Remarque**
> Lorsque l'attribut du complément d'objet direct est un adjectif, il ne se confond pas avec l'adjectif épithète qui complète le nom.
> *Je trouvai l'explication **valable**.* (ROMAIN GARY, *La promesse de l'aube*, 1960) (L'adjectif *valable* est attribut du complément d'objet direct *l'explication*.)
>
> *Reste à trouver l'explication scientifique* (BERNARD WERBER, *Les Thanatonautes*, 1994) (L'adjectif *scientifique* appartient au groupe nominal.)
> 1. On ne peut pas supprimer l'attribut complément d'objet sans modifier le sens de la phrase, alors qu'on peut supprimer l'adjectif épithète :
> *Je trouvai l'explication valable* → ☹ *Je trouvai l'explication.*
> *Reste à trouver l'explication scientifique* → ☺ *Reste à trouver l'explication.*
> 2. L'attribut du complément d'objet direct n'est pas pronominalisable tandis que l'adjectif épithète, parce qu'il fait partie du groupe nominal, sera inclus dans la pronominalisation :
> *Je trouvai l'explication valable* → *Je la trouvai valable.*
> *Reste à trouver l'explication scientifique* → *Reste à la trouver.*

2. Verbes introducteurs

L'attribut peut être relié au **sujet** par les verbes suivants :
- le verbe *être* (c'est le cas le plus fréquent) ;

> *La vérité générale et abstraite **est** le plus précieux de tous les biens. Sans elle l'homme **est** aveugle ; elle **est** l'œil de la raison.* (JEAN-JACQUES ROUSSEAU, *Les Rêveries du promeneur solitaire*, 1782)

- un verbe d'état exprimant l'existence et à laquelle est associée une idée :
1° de devenir : *devenir, se faire, tomber* ;

> *Je **suis devenue** folle en pleine raison.* (MARGUERITE DURAS, *L'amant*, 1984)

2° de continuité : *demeurer, rester* ;

> *Nous **demeurions** immobiles dans la profondeur du petit matin.* (KATEB YACINE, *Nedjma*, 1956)

3° d'apparence : *paraitre, sembler, se montrer, s'affirmer, s'avérer, avoir l'air, passer pour, être réputé, être pris pour, être considéré comme, être regardé comme, être tenu pour* ;

> *Le printemps qui a suivi **s'est avéré** moins charitable avec lui.* (PHILIPPE DJIAN, *Dispersez-vous, ralliez-vous !*, 2017)

4° d'appellation : *s'appeler, se nommer, être appelé, être dit, être traité de* ;

> *Notre fille **fut appelée** Louise.* (SORJ CHALANDON, *Le quatrième mur*, 2013)

5° de désignation : *être fait, être élu, être créé, être désigné pour, être choisi pour, être proclamé* ;

> *À la fin de l'été, Benjamin Gordes **a été fait** caporal.* (Sébastien Japrisot, **Un long dimanche de fiançailles**, 1991)

6° d'accident : *se trouver*, par ex. :

> *Le 1ᵉʳ juillet, en revenant à la vie, Lucette **va se trouver** veuve.* (Marcel Aymé, **Le passe-muraille**, 1943).

- certains verbes d'action où se trouve associée l'idée d'attribution, parmi lesquels on peut signaler :

aller	courir	fuir	partir	sortir
s'en aller	dormir	marcher	passer	tomber
s'arrêter	s'éloigner	mourir	régner	venir
arriver	entrer	naitre	se retirer	vivre

> *Elle **est morte** heureuse, puisqu'elle est morte en dansant.* (Katherine Pancol, **La valse lente des tortues**, 2008) (Elle est morte [en étant] heureuse.)
>
> *Les bois étaient emplis [...] d'oiseaux en bande **fuyant** indistincts.* (François Garde, **La baleine dans tous ses états**, 2015) (Fuyant [en étant] indistincts.)

Les verbes qui relient **l'attribut au complément d'objet** direct sont des verbes auxquels on associe implicitement l'idée d'attribution, par exemple :

> *On pouvait **nommer** quelqu'un « frère » par extension ou métaphore, pour souligner l'intimité d'un lien, mais l'idée que tous les hommes sont frères est une trouvaille de cette petite secte.* (Emmanuel Carrère, **Le Royaume**, 2014)
>
> *Il est fort possible que Sarah **trouve** cela du dernier kitsch.* (Mathias Énard, **Boussole**, 2015)

Parmi ces verbes on peut signaler :

accepter pour	élire	reconnaitre pour
accueillir en	ériger en	regarder comme
admettre comme	estimer	rendre
affirmer	établir	réputer
appeler	exiger	retenir
choisir pour	faire	savoir
consacrer	imaginer	sentir
considérer comme	instituer	souhaiter

créer	juger	supposer
croire	laisser	tenir pour
déclarer	nommer	traiter de
désigner pour	préférer	traiter en
désirer	prendre pour	trouver
dire	présumer	voir
donner	proclamer	vouloir

3. Nature de l'attribut

L'attribut du sujet ou du complément d'objet peut être :

1° un nom, un groupe nominal ou un mot (ou une locution) utilisé comme un nom ;

> Ayant, pour des causes diverses, échoué dans ses affaires, de tabellion il était tombé **charretier et manœuvre**. (Victor Hugo, *Les misérables*, 1862)
>
> Un couturier fameux, dont je tairai le nom, m'avait choisie **comme son ambassadrice à travers l'Europe**. (Marc Bressant, *Assurez-vous de n'avoir rien oublié*, 2010)
>
> Mais la Poison c'est **une rien du tout sans éducation** (Albert Cohen, *Belle du Seigneur*, 1968)

2° un pronom ou un groupe pronominal ;

> Mais ce chant est **le mien** ! (Carole Martinez, *Le cœur cousu*, 2007)
>
> L'écriture lui semblait **celle d'une femme**. (Frédéric Verger, *Les Rêveuses*, 2017)
>
> L'heure était **celle, douce, qui précède le crépuscule**. (Kamel Daoud, *Zabor*, 2017)

3° un adjectif, un groupe adjectival ou un mot utilisé comme un adjectif ;

> J'ai toujours trouvé la misogynie **vulgaire et sotte**, et presque toutes les femmes que j'ai connues, je les ai jugées **meilleures que moi**. (Albert Camus, *La chute*, 1956)
>
> Tant de femmes sont tombées **folles de cet homme**. (Amélie Nothomb, *Barbe bleue*, 2010)
>
> Ce que vous dites est **d'un faux, d'un absurde, d'un à côté**. (Marcel Proust, *La prisonnière*, 1923)

4° un adverbe ou un groupe adverbial ;

> L'église est **mieux**. (Victor Hugo, *Les misérables*, 1862)
>
> Elle était **mieux qu'algérienne**. (Abdellah Taïa, *Un pays pour mourir*, 2015)

5° un groupe prépositionnel ;

> *Il s'allonge à même la terre rugueuse, se sert de sa gibecière **comme appuie-tête**.* (Léonora Miano, *La saison de l'ombre*, 2013)

6° un infinitif ;

> *Il faut avoir devant soi des décennies de jeunesse pour imaginer que choisir n'est pas **sacrifier**.* (Adelaïde de Clermont-Tonnerre, *Fourrure*, 2010)

7° une proposition subordonnée.

> *Leur rêve serait **que ça ne s'arrête jamais**; **que cette fuite se transforme en voyage, et que ce voyage dure le plus longtemps possible**.* (Yannick Haenel, *Tiens ferme ta couronne*, 2017)

> **Remarque**
> Le verbe *être*, comme les autres verbes attributifs, n'introduit pas nécessairement un attribut. Il peut construire un complément essentiel de lieu.
> *Le torrent est **contre moi**, mais rien ne peut arrêter l'homme qui court.* (Daniel Pennac, *La fée carabine*, 1987)

4. Place de l'attribut

L'attribut du sujet se place le plus souvent après le verbe. On le place en tête de la phrase dans un style poétique ou pour des raisons d'organisation informationnelle, lorsque l'attribut reprend un élément d'information qui précède (par ex. avec *tel*) :

> ***Lente** est la fête, **lente** la célébration, **lente** la joie mystérieuse.* (François Emmanuel, *Les murmurantes*, 2013)

> *Dans une pièce jonchée de jouets multicolores, ma fille dessina une maison avec une grande maman dedans et un petit papa dehors, et je devais me retenir de pleurer : **tel** fut mon châtiment pour avoir quitté sa mère.* (Frédéric Beigbeder, *Un roman français*, 2009)

3. Le complément d'objet direct et indirect

1. Définition du complément d'objet direct

Le complément d'objet direct se joint directement au verbe (sans préposition) pour en compléter le sens. Il est indispensable à la construction du verbe.

> *Pastor contemplait **ce champ de ruines**.* (Daniel Pennac, **La fée carabine**, 2012)
>
> *Dans cette famille, on cueillait **les fruits** avec soin* (Eugène Savitzkaya, **Fraudeur**, 2014)
>
> *Pour mes quarante ans, il a posé **une semaine de vacances** à l'usine, il a conduit **les enfants** chez sa mère et il **m**'a emmenée à Étretat.* (Grégoire Delacourt, **La liste de mes envies**, 2011)

> **Remarque**
> On le dénomme complément *d'objet* direct pour exprimer que ce complément est l'objet de l'action décrite par le verbe. Cela n'est pas toujours le cas d'un point de vue sémantique : *recevoir une gifle, avoir de la fièvre.*

Le complément d'objet direct n'est pas effaçable et il n'est pas mobile dans la phrase. Il devient le sujet quand la phrase est mise au passif :

Les gendarmes gardaient l'entrée du port.

*Les gendarmes gardaient. (Test de suppression : le complément d'objet direct n'est pas effaçable.)

*L'entrée du port les gendarmes gardaient. (Test de déplacement : le complément d'objet direct n'est pas mobile.)

L'entrée du port était gardée par les gendarmes. (Test de la transformation passive : le complément d'objet direct devient le sujet dans la phrase passive.)

Verbe support
p. 228

> **Remarque**
> On ne confondra pas le complément d'objet direct avec certaines constructions verbales figées où un nom se construit avec des verbes fréquents, comme *avoir, donner, faire, porter, prendre*. Dans les locutions comme *avoir peur, donner lieu, faire part, porter plainte, prendre pied*, etc., le verbe fonctionne comme un verbe support et c'est de la locution que dépend le complément d'objet (par ex. *prendre part **à une discussion***). Dans ces de locutions verbales figées, le nom n'est pas précédé d'un déterminant, comme cela pouvait être le cas dans l'ancienne langue.
> *Par considération à l'égard de son père, le comité de Résistance local n'a pas **porté plainte**.* (Philippe Jaenada, **La petite femelle**, 2015)
> *Just sentit qu'il avait **pris pied** dans un de ces interminables instants où les émotions se bousculent en troupe et affrontent autant de pensées contraires.* (Jean-Christophe Rufin, **Rouge Brésil**, 2011)
> On peut vérifier que le nom dans l'expression verbale figée ne fonctionne pas comme un complément d'objet direct, car il n'est pas pronominalisable (l'astérisque indique que la phrase résultante est agrammaticale).
> *Porter plainte* : **Le comité de Résistance local ne l'a pas portée.*
> *Prendre pied* : **Just sentit qu'il l'avait pris dans un de ces interminables instants.*

2. Nature du complément d'objet direct

Le complément d'objet direct peut être :

1° un nom ou un groupe nominal ; un pronom ou un groupe pronominal :

> *Et là un train avait écrasé **Christopher qui traversait les rails à cet instant**.* (Marie Ndiaye, **Ladivine**, 2014)

CHAPITRE **4** Les compléments du verbe

> La pointe de la flamme perça **le bleu du ciel**. (RENÉ BARJAVEL, *Ravage*, 1943)
>
> Le cœur battant, il **l'**embrassa avec une tendresse qu'il n'avait encore jamais éprouvée pour personne. (TONINO BENACQUISTA, *Malavita*, 2004)

2° un mot utilisé comme un nom :

> Enfin tu comprendras **le pourquoi de cette sentence**. (NANCY HUSTON, *Bad Girl*, 2014)

3° une proposition subordonnée relative (sans antécédent), complétive, infinitive ou interrogative indirecte :

> Avec elle, on peut choisir **où l'on se place**. (GENEVIÈVE DAMAS, *Patricia*, 2017)
>
> Il m'apprit **que le papier encore intact n'est pas blanc : il est tout autant noir que blanc, il n'est rien, il est tout, il est le monde encore sans soi**. (ALEXIS JENNI, *L'art français de la guerre*, 2011)
>
> Monsieur de Nemours pensa **expirer de douleur** en présence de celle qui lui parlait. (MADAME DE LA FAYETTE, *La Princesse de Clèves*, 1678)
>
> Un jour, il nous demanda **si nous avions des passions**. (JOËL DICKER, *Le livre des Baltimore*, 2015)

> **Remarques**
> 1. La proposition infinitive complément d'objet direct est parfois introduite par une préposition vide *à* ou *de*. On vérifie que cette préposition n'est pas appelée par le verbe en remplaçant la proposition par un pronom ou par un groupe nominal, qui se construit sans la préposition :
> Je décidai *de quitter la société des hommes*. (ALBERT CAMUS, *La chute*, 1956) (À comparer avec : Je décidai **cela**. Je décidai **ce départ**.)
> 2. Dans *Je bois du vin, de la bière, de l'eau ; je mange des épinards ; il n'a pas de pain*, on a des compléments d'objet partitifs. On observera que *de* ne garde pas sa valeur de préposition : combiné (ou fondu) avec *le, la, l', les*, il forme les articles partitifs *du, de la, de l', des* ; employé seul, comme dans *Il n'a pas de pain, j'ai mangé de bonnes noix*, il sert de déterminant partitif ou indéfini.

3. Définition du complément d'objet indirect

Le complément d'objet indirect se joint au verbe par une préposition pour en compléter le sens. Les prépositions les plus fréquentes sont *de* et *à*.

> Ma mère n'a jamais parlé **de cet enfant**. (MARGUERITE DURAS, *L'amant*, 1984)
>
> J'offris ma personne **à la France, au monde**. (JEAN-PAUL SARTRE, *Les mots*, 1964)
>
> Je voterais **pour la sanction la plus lourde : le bannissement à vie**. (FRANÇOIS GARDE, *L'effroi*, 2016)

Les pronoms personnels compléments d'objet indirects *me, te, se* (avant le verbe), *moi, toi* (après un impératif), *nous, vous, lui, leur* (avant ou après le verbe), se présentent **sans préposition** ; la même observation s'applique au pronom relatif *dont* complément d'objet indirect :

Je ne **leur** ai pas nui. (Comparez : Je n'ai nui **à aucun être vivant**.)

On **lui** obéit. (Comparez : On obéit **à son père**.)

Pour reconnaitre le complément d'objet indirect, on peut vérifier qu'il n'est ni effaçable, ni facilement déplaçable dans la phrase, et qu'on insère difficilement *et ce* entre le verbe et le complément. Il est pronominalisable, en *y* lorsque le complément est introduit par *à*, en *en* lorsque le complément est introduit par *de*, ou par la préposition suivie d'un pronom indéfini (par ex. *pour cela*).

Je voterai pour la sanction la plus lourde.

*Je voterai. (Test de suppression : le complément d'objet indirect n'est pas effaçable.)

Je voterai **pour cela**. (Test de pronominalisation : le complément d'objet indirect est pronominalisable.)

*Je voterais, **et ce pour la sanction la plus lourde**. (Test d'insertion : on ne peut pas insérer et ce entre le verbe et le complément d'objet indirect.)

***Pour la sanction la plus lourde** je voterai. (Test de déplacement : le complément d'objet indirect n'est pas mobile.)

4. Nature du complément d'objet indirect

Le complément d'objet indirect introduit par une préposition peut être :

1° un nom ou un groupe nominal ; un pronom ou un groupe pronominal :

❝ Il discourait *sur la vanité des choses terrestres*. (Gustave Flaubert, *Madame Bovary*, 1857)

Thamar ne se pardonnait pas *à elle-même*. (Léonora Miano, *Ces âmes chagrines*, 2011) ❞

COI introduit par (à ce / de ce) que, p. 439

2° une proposition subordonnée relative, complétive, infinitive ou interrogative indirecte :

❝ Nul ne pouvait se douter *que son cœur battait de manière étrange, pour ne pas dire démoniaque*. (David Foenkinos, *Les souvenirs*, 2013) ❞

5. Position du complément d'objet direct et indirect

Le complément d'objet direct ou indirect se place généralement après le verbe. Il précède le verbe dans les cas suivants.

1° Lorsque c'est un pronom personnel :

CHAPITRE **4** Les compléments du verbe

> *J'éprouvai un puissant élan d'admiration pour Pétronille et je **le lui** dis.* (Amélie Nothomb, *Pétronille*, 2014)
>
> *Je vais **les lui** arranger de façon qu'il soit penaud.* (Jean Giono, *Le hussard sur le toit*, 1951)

2° Dans certaines tournures interrogatives ou exclamatives, ou encore dans certaines locutions figées :

> ***Quel marché** allait lui proposer l'assassin ?* (Jean-Christophe Grangé, *Le passager*, 2011)
>
> *Et **à quels maris** sont-elles livrées !* (Honoré de Balzac, *Le père Goriot*, 1835)
>
> ***Chemin** faisant, elle cueillait des herbes et des plantes.* (Marcel Pagnol, *Manon des sources*, 1963)

3° Le complément est détaché en tête de phrase quand on veut lui donner du relief ; on le répète alors par un pronom personnel placé avant le verbe :

> ***Le bien**, nous **le** faisons.* (Jean de La Fontaine, *L'ingratitude et l'injustice des hommes envers la fortune*)
>
> ***Tous les détails que j'ai pu trouver**, je **les** lui ai donnés.* (Claudie Gallay, *Les déferlantes*, 2011)
>
> ***Ces chaussures**, bien sûr, oui, c'est sa mère qui **les** lui a offertes.* (Laurent Mauvignier, *Continuer*, 2016)

Les règles suivantes s'appliquent lorsqu'un complément est commun à plusieurs verbes ou qu'un verbe construit plusieurs compléments.

1° Un complément d'objet direct ou indirect peut être **commun à plusieurs verbes**, pourvu que chacun d'eux puisse séparément admettre ce complément :

> *L'insurgé poétise et dore **l'insurrection**.* (Victor Hugo, *Les misérables*, 1862)
>
> *Chacun, je présume, redoute et guette **le mot écorché**, **le bégaiement malheureux**, **l'hésitation déplorable** ou **l'erreur augurale** qui scie les jambes d'entrée.* (Laurent Binet, *Rien ne se passe comme prévu*, 2011)

2° Si les verbes n'appellent pas le même type de complément, le complément s'exprime avec le premier verbe selon la construction requise par celui-ci, et se répète par un pronom avec les autres verbes, selon la construction demandée par chacun d'eux :

> *La directrice convoqua **mes parents** et **leur** proposa de me faire sauter une classe.* (Dominique Costermans, *Petites coupures*, 2014) (On ne pourrait pas dire : **La directrice convoqua et proposa à mes parents de me faire sauter une classe.*)

363

3° Lorsqu'un verbe a **plusieurs compléments** d'objet, ceux-ci doivent être, en principe, de même nature grammaticale :

> *Et je perds **mes forces et ma vie** à essayer de poser la bonne question, celle qui obtiendra une réponse.* (Jean-Michel Guenassia, *La vie rêvée d'Ernesto G.*, 2010)
>
> *L'humanité doit autant **à ses vedettes qu'à ses martyrs**.* (Jean Giraudoux, *La guerre de Troie n'aura pas lieu*, 1935)
>
> *Elle sortait de chez la servante et voulait tour à tour **hurler et disparaître** dans les eaux clémentes du fleuve.* (Marie NDiaye, *Ladivine*, 2014)

Zeugme
p. 318

> **Remarque**
> À l'époque classique, on acceptait qu'un verbe ait des compléments de différentes natures coordonnés entre eux :
> *Elle savait **la danse, la géographie, le dessin, faire de la tapisserie et toucher du piano**.* (Gustave Flaubert, *Madame Bovary*, 1857)
> *Tu veux **partir et que je te suive**.* (Maurice Barrès, *Un jardin sur l'Oronte*, 1922)

4. Les autres compléments essentiels du verbe

1. Les compléments essentiels de lieu, de quantité et de temps

Certains verbes se construisent avec des compléments essentiels (non effaçables) qui expriment le lieu, la quantité ou le temps.

> *En hiver, il se rendait **à son bureau** par l'autobus.* (Marcel Aymé, *Le passe-muraille*, 1943)
>
> *À l'idée de quitter la villa, je pesais **mille kilos**.* (Amélie Nothomb, *Le fait du prince*, 2008)
>
> *Celui-ci mesure bien **soixante têtes de long**.* (Bernard Werber, *Les fourmis*, 1991)

Compléments circonstanciels
p. 366

Parce qu'ils expriment le lieu ou le temps, ces compléments ressemblent aux compléments circonstanciels. Cependant, on ne peut ni les effacer, ni les déplacer. Ils sont tantôt pronominalisables (par *y* ou *en*), tantôt substituables par un adverbe de lieu (*là*), de temps (*alors*) ou de quantité (*autant*) :

*Il se rendait **à son bureau**.* → *Il s'**y** rendait.*

*Je pesais **mille kilos**.* → *Je pesais **autant**.*

CHAPITRE **4** Les compléments du verbe

> **Remarques**
> **1.** Le complément essentiel de lieu se distingue du complément circonstanciel de lieu par le fait qu'il n'est pas déplaçable, sous peine de modifier le sens de la phrase.
> *Il décida de l'emmener diner **à Paris**.* (Hélène Jousse, *Le joker*, 2013) (*À Paris* est un complément essentiel qui indique le lieu visé par l'action. Si on le déplace comme dans la phrase *À Paris, il décida de l'emmener diner*, il devient un complément circonstanciel qui donne le cadre spatial général de l'action.)
> **2.** Un verbe peut avoir deux constructions différentes, l'une avec un complément d'objet direct (par ex. *mesurer la durée du trajet*), l'autre avec un complément essentiel de quantité (par ex. *mesurer deux mètres*). Cette différence a une incidence sur l'accord du participe passé de ces verbes.

2. Le complément d'objet interne

Certains verbes qui se construisent normalement sans complément d'objet direct (*dormir, pleurer, vivre*, etc.) peuvent recevoir un complément qui exprime la même idée que le verbe. On l'appelle *complément d'objet interne*.

> *Le gamin lui avait dit qu'il **aimait d'amour fou** cette femme.* (Amélie Nothomb, *Tuer le père*, 2010)
>
> *Et je **pleure des larmes** qui me déchirent le visage.* (Larry Tremblay, *L'orangeraie*, 2013)
>
> *C'est le nid cotonneux où les enfants tapis,*
> *Comme de beaux oiseaux que balancent les branches,*
> ***Dorment leur doux sommeil** plein de visions blanches.* (Arthur Rimbaud, *Les étrennes des orphelins*, 1870)

5. Le complément d'agent

Le complément d'agent est introduit par une des prépositions *par* ou *de* après un verbe passif. Il représente le sujet de la phrase équivalente au mode actif, et il en conserve le rôle sémantique. Le sujet étant souvent l'agent de l'action, c'est de là que provient le nom de ce complément.

> *Sa fin fut cruelle : il fut dévoré **par un vautour**.* (Comtesse de Ségur, *Les petites filles modèles*, 1858)
>
> *Je suis exténuée **par la beauté du corps d'Hélène Lagonelle** allongée contre le mien.* (Marguerite Duras, *L'amant*, 1984)
>
> *Tu es craint **de tes étudiants**, peu aimé **de tes collègues**.* (Hédi Kaddour, *Les prépondérants*, 2017)

Pour reconnaitre le complément d'agent, on transforme la phrase au mode actif du verbe : si le complément introduit par une des prépositions *par* ou *de* devient sujet du verbe actif, c'est bien un complément d'agent.

Il fut dévoré par un vautour devient au mode actif : *Un vautour le dévora.*

Tu es craint de tes étudiants devient au mode actif : *Tes étudiants te craignent.*

Le complément d'agent est facultatif : il peut être supprimé quand l'information qu'il représente est jugée connue ou non importante : *il fut dévoré* ou *tu es craint*.

6. Le complément circonstanciel

1. Définition et identification

Complément accessoire p. 354

Le complément circonstanciel complète le verbe sans être indispensable à la construction de celui-ci. Il n'est pas spécifique au verbe.

> **Vers le soir**, je me revêtis de mes armes [...], et sortant **secrètement** du château, j'allai me placer sur le rivage... (FRANÇOIS-RENÉ DE CHATEAUBRIAND, **Les martyrs**, 1809)
>
> Il a rédigé une nouvelle ordonnance **de la main droite**. (DELPHINE DE VIGAN, **Les heures souterraines**, 2009)
>
> La mère Fabre reçoit **au ventre** un mauvais coup de sabot. (JEAN-BAPTISTE DEL AMO, **Règne animal**, 2016)

Les caractéristiques principales du complément circonstanciel sont la mobilité (on peut le déplacer à différentes places dans la phrase) et le caractère effaçable (on peut le supprimer sans que la phrase devienne agrammaticale). Étant lié au verbe de manière moins stricte que les compléments essentiels (direct, indirect, de temps, de mesure, etc.), le complément circonstanciel peut également être séparé du verbe par l'insertion de *et ce* (*elle a rédigé une nouvelle ordonnance, et ce de la main droite*).

Les compléments circonstanciels sont souvent décrits à partir du rôle qu'ils jouent par rapport à la prédication verbale, en en précisant les « circonstances » : la cause, le temps (époque ou durée), le lieu (situation, direction, origine, passage, distance), la manière, le but, l'instrument, l'accompagnement, la matière, le résultat, etc. Cependant, les tests syntaxiques constituent la manière la plus fiable de distinguer un complément circonstanciel (par ex. de lieu) d'un complément essentiel (par ex. de lieu).

Tests syntaxiques p. 344

> **En France**, le noir est la couleur du deuil. (BERNARD WERBER, **La révolution des fourmis**, 1997) (Complément circonstanciel de lieu : effaçable, mobile dans la phrase.)

> Et puis elle a fini par rentrer **en France**. (MARGUERITE DURAS, *L'amant*, 1984)
> (Complément essentiel de lieu : non effaçable, non mobile, ne peut être séparé du verbe par l'insertion de *et ce*.)

2. Nature du complément circonstanciel

Le complément circonstanciel est le plus souvent introduit par une préposition, ou par une conjonction quand il s'agit d'une proposition subordonnée circonstancielle. Un complément circonstanciel peut être :

1° un groupe prépositionnel (préposition suivie d'un nom, d'un pronom, d'un mot pris substantivement) :

> Il avait obtenu un coin de terre **au Jardin des plantes**, **en bonne exposition**, **pour y faire**, « **à ses frais** », ses essais d'indigo. **Pour cela** il avait mis les cuivres de sa Flore **au mont-de-piété**. (VICTOR HUGO, *Les misérables*, 1862)
>
> **À côté du feu toujours allumé sur la grève**, il entassa des fagots de branchages et une quantité de varech. (MICHEL TOURNIER, *Vendredi ou La vie sauvage*, 1971)

2° un adverbe ou un groupe adverbial :

> Elle s'apercevait **fort clairement** qu'elle avait à lutter contre l'amour de la solitude. (STENDHAL, *Le rouge et le noir*, 1830)
>
> **Lentement** le capitaine avait sorti un petit papier plié de sa poche. (FRANÇOIS EMMANUEL, *Jours de tremblement*, 2010)

3° un participe présent (accompagné de son complément éventuel) :

> Elle a ri et s'est enfuie dans l'escalier **en agitant sa chevelure orangée**. (YASMINA REZA, *Babylone*, 2016)
>
> **Tout en mastiquant**, il regarde la forêt défiler à toute allure de l'autre côté de la vitre. (NANCY HUSTON, *Danse noire*, 2013)

4° une proposition subordonnée :

> Le jeune homme eut le cœur brisé **d'avoir été si mal récompensé pour sa docilité**. (FRÉDÉRIC BEIGBEDER, *Un roman français*, 2009)
>
> **Quand Lucien est né**, Richard lui a accordé un sursis. (LEÏLA SLIMANI, *Dans le jardin de l'ogre*, 2014)

7. Le complément de la phrase

1. Définition et identification

Les compléments de phrase ne dépendent pas du verbe, ni syntaxiquement ni sémantiquement. Ils sont associés à la phrase dans son ensemble, pour la commenter ou la mettre en perspective.

> *Étrangement* il avait gardé officiellement les noms de son père et de sa mère. (François Emmanuel, **Cheyenn**, 2011)
>
> Je suis venu pour vous dire que *pour moi* je vous trouve plus belle maintenant que lorsque vous étiez jeune. (Marguerite Duras, **L'amant**, 1984)
>
> *Selon la loi islamique*, le maître avait autorisé ce mariage et les enfants lui appartenaient. (Véronique Olmi, **Bakhita**, 2017)

Énonciation p. 333

Les compléments de la phrase sont souvent placés en tête de phrase. Leur fonction est de donner le point de vue de l'énonciateur sur le contenu sémantique de la phrase (degré de certitude, jugement de valeur, etc.). Il est impossible de les extraire entre *c'est … que*, car ils sont hors de la portée du verbe : **C'est étrangement qu'il avait gardé officiellement les noms de son père et de sa mère.* (Phrase agrammaticale.)

2. Nature des compléments de phrase

Les compléments associés à la phrase peuvent être :

1° un adverbe énonciatif (*personnellement, franchement, évidemment, décidément*, etc.) :

> *Décidément*, dans la vie, on ne peut rien prévoir. (Alain Berenboom, **Monsieur Optimiste**, 2013)

2° un groupe prépositionnel :

> *Selon Camille*, trente ans plus tôt, Louis serait devenu un révolutionnaire d'extrême gauche. (Pierre Lemaitre, **Travail soigné**, 2006)
>
> *À propos de radio*, l'autre soir on y a retransmis une pièce d'un certain Sardou, intitulée Madame Sans-Gêne. (Albert Cohen, **Belle du Seigneur**, 1968)

3° une proposition subordonnée :

> *Pour te parler franchement*, je ne suis pas tenté. (Jean-Michel Guenassia, **De l'influence de David Bowie sur la destinée des jeunes filles**, 2017)

CHAPITRE **5**

Les types de phrases (déclarative, interrogative, injonctive, expressive)

1. Définition 369
2. La phrase déclarative 370
3. La phrase interrogative 371
4. La phrase injonctive 378
5. La phrase exclamative 379

1. Définition

Il existe trois types de phrases fondamentaux : la phrase **déclarative** (ou assertive), **interrogative** et **injonctive**. Chaque type se définit par :

- l'action langagière typique que cette phrase permet de réaliser : asserter (« affirmer quelque chose à quelqu'un »), interroger (« demander quelque chose à quelqu'un ») ou ordonner (« ordonner à quelqu'un de faire quelque chose ») ;
- des caractéristiques syntaxiques : ordre des mots, mots grammaticaux spécifiques, etc.
- une marque de ponctuation ou une intonation particulière.

Ces types sont mutuellement exclusifs : une phrase ne peut être à la fois affirmative et interrogative, ou affirmative et injonctive. Toutefois, dans l'usage, une phrase d'un type peut servir à réaliser une action d'un autre type. Par exemple, une phrase interrogative peut servir à donner indirectement un ordre : *Avez-vous l'heure ?*

Le type **exclamatif** diffère des autres en ce qu'il peut s'associer aux autres types : il permet au locuteur d'exprimer sa subjectivité, une attitude à l'égard de ce dont il parle (du dépit, de la colère, de l'enthousiasme, etc.). C'est la fonction expressive du langage.

PARTIE 4   La phrase simple

> *Les femmes l'initièrent à des rudiments de conversation qui lui furent assez vite familiers. Mais combien plus difficile était la grammaire des corps.* (JEAN-CHRISTOPHE RUFIN, *Rouge Brésil*, 2011) (Phrase affirmative et exclamative.)
>
> *Comment as-tu pu me faire ça ? Comment as-tu pu m'enfermer dans cette maison de fous ? Comment as-tu pu m'oublier ?* (KATHERINE PANCOL, *Les écureuils de Central Park sont tristes le lundi*, 2010) (Phrases interrogatives et exclamatives.)
>
> *Ne laissez personne mettre des limites à vos ambitions et à vos rêves !* (LAURENT BINET, *Rien ne se passe comme prévu*, 2011) (Phrase injonctive et exclamative.)

2. La phrase déclarative

La phrase déclarative permet au locuteur de dire quelque chose (par ex. *la terre tourne*) en affirmant que cela est vrai. Elle peut être affirmative (positive) ou négative :

> *La terre tourne, le navire flotte sur les mers, mais le capitaine O'Hare ne bouge pas, ou si peu.* (VINCENT ENGEL, *Le miroir des illusions*, 2016)
>
> *La Mort ne surprend point le sage.* (JEAN DE LA FONTAINE, *La mort et le mourant*, 1678)

Lorsqu'elle est prononcée de manière isolée, la phrase déclarative se termine par une intonation descendante indiquant la finalité. À l'écrit, elle se termine ordinairement par un point.

L'ordre des mots est habituellement le suivant : d'abord le sujet, puis le verbe, puis l'attribut ou le complément ; les compléments accessoires sont placés à différentes positions dans la phrase.

> *En chantant des psaumes, les protestants accompagnèrent l'esquif des yeux jusqu'à l'horizon déjà chargé de nuages.* (JEAN-CHRISTOPHE RUFIN, *Rouge Brésil*, 2011)

Si le verbe a plusieurs compléments, d'ordinaire l'harmonie demande que le plus long soit à la fin de la phrase :

> *Idriss s'enfonça (avec quelques autres) (dans le dédale intérieur du bateau).* (MICHEL TOURNIER, *La goutte d'or*, 1985)
>
> *La nuit tombait (sur mon lit vide) et (sur l'écho de ces conversations).* (DANIEL PENNAC, *Monsieur Malaussène*, 1995)

Pour la place du sujet (cf. p. 349) ; pour celle de l'attribut (cf. p. 359) ; pour celle du complément d'objet (cf. p. 362).

CHAPITRE **5**   Les types de phrases

L'ordre des mots n'est pas réglé uniquement par les fonctions grammaticales des éléments de la phrase. Il peut être modifié pour s'adapter à l'ordre chronologique des faits ou à leur importance relative. En outre il y a un ordre affectif, qui suit les mouvements très variés des sentiments, et un ordre esthétique, qui produit des effets de surprise, d'expressivité, etc.

3. La phrase interrogative

La phrase interrogative permet au locuteur d'exprimer une question portant sur l'existence d'un fait (interrogation totale) ou sur un aspect particulier de ce fait (interrogation partielle).

> *Rodrigue, as-tu du cœur ?* (PIERRE CORNEILLE, *Le Cid*, 1637) (Interrogation totale.)
>
> *N'ai-je pas été parfaite ?* (AMÉLIE NOTHOMB, *Barbe bleue*, 2010) (Interrogation totale.)
>
> *En quelle année le jeune couple quitte-t-il l'Ontario pour l'Alberta ?* (NANCY HUSTON, *Bad Girl*, 2014) (Interrogation partielle.)

À l'écrit, la phrase interrogative est marquée par un point d'interrogation. À l'oral, l'intonation prototypique de la phrase interrogative est montante : elle indique la continuation à apporter à la question au moyen d'une réponse. Si l'interrogation n'est pas marquée par la syntaxe, l'intonation montante est nécessaire afin de ne pas confondre la phrase interrogative (*Tu viens ?*) avec une phrase déclarative ou injonctive. Si l'interrogation est marquée par des mots interrogatifs (par ex. *est-ce que ? qui ? comment ?*), l'intonation peut être montante ou descendante. Seul le mode verbal **indicatif** peut prendre la forme interrogative.

1. L'interrogation totale

L'interrogation totale porte sur la totalité de la phrase et appelle une réponse en *oui*, en *non* ou en *si* (si la phrase interrogative est négative).

> *— Vous aimez ? — Oui, beaucoup.* (BLANDINE LE CALLET, *La ballade de Lila K*, 2010)
>
> *As-tu lu Érasme ? — Non, confessa Just sans remords ni fierté.* (JEAN-CHRISTOPHE RUFIN, *Rouge Brésil*, 2011)
>
> *— Il ne m'aime pas ? répéta Virginie une dernière fois. — Si, admit Vincent pour la faire taire. Si, il t'aime.* (JÉRÔME FERRARI, *Balco Atlantico*, 2012)

a) L'interrogation totale directe

L'interrogation totale peut s'exprimer au moyen de trois structures syntaxiques.

1° Une phrase déclarative, éventuellement non verbale, accompagnée d'une intonation montante à l'oral ou d'un point d'interrogation à l'écrit :

> *Tu sais que tu es née ici ? – Je suis née ici ? laisses-tu échapper aussitôt.* (CAROLE MARTINEZ, **La terre qui penche**, 2015)
>
> *Et tes amours ?* (JEAN-BAPTISTE DEL AMO, **Le sel**, 2010)

2° La locution *est-ce que* en tête de phrase, accompagnée d'un point d'interrogation à l'écrit et d'une intonation montante à l'oral :

> *Est-ce que c'est possible qu'on soit un lâche quand on a choisi les chemins les plus dangereux ?* (JEAN-PAUL SARTRE, **Huis clos**, 1947)
>
> *Est-ce que tous les enfants sont des étrangers pour leur père ? se demandait-il.* (LYDIE SALVAYRE, **Tout homme est une nuit**, 2017)

3° L'inversion du sujet, accompagnée d'une intonation montante ou d'un point d'interrogation, relève d'un style plus formel. Elle peut prendre deux formes :

- **l'inversion simple** du sujet et du verbe, lorsque le sujet est un pronom personnel ou le pronom *ce* :

> *Peut-on juger une vie sur un seul acte ?* (JEAN-PAUL SARTRE, **Huis clos**, 1947)
>
> *Rêves-tu d'un amour blanc, fragile, là-bas, si loin ? D'une enfance, d'un palais perdu ?* (MATHIAS ÉNARD, **Parle-leur de batailles, de rois et d'éléphants**, 2011)
>
> *La photo ne présenterait aucun intérêt sans la date et le nom du personnage central. La légende bouleverse la lecture. Est-ce vrai de toute photo ?* (YASMINA REZA, **Babylone**, 2016)

Pronom disjoint p. 187

- **l'inversion complexe** du sujet et du verbe, lorsque le sujet formé d'un nom propre, d'un pronom disjoint ou d'un groupe nominal est placé avant le verbe et est répété immédiatement après celui-ci sous la forme d'un pronom personnel :

> *Aussi formulerai-je la question tout droitement : **Notre-Seigneur Jésus-Christ** est-il oui ou non présent en personne dans la communion ?* (JEAN-CHRISTOPHE RUFIN, **Rouge Brésil**, 2011)
>
> *Tout individu ne se croit-il pas le héros de sa propre existence ?* (LAURENT BINET, **La septième fonction du langage**, 2015)

> **Remarques**
> 1. Quand il y a inversion du sujet à la première personne des verbes en -er, la finale -e devient -é (ou -é en ancienne orthographe) :
> Dussé-je vivre dix vies, je n'aurais jamais assez de temps pour te remercier de ce que tu as fait pour moi. (La langue ordinaire préfère la tournure *même si je dois…*).
> Pourquoi vous *aimé-je* ? (Honoré de Balzac, *Le père Goriot*, 1835)
> 2. L'inversion est également possible à l'indicatif présent pour quelques verbes qui ne font pas leur première personne en -e mais qui sont très fréquents : *ai-je, suis-je, dis-je, fais-je, puis-je, tiens-je, vais-je, veux-je, vois-je,* etc. En dehors de ces cas choisis par l'usage, l'inversion n'est pas admise : **cours-je, *mens-je,* etc. On dira : *est-ce que je cours, est-ce que je mens,* etc.
> *Que suis-je ? où suis-je ? où vais-je, et d'où suis-je tiré ?* (Voltaire, *Poème sur le désastre de Lisbonne*, 1756)
> *Mais sais-je à quelle vitesse ton cœur bat ?* (Jacqueline Harpman, *Moi qui n'ai pas connu les hommes*, 1995)
> 3. Devant les sujets, *il, elle, on,* en inversion, lorsque le verbe se termine par *e* ou *a,* on intercale la consonne *-t-* (entre traits d'union), dite *consonne euphonique* : *Chante-t-il ? Ira-t-elle ? Viendra-t-on ?*
> *Qu'ira-t-elle faire dans un désert ?* (Catherine Cusset, *Un brillant avenir*, 2008)

b) L'interrogation totale indirecte

Lorsqu'une interrogation totale est indirecte, c'est-à-dire enchâssée dans une phrase comme complément d'un verbe (par ex. *demander, ignorer,* etc.), elle est introduite par *si* (qui peut être élidé en *s'* devant voyelle). L'interrogation indirecte n'est pas marquée par un point d'interrogation à l'écrit, ni par une intonation montante à l'oral.

> *J'ignore si la présence de ces offrandes obéissait aux ancestrales coutumes méditerranéennes de l'antique fête des morts.* (Jean-Philippe Toussaint, *Nue*, 2013)
>
> *Je voudrais savoir si votre fils avait eu l'occasion de s'exprimer sur ce sujet, s'il lui est arrivé d'en parler avec vous.* (Maylis de Kerangal, *Réparer les vivants*, 2013)

> **Remarques**
> 1. L'interrogation est alternative lorsqu'elle implique deux éléments coordonnés par la conjonction *ou* impliquant qu'on réponde en choisissant un terme de l'alternative :
> *Préfères-tu que je vive dessus jusqu'à ce qu'il n'y en ait plus, ou que je les conserve intacts ?* (Philippe Jaenada, *La serpe*, 2017)
> *Je ne savais plus si j'étais celui qui tirait ou celui sur lequel on tirait.* (Mathias Énard, *La perfection du tir,* 2003)
> 2. Une phrase interrogative directe peut contenir une subordonnée interrogative indirecte :
> *Tu veux savoir si j'ai rencontré un homme beau, riche, intelligent dont je suis follement éprise ? Joséphine hocha la tête, pleine d'espoir. — Non, lâcha Hortense en ménageant un petit temps de suspense avant sa réponse.* (Katherine Pancol, *La valse lente des tortues*, 2008)

2. L'interrogation partielle

L'interrogation partielle porte sur un élément de la phrase, à l'exception du verbe : elle peut porter sur le sujet *(qui ?)*, sur un complément essentiel du verbe *(quoi ? à qui ?*, etc.) ou sur un complément circonstanciel *(comment ? quand, ? où ?* etc.). L'élément interrogé est signalé par un mot interrogatif qui est un pronom *(qui, que, laquelle, à quoi*, etc.), un déterminant *(quel)* ou un adverbe *(quand, où, pourquoi*, etc.). L'intonation montante typique de la question est possible, mais elle n'est pas nécessaire, car la modalité interrogative est déjà marquée par le mot interrogatif.

a) *L'interrogation partielle directe*

L'interrogation peut porter sur le sujet, sur l'attribut ou sur un complément du verbe.

- **Interrogation portant sur le sujet ou l'attribut**

L'interrogation portant sur le sujet ou sur l'attribut est formulée par *qui* (pour un humain), *que, quel* + nom, *lequel* ou *laquelle* en début de phrase.

- Sujet :

> *Qui allait désormais nous parler avec une telle gourmandise du plaisir que peut donner une traduction ?* (CHRISTOPHE ONO-DIT-BIOT, *Croire au merveilleux*, 2017)
>
> *Quelle autre ville que celle de la naissance, de l'enfance, des premiers jeux, de l'école, peut revenir avec cette force dans une mémoire sinistrée ?* (FRANÇOIS GARDE, *Ce qu'il advint du sauvage blanc*, 2013)
>
> *Laquelle de vous trois était à la croisée au-dessus de la porte d'entrée et a mis un index sur ses lèvres ?* (MARC BRESSANT, *Un si petit territoire*, 2017)

- Attribut :

> *Qui est le plus fort en Italie, à votre avis ?* (AMIN MAALOUF, *Léon l'Africain*, 1986)
>
> *Quelle est la question que l'on pose en premier à un homme, lorsqu'on souhaite s'informer de son état ?* (MICHEL HOUELLEBECQ, *La carte et le territoire*, 2011)
>
> *Mais que devient la vertu, pendant ces délicieux voyages où la pensée a franchi tous les obstacles ?* (HONORÉ DE BALZAC, *La peau de chagrin*, 1831)

- **Interrogation portant sur un complément d'objet direct ou indirect du verbe**

L'interrogation qui porte sur un complément d'objet direct du verbe est formulée au moyen de *qui* (pour un humain) ou *que, lequel*, ou *quel* + nom. Si l'interrogation porte sur un complément d'objet indirect, elle est formulée avec une préposition *(à, de, contre, sur*, etc.) suivie de *qui, quoi, quel* + nom. On peut aussi

CHAPITRE **5** Les types de phrases

utiliser les pronoms interrogatifs *auquel* (si la préposition est *à*) ou *duquel* (si la préposition est *de*).

> *Qui saluez-vous donc là ?* (ALEXANDRE DUMAS FILS, *La dame aux camélias*, 1848)
>
> *Que vous sert, courtisane imparfaite,*
> *De n'avoir pas connu ce que pleurent les morts ?* (CHARLES BAUDELAIRE, *Remords posthume*, 1857)
>
> *Sur quoi fondez-vous cette assertion ?* (DIDIER VAN CAUWELAERT, *Double identité*, 2012)
>
> *Auquel de ces gouffres fit-il un signe de tête ?* (VICTOR HUGO, *Les misérables*, 1862)

L'ordre des mots dans la phrase interrogative est généralement modifié par rapport à la phrase affirmative : on parle d'*inversion* de la position du sujet et du verbe. Lorsque le sujet est un groupe nominal, il suit le verbe (1) ; lorsque le sujet est un pronom, il suit normalement le verbe (2), sauf dans un style informel (3).

> *Que voient Saturnin et Yvonne Doulet ? [...] Que leur dit Fernand ?* (PHILIPPE JAENADA, *La serpe*, 2017) (1)
>
> *Quelle langue parlions-nous entre nous ?* (PATRICK MODIANO, *Rue des Boutiques Obscures*, 1978) (2)
>
> *Quelle solution tu proposes ?* (BERNARD WERBER, *Le jour des fourmis*, 1998) (Style informel.) (3)

Lorsque le sujet est un nom et que le mot interrogatif n'est pas *que*, le sujet suit le verbe (1). Il peut aussi précéder le verbe et être repris près du verbe par un pronom personnel, dans ce qu'on appelle une *inversion complexe* (2).

> *À quoi sert l'écriture ?* (LAURENT BINET, *La septième fonction du langage*, 2015) (On peut aussi écrire : *À quoi l'écriture sert-elle ?*) (1)
>
> *De qui Sigrid était-elle la veuve ?* (AMÉLIE NOTHOMB, *Le fait du prince*, 2008) (On peut aussi écrire : *De qui Sigrid était la veuve ?*) (2)

Remarque

L'interrogation partielle peut se construire avec les expressions *qui est-ce qui / qui est-ce que / qu'est-ce qui / qu'est-ce que*. La combinaison d'un pronom interrogatif et d'un pronom relatif permet de lever certaines rares ambiguïtés, comme dans *Qui garde l'enfant ?* où le pronom qui pourrait être sujet (*Qui est-ce qui garde l'enfant ?*) ou objet (*Qui est-ce que l'enfant garde ?*). Cette tournure permet de formuler des interrogatives impossibles à construire avec le pronom interrogatif simple, et d'éviter l'inversion du verbe et du sujet.

Qui est-ce donc qui t'a envoyée à cette heure chercher de l'eau dans le bois ? (VICTOR HUGO, *Les misérables*, 1862)

Qui est-ce que je vais pouvoir tuer, maintenant ? (DANIEL PENNAC, *Monsieur Malaussène*, 1995)

Qu'est-ce qui vous motive, qu'est-ce qui suscite cette volonté ? (JEAN ECHENOZ, *Je m'en vais*, 1999) (On ne peut plus avoir : **Que vous motive ? *Que suscite cette volonté ?*)

- **Interrogation portant sur un complément de lieu, de temps, etc.**

Lorsque l'interrogation porte sur un complément essentiel (de lieu, de temps ou de quantité) ou sur un complément circonstanciel du verbe, elle est exprimée par les adverbes interrogatifs *où, quand, comment, combien* et *pourquoi*, ou par une préposition suivie d'un déterminant interrogatif (*à quel endroit, en quelle année,* etc.). Les règles régissant l'ordre du sujet et du verbe sont les mêmes que pour les interrogatives portant sur le complément d'objet.

> *Où est Elena maintenant ?* (EMMANUEL CARRÈRE, *Limonov*, 2011) (On pourrait avoir : *Où Elena est-elle maintenant ?*)
>
> *Pourquoi est-elle couverte de sang ?* (CAROLE MARTINEZ, *Le cœur cousu*, 2007)
>
> *Quand est-ce que vous avez compris que l'enfer que nous venons d'évoquer n'est pas pour vous ?* (DANY LAFERRIÈRE, *L'énigme du retour*, 2009)
>
> *En quelle langue priez-vous ?* (ÉRIC-EMMANUEL SCHMITT, *Ulysse from Bagdad*, 2008)

> **Remarques**
> 1. Avec l'adverbe interrogatif *pourquoi* et un sujet nominal, la norme veut qu'on ait l'inversion complexe du sujet. Cette inversion peut cependant être évitée si on utilise *est-ce que* :
> *Pourquoi certaines choses du passé surgissent-elles avec une précision photographique ?* (PATRICK MODIANO, *Rue des Boutiques Obscures*, 1978)
> *Pourquoi est-ce que vous n'envoyez jamais de lettre proposant la reconduction du contrat ? Pourquoi est-ce que vous considérez cette reconduction comme tacite ?* (EMMANUEL CARRÈRE, *D'autres vies que la mienne*, 2010)
> Cependant, on trouve aussi dans un style se voulant informel *pourquoi* sans inversion :
> *Pourquoi elle était là plutôt qu'ailleurs, pourquoi elle était aussi de si loin, de Boston, pourquoi elle était riche, pourquoi à ce point on ne savait rien d'elle, personne, rien, pourquoi ces réceptions comme forcées, pourquoi, pourquoi dans ses yeux, très loin dedans, au fond de la vue, cette particule de mort, pourquoi ?* (MARGUERITE DURAS, *L'amant*, 1984)
> 2. Dans un style informel, on trouve aussi une forme interrogative avec le mot interrogatif placé après le verbe :
> *Et maintenant, je fais quoi ? Tu viens quand ?* (KATHERINE PANCOL, *La valse lente des tortues*, 2008)
> *Comment tu t'appelles ? Tu es en quelle année ?* (LAURENT DEMOULIN, *Robinson*, 2016)
> *Tu es où, dis-moi, tu es où ?* (PIERRE LEMAITRE, *Cadres noirs*, 2010)

b) *L'interrogation partielle indirecte*

Transformée en interrogation indirecte, une interrogation directe commençant par un mot interrogatif ne subit pas de changement en ce qui concerne le mot introducteur :

CHAPITRE 5 Les types de phrases

Interrogation directe	Interrogation indirecte
Quel est le nom de l'assassin ?	*Dites-nous quel est le nom de l'assassin.* (Gaston Leroux, *Le mystère de la chambre jaune*, 1907)
Qui sont ces gens-là ?	*Dites-moi qui sont ces gens-là.* (Patrick Modiano, *Rue des Boutiques Obscures*, 1978)

Cependant, à la tournure *est-ce que* ou à l'interrogation totale marquée par l'inversion du sujet, correspond la conjonction *si* ; au pronom interrogatif *que* (ou *qu'est-ce que*) correspond *ce que* ; à *qu'est-ce qui* correspond *ce qui* :

Interrogation directe	Interrogation indirecte
Êtes-vous de cet avis ? Est-ce que vous êtes de cet avis ?	*Dites-moi si vous êtes de cet avis.* (Jean Giono, *Le hussard sur le toit*, 1951)
Que vas-tu faire ? Qu'est-ce que tu vas faire ?	*Dis-moi ce que tu vas faire.* (Virginie Despentes, *Apocalypse bébé*, 2015)
Que se passe-t-il ? Qu'est-ce qui se passe ?	*Dites-moi ce qui se passe !* (Blandine Le Callet, *La ballade de Lila K*, 2010)
Qu'est-ce qui te ferait plaisir ?	*Dis-moi ce qui te ferait plaisir !* (Alexandre Postel, *Un homme effacé*, 2014)

On trouve parfois on trouve *qu'est-ce que* ou *qu'est-ce qui* dans des interrogations indirectes :

> « *Et je me demande qu'est-ce qu'il peut lui trouver.* (Marcel Proust, *À l'ombre des jeunes filles en fleurs*, 1919)
>
> *Il se demande qu'est-ce que foutent les mères, pendant ce temps.* (Virginie Despentes, *Apocalypse bébé*, 2010) »

Remarque

De l'interrogation véritable, qui ne préjuge pas la réponse, il faut distinguer l'interrogation oratoire, ou **question rhétorique**, qui préjuge la réponse : elle n'interroge pas vraiment, mais n'est qu'une forme par laquelle on donne à une proposition affirmative ou négative un relief particulier :

Mais pourquoi ne m'a-t-il pas dit où il allait ? (Dany Laferrière, *L'énigme du retour*, 2009) (Je regrette qu'il ne m'ait pas dit où il allait !)

Fallait-il attendre l'invention du cinématographe pour apprendre que les ouvriers bougent ? que les bicyclettes roulent ? que les portes s'ouvrent et se referment ? que les trains entrent en gare ? que les aristocrates font la révérence ? que les vieilles reines se déplacent moins vite que les jeunes ? (Daniel Pennac, *Monsieur Malaussène*, 1995)

4. La phrase injonctive

La phrase injonctive sert à demander à quelqu'un de faire quelque chose, que ce soit sous la forme d'un ordre impératif, d'une simple requête ou d'un conseil. À l'écrit, la phrase impérative est souvent marquée par un point d'exclamation. À l'oral, l'intonation est descendante.

> *Viens jouer avec moi*, lui proposa le petit prince. (ANTOINE DE SAINT-EXUPÉRY, *Le petit Prince*, 1943)

Trois modes verbaux sont utilisés pour exprimer l'injonction.

Impératif p. 273

1° L'impératif permet d'adresser directement à l'interlocuteur une injonction : il ne se conjugue qu'aux deuxièmes personnes du singulier et du pluriel et à la première personne du pluriel. Sous sa forme négative, l'impératif exprime une défense ou une interdiction de faire quelque chose.

> *Prends soin d'eux. Sois leur bonne fée.* (EMMANUEL CARRÈRE, *Limonov*, 2011)
>
> *Soyez discrets, ne sortez pas, n'ouvrez à personne.* (BOUALEM SANSAL, *2084. La fin du monde*, 2017)
>
> *Soyons sérieuses. N'ayons pas peur de dire la vérité.* (PHILIPPE DJIAN, « *Oh…* », 2014)

Au mode impératif le sujet n'est pas exprimé. Dans la phrase affirmative, les pronoms compléments du verbe suivent celui-ci et y sont reliés par un trait d'union ; dans la phrase négative, ils occupent leur position habituelle :

> *Dites-le-lui,* racontez donc comme il vous a fallu sortir une araignée de ma chambre la semaine passée ! (JEAN-BAPTISTE DEL AMO, *Une éducation libertine*, 2008)
>
> *Ne m'oblige pas à parler.* (CATHERINE CUSSET, *Un brillant avenir*, 2011)

Subjonctif p. 268

2° Le subjonctif est utilisé, à la troisième personne du singulier ou du pluriel, pour exprimer une injonction dont le destinataire direct n'est pas présent ou lorsque le locuteur adresse un souhait qui le concerne lui-même.

> *Qu'ils crèvent tous de leur maladie du sommeil et qu'on n'en parle plus !* (ALBERT COHEN, *Belle du Seigneur*, 1968)
>
> *Que je sois maudit !* (JOËL DICKER, *Les derniers jours de nos pères*, 2015)

Infinitif p. 274

3° Le mode infinitif, qui se construit sans sujet, permet d'adresser des injonctions plus générales, sans destinataire précis.

> « *Attention : risque d'incendie. Ne pas jeter de mégots.* » (BERNARD WERBER, *La révolution des fourmis*, 1996)

CHAPITRE **5** Les types de phrases

> **Remarques**
> **1.** Un ordre peut être réalisé de manière indirecte : par une phrase non verbale contenant une interjection (1), par une phrase déclarative avec un verbe exprimant un ordre (2) ou avec un verbe au futur (3), par une phrase de forme interrogative (4).
> *Silence ! Il ne voulait même pas entendre ses excuses bidons.* (Adelaïde de Clermont-Tonnerre, *Fourrure*, 2010) (1)
> *Je vous prie de me faire savoir, par retour du courrier, si vous désirez conserver vos fonctions jusqu'à la fin de la guerre.* (Patrick Deville, *Taba-Taba*, 2017) (2)
> *Vous irez à Marrakech ou à Rabat voir si j'y suis !* (Fouad Laroui, *Une année chez les Français*, 2014) (3)
> *Voulez-vous bien finir !* (Gustave Flaubert, *Madame Bovary*, 1857) (4)
> **2.** La phrase optative exprime un souhait ou un désir :
> *Que Paul fasse ce que bon lui semble.* (Jean Cocteau, *Les enfants terribles*, 1950)
> *Pour Elio, Anna et Théo, puissiez-vous être toujours libres, regardant le monde sans peur, et avançant dans votre vie avec joie.* (Laurent Gaudé, *Les oliviers du Négus*, 2013)

5. La phrase exclamative

La phrase est exclamative lorsqu'elle exprime la vivacité d'un cri, un sentiment de joie, de douleur, d'admiration, de surprise, etc. La dimension affective de l'exclamation s'ajoute à une phrase déclarative, interrogative ou injonctive. À l'écrit, la phrase exclamative est marquée par un point d'exclamation ou par un point ; à l'oral, on aura un mouvement mélodique souvent descendant.

> *Et là, tu vas recevoir ton diplôme en infirmerie ! C'est formidable, Ross... pardon, Varian... je suis si fière de toi ! N'est-ce pas que c'est une journée magnifique ?* (Nancy Huston, *Le club des miracles relatifs*, 2016)

La phrase exclamative peut prendre différentes formes, avec ou sans mots exclamatifs.

1° Les marqueurs exclamatifs sont le déterminant *quel* ou les adverbes *comme*, *que* et *combien*. Ils expriment un haut de degré de quantité ou de qualité.

> *Que je t'aime, que je t'aime, que je t'aime !* (Interprète Johnny Hallyday, parolier, Gilles Thibaut, *Que je t'aime*, 1969)
>
> *Dieu ! que le son du cor est triste au fond des bois !* (Alfred de Vigny, *Le cor*, 1825)
>
> *Quel courage il avait eu de venir jusque-là.* (Sorj Chalandon, *Le quatrième mur*, 2013)
>
> *Combien, dès sa naissance, elle avait aimé le bébé, combien elle éprouvait de joie à s'occuper de lui.* (Marie NDiaye, *La Cheffe, roman d'une cuisinière*, 2016)

PARTIE **4**   La phrase simple

> *Comme ils sont heureux, tous ces souliers bien cirés, bien alignés, sûrs d'eux.* (ALBERT COHEN, **Belle du Seigneur**, 1968)

2° L'exclamation peut n'être marquée que par un point d'exclamation à l'écrit, ou une intonation descendante à l'oral. Il est par conséquent difficile de tracer une limite claire entre une phrase exclamative ou non exclamative.

> *— On t'a dit de ne jamais courir dans le salon ! Tu aurais pu casser un vase. Des Rosenthal ! Ils sont très précieux, très chers ! Ton oncle sera furieux s'il l'apprend ! — Ne dis rien à mon oncle, tata Iulia ! Pardon ! Je ne le ferai plus, c'est promis !* (CATHERINE CUSSET, **Un brillant avenir**, 2011)

3° Certaines tournures syntaxiques favorisent une interprétation exclamative (plutôt que déclarative) de la phrase :
- l'inversion du verbe et du sujet (sans visée interrogative) ;

> *Est-ce beau !* (GUSTAVE FLAUBERT, **Madame Bovary**, 1857)

- l'omission du *ne* de négation ;

> *C'est pas croyable !* (SERGE JONCOUR, **L'homme qui ne savait pas dire non**, 2009)

- l'expression de l'intensité comme *un de ces…* ;

> *Mais Marianne, vous nous avez fait **une de ces peurs**, J'aime autant vous le dire.* (PHILIPPE DJIAN, **Incidences**, 2010)

- certaines phrases non verbales.

> *Les travaux ? L'horreur ! C'est un boulot à plein temps.* (LEÏLA SLIMANI, **Dans le jardin de l'ogre**, 2014)

CHAPITRE **6**

| Les formes de phrases

1. Définition 381
2. La phrase négative 382
3. La phrase passive 384
4. La phrase impersonnelle 385
5. Les réorganisations de l'ordre des mots dans la phrase ... 387

1. Définition

La phrase de base est affirmative (sans négation), active (sans recours à la voix passive), personnelle (sans construction impersonnelle) et respecte l'ordre habituel des constituants (sujet-verbe-objet). Cependant, les phrases écrites et orales incluent le plus souvent des modalités (négation, restriction, etc.) ou des arrangements particuliers (construction emphatique, détachement, etc.), qui sont présentés dans ce chapitre.

> *Jamais une révolution n'a été conduite par des poètes.* (Nancy Huston, ***Danse noire***, 2013) (L'adverbe de négation *jamais* est mis en avant (emphase) et la voix passive *a été conduite* permet de faire du groupe nominal *une révolution* le sujet et le thème de la phrase.)

Ces réorganisations particulières de la phrase servent des fonctions logiques et communicatives en adéquation avec le contexte d'usage : expression de la subjectivité du locuteur, mise en évidence de certains éléments, etc. Dans ce chapitre, nous présentons :
- la polarité (positive ou négative) de la phrase ;
- la forme passive ;
- les constructions impersonnelles ;
- les réorganisations de l'ordre des mots dans la phrase.

2. La phrase négative

1. Définition

Toute phrase peut connaitre une forme affirmative ou négative. Une phrase négative devient affirmative dès lors qu'on supprime les adverbes *ne… pas* et qu'on remplace la conjonction *ni* par *et* :

> Lucile **ne** pouvait **pas** toucher le sol avec ses mains quand elle était debout, **ni** faire le pont, **ni** pencher son corps vers l'avant pour attraper ses pieds quand elle était assise.
> (DELPHINE DE VIGAN, *Rien ne s'oppose à la nuit*, 2011)

La négation modifie la valeur logique d'une phrase : une phrase affirmative qui est vraie devient fausse si elle est négative. Si la phrase *Il a vingt ans de plus qu'elle* est vraie, alors la phrase *Il n'a pas vingt ans de plus qu'elle* énoncée à propos de la même personne est fausse.

La phrase négative est formée en utilisant :

- des adverbes ou des locutions adverbiales : *ne, non, guère, jamais, pas, point, plus, nulle part*, etc. ;
- des pronoms : *personne, rien* ;
- des déterminants : *nul, aucun*.

Par ailleurs, il existe de nombreux verbes (*empêcher, nier, ignorer*), noms (*absence, impossibilité, non-assistance*) ou adjectifs (*infaisable, atypique*) qui ont une polarité négative lexicale.

> La simple attente de cet appel et l'incertitude l'**empêcheraient** de s'endormir.
> (CATHERINE CUSSET, *Indigo*, 2013) (L'empêcheraient = ne la laisseraient pas.)

2. Négation totale, partielle ou restrictive

La **négation totale** porte sur l'ensemble de la phrase et est généralement marquée par les adverbes *ne… pas* qui encadrent le verbe.

> D'ailleurs il **ne** vint **pas** à la maison le premier soir. (HEDWIGE JEANMART, *Blanès*, 2015)

La **négation partielle** porte sur un constituant de la phrase.

- Si la négation porte sur un groupe nominal sujet ou complément du verbe, on utilise un pronom ou un déterminant négatif (*personne, aucun, nul*, etc.).

> Dans la guerre, **personne ne** peut être neutre ! (GAËL FAYE, *Petit pays*, 2016) (La négation porte sur le sujet.)

> **Aucun** ruisseau **ne** coulait à la baie Ronde ni à la baie Nord, pourtant elle revenait au campement avec des gourdes pleines. (FRANÇOIS GARDE, *Ce qu'il advint du sauvage blanc*, 2013) (La négation porte sur le sujet.)

CHAPITRE **6** Les formes de phrases

Les jours suivants, il observa la villa, mais **ne** *remarqua* **nulle** *trace de vie.* (Frédéric Verger, *Les rêveuses*, 2017) (La négation porte sur le complément d'objet direct du verbe.)

- Si la négation porte sur un complément adverbial, elle est formée par un adverbe de négation : *aucunement, jamais, nulle part*, etc.

Chacun volait haut dans le ciel sans noter **aucunement** *notre présence.* (Yann Martel, *L'histoire de Pi*, 2001)

Jamais il n'avait pris la main d'un homme et **jamais plus** *il* **ne** *le ferait.* (Sorj Chalandon, *La légende de nos pères*, 2009)

> **Remarque**
> L'adverbe *plus* peut se combiner avec d'autres marques pour indiquer une idée d'interruption dans la continuité temporelle (*plus jamais, plus personne*, etc.).

- Deux autres tournures syntaxiques sont utilisées pour la négation partielle : *non pas* qui introduit le constituant nié, lequel est suivi d'un constituant introduit par *mais* et occupant la même fonction auprès du verbe (1) ; l'extraction en *ce n'est pas... que* qui permet d'isoler en tête de phrase le constituant nié (2).

J'avais donc imaginé, **non pas** *de faire venir un uniforme de pompier de Corse (j'aurais bien eu une filière),* **mais** *de me rabattre sur un de ces uniformes de vigile, de gardien ou d'agent de sécurité qu'on voit partout en Chine.* (Jean-Philippe Toussaint, *Made in China*, 2017) (1)

Ce n'est pas *par manque d'affection et de confiance* **que** *je m'en vais sans te revoir.* (Philippe Jaenada, *La serpe*, 2017) (La version sans *ce n'est pas... que...* ne serait pas acceptable : **Je m'en vais sans te revoir pas par manque d'affection et de confiance.*) (2)

La **négation est restrictive (ou exclusive)** lorsqu'on restreint la portée du verbe à un seul élément à l'aide de *ne... que*, ayant le sens de *seulement*.

Je **ne** *voyais* **que** *le soleil de printemps dans un ciel de montagne, je ne savais rien de ce qui se passait, et en contrebas, dans cette vallée dont je* **ne** *voyais* **que** *le vide.* (Alexis Jenni, *Élucidations. 50 anecdotes*, 2013)

Mais ce sage conseil fut vite oublié et ce **ne** *furent bientôt* **qu'** *allées et venues nerveuses et artificiellement souriantes.* (Albert Cohen, *Belle du Seigneur*, 1968)

3. La phrase passive

Voix passive p. 235

Complément d'agent p. 366

La forme passive de la phrase, traditionnellement appelée *voix passive*, consiste à réarranger la phrase active de sorte que le complément d'objet du verbe devienne le sujet, et que le sujet devienne le complément d'agent. La forme passive du verbe est construite avec l'auxiliaire *être* suivi du verbe au participe passé, accordé en genre et en nombre avec le sujet.

> Forme active : *Nombre de Français* **lurent** *rapidement sa chronique littéraire.*
> Forme passive : *Sa chronique littéraire* **fut** *rapidement* **lue** *par nombre de Français.*
> (Amélie Nothomb, **Pétronille**, 2014)

La forme passive permet donner à l'objet du verbe, qui subit l'action, la fonction de sujet ; tandis que l'agent de l'action (traditionnellement représenté par le sujet) devient le complément d'agent du verbe.

Verbe transitif p. 223

Peuvent prendre la forme passive les verbes transitifs à complément d'objet direct (par ex. *lire, manger, voir*, etc.). Exceptionnellement, quelques verbes transitifs indirects (comme *désobéir à, pardonner à*) peuvent aussi se construire à la forme passive :

> *On croirait vraiment qu'elle est seule, sûre de n'***être vue** *par personne.* (Emmanuel Carrère, **Le Royaume**, 2014)
>
> *Ils avaient sûrement eu peur de ne plus* **être obéis** *par les exploités.* (Bernard Werber, **Le jour des fourmis**, 1992)

> **Remarque**
> Le passif peut aussi s'exprimer au moyen de la construction pronominale passive :
> *S'élève alors, dans le ciel pur, une musique débarrassée de fardeaux, de mensonges et de masques, où tous les mots* **se ramassent** *en un seul qui signifie tout.* (Yann Moix, **Naissance**, 2013)
> *Les gestes* **s'accomplissaient** *tranquillement, sans désordre, avec des paroles ordinaires.* (Annie Ernaux, **La place**, 2013)

Le complément d'agent est introduit par *par* et occasionnellement par *de*. Lorsque le complément d'agent n'est pas exprimé, cela a pour effet de garder anonyme l'agent de l'action, de présenter l'action comme dépersonnalisée (1) ; ou de présenter une action comme achevée (interprétation résultative) (2).

> *La Mère et l'enfant* **ont été abattus** *juste devant lui.* (Laurent Binet, **HHhH**, 2010)
>
> *La fenêtre* **a été réparée** *ou les battants* **poncés** *depuis : elle ferme correctement.* (Philippe Jaenada, **La serpe**, 2017)

4. La phrase impersonnelle

1. Structure de la phrase impersonnelle

La phrase impersonnelle se construit avec le sujet *il* suivi d'un verbe impersonnel (1,2) ou d'un verbe personnel utilisé impersonnellement (3). Le verbe est généralement suivi d'un groupe nominal.

> *Il pleut de la neige fondue sur Péronne et les champs de bataille.* (SÉBASTIEN JAPRISOT, **Un long dimanche de fiançailles**, 1991)
>
> *Il faut un temps de deuil avant de proclamer que tous les hommes sont frères.* (FRANÇOIS GARDE, **L'effroi**, 2016)
>
> *Au milieu des mots que j'ai choisis, il arrive des mots que je n'ai pas invités, des mots sauvages.* (JEAN-LOUIS FOURNIER, **Poète et paysan**, 2010)

Dans la phrase impersonnelle, les deux rôles (syntaxique et sémantique) joués habituellement par le sujet sont répartis entre deux termes :
- le pronom *il* est le **sujet syntaxique** qui précède le verbe et commande son accord à la troisième personne du singulier. Il est dépourvu de référent, c'est-à-dire qu'il ne désigne aucun être ou chose, et ne remplit aucun rôle sémantique auprès du verbe ;
- le groupe placé après le verbe, appelé *séquence de l'impersonnel*, apporte l'information sémantique.

> **Remarque**
> Pour rendre compte de cette répartition des rôles, la tradition grammaticale a distingué le *il* sujet grammatical (ou sujet apparent) du groupe qui suit le verbe et remplit le rôle de sujet sémantique (ou sujet réel). On nomme **séquence de l'impersonnel** le groupe qui suit le verbe, puisque ce groupe ne possède pas les caractéristiques du sujet (il ne donne pas ses marques pour l'accord du verbe).

2. Verbes impersonnels ou utilisés impersonnellement

Les **verbes impersonnels** au sens strict sont ceux qui ne s'emploient qu'à la troisième personne du singulier :
- des verbes dits météorologiques (*il pleut, il vente, il neige, il drache*, etc.) ;

> *Dehors il vente, il pleut, un temps pourri, mais il est au sec et au chaud, loin de la Grande Tarte. Les larmes du monde n'entrent pas dans son perchoir.* (DANIEL RONDEAU, **Mécaniques du chaos**, 2107)

- des expressions construites avec *il fait* + nom ou adjectif (*il fait beau, il fait gris*, etc.) ;

> *Il fait gris, froid, elle arpente, avec ses cuissardes blanches, le trottoir, à la sortie du RER Denfert-Rochereau.* (Morgan Sportès, **Tout, tout de suite**, 2011)

- des verbes modaux exprimant une obligation, une nécessité, une possibilité (*il faut, il s'agit, il se peut*, etc.) ;

> *Il se peut que cette inconnue ait échappé, comme mon père, au sort commun qui leur était réservé.* (Patrick Modiano, **Dora Bruder**, 1997)

- des locutions exprimant la temporalité, construites avec *il y a* + durée (*il y a une heure*), *il est* + heure, *il est tôt*, etc.

> *Il était tard lorsque les cloches de la grand-messe nous réveillèrent à toute volée.* (Nicolas Bouvier, **L'usage du monde**, 1963)

> **Remarques**
>
> Complément d'objet interne p. 365
>
> 1. Le verbe météorologique est parfois accompagné d'un groupe nominal plus ou moins figé (*il pleut des cordes*) à une valeur intensifiante. Ce groupe nominal fonctionne comme un complément d'objet interne.
>
> *Il lansquine, il pleut, vieille figure frappante, qui porte en quelque sorte sa date avec elle, qui assimile les longues lignes obliques de la pluie aux piques épaisses et penchées des lansquenets, et qui fait tenir dans un seul mot la métonymie populaire : il pleut des hallebardes.* (Victor Hugo, **Les misérables**, 1862)
>
> 2. Dans le style littéraire, certains verbes impersonnels s'emploient, dans un sens figuré ou métaphorique, avec un sujet personnel.
>
> *Les étoiles filantes pleuvaient sur la cour, mais j'avais beau chercher, je ne trouvais rien à souhaiter sinon ce que j'avais.* (Nicolas Bouvier, **L'usage du monde**, 1963)
>
> 3. Dans l'usage familier, on peut rencontrer comme sujet d'un verbe impersonnel le pronom démonstratif *ça* au lieu du pronom personnel *il*. Le pronom *ça* renvoie à la situation d'énonciation.
>
> *Même Plastic Bertrand avait fait pleurer tout le monde avec sa version remix, ça craint pour moi, ça pleut pour nous tous, tombe la pluie, tombent les masques, personne ne viendra plus ce soir…* (Vincent Engel, **Belgiques**, 2017)

Un grand nombre de verbes personnels peuvent être **construits à la forme impersonnelle** (*il arrive, il convient*, etc.) et sont obligatoirement suivis d'une séquence impersonnelle. On peut également employer comme impersonnels les verbes pronominaux de sens passif (*il se vend*).

> *Il manqua à notre héros d'oser être sincère.* (Stendhal, **Le rouge et le noir**, 1830)
>
> *Il arriva que, dans certaines villes, la circulation des véhicules non essentiels fût interdite.* (Éric Faye, **Somnambule dans Istanbul**, 2013)
>
> *Il est dit que, si vous tuez quelqu'un, il convient que vous voyiez son sang…* (Nicole Roland, **Kosaburo 1945**, 2013)

5. Les réorganisations de l'ordre des mots dans la phrase

L'ordre habituel des mots dans la phrase déclarative peut être modifié pour des raisons expressives ou de présentation de l'information. Une modification de l'ordre des mots permet de mettre en relief un constituant (emphase ou focalisation) ou d'introduire un élément avant de donner une information à son propos (topicalisation). Les dispositifs permettant de modifier l'ordre des mots sont les suivants :

- la phrase avec **détachement** : un constituant de la phrase est détaché en tête ou en fin de phrase et est répété près du verbe au moyen d'un pronom conjoint :

> *L'enfer c'est les autres.* (Jean-Paul Sartre, *Huis clos*, 1944)
>
> *Ils sont fous, ces Romains.* (René Goscinny, Albert Uderzo, *Astérix et Cléopâtre*, 1965)

- la phrase **emphatique** (ou clivée) : le sujet ou un complément du verbe est déplacé en tête de phrase et encadré au moyen du marqueur *c'est… qui / c'est… que*, avec un effet de mise en évidence (emphase) :

> *C'est Zoé qui a inventé ce mot* (Katherine Pancol, *Les écureuils de Central Park sont tristes le lundi*, 2010)

- la phrase **présentationnelle** en *il y a* : elle permet d'introduire, de présenter un élément avant de donner une information à son propos au moyen d'une proposition relative introduite par *qui* ou *que* :

> *Il y a un livre que tu n'avais pas encore terminé.* (Jean-Louis Fournier, *Veuf*, 2011)
> (La formulation en *il y a* est plus naturelle que la formulation sans : *Tu n'avais pas terminé un livre.*)

- la phrase en *ce qui… c'est* (pseudoclivée) : cette construction permet de créer une attente dans l'esprit du lecteur ou de l'auditeur. À l'aide *ce qui / ce que* + verbe, on annonce ce dont on va parler et, dans un second temps, on donne l'information attendue en l'introduisant par *c'est* :

> *Ce que je veux, c'est mon or.* (Olivier Truc, *Le dernier Lapon*, 2012)

1. La phrase avec détachement

Dans une construction avec un détachement (dite *segmentée* ou *disloquée*), le sujet ou un complément du verbe est présenté en tête ou en fin de phrase. L'élément détaché est généralement séparé du reste de la phrase par une virgule à l'écrit ou par une légère pause à l'oral. Cet élément est repris près du verbe par un pronom, qui souvent porte les mêmes marques morphosyntaxiques (*le soleil, la vie* → *les* ; *nos parents* → *ils*).

> *Le soleil, la vie, et le reste, que j'ai déjà oublié, j'irai les voir briller de l'autre côté, vers les racines et les incendies muets.* (Gwenaëlle Aubry, *Perséphone 2014*, 2015)
> (Détachement à gauche.)

Tu aurais vu les pauvres fêtes qu'ils faisaient, **nos parents**. (Laurent Mauvignier, *Tout mon amour*, 2012) (Détachement à droite.)

Si l'élément détaché est en tête de phrase, cela a pour effet de l'annoncer ou de le mettre en évidence ; s'il est mis en fin de phrase, cela a pour effet de rappeler de quoi on parle. Plusieurs détachements peuvent se combiner dans une phrase :

Et **toi,** *tu sais le conduire* **le tracteur** ? (Serge Joncour, *L'amour sans le faire*, 2012) (Un détachement à gauche, *toi*, et un détachement à droite, *le tracteur*.)

*Il était clair qu'***elles** *en avaient de la valeur, ces œuvres-là.* (Serge Joncour, *Bol d'air*, 2011) (Deux détachements à droite, *de la valeur* et *ces œuvres*)

> **Remarques**
> 1. L'élément détaché peut être un pronom personnel disjoint, qui a pour effet de renforcer le pronom personnel près du verbe, avec un effet d'insistance :
> **Nous** *on sort le matériel,* **toi** *tu guettes dehors. [...]* **Je** *vais t'le dire* **moi**. (Dominique Vautier, *La roue du silence*, 2012)
> 2. Lorsque l'élément détaché est un adjectif ou un groupe nominal attribut du sujet, la fonction communicative n'est pas d'annoncer le thème de la phrase mais d'attribuer une caractéristique au sujet en mettant cette caractéristique en évidence.
> **Bavarde** *elle l'était, certes, incorrigiblement.* (Virginie Deloffre, *Léna*, 2010)
> *Alexis Leger (c'est son vrai nom, et* **léger,** *il* **le** *fut en effet) accompagne Daladier à Munich en tant que secrétaire général du Quai d'Orsay.* (Laurent Binet, *HHhH*, 2010)

La classification des constructions détachées se fonde sur :
1° le type d'élément détaché (pronom, groupe nominal, proposition) et sa fonction dans la phrase (sujet, attribut, complément du verbe) :

Combler ce désir premier, *cela veut dire s'enlever la vie.* (Nancy Huston, *Bad Girl*, 2014) (= Une proposition infinitive détachée remplit la fonction de sujet du verbe.)

L'appel que nous venons d'entendre, c'est plutôt à l'humanité tout entière qu'il s'adresse. Mais à cet endroit, en ce moment, **l'humanité** *c'est nous, que ça nous plaise ou non.* (Samuel Beckett, *En attendant Godot*, 1952) (= Un groupe nominal détaché remplit la fonction de sujet.)

La sensualité, *j'y pense souvent.* (David Foenkinos, *Nos séparations*, 2008) (= Un groupe nominal détaché remplit la fonction de complément d'objet indirect du verbe.)

2° la présence ou l'absence du pronom près du verbe ; lorsque ce pronom est absent, le complément détaché est antéposé sans reprise pronominale :

[Les enfants] aiment les Cruesli, ils aiment les Napolitains, **les Kinder Bueno** *ils adorent.* (Yasmina Reza, *Heureux les heureux*, 2012)

Six mois, *il leur a fallu !* (Tonino Benacquista, *Malavita*, 2004)

3° le fait que l'élément détaché soit (1,2) ou non (3) introduit par une préposition quand il est un complément d'objet indirect du verbe :

> *Les chèvres, il leur faut du large.* (Alphonse Daudet, *Lettres de mon moulin*, 1869) (Comparer avec : *Aux chèvres, il leur faut du large.*) (1)
>
> *Les amis, on leur en a fait voir, avec nos fêtes.* (Laurent Mauvignier, *Tout mon amour*, 2012) (Comparer avec : *Aux amis, on leur en fait voir, avec nos fêtes.*) (2)
>
> *Pourtant j'y pense, à cette vie à lui qui a lieu sans moi.* (Océane Madelaine, *D'argile et de feu*, 2016) (3)

> **Remarque**
> On trouve des détachements dans des propositions subordonnées.
> *Moi j'avoue que **la psychologie des tueurs**, je suis un peu dépassé.* (Michel Bussi, *Mourir sur Seine*, 2015)
> *Hollande me demande si ça avance, **mon livre**.* (Laurent Binet, *Rien ne se passe comme prévu*, 2011)

Sur le plan communicatif, le détachement d'un élément en tête de phrase permet de construire la phrase en deux temps successifs : l'élément détaché à gauche annonce un élément (thème) à propos duquel la phrase va donner une information (rhème) ; on évite ainsi que la phrase soit trop dense.

2. La phrase emphatique (clivée)

La construction clivée (littéralement *séparée en deux*) permet de déplacer en tête de la phrase un élément dépendant du verbe et de le mettre en évidence en l'encadrant par *c'est… qui/c'est… que*. L'élément clivé est extrait de sa position habituelle dans la phrase pour être déplacé en tête de phrase ; si c'est un sujet (dont la position normale est en tête de phrase), l'élément clivé est simplement mis évidence.

> *C'est le temps que tu as perdu pour ta rose qui fait ta rose si importante.* (Antoine de Saint-Exupéry, *Le petit prince*, 1943) (La formulation neutre est : *Le temps que tu as perdu pour ta rose fait ta rose si importante.*)
>
> *Moi, c'est l'apéro que je préfère !* (Louis-Ferdinand Céline, *Voyage au bout de la nuit*, 1952) (La formulation neutre est : *Moi, je préfère l'apéro.*)

L'élément extrait apporte l'information principale de la phrase. Le reste de la phrase est considéré comme présupposé, c'est-à-dire qu'il ne peut pas être remis en question (ni nié, ni interrogé).

> *C'est à Londres que vous avez fait sa connaissance ?* (Alain Berenboom, *Périls en ce royaume*, 2014) (L'interrogation porte sur l'élément *à Londres*, et pas sur la phrase *vous avez fait sa connaissance*, qui est présupposée.)

> *Certes, ce n'est pas à Wannsee que la décision a été prise.* (Laurent Binet, ***HHhH***, 2010) (La négation porte sur l'élément *à Wannsee*, et pas sur la phrase *la décision a été prise*, qui est présupposée.)

L'élément extrait est mis au centre de l'attention (c'est ce qu'on appelle une *emphase* ou une *focalisation*). Cela permet souvent de créer une opposition ou un contraste entre l'élément mis en évidence et un autre élément de la phrase :

> *Pourquoi c'est à nous que vous racontez tout ça et pas aux flics ?* (Marcus Malte, ***Les harmoniques***, 2011)
>
> *Quand on entendait des trucs pareils, ce n'était pas la grève qui menaçait, c'était la Révolution.* (Mathias Énard, ***Rue des voleurs***, 2012)

La mise en emphase peut affecter les constituants remplissant les fonctions syntaxiques de :

1° sujet, avec *c'est… qui*, lorsque le sujet est réalisé par un pronom, un groupe nominal ou un verbe à infinitif :

> *Sa mort sur la plage, c'est lui qui l'a choisie.* (Michel Bussi, ***Gravé dans le sable***, 2014)
>
> *C'est Delphine qui l'a peinte l'an dernier, avec Juliette.* (Emmanuel Carrère, ***D'autres vies que la mienne***, 2010)
>
> *C'est l'homme que vous êtes qui m'a tant appris de la vie.* (Joël Dicker, ***La vérité sur l'affaire Harry Quebert***, 2014)

2° complément d'objet direct ou indirect du verbe, avec *c'est… que* :

> *C'est le corps que les juges jugent d'abord, et c'est de ce corps que la société va devoir faire quelque chose.* (Yann Moix, ***La meute***, 2010)
>
> *C'est à Vendredi que revient le rôle de faire voler en éclats les valeurs du maître, de lui permettre de devenir un autre homme et d'accéder au bonheur.* (Michel Tournier, ***Vendredi ou La vie sauvage***, 1971)

3° complément circonstanciel, avec *c'est… que* :

> *Le mardi soir je suis toujours là d'habitude, c'est le jeudi que je sors.* (Hélène Grémillon, ***La garçonnière***, 2013)
>
> *C'est depuis qu'il est là que tout a changé… Avant, on ne traitait pas les gens comme ça.* (Alexandre Postel, ***Un homme effacé***, 2014)

4° Il est impossible d'extraire un verbe ou un adjectif attribut du sujet, et le résultat donne une phrase agrammaticale (signalée par *) :

Nous sommes joyeux ⟶ **C'est joyeux que nous sommes.*

Il mange une pomme ⟶ **C'est manger qu'il une pomme.*

> **Remarques**
> 1. Dans la phrase emphatique, les éléments *c'est... qui*/*c'est... que* sont utilisés pour mettre un élément en évidence. Le verbe *être* n'a plus son sens plein et *c'est* ne s'accorde généralement plus en nombre :
>   *Mes grands-parents étaient de là-bas, c'est eux qui m'ont récupéré.* (CLAUDIE GALLAY, *Les déferlantes*, 2011)
> 2. Certaines constructions verbales admettent mieux la tournure en *c'est... que* que la tournure neutre, sans que l'effet de focalisation soit aussi marqué :
>   *C'est à Bruxelles que l'on consomme le plus de bière.* (VICTOR HUGO, *Les misérables*, 1862) (La version neutre est moins acceptable : ? *On consomme le plus de bière à Bruxelles.*)
>   *C'est pour cette raison que les fidèles des messes ont tous plus de cinquante ans.* (FRÉDÉRIC BEIGBEDER, *Une vie sans fin*, 2017) (La version neutre est moins acceptable : *Les fidèles des messes ont tous plus de cinquante ans pour cette raison.*)
> 3. Comment distinguer le verbe *être* employé dans une phrase emphatique de son emploi comme verbe principal de la phrase ? Lorsque la phrase répond à la question « Qu'est-ce que c'est ? », le verbe *être* est utilisé comme verbe plein (1). Lorsque la phrase ne répond pas à la question « Qu'est-ce que c'est ? », le verbe *être* est utilisé pour créer une phrase emphatique (2) mais il n'est pas le verbe principal de cette phrase.
>   *C'est une photo que j'ai encore.* (HEDWIGE JEANMART, *Blanès*, 2015) (1)
>   *Il conduisait une Aston Martin Lagonda série 1, couleur bleu nuit. C'est la voiture que Marthe avait remarquée en premier.* (JEAN-CLAUDE GARRIGUES, *La vie en crue*, 2013) (2)

3. Les constructions en *il y a* et apparentées

a) Le *il y a* à usage présentationnel

La séquence *il y a* peut introduire un nom suivi d'une proposition relative. Dans cet usage, *il y a* a parfois une fonction de simple introducteur d'un élément (thème) à propos duquel on va ensuite dire quelque chose (rhème), comme le fait la phrase à détachement. Cet usage de *il y a*, dit *présentationnel*, permet de présenter l'information dans la phrase de manière moins dense : la phrase est divisée en deux parties, une première partie qui annonce ce dont on va parler et une seconde partie où on donne l'information principale.

> *Il y a un Arménien qui a emménagé dans notre rue avec sa famille.* (CATHERINE CUSSET, *Un brillant avenir*, 2008) (= Sans le dispositif en *il y a*, la phrase serait : *Un Arménien a emménagé dans notre rue avec sa famille.*)
>
> *La nuit, il y a des fouines qui courent.* (CLAUDIE GALLAY, *Les déferlantes*, 2011)

L'élément introduit par *il y a* est le plus souvent un groupe nominal non spécifié (introduit par *un*, *des*), qui fonctionne moins facilement comme sujet de la phrase en raison de son caractère indéfini.

b) Les constructions apparentées

La construction en *avoir + groupe nominal + proposition relative* a le même effet de présenter un élément qui sera le thème de la phrase.

> *Bon, alors je te quitte parce que j'ai un gros travail qui m'attend.* (ALBERT COHEN, *Belle du Seigneur*, 1968) (La tournure neutre est : *Je te quitte parce qu'un gros travail m'attend.*)

> *J'ai un ami qui fait ça, un ancien docker, je lui en parlerai.* (PATRICK DEVILLE, *Equatoria*, 2009) (La tournure neutre est moins acceptable : *?Un ami fait ça.*)

La construction figée *il était une fois + groupe nominal + proposition relative* s'apparente également au dispositif *il y a* : elle permet d'introduire un élément non spécifié à propos duquel on va donner une information.

> *Il était une fois un tailleur de pierre qui en avait assez de s'épuiser à creuser la montagne sous les rayons de soleil brûlants.* (BERNARD WERBER, *Les fourmis*, 1991)

> *Il était une fois cinq soldats français qui faisaient la guerre, parce que les choses sont ainsi.* (SÉBASTIEN JAPRISOT, *Un long dimanche de fiançailles*, 1991)

4. La phrase en *ce que... c'est...* (pseudoclivée)

La phrase pseudoclivée (par ex. *Ce que j'aime le plus au monde, c'est la Sicile.* ALBERT CAMUS, *La chute*, 1956) est utilisée pour créer un effet de suspens dans la phrase. Elle divise la phrase en deux parties : la première partie introduite par *ce qui / ce que* (*ce que j'aime le plus au monde*) comporte le verbe principal et crée une attente sur le complément ; le complément est annoncé par le pronom *ce* et est développé dans la seconde partie de la phrase (*c'est la Sicile*).

> *Ce que Fabrice n'apprit que plus tard, c'est que cette chambre était la seule du second étage du palais qui eût de l'ombre de onze heures à quatre.* (STENDHAL, *La chartreuse de Parme*, 1839) (= *Fabrice n'apprit que plus tard que cette chambre...*)

> *Ce qui me surprend dans le hasard, c'est son accumulation.* (JEAN D'ORMESSON, *C'est une chose étrange à la fin que le monde*, 2010) (= *Son accumulation est ce qui me surprend dans le hasard.*)

La construction pseudoclivée permet que le sujet habituellement placé en tête de la phrase, qui est supposé connu (le thème), soit présenté plus tard dans la phrase et reçoive le statut d'information principale de la phrase (le rhème).

CHAPITRE **7**

Les marques d'accord dans la phrase

1. Définition 393
2. L'accord du verbe avec le sujet 395
3. L'accord du participe passé 403
4. L'accord de l'attribut 413

1. Définition

L'accord est une correspondance des marques grammaticales du genre (féminin ou masculin), du nombre (singulier ou pluriel) ou de la personne (première, deuxième ou troisième) entre des éléments de la phrase qui sont liés syntaxiquement. L'accord produit une redondance des marques grammaticales qui rend visibles (à l'écrit) ou parfois audibles (à l'oral) les relations de dépendance entre ces éléments.

Les marques d'accord s'ajoutent à la finale des mots variables : déterminants, noms, pronoms, adjectifs et verbes. Chaque catégorie porte des marques spécifiques :
- les déterminants, les noms et les adjectifs varient en genre et en nombre ;
- les pronoms et les verbes varient en genre, en nombre et en personne.

Les marques d'accord fonctionnent différemment à l'oral et à l'écrit car de nombreuses marques autrefois prononcées sont devenues muettes. Par conséquent, les marques d'accord sont plus nombreuses à l'écrit qu'à l'oral.

> 66 *Les dieux s'affrontent par l'entremise de leurs représentants de commerce.* (MARCUS MALTE, *Les harmoniques*, 2011) 99

Dans cette phrase, le pluriel est marqué à l'écrit à cinq reprises, tandis qu'il n'est audible à l'oral que par le déterminant *les*, ce qui peut créer une ambigüité pour l'interprétation de *leur(s) représentant(s) de commerce*. À l'oral, la liaison permet cependant de faire entendre la marque finale (*-s* ou *-x*) de certains mots pluriels (*leurs_amis*).

PARTIE 4   La phrase simple

1. Chaines d'accord dans la phrase

<small>Accord du verbe avec le sujet p. 395</small>

L'accord nécessite d'identifier quels mots sont reliés syntaxiquement dans la phrase et de choisir les marques grammaticales propres à chaque catégorie. Une **chaine d'accords** est une suite de mots qui entretiennent entre eux des relations de dépendance syntaxique. On distingue quatre chaines d'accord :

1° **sujet + verbe** : accord du verbe avec le sujet ;

> *Les campagnols et les marmottes creusent comme des démons dans cette terre grasse.* (Nicolas Bouvier, *L'usage du monde*, 1963)
> SUJET — VERBE

<small>Accord de l'attribut p. 413</small>

2° **sujet + verbe attributif + attribut** : accord du verbe et de l'attribut avec le sujet ;

> *Plus on connaît les choses, plus elles deviennent belles.* (Sylvain Tesson, *Dans les forêts de Sibérie*, 2011)
> SUJET — VERBE — ATTR.

<small>Accord de l'adjectif p. 157</small>

3° **déterminant + nom + adjectif** : accord du déterminant et de l'adjectif avec le nom ;

> *La ronde sournoise des questions, insidieuses d'abord, puis de plus en plus précises, rallume mes petites lumières.* (Daniel Pennac, *Au bonheur des ogres*, 1985)
> DÉT. NOM ADJ. DÉT. NOM ADJ. ADJ.

<small>Accord du participe passé p. 403</small>

4° **complément d'objet direct du verbe + participe passé conjugué avec *avoir*** : accord du participe passé avec le COD qui précède ;

> *Elle doit tout vérifier, les notes qu'elle a prises, les lettres qu'elle a reçues, tout.* (Sébastien Japrisot, *Un long dimanche de fiançailles*, 1991)
> COD P.P. COD P.P.

2. Difficultés particulières

La chaine d'accord peut être difficile à percevoir et à produire correctement lorsque la position des éléments n'est pas habituelle, ou lorsqu'un élément s'intercale entre les mots à accorder.

1° **Position des éléments** : lorsque le sujet suit le verbe, ou que l'attribut précède le verbe, il faut tenir compte de la suite de la phrase pour accorder correctement.

> *Un berger au chapeau conique et long bâton mène un troupeau de moutons qu'accompagnent de grands oiseaux blancs.* (Patrick Deville, *Peste & Choléra*, 2012)

CHAPITRE 7 Les marques d'accord dans la phrase

> Dès 1933, les savants juifs, chassés l'un après l'autre des universités, privés de ressources du jour au lendemain sans que **fussent** aucunement **pris** en considération **leur valeur, leur sang versé** pour l'Allemagne ou la simple humanité, avaient émigré en Angleterre, en Irlande, en Suisse, aux États-Unis. (Jérôme Ferrari, *Le principe*, 2015) (Le participe passé s'accorde au masculin et au pluriel car un des sujets, *leur sang versé*, est masculin.)

2° **Constituant intervenant entre le verbe et le sujet, entre le nom et l'adjectif** : un élément sépare le sujet du verbe, de sorte qu'on risque de faire un accord erroné avec le terme le plus proche.

> Car **chaque anxiété nouvelle** que nous éprouvons par eux **enlève** à nos yeux de leur personnalité. (Marcel Proust, *La prisonnière*, 1923)
>
> Pour **ceux** qui comme moi **partage** (sic) l'amour de la langue française (*Message twitter*, 20/03/2015) (= Le verbe a été accordé erronément avec *moi* qui se trouve à proximité du verbe et masque le sujet : *ceux qui [...] partagent*.)
>
> En revanche, **l'analyse** des actes constitutifs **s'avèrent** (sic) concluante pour cette hypothèse. (*Travail d'étudiant*, 2012) (= Le verbe a été accordé erronément avec *des actes constitutifs* car ce constituant se trouve à proximité du verbe et masque le sujet : *l'analyse [...] s'avère*.)

2. L'accord du verbe avec le sujet

La règle générale veut que le verbe (ou son auxiliaire quand le verbe est à un temps composé) reçoive du sujet les marques de nombre et de personne.

> **Tu es, je suis, tu es, nous sommes** les clébards défoncés de Lady Day ! (Marcus Malte, *Les harmoniques*, 2011)
>
> Les camions **ont** roulé une petite demi-heure. Nous **avons** tout de suite compris que nous **étions** sur l'aéroport militaire de Kénitra. (Ahmed Marzouki, *Tazmamart. Cellule 10*, 2016)

> **Remarque**
> Le verbe à l'infinitif, le participe présent et le gérondif ne varient ni en nombre ni en personne.

1. L'accord du verbe avec un seul sujet

a) Un seul sujet

Lorsque le verbe est précédé d'un seul sujet, il s'accorde en nombre et en personne avec son sujet.

Groupe nominal p. 112

1° Lorsque le sujet est un **nom propre ou un groupe nominal**, il demande la troisième personne. Le nombre (singulier ou pluriel) est fonction du noyau du groupe nominal :

> *Le spectacle du monde le surprend, l'enchante et le remplit d'une allégresse terrifiée.* (JEAN D'ORMESSON, *C'est une chose étrange à la fin que le monde*, 2010)
>
> Les meilleures actions *s'altèrent* et *s'affaiblissent* par la manière dont on les fait. (JEAN DE LA BRUYÈRE, *Les caractères*, 1696)

Accord du verbe avec le pronom qui p. 399

2° Lorsque le sujet est un **pronom personnel**, il donne sa marque de personne et de nombre au verbe ; lorsque c'est un pronom non personnel (*chacun, tout...*), il donne la marque de la 3ᵉ personne au verbe. Seul le pronom relatif sujet *qui* donne la marque de personne qui correspond à son antécédent.

> *Alors qu'en cultivant l'amour [...]* tu *t'enrichis,* tu *t'agrandis,* tu *resplendis,* tu te *bonifies !* (KATHERINE PANCOL, *La valse lente des tortues*, 2008)
>
> Vous **qui** *êtes* un triste, ça vous *irait* comme un gant et je vous *remplirais* la salle. (NICOLAS BOUVIER, *L'usage du monde*, 1963)

3° Lorsque le sujet est un **verbe à l'infinitif**, le verbe prend la 3ᵉ personne du singulier.

> *Aimer* **remplace** *presque penser.* (VICTOR HUGO, *Les misérables*, 1862)

b) *Nom collectif comme sujet*

Le verbe qui a pour sujet un **nom collectif indéfini** (*une foule de, une bande de*) **suivi de son complément** s'accorde avec l'un des deux mots selon l'intention[1]. Le verbe s'accorde plutôt :

- avec le nom collectif, si l'on considère **dans sa totalité** le groupe formé par les êtres ou les objets ;

> *Une foule de flics et de journalistes* **était agglutinée** *devant « la maison de l'horreur ».* (SIMON LIBERATI, *California Girls*, 2016)
>
> *Une horde de cavaliers* **fond** *sur eux.* (LAURENT GAUDÉ, *Pour seul cortège*, 2013)

- avec le complément, si l'on considère **dans leur singularité** les êtres ou les choses ;

> *Une foule de* **gens avides** *sortirent des voitures et* **se précipitèrent** *sur lui.* (JÉRÔME FERRARI, *Sermon sur la chute de Rome*, 2012)
>
> *Les nuages filtrent les rayons, un troupeau de* **plaques de lumière glissent** *sur la neige.* (SYLVAIN TESSON, *Dans les forêts de Sibérie*, 2011)

---

1. Les *Tolérances orthographiques ou grammaticales* recommandent d'accepter les deux accords dans tous les cas.

CHAPITRE **7** Les marques d'accord dans la phrase

> *Certaines des positions leur sont connues.* **Bon nombre** *les* **surprennent** *et les ravissent.* (Marcus Malte, *Le garçon*, 2016)

Remarques

1. Après ***la plupart***, le verbe s'accorde avec le complément, que celui-ci soit au singulier (rare) ou au pluriel ; si ce complément est absent, l'accord se fait au pluriel :

    La plupart du groupe ne **réalisait** *pas de recherches spécifiques.* (Hubert Antoine, *Danse de la vie brève*, 2015)

    La plupart des hommes qui comptent dans l'histoire **ont** *des rejetons médiocres, ou pires que tels.* (Marguerite Yourcenar, *Mémoires d'Hadrien*, 1958)

    La plupart ne **voulaient** *rien entendre.* (Philippe Djian, *Marlène*, 2017)

2. Après ***le peu*** suivi d'un complément, le verbe s'accorde avec *le peu* quand l'idée d'insuffisance domine, ce qui est rare dans l'usage actuel, ou avec le complément quand *le peu* est remplaçable par un simple déterminant. Dans tous les cas, on acceptera les deux accords :

    Le peu de forces qui **restait** *à cette âme affaiblie,* **avait été épuisé** *à déguiser son état.* (Stendhal, *Le rouge et le noir*, 1830)

    Le peu de couleur **regagné** *par Clément* **disparut** *instantanément de ses joues.* (Daniel Pennac, *Monsieur Malaussène*, 1995)

    Le peu de libertés obtenues s'étaient évanouies. (Jean-Michel Guenassia, *Le club des incorrigibles optimistes*, 2009)

3. Avec un **nom numéral** (*une douzaine, une centaine, un millier*, etc.), suivi ou non d'un complément, l'accord se fait habituellement au pluriel :

    À neuf heures, **un millier** *de fidèles au moins* **se pressaient** *dans l'église Saint-Joseph.* (Jean-Michel Guenassia, *La vie rêvée d'Ernesto G.*, 2010)

    Des feuilles calcinées voletaient encore dans la cheminée quand Raoul avait trouvé le corps. Une centaine **étaient** *encore lisibles.* (Bernard Werber, *Les Thanatonautes*, 1994)

c) *Adverbe de quantité comme sujet*

Le verbe qui a pour sujet un **adverbe de quantité**[1] (*combien, beaucoup*) s'accorde avec le complément de cet adverbe ; si ce complément n'est pas exprimé, l'accord se fait au pluriel :

> *Beaucoup de temps* **passa**. (Éric Vuillard, *Conquistadors*, 2014)
>
> *Beaucoup de réflexions* **naissent** *de la fumée d'un thé.* (Sylvain Tesson, *Dans les forêts de Sibérie*, 2011)
>
> *Combien* **ont** *cru s'être débarrassées d'elle, qui l'ont vue se pointer loin devant après avoir pris des raccourcis insoupçonnés ?* (Bernard Quiriny, *Les assoiffées*, 2010)

---

1. L'adverbe est ici utilisé comme pronom indéfini ou comme déterminant indéfini.

> **Remarques**
> 1. Après *plus d'un*, le verbe se met presque toujours au singulier, à moins qu'on n'exprime la réciprocité. On admettra l'accord au singulier et au pluriel :
> **Plus d'un grand photographe a** déjà **appliqué** cette théorie. (Amélie Nothomb, *Barbe bleue*, 2010)
> 2. Après *moins de deux*, le verbe se met au pluriel : *Moins de deux ans sont passés.*

d) Pronom *ce* comme sujet

Pronom ce
p. 198

Le **pronom démonstratif *ce* utilisé comme sujet** peut renvoyer à un référent au singulier ou au pluriel.

1° Le verbe se met au pluriel (*ce sont*) quand l'attribut est au pluriel, même si le singulier (*c'est*) s'emploie également :

> **Ce sont nos vies cachées**, nos identités secrètes. (Boualem Sansal, *Rue Darwin*, 2011)
>
> **C'est des tragédies grecques** tous les jours, à Brooklyn et dans le New Jersey. (Tonino Benacquista, *Malavita*, 2004)

On met obligatoirement le pluriel quand il y a plusieurs attributs qui développent un élément qui précède :

> Vos ennemis, **ce sont les vieux, les mous, les profiteurs et les imbéciles**. (Didier van Cauwelaert, *La femme de nos vies*, 2010)

La phrase
emphatique
p. 389

2° Dans une **phrase emphatique** où un élément est extrait entre *c'est… qui / c'est… que*, on utilise au choix *ce sont* ou *c'est* pour un élément au pluriel (1, 2) ; et uniquement *c'est* quand l'élément extrait est introduit par une préposition (3) :

> Et puis **ce sont les ennuis** qui l'ont réveillé. (Bernard Werber, *Les fourmis*, 1991) (1)
>
> **C'est des conneries** qu'il raconte mon cousin. (Édouard Louis, *En finir avec Eddy Bellegueule*, 2014) (2)
>
> Pourquoi **c'est à nous** que vous racontez tout ça ? (Marcus Malte, *Les harmoniques*, 2011) (3)

> **Remarques**
> 1. Dans *si ce n'est* signifiant « excepté », le verbe *être* se met au singulier :
> La frontière de Belgique traverse la rivière [...] tracée sur la carte d'un trait de plume qui ne signifie rien, [...] *si ce n'est* les bornes à fleur de lys égarées dans les bois. (Alexis Jenni, *La nuit de Walenhammes*, 2015)
> 2. Dans certaines **tournures interrogatives** où le pluriel serait désagréable à l'oreille, le verbe être se met au singulier : *Sera-ce ? Fut-ce ?*, etc.
> Peut-être ne *fut-ce* là que simples querelles de serviteurs mal dégauchis ? (Boualem Sansal, *Rue Darwin*, 2011)
> Dans cet emploi, les formes *fusse* ou *fussent* sont incorrectes.

CHAPITRE **7** Les marques d'accord dans la phrase

3. Dans l'indication des heures, d'une somme d'argent, etc., quand l'attribut de forme plurielle évoque l'idée d'un singulier, d'un tout, d'une quantité globale , on met le verbe au singulier :

C'est cinq ans après le congrès de Berlin. (PATRICK DEVILLE, *Kampuchéa*, 2011) (On indique la durée globale.)

C'est 20 balles si vous voulez vos clés pourries ! (JOËL DICKER, *Le livre des Baltimore*, 2015) (On indique la somme globale.)

4. Dans les expressions *ce doit être, ce peut être*, suivies d'un nom pluriel ou d'un pronom de la 3ᵉ personne du pluriel, *devoir* et *pouvoir* se mettent au singulier ou au pluriel :

Ce doit être des Brandebourgeois ! (LOUIS-FERDINAND CÉLINE, *Voyage au bout de la nuit*, 1952)

Ce devaient être des odeurs de cuisine. (ALEXIS JENNI, *L'art français de la guerre*, 2013)

e) Pronom relatif qui *comme sujet*

1° Le verbe ayant pour sujet le pronom relatif *qui* se met au même nombre et à la même personne que l'antécédent de ce pronom. Les règles relatives à l'accord du sujet s'appliquent comme si l'antécédent était le sujet :

> *C'est moi* qui **ai commis** une faute, hier. (JÉRÔME FERRARI, *Balco Atlantico*, 2012)
>
> *Toi* qui **voulais** le suivre et te laisser ravir. (GWENAËLLE AUBRY, *Perséphone 2014*, 2015)
>
> *Le peu de gens* qui **entrent** dans les églises de nos jours **sont** des malheureux poussés par le désespoir. (ARMEL JOB, *Tu ne jugeras point*, 2009)
>
> *Le peu de lumière* qui **filtrait** du couloir par le battant entrouvert de la porte me **permettait** à peine de distinguer la première marche. (ALEXANDRE POSTEL, *L'ascendant*, 2015)

2° Lorsque le relatif est précédé d'un attribut se rapportant à un pronom personnel (*le premier qui, celui qui*), cet attribut commande l'accord s'il est précédé d'un déterminant défini *le, la, les* ou d'un démonstratif (*ce, celui*) :

> *Vous êtes le premier* qui **s'intéresse** à moi. (AMÉLIE NOTHOMB, *Le fait du prince*, 2008)
>
> *Harry, vous êtes celui* qui **m'a fait** grandir ! (JOËL DICKER, *La vérité sur l'affaire Harry Quebert*, 2014)

Il y a incertitude sur l'accord lorsque
- l'attribut est précédé de l'article indéfini (*un, une*) :

> *Je suis un étranger* qui **viens** chercher un asile dans l'Égypte. (VOLTAIRE, *Zadig ou La destinée*, 1747)
>
> *Je suis un homme* qui ne **sait** que planter des choux. (ANATOLE FRANCE, *Le livre de mon ami*, 1885)

- l'attribut est *le seul, le premier, le dernier, l'unique* :

> *Vous êtes le seul* qui ne **soit** pas parti pour les fêtes (AURÉLIE VALOGNES, *Mémé dans les orties*, 2015)

> *Vous êtes le seul qui vous soyez montré bienveillant et accueillant à notre égard.* (Vincent Engel, *Alma Viva*, 2015)

3° Après *un(e) des, un(e) de*, le relatif *qui* se rapporte tantôt au nom pluriel, tantôt à *un(e)*, selon le sens de l'action décrite :

> *Salomon avait reconnu la bague ornée de deux serpents entrecroisés au doigt d'une des mains qui dépassaient de la charrette.* (Frédéric Verger, *Arden*, 2015)

> *Je dégage une des mains qui agrippe un drap jauni de sueur séchée.* (Daniel Pennac, *Au bonheur des ogres*, 1985)

2. L'accord du verbe avec plusieurs sujets

Lorsque le verbe a plusieurs sujets, il s'accorde généralement au pluriel, et parfois au singulier.

a) Accord au pluriel

Le verbe qui a plusieurs sujets se met généralement au pluriel :

> *Ma vue débile et ma main tremblante ne me permettent pas de longues lettres.* (Choderlos de Laclos, *Les liaisons dangereuses*, 1782)

Remarque
Si les deux éléments coordonnés désignent la même personne, le verbe s'accorde au singulier :
Salut, cher papa, chère maman, cher Ravi. Votre fils aimant et ton frère fidèle vient vous rejoindre. (Yann Martel, *L'histoire de Pi*, 2001)

Si les sujets ne sont pas de la même personne, le verbe s'accorde avec la personne qui a la priorité : la 1ʳᵉ personne l'emporte sur les deux autres, et la 2ᵉ sur la 3ᵉ.

> *Septembre et moi avions tant parlé durant la journée, que le soir nous restions souvent silencieux.* (Thomas Gunzig, *La vie sauvage*, 2017)

> *J'ai gagé que cette dame et vous étiez du même âge.* (Montesquieu, *Lettres persanes*, 1721)

Remarque
Quand les sujets sont de différentes personnes, on peut les résumer par le pronom pluriel de la personne qui a la priorité (*nous, vous ; on* pour la 1ʳᵉ personne du pluriel) :
Éloi et moi, nous sommes tombés à côté du géant renversé. (Carole Martinez, *La terre qui penche*, 2015)
La femme, la fille et moi, on y est allé au moins vingt fois. (Jean Giono, *Le hussard sur le toit*, 1951)

b) Accord avec le sujet le plus rapproché

Le verbe qui a plusieurs sujets s'accorde avec le sujet le plus rapproché qui prédomine sur les autres

1° lorsque ces sujets forment une **gradation**[1] :

> Un geste, un regard, un mot *fait*-il mouche, il en rajoute, et ça marche mieux encore. (CAROLINE DE MULDER, *Bye Bye Elvis*, 2014)

2° lorsque ces sujets sont **résumés** (ou annoncés) par un mot comme *tout, rien, chacun, personne, nul,* etc. :

> Ses paroles, sa voix, son sourire, **tout** *vint* à lui déplaire. (GUSTAVE FLAUBERT, *L'éducation sentimentale*, 1869)
>
> Mais **rien**, ni le rasoir douteux, le blaireau jaune, l'odeur, les propos du barbier, ne *put* me faire reculer. (ANDRÉ GIDE, *L'immoraliste*, 1902)
>
> **Personne**, ni l'accusation ni la défense, *n'évoqua* une rivalité amoureuse, comme si les deux partis voulaient privilégier la dimension politique de l'affaire. (VINCENT ENGEL, *Le miroir des illusions*, 2016)

> **Remarque**
> Le verbe peut s'accorder avec le sujet le plus proche lorsque les sujets sont à peu près synonymes. Cet usage, répandu dans la langue écrite des XVIIe et XVIIIe siècles, est cependant rare aujourd'hui :
>
> > Le bon sens et le bonheur des particuliers *consiste* beaucoup dans la médiocrité de leurs talents et de leurs fortunes (MONTESQUIEU, *De l'esprit des lois*, 1744)

c) Plusieurs infinitifs

Le verbe qui a pour sujets **plusieurs infinitifs** se met au pluriel :

> Tuer et mourir *seront* glorieux et *érigeront* en héros les hommes ordinaires. (JEAN-BAPTISTE DEL AMO, *Règne animal*, 2016)

Cependant, si les infinitifs expriment une idée unique, le verbe se met au singulier :

> Volatiles sont ces bêtes dans leurs moindres gestes. Picorer et gratter le sol *requiert* doigté et nonchalance, balancement comme roulement de coque. (EUGÈNE SAVITZKAYA, *Fraudeur*, 2014)

---

1. Les *Tolérances grammaticales ou orthographiques* (1973) préconisent d'admettre également comme correct l'accord au pluriel.

d) Sujets joint par ou *ou* par ni

1° Lorsque les sujets joints par *ou* ou par *ni* sont à la 3ᵉ personne, le verbe se met au pluriel si l'on peut rapporter simultanément le fait à chacun des sujets (1,2). Si l'action concerne chaque être ou chaque chose individuellement, on mettra le verbe au singulier (3). Mais dans tous les cas, on admettra l'un ou l'autre accord (4,5).

> *Le pire ou le plus sot de nos patients* **nous instruisent** *encore.* (Marguerite Yourcenar, *L'œuvre au noir*, 1968) (1)

> *Ici comme ailleurs,* **ni le foin, ni le blé** *n'avaient été fauchés.* (Jean Giono, *Le hussard sur le toit*, 1951) (2)

> **Ni l'un ni l'autre** *pourtant n'avait pensé que c'était lui. Ça ne leur était pas venu à l'esprit.* (Emmanuel Carrère, *Le Royaume*, 2014) (3)

> **Ni l'un ni l'autre** *ne* **croyait** *à cette promesse de Gascon.* (Jean-Christophe Grangé, *Le passager*, 2011) (4)

> *Freire promit et donna en retour ses coordonnées.* **Ni l'un ni l'autre** *n'y* **croyaient.** (Jean-Christophe Grangé, *Le passager*, 2011) (5)

2° Si les sujets joints par *ou* ou par *ni* ne sont pas de la même personne, le verbe se met au pluriel et à la personne qui a la priorité :

> **Zibal ou moi allions** *lui rendre visite une fois par semaine.* (Didier van Cauwelaert, *Le retour de Jules*, 2017)

3° *L'un ou l'autre*, pris pronominalement ou comme déterminant, veut toujours le verbe au singulier :

> **L'un ou l'autre tirait** *un coup sec et douloureux.* (Mathias Menegoz, *Karpathia*, 2014)

e) Sujets joints par ainsi que, comme, avec

Lorsque deux sujets sont joints par une conjonction de comparaison **ainsi que, comme, de même que, non moins que, non plus que**, etc.,
- c'est le premier sujet qui règle l'accord si la conjonction garde toute sa valeur comparative :

> **Son visage,** *aussi bien que son cœur,* **avait** *rajeuni de dix ans.* (Alfred de Musset, *Nouvelles et contes*, 1888)

> *Et* **madame Bovary,** *non plus que Rodolphe, ne lui* **répondait** *guère.* (Gustave Flaubert, *Madame Bovary*, 1857)

CHAPITRE 7 Les marques d'accord dans la phrase

- le verbe s'accorde avec les deux sujets si la conjonction prend la valeur de *et* :

> *Sa double maîtrise de l'allemand et de l'italien* **ainsi que** *sa connaissance intime de l'Italie* **pouvaient** *se révéler précieuses.* (VINCENT ENGEL, *Le miroir des illusions*, 2016)
>
> *La littérature* **ainsi que** *la musique et ses modes n'eurent plus de mystères pour lui.* (GILBERT SINOUÉ, *Avicenne ou La route d'Ispahan*, 1989)

Comme l'accord se fait selon l'intention, on admettra comme corrects l'un et l'autre accords (au singulier ou au pluriel).

3. L'accord du participe passé

1. Règles générales

a) Participe passé employé seul

Le participe passé **employé sans auxiliaire** s'accorde en genre et en nombre avec le mot auquel il se rapporte, comme un adjectif :

> *S'y retrouvent* **accroupis** *et* **abandonnés** *de jeunes étudiants et des peintres* **confirmés**. (ANAÏS BARBEAU-LAVALETTE, *La femme qui fuit*, 2015)
>
> *Des espadrilles* **usées** *jusqu'à la corde, révélant des pieds nus et noirs.* (JEAN-CHRISTOPHE GRANGÉ, *Le passager*, 2011)

b) Participe passé employé avec être *(et verbes apparentés)*

Le participe passé **conjugué avec** *être* s'accorde en genre et en nombre avec le sujet du verbe :

> *La neige* **est arrivée** *plus tard, début janvier.* (PHILIPPE DJIAN, *Dispersez-vous, ralliez-vous !*, 2017)

> **Remarque**
> Lorsque le sujet est le pronom indéfini *on*, on admettra que l'accord se fasse au masculin singulier, ou prenne la marque du genre et du nombre lorsque *on* désigne une ou plusieurs personnes.
>
> > *Dès qu'on est* **arrivées** *dans la maison, je me suis effondrée.* (VIRGINIE DESPENTES, *Apocalypse bébé*, 2010)

Le participe passé employé comme **attribut du sujet** avec des verbes analogues au verbe *être* (*sembler*, *devenir*, etc.) s'accorde avec le sujet :

> *Pour l'instant elle paraissait* **affaiblie**. (SIMON LIBERATI, *California Girls*, 2016)

Le participe passé **attribut du complément d'objet direct** s'accorde avec le complément :

" On crut Gervaise *ébouillantée*. (Émile Zola, *L'assommoir*, 1876) "

c) Participe passé employé avec avoir

Le participe passé **conjugué avec** *avoir* s'accorde en genre et en nombre avec son complément d'objet direct si ce complément précède le verbe (1,2) ; il reste invariable si ce complément suit le verbe (3) ou si le verbe n'a pas de complément d'objet direct (4,5) :

" À cause des lunettes qu'il a **portées** pendant l'été polaire, le creux de ses yeux apparaît clair et fragile. (René Barjavel, *La nuit des temps*, 1968) (Le complément d'objet est repris par *que* devant le verbe.) (1)

Pour bien connaître **les oranges**, il faut les avoir **vues** chez elles, aux îles Baléares, en Sardaigne, en Corse, en Algérie. (Alphonse Daudet, *Lettres de mon moulin*, 1869) (Le complément d'objet est repris par *les* devant le verbe.) (2)

Elle a **porté** les mêmes vêtements toute sa vie. (Nicolas d'Estienne d'Orves, *La gloire des maudits*, 2017) (3)

Ils ont **reculé** lentement. (Albert Camus, *L'étranger*, 1942) (4)

Ah ! ils ont **joué** aux dés. (Victor Hugo, *Notre-Dame de Paris*, 1831) (5) "

> **Remarques**
> 1. Dans la langue parlée, l'accord du participe passé avec *avoir* ne se fait plus de manière systématique, y compris chez les professionnels de la parole publique (journalistes, hommes politiques, etc.). On entend régulièrement *Les choses que j'ai dit* (sur le modèle de *J'ai dit des choses*) ou *Les propositions qu'il a fait* (sur le modèle de *Il a fait des propositions*). La généralisation de cet usage est le signe d'un changement en cours dans la langue, qui pourrait être enregistré prochainement dans la norme. L'aboutissement de ce changement serait que le participe passé conjugué avec *avoir* reste invariable dans tous les cas.
>
> Temps surcomposés p. 256
> 2. Dans les temps surcomposés, seul le dernier participe varie : *Ils sont partis dès que je les ai eu **avertis**.*
> 3. La règle d'accord du participe passé conjugué avec *avoir* reste applicable lorsque le complément d'objet direct a un attribut :
>
> Elle ne s'était pas attendue à cette invitation chez des voisins qu'elle avait **crus** condescendants. (Yasmina Reza, *Babylone*, 2016)
>
> Il y a ainsi d'autres phrases d'Alice que j'ai **trouvées** formidables et qui sont sans valeur pour le reste des hommes. (David Foenkinos, *Nos séparations*, 2008)

2. Règles particulières

Au-delà des règles générales, l'accord du participe passé recèle un grand nombre d'exceptions. C'est un secteur de la grammaire française extrêmement complexe, pour lequel on constate une certaine variabilité dans les usages.

CHAPITRE 7 Les marques d'accord dans la phrase

> **Remarque**
> La complexité des règles particulières de l'accord du participe passé, et l'impossibilité d'en rendre compte à l'aide d'un nombre réduit de règles cohérentes, a amené le ministère français de l'éducation à décréter une série de *Tolérances grammaticales ou orthographiques*[1], pour lesquelles il n'est pas compté de fautes aux élèves ou aux candidats dans les examens ou les concours sanctionnant les étapes de la scolarité élémentaire et secondaire. Nous énonçons ces tolérances chaque fois qu'elles s'appliquent.

a) Le participe passé employé sans auxiliaire

En général, lorsque le participe passé employé sans auxiliaire précède le mot auquel il se rapporte, il est davantage perçu comme une préposition ou comme un adverbe que comme un adjectif, et il ne s'accorde pas. Lorsqu'il suit le mot, il s'accorde plus fréquemment.

- **Attendu, non compris, etc.**

Attendu, non compris, y compris, entendu, excepté, ôté, ouï, passé, supposé, vu, placés devant le nom ou le pronom, s'emploient comme des prépositions et restent invariables :

> *Vu les dégâts, ça m'étonnerait que l'on puisse sauver le disque dur.* (GILLES LEGARDINIER, **Demain j'arrête !**, 2011)
>
> *Passé quarante ans tout le monde ressemble à une ville bombardée.* (VIRGINIE DESPENTES, **Vernon Subutex 1**, 2015)

Quand ces participes sont placés après le nom ou le pronom (1), ou qu'ils le précèdent en apposition (2), ils varient[2] :

> *L'histoire de la Judée au Ier siècle nous est mieux connue que celle de tout autre peuple de l'Empire, Rome exceptée.* (EMMANUEL CARRÈRE, **Le Royaume**, 2014) (1)
>
> *Vue de près, Mère n'est pas très belle.* (BERNARD WERBER, **Les fourmis**, 1991) (2)

- **Étant donné**

Étant donné, devant le nom, peut rester invariable (1) ou s'accorder (2) avec ce nom. Dans l'usage actuel, *étant donné* est davantage perçu comme une locution prépositionnelle (de type *à cause de*) que comme un participe, de sorte qu'on tend vers l'invariabilité :

> *Étant donné sa corpulence, elle avait le plus grand mal à entrer dans ma Mini.* (ADÉLAÏDE DE CLERMONT-TONNERRE, **Fourrure**, 2010) (1)

---

1. Arrêté du 28 décembre 1976 (publié dans le Journal officiel daté du 9 février 1977), s'appuyant lui-même sur l'arrêté du 26 février 1901 relatif à la simplification de l'enseignement de la syntaxe française.
2. Les *Tolérances grammaticales ou orthographiques* (article 13a) préconisent d'accepter l'un et l'autre emploi dans tous les cas (*passés quarante ans, Rome excepté*).

*Il me semblait impossible qu'elle ne les lui répétât pas **étant donnée l'insistance** que j'y mis.* (MARCEL PROUST, *À l'ombre des jeunes filles en fleurs*, 1919) (2)

- **Ci-annexé, ci-joint, ci-inclus**

Ci-annexé, ci-joint, ci-inclus restent invariables si on les considère comme des adverbes (comme *la lettre ci-contre, ci-après*). Ils varient si on les considère comme des adjectifs (comme *la lettre jointe*). Dans beaucoup de cas, l'accord dépend de l'intention de celui qui parle ou qui écrit[1].

*Vous trouverez **ci-joint** les renseignements demandés.* (BERNARD QUIRINY, *Contes carnivores*, 2008)

*Nous donnons **ci-jointe**, pour les personnes curieuses de cette sorte de littérature, la chanson d'argot avec l'explication en regard.* (VICTOR HUGO, *Le dernier jour d'un condamné*, 1829)

> **Remarques**
> 1. L'usage est de ne pas accorder *ci-annexé, ci-joint, ci-inclus* quand ils précèdent le nom, que ce soit en tête de phase (1) ou non (2).
> *Ci-joint l'addition.* (DANIEL PENNAC, *Au bonheur des ogres*) (1)
> *Vous trouverez **ci-joint** une photo qui date des années quarante.* (DOMINIQUE COSTERMANS, *Outre-Mère*, 2017) (2)
> 2. Dans les autres cas, on les accorde comme des adjectifs :
> *Vous verrez, ma belle amie, en lisant **les deux lettres ci-jointes**, si j'ai bien rempli votre projet.* (CHODERLOS DE LACLOS, *Les liaisons dangereuses*, 1782)
> *Mon ami, n'ouvre **la lettre ci-incluse** qu'en cas d'accident.* (STENDHAL, *Le rouge et le noir*, 1830)

b) *Le participe passé utilisé avec* avoir

La règle générale veut que le participe passé conjugué avec *avoir* s'accorde avec le complément d'objet direct si celui-ci précède le verbe. Les difficultés résident
- dans l'identification du complément d'objet direct : certains verbes construisent un complément qui ressemble à un COD sans être un COD ;
- dans l'identification du genre et du nombre du COD ;
- dans l'identification du COD quand le participe passé est suivi d'un infinitif.

- **Participe passé de certains verbes à complément essentiel (***couter, peser, mesurer*, etc.**)**

Complément essentiel p. 364

Des verbes comme *couter, valoir, peser, mesurer, marcher, courir, vivre, dormir, régner*, etc. ne construisent pas de complément d'objet direct mais peuvent construire

---
1. Conformément à l'article 13c des *Tolérances grammaticales ou orthographiques*, on acceptera l'un et l'autre emploi dans tous les cas.

un complément essentiel indiquant une quantité. En l'absence de complément d'objet direct, le participe passé de ces verbes reste invariable.

> *Et **la finance** que cela avait **coûté** !* (Victor Hugo, **Notre-Dame de Paris**, 1831)
>
> *Jamais la France n'a été si haut dans l'estime des peuples que pendant **les treize ans** qu'il [= Bonaparte] a **régné**.* (Stendhal, **Le rouge et le noir**, 1830)

Certains de ces verbes existent avec un autre sens et construisent un complément d'objet direct ; leur participe passé est alors variable. Il s'agit notamment de :
- *couter, valoir* au sens de « causer, occasionner » ;
- *valoir* au sens de « procurer » ;
- *peser* au sens de « constater le poids, examiner » ;
- *courir* au sens de « s'exposer à, parcourir », etc.

> *Après tous **les ennuis** que ce jour m'a **coûtés** [= causés], Ai-je pu rassurer mes esprits agités ?* (Jean Racine, **Britannicus**, 1669)
>
> *Vous voyez, Suzanne, **la jolie scène** que votre étourdi m'a **value** [= procurée] avec son billet.* (Pierre-Augustin Caron de Beaumarchais, **Le mariage de Figaro**, 1784)
>
> *Souvent, a posteriori, on ne pouvait que trembler devant les précipices qu'on avait frôlés à son insu, **les dangers** qu'on avait **courus** sans le savoir, le cheveu auquel on devait d'être encore en vie.* (Philippe Djian, **Incidences**, 2010)

Que ces verbes soient construits avec un complément d'objet direct ou non, les *Tolérances grammaticales*[1] acceptent l'un et l'autre accord dans tous les cas, ce qu'on trouve parfois dans l'usage :

> *Marcus rédigea les accords de cession des **deux appartements** que nous avait **coûtés** la reprise des travaux.* (Adélaïde de Clermont-Tonnerre, **Le dernier des nôtres**, 2016)

- **Participe passé des verbes impersonnels**

Le participe passé des verbes impersonnels (*il a fallu*) ou pris impersonnellement (*il a fait, il y a eu*) est toujours invariable ; en effet, ces verbes ne construisent pas de complément d'objet direct :

> *L'alphabet s'est fixé dans ma tête en sept jours, ces sept jours qu'il a **fallu** à Dieu pour créer le monde ?* (Carole Martinez, **La terre qui penche**, 2015)
>
> *On commençait à être un peu tranquille après **tous les malheurs** qu'il y a **eu**.* (Victor Hugo, **Les misérables**, 1862)

---

1. Article 12 des *Tolérances grammaticales ou orthographiques*.

- **Dit, dû, cru, su, pu, su, voulu**

Les participes *dit, dû, cru, su, pu, voulu* restent invariables lorsqu'ils ont pour complément d'objet direct un infinitif (*J'ai fait tous les efforts que j'ai pu [faire]*) ou une proposition à sous-entendre après eux (*Elle m'a donné tous les renseignements qu'elle avait dit [qu'elle me donnerait]*) :

> *La Brûlé [...] continuait d'allonger des claques dans le vide, pour tous les patrons qu'elle aurait voulu tenir.* (ÉMILE ZOLA, *Germinal*, 1885)
>
> *Et tous les scandales que nous avons dû étouffer !* (LAURENT BINET, *HHhH*, 2010)

- **Participe passé précédé du pronom *l'***

Le participe passé est invariable lorsqu'il a pour complément d'objet direct le pronom neutre *l'* représentant une proposition signifiant « cela » : *Cette intervention est moins difficile que je ne l'avais estimé.* (= *que je n'avais estimé cela*, c'est-à-dire qu'elle était difficile.)

- **Participe passé précédé de *en***

Le participe passé précédé du pronom *en* complément d'objet direct est généralement invariable, parce que *en* est neutre et partitif (1, 2, 3). On trouve également l'accord, en considérant que *en* renvoie simplement à l'antécédent (4, 5). Dans tous les cas, on admettra les deux accords.

> *Des maîtres, j'en ai connu trois.* (GILBERT SINOUÉ, *Avicenne ou La route d'Ispahan*, 1989) (1)
>
> *Ma chemise se serait ouverte si j'en avais porté une.* (DANIEL RONDEAU, *J'écris parce que je chante mal*, 2010) (2)
>
> *Pour le dessert, la tarte a été très bonne, et j'en ai eu plusieurs fois parce que ni papa ni maman n'en ont mangé.* (RENÉ GOSCINNY, *Les vacances du petit Nicolas*, 1962) (3)
>
> *Tous les gens photographiés, j'en ai vus beaucoup, donnaient presque la même photo, leur ressemblance était hallucinante.* (MARGUERITE DURAS, *L'amant*, 1984) (4)
>
> *Les personnages qui allaient entrer seraient, non pas des acteurs venus pour réciter comme j'en avais vus une fois en soirée, mais des hommes en train de vivre.* (MARCEL PROUST, *À l'ombre des jeunes filles en fleurs*, 1919) (5)

Remarques

1. Cette règle reste d'application lorsque le pronom *en* est accompagné d'un adverbe de quantité (*beaucoup, tant*, etc.) :

    J'en ai beaucoup lu. (ALFRED DE MUSSET, *Il ne faut jurer de rien*, 1848)

2. Quand le pronom *en* n'est pas complément d'objet direct, il n'intervient pas dans l'accord du participe passé :

CHAPITRE 7 Les marques d'accord dans la phrase

> *Il lui offrit, en échange des soins qu'il en avait **reçus**, sa part des primes.* (ALEXANDRE DUMAS, *Le Comte de Monte-Cristo*, 1844) (Le complément d'objet direct *des soins* régit l'accord du p.p. ; le pronom *en* est complément d'objet indirect.)

- **Participe passé dont le COD = nom collectif (*une bande*) ou adverbe de quantité (*combien, peu de*) + complément**

Lorsque le complément d'objet direct qui précède le participe passé est un nom collectif suivi de son complément, l'accord est commandé par le collectif ou par son complément, selon le sens :

*Il y avait là **une bande** de voleurs que la police eut bientôt **cernée**.*
*Il y avait là une bande **de voleurs** que la police eut bientôt **ligotés**.*

Lorsque le complément d'objet direct précédant le participe est un adverbe de quantité (*autant, combien*) suivi de son complément, c'est en principe le complément qui commande l'accord (1,2), mais on trouve aussi l'accord commandé par l'adverbe (3,4). On accepte donc l'accord comme l'invariabilité :

> *Combien **d'adultes** auraient-ils **tués** cette fois ?* (CAROLE MARTINEZ, *Le cœur cousu*, 2007) (1)
>
> *Combien **de témoins** avait-il **interrogés** au cours de sa carrière ?* (BERNARD MINIER, *Glacé*, 2011) (2)
>
> *Combien de camarades avez-vous **remplacé**, cette semaine, Pastor ?* (DANIEL PENNAC, *La fée carabine*, 1987) (3)
>
> *Combien de soirées avions-nous **passé** à nous parler !* (JOËL DICKER, *Le livre des Baltimore*, 2015) (4)

- **Participe passé suivi d'un infinitif**

a) Le participe passé conjugué avec *avoir* et suivi d'un infinitif s'accorde avec le complément d'objet direct qui précède lorsque ce complément est celui du participe :

> *Les médecins étaient loin de l'unanimité et Raphaël les a **entendus** dire que sa tuberculose était sans rémission.* (HONORÉ DE BALZAC, *La peau de chagrin*, 1831) (= Raphaël a entendu **les médecins** dire que sa tuberculose était sans rémission. Dans cette phrase, *les* est le complément de *a entendu*.)
>
> *Nous ne les [= les hommes] avons pas **entendus** pousser la porte.* (CATHERINE POULAIN, *Le grand marin*, 2016) (= Nous n'avons pas entendu **les hommes** pousser la porte.)

b) Le participe passé reste invariable si le complément d'objet direct est le complément du verbe à l'infinitif :

> *Nous savions qu'elle-même faisait des aquarelles de fleurs, et ma grand'mère qui les avait entendu vanter lui en parla.* (Marcel Proust, *À l'ombre des jeunes filles en fleurs*, 1919) (= *Ma grand'mère qui avait entendu [quelqu'un] vanter les aquarelles lui en parla.* Le pronom *les* est complément de l'infinitif *vanter* et pas du participe passé *entendu*.)

> **Remarques**
> Trois méthodes permettent d'établir si le complément d'objet est celui du participe passé (accord du p.p.) ou celui du verbe à l'infinitif qui suit (invariabilité du p.p.).
> **1.** Intercaler le complément d'objet direct (ou le nom qu'il représente) entre le participe et l'infinitif, puis remplacer l'infinitif par le participe présent, par une proposition relative à l'imparfait, ou par l'expression *en train de*. Si la phrase garde son sens, faire l'accord :
>
> *On les* [= les tigres] *a vus nager dix kilomètres en pleine mer houleuse.* (Yann Martel, *L'histoire de Pi*, 2001) (= On a vu les tigres nageant / qui nageaient / en train de nager.)
>
> **2.** Quand l'être ou l'objet désigné par le complément d'objet direct fait l'action exprimée par l'infinitif, le participe s'accorde :
>
> *L'amour de la montagne les [= Étienne et Juliette] a poussés à s'établir, d'abord à Albertville, ensuite dans un village près de Bourg-Saint-Maurice où ils ont acheté une maison.* (Emmanuel Carrère, *D'autres vies que la mienne*, 2010) (= Ce sont Étienne et Juliette qui sont poussés à s'établir à Albertville.)
>
> **3.** Si l'infinitif est suivi ou peut être suivi d'un complément d'agent introduit par la préposition *par*, le participe est invariable : *Ces arbres que j'avais vus grandir, je les ai vu abattre (par le bûcheron).*
>
> **4.** La règle veut que le participe passé s'accorde lorsque le COD se rapporte à lui, et qu'il reste invariable lorsque le COD se rapporte à l'infinitif qui suit. Les *Tolérances orthographiques ou grammaticales* (article 10) admettent l'absence d'accord dans le premier cas et l'accord dans le second cas.

c) En exception à cette règle, les participes passés *fait* et *laissé* suivis d'un infinitif sont toujours invariables :

> *On les avait fait venir par jet de Rockefeller Station, la base américaine de départ pour la Lune.* (René Barjavel, *La nuit des temps*, 1968)
>
> *Je les ai laissé rentrer tranquillement à Paris.* (Pierre Lemaitre, *Robe de marié*, 2009)

> **Remarque**
> Avant les rectifications de l'orthographe de 1990, le participe passé *fait* suivi d'un infinitif pouvait s'accorder ou rester invariable, selon les règles ci-dessus. On trouve fréquemment *laissé* accordé au COD, et ce n'est pas une erreur :
>
> *Sa mère à lui ne les a jamais laissés traîner toute la journée dans les escaliers.* (Virginie Despentes, *Apocalypse bébé*, 2010) (Est également correct : *Elle ne les a jamais laissé traîner.*)
>
> *Vous auriez pu peut-être en toucher une [= une perdrix], si vous les aviez laissées passer !* (Marcel Pagnol, *La gloire de mon père*, 1957) (Est également correct : *Si vous les aviez laissé passer.*)
>
> *Je les [= les chiens] ai fait abattre !* (Louis-Ferdinand Céline, *Voyage au bout de la nuit*, 1952) (Invariable dans tous les cas, car *les chiens* n'est pas le COD de *fait* mais de *abattre*.)

d) *Eu* et *donné* suivis d'un infinitif introduit par *à* peuvent, dans la plupart des cas, s'accorder ou rester invariables, parce qu'il est indifférent de faire dépendre le complément d'objet direct du participe ou de l'infinitif :

> *Tous les villages que nous avons eu à traverser étaient abandonnés.* (AHMADOU KOUROUMA, *Allah n'est pas obligé*, 2015) (= *Nous avons eu des villages à traverser* ou *Nous avons eu à traverser des villages.* Est également correct : *les villages que nous avons eus à traverser.*)
>
> *Tu ne m'as jamais dit ton avis sur les poèmes que je t'avais donnés à lire il y a deux ans.* (MICHEL ROSTAIN, *Jules, etc.*, 2015) (= *Tu m'as donné des poèmes à lire* ou *Tu m'as donné à lire des poèmes.* Est également correct : *les poèmes que je t'avais donné à lire.*)

c) Participe passé des verbes pronominaux

L'accord du participe passé d'un verbe pronominal passe par l'identification correcte de la fonction du pronom réfléchi (*me, te, se*, etc.).

D'un point de vue pratique, pour identifier la fonction du pronom de forme réfléchie, on remplace l'auxiliaire *être* par l'auxiliaire *avoir* afin de faire apparaitre si le pronom est complément d'objet direct du verbe ou non. Ensuite, on applique la règle de l'accord du participe passé employé avec *avoir* : on accorde le participe passé avec le pronom si le pronom (*se, me, nous*…) est le COD et précède le participe passé (1) ; on l'accorde également avec tout autre COD qui précède (2).

Elle s'est coupée au pied. (= Elle a coupé **elle-même** [COD] **au pied** [CCirc] ⟶ accord avec *se* = *elle-même*.) (1)

L'attente qu'ils se sont imposée. (= Ils ont imposé **l'attente** [COD] **à eux** [COI] ⟶ on accorde avec *l'attente*.) (2)

• **Le pronom réfléchi est COD du verbe (par ex. *se blesser*)**

Le participe passé des verbes pronominaux réfléchis ou réciproques s'accorde avec le pronom réfléchi quand celui-ci est complément d'objet direct :

> *Elle s'est blessée au talon.* (BERNARD WERBER, *La révolution des fourmis*, 1996) (= *Elle a blessé elle-même au talon* ⟶ *se* est COD et impose l'accord.)
>
> *Elle s'est coupé les cheveux, l'avant-veille.* (DANIEL PENNAC, *La petite marchande de prose*, 1989) (= *Elle a coupé les cheveux à elle-même* ⟶ *les cheveux* est COD, *se* est COI ⟶ pas d'accord du p.p.)
>
> *Les deux frères se sont battus violemment.* (LARRY TREMBLAY, *L'orangeraie*, 2013) (= *Ils ont battu eux-mêmes* ⟶ *se* est COD et impose l'accord.)
>
> *Ils se sont dit des tonnes de choses dans ce silence.* (PIERRE LEMAITRE, *Alex*, 2011) (= *Ils ont dit à eux-mêmes des tonnes de choses* ⟶ *des tonnes de choses* est COD et *se* est COI ⟶ pas d'accord du p.p.)

- **Le pronom réfléchi n'est pas COD du verbe (par ex. *se ressembler*)**

Le participe passé des verbes suivants est toujours invariable, parce que ces verbes ne peuvent jamais avoir de complément d'objet direct :

se convenir	se parler	se ressembler	se suffire
se nuire	se plaire	se rire	se survivre
se mentir	se déplaire	se sourire	
s'en vouloir	se complaire	se succéder	

> *Les deux hommes **se sont parlé** sous une tente qui claquait au vent.* (Laurent Gaudé, *Écoutez nos défaites*, 2016) (= Les deux hommes ont parlé **à eux-mêmes** → pas de COD → p.p. invariable.)
>
> *Les bouffées de sueur **se sont succédé**.* (Gaël Faye, *Il faut tenter de vivre*, 2015) (= Les bouffées de sueur ont succédé **à elles-mêmes** → pas de COD → p.p. invariable.)
>
> *Les deux hommes **se sont souri**.* (Catherine Poulain, *Le grand marin*, 2016) (= Les deux hommes ont souri **à eux-mêmes** → pas de COD → p.p. invariable.)

- **Le pronom réfléchi est sans fonction auprès du verbe (par ex. *se taire*)**

Le participe passé des verbes pronominaux dont le pronom est sans fonction auprès du verbe (il n'est pas complément d'objet, ni direct ni indirect) s'accorde avec le sujet :

> *Depuis que les caisses **se sont tues**, il n'y a plus les bips qui tintaient de toutes parts, plus aucun mouvement de tapis roulant, plus le moindre bruit.* (Serge Joncour, *Repose-toi sur moi*, 2016)
>
> *Les passants **se sont évanouis** et les voitures qui passent accélèrent en faisant crisser leurs pneus.* (Daniel Rondeau, *Mécaniques du chaos*, 2107)
>
> *Les dieux **se sont joués** de nous, ils nous ont bien eus.* (Mathias Énard, *Zone*, 2011)

- **Exceptions :** *se rire, se plaire, se déplaire, se complaire*

Font exception les quatre verbes suivants, dont le participe passé ne varie jamais :

se rire	« se moquer »
se plaire	« se trouver bien, trouver du plaisir »
se déplaire	« ne pas se trouver bien »
se complaire	« trouver sa satisfaction »

> *Elle s'était plu à ajouter au lit quelques bouts de dentelle.* (Émile Zola, **Thérèse Raquin**, 1867)
>
> *La fille de la Cheffe s'est complu à m'inventer jaloux d'elle.* (Marie NDiaye, **La Cheffe, roman d'une cuisinière**, 2016)

4. L'accord de l'attribut

Lorsque l'attribut est un mot variable (adjectif, nom ou pronom), il s'accorde avec l'élément dont il dépend, le sujet (1,2,3) ou le complément d'objet (4).

> *Les feuilles humides semblent **pesantes** et pleuvent sur leur nuque quand ils passent dessous.* (Patrick Lapeyre, **La vie est brève et le désir sans fin**, 2010) (1)
>
> *Après son accident, elle était devenue **professeur** à la School of American Ballet.* (Guillaume Musso, **La fille de papier**, 2010) (2)
>
> *Ensuite parce que, évidemment, à Prague, la reine, c'est **elle**.* (Laurent Binet, **HHhH**, 2010) (3)
>
> *Mais à toute heure quand ils venaient la voir, ils la trouvaient **silencieuse** dans le noir, les yeux ouverts.* (Virginie Deloffre, **Léna**, 2010) (4)

Dans certaines constructions verbales figées, l'attribut ne s'accorde pas systématiquement.

- **Avec *avoir l'air***

Lorsque *avoir l'air* fonctionne comme une locution et signifie « paraitre », l'adjectif qui suit est un attribut et s'accorde avec le sujet :

> *La maîtresse a poussé un gros soupir, elle a l'air **fatiguée**, ces jours-ci.* (René Goscinny, **Le petit Nicolas**, 1960)
>
> *La nounou a l'air **tendue, concentrée**.* (Leïla Slimani, **Chanson douce**, 2016)

Lorsque *air* signifie « mine, apparence », l'adjectif s'accorde avec *air*, comme si l'on avait *avoir un air*. Cet usage est devenu rare.

> *Elle avait l'air **ému**, ce qui calma un peu ma colère.* (Jacqueline Harpman, **Moi qui n'ai pas connu les hommes**, 1995)

- **Avec *être égal***

Dans la formule *être égal* prise dans le sens de « être indifférent, laisser indifférent », l'usage ancien était d'accorder *égal* avec le sujet (1,2). Mais, sous l'influence de *ça m'est égal* et pour éviter la confusion avec *égal* signifiant « de même valeur », des auteurs modernes laissent parfois *égal* invariable (3,4).

> *Toutes femmes nous sont égales,*
> *Que leurs cheveux soient bruns ou blonds* (Victor Hugo, **Chanson barbare**, 1859) (1)
>
> *Toute cette agitation nous était égale.* (Bernard Werber, **Les Thanatonautes**, 1994) (2)
>
> *Moi tout m'est égal. Mais il y a une chose qui ne m'est pas égal.* (Raymond Queneau, **Derniers jours**, 1936) (3)
>
> *Les autres me sont égal.* (Roger Nimier, **Les épées**, 1948) (4)

PARTIE **5**

La phrase complexe

CHAPITRE 1
Généralités 417

CHAPITRE 2
Les propositions subordonnées relatives 425

CHAPITRE 3
Les propositions subordonnées conjonctives 433

CHAPITRE 4
Les propositions subordonnées
circonstancielles 447

CHAPITRE 5
La concordance des temps dans les propositions
subordonnées 471

CHAPITRE 6
Les subordonnées sans mot introducteur :
propositions infinitives et participiales 477

CHAPITRE **1**

Généralités

1. Définition de la phrase complexe 417
2. La subordination comparée à la coordination et à la corrélation 418
3. Classification des propositions subordonnées selon leur fonction 419
4. Classification des propositions subordonnées selon le mot introducteur 422

1. Définition de la phrase complexe

La phrase complexe se définit au sens strict comme une phrase à l'intérieur de laquelle une autre phrase, dite subordonnée, remplit une fonction syntaxique (sujet, complément du verbe, complément du nom, etc.). Cet emboitement se concrétise habituellement par la présence de plusieurs verbes au mode personnel (ou à l'infinitif).

> *Quand* on *écoute* les confessions un peu répétitives d'une dame **qui vient** chaque jour, on **a** le temps **de contempler** ses oreilles, son cou, ses épaules. (ALEXIS JENNI, *La conquête des îles de la Terre Ferme*, 2017)

Ce mouvement d'emboitement peut se répéter (c'est la récursivité), si bien qu'une phrase subordonnée peut contenir elle-même une phrase subordonnée, etc. L'accumulation de phrases enchâssées rend la compréhension ardue, ce qui est parfois l'effet recherché par les poètes :

> Maudit !
> soit le père de l'épouse
> du forgeron **qui forgea** le fer de la cognée
> avec laquelle le bûcheron **abattit** le chêne
> dans lequel on **sculpta** le lit
> où **fut engendré** l'arrière-grand-père
> de l'homme **qui conduisit** la voiture
> dans laquelle ta mère
> **rencontra** ton père. (ROBERT DESNOS, *La colombe de l'arche*, 1923)

> **Remarque**
>
> Phrase non verbale p. 336
>
> Une phrase non verbale (sans verbe principal) devient une phrase complexe dès lors qu'une phrase subordonnée y est enchâssée.
>
> *Mais, à présent, la voici **qui vient** à lui, tout près, horrible, inévitable.* (Éric Vuillard, *L'ordre du jour*, 2017)

Dans un sens plus large, on parle parfois de phrase complexe dès lors que plusieurs phrases sont combinées, quel que soit le mode de combinaison : la juxtaposition (1), la coordination (2), l'incise (3), la corrélation (4) ou la subordination au sens strict (5).

> « *J'avoue que je ne me souviens plus très bien de quoi il s'agit, j'ai ressorti l'article hier, il est là, tiens il y a un petit morceau de papier conservé à l'intérieur.* (Mathias Énard, *Boussole*, 2015) (1)
>
> *Elles se détestaient cordialement, **et puis** elles se sont retrouvées un été dans la galère à Los Angeles.* (Virginie Despentes, *Vernon Subutex 1*, 2015) (2)
>
> *Pourtant c'est un arbre vivant aussi – **oui, je t'assure** – et pas seulement un arbre généalogique.* (Nancy Huston, *Bad Girl*, 2014) (3)
>
> ***Plus** sa femme montrait de perfections, **plus** il enrageait.* (Albert Camus, *La chute*, 1956) (4)
>
> ***Bien que** l'été officiel vienne de paraître, le ciel est assorti à cette tenue, expectorant bassement un petit crachin par intermittence.* (Jean Echenoz, *Je m'en vais*, 1999) (5) »

La coordination et la subordination se combinent régulièrement au sein d'une même phrase :

> « *Elle se demanda d'ailleurs **s'**il n'était pas affecté d'un défaut de vue **car** il lisait de fort près **et** ne reconnaissait pas toujours ses interlocuteurs.* (Jean-Christophe Rufin, *Rouge Brésil*, 2011) »

Subordonnées infinitives p. 478

Subordonnées participiales p. 482

> **Remarque**
>
> Les propositions infinitives et participiales sont aussi subordonnées :
>
> *Elle regarde **les gens sourire**, autour d'elle.* (Virginie Despentes, *Vernon Subutex 3*, 2017)
>
> ***La vapeur et Suez aidant**, elle mit seulement trois mois pour parvenir à Anvers.* (Marc Bressant, *Un si petit territoire*, 2017)

2. La subordination comparée à la coordination et à la corrélation

Avec la **subordination**, on établit une dépendance syntaxique entre un élément principal (par ex. un verbe) et un élément subordonné (par ex. une proposition). Une proposition subordonnée (PS) est dans la dépendance d'un verbe (*je pense que* + PS), d'un nom (*le garçon qui* + PS), d'un adjectif (*heureux de ce que* + PS), d'un adverbe (*heureusement que* + PS) ou d'un mot introducteur (*voici que* + PS). La conjonction subordonnante par excellence est *que*, mais les propositions subordonnées sont introduites par une grande variété de conjonctions.

La subordination s'oppose à la **coordination**, par laquelle différentes phrases sont ordonnées sur le même plan syntaxique, leur connexion étant marquée explicitement par une conjonction de coordination (par ex. *et*). Deux phrases coordonnées sont indépendantes l'une de l'autre. Deux phrases juxtaposées sont également indépendantes l'une de l'autre (comme les phrases coordonnées), mais elles sont placées l'une à la suite de l'autre sans aucune marque explicite de coordination.

La **corrélation** est un cas particulier de dépendance où deux phrases s'impliquent réciproquement : elles sont interdépendantes l'une de l'autre, l'une ne pouvant fonctionner sans l'autre (*elle est si… que* + P). La proposition subordonnée corrélative est appelée par un terme corrélatif dans la phrase principale. Certaines conjonctions (comme *plus… plus…*) impliquent une corrélation de phrases.

> **Remarque**
> Plusieurs propositions subordonnées peuvent se coordonner ; une subordonnée peut inclure une autre subordonnée :
>
> *Quand* elle sut *que* j'étais une fille *et que* Mère était morte, Emma resta interdite. (NÉGAR DJAVADI, **Désorientale**, 2016) (Deux propositions subordonnées en coordination.)
>
> Elle comprend *que* Venise l'a sauvée *parce que* Venise appartient à la mer. (VÉRONIQUE OLMI, **Bakhita**, 2017) (Enchâssement d'une proposition subordonnée dans une autre.)

La proposition subordonnée remplit une fonction par rapport au verbe principal ou par rapport à un constituant de la phrase ; dans le cas de la coordination ou de la juxtaposition de phrases, les deux phrases sont indépendantes ; elles ne sont pas reliées au niveau de la phrase, mais au niveau du sens du discours.

3. Classification des propositions subordonnées selon leur fonction

Dans la phrase complexe, la proposition subordonnée dépend du verbe ou d'un autre élément de la phrase, comme un nom ou un adjectif. Elle remplit une fonction syntaxique et occupe la position liée à sa fonction. Par exemple, une proposition subordonnée complément du verbe suit immédiatement le verbe et

PARTIE 5　La phrase complexe

est équivalente à un groupe nominal ; une proposition subordonnée relative suit immédiatement le nom, et est équivalente à un adjectif.

Proposition subordonnée dans la phrase complexe	Équivalent dans la phrase simple
La femme attend **que le cortège se soit éloigné** *pour partir.* (Léonora Miano, *La saison de l'ombre*, 2013)	La femme attend **l'éloignement du cortège** pour partir.
Il saisit une cuillère à café **qui traîne sur le comptoir.** (Laurent Binet, *La septième fonction du langage*, 2015)	Il saisit une cuillère à café **oubliée.**

La classification traditionnelle des subordonnées repose sur leur fonction dans la phrase. Le tableau suivant présente quels types de propositions subordonnées peuvent remplir chacune des fonctions dans la phrase.

Sujet	
1° Proposition subordonnée conjonctive introduite par la conjonction *que* et placée en tête de la phrase	*Que nous ayons à déplorer des traîtres ne signifie en aucun cas que le Continent n'ait pas été victime.* (Léonora Miano, *Les aubes écarlates*, 2009)
2° Proposition relative (sans antécédent) introduite par un des pronoms relatifs indéfinis *qui* ou *quiconque*	*Quiconque a vécu solitaire sait bien que le monologue est dans la nature…* (Daniel Rondeau, *Mécaniques du chaos*, 2017)
Attribut (du sujet et du complément d'objet direct du verbe)	
1° Proposition subordonnée conjonctive introduite par *que*	*Le mieux est* **que je vienne ce soir ou demain.** (Joël Dicker, *La vérité sur l'affaire Harry Quebert*, 2014)
2° Proposition subordonnée relative introduite par le relatif indéfini *qui* (au sens de *celui qui*) ou *quoi*	*Et c'est pour ça que je suis* **qui je suis** (Caroline de Mulder, *Bye Bye Elvis*, 2014)
3° Proposition subordonnée relative introduite par *qui* (attribut du complément d'objet direct du verbe)	*Elle a les mains* **qui tremblent.** (Leïla Slimani, *Dans le jardin de l'ogre*, 2014)
Séquence de l'impersonnel (après un verbe impersonnel)	
1° Subordonnée conjonctive introduite par *que*	*Il faut* **que nous parlions franchement, face à face.** (Bernard Werber, *La révolution des fourmis*, 1997)
2° Proposition infinitive	*Il convient* **de jeter le discrédit sur ceux qui nous diffament.** (Didier van Cauwelaert, *Le principe de Pauline*, 2014)

CHAPITRE **1** Généralités

	Complément d'objet direct du verbe
1° Proposition subordonnée conjonctive introduite par *que*	*Antoine remarqua* **que** *l'ambiance avait changé.* (Pierre Lemaitre, **Trois jours et une vie**, 2016)
2° Proposition subordonnée interrogative indirecte introduite par *si, qui, quel, quand*, etc.	*Il se demanda* **si** *Myriam s'était endormie derrière son écran.* (Philippe Djian, **Incidences**, 2010)
3° Proposition relative sans antécédent	*Elle avait deviné* **ce qui** *plairait aux filles.* (Catherine Cusset, **Indigo**, 2013)
4° Proposition infinitive avec un sujet propre	*Elle a vu* **un scooter partir** *il y a une demi-heure environ.* (Olivier Truc, **Le dernier Lapon**, 2012)
	Complément d'objet indirect du verbe
1° Proposition subordonnée conjonctive introduite par *à ce que, de ce que, en ce que, sur ce que* (et parfois *que*)	*Il consent* **à ce qu'on l'ampute.** (Laurent Gaudé, **Écoutez nos défaites**, 2016)
2° Proposition relative sans antécédent	*On parle* **à qui on peut.** (Philippe Jaenada, **Sulak**, 2013)
3° Proposition infinitive	*Samuel a pensé* **à aller dans l'Ouest**, *un temps.* (Louis Hémon, **Maria Chapdelaine**, 1912)
	Complément d'agent (du verbe passif)
1° Proposition relative sans antécédent introduite par *qui* ou *quiconque*	*Une fois dans sa vie, elle aurait donc été aimée par* **qui elle aimait.** (Marc Bressant, **Un si petit territoire**, 2017)
	Complément circonstanciel (du verbe ou de la phrase)
1° Proposition subordonnée conjonctive	**Dès que les fils ont atteint l'âge de seize ans**, *il les a d'ailleurs déscolarisés.* (Jean-Baptiste Del Amo, **Règne animal**, 2016)
2° Proposition relative (sans antécédent)	**Où nous en étions**, *d'ailleurs, on ne pouvait plus reculer.* (Louis-Ferdinand Céline, **Voyage au bout de la nuit**, 1932)
	Complément du présentatif
1° Subordonnée conjonctive introduite par *que*	*Voilà* **que le doute commence à entrer comme une lumière crue.** (Tahar Ben Jelloun, **L'enfant de sable**, 1986)
2° Subordonnée infinitive	*Voici* **venir mon divin roi.** (Albert Cohen, **Belle du Seigneur**, 1968)

Complément du nom (ou du pronom)	
1° Proposition subordonnée relative	Le regard *que les gens posent sur nous en tant que couple* est surprenant. (GILLES LEGARDINIER, *Demain j'arrête !*, 2011)
2° Proposition subordonnée conjonctive introduite par *que*	Cette idée *que les auditeurs ignoraient si le paquebot avait un nom ou pas* lui sembla pleine de charme. (FRÉDÉRIC VERGER, *Arden*, 2015)

Complément de l'adjectif	
1° Proposition subordonnée conjonctive introduite par *que*	Il est vexé ou furieux *que tu l'aies laissé tomber*. (KATHERINE PANCOL, *La valse lente des tortues*, 2008)
2° Proposition corrélative complément du comparatif	Les gendarmes s'approchent, moins prudents *qu'ils ne devraient*, pour les contrôler. (PHILIPPE JAENADA, *Sulak*, 2013)
3° Proposition relative sans antécédent	Ne soyez pas cruelle envers ceux *qui vous sont fidèles*... (VINCENT ENGEL, *Mayday*, 2015)

4. Classification des propositions subordonnées selon le mot introducteur

On distingue les subordonnées introduites par un mot introducteur des subordonnées sans mot introducteur.

1. Avec mot introducteur

Lorsqu'une proposition subordonnée est introduite par un mot introducteur, il s'agit :

- d'un **pronom relatif**, qui remplit une fonction dans la subordonnée et renvoie à un élément de la phrase principale ;

❝*Le festin, auquel elle est invitée, sera englouti le soir même.* (DELPHINE DE VIGAN, *Rien ne s'oppose à la nuit*, 2011) ❞

- d'une **conjonction de subordination** (ou d'une locution conjonctive), qui ne remplit pas de fonction dans la subordonnée ;

422

> *Elle rêvait **que** ce ciel chargé de neige crevait sur elle, tant le froid la pinçait.* (ÉMILE ZOLA, *L'assommoir*, 1876)
>
> *Je vais voler les bijoux **avant que** Ric ne le fasse.* (GILLES LEGARDINIER, *Demain j'arrête !*, 2011)

- d'un **pronom** ou d'un **adverbe interrogatif** (ou **exclamatif**) qui remplit une fonction dans la subordonnée.

> *Il ignorait **pourquoi** ils avaient travaillé tout le jour.* (JEAN-BAPTISTE DEL AMO, *Une éducation libertine*, 2008)
>
> *Voilà **comme** Paul est poltron !* (COMTESSE DE SÉGUR, *Les malheurs de Sophie*, 1858)
>
> *Il sait **comme** Maman est anxieuse.* (ALAIN BERENBOOM, *Périls en ce royaume*, 2014)

2. Sans mot introducteur

Les propositions subordonnées sans mot introducteur comprennent :
- les propositions subordonnées à l'infinitif ;

> *Les yeux fermés, elle écoute **les oiseaux pépier dans les branches de l'arbre juste de l'autre côté de la fenêtre**.* (CATHERINE CUSSET, *Un brillant avenir*, 2011)

- les propositions subordonnées au participe présent ou au participe passé.

> ***Mon petit hôtel parisien ayant fermé par ordre de la préfecture**, j'avais obtenu de la patronne, en échange d'un peu d'argent liquide, d'y passer la nuit en clandestin de temps en temps.* (SIMON LIBERATI, *Eva*, 2015)
>
> ***Libéré de la télévision**, il découvre qu'une fenêtre est plus transparente qu'un écran.* (SYLVAIN TESSON, *Dans les forêts de Sibérie*, 2011)
>
> ***Battue par l'averse**, la colonie avait l'air totalement déserte. **En approchant des bâtiments**, là où le sentier amorçait une pente légère, il dérapa dans la boue et faillit s'étaler de tout son long.* (BERNARD MINIER, *Glacé*, 2011)

CHAPITRE **2**

Les propositions subordonnées relatives

1. Les propositions subordonnées relatives adjectives
   (avec antécédent) 426
2. Les propositions subordonnées relatives substantives
   (sans antécédent) 429
3. Emploi du mode 430

La proposition subordonnée relative est introduite par un pronom relatif : *qui, que, quoi, dont, où, lequel, quiconque*, ou par une forme composée du pronom relatif : *auquel, duquel, sur lequel, dans lequel*, etc.

Le pronom relatif joue un triple rôle :

- il signale l'ouverture de la proposition relative et l'enchâssement d'une proposition dans la phrase en cours ;
- il renvoie généralement à un nom qui précède et qui constitue son antécédent, et il s'accorde éventuellement avec cet antécédent ;

> *Une goutte d'eau* dans *laquelle* *circulent d'autres gouttes d'eau* (CHRISTOPHE ONO-DIT-BIOT, ***Croire au merveilleux***, 2017)

- il remplit une fonction syntaxique au sein de la proposition relative ; cette fonction est marquée par sa forme : *qui* (sujet), *que* (complément d'objet direct), *dont* (complément d'objet indirect), etc.

> *Cette vie* ***que*** *Raphaël décrétait plate et ennuyeuse lui semblait palpitante.* (CATHERINE CUSSET, ***Indigo***, 2013) (Le pronom relatif *que* renvoie à l'antécédent « cette vie » ; dans la proposition relative, il joue le rôle de complément du verbe « décrétait » : *Raphaël décrétait* ***cette vie*** *plate et ennuyeuse*.)

Lorsque le pronom relatif a un antécédent, ce pronom est dit *représentant* car il représente un nom mentionné précédemment. Dans ce cas, la proposition relative remplit le plus souvent la fonction de complément du nom. Elle est dite ***relative adjective***, car elle complète le nom comme l'adjectif peut le faire.

> ❝*Je me revois encore restant debout, les jambes **qui tremblent**.* (Laurent Mauvignier, *Des hommes*, 2009) (= *Les jambes **tremblantes*** : la proposition relative joue le rôle d'un adjectif épithète.)❞

Lorsque le pronom relatif n'a pas d'antécédent, la proposition relative équivaut à un groupe nominal et peut en remplir toutes les fonctions du nom (sujet, complément du verbe, etc.). Elle est appelée *relative substantive*, car elle équivaut à un nom (anciennement appelé *substantif*) ou à un pronom.

> ❝***Quiconque a vécu solitaire*** *sait bien que le monologue est dans la nature…* (Daniel Rondeau, *Mécaniques du chaos*, 2017) (= ***Celui-là*** *sait bien que le monologue est dans la nature…* : la proposition relative joue le rôle d'un pronom sujet.)❞

1. Les propositions subordonnées relatives adjectives (avec antécédent)

1. Sur le plan du sens

La proposition subordonnée relative complément de nom (ou de pronom) peut remplir trois fonctions.

1° La proposition relative est **déterminative**, ou **restrictive**, quand elle restreint la signification du référent[1]. On ne peut pas l'effacer sans modifier la définition du référent : elle sert à distinguer l'être ou la chose dont il s'agit des autres êtres ou choses de la même catégorie.

> ❝*Ne t'inquiète pas des loups **qui courent devant nous**, ce sont des amis.* (Carole Martinez, *La terre qui penche*, 2015) (La relative déterminative spécifie le référent : il s'agit de *ces loups-là qui courent devant nous* par opposition à *tous les autres loups*. Si on l'effaçait, la référence deviendrait générale : *tous les loups*.)
>
> *Il est de mèche avec les extraterrestres **qui viennent de la planète de Ric**.* (Gilles Legardinier, *Demain j'arrête !*, 2011)
>
> *C'est oublier la prodigieuse phrase de Colette : « Paris est la seule ville au monde **où il n'est pas nécessaire d'être heureux**. »* (Amélie Nothomb, *La nostalgie heureuse*, 2013)❞

2° La proposition relative est **explicative**, ou **appositive**, quand elle décrit le référent à l'aide d'une caractéristique accessoire, exprimant un aspect particulier. On peut l'effacer sans nuire essentiellement au sens de la phrase et elle est, d'ordinaire, séparée de l'antécédent par une virgule :

---

1. Le référent est l'être, ou la chose, désigné par le nom antécédent.

> *Elle restait accoudée sur le bord, entre deux pots de géraniums, vêtue de son peignoir, **qui était lâche autour d'elle**.* (Gustave Flaubert, **Madame Bovary**, 1857)
>
> *Et dedans sont ses immenses trésors, **qui viennent de son Empire**, **qui entrent là et n'en ressortent jamais**.* (Alexis Jenni, **La conquête des îles de la Terre Ferme**, 2017)

> **Remarques**
> Deux tests permettent de distinguer la proposition relative déterminative de l'explicative.
> 1. Lorsque la relative est déterminative, on peut la reformuler avec le pronom défini (*celui*), ce qui n'est pas possible (*) quand elle est explicative.
> *Ne t'inquiète pas des loups qui courent devant nous.* → *Ne t'inquiète pas des loups, **ceux** qui courent devant nous.*
> *Elle était vêtue de son peignoir, qui était lâche autour d'elle* → **Elle était vêtue de son peignoir, **celui** qui était lâche autour d'elle.*
> 2. Lorsque la relative est explicative, on peut remplacer le pronom *qui* par *lequel*, et cette substitution n'est pas possible (*) pour une relative déterminative.
> *Elle était vêtue de son peignoir, qui était lâche autour d'elle* → *Elle était vêtue de son peignoir, **lequel** était lâche autour d'elle.*
> *Ne t'inquiète pas des loups qui courent devant nous* → **Ne t'inquiète pas des loups, **lesquels** courent devant nous.*

3° La proposition relative est **attributive** lorsqu'elle a la fonction d'attribut du complément d'objet du verbe (avec des verbes de perception comme *voir, entendre, regarder, sentir* ou *trouver* ; avec *voilà*). Elle est introduite par le pronom *qui* et ne peut pas être effacée, parce qu'elle apporte une information essentielle.

> *Je l'ai vu **qui s'éloignait le long du quai**, et il a disparu.* (Jean-Michel Guenassia, **De l'influence de David Bowie sur la destinée des jeunes filles**, 2017)
>
> *T'es pas amoureux hein ? Je l'ai senti **qui souriait**.* (Claudie Gallay, **Les déferlantes**, 2011)

> **Remarque**
> Certaines propositions relatives peuvent être considérées comme des attributs du sujet.
> *Maman est là **qui veille**.* (Katherine Pancol, **La valse lente des tortues**, 2008)

2. Sur le plan syntaxique

Les propositions relatives adjectives sont des expansions du nom et elles jouent le même rôle que les adjectifs épithètes (1) ou en apposition (2). Lorsqu'elle est appositive, la proposition relative est encadrée par des virgules.

> *Les dangers **qui menaçaient les Indiens** étaient d'autre nature.* (Jean-Christophe Rufin, **Rouge Brésil**, 2011) (1)
>
> *Le grand-père, **qui menaçait de reprendre l'affaire**, avait reçu une bombe en temps utile, et sauté avec.* (Nicolas Bouvier, **L'usage du monde**, 1963) (2)

PARTIE 5   La phrase complexe

L'antécédent du pronom relatif peut être un groupe nominal, un pronom personnel (*moi, toi, lui, elle, nous, vous, elle*), un pronom possessif (*le mien, le sien*, etc.), un pronom indéfini (*quelqu'un, rien*), etc.

> *Mais pourquoi les grands venaient -ils me parler à* **moi** *qui étais nouveau ?* (ÉDOUARD LOUIS, **En finir avec Eddy Bellegueule**, 2014).

> *Il n'a personne à qui se confier.* **Personne** *dont il pourrait supporter le regard, sur son visage de cocu, de mari naïf.* (LEÏLA SLIMANI, **Dans le jardin de l'ogre**, 2014)

Le pronom relatif remplit une fonction syntaxique auprès du verbe de la proposition relative.

- Le pronom relatif *qui* est sujet :

> *J'ai grand hâte de retrouver les affections* **qui** *m'attendent à Paris.* (PHILIPPE JAENADA, **La serpe**, 2017)

- Le pronom relatif *que* est complément d'objet direct du verbe ou attribut du sujet :

> *Les deux têtes* **que** *vous voyez là sont celles d'esclaves nègres.* (ALBERT CAMUS, **La chute**, 1956) (Le pronom *que* est complément d'objet direct du verbe : *vous voyez* **les deux têtes**.)

> *Ce corps* **que** *nous sommes est tout chair et tout esprit* (ALEXIS JENNI, **Son visage et le tien**, 2014) (Le pronom *que* est attribut du sujet : *nous sommes* **ce corps**.)

- Le pronom *dont* et les pronoms composés *auquel, duquel, sur lequel*, etc. sont complément du nom, complément d'objet indirect du verbe, complément circonstanciel, etc.

> *Parmi toutes les questions* **auxquelles** *je sais désormais qu'il ne répondra jamais, l'une provoque en moi une souffrance particulière.* (FRANÇOIS GARDE, **Ce qu'il advint du sauvage blanc**, 2013) (Le pronom *auxquelles* est complément d'objet indirect du verbe : *Je sais désormais qu'il ne répondra jamais* **aux questions**.)

> *Louise et Franck prenaient un café glacé* **dont** *Franck venait d'improviser la recette.* (SERGE JONCOUR, **L'amour sans le faire**, 2012) (Le pronom *dont* est complément du nom : *Franck venait d'improviser la recette* **du café glacé**.)

> *Il se demande si la façon* **dont** *Châtel pense à Dieu n'est pas plus juste que la sienne.* (LAURENT MAUVIGNIER, **Des hommes**, 2009) (Le pronom *dont* est complément circonstanciel du verbe : *Châtel pense à Dieu* **de cette façon**.)

- Le pronom *où* peut être complément essentiel ou circonstanciel du verbe :

> *Au mois d'août 38, la guerre se rapprocha dangereusement de la région* **où** *Montse vivait.* (LYDIE SALVAYRE, **Pas pleurer**, 2014) (Le pronom *où* est complément essentiel du verbe : *Montse vivait* **dans cette région**.)

CHAPITRE **2** Les propositions subordonnées relatives

> *Dans la mer **où** les morts se mêlent aux varechs*
> *Les bateaux renversés font des bonnets d'évêque.* (LOUIS ARAGON, **La nuit de Dunkerque** 1942) (Le pronom *où* est complément circonstanciel du verbe : *Les morts se mêlent aux varechs **dans la mer**.*)

Lorsque deux propositions relatives sont coordonnées, elles peuvent être introduites par des pronoms relatifs différents, ayant des fonctions différentes.

> *Dans le wagon **qui** parcourt les souterrains de la ville, et **que** parcourent des soldats, je voudrais que m'éclaire un visage et pas seulement l'écran de mon ordiphone.* (CHRISTOPHE ONO-DIT-BIOT, *Croire au merveilleux*, 2017) (Le pronom *qui* est sujet du verbe : **le wagon** parcourt ; le pronom *que* est complément d'objet direct du verbe : *des soldats parcourent **le wagon**.*)

> **Remarques**
> 1. Souvent la subordonnée relative, tout en précisant un nom ou un pronom, exprime simultanément une idée de but, de cause, de condition, de conséquence, etc., comme pourrait le faire un complément circonstanciel.
>   *Il fallait écrire un livre qui soit totalement indépendant du premier, mais qui puisse en même temps servir de code explicatif.* (JEAN ECHENOZ, *Je m'en vais*, 1999) (Idée de but.)
> 2. La subordonnée introduite par la conjonction *que* et précisant un nom comme *bruit, certitude, conviction, crainte, espoir, fait, nouvelle, opinion, preuve, sentiment*, est une subordonnée conjonctive complément du nom.
>   *La nouvelle que ma grand-mère était à toute extrémité s'était immédiatement répandue dans la maison.* (MARCEL PROUST, *Le côté de Guermantes*, 1920)
> 3. Dans les tournures à valeur concessive *qui que..., quel que soit, quelque ... que soit*, l'élément *que* n'est plus ressenti comme un pronom relatif. Il tend à être considéré comme invariable et sans fonction dans la subordonnée.
>   *Si fort que l'on aime une femme, **quelque** confiance **que** l'on ait en elle, **quelque** certitude sur l'avenir **que** vous donne son passé, on est toujours plus ou moins jaloux.* (ALEXANDRE DUMAS FILS, *La dame aux camélias*, 1848)
>   *Mais elle persistait à penser que ces terres nouvelles n'étaient que des étapes vers la seule destination possible, **quelque** détour **que** l'on fît pour y parvenir : la Méditerranée, avec son Italie, son Espagne, sa Grèce et ses terres barbaresques.* (JEAN-CHRISTOPHE RUFIN, *Rouge Brésil*, 2011)

2. Les propositions subordonnées relatives substantives (sans antécédent)

Les propositions subordonnées substantives n'ont pas d'antécédent. On les nomme *substantives* d'après l'ancienne appellation du nom, le *substantif*. Elles équivalent à un pronom ou à un groupe nominal dont elles peuvent remplir les fonctions dans la phrase : sujet, attribut du sujet, complément du verbe, complément de l'adjectif ou complément du présentatif. Elles sont introduites par un pronom relatif ou par une locution relative.

1° Les propositions subordonnées relatives substantives sont introduites par un **pronom relatif seul**.

- Le pronom relatif *qui* (ou sa variante *quiconque*), spécialement dans des phrases figées ou des proverbes :

> *Qui sème le vent récolte la tempête.* (François Garde, *Pour trois couronnes*, 2013) (Proposition relative sujet.)
>
> *Humble comme je suis qui ne suis rien qui vaille.* (Guillaume Apollinaire, *La porte*, 1913) (Proposition relative attribut du sujet.)

- Le pronom relatif *quoi*, obligatoirement précédé d'une préposition :

> *C'est à quoi devrait tendre toute âme : être la servante du Seigneur.* (Emmanuel Carrère, *Le Royaume*, 2014) (Proposition relative attribut du sujet.)

- Le pronom relatif *où* :

> *À la fin on va où veut maman et ce n'est pas chez mémé.* (René Goscinny, *Les vacances du petit Nicolas*, 1962) (Proposition relative complément essentiel du verbe.)

2° Les propositions subordonnées relatives substantives sont introduites par une **locution relative** *(ce qui, ce que, là où…)* :

> *Elle fait ce que font tous les enfants, elle invente, elle donne vie aux objets, aux pierres, aux plantes, elle anime et elle imagine.* (Véronique Olmi, *Bakhita*, 2017) (Proposition relative complément d'objet direct du verbe.)
>
> *De là où nous étions, nous ne pouvions non plus voir la barge.* (François Emmanuel, *Jours de tremblement*, 2010) (Proposition relative complément circonstanciel.)

3. Emploi du mode

1. À l'indicatif

Le verbe de la proposition subordonnée relative se met à l'indicatif quand cette subordonnée exprime un fait considéré dans sa réalité :

> *J'aimais la vie **que** Jo et moi **avions construite**. J'aimais la façon **dont** les choses médiocres **devinrent** belles à nos yeux.* (Grégoire Delacourt, **La liste de mes envies**, 2012)
>
> *J'ai choisi la solution **que** vous **connaissez** à présent que vous lisez cette lettre.* (Yann Moix, **Naissance**, 2013)

2. Au subjonctif

Le verbe de la proposition subordonnée relative se met au subjonctif quand on exprime un fait envisagé simplement dans la pensée ou avec une dimension subjective ; en particulier

- lorsque la subordonnée marque un but à atteindre, une conséquence :

> *Elle aurait préféré un fourre-tout **qui fasse** sac à main, tenu d'un seul côté pour marcher un peu penchée, avec ce mouvement chaloupé de jeune fille qui mime avec application un suprême détachement.* (Alexis Jenni, **La nuit de Walenhammes**, 2015)
>
> *Il n'avait rien dit mais s'était mis à chercher un mal **qui pût** vraiment détruire un fils de caïd.* (Hédi Kaddour, **Les prépondérants**, 2017)

- lorsque l'antécédent est accompagné d'un superlatif ou de *le seul, l'unique, le premier, le dernier* :

> *Voilà sans doute **la plus grande** excuse **que puisse** faire une âme aussi basse.* (Stendhal, **Le rouge et le noir**, 1830)
>
> *Soudain, la bête royale parut dans un froissement de roseaux foulés, tourna vers nous son beau mufle terrible, l'une des faces **les plus divines que puisse** assumer le danger.* (Marguerite Yourcenar, **Mémoires d'Hadrien**, 1958)
>
> *Il n'y a **que** cela **qui fasse** tenir le monde debout, la fidélité des hommes à ce qu'ils ont choisi.* (Laurent Gaudé, **Ouragan**, 2013)

Remarque

Cette dernière règle n'est pas absolue ; on met l'indicatif quand la subordonnée relative exprime un fait dont on veut marquer la réalité :

*Les mauvais succès sont les seuls maîtres qui **peuvent** nous reprendre utilement.* (Jacques-Bénigne Bossuet, *Oraison funèbre de Henriette-Anne d'Angleterre*, 1670)

*Il est né riche au-delà du raisonnable et, pour faire bonne mesure, doté d'une intelligence qui lui a ouvert les portes des **meilleures écoles** que **peut** fréquenter un dilettante.* (Pierre Lemaitre, *Sacrifices*, 2012)

3. À l'indicatif, au subjonctif ou à l'infinitif

Lorsque la subordonnée relative est insérée dans une phrase négative, interrogative ou conditionnelle, elle met son verbe **au subjonctif ou à l'indicatif**.

- Au **subjonctif** si elle exprime un fait envisagé simplement dans la pensée ou exprimant un certain sentiment du locuteur :

> *Il n'existe pas d'homme qui **soit** digne de vous.* (Honoré de Balzac, *La peau de chagrin*, 1831)

> *Comment ne pas voir que les incroyants, au contraire, sont capables mieux que personne de donner un exemple qui **vaille** d'être suivi ?* (Jean d'Ormesson, *C'est une chose étrange à la fin que le monde*, 2010)

- Mais à **l'indicatif** si la relative exprime un fait dont on veut marquer la réalité :

> *Il ne faut jamais mentir à celui qui vous **a donné** la vie.* (Larry Tremblay, *L'orangeraie*, 2013)

> *Celui qui **avait** l'air le moins embêté, c'était Eudes.* (René Goscinny, *Le petit Nicolas*, 1960)

- Quand la subordonnée exprime un fait éventuel ou soumis à une condition énoncée ou non, elle a son verbe au **conditionnel** :

> *Les seuls traités qui **compteraient** sont ceux qui **se concluraient** entre les arrière-pensées.* (Paul Valéry, *Regards sur le monde actuel*, 1931)

> *Il fallait que j'accepte cette idée d'emprunter un chemin qui **serait** peut-être une impasse.* (David Foenkinos, *Je vais mieux*, 2013)

- Dans certains cas où la subordonnée relative implique une idée de devoir, de pouvoir ou de nécessité, elle se construit **à l'infinitif** sans sujet exprimé :

> *Il n'a rien, lui, rien à quoi **rester** fidèle, rien qui lui donne cette force silencieuse.* (Laurent Gaudé, *Ouragan*, 2013)

> *C'était l'époque où **sortir** le martinet ne déclenchait aucune polémique.* (Virginie Despentes, *Vernon Subutex 1*, 2015)

CHAPITRE **3**

Les propositions subordonnées conjonctives

1. Typologie... 433
2. Les propositions subordonnées conjonctives
   essentielles 434
3. Les propositions subordonnées interrogatives
   indirectes.. 442
4. Les propositions subordonnées conjonctives
   compléments du nom ou de l'adjectif 444

1. Typologie

Les propositions subordonnées conjonctives sont introduites par une conjonction de subordination, comme *que, si, quand, parce que*, etc. ou par une locution conjonctive, comme *alors que, pendant que, du moment que*, etc. La conjonction de subordination ne joue aucun rôle syntaxique dans la subordonnée ; tantôt elle est purement conjonctive (comme *que*), tantôt elle indique le sens de la relation à établir entre le verbe principal et la proposition subordonnée (*lorsque* pour une relation temporelle, *parce que* pour une relation causale, etc.).

> *Je pensais* **que** *cela m'aiderait à me sentir plus confiante,* **quand** *viendrait le grand jour.* (BLANDINE LE CALLET, *La ballade de Lila K*, 2010)
>
> *Ce paragraphe a été tapé sur mon ordinateur* **alors que** *Lou se cachait dans les rideaux* **afin que** *je la surprenne,* **avant** *d'éclater de rire sous ses cheveux de paille* **lorsque** *je la chatouillais.* (FRÉDÉRIC BEIGBEDER, *Une vie sans fin*, 2017)

On distingue trois types de propositions subordonnées conjonctives selon la fonction qu'elles remplissent dans la phrase.

1° Les propositions subordonnées conjonctives **essentielles** remplissent une fonction essentielle dans la phrase et ne peuvent pas être supprimées : sujet, attribut du sujet, séquence de l'impersonnel, complément d'objet direct ou indirect du verbe, complément d'agent, complément du présentatif.

> *Il sait* **qu'il boite toujours un peu** *même si tout le monde dit* **que cela ne se voit pas**. (LEÏLA SLIMANI, *Dans le jardin de l'ogre*, 2014)
>
> *Une collégienne m'a demandé* **si j'avais du feu**. (SORJ CHALANDON, *Retour à Killybegs*, 2011)

2° Les propositions subordonnées conjonctives **compléments du nom ou de l'adjectif** sont des expansions du nom ou de l'adjectif.

> *L'idée* **que Philippe et Bertrand puissent s'éloigner de moi** *me blessait*. (FRANÇOIS GARDE, *L'effroi*, 2016)
>
> *Il est vexé ou furieux* **que tu l'aies laissé tomber** *et il se venge*. (KATHERINE PANCOL, *La valse lente des tortues*, 2008)

<small>Prop. subord. circonstancielles p. 447</small>

3° Les propositions subordonnées conjonctives **circonstancielles** sont facultatives. Certaines dépendent du verbe principal (1), tandis que d'autres sont associées à la phrase dans son ensemble et apportent un point de vue subjectif sur l'énonciation (2). Elles sont traitées dans un chapitre spécifique.

> *Mais* **dès que le père revient des champs**, *José se mure dans le silence*. (LYDIE SALVAYRE, *Pas pleurer*, 2014) (1)
>
> **Si je vous comprends bien**, *vous n'avez pas envie que les femmes se mêlent de la gestion des terres*. (VINCENT ENGEL, *Nous sommes tous des faits divers*, 2014) (2)

2. Les propositions subordonnées conjonctives essentielles

Les propositions subordonnées conjonctives essentielles, aussi appelées *propositions subordonnées complétives*, sont généralement introduites par la conjonction de subordination *que*. Elles sont parfois introduites par les locutions conjonctives *à ce que* ou *de ce que*.

CHAPITRE **3** Les propositions subordonnées conjonctives

> *J'ai regretté **que** mon père ne soit pas là.* (ALEXANDRE POSTEL, *L'ascendant*, 2015) (Subordonnée équivalente à un groupe nominal : *J'ai regretté **l'absence de mon père**.*)
>
> *Je m'attendais à ce **que** le radeau chavire d'un instant à l'autre.* (YANN MARTEL, *L'histoire de Pi*, 2001) (Subordonnée équivalente à un groupe prépositionnel : *Je m'attendais **au chavirage du radeau**.*)
>
> *Ça dépend **de ce que** vous cherchez.* (PIERRE LEMAITRE, *Cadres noirs*, 2010) (Subordonnée équivalente à un groupe prépositionnel : *Ça dépend **de l'objet de votre recherche**.*)

Les subordonnées conjonctives essentielles sont équivalentes à un groupe du nom ou à un groupe prépositionnel et elles remplissent les fonctions de ces deux classes de mots : sujet, attribut du sujet, séquence de l'impersonnel, complément d'objet direct ou indirect du verbe, complément du présentatif ou de la construction en *il y a*.

> **Remarques**
> 1. L'appellation **subordonnée complétive** convient aux subordonnées à fonction de compléments, mais pas à celles qui remplissent d'autres fonctions dans la phrase (sujet, séquence de l'impersonnel, etc.). C'est la raison pour laquelle nous ne l'avons pas retenue ici.
> 2. Les propositions **interrogatives indirectes totales** introduites par *si* sont des propositions conjonctives. Ce n'est pas le cas des propositions **interrogatives partielles** (par ex. *je demande **à qui tu parles***), qui sont introduites par un pronom ou un adverbe interrogatif. Néanmoins, afin de ne pas séparer les différentes formes de l'interrogation indirecte, elles sont traitées ensemble.

1. À fonction de sujet

Les propositions subordonnées conjonctives à fonction de sujet sont introduites par la conjonction *que* et sont le plus souvent placées en tête de la phrase :

> ***Que** nous ayons à déplorer des traîtres* ne signifie en aucun cas que le Continent n'ait pas été victime. (LÉONORA MIANO, *Les aubes écarlates*, 2009)

Elles sont placées après le verbe quand on emploie des tournures figées comme *d'où vient que*, *de là vient que*, *qu'importe que*, *à cela s'ajoute que*, etc. :

> *Qu'importait **que j'eusse cédé à la panique de vivre seul ou à une quelconque faiblesse paternelle de l'ordre du réflexe**.* (PHILIPPE DJIAN, *Impardonnables*, 2009)
>
> *De là vient **que** même si nous ne sommes qu'un entre mille pour elle et peut-être le dernier de tous, pour nous, elle est la seule et celle vers qui tend toute notre vie.* (MARCEL PROUST, *Albertine disparue*, 1925)
>
> *À cela s'ajoute **que** depuis l'ascension sociale des Presley, la moitié de la famille s'est quasiment installée à domicile.* (CAROLINE DE MULDER, *Bye Bye Elvis*, 2014)

PARTIE 5 La phrase complexe

> **Remarques**
> Phrase avec détachement p. 387
> 1. La proposition subordonnée sujet introduite par *que* et placée en tête de la phrase est souvent reprise par *ce, cela*, ou par un nom générique comme *la chose, le fait*, etc. Il s'agit d'un détachement à gauche visant à mettre en évidence le sujet :
> *Que les banlieues, que les cités de ces banlieues soient pauvres, c'est un fait ; qu'on injecte des milliards d'euros dans leur réfection, dans leur humanisation, dans leur réhabilitation, dans leur éventuelle destruction, c'est sans nul doute un devoir, c'est sans conteste une urgence.* (Yann Moix, **Terreur**, 2016)
> *Qu'Olivier soit en train de se saouler dans quelque bar sordide,* **la chose** *semble improbable.* (Agnès Dumont, **Mola Mola**, 2013)
> 2. Symétriquement, certaines propositions subordonnées à fonction de sujet sont détachées à droite, en fin de phrase. Elles sont annoncées par un des pronoms *ce, ceci, cela* (familièrement : *ça*) et sont introduites par *que, si, comme, quand, lorsque*, etc. :
> *C'est un miracle* **s'**il n'a pas foutu le feu à la maison. (Daniel Pennac, **La petite marchande de prose**, 1989)
> *C'est étonnant* **comme** *elle mangeait vite !* (Comtesse de Ségur, **Les petites filles modèles**, 1858)

Le verbe de la subordonnée sujet est généralement au subjonctif :

« *Qu'il* **fût** *parti en voyage, la chose paraît bien improbable.* (Marcel Aymé, **Les contes du chat perché**, 1939) »

2. À fonction d'attribut du sujet

La proposition subordonnée attribut du sujet est introduite par la conjonction *que*. Elle vient après certaines locutions formées d'un nom sujet et du verbe *être*, telles que : *mon avis est, le malheur est, le mieux est, la preuve en est*, etc. :

« *Mon avis est* **que** *ce sont des choses qui n'ont aucune importance.* (Marcel Proust, **À l'ombre des jeunes filles en fleurs**, 1919)

Le mieux est **que** *je vienne ce soir ou demain.* (Joël Dicker, **La vérité sur l'affaire Harry Quebert**, 2014) »

> **Remarque**
> Position de l'attribut p. 359
> L'attribut pouvant se placer en tête de phrase, on peut hésiter entre la fonction d'attribut et celle de sujet pour ces propositions conjonctives.

Le verbe de la subordonnée attribut se met :

- à l'indicatif quand cette subordonnée exprime un fait considéré dans sa réalité :

« *Mon opinion est que le vieillissement* **possède** *huit ou neuf causes différentes.* (Frédéric Beigbeder, **Une vie sans fin**, 2017)

L'essentiel est que tout cela **conduit** *à Anne.* (Pierre Lemaitre, **Sacrifices**, 2012) »

- au subjonctif quand on exprime un fait envisagé simplement dans la pensée, avec un sentiment subjectif (souhait, désir, volonté, etc.) :

> *L'essentiel est que tout **devienne** simple, comme pour l'enfant, que chaque acte **soit** commandé, que le bien et le mal **soient** désignés de façon arbitraire, donc évidente.* (Albert Camus, *La chute*, 1956)

- au conditionnel quand on exprime un fait éventuel ou dépendant d'une condition énoncée ou non :

> *La seule différence est que j'**attendrais** chaque jour qu'elle se décide à me quitter et que, le moment venu, je **serais** pas surpris.* (Aurélie Valognes, *Mémé dans les orties*, 2015)

3. À fonction de séquence de l'impersonnel

La proposition subordonnée à fonction de séquence de l'impersonnel est introduite par la conjonction *que*, après un verbe impersonnel (par ex. *il faut, il s'ensuit*) ou une construction impersonnelle (par ex. *il est exclu, il se dit*) :

> *Il fallut que je me misse à apprendre ce jeu rien que pour lui faire plaisir.* (Louis-Ferdinand Céline, *Voyage au bout de la nuit*, 1952)
>
> *Il est exclu que les enfants sachent quoi que ce soit à ce propos pour le moment.* (Marie Ndiaye, *Ladivine*, 2014)

Le verbe de la subordonnée séquence de l'impersonnel se met :

- à l'indicatif après les verbes de forme impersonnelle marquant la certitude ou la vraisemblance et exprimant un sens positif :

> *La vieille dame pleurait pour un rien, mais il est **évident** qu'elle **eut** vraiment du chagrin.* (Adelaïde de Clermont-Tonnerre, *Fourrure*, 2010)
>
> *Il est **probable** qu'elle **achètera** la vieille maison bretonne dès qu'ils auront suffisamment d'argent pour l'apport initial.* (Catherine Cusset, *Un brillant avenir*, 2008)

Remarques

1. Après *il me (te, lui...) semble que*, on met généralement l'indicatif :

   *Il me semble que la moitié d'une heure chaque jour **suffit** pour rappeler l'homme à ses devoirs envers Dieu.* (Jean-Christophe Rufin, *Rouge Brésil*, 2011)

2. Après *il semble que*, on met l'indicatif ou le subjonctif selon qu'on exprime le fait avec plus ou moins de certitude :

   *Ce soir-là il semblait bien que le monde **était** en train de revenir à moi et je me laissais faire.* (Hedwige Jeanmart, *Blanès*, 2015)

   *Aujourd'hui, il semblait bien que toute la sensualité de la duchesse **se satisfît** des plaisirs de la bouche, nourriture et bavardage.* (Vincent Engel, *Le miroir des illusions*, 2016)

- au subjonctif après les verbes marquant la nécessité, la possibilité, le doute, l'obligation ou exprimant une dimension subjective (*il faut, il importe, il est nécessaire / possible / urgent / heureux / regrettable, il convient*, etc.) ; et après les verbes de forme impersonnelle marquant la certitude ou la vraisemblance dans une phrase négative ou interrogative :

> *Il est **urgent** que cette somme me **soit adressée** sans aucun retard.* (ALEXANDRE DUMAS, *Le Comte de Monte-Cristo*, 1844)
>
> *Il n'est pas évident qu'elle ait le droit de vous communiquer cela au parloir.* (ÉRIC-EMMANUEL SCHMITT, *La rêveuse d'Ostende*, 2007)

> **Remarque**
> Cependant, c'est l'indicatif qu'on emploie si l'on veut marquer la réalité du fait :
> *Il n'est pas sûr que toutes ces libertés **servaient** à grand-chose mais c'était excitant en diable.* (BOUALEM SANSAL, *2084. La fin du monde*, 2015)

4. À fonction de complément d'objet direct ou indirect du verbe

La proposition subordonnée complément d'objet direct ou indirect est utilisée avec des verbes de déclaration ou de parole (*dire, affirmer, nier, raconter*, etc.), de jugement ou d'opinion (*penser, supposer*, etc.), de volonté (*vouloir, souhaiter, défendre, demander*, etc.) ou de sentiment (*adorer, craindre, regretter*, etc.).

a) Mots introducteurs

- Lorsqu'elle est **complément d'objet direct**, la proposition subordonnée est introduite par la conjonction *que* :

> *J'ai quelquefois rêvé **que** de temps en temps des heures se détachaient de la vie des anges et venaient ici-bas traverser la destinée des hommes.* (VICTOR HUGO, *Les misérables*, 1862)
>
> *Je reste silencieux et je crains **que** ma voix ne se perde, n'aille ailleurs.* (TAHAR BEN JELLOUN, *L'enfant de sable*, 1986)
>
> *Je ne pouvais plus nier **que** les lettres me blessaient, me salissaient.* (DELPHINE DE VIGAN, *D'après une histoire vraie*, 2015)

> **Remarque**
> Les propositions subordonnées interrogatives complément d'objet du verbe (*Je me demande si tu viens*) sont traitées dans une section spécifique.

Prop. subord. interrogatives p. 442

- Lorsqu'elle est **complément d'objet indirect**, la subordonnée est introduite par *à ce que* ou *de ce que*, selon la préposition demandée par le verbe :

> *Finalement elle consentit* **à ce que** *nous nous revoyions mais elle préférait que ce ne fût pas chez elle.* (François Emmanuel, **Cheyenn**, 2011)
>
> *Il profite* **de ce que** *Subutex ne l'a pas vu pour se faufiler dans le McDo d'en face.* (Virginie Despentes, **Vernon Subutex 1**, 2015)

> **Remarque**
> La subordonnée complément d'objet indirect est occasionnellement introduite par *en ce que* ou *sur ce que*, ou leurs variantes *en ceci/cela que, sur ceci/cela que* :
>> *Le mot châtiment me convient* **en ce qu'**il s'accorde à des dégâts physiques et psychiques avérés, mais me déplaît **en ceci qu'**il trahit une quelconque représaille, l'expression d'une punition. (Yann Moix, **Naissance**, 2013)
>>
>> *On se fie* **sur ce que** *les femmes n'ont pas reçu l'éducation des hommes, on les empêche de lire, on les empêche de penser, on les empêche de s'occuper de politique.* (Victor Hugo, **Les misérables**, 1862)
>>
>> *Elle semblait chercher à s'en excuser* **sur ce qu'**un des châteaux de son père, et où elle avait été élevée, étant situé dans une région où il y avait des églises du même style qu'autour de Balbec il eût été honteux qu'elle n'eût pas pris le goût de l'architecture, ce château étant d'ailleurs le plus bel exemplaire de celle de la Renaissance. (Marcel Proust, **À l'ombre des jeunes filles en fleurs**, 1919)

Il n'y a pas de règle simple qui explique l'alternance entre *que* et *à ce que / de ce que* pour introduire la proposition subordonnée.

Certains verbes à complément d'objet direct (par ex. *demander*) peuvent construire une proposition subordonnée introduite par *à ce que* en concurrence avec *que* :

> *Je vais demander* **à ce qu'**on enterre l'urne avec moi. (Aurélie Valognes, **Mémé dans les orties**, 2015)
>
> *Je vais demander* **que** *l'on nous trouve une boisson chaude.* (Gilbert Sinoué, **Avicenne ou La route d'Ispahan**, 1989)

De nombreux verbes qui demandent un complément d'objet indirect introduit par *à* ou *de* peuvent cependant construire une subordonnée introduite par le simple *que* (par ex. *abuser, consentir, remercier, profiter, s'attendre, se réjouir, s'inquiéter, s'étonner, se plaindre*, etc.). Tantôt l'usage avec le simple *que* est jugé plus élégant, tantôt c'est l'usage avec *à ce que* ou *de ce que* qui est jugé plus recherché.

> *Il s'attendait qu'on lui ait envoyé une frêle jeune fille égarée.* (ARMEL JOB, *Tu ne jugeras point*, 2009)
>
> *Il s'attendait à ce que la panthère soit un vieux mâle décharné aux dents usées.* (YANN MARTEL, *L'histoire de Pi*, 2001)
>
> *Elle n'aurait rien eu à payer si elle avait consenti qu'on attache le cercueil sur le toit du camion.* (DANY LAFERRIÈRE, *L'énigme du retour*, 2009)
>
> *Il consent à ce qu'on l'ampute.* (LAURENT GAUDÉ, *Écoutez nos défaites*, 2016)

b) Emploi du mode

Le verbe de la subordonnée complément d'objet (direct ou indirect) introduite par *que* se met :

- à l'indicatif après un verbe qui exprime l'existence d'un fait (par ex. *affirmer, croire, espérer, déclarer, dire, penser, entendre, voir, sentir*), quand le fait est considéré dans sa réalité :

> *Pavel affirmait qu'ils **pouvaient** être fiers d'avoir enfin réussi à réaliser l'idéal communiste : ils étaient égaux.* (JEAN-MICHEL GUENASSIA, *Le club des incorrigibles optimistes*, 2009)
>
> *Passerose s'aperçut que l'enfant **avait** la chair de poule.* (AMÉLIE NOTHOMB, *Riquet à la houppe*, 2016)

- au subjonctif lorsque la phrase principale est négative ou interrogative (1), sauf si on veut insister sur la réalité du fait (2) :

> *Il ne croyait pas que j'**aie pu** me traîner seul jusqu'à son cabinet.* (JEAN-BAPTISTE DEL AMO, *Le sel*, 2010) (1)
>
> *Il ne croyait pas que Lucia l'**avait** entendu.* (VINCENT ENGEL, *La peur du paradis*, 2009) (2)

- on utilise généralement le subjonctif après un verbe principal exprimant la volonté (*vouloir, interdire*) ou un sentiment (*se réjouir, craindre, douter, s'étonner*) :

> *Matthieu craignit qu'il n'**ait** raison.* (JÉRÔME FERRARI, *Le sermon sur la chute de Rome*, 2012)
>
> *J'adorerais que vous me **dévoriez**.* (AMÉLIE NOTHOMB, *Barbe bleue*, 2010)
>
> *Les pages congelées du registre interdisaient qu'on le **feuilletât**.* (JEAN ECHENOZ, *Je m'en vais*, 1999)

CHAPITRE **3** Les propositions subordonnées conjonctives

> **Remarque**
> Certains verbes comme *admettre, entendre, dire, prétendre* expriment tantôt l'opinion ou la perception, tantôt la volonté ; construits avec *que* et employés affirmativement, ils demandent après eux l'indicatif dans le premier cas, le subjonctif dans le second :
>
> *J'entends [= je perçois] que tu **as** encore beaucoup **fumé**, petit chenapan…* (Olivier Guez, *Les révolutions de Jacques Koskas*, 2014)
>
> *J'entends [= je veux] qu'on **soit** avec lui aux petits soins et qu'il **finisse** ses jours en paix.* (Marcel Aymé, *Les contes du chat perché*, 1939)

5. À fonction de complément du présentatif

La proposition subordonnée complément du présentatif *voici* ou *voilà* est introduite par *que*. La structure figée *il y a* peut également introduire une subordonnée conjonctive, avec l'effet de la relier à la phrase qui précède.

> *Or **voici qu'**elle était à ma portée, vive et brûlante et plus nue qu'une eau de cascade, et **voici que** j'étais vivant. **Voici que** le poids de mon corps n'entravait plus mes ailes. **Voici que** la nuit vient.* (Guy Goffette, *Elle, par bonheur, et toujours nue*, 1998)
>
> ***Voilà que** le doute commence à entrer comme une lumière crue, vive, insupportable.* (Tahar Ben Jelloun, *L'enfant de sable*, 1986)
>
> *— Tu es lâche ? — Je suis le contraire de cela. **Il y a que** certaines choses ont cessé de m'amuser.* (Christophe Ono-Dit-Biot, *Plonger*, 2013)
>
> *— Ce qu'il y a, Monseigneur?… **Il y a que** je suis en train de me préparer une belle éternité de flammes et de coups de fourche… **Il y a que** je bois, que je bois comme un misérable…* (Alphonse Daudet, *Lettres de mon moulin*, 1869)

> **Remarque**
> À l'origine, *voici* et *voilà* sont construits sur le verbe *voir* à l'impératif : *vois ci* (= vois ici) et *vois là*. C'est pourquoi certains grammairiens considèrent que leur complément est un objet direct du verbe *voir*. Dans la mesure où l'origine verbale du présentatif n'est plus ressentie par la plupart des usagers actuels, on préfère analyser cette proposition subordonnée comme un complément du présentatif.

La subordonnée complément du présentatif *voici* ou *voilà* a son verbe à l'indicatif ou au conditionnel :

> ***Voilà que** tu **parles** à présent d'enfants avec des ailes dans le dos.* (Driss Chraïbi, *La Civilisation, ma Mère !…*, 1972)
>
> *Et **voilà qu'**un jour l'Irlande **se réunirait** à nouveau. **Voilà que** la frontière **serait** piétinée par des milliers d'enfants rieurs.* (Sorj Chalandon, *Retour à Killybegs*, 2011)

3. Les propositions subordonnées interrogatives indirectes

1. Définition

La proposition subordonnée interrogative est complément d'objet direct ou indirect d'un verbe exprimant l'interrogation *(demander, douter)*. Elle se construit avec un verbe conjugué (1) ou avec un verbe à l'infinitif (2).

> *Il se demanda si Myriam s'était endormie derrière son écran.* (Philippe Djian, **Incidences**, 2010) (1)
>
> *Ma pauvre mère ne savait plus à quel saint se vouer, à tel point qu'elle était venue un jour me le dire.* (Anne Cuneo, **Le maître de Garamond**, 2002) (2)

La phrase interrogative p. 371

La subordonnée interrogative permet de construire une phrase interrogative indirecte. La phrase interrogative indirecte se prononce comme une phrase déclarative ordinaire et n'est pas, dans l'écriture, marquée par le point d'interrogation.

> **Remarque**
> Il existe aussi une proposition subordonnée exclamative indirecte, introduite par *comme*, par *que*, par *combien*, etc. :
>> *Si vous saviez **comme vous êtes belle** pourtant et **combien nue** dans cette blouse jaune qui montre votre cou et donne à vos lèvres le velours du baiser.* (Guy Goffette, **Elle, par bonheur, et toujours nue**, 1998)

2. Verbes introducteurs

Il existe environ quatre-vingts verbes qui peuvent introduire une subordonnée interrogative indirecte. Il s'agit :

- de verbes du type *demander* (*demander, s'informer, dire, chercher à savoir, interroger*, etc.) :

> *Pas un mouvement ne révéla chez le baron qu'il eût entendu ma phrase, et [...] je finis par **douter** si je n'avais pas été le jouet d'un mirage acoustique.* (Marcel Proust, **Sodome et Gomorrhe**, 1922)
>
> *Je me **demandais** quand tu finirais par me donner des nouvelles.* (Pierre Lemaitre, **Alex**, 2011)

- un verbe déclaratif ou perceptif auquel s'associe l'idée de l'interrogation (*dire, répondre, voir, entendre, sentir, savoir, raconter, comprendre, douter, ignorer*, etc.) :

> *Nous **ne saurons jamais** ce que serait notre vie si elle s'écrivait une fois pour toutes.* (Boualem Sansal, **Rue Darwin**, 2011)

- une locution verbale figée (*poser la question, lever le doute*, etc.) :

> *Ensuite, il **agitait la question** si une femme devait céder ou résister à un homme passionné.* (Denis Diderot, **Jacques le fataliste et son maître**, 1796)
>
> *Elle alla jusqu'à **mettre en doute** si elle ne devait pas tenter de rompre son vœu.* (Stendhal, **La chartreuse de Parme**, 1839)

> **Remarques**
> 1. Dans son sens déclaratif, *voir* (et d'autres verbes de perception) est construit avec une subordonnée conjonctive introduite par *que*. Au sens négatif, impliquant une idée d'ignorance, le verbe se construit avec une subordonnée interrogative indirecte :
>
> *Je **vois que** ça s'arrange avec Aurore !* (Guillaume Musso, **La fille de papier**, 2010)
>
> *On ramasse le bout de doigt au passage, mais Simon **ne voit pas si** on le jette ou si on le garde quelque part pour l'exposer dans des bocaux avec des étiquettes sur lesquelles on inscrira la date et le sujet.* (Laurent Binet, **La septième fonction du langage**, 2015)
>
> 2. Dans la langue littéraire, la proposition subordonnée interrogative indirecte peut compléter un nom ou un adjectif :
>
> *Tenez-moi **informée s'ils** se revoient.* (Hélène Grémillon, **Le confident**, 2010)
>
> *Mais à cette première **incertitude si** je les verrais ou non le jour même venait s'en ajouter une plus grave.* (Marcel Proust, **À l'ombre des jeunes filles en fleurs**, 1919)

3. Mots introducteurs

La proposition subordonnée interrogative prend deux formes selon qu'elle est totale ou partielle. Lorsqu'elle est totale, elle est introduite par *si*, qu'on peut considérer comme une conjonction de subordination[1]. Lorsqu'elle est partielle, la subordonnée interrogative est introduite par un mot interrogatif :

Subordonnée interrogative totale	si			
Subordonnée interrogative partielle	qui, quand, où, comment, pourquoi	que, quoi, quel, auquel, etc.	à qui/quoi de qui/quoi en qui/quoi etc.	à quel+nom de quel+nom en quel+nom etc.

Le mot interrogatif est le même que dans l'interrogation directe (à part le *si*) et il joue un rôle dans la proposition subordonnée.

---

1. Certains auteurs considèrent le **si** interrogatif indirect comme un adverbe interrogatif.

PARTIE 5   La phrase complexe

Proposition subordonnée interrogative indirecte	Phrase interrogative directe
Le cheval noir s'informa **si** l'oncle Alfred demeurait bien loin. (MARCEL AYMÉ, *Les contes du chat perché*, 1939)	Oncle Alfred demeurait-il bien loin ? Le cheval noir s'en informa.
Je ne sais pas **pourquoi** je raconte la vie triste de ma mère. (ALBERT COHEN, *Le livre de ma mère*, 1954)	**Pourquoi** est-ce que je raconte la vie triste de ma mère ? Je ne le sais pas.
Je ne peux évidemment pas dire **quel âge** j'avais. (JACQUELINE HARPMAN, *Moi qui n'ai pas connu les hommes*, 1995)	**Quel âge** avais-je ? Je ne peux évidemment pas le dire.
S'il n'y avait plus d'étrangers, nous ne saurions **à quoi** employer notre xénophilie. (PATRICK DEVILLE, *Kampuchéa*, 2011)	S'il n'y avait plus d'étrangers, **à quoi** emploierions-nous notre xénophilie ? Nous ne le saurions pas.

4. Emploi du mode

Le verbe de la subordonnée complément (direct ou indirect) dans l'interrogation indirecte se met :

- à l'indicatif si l'on exprime un fait considéré dans sa réalité :

> « Tu n'imagines pas **combien** l'annonce de cette nouvelle **a pu** me peiner. (MARCEL AYMÉ, *Les contes du chat perché*, 1939) »

- au conditionnel si l'on exprime un fait éventuel ou dépendant d'une condition énoncée ou non :

> « Il me vint de me demander **comment** je **mourrais**, si ce **serait** la nuit, dans mon sommeil, **et** je **serais** définitivement couchée sur la plaine, exposée au faible vent qui soufflait sans cesse, ou **si** je **deviendrais** malade et **aurais** à endurer des douleurs. (JACQUELINE HARPMAN, *Moi qui n'ai pas connu les hommes*, 1995) »

> **Remarque**
> Dans la subordonnée de l'interrogation indirecte, on a parfois l'infinitif lorsque le sujet (non exprimé) de cet infinitif est le même que celui du verbe principal :
> *Nous ne savions* **que dire** *ou* **que faire**. (FRANÇOIS GARDE, *L'effroi*, 2016)

4. Les propositions subordonnées conjonctives compléments du nom ou de l'adjectif

Groupe nominal p. 113

Prop. relative adjective p. 426

1. Complément du nom

La subordonnée complément du nom est une proposition introduite par la conjonction *que* (au sens de *à savoir que*) et jointe à un nom ou à un pronom pour le définir ou l'expliquer comme le ferait un complément du nom ou une proposition relative.

444

CHAPITRE **3** Les propositions subordonnées conjonctives

> *Cette idée* **que** *les paysages ont une mémoire.* (Sylvain Tesson, **Dans les forêts de Sibérie**, 2013)
>
> *Charlotte a le sentiment* **que** *le piano peut la comprendre.* (David Foenkinos, **Charlotte**, 2014)

Ce type de subordonnée complète des noms exprimant une opinion (*idée, évidence, probabilité, preuve, hypothèse,* etc.), une volonté (*souhait, espoir, désir,* etc.) ou un sentiment (*illusion, peur, crainte,* etc.).

> *La nostalgie était toujours en lui, et pour être plus précis : une nostalgie absurde. Cette illusion* **que** *notre passé sinistre possède tout de même un certain charme.* (David Foenkinos, **La délicatesse**, 2012)
>
> *Je vous quitte, avec l'espoir* **que** *le hasard ou le temps me permettra de découvrir quelque chose qui vaille la peine de vous déranger à nouveau.* (Sébastien Japrisot, **Un long dimanche de fiançailles**, 1991)
>
> *Elle y a vu la preuve* **que** *son corps foutait le camp, se décomposait.* (Delphine de Vigan, **Rien ne s'oppose à la nuit**, 2011)

Comme le complément du nom, elle peut fonctionner en apposition.

> *Je suis certain d'une chose :* **que** *vous ne supportez pas la nouvelle* **que** *je viens de vous apprendre.* (Yann Moix, **Naissance**, 2013)

2. Complément de l'adjectif

La proposition subordonnée complément de l'adjectif se joint à certains adjectifs exprimant, en général, une opinion ou un sentiment, tels que : *sûr, certain, heureux, content,* etc. ; elle est introduite par la conjonction *que* (parfois *de ce que* ou *à ce que*) :

> *Fallait voir le regard de la mère,* **contente** **que** *son fils ait des amis bien habillés, et polis.* (Tonino Benacquista, **Malavita**, 2004)
>
> *Je me souviens d'avoir expliqué à L. ma conception du succès, sans faux-semblant,* **sûre** **que** *mes paroles ne seraient pas mal interprétées.* (Delphine de Vigan, **D'après une histoire vraie**, 2015)

Parmi les subordonnées compléments d'adjectif, il y a les subordonnées compléments du comparatif :

> *Les gendarmes s'approchent,* **moins** *prudents* **qu'***ils ne devraient, pour les contrôler.* (Philippe Jaenada, **Sulak**, 2013)
>
> *Je sais très bien, tu es* **aussi** *argentin* **que** *moi je suis congolaise. Bas les masques, monsieur !* (Olivier Guez, **Les révolutions de Jacques Koskas**, 2014)

> *Il comprit que la situation, cette fois, était **plus** grave **qu'il ne l'avait pensé**.* (Pierre Lemaitre, **Au revoir là-haut**, 2013)

Prop. subord. circ. de comparaison p. 464

Remarque
Les propositions subordonnées compléments du comparatif fonctionnent comme des propositions subordonnées circonstancielles de comparaison.

3. Emploi du mode

Le verbe de la subordonnée complément du nom ou de l'adjectif se met :
- à l'indicatif quand cette subordonnée exprime un fait considéré comme réel :

> *Ma licence de lettres achevée, je m'inscris en faculté de médecine. L'ambiance y est sinistre. Je l'explique sommairement par le fait qu'aucun des étudiants ne **lit** de littérature.* (Lydie Salvayre, **Hymne**, 2011)

> *Ils continuaient néanmoins, certains qu'au bout de ce chemin deux options les **attendaient** : la mort ou la libération.* (Adélaïde de Clermont-Tonnerre, **Le dernier des nôtres**, 2016)

- au subjonctif quand elle exprime un fait envisagé simplement dans la pensée ou avec une dimension subjective (souhait, désir, volonté, etc.) :

> *À la face de tous, et d'abord à la nôtre, il a émis l'hypothèse que Lætitia et moi **fussions** frère et sœur…* (Vincent Engel, **Le miroir des illusions**, 2016)

> *Elles lui caressèrent aussi les oreilles, un peu étonnées que le poil y **fût** aussi doux.* (Marcel Aymé, **Les contes du chat perché**, 1939)

- au conditionnel quand elle exprime un fait éventuel ou soumis à une condition, énoncée ou non :

> *Et, certain que mon succès **durerait** toujours, je ne m'étais pas soucié des premiers avertissements de mon agent et de mon éditeur qui me pressaient de me remettre au travail et de commencer à écrire mon second roman.* (Joël Dicker, **La vérité sur l'affaire Harry Quebert**, 2014)

> *Quelle que soit l'heure, j'ouvrais la porte de mon appartement avec la peur au ventre, certaine que le jour **viendrait** où je **trouverais** quelqu'un qui **m'attendrait**, assis sur mon canapé ou tapi sous mon lit, venu pour me régler mon compte.* (Delphine de Vigan, **D'après une histoire vraie**, 2015)

CHAPITRE **4**

Les propositions subordonnées circonstancielles

1. Définition 447
2. Les propositions circonstancielles de temps 451
3. Les propositions circonstancielles de cause 454
4. Les propositions circonstancielles de but 457
5. Les propositions circonstancielles de conséquence 458
6. Les propositions circonstancielles de condition
   et d'hypothèse 461
7. Les propositions circonstancielles de manière
   et de comparaison 463
8. Les propositions circonstancielles d'opposition,
   de concession et de restriction 467

1. Définition

Les propositions subordonnées circonstancielles sont dites *conjonctives* car elles sont introduites par une conjonction de subordination. Elles sont facultatives : certaines complètent le verbe principal, tandis que d'autres sont associées à la phrase dans son ensemble et apportent un point de vue subjectif sur l'énonciation.

1. Mots introducteurs

Les propositions subordonnées circonstancielles sont introduites par :
- une conjonction de subordination (*quand, lorsque, si, comme*, etc.) ;
- une locution conjonctive (*dès que, afin que, pour que*, etc.) ;
- la conjonction *que* en corrélation avec un autre élément (*si... que, trop... que pour*, etc.).

Ces mots introducteurs ont un contenu sémantique : ils indiquent quelle relation interprétative (cause, conséquence, temporalité, etc.) doit être établie entre la proposition subordonnée et le verbe principal.

> **Remarque**
> Lorsqu'elle est répétée, une conjonction de subordination est reprise par *que* :
> **Si** *je travaille comme un malade, pense Michael,* **que** *je réussis et* **que** *je deviens le plus puissant des hommes, alors je deviendrai ce Michael-là.* (YANN MOIX, *Cinquante ans dans la peau de Michael Jackson,* 2009)
>
> *J'avais fait un caprice pour être à la fenêtre* **parce qu'**il pleuvait et **que** *j'aimais assister aux courses de gouttes d'eau le long de la vitre et souffler dessus pour dessiner dans la buée.* (GAËL FAYE, *Petit pays,* 2016)

2. Classification selon le sens

La classification traditionnelle des propositions subordonnées circonstancielles repose sur leur sens :

temps	cause	but	conséquence
condition/ hypothèse	concession/opposition/ restriction	manière/ comparaison	

Chaque proposition est équivalente à un adverbe ou à un complément prépositionnel. L'équivalence pour chaque type de subordonnée circonstancielle est donnée ci-dessous :

- de temps (temporelle) = *alors, à ce moment-là* ;

" **Lorsque j'étais certain de ne pas être dérangé** *je soulevais le couvercle des boîtes, le cœur battant, et me saisissais de leur contenu.* (PHILIPPE GRIMBERT, *Un secret,* 2004) "

- de cause (causale) = *à cause de cela* ;

" *Il ne travaille pas* **parce qu'il s'ennuie.** *Il a besoin d'être stimulé.* (JOËL DICKER, *Le livre des Baltimore,* 2015) "

- de but (finale) = *pour cela, dans ce but* ;

" *J'ai travaillé* **pour que mes filles aient une maison propre et une nourriture saine.** (FRÉDÉRIC BEIGBEDER, *Une vie sans fin,* 2017) "

- de conséquence (consécutive) = *avec cette conséquence* ;

" *Elle portait, pour travailler, des talons hauts,* **de sorte que [...] son visage arrivait à peu près au niveau du sien.** (MARIE NDIAYE, *Ladivine,* 2014) "

- de condition (conditionnelle) ou d'hypothèse (hypothétique) = *à cette condition ; dans cette hypothèse ;*

" **Si nous réparons cet orgue comme il le faut, si nous travaillons bien,** *alors, quand je poserai ma main sur ces quatre touches, là, tu entendras toi aussi la cinquième voix.* (JÉRÔME FERRARI, *Dans le secret,* 2012) "

CHAPITRE **4** Les propositions subordonnées circonstancielles

- de manière ou de comparaison = *comme cela, de cette manière* ;

" *Tu travailles **comme on se venge**.* (Daniel Pennac, *Monsieur Malaussène*, 1995) "

- de concession (concessive), d'opposition (oppositive) ou de restriction (restrictive) = *malgré cela ; en dépit de cela ; excepté cela.*

" ***Bien que les verres soient emballés dans de la paille avec le plus grand soin,*** *on entend parfois le bruit cristallin d'une plaque qui se brise.* (Bernard Tirtiaux, *Le passeur de lumière*, 1993) "

> **Remarques**
> 1. Il n'y a pas de proposition subordonnée circonstancielle de lieu. Les propositions subordonnées exprimant le lieu et introduites par *où* (*d'où, par où, là où, jusqu'où*, etc.) peuvent se rattacher aux propositions subordonnées relatives.
>   ***De là où j'étais,*** *c'était la sensation d'immobilité qui dominait.* (David Foenkinos, *Nos séparations*, 2008)
> 2. Certains auteurs considèrent une subordonnée d'addition introduite par *outre que*. Il s'agit plutôt d'une pseudo-coordonnée.
>   ***Outre qu'elle était très jeune et très belle,*** *elle se montrait assez excentrique.* (Éric-Emmanuel Schmitt, *Odette Toutlemonde et autres histoires*, 2006)
> 3. Les valeurs sémantiques exprimées par les circonstancielles subordonnées (1) peuvent également être exprimées au moyen de deux phrases indépendantes coordonnées (2).
>   *Après quatre mois, nous prîmes le chemin du retour. Nous avions fait une large boucle,* ***de sorte qu'il ne nous fallut qu'un mois pour rejoindre le village.*** (Jacqueline Harpman, *Moi qui n'ai pas connu les hommes*, 1995) (1)
>   *T'avais réussi, t'avais obtenu la gloire,* ***donc*** *t'avais plus besoin de lui.* (Joël Dicker, *La vérité sur l'affaire Harry Quebert*, 2014) (2)

3. Classification syntaxique : attachée au verbe ou à la phrase

La proposition subordonnée circonstancielle est facultative ; elle dépend soit du verbe, soit de la phrase dans son ensemble.

a) Proposition subordonnée circonstancielle complément du verbe

La proposition subordonnée circonstancielle **complément du verbe** apporte des précisions sur les circonstances principales de l'action. Même si cette subordonnée est facultative d'un point de vue syntaxique, elle apporte l'information primordiale de la phrase, celle sur laquelle on focalise l'attention.

Cette proposition se place plus naturellement après le verbe, sans détachement ni par la ponctuation, ni par une pause.

" *Nous on a rigolé* ***parce qu'Athanase est très menteur.*** (René Goscinny, *Les vacances du petit Nicolas*, 1962)

> *Pendant la semaine, Marie dort encore quand Alexandru et sa mère quittent la maison.* (Catherine Cusset, **Un brillant avenir**, 2008)

Phrase emphatique p. 389

Elle peut être formulée dans une construction emphatique, qui a pour effet de la mettre en évidence (focalisation).

> *C'est pas parce qu'elle a un gros cul qu'elle a moins froid qu'une autre.* (Virginie Despentes, **Vernon Subutex 2**, 2015) (Dans la formulation neutre, la circonstancielle est dans la portée de la négation du verbe : *Elle a pas moins froid qu'une autre parce qu'elle a un gros cul.*)

b) Proposition subordonnée circonstancielle complément de la phrase

Énonciation p. 333

Compléments de phrase p. 368

La proposition subordonnée circonstancielle complément de phrase porte sur l'ensemble de la phrase. Elle fournit une précision sur la relation entre la phrase et l'état du monde dans lequel cette phrase est utilisée. Cette subordonnée se situe sur un plan différent du reste de l'énoncé, elle le surplombe.

La subordonnée circonstancielle de phrase est généralement détachée du reste de la phrase, en tête ou en fin de phrase, et séparée par une virgule ou par une pause.

> *Elle ne se réveille pas, souffla Gossewicz. Elle a de la chance, **parce que moi je ne dors presque plus**.* (Alexis Jenni, **La nuit de Walenhammes**, 2015) (Paraphrase : *Elle a de la chance [de dormir], **et je pense cela** parce que moi je ne dors presque plus.*)
>
> *Il lui avait énormément coûté d'arrêter de travailler, **contrairement à ce que pensait Jean-Luc**.* (Serge Bramly, **Le premier principe, le second principe**, 2008)
>
> *On s'est parlé en prenant le petit-déjeuner le lendemain... et, plus je t'écoutais, plus je rêvais de travailler avec toi... **de sorte qu'avant de se séparer ce jour-là, j'avais réussi à te faire signer comme scénariste pour mon prochain film**.* (Nancy Huston, **Danse noire**, 2013)

4. Un cas particulier : les propositions subordonnées corrélatives

La proposition subordonnée classique dépend du verbe ou de la phrase. La proposition subordonnée corrélative est interdépendante avec la phrase : ni l'une ni l'autre ne peut être supprimée ou déplacée. La proposition subordonnée corrélative est généralement introduite par *que* et annoncée par un mot de la phrase principale.

> *Cette perspective est **tellement** angoissante **que je la chasse immédiatement de mon esprit**.* (Pierre Lemaitre, **Cadres noirs**, 2010)
>
> *Et les parents riaient **si** fort **qu'ils en étaient pliés en deux**.* (Marcel Aymé, **Les contes du chat perché**, 1939)

→ suppression impossible	*Et les parents riaient si fort.
→ déplacement impossible	*Qu'ils en étaient pliés en deux les parents riaient si fort. *Si fort qu'ils en étaient pliés en deux les parents riaient.

Les termes corrélatifs sont des adverbes ou des adjectifs :

Adverbes	plus, davantage, moins, aussi, autant, d'autant plus, si, tellement, tant... que (adverbes de degré avec *que*)	trop, assez, suffisamment... pour que (adverbes de degré avec *pour que*)	mieux, pis... que (adverbes comparatifs)	ailleurs, autrement... que
Adjectifs	tel, autre, même... que (indéfinis)	meilleur, moindre, pire... que (comparatifs)		

Les propositions subordonnées corrélatives remplissent la fonction de circonstancielle de conséquence (1), de comparaison (2) ou de complément de l'adjectif (3) :

> « *J'ai **tellement** peur **que** j'ai mal au ventre.* (Virginie Despentes, *Vernon Subutex 3*, 2017) (1)
>
> *L'article passera donc **tel que** je l'ai écrit.* (Maurice Leblanc, *L'aiguille creuse*, 1909) (2)
>
> *Elle sera **tellement** belle **que** tout le monde la regardera passer sans rien dire.* (Jean-Louis Fournier, *Poète et paysan*, 2010) (3) »

2. Les propositions circonstancielles de temps

1. Définition

La proposition subordonnée temporelle entretient une relation chronologique avec l'action ou l'état décrit dans la proposition principale.

1° La proposition circonstancielle de temps **subordonnée au verbe** précise et délimite la temporalité de l'action ou de la situation décrite par le verbe. Elle est habituellement placée après le verbe, sans détachement (ni virgule, ni pause).

> « *Jacques me demanda de l'attendre **pendant qu'**il raccompagnait ses amis en voiture.* (Simone de Beauvoir, *Mémoires d'une jeune fille rangée*, 1958)
>
> *Tu manges si peu **depuis que** nous sommes ensemble.* (Geneviève Damas, *Patricia*, 2017)
>
> *Il sera temps d'avoir de l'esprit **quand** tu seras évêque.* (Stendhal, *La chartreuse de Parme*, 1839) »

2° La proposition circonstancielle temporelle **associée à la phrase** fournit un repère pour dater un évènement ou une situation dans son ensemble. Elle ouvre un champ, crée un monde dans lequel la phrase vient prendre place. Elle est généralement placée en tête de phrase et suivie d'une virgule ou détachée entre virgules.

> *Comme je descendais des Fleuves impassibles*
> *Je ne me sentis plus guidé par les haleurs* (ARTHUR RIMBAUD, *Le bateau ivre*, 1871)
>
> *Quand tu te réveilles, il fait jour.* (ANAÏS BARBEAU-LAVALETTE, *La femme qui fuit*, 2015) (N'a pas exactement le même sens que : *Tu te réveilles quand il fait jour.*)
>
> *Quand j'étais en Irlande, me dit-il, je vivais à l'haïtienne. Maintenant que je suis en Haïti, je me sens totalement irlandais.* (DANY LAFERRIÈRE, *L'énigme du retour*, 2009)
>
> *Tu craignais plus que tout, **quand tu étais chrétien**, de devenir le sceptique que tu es bien content d'être aujourd'hui.* (EMMANUEL CARRÈRE, *Le Royaume*, 2014)
>
> ***Lorsque tu dormiras**, ma belle ténébreuse,*
> *Au fond d'un monument construit en marbre noir,*
> ***Et lorsque tu n'auras** pour alcôve et manoir*
> *Qu'un caveau pluvieux et qu'une fosse creuse;*
> ***Quand la pierre**, opprimant ta poitrine peureuse*
> *Et tes flancs qu'assouplit un charmant nonchaloir,*
> *Empêchera ton cœur de battre et de vouloir,*
> *Et tes pieds de courir leur course aventureuse,*
> *Le tombeau, confident de mon rêve infini,*
> *— Car le tombeau toujours comprendra le poète, —*
> *Durant ces longues nuits d'où le somme est banni,*
> *Te dira: « Que vous sert, courtisane imparfaite,*
> *De n'avoir pas connu ce que pleurent les morts? »* (CHARLES BAUDELAIRE, *Remords posthume*, 1857) (Ce poème est construit par une accumulation de subordonnées débouchant sur la proposition principale : *Le tombeau te dira.*)

2. Mots introducteurs

Le choix du mot introducteur varie selon que l'action ou la situation présentée par la subordonnée est simultanée à celle du verbe principal, la précède (antériorité) ou lui succède (postériorité). À certaines conjonctions temporelles s'ajoutent des nuances de sens, comme l'opposition pour *alors que* ou la cause pour *comme*.

Simultanéité (mode indicatif)	alors que (temporalité ou opposition)	au moment où	aussi longtemps que (temporalité et idée de durée)
	chaque fois que (temporalité et idée de répétition)	comme (temporalité ou cause)	depuis que (temporalité et idée de durée)
	en même temps que	lorsque	maintenant que (temporalité et idée de commencement)
	pendant que (temporalité et idée de durée)	quand	tandis que (+ idée d'opposition)
	tant que (temporalité et idée de durée)	toutes les fois que (temporalité et idée de répétition)	cependant que, durant que (rare)
Antériorité (mode subjonctif)	avant que	en attendant que (temporalité et idée de durée)	jusqu'à ce que (temporalité et idée de durée)
Postériorité (mode indicatif)	après que	dès que	aussitôt que, sitôt que (temporalité et idée de soudaineté)

> **Remarques**
>
> **1.** Au lieu de répéter ces conjonctions dans une suite de propositions subordonnées, on peut les remplacer par *que* (ou par *où* pour *au moment où*) :
>
> *Quand il fait beau et que nous sommes à la plage, les filles ne nous gênent pas.* (RENÉ GOSCINNY, *Les vacances du petit Nicolas*, 1962)
>
> *Il fallait, dans l'accablement du premier repos, au moment où l'on s'endormait et où l'on se réchauffait à peine, se réveiller, se lever, et s'en aller prier.* (VICTOR HUGO, *Les misérables*, 1862)
>
> **2.** Avec *alors que*, l'idée d'opposition peut dominer l'idée de simultanéité :
>
> *Alors que la plupart des enfants de mon entourage recevaient* La Semaine de Suzette, *j'étais abonnée à* L'Étoile noëliste, *que maman jugeait d'un niveau moral plus élevé.* (SIMONE DE BEAUVOIR, *Mémoires d'une jeune fille rangée*, 1958)
>
> **3.** La locution *à peine... que* construit une subordonnée corrélative, annoncée dans la proposition principale par *à peine*. Paradoxalement, la teneur principale de la phrase se trouve dans la subordonnée introduite par *que* (d'où l'appellation de subordination inverse).
>
> *Le déjeuner était à peine fini que la douce personne se leva d'un air indolent et entra dans le parc.* (CHODERLOS DE LACLOS, *Les liaisons dangereuses*, 1782)

3. Emploi du mode

Le verbe de la subordonnée complément circonstanciel de temps se met :

1° le plus souvent à **l'indicatif**, quand cette subordonnée marque la simultanéité ou l'antériorité et exprime un fait considéré dans sa réalité :

> ❝ *Tu ne prendras conscience de ton amour que* **lorsque** *tu* **auras** *réussi cet acte hors mesure.* (PHILIPPE JAENADA, *La petite femelle*, 2015)

> *Il se trouve que je suis sortie du ventre de ma mère 1953 ans **après que** ce Jésus **est sorti** du ventre de la sienne.* (Nancy Huston, *L'espèce fabulatrice*, 2016)

> **Remarque**
> Depuis le début du XXᵉ siècle, il y a une tendance à faire suivre *après que* du subjonctif, par analogie avec *avant que*. Cette tendance s'est largement répandue, davantage dans le style parlé que littéraire. Elle contrevient à la règle qu'un fait considéré dans sa réalité se conjugue à l'indicatif.
> *Ce matin, elle est restée dans le gaz longtemps **après que** les enfants **se soient levés** et **aient rempli** l'appartement de petits cris joyeux.* (Dominique Costermans, *Nous dormirons ensemble*, 2016)

2° au **subjonctif** uniquement après *avant que, en attendant que, jusqu'à ce que*, puisque le fait décrit dans la subordonnée n'est pas encore avéré :

> *Il fallait saisir cette opportunité **avant qu**'il **rejoigne** Manon.* (Catherine Cusset, *Indigo*, 2013)
>
> *Pendant ce temps, Damian s'enfermait dans sa chambre **en attendant que** sa mère **ait fini** de préparer le repas du soir.* (Liliana Lazar, *Enfants du diable*, 2016)
>
> *Nous chantons **jusqu'à ce que**, soudain, un coup sourd **retentisse**.* (Laurent Gaudé, *Ouragan*, 2013)

> **Remarque**
> *Jusqu'à ce que* se construit parfois avec l'indicatif quand on veut marquer la réalité d'un fait :
> *Pendant qu'il la besognait, elle noua les jambes autour des siennes et le tint serré **jusqu'à ce que**, dans un râle, **il se soulagea** en elle.* (Vincent Engel, *Le miroir des illusions*, 2016)

3° au **conditionnel** quand la subordonnée exprime un fait simplement possible :

> *Pendant qu'elle **serait** à Combray, ma mère s'**occuperait** de certains travaux que ma grand-mère avait toujours désirés.* (Marcel Proust, *Sodome et Gomorrhe*, 1922)
>
> *Il pensa avec plaisir à l'étonnement des petites quand elles le **découvriraient**.* (Marcel Aymé, *Les contes du chat perché*, 1939)
>
> *Le patron **serait** furieux quand il l'**apprendrait**.* (Michel Bussi, *On la trouvait plutôt jolie*, 2017)

3. Les propositions circonstancielles de cause

1. Définition

La proposition subordonnée causale tantôt précise la cause ou la motivation de la situation présentée par le verbe principal (1), tantôt en justifie l'énonciation (2).

> *Une pierre tombe **parce qu'elle est pesante**.* (STENDHAL, *Le rouge et le noir*, 1830) (1)
>
> *Il est impitoyable, **puisque la destruction d'une ville entière lui semble légitime**.* (FRANÇOIS GARDE, *La baleine dans tous ses états*, 2015) (2) (*Il est impitoyable,* [**et je le sais**] *puisque la destruction d'une ville entière lui semble légitime.*)

1° La subordonnée strictement causale dépend du verbe principal de la phrase. Elle peut être mise dans une structure emphatique en *c'est… que*.

> ***C'est** parce qu'il était absent **que** ma tante était venue au village pour venir nous aider tous.* (AHMADOU KOUROUMA, *Allah n'est pas obligé*, 2015)

> **Remarque**
> Dans une phrase négative, la subordonnée causale peut être incluse dans la portée de la négation (1,2) ou non (3). Lorsque la subordonnée est sous la portée de la négation, on utilise souvent *non pas parce que… mais parce que*, pour éviter l'ambiguïté présente en (3).
>
> *On ne meurt pas parce que les autres sont malades mais parce qu'on l'est soi-même.* (BOUALEM SANSAL, *2084. La fin du monde*, 2015) (1)
>
> *Elle ne cesse de crier et de gronder sa fille, non parce que Nathalie ne fait pas ses devoirs et n'a pas de bonnes notes, mais parce qu'elle ne répète pas son piano tous les soirs.* (CATHERINE CUSSET, *Une éducation catholique*, 2014) (2)
>
> *Il n'a pas pris l'avion parce qu'il est malade du cœur.* (LAURENT BINET, *HHhH*, 2010) (3)

2° La subordonnée causale qui justifie l'énonciation est généralement détachée au moyen d'une virgule, en tête ou en fin de phrase. Il n'est pas possible de la mettre dans une forme emphatique en *c'est… que*.

> *Elle me raccompagne jusqu'à chez moi, **puisque chez nous c'est devenu chez moi**.* (SERGE JONCOUR, *Combien de fois je t'aime*, 2008)
>
> *Il y a une histoire que je raconte chaque année à mes étudiants, **parce que je sais qu'ils vont s'arrêter d'écrire et croiser les bras**, c'est celle du capitaine George Earl.* (YANNICK HAENEL, *Jan Karski*, 2016)
>
> *Autrefois, on avait bien raison de le blaguer, **attendu qu'un verre de vin n'a jamais tué un homme**.* (ÉMILE ZOLA, *L'assommoir*, 1877)

2. Mots introducteurs

Les principales conjonctions ou locutions conjonctives introduisant les subordonnées circonstancielles de cause sont les suivantes :

Cause	parce que	du fait que	à cause que (style régional ou archaïque)
Justification	parce que	puisque	comme
	attendu que (style archaïque ou juridique)	d'autant plus que	étant donné que
	surtout que (style informel)	vu que	

La conjonction causale la plus fréquente est *parce que*. Elle peut servir la fonction proprement causale et la fonction de justification.

> *Parce qu'avec toi le temps a pris de nouvelles dimensions*
> *Que ma routine s'est égarée dans ces changements de direction*
> *Parce que les jours de la semaine se mélangent dans ce bazar*
> *Parce que c'est toi, parce que t'es là, je n'ai plus peur du dimanche soir.* (GRAND CORPS MALADE, **Dimanche soir**, 2018)

D'autres conjonctions, comme *puisque* ou *comme*, sont spécialisées dans la fonction de justification. Elles ne peuvent pas servir à répondre à une question en *pourquoi* :

– *Pourquoi ? Parce que. *Puisque.*

Remarques

1. La structure corrélative *si… c'est que…* permet de construire une relation d'explication causale entre deux phrases :

   Si les hommes se tirent dessus, c'est qu'il y a des vaccins dans les balles
   Et si les bâtiments explosent, c'est pour fabriquer des étoiles
   Et si un jour, ils ont disparu, c'est qu'ils s'amusaient tellement bien
   Qu'ils sont partis loin faire une ronde, tous en treillis, main dans la main. (ORELSAN, **Tout va bien**, 2017)

2. Avec *non que, non pas que, ce n'est pas que*, on introduit une cause qu'on rejette immédiatement ; ces propositions ne sont pas réellement subordonnées au verbe principal :

   Il lui apparut que seul ce vêtement indiquait un caractère, un genre d'existence comme privilégiés. **Non que** *le jeune homme fût vêtu avec recherche ; au contraire, il affectait une certaine nonchalance.* (GABRIELLE ROY, **Bonheur d'occasion**, 1945)

   C'était Julio. Le nettoyeur. Bien entendu, je l'ai aidé. **Non pas que** *j'y tinsse plus que cela, mais je ne pouvais décemment pas regarder ce brave garçon se charger de tout mon linge sale en famille sans lui donner un coup de main.* (ANNA GAVALDA, **Fendre l'armure**, 2017)

Parataxe
p. 488

3. Emploi du mode

Le verbe de la subordonnée circonstancielle de cause se met :

1° à l'indicatif quand cette subordonnée exprime un fait considéré dans sa réalité :

> *Elle ne pouvait pas ramener un autre garçon à la maison* **étant donné que** *tout le village l'avait déjà vue avec un autre.* (ÉDOUARD LOUIS, **En finir avec Eddy Bellegueule**, 2014)

2° au conditionnel quand elle exprime un fait simplement possible ou soumis à une condition énoncée ou non :

> *Elle va être très gênée,* **parce que** *vous n'auriez pas dû la voir sans voile.* (MICHEL HOUELLEBECQ, **Soumission**, 2015)

4. Les propositions circonstancielles de but

1. Définition

La proposition subordonnée de but exprime la finalité visée par le verbe principal et ses compléments, finalité que l'énonciateur souhaite voir atteinte. Lorsque le but exprimé est négatif, il s'agit du but rejeté, que l'on ne souhaite pas voir atteint.

> *Afin que le moment soit parfait*, j'allai chercher à la cuisine un verre du Clos-Vougeot de la veille. (AMÉLIE NOTHOMB, *Le fait du prince*, 2008) (But.)
>
> Il s'arrête un peu avant l'entrée *pour qu'on ne le voie pas*. (MARGUERITE DURAS, *L'amant*, 1984) (But.)
>
> D'ailleurs elles en sont presque à souhaiter qu'il y ait un homme, *histoire que Louise ne se retrouve pas seule au cas où ici ça tournerait mal*. (SERGE JONCOUR, *L'amour sans le faire*, 2012) (But.)
>
> J'arrêtais aussitôt de pleurer *de crainte qu'elles ne me changent en grenouille*. (CHRISTOPHE BOLTANSKI, *La cache*, 2015) (But négatif.)

2. Mots introducteurs

Les locutions conjonctives servant à introduire une proposition subordonnée complément circonstanciel de but sont les suivantes :

But positif	pour que (usage courant)	afin que (style recherché)	à (la) seule fin que (style recherché ; indique un but unique)
	histoire que (informel)	de façon que, de manière que, de sorte que (but, ou conséquence)	
But négatif	afin que… ne… pas	pour que… ne… pas (à éviter : pour ne pas que…)	de crainte que
	de peur que		

Remarques

1. Au lieu de répéter les locutions conjonctives dans une suite de propositions subordonnées de but, on peut les remplacer par *que* :

    On fit asseoir Étienne afin qu'il reprît ses esprits et qu'il racontât posément l'épisode. (LYDIE SALVAYRE, *Tout homme est une nuit*, 2017)

2. La locution *afin que* provient de la contraction de *à fin que*, où *fin* signifie *finalité*, comme dans l'expression *Qui veut la fin, veut les moyens*. On retrouve cette forme ancienne dans les locutions *à seule fin que*, *à la seule fin que*.

    Elle aurait cru que si je prétendais que je cesserais de l'aimer en restant trop longtemps sans la voir, c'était à seule fin *qu'elle me dît de revenir vite auprès d'elle.* (MARCEL PROUST, *À l'ombre des jeunes filles en fleurs*, 1919)

PARTIE 5   La phrase complexe

> **3.** Lorsqu'on formule un but négatif, on évitera la tournure *pour ne pas que...* et on utilisera *pour que... ne... pas*. La première tournure se répand, peut-être par analogie avec la construction suivie d'un infinitif (*pour ne pas tomber*).
>
> *Ils ne nous cherchent pas, ils nous lavent **pour que** nous **ne** soyons **pas** contagieux.* (LAURENT GAUDÉ, *Ouragan*, 2013)
>
> *Une fois la nuit tombée il serait capable de rouler sans phares **pour ne pas** qu'elle le repère.* (SERGE JONCOUR, *L'amour sans le faire*, 2012) (À éviter.)
>
> **4.** *Que* employé seul après un impératif ou un équivalent de l'impératif introduit parfois une subordonnée complément circonstanciel de but : *Ôte-toi de là, que je m'y mette.*

<small>Subord. circ. de conséquence p. 458</small>

Il est parfois difficile de distinguer la subordonnée exprimant le but de celle exprimant la conséquence, la manière ou la comparaison.

❝*Je m'enveloppai dans la couverture et me recroquevillai sur le côté **de manière qu'**aucune partie de mon corps ne touchât l'eau.* (YANN MARTEL, *L'histoire de Pi*, 2001)

<small>Subord. circ. de manière p. 463</small>

*L'aventure est trop belle **pour que** je ne la pousse pas jusqu'au bout.* (RENÉ BARJAVEL, *Ravage*, 1943)❞

3. Emploi du mode

Le verbe de la subordonnée complément circonstanciel de but se met toujours au subjonctif, car le but exprime un procès qui n'est pas encore réalisé, qui reste dans le domaine du possible :

❝*Elle contempla les étoiles, pria Dieu **afin qu'**il lui **procurât** courage et soumission, ou plutôt le courage de la soumission.* (ÉRIC-EMMANUEL SCHMITT, *Concerto à la mémoire d'un ange*, 2010)

*Il lui fallait parfois plier de nouvelles pousses, avec une patience infinie, **pour que** les roseaux ne **rompissent** pas et ne **fissent** pas s'envoler les oiseaux.* (JEAN-BAPTISTE DEL AMO, *Le sel*, 2010)❞

5. Les propositions circonstancielles de conséquence

1. Définition

La conséquence exprime la suite, l'effet ou le résultat du procès présenté par le verbe principal. Tantôt il s'agit d'une conséquence logique et factuelle (1,2), tantôt il s'agit d'une conclusion qu'on peut tirer de l'information présentée dans la phrase principale (3).

> *Il avait plié un matelas derrière lui et deux sur les côtés, **de sorte qu'il était assis bien droit, le corps fermement soutenu**.* (Jacqueline Harpman, *Moi qui n'ai pas connu les hommes*, 1995) (Exprime le résultat factuel de ce qui précède.) (1)
>
> *En voyant les morceaux du plat en faïence, les parents furent **si** en colère **qu'ils se mirent à sauter comme des puces au travers de la cuisine**.* (Marcel Aymé, *Les contes du chat perché*, 1939) (Exprime le résultat de ce qui précède.) (2)
>
> *La récolte de grain fut médiocre ; mais les foins avaient été beaux, **de sorte que l'année dans son ensemble ne méritait ni transports de joie ni doléances**.* (Louis Hémon, *Maria Chapdelaine*, 1912) (Exprime une conclusion tirée de ce qui précède.) (3)

2. Mots introducteurs

Les propositions subordonnées de conséquence s'introduisent par les locutions suivantes, dont certaines servent également à introduire le but :

Conséquence	au point que	si bien que	de manière que (conséquence ou but)
	en sorte que (conséquence ou but)	de sorte que (conséquence ou but)	de façon que (conséquence ou but)

> **Remarques**
> 1. Au lieu de répéter la locution conjonctive dans une suite de subordonnées, on peut la remplacer par *que* :
> *Elle ajoutait : « Vous trouverez M. de Guermantes à l'entrée des jardins », **de sorte qu'on partait visiter et qu'on la laissait tranquille**.* (Marcel Proust, *Sodome et Gomorrhe*, 1922)
> 2. La proposition subordonnée de conséquence est parfois introduite par *que* employé seul :
> *Les commandes pleuvaient à l'abbaye **que c'était une bénédiction**.* (Alphonse Daudet, *Lettres de mon moulin*, 1869)

La conséquence se construit également à l'aide de **propositions subordonnées corrélatives** : un mot dans la principale (par ex. *si, trop, tellement*) appelle une proposition subordonnée introduite par *que* ou par *pour que* :

Que corrélatif d'un adverbe d'intensité	si… que	tant… que	tel… que	tellement… que
Pour que corrélatif	assez… pour que	trop… pour que	trop peu… pour que	suffisamment… pour que

> *Le geste me parut **tellement** inattendu **que je ne pus m'empêcher de l'interroger**.* (Bernard Quiriny, *Contes carnivores*, 2008)
>
> *Nous naissons avec cette obsession, **à telle** enseigne **que les petits enfants sont naturellement attirés par les belles personnes et révulsés par les laids**.* (Amélie Nothomb, *Riquet à la houppe*, 2016)

> *Il y avait des piles de ces canettes,* **trop** *nombreuses* **pour que** *je pusse les compter en un coup d'œil.* (YANN MARTEL, *L'histoire de Pi*, 2001)

> **Remarque**
> Les locutions conjonctives de conséquence contiennent en fait un terme anciennement corrélatif : *au* **point** *que, de* **sorte** *que*, etc. Comparez :
> *Le geste me parut tellement inattendu que je ne pus m'empêcher de l'interroger.*
> *Le geste me parut inattendu au point que je ne pus m'empêcher de l'interroger.*

3. Emploi du mode

Le verbe de la subordonnée complément circonstanciel de conséquence se met :
1° à l'**indicatif**, car la conséquence exprime normalement un fait réel, un résultat atteint ;

> *Jamais je ne vis bouger les rideaux ni filtrer la moindre lumière, de sorte que je finis par me persuader qu'elle était partie sans en rien dire.* (MARIE NDIAYE, *La Cheffe, roman d'une cuisinière*, 2016)

> *Elle était dans son premier sommeil et dans celui de son âge, de façon que je* **suis arrivé** *jusqu'à son lit sans qu'elle se soit réveillée.* (CHODERLOS DE LACLOS, *Les liaisons dangereuses*, 1782)

2° au **conditionnel** quand la subordonnée exprime une conséquence simplement possible ou soumise à une condition énoncée ou non ;

> *Sa vie n'avait été qu'une suite ininterrompue de déceptions et d'aventures foireuses, de sorte qu'elle n'aurait pas dû s'étonner de ce qui arrivait.* (PHILIPPE DJIAN, *Marlène*, 2017)

3° au **subjonctif**,
• après une proposition principale négative ou interrogative :

> *L'odeur de renfermé* **n'était pas si** *accablante* **qu'elle ne puisse** *céder à une aération en règle.* (VÉRONIQUE PINGAULT, *Les maisons aussi ont leur jardin secret*, 2015)

• après *assez pour que, trop pour que, trop peu pour que, suffisamment pour que* :

> *Il fait* **trop** *froid* **pour qu'il sorte du lit,** *il cherche son téléphone et remonte les deux couvertures au-dessus de sa tête.* (VIRGINIE DESPENTES, *Vernon Subutex 3*, 2017)

> *La pièce était* **suffisamment** *petite* **pour que** *j'en perçoive tout sans bouger la tête.* (ALEXIS JENNI, *Élucidations. 50 anecdotes*, 2013)

- quand la subordonnée exprime une conséquence souhaitée mais non encore réalisée, voire un but à atteindre :

> *Au téléphone, je ne soufflai mot à Mîna des trois SMS que j'avais reçus la veille et que j'aurais voulu jeter hors de ma tête, hors de ma vie, **de sorte qu'ils soient emportés à tout jamais**.* (LYDIE SALVAYRE, *Tout homme est une nuit*, 2017)

6. Les propositions circonstancielles de condition et d'hypothèse

1. Définition

La proposition subordonnée de condition exprime un élément essentiel préalable dont dépend la réalisation de l'action dans la principale.

> ***Si j'étais un chat**, je sais le ventre où je me réchaufferais.* (SYLVAIN TESSON, ***Dans les forêts de Sibérie***, 2011)
>
> *Je te le dirai quand nous serons mariés, **à la condition que tu me promettras de ne jamais le répéter**.* (JULES RENARD, ***Poil de carotte***, 1894)

La subordonnée conditionnelle peut aussi exprimer une hypothèse, une supposition qui permet d'expliquer ou de prévoir la réalisation éventuelle d'un fait.

> ***Si Ibn Dakhdoul comprit l'allusion**, il ne fit aucun commentaire.* (GILBERT SINOUÉ, ***Avicenne ou La route d'Ispahan***, 1989)

> **Remarque**
> Sur le plan logique, l'hypothèse est liée à la conséquence, comme le montre la conjonction corrélative *si... alors...* : une hypothèse permet de déduire les conséquences possibles d'un fait qu'on anticipe.
> ***Si** Jacques n'était pas fait pour moi, **alors** personne ne l'était, et il fallait en revenir à une solitude que je trouvais bien amère.* (SIMONE DE BEAUVOIR, ***Mémoires d'une jeune fille rangée***, 1958)

2. Mots introducteurs

La conjonction *si* est la plus fréquemment utilisée pour introduire une condition ou une hypothèse. On trouve aussi :

Condition/ Hypothèse	si	à (la) condition que, sous (la) condition que	au cas où dans les cas où
	à moins que pour peu que	dans l'hypothèse où	en admettant que
	supposé que à supposer que	pourvu que	soit que... soit que soit que... ou que

> *En moins de 24 secondes je dois tirer mon couplet*
> *Et **si jamais le coup plaît** le bonheur sera complet.* (Grand Corps Malade, *La syllabe au rebond*, 2018)
>
> ***Quand** je le bousculerais, ça n'avancerait à rien.* (Émile Zola, *L'assommoir*, 1877)

Remarques

1. Au lieu de répéter ces conjonctions ou locutions conjonctives (sauf *au cas où, dans le cas où, dans l'hypothèse où*), on peut les remplacer par *que* :

*Si elle ne bouge pas **et que** la pluie, la grêle reprend, elle sait qu'elle va mourir.* (Laurent Mauvignier, *Continuer*, 2016)

2. *Que* employé seul peut marquer l'hypothèse, de même que *quand* :

***Que** tu t'en ailles ou non pour une autre femme, je t'attendrai.* (Michel Bussi, *Gravé dans le sable*, 2014)

***Quand** je n'aurais point des raisons de devoir insurmontables, je doute si je pourrais me résoudre à m'exposer à ce malheur.* (Madame de La Fayette, *La Princesse de Clèves*, 1678)

3. *Que* peut introduire la principale lorsque la conditionnelle précède :

*Il ne gagnerait rien **qu'**il serait tout aussi éminent.* (Albert Cohen, *Belle du Seigneur*, 1968)

4. *Si*, la conjonction typique de la condition, introduit parfois une subordonnée d'opposition :

*Seulement, **si** nous étions impressionnés, nous n'étions pas dupes.* (Éric-Emmanuel Schmitt, *Les dix enfants que madame Ming n'a jamais eus*, 2012)

3. Emploi du mode

L'emploi du mode dépend de la conjonction.

Concordance des temps p. 471

1° Avec *si*, le verbe de la subordonnée de condition ou d'hypothèse se met à l'**indicatif** (en respectant les emplois des temps).

> *Si tu ne **viens** pas, je te **mets** à la porte !* (Jean-Michel Guenassia, *Le club des incorrigibles optimistes*, 2009)
>
> *Si ton père **vient**, je **prendrai** tout sur moi.* (Honoré de Balzac, *Eugénie Grandet*, 1833)

Si l'hypothèse est irréelle, le verbe de la principale peut se mettre au conditionnel :

> *Si François **était** roi, il **couvrirait** son beau-frère d'honneurs et de charges lucratives.* (Anne Cuneo, *Le maître de Garamond*, 2002)
>
> *J'**aurais** déjà **eu** des relations sexuelles si j'**avais obéi** aux garçons qui me cherchent.* (Éric-Emmanuel Schmitt, *Le poison d'amour*, 2014)

CHAPITRE 4   Les propositions subordonnées circonstancielles

> **Remarques**
> 1. Après *si* introduisant l'expression d'un fait fictif dans le passé, la langue littéraire peut mettre le verbe subordonné et/ou le verbe principal au subjonctif imparfait :
>   *Si elle eût été homme, elle se fût frappée le front.* (VICTOR HUGO, *Les misérables*, 1862)
>   *Même si cela n'avait pas été lui, il eût hurlé de douleur.* (AMÉLIE NOTHOMB, *Riquet à la houppe*, 2016)
> 2. *Que* remplaçant *si* dans une suite de subordonnées de condition demande le subjonctif, mais cette règle est rarement respectée :
>   *De quoi est-ce que j'aurai l'air si je le rencontre et qu'il ne me dise rien ?* (ALBERT COHEN, *Belle du Seigneur*, 1968)
>   *Si tu es malade et que ça devient grave, je dois te bichonner.* (ÉRIC-EMMANUEL SCHMITT, *La rêveuse d'Ostende*, 2007) (Selon la règle on aurait *et que ça devienne grave*.)
> 3. Pour exprimer l'idée du futur dans la subordonnée de condition, on emploie parfois l'auxiliaire *devoir* :
>   *Si vous deviez faire un film sur lui, comment le verriez-vous ?* (FRANÇOIS EMMANUEL, *Cheyenn*, 2011)

2° Lorsque la subordonnée de condition (ou d'hypothèse) est introduite par une locution conjonctive composée à l'aide de *que* (*à moins que, pour peu que, pourvu que, supposé que*, etc.), le verbe se met au **subjonctif** :

> " *Pourvu que Pierre la regarde encore et encore et la fasse fleurir nuit après nuit*, Marthe consent à être nue devant lui. (GUY GOFFETTE, *Elle, par bonheur, et toujours nue*, 1998)
>
> *Tout a un sens, pour peu qu'on ait un but.* (DIDIER VAN CAUWELAERT, *Jules*, 2015) "

> **Remarques**
> 1. Après *au cas où, dans le cas où, dans l'hypothèse où*, on met le conditionnel :
>   *Au cas où vous ne l'auriez pas encore remarqué, la vie, d'une manière générale, n'a pas de sens.* (JOËL DICKER, *La vérité sur l'affaire Harry Quebert*, 2014)
> 2. Après *à (la) condition que*, on met le subjonctif ou parfois l'indicatif :
>   *Elle accepte, à condition que Grant lui dise ce qu'il sait sur ses rivales.* (CAROLINE DE MULDER, *Bye Bye Elvis*, 2014)
>   *Elle a tout de même bien voulu qu'on laisse le caveau à sa mère en garde, à condition qu'on partirait tous les deux chercher ensemble du travail à Paris…* (LOUIS-FERDINAND CÉLINE, *Voyage au bout de la nuit*, 1952)

7. Les propositions circonstancielles de manière et de comparaison

1. Définition

Une proposition subordonnée circonstancielle de **manière** décrit la forme particulière que revêt un processus, une action ou un état. Une proposition subordonnée circonstancielle de **comparaison** permet de rapprocher deux procès afin de mettre en évidence leurs ressemblances ou leurs différences. La manière et la comparaison sont parfois difficiles à distinguer, d'autant que les deux types de subordonnées sont souvent introduits par *comme*.

> *Elle n'en voulait pas à son mari qui avait agi comme il estimait devoir le faire, elle n'en voulait qu'à elle-même et se sentait dérisoire, inutile, mauvaise.* (Marie NDiaye, *Ladivine*, 2014) (Manière).
>
> *Il l'attrapa par les épaules, comme Calland l'avait fait à Londres, comme son père l'avait fait à Paris. Pour lui donner du courage.* (Joël Dicker, *Les derniers jours de nos pères*, 2012) (Comparaison).

> **Remarque**
> Très souvent, les subordonnées introduites par *comme* sont réalisées dans une forme réduite (ou elliptique), où le verbe principal n'est pas répété dans la subordonnée :
> *Il a agi comme un salaud l'autre soir mais il n'est pas un salaud.* (Éric-Emmanuel Schmitt, *Les perroquets de la place d'Arezzo*, 2013) (= Il a agi comme un salaud [agit] l'autre soir.)
> *Partout, des mois durant, ils burent comme des trous, mangèrent comme des ogres et fumèrent comme des pompiers.* (Olivier Guez, *Les révolutions de Jacques Koskas*, 2014)
> *C'était bien la seule chose que je faisais mieux qu'Isa.* (Nelly Alard, *Le crieur de nuit*, 2010)

Phrase elliptique p. 355

La proposition subordonnée de manière ou de comparaison dépend soit du verbe (quand elle le précise), soit de la phrase (quand elle en commente l'énonciation).

> *On vit comme on doit vivre : au rythme des choses.* (Bernard Minier, *Glacé*, 2011) (= Subordonnée complément du verbe.)
>
> *Un matin, l'un reste et l'autre part, sans que l'on sache toujours pourquoi.* (Guillaume Musso, *La fille de papier*, 2010) (= Subordonnée complément de la phrase.)

2. Mots introducteurs

Les propositions subordonnées de manière s'introduisent par des conjonctions de subordination. Les subordonnées de comparaison sont soit des subordonnées classiques, soit des subordonnées corrélatives d'adjectifs ou d'adverbes.

Manière				
	comme (manière ou comparaison)	comme si (comparaison et hypothèse)	sans que (manière ou conséquence)	que... ne (manière ou conséquence ; littéraire)
	de façon que (manière ou conséquence)			

CHAPITRE **4** Les propositions subordonnées circonstancielles

Comparaison Conjonctions et locutions conjonctives	comme (comparaison ou manière)	ainsi que	à mesure que	aussi bien que
	de même que	selon que	suivant que	
Corrélatifs d'adjectifs ou d'adverbes	aussi, autant, si, tant, autre, meilleur, mieux, moindre, moins, plus, tel, etc. … que			
Corrélatifs de phrases	autant… autant, tel… tel, comme… ainsi (comparaison marquant l'égalité) autre… autre, autre chose… autre chose (comparaison marquant la différence) plus… (et) plus, moins… (et) moins, plus… (et) moins, moins… (et) plus (comparaison marquant une proportion)			

" *Les malades [...] sont habilités à travailler **à mesure qu'ils s'en montrent capables**.* (Jacques Chessex, *Le vampire de Ropraz*, 2007)

*La chambre était disposée **de façon que** la porte en s'ouvrant masquait l'angle du mur à droite.* (Victor Hugo, *Les misérables*, 1862)

***De même que** j'ai respecté la chronologie des documents historiques existants, j'ai respecté leur contenu.* (Anne Cuneo, *Le maître de Garamond*, 2002)

*Mais je le poursuivrai **d'autant plus qu'il m'évite**.* (Jean Racine, *Britannicus*, 1669) "

> **Remarques**
> 1. La proposition subordonnée de manière introduite par *que… ne* équivaut par son sens à celle introduite par *sans que*. Elle est rare et littéraire :
>   *Apprenez-moi à vivre où vous n'êtes pas ; en sorte que quand vous serez, je suppose, auprès de votre maîtresse, vous ne sauriez pas y vivre **que je n'y sois en tiers**.* (Choderlos de Laclos, *Les liaisons dangereuses*, 1782) (= *Vous ne sauriez y vivre sans que j'y sois en tiers*.)
> 2. Après certains verbes qui construisent un COD (*traiter, faire*, etc.), la proposition introduite par *comme si* n'est pas circonstancielle mais essentielle ; elle ne peut pas être supprimée :
>   *Ils ne disaient pas un mot, faisaient **comme si je n'étais pas là**.* (Alexis Jenni, *La conquête des îles de la Terre Ferme*, 2017)
>   *Là, elle m'a traité **comme si je n'avais aucune importance dans son cœur**.* (Jean-Michel Guenassia, *De l'influence de David Bowie sur la destinée des jeunes filles*, 2017)
> 3. Quand la subordonnée de comparaison se rattache à un comparatif d'adjectif, on peut la considérer comme une subordonnée complément de l'adjectif.
>   *Plus sensible **que je ne croyais l'être** aux préjugés de Rome, je me rappelais que ceux-ci font sa part au plaisir mais voient dans l'amour une manie honteuse.* (Marguerite Yourcenar, *Mémoires d'Hadrien*, 1958)
>   *Les joues de Marko étaient si creuses **que Ladivine voyait distinctement les contours de sa mâchoire**.* (Marie NDiaye, *Ladivine*, 2014)

Dans les phrases où la comparaison marque l'égalité, on peut avoir les expressions doubles *autant… autant, tel… tel, comme… ainsi*, qui sont des systèmes corrélatifs :

> **Autant** avant il aimait sortir, **autant** maintenant ça ne le motivait plus. (SERGE JONCOUR, *Bol d'air*, 2011)

Quand la comparaison marque la différence, on peut avoir : *autre… autre, autre chose… autre chose* :

> **Autre chose** est l'état de notre âme ; **autre chose** le compte que nous en rendons. (DENIS DIDEROT, *Lettre sur les sourds et muets, à l'usage de ceux qui entendent et qui voient*, 1749)
>
> *Une chose* est de le savoir, *une autre* est de le voir. (AMÉLIE NOTHOMB, *La nostalgie heureuse*, 2013)

Quand la comparaison marque l'augmentation ou la diminution proportionnelles, on emploie *plus… (et) plus, moins… (et) moins, plus… (et) moins, moins… (et) plus, d'autant plus que, d'autant moins que* :

> **Plus** on aime, **plus** il faut payer cher. (JEAN GIONO, *Le hussard sur le toit*, 1951)
>
> *Plus on espère la paix, moins on donne de crédit aux nouvelles qui l'annoncent.* (PIERRE LEMAITRE, *Au revoir là-haut*, 2013)

3. Emploi du mode

Le verbe de la subordonnée complément circonstanciel de manière ou de comparaison se met :

1° à l'indicatif, en général ;

> *De même qu'il ne suffit pas d'écrire un livre pour être écrivain*, il ne suffit pas d'écrire du courrier pour être épistolier. (AMÉLIE NOTHOMB, *Une forme de vie*, 2010)

2° au conditionnel, quand la subordonnée marque un fait simplement possible ou soumis à une condition exprimée ou non ;

> *Elle s'assoit* **comme s'assiérait un éléphant**, *genoux écartés, ventre en avant*. (PHILIPPE DJIAN, *Love Song*, 2013)
>
> *Je le voyais tiquer quand j'usais d'une expression légale manquant de précision ou franchement incorrecte,* **ainsi qu'il l'aurait fait en séance au plus petit vice de forme**. (ADÉLAÏDE DE CLERMONT-TONNERRE, *Fourrure*, 2010)

3° au subjonctif, après *sans que, que… ne*.

> *Son visage m'apparaissait sans que j'aie besoin de me concentrer.* (Serge Joncour, *L'écrivain national*, 2014)
>
> *Il ne s'écoulait pas plus d'un jour ou deux sans que nous eussions ce genre de silencieux accrochage.* (Philippe Djian, *Impardonnables*, 2009)

8. Les propositions circonstancielles d'opposition, de concession et de restriction

1. Définition

L'**opposition** crée un effet de contraste par le fait de placer face à face deux propositions au contenu très différent (qui sont contradictoires, voire qui s'excluent mutuellement).

> *Alors que depuis ma naissance je me croyais exceptionnelle, je découvrais en face de lui combien j'étais ordinaire.* (Éric-Emmanuel Schmitt, *Le poison d'amour*, 2014)
>
> *On le voit, au lieu que quelqu'un le raconte, ce n'est pas du tout pareil.* (Serge Bramly, *Le premier principe, le second principe*, 2008)

La **concession** est exprimée par une proposition subordonnée indiquant qu'un phénomène qui en entraine normalement un autre (conséquence) n'a pas eu cet effet ou a eu un effet contraire.

> *Bien que ces formes ne lui fussent pas familières, il finit par espérer les comprendre un peu, distinguer leur style, discerner leurs enjeux.* (Jean Echenoz, *Je m'en vais*, 1999)
>
> *Quoique la lumière fût forte dans le bateau comme ailleurs, Just ne reçut pas de ces jeunes filles des impressions très claires.* (Jean-Christophe Rufin, *Rouge Brésil*, 2001)
>
> *Quelque insensible que l'âme de ce jeune ambitieux fût à ce genre de beauté, il ne pouvait s'empêcher de s'arrêter de temps à autre, pour regarder un spectacle si vaste et si imposant.* (Stendhal, *Le rouge et le noir*, 1830)

La proposition subordonnée de **restriction** limite la portée de ce qui est exprimé dans la proposition principale. Cela signifie que ce qui est affirmé dans la phrase principale ne vaut pas pour l'exception décrite dans la subordonnée restrictive.

> *Je n'avais pas eu besoin de raison particulière pour la frapper, sinon que je la trouvais devant moi, et que j'en avais assez.* (Philippe Djian, *Dispersez-vous, ralliez-vous !*, 2016)

> *Les autres documents ne disaient pas grand-chose sur leur vie quotidienne, excepté qu'Andrzej Kubiela était le roi des cumulards.* (JEAN-CHRISTOPHE GRANGÉ, *Le passager*, 2011)

Les propositions circonstancielles d'opposition / de concession / de restriction sont des subordonnées complément de la phrase (et pas du verbe).

2. Mots introducteurs

La concession, l'opposition ou la restriction se construisent à l'aide d'une proposition subordonnée introduite par une conjonction de subordination. Elles peuvent également se construire à l'aide d'une proposition subordonnée corrélative introduite par un mot corrélatif associé à la conjonction *que* (par ex. *quelque… que*) :

Opposition	alors que, alors même que, lors même que (opposition ou temporalité)	tandis que (opposition ou temporalité)	si, même si (opposition ou hypothèse)
	au lieu que	loin que	sans que (exclusion)
	quand, quand même, quand bien même (opposition ou temporalité)	si… que aussi… que (usage courant)	que (employé seul)
Concession	bien que	encore que	quoique
	malgré que (usage courant ; critiqué par les puristes)	pour… que	où que, quel que, qui que, quoi que,
	si… que (variante dans l'usage courant : aussi… que)	quelque… que, quelque … qui,	tout… que
Restriction	excepté que	sauf que	hors que, hormis que
	si ce n'est que	sinon que	

> **Remarques**
>
> **1.** La locution *malgré que* n'est pas recommandée par les puristes pour des raisons de fidélité à l'usage du passé. Cette locution provient d'une phrase, *mal [= mauvais] gré [= volonté] qu'on en ait*, qui s'est progressivement figée avec le sens de « contre sa volonté, à contrecœur ».
>
> *Vous le verrez malgré que vous en ayez, lui dit la dame du château, car c'est lui.* (DENIS DIDEROT, *Jacques le fataliste et son maître*, 1796)
>
> On a progressivement utilisé *malgré que* avec d'autres verbes qu'*avoir* et la locution a pris le sens concessif de *bien que*. On trouve rarement cette locution dans l'usage littéraire, alors qu'elle s'est répandue dans l'usage courant, oral et écrit :
>
> *C'est jeuli, n'est-ce pas ? Elle a une belle âme, cette petite, malgré qu'elle soit d'un miyeu simple ! Oh, elle promet !* (ALBERT COHEN, *Belle du Seigneur*, 1968) (Dans cet extrait, l'auteur imite un style parlé populaire.)
>
> *De mes quatre chevaux, il en était un qu'on nommait encore « le poulain », malgré qu'il eût trois ans passés.* (ANDRÉ GIDE, *L'immoraliste*, 1902)
>
> *Ce sont des sauvages qui l'ont trouvé le lendemain par aventure, assommé et à demi gelé déjà, malgré que le temps était doux.* (LOUIS HÉMON, *Maria Chapdelaine*, 1912)

2. *Que* employé seul marque parfois l'opposition :
Qu'on le voulût ou non et malgré la modération de son enseignement, Calvin était regardé comme un huguenot. (Jean-Christophe Rufin, **Rouge Brésil**, 2011)

3. Emploi du mode
Le verbe de la subordonnée d'opposition se met généralement au subjonctif :

> *Loin que l'homosexualité de Nathan se limitât à sa sexualité, elle avait envahi tous les champs de son existence.* (Éric-Emmanuel Schmitt, **Les perroquets de la place d'Arezzo**, 2013)
>
> *Après chaque bataille il faut se relever, quel qu'ait été le résultat de l'affrontement.* (Laurent Gaudé, **Écoutez nos défaites**, 2016)
>
> *J'ai senti l'odeur du lilas, de la glycine, du chèvrefeuille, bien que nous fussions en octobre.* (Nicolas d'Estienne d'Orves, **La Gloire des maudits**, 2017)

Remarques
1. *Tandis que, alors que, si*, marquant l'opposition sont suivis de l'indicatif ou du conditionnel, selon le sens :
   Cela ne sembla pas l'incommoder alors que cette vision me donna le vertige. (Adélaïde De Clermont-Tonnerre, *Le dernier des nôtres*, 2016)
   Alors que nous devrions grandir en humanité pour apprendre à vivre ensemble, nous allons rapetisser. (Éric-Emmanuel Schmitt, *L'homme qui voyait à travers les visages*, 2016)
2. *Quand, quand même, quand bien même, alors même que, lors même que*, marquant l'opposition, construisent le conditionnel :
   Quand bien même elle serait seule, la table sera dressée et le repas servi. (Jean-Baptiste Del Amo, *Le sel*, 2010)

Le verbe de la subordonnée de restriction se met à l'indicatif ou au conditionnel :

> *Hormis que le printemps arrive bientôt, je ne sais pas ce que nous allons faire.* (Louis Hémon, **Maria Chapdelaine**, 1912)

Remarque
Tout … que, selon la règle traditionnelle, demande l'indicatif, mais dans l'usage moderne, il se construit souvent avec le subjonctif :
*Cependant, tout maître qu'il **était** de lui, il ne put se soustraire à une commotion.* (Victor Hugo, *Les misérables*, 1862)
*Tout novice qu'il **était**, le plus jeune des deux flics avait presque tout vu en matière de meurtre.* (Daniel Pennac, *La petite marchande de prose*, 1989)
*Tout immobile qu'il **fût** (je t'apprendrai le subjonctif, aussi, un petit plaisir de bouche, tu verras…) tout immobile qu'il **fût**, donc, Jérémy se tortillait intérieurement.* (Daniel Pennac, *Monsieur Malaussène*, 1995)
*Il devait être débordé, Dieu, tout omnipotent qu'il **fût**.* (Christophe Ono-Dit-Biot, *Plonger*, 2013)

CHAPITRE **5**

La concordance des temps dans les propositions subordonnées

1. Verbe de la subordonnée à l'indicatif 472
2. Verbe de la subordonnée au subjonctif 475

La concordance des temps est le rapport qui s'établit entre le temps du verbe de la proposition subordonnée et le temps du verbe principal dont elle dépend. Le verbe de la proposition subordonnée doit s'accorder en fonction du temps et du mode du verbe principal. Par exemple :

> *Elle **voulait** que nous **partions**.* (Philippe Djian, *Dispersez-vous, ralliez-vous !*, 2017)
>
> *Il **aurait voulu** que nous **partîmes** tous le plus tôt possible.* (Marcel Proust, *À l'ombre des jeunes filles en fleurs*, 1919)

La concordance des temps peut aussi s'envisager dans le cadre plus large du texte : elle exige une certaine cohérence dans l'emploi des temps dans un paragraphe et dans un texte.

> *Angelo **soufflait** sans arrêt sur sa mèche de briquet et ne **pensait** absolument à rien. Il **marcha** ensuite à l'aventure dans l'ombre et il **trébucha** encore sur deux ou trois corps ; peut-être **étaient**-ce les mêmes car, sans savoir comment cela s'**était fait**, il se **retrouva** dehors avec les chouettes. Il **appela**. Il **chercha** le bosquet dans lequel il **avait laissé** l'attelage. Il **tomba** dans une rigole d'arrosage pleine d'eau. Il **appela** encore. Il **sentit** les ornières dures du chemin sous ses pieds. Il **trouva** le bosquet et il **appela** à voix très haute **en marchant**, les bras étendus devant lui.* (Jean Giono, *Le hussard sur le toit*, 1951)

Nous nous limitons ici à l'accord des verbes dans les propositions subordonnées, en considérant deux cas : le verbe de la subordonnée est à l'indicatif ; le verbe de la subordonnée est au subjonctif.

1. Verbe de la subordonnée à l'indicatif

1. Le verbe principal est au présent ou au futur

Lorsque le verbe principal est au **présent** ou au **futur**, le verbe de la subordonnée se met au temps demandé par le sens, comme s'il s'agissait d'une proposition indépendante. Le verbe de la subordonnée se met : au passé composé, à l'imparfait ou au passé simple si l'action ou l'état décrit par le verbe de la subordonnée se passe **avant** celui de la principale (antériorité) ; au présent si l'action ou l'état décrit par le verbe de la subordonnée se passe **en même temps** que celui de la principale (simultanéité) ou qu'il décrit une vérité générale ; au futur ou au conditionnel si l'action ou l'état décrit par le verbe de la subordonnée se passe **après** celui de la principale (postériorité) ; au conditionnel présent ou passé si l'action ou l'état décrit par le verbe de la subordonnée concerne un **fait éventuel** ou soumis à une condition.

Verbe principal au présent ou au futur	
Simultanéité de la subordonnée (ou expression d'une vérité générale)	
Présent	On **raconte** que la tour Eiffel **figure** une jambe de femme gainée d'un bas résille. (GUY GOFFETTE, *Elle, par bonheur, et toujours nue*, 1998)
	Peut-être qu'un jour ils **diront** que je **peux** rentrer chez moi. (GENEVIÈVE DAMAS, *Patricia*, 2017)
Antériorité de la subordonnée	
Passé composé	Il **raconte** que son guide et lui **ont marché** une heure environ, sans parler à personne. (YANNICK HAENEL, *Jan Karski*, 2016)
	Ils se **diront** que je l'**ai** un peu cherché... (CATHERINE POULAIN, *Le grand marin*, 2016)
Imparfait	Devant des vestiges de portes, des alignements de chaussures **racontent** que ces gens **étaient** chez eux quand le tsunami s'est produit. (AMÉLIE NOTHOMB, *La nostalgie heureuse*, 2013)
	On **pensera** que j'**avais** beaucoup d'outrecuidance ; non : j'étais orphelin de père. (JEAN-PAUL SARTRE, *Les mots*, 1964)
Plus-que-parfait	On **raconte** que des femmes qui avaient vu ce visage **étaient devenues** des errantes. (CLAUDIE GALLAY, *Les déferlantes*, 2011)
Postériorité de la subordonnée	
Futur simple	On **raconte** que le peuple des faubourgs **refusera** de croire à sa mort treize ans plus tard. (ÉRIC VUILLARD, *14 Juillet*, 2016)
	Le temps le rendra plus sage, et vous **verrez** qu'il **changera** de sentiments. (MOLIÈRE, *L'avare*, 1668)

Futur proche	*Ici les paysans **racontent** que des légions de martyrs **vont descendre** du ciel et attaquer la France par le Sahara.* (HÉDI KADDOUR, **Les prépondérants**, 2015)
Futur antérieur	*Autrement, les camarades qui me survivront vous **diront** que, jusqu'au bout, **j'aurai tenté** de vivre à hauteur d'homme.* (YANICK LAHENS, **Bain de lune**, 2014) *Savez-vous ce que cela fera si nous déjeunons aujourd'hui ? Cela **fera** que nous **aurons eu** notre déjeuner d'avant-hier, notre dîner d'avant-hier, notre déjeuner d'hier, notre dîner d'hier, tout ça en une fois, ce matin.* (VICTOR HUGO, **Les misérables**, 1862)
Fait hypothétique dans la subordonnée	
Conditionnel présent	*Seulement, j'**avoue** que ce **serait** bien agaçant de mourir avant la fin de l'affaire Dreyfus.* (MARCEL PROUST, **Sodome et Gomorrhe**, 1922) *Et vous m'**avouerez** que ce **serait** un comble, non ?* (DANIEL PENNAC, **Au bonheur des ogres**, 1985)
Conditionnel passé	*On **raconte** que c'est lui qui **aurait mis** le feu à la bibliothèque royale.* (GILBERT SINOUÉ, **Avicenne ou La route d'Ispahan**, 1989) *Quand les garde-fous les liront, ils se **diront** qu'ils **auraient dû** se méfier.* (DANIEL RONDEAU, **J'écris parce que je chante mal**, 2010)

2. Le verbe principal est au passé

Lorsque le verbe principal est au **passé**, le verbe subordonné se met au temps demandé par le sens. Le verbe de la subordonnée se met : à l'imparfait ou au passé simple, si les procès se passent **en même temps** (simultanéité) ; au conditionnel présent ou au conditionnel passé si le procès de la subordonnée se passe **après** (postériorité) celui de la principale ; au plus-que-parfait ou au passé antérieur, si le procès de la subordonnée se passe **avant** (antériorité) celui de la principale.

Verbe principal au passé (passé composé, imparfait, passé simple, etc.)	
Simultanéité de la subordonnée	
Imparfait	*Elle jeta la cigarette, **se raconta** qu'elle **était** une vache, mugit pour s'en persuader.* (ALBERT COHEN, **Belle du Seigneur**, 1968)
Passé simple	*Alexandra me **raconta** qu'ils **décidèrent** d'expérimenter ce principe de préférence.* (JOËL DICKER, **Le livre des Baltimore**, 2015) *Cette blessure **fit** qu'il **fut** plus d'un mois avec la fièvre sans sortir.* (VICTOR HUGO, **Les misérables**, 1862)

PARTIE 5   La phrase complexe

Verbe principal au passé (passé composé, imparfait, passé simple, etc.)	
Antériorité de la subordonnée	
Plus-que-parfait	*Il me **raconta** qu'il **avait dit** aux ouvriers que c'était peut-être de l'or.* (Blaise Cendrars, *L'or*, 1960) *Elle **racontait** qu'une enquête **avait été ouverte**.* (Hedwige Jeanmart, *Blanès*, 2015)
Passé antérieur	*La Cigale ayant chanté. Tout l'été, Se **trouva** fort dépourvue. Quand la bise **fut venue**.* (Jean de La Fontaine, *La cigale et la fourmi*, 1668)
Postériorité de la subordonnée	
Conditionnel présent	*Ils se **dirent** qu'ils **seraient** frères toujours.* (Éric Vuillard, *Conquistadors*, 2014) *Elle **espérait** qu'Anton **ferait** honneur à ce repas.* (Léonora Miano, *Ces âmes chagrines*, 2011)
Conditionnel passé	*Il **réalisa** tout de suite qu'il **aurait dû** s'habiller plus chaudement.* (Bernard Minier, *Glacé*, 2011) *Il **faisait** exactement ce que j'**aurais fait** à sa place : il restait à l'ombre au frais.* (Yann Martel, *L'histoire de Pi*, 2001)

Remarques

1. Après un verbe principal au passé, on peut avoir le présent de l'indicatif dans la subordonnée lorsque celle-ci exprime un fait vrai dans tous les temps (une vérité générale) :

*Un philosophe qui n'était pas assez moderne pour elle, Leibnitz, **a dit** que le trajet **est** long de l'intelligence au cœur.* (Marcel Proust, *Sodome et Gomorrhe*, 1922)

*Quelqu'un **a dit** que la révolution **est** le contraire de la tristesse.* (Yannick Haenel, *Je cherche l'Italie*, 2015)

2. Après un verbe principal au passé, on peut avoir dans la subordonnée un temps dont il faut expliquer l'emploi en observant que le fait subordonné est envisagé par rapport au moment où la phrase a été énoncée. Ainsi on peut employer un futur simple au lieu d'un conditionnel lorsque l'action est située après le moment de la prise de parole :

*Je le sentais presque déçu de ne pas me revoir. Si bien que je lui **promis** que je **passerai** plus tard prendre un café.* (Serge Joncour, *L'écrivain national*, 2014)

*Personne ne **savait** que Thérésa **est** une louve.* (Jean Giono, *Le hussard sur le toit*, 1951)

2. Verbe de la subordonnée au subjonctif

1. Dans la langue littéraire classique, concordance à quatre temps

Dans la langue littéraire et recherchée, la concordance des temps met en jeu les quatre temps du subjonctif.

1° Lorsque le verbe principal est au présent ou au futur, le verbe subordonné se met : au subjonctif présent pour marquer la simultanéité ou la postériorité ; au subjonctif passé pour marquer l'antériorité.

> **LANGUE LITTÉRAIRE CLASSIQUE. Verbe principal au présent ou au futur**
>
> **Simultanéité ou postériorité de la subordonnée = Subjonctif présent**
>
> Je ne *suis* pas certain qu'il m'*ait* immédiatement reconnu. (ANNE CUNEO, *Le maître de Garamond*, 2002)
> Vous *aurez* de mes nouvelles avant qu'il *soit* demain au soir. (MOLIÈRE, *Don Juan*, 1665)
>
> **Antériorité de la subordonnée = Subjonctif passé composé**
>
> Il *est* possible aussi qu'il *ait eu* la fine blessure et qu'on l'*ait renvoyé* dans ses foyers. (SÉBASTIEN JAPRISOT, *Un long dimanche de fiançailles*, 1991)

2° Lorsque le verbe principal est à un temps du passé, le verbe subordonné se met : au subjonctif imparfait pour marquer la simultanéité ou la postériorité ; au subjonctif plus-que-parfait pour marquer l'antériorité.

> **LANGUE LITTÉRAIRE CLASSIQUE. Verbe principal au passé**
>
> **Simultanéité ou postériorité de la subordonnée = Subjonctif imparfait**
>
> Marianne *embrassa* Charles avant qu'il *commençât* son repas (COMTESSE DE SÉGUR, *Un bon petit diable*, 1865)
>
> Il *jouait* devant la maison en attendant que le grain *s'éloignât*. (MOHAMMED DIB, *La grande maison*, 1952)
>
> **Antériorité de la subordonnée = Subjonctif plus-que-parfait**
>
> Bien que cette soirée *eût été* un minable fiasco, Zaza quelques jours plus tard m'en *remercia* d'un ton ému. (SIMONE DE BEAUVOIR, *Mémoires d'une jeune fille rangée*, 1958)
>
> Il *se sentait* soulagé que José *eût tenu* parole. (JÉRÔME FERRARI, *Dans le secret*, 2012)
>
> Derrière les contrevents clos, j'*attendais* que la pénombre m'*entraînât* dans une sieste encombrée de songes. (GAËL FAYE, *Il faut tenter de vivre*, 2015)

> **Remarques**
> 1. Comme le mode subjonctif ne possède pas de futur, la postériorité est exprimée au présent, comme la simultanéité.
> 2. Après un conditionnel présent dans la principale, quand le verbe de la subordonnée doit être au subjonctif, il se met au présent ou à l'imparfait :
>
>   Il **voudrait** que **cessent** les gestes intrusifs de leur bonté. (LYDIE SALVAYRE, **BW**, 2015)
>
>   Et je **voudrais** que **cessât** ce vacarme provenant à toute heure de votre étage ! (KATHERINE PANCOL, *La valse lente des tortues*, 2008)
> 3. Après un passé dans la principale, quand le verbe de la subordonnée est au subjonctif, il se met au présent si la subordonnée exprime un fait présent ou futur par rapport au moment où l'on est, ou encore si elle exprime un fait vrai dans tous les temps :
>
>   Ma mère faisait très bien cela, il n'y **avait** aucune raison pour que je ne **sache** pas le faire. (DANIEL PENNAC, *La petite marchande de prose*, 1989)

2. Dans la langue courante, concordance à deux temps

Le subjonctif imparfait ne s'emploie plus guère dans la langue parlée, ni dans la langue écrite courante, sauf peut-être les deux formes *eût* et *fût*.

D'une manière générale, on remplace le subjonctif imparfait par le subjonctif présent ; quant au subjonctif plus-que-parfait, il est souvent remplacé par le subjonctif passé composé.

> **LANGUE COURANTE. Verbe principal au présent ou au passé**
>
> **Simultanéité ou postériorité de la subordonnée = Subjonctif présent**
>
> Elle ne **pouvait** plus se pointer nulle part sans qu'on **sache** immédiatement qui elle était. (VIRGINIE DESPENTES, *Apocalypse bébé*, 2010) (Dans la concordance classique, on aurait *sans qu'on sût immédiatement...*)
>
> Un jour, il **a exigé** que je lui **fasse** faire une dictée, pour me prouver qu'il avait une bonne orthographe. (ANNIE ERNAUX, *La place*, 1983) (Dans la concordance classique, on aurait *que je lui fisse une dictée...*)
>
> Il **aurait voulu** qu'Eurydice le **rejoigne**. (ALEXIS JENNI, *L'art français de la guerre*, 2011) (Dans la concordance classique, on aurait *qu'Eurydice le rejoignît.*)
>
> **Antériorité de la subordonnée = Subjonctif passé composé**
>
> Sophie **a été surprise** qu'il **ait conservé** cette relique. (PIERRE LEMAITRE, *Robe de marié*, 2009) (Dans la concordance classique, on aurait *qu'il eût conservé cette relique.*)
>
> L'opération s'**était** bien **passée**, bien qu'il **ait fallu** lui enlever deux côtes. (DELPHINE DE VIGAN, *Rien ne s'oppose à la nuit*, 2011) (Dans la concordance classique, on aurait *bien qu'il eût fallu...*)
>
> Je n'**attendis** même point qu'on **ait rallumé** dans la salle. (LOUIS-FERDINAND CÉLINE, *Voyage au bout de la nuit*, 1952) (Dans la concordance classique, on aurait *Qu'on eût rallumé...*)

CHAPITRE **6**

Les subordonnées sans mot introducteur : propositions infinitives et participiales

1. Définition 477
2. Les propositions subordonnées infinitives 478
3. Les propositions subordonnées participiales 482

1. Définition

Certaines propositions subordonnées sont insérées dans la phrase sans mot introducteur. Il s'agit de subordonnées construites avec un verbe à l'infinitif ou avec un participe, passé ou présent.

> *Je voyais* **Odile danser le madison avec des veuves**. (Yasmina Reza, *Heureux les heureux*, 2013)
>
> *Le vieux scooter de Pablo ayant rendu l'âme à une dizaine de kilomètres de leur destination*, ils avaient dû terminer leur périple à pied, en se lançant des noms d'oiseaux à la figure. (Guillaume Musso, *La fille de papier*, 2010)

Le verbe de la subordonnée peut avoir un sujet différent de celui du verbe principal.

> *Il entendit* **Blanche émettre un petit rire aussi léger qu'un duvet**. (Thomas Gunzig, *Manuel de survie à l'usage des incapables*, 2013) (Le sujet du verbe *émettre* est *Blanche*.)
>
> ***L'âge tendre aidant****, je me rendormais presque aussitôt.* (Driss Chraïbi, *La Civilisation, ma Mère !...*, 1972) (Le sujet du participe présent *aidant* est *l'âge tendre*, et le sujet du verbe principal est le pronom *je*.)

Le verbe de la proposition subordonnée peut avoir le même sujet que le verbe principal.

Gérondif
p. 282

> **En reprenant** *la direction abandonnée par la rivière interrompue,* **François espérait couper** *le lit d'un de ses affluents.* (René Barjavel, *Ravage*, 1943) (Le sujet du verbe principal *espérait* est identique au sujet non exprimé du verbe à l'infinitif *couper* ; le sujet non exprimé du gérondif *en reprenant* est identique à celui du verbe principal.)

2. Les propositions subordonnées infinitives

L'infinitif est au centre de la proposition subordonnée : il a un sujet, qui n'est pas toujours exprimé, et il peut être accompagné de compléments. Sous l'influence de la grammaire latine[1], on a longtemps considéré que le verbe à l'infinitif devait avoir un sujet propre, différent de celui du verbe principal. En réalité, il n'y a pas de raison d'exclure les propositions infinitives dont le sujet est identique à celui du verbe principal.

Emplois de l'infinitif
p. 274

La proposition infinitive remplit les mêmes fonctions que le groupe nominal.

1. À fonction de sujet ou d'attribut du sujet

La proposition infinitive employée comme sujet est en tête de phrase ; elle est parfois reprise par *ce, cela*, ou par un nom de sens général comme *la chose, le fait*, etc.

> **En reconstituer la trame imaginaire** *fait partie de mon travail.* (Simon Liberati, *Les rameaux noirs*, 2017)
>
> **Toucher la bosse d'un bossu**, *cela porte bonheur.* (Amélie Nothomb, *Riquet à la houppe*, 2016)

Comme attribut du sujet, elle suit le verbe :

> *Liquider n'est pas* **faire faillite**, *comprenez-vous?* (Honoré de Balzac, *Eugénie Grandet*, 1833)
>
> *Boire ce café semblait* **être absolument au-dessus de ses forces**. (Marcus Malte, *Les harmoniques*, 2011)

---

1. En latin, la proposition infinitive, introduite par un verbe d'affirmation (*dire, raconter, rapporter*), d'opinion (*croire, penser*) ou de connaissance, a nécessairement un sujet distinct qui se met à l'accusatif.

2. À fonction de complément du présentatif ou d'un verbe impersonnel

La proposition infinitive complément du présentatif suit simplement le présentatif :

> *Voici mourir le Mai dans les dunes du Nord.* (Louis Aragon, *La nuit de Dunkerque*, 1942)

Elle peut être complément d'une construction ou d'un verbe impersonnel, comme *il faut, il (lui) arrive, il est honteux, il est indispensable*, etc.

> *Il faut faire ici un aveu que je n'ai fait à personne : je n'ai jamais eu le sentiment d'appartenir complètement à aucun lieu.* (Marguerite Yourcenar, *Mémoires d'Hadrien*, 1958)
>
> *Il m'arrive de toucher des visages pour déceler en eux les traces de l'âme.* (Tahar Ben Jelloun, *L'enfant de sable*, 1985)

3. À fonction de complément d'objet direct ou indirect du verbe

Lorsque la proposition infinitive est complément d'objet direct ou indirect du verbe, le sujet de l'infinitif est identique ou différent de celui du verbe principal.

a) Avec un sujet propre

La proposition subordonnée à l'infinitif a un sujet propre lorsque le verbe principal est un verbe de perception comme *regarder, voir, écouter, ouïr, entendre, sentir, emmener* ou *envoyer*. Ce verbe construit un complément d'objet direct qui est le sujet du verbe à l'infinitif. Tantôt le sujet précède le verbe à l'infinitif (1), tantôt il le suit (2) :

> *Madame Berthier avait emmené sa classe voir Le Cid.* (Katherine Pancol, *La valse lente des tortues*, 2008) (1)
>
> *Le baromètre chute brutalement, j'entends siffler la cime des cèdres.* (Sylvain Tesson, *Dans les forêts de Sibérie*, 2011) (2)

Remarques

1. Quand la proposition infinitive dépend de *faire*, si le sujet de l'infinitif est autre chose qu'un pronom personnel ou relatif, ce sujet se met après l'infinitif. On nomme cette construction *causative* (ou *factitive*) car le sujet du verbe *faire* représente la cause du procès décrit dans la subordonnée infinitive :

La mère Louis faisait venir son vin de l'Auvergne. (Émile Zola, *L'assommoir*, 1876)
La pluie, ici, fait taire la campagne. (Laurent Gaudé, *Les oliviers du Négus*, 2013)

> **2.** Quand la proposition infinitive dépend de *faire*, le sujet de l'infinitif peut aussi être exprimé sous la forme d'un complément prépositionnel introduit par *à* ou *par*.
> *Seulement voilà, comment faire* **avaler le verre par les collègues** *?* (ALBERT COHEN, *Belle du Seigneur*, 1968)
> *Alors, Clotaire s'est levé et il a dit qu'il allait faire* **manger son livre d'arithmétique à Agnan**, *ce qui était vraiment une drôle d'idée.* (RENÉ GOSCINNY, *Le petit Nicolas*, 1960)

Lorsque le sujet du verbe à l'infinitif est indéterminé (par ex. *quelqu'un, on*), il n'est pas nécessairement exprimé.

> ❝*Il a entendu* **parler** *d'Alexandre, de ses conquêtes, de sa mort.* (LAURENT GAUDÉ, *Pour seul cortège*, 2013) ❞

Lorsque le verbe principal construit un complément d'objet direct suivi d'un complément d'objet indirect (par ex. *inviter quelqu'un à faire quelque chose, décourager quelqu'un de faire quelque chose*), la proposition subordonnée infinitive complément d'objet indirect est introduite par une préposition.

> ❝*Des interlocuteurs plus curieux que les autres invitent* **Paul à exposer sa doctrine devant l'Aréopage**. (EMMANUEL CARRÈRE, *Le Royaume*, 2014) ❞

> **Remarques**
> **1.** La proposition infinitive complément d'objet direct peut être introduite par la préposition *à* ou *de*. La préposition joue alors un simple rôle d'introducteur du verbe.
> *Bruno apprend à Thalie* **à piloter la moto**. (PHILIPPE JAENADA, *Sulak*, 2013)
> **2.** Une proposition subordonnée infinitive peut inclure une autre proposition infinitive subordonnée.
> *Édith espère* **entendre** *Marcel lui* **pardonner**. (ADRIEN BOSC, *Constellation*, 2014)

Prop. sub. complément d'objet direct p. 440

b) Avec le même sujet que celui du verbe principal

Pour les autres verbes, le sujet de l'infinitif est identique au sujet du verbe principal.

> ❝*Alors, toutes les étoiles, tu aimeras les* **regarder...** (ANTOINE DE SAINT-EXUPÉRY, *Le petit prince*, 1943)
>
> *Je n'ai jamais eu besoin* **d'apprendre à vivre**. (ALBERT CAMUS, *La chute*, 1953) ❞

Certains verbes introduisant une subordonnée infinitive peuvent également construire une subordonnée conjonctive introduite par *que* : c'est le cas de *aimer, désirer, espérer, penser, préférer, savoir, souhaiter, vouloir*, etc. La proposition infinitive présente l'avantage de dire la même chose en moins de mots.

> *J'espère écrire des récits plus heureux.* (Tahar Ben Jelloun, *L'enfant de sable*, 1985)
> (À comparer à : *J'espère **que j'écrirai** des récits plus heureux.*)

Dans le cas où la proposition subordonnée conjonctive introduite par *que* serait ambigüe, la proposition infinitive présente l'avantage de lever cette ambigüité :

> *Il pensait qu'il allait le retrouver.* (Michel Bussi, *Maman a tort*, 2015) (= Cette construction est ambigüe, car le pronom *il* peut renvoyer au pronom *il* sujet du verbe principal, ou à un autre référent.)
>
> *Il pensait le retrouver.* (= Cette construction n'est pas ambigüe : le sujet du verbe à l'infinitif est nécessairement le même que le sujet du verbe principal.)

> **Remarque**
> Le cas des propositions subordonnées infinitives introduites par un verbe de mouvement (*courir*, *filer*, etc.) est particulier : le sujet du verbe principal doit être un agent animé (humain ou non) et le verbe à l'infinitif ne peut pas être un autre verbe de mouvement, ni un verbe d'état (*souffrir*, *être*, etc.).
>
> *Je file enfiler mon maillot.* (Michel Bussi, *Le temps est assassin*, 2016)

4. À fonction de complément circonstanciel

Les constructions infinitives circonstancielles ont un sujet identique à celui de la principale.

- Subordonnée temporelle : *avant de* + infinitif ; *après* + infinitif composé :

> *Tout s'enchaîne ensuite très vite : **après avoir marché lentement sur le front** on se retrouve à marcher silencieusement en ville.* (Mathias Énard, *Zone*, 2011)

- Subordonnée causale *pour* + infinitif composé (qui correspond à *parce que* + proposition subordonnée) :

> *Mon père est mort **pour avoir essayé de décrocher la lune**.* (Tonino Benacquista, *Malavita*, 2004)

- Subordonnée de but *pour* + infinitif :

> *Courons vite, **pour rentrer avant qu'elle ne nous voie**.* (Comtesse de Ségur, *Les malheurs de Sophie*, 1858)

- Subordonnée de manière avec *sans* + infinitif :

> *Charles se remit donc au travail et prépara **sans discontinuer** les matières de son examen, dont il apprit d'avance toutes les questions par cœur.* (Gustave Flaubert, *Madame Bovary*, 1857)

5. À fonction de complément du nom ou de l'adjectif

Une proposition infinitive peut être complément d'un nom ou d'un adjectif :

> *L'envie d'écrire était passée, l'envie de lire était intacte.* (SORJ CHALANDON, *La légende de nos pères*, 2009)
>
> *Gilles propose une nouvelle tournée, soucieux de faire perdurer ce moment de gloire et la présence des filles.* (ALICE ZENITER, *L'art de perdre*, 2017)

3. Les propositions subordonnées participiales

La proposition subordonnée participiale est formée d'un participe présent ou passé, qui fonctionne comme un verbe et peut avoir des compléments.

1. Avec un sujet propre

Le participe (présent ou passé) peut s'employer en construction absolue avec un sujet qui lui est propre et qui n'a aucune fonction dans la proposition principale ; il sert alors à former une proposition à fonction de complément circonstanciel. Ce tour est considéré comme littéraire :

> *Une fois Françoise partie et le mantelet réparé, il fallut que ma grand-mère s'habillât.* (MARCEL PROUST, *Le côté de Guermantes*, 1920)
>
> *La barque arrivant à portée de la voix, Ludovic appela les bateliers par des noms qui n'étaient pas les leurs.* (STENDHAL, *La chartreuse de Parme*, 1839)

2. Sans sujet exprimé

Si le sujet du participe n'est pas exprimé, il est supposé être identique à celui du verbe principal de la phrase.

> *Une fois regardées, les photos sont rangées avec le linge dans les armoires.* (MARGUERITE DURAS, *L'amant*, 1984)
>
> *À la claire fontaine m'en allant promener, j'ai trouvé l'eau si belle que je m'y suis baigné.* (*Chanson populaire*)

CHAPITRE **6**   Les subordonnées sans mot introducteur...

> **Remarques**
>
> **1.** Lorsque le sujet de la proposition participiale n'est pas exprimé et qu'il est différent du sujet du verbe principal de la phrase, on considère qu'il y a une rupture dans la construction syntaxique (anacoluthe). Cet usage n'est pas recommandé.
> *Connaissant votre générosité, ma demande ne saurait être mal reçue.*
> *Ayant bien récité ma leçon, le professeur m'a attribué la meilleure note.*
> *En attendant votre réponse, veuillez croire à mes sentiments les meilleurs.*
>
> **2.** Dans quelques phrases figées, on trouve le gérondif se rapportant à un élément autre que le sujet du verbe principal, selon un usage fréquent autrefois :
> *La fortune vient en dormant.* (***Proverbe***)
> *L'appétit vient en mangeant.* (***Proverbe***)

3. En apposition

La construction participiale est apposée lorsqu'elle dépend d'un groupe nominal (ou d'un pronom) et qu'elle le spécifie. Le sujet du participe, non exprimé, a le même référent que ce nom.

> ***Débordant*** *d'un lit onirique dont les rives n'étaient plus que nébuleuses,* **le sommeil**, *torrent brumeux, se déversa en lui.* (Jean-Baptiste Del Amo, *Une éducation libertine*, 2008)
>
> ***Dépassé*** *par la situation et* ***désarçonné*** *par chacune de ses bonnes réponses,* **je** *me laissais emporter sans prendre conscience que mon interrogatoire tournait au harcèlement.* (Guillaume Musso, *La fille de papier*, 2010)

Les propositions participiales sont proches des subordonnées circonstancielles : elles sont effaçables et peuvent exprimer les valeurs temporelles, causales ou conditionnelles. La valeur temporelle peut être soulignée par *une fois, dès, aussitôt, à peine*, etc.

> ***Le père mort****, les fils vous retournent le champ.* (Jean de La Fontaine, *Le laboureur et ses enfants*, 1668)
>
> ***Une fois cette idée ancrée dans son esprit****, elle se ragaillardit considérablement.* (Romain Gary, *La promesse de l'aube*, 1960)

> **Remarque**
> La proposition participiale dont le verbe est un participe composé (*ayant bu, ayant été bu*) peut subir l'effacement du verbe *être*. Il s'agit alors d'une proposition elliptique.
>
> *L'onde [étant] tiède, on lava les pieds des voyageurs.* (Jean de La Fontaine, *Philémon et Baucis*, 1678)
>
> *Le café [étant, ayant été] bu, j'ai sorti mon carnet.* (Emmanuel Carrère, *D'autres vies que la mienne*, 2010)

PARTIE **6**

Au-delà de la phrase

CHAPITRE 1
Les phrases juxtaposées et coordonnées 487

CHAPITRE 2
Le discours rapporté 495

CHAPITRE **1**
Les phrases juxtaposées et coordonnées

1. Les phrases juxtaposées 487
2. Les phrases coordonnées 488
3. Les phrases en incise et les incidentes 492

Les phrases se combinent pour former des textes. Dans ce chapitre, nous envisageons les modes de combinaison suivants : la juxtaposition de phrases, la coordination de phrases et les phrases insérées dans d'autres phrases (incises et incidentes).

> *Un jour, j'étais âgée déjà* [= phrase insérée], *dans le hall d'un lieu public, un homme est venu vers moi. Il s'est fait connaître et* [= coordination] *il m'a dit : « Je vous connais depuis toujours. Tout le monde dit que vous étiez belle lorsque vous étiez jeune, je suis venu pour vous dire que pour moi je vous trouve plus belle maintenant que lorsque vous étiez jeune, j'aimais moins votre visage de jeune femme que celui que vous avez maintenant, dévasté* [= plusieurs phrases juxtaposées séparées par des virgules]. » (MARGUERITE DURAS, *L'amant*, 1984)

> **Remarque**
> La grammaire traditionnelle limite l'étude de la coordination aux propositions rassemblées dans une seule phrase délimitée par un point. Cependant, certaines conjonctions de coordination, comme *en outre* ou *par conséquent*, s'emploient presque exclusivement entre deux phrases successives.

1. Les phrases juxtaposées

Sont dites juxtaposées les propositions de même nature (principales ou subordonnées) qui ne sont reliées entre elles par aucune conjonction. Elles sont le plus souvent séparées par une virgule ou par un point-virgule :

> *Son sourire avait disparu, il regardait à travers moi comme si j'étais transparente. Il tira sur sa pipe, elle s'était éteinte.* (JEAN-MICHEL GUENASSIA, *La valse des arbres et du ciel*, 2016)

> Fin avril, je veux que nous allions à Rome, que tu réserves une chambre au Farnese pour fêter nos treize ans de rencontre. (Nelly Alard, **Moment d'un couple**, 2013)

En l'absence de conjonction de coordination entre les deux propositions, aucune indication n'est donnée sur leur relation. Lorsqu'une phrase ajoute de l'information en lien avec l'information fournie dans la phrase précédente, il s'agit d'une simple addition (**juxtaposition coordonnante**) :

> Quelque part encore à cette heure, les vieux trucks immobiles attendent, le bateau bleu pourrit sur ses cales. (Catherine Poulain, **Le grand marin**, 2016)

Cependant, il est fréquent qu'on interprète les phrases juxtaposées selon une relation plus spécifique, telle que la cause, la temporalité ou la conséquence. La **parataxe** (ou **juxtaposition subordonnante**) consiste à disposer côte à côte deux propositions en marquant par l'intonation ou par la ponctuation le rapport qui les unit. Ce rapport peut être explicité en insérant une conjonction entre les propositions :

> Albe vous a nommé, je ne vous connais plus. (Pierre Corneille, **Horace**, 1640) (= [Depuis que/puisque] Albe vous a nommé, je ne vous connais plus : relation temporelle ou causale.)
>
> Il pouvait tout garder, il avait tout rendu. (Victor Hugo, **Les misérables**, 1862) (= Il pouvait tout garder, [mais] il avait tout rendu : relation d'opposition.)
>
> Impossible de prévoir quoi que ce soit aujourd'hui, Thomas Rémige est d'astreinte, la réa peut l'appeler à n'importe quel moment durant ces vingt-quatre heures, c'est le principe. (Maylis de Kerangal, **Réparer les vivants**, 2014) (= Impossible de prévoir quoi que ce soit aujourd'hui, [en effet/parce que] Thomas Rémige est d'astreinte, [donc] la réa peut l'appeler à n'importe quel moment durant ces vingt-quatre heures, [en effet] c'est le principe : relations de cause et de conséquence.)
>
> Je hais les portes, elles m'épuisent. (Philippe Djian, **Chéri-Chéri**, 2014) (= Je hais les portes, [en effet/parce que] elles m'épuisent : relation causale.)

2. Les phrases coordonnées

Sont dites coordonnées les phrases de même nature qui sont liées entre elles par une conjonction de coordination. La conjonction permet de rendre clairement la relation entre les phrases coordonnées.

Conjonctions de coordination p. 317

Les conjonctions et les locutions conjonctives indiquant la coordination sont extrêmement nombreuses. Certains adverbes, comme *cependant, enfin* ou *pourtant*, sont employés comme conjonctions : lorsqu'ils sont placés en tête d'une phrase, ils relient cette phrase à celle qui précède et indiquent quelle relation les unit. On nomme **connecteurs de discours** ces petits mots (conjonctions, adverbes, locutions prépositionnelles, expressions verbales, etc.) qui indiquent une relation entre deux segments et contribuent à l'interprétation cohérente du discours.

Les principales relations encodées par les conjonctions (ou les connecteurs de discours) sont les suivantes.

1. Addition

Dans la relation d'addition, la seconde proposition ajoute une information, en lien avec l'information dans la première proposition.

Addition	et, ni, aussi, en outre, de plus, etc.

> *Magali boit du champagne, elle accueille les félicitations avec bonheur **et** elle savoure le plaisir de se sentir à sa place dans un monde qu'elle comprend **et** qu'elle n'a plus besoin d'aimer.* (JÉRÔME FERRARI, **Un dieu un animal**, 2011)
>
> *Vous savez comme elle est aimable, **de plus** elle vous aime énormément.* (MARCEL PROUST, **Le côté de Guermantes**, 1920)

Remarques

1. La conjonction *et* est flexible : elle peut unir deux propositions entre lesquelles il existe une relation de temps, de contraste, de conséquence, etc.

*On est soi-même l'artisan de son bonheur **et** on est parfois aussi le principal obstacle à son bonheur.* (KATHERINE PANCOL, **Les écureuils de Central Park sont tristes le lundi**, 2010) (Relation de contraste : *et* = *mais*.)

*Il la poussa hors du lit, **et** elle tomba à terre, resta ridiculement assise, les pans de sa robe écartés découvrant ses cuisses entrouvertes.* (ALBERT COHEN, **Belle du Seigneur**, 1968) (Relation de succession temporelle : *et* = *et puis*.)

*Juste avant d'arriver dans l'immeuble il avait commencé à pleuvoir **et** le chemisier blanc de Pastora lui collait sur les seins.* (HUBERT ANTOINE, **Danse de la vie brève**, 2015) (Relation de conséquence : *et* = *alors*.)

2. La locution *en outre* s'utilise plutôt entre deux phrases séparées par un point.

*Je tenais à mes parents, et dans ces lieux où nous avions été si unis, nos malentendus m'étaient encore plus douloureux qu'à Paris. **En outre** j'étais désœuvrée ; je n'avais pu me procurer qu'un petit nombre de livres.* (SIMONE DE BEAUVOIR, **Mémoires d'une jeune fille rangée**, 1958)

---

2. Disjonction

La relation de disjonction indique que deux propositions s'excluent l'une l'autre, ou forment une alternative.

Disjonction	ou, ou bien

> "*Elle ferme les yeux, et elle dort, **ou** elle fait semblant de dormir.* (Jean-Michel Guenassia, **De l'influence de David Bowie sur la destinée des jeunes filles**, 2017)
>
> *Étais-je encore au Japon, **ou bien** étais-je déjà rentré en Europe, ayant moi aussi avancé mon retour ?* (Jean-Philippe Toussaint, **La vérité du Marie**, 2009)"

3. Contraste

On a une relation de contraste (ou adversative) lorsque deux propositions sont mises en opposition l'une avec l'autre.

| Contraste (relation adversative) | mais, au contraire, cependant, toutefois, néanmoins, nonobstant, etc. |

> "*Il faisait bon **mais** j'étais glacée.* (Philippe Djian, **Dispersez-vous, ralliez-vous !**, 2017)
>
> *Il participe, **toutefois** sa concentration laisse à désirer.* (Marcus Malte, **Le garçon**, 2016)"

Remarque
Les connecteurs *cependant, toutefois, néanmoins* et *nonobstant* s'emploient plutôt entre deux phrases :

*Je vivais comme chez nous, à Paris, mais sans Félix. **Cependant**, le soulagement tant espéré ne venait pas. Aucun poids en moins sur la poitrine, aucun sentiment de libération.* (Agnès Martin-Lugand, **Les gens heureux lisent et boivent du café**, 2013)

*Ils trouvent un boui-boui sympathique où échouer – mais, hélas ! la dernière table disponible est tout près des toilettes ; il y a beaucoup de va-et-vient à cet endroit, et la plupart des usagers laissent la porte ouverte. **Nonobstant**, Rena choisit ce moment pour reprendre la conversation de tout à l'heure sur l'immortalité de l'âme.* (Nancy Huston, **Infrarouge**, 2012)

4. Cause

On a une relation causale quand le fait exprimé par la seconde proposition est la cause du fait exprimé par la première, ou quand la seconde proposition est utilisée pour justifier la première.

| Cause (ou justification) | car, en effet, etc. |

> "*On avait envie de se blottir les uns contre les autres, **car** il faisait maintenant presque froid.* (Serge Bramly, **Orchidée fixe**, 2012)
>
> *Je suis allergique à l'automne, **car** ensuite vient l'hiver et que je n'ai pas besoin de l'hiver.* (Frédéric Beigbeder, **Une vie sans fin**, 2017)"

> Emma poussa un cri et tomba roide par terre, à la renverse. **En effet**, Rodolphe, après bien des réflexions, s'était décidé à partir pour Rouen. (GUSTAVE FLAUBERT, **Madame Bovary**, 1857)

5. Conséquence

On a une relation de conséquence quand le fait exprimé par la seconde proposition est la conséquence du fait exprimé par la première.

| Conséquence (ou conclusion) | donc, par conséquent, etc. |

> Je tweete **donc** j'existe. (LAURENT BINET, **Rien ne se passe comme prévu**, 2012)
>
> Joséphine Baker n'était pas à Paris pendant la guerre… **Par conséquent**, vous ne pouvez pas l'avoir rencontrée naguère ! (OLIVIER BOURDEAUT, **En attendant Bojangles**, 2015)

La conjonction *donc* peut aussi introduire une proposition dans laquelle le locuteur énonce une **conclusion** qu'il tire de la proposition précédente.

> Or, le coffre était trop petit pour contenir un cadavre, **donc** il contenait de l'argent. (VICTOR HUGO, **Les misérables**, 1862) (*Donc* = j'en conclus que.)
>
> Un homme au courant de ce détail a pu entrer et verser le poison dans les bouteilles. Dans deux bouteilles. **Donc** on visait spécialement les consommateurs de pernod et de calvados. (GEORGES SIMENON, **Le chien jaune**, 1931) (*Donc* = j'en conclus que.)

6. Temporalité

On a une relation temporelle lorsque les faits de la deuxième proposition précèdent, succèdent ou se déroulent simultanément aux faits de la première proposition.

| Temporalité | puis, ensuite, enfin, après, en même temps, etc. |

Les connecteurs temporels se combinent souvent avec la conjonction *et* : *et puis, et ensuite, et après, et en même temps*, etc.

> L'individu porta un nombre remarquable de bouteilles d'eau. **Et puis** il s'en alla aussitôt. (AMÉLIE NOTHOMB, **Riquet à la houppe**, 2016)
>
> Tu crois vraiment que c'est comme ça qu'on pêche ? il aboie. On fait nos huit heures **et ensuite** on rentre, les pieds sous la table et la télévision ? (CATHERINE POULAIN, **Le grand marin**, 2016)
>
> Tu me manquais – **et en même temps** j'étais content. N'est-ce pas curieux ? (SAMUEL BECKETT, **En attendant Godot**, 1952)

> **Remarque**
> Les locutions ou les connecteurs à valeur temporelle prennent fréquemment une valeur argumentative :
>
> Elle y consacre la plus grande partie de ses journées. Sinon, elle lit. **Et puis** elle écrit. **Enfin**, plus maintenant. (Laurent Mauvignier, *Continuer*, 2016) (= Et d'autre part elle écrit.)
>
> **D'abord** vous n'êtes pas mort, **et ensuite** vous n'êtes pas Windsor. (Dany Laferrière, *L'énigme du retour*, 2009) (= D'une part… d'autre part.)
>
> Je lui ai relaté les événements. **Enfin je veux dire** la version officielle minimale. (Yasmina Reza, *Babylone*, 2016) (= Reformulation.)

3. Les phrases en incise et les incidentes

Une phrase vient s'insérer dans une autre phrase, par rapport à laquelle elle fonctionne de manière relativement autonome. Il s'agit d'une incise (par ex. *dit-il*) ou d'une incidence (par ex. *on s'en doute*).

1. Les phrases en incise

On appelle *incise* une proposition généralement courte, intercalée dans la phrase ou ajoutée à la fin de celle-ci – mais sans avoir avec elle aucun lien grammatical –, et indiquant qu'on **rapporte les paroles de quelqu'un** :

> « Quel est donc, **disaient les cinq rois**, cet homme qui est en état de donner cent fois autant que chacun de nous, et qui le donne ? (Voltaire, *Candide ou L'optimisme*, 1759)
>
> Comment s'appelle votre grand-père ? **reprit-il d'une voix moins hostile**. (Catherine Cusset, *Indigo*, 2013) »

À l'écrit, l'incise est rendue visible par la ponctuation : elle se place entre deux virgules, entre deux tirets ou entre parenthèses. À l'oral, l'incise est détachée par des pauses et une intonation parfois basse ou monotone.

> Discours rapporté p. 495

L'ordre des mots dans l'incise présente une inversion du verbe et du sujet ; dans un style familier, si on souhaite éviter l'inversion, le sujet précède le verbe et le lien avec le discours rapporté est marqué par *que*.

> « Le maréchal des logis Barousse vient d'être tué, mon colonel, **qu'il dit tout d'un trait**. (Louis-Ferdinand Céline, *Voyage au bout de la nuit*, 1952) »

L'incise typique est courte (*répondit-il*), mais peut s'agrémenter de compléments qui précisent la manière dont sont prononcées les paroles :

> « – Non, bien sûr que non ! **répondirent-ils comme un seul homme**. (Joël Dicker, *La vérité sur l'affaire Harry Quebert*, 2014) »

> — *Il va bien ? demanda timidement Joséphine.* (Katherine Pancol, **Les écureuils de Central Park sont tristes le lundi**, 2010)

D'un point de vue syntaxique, on peut considérer le verbe de l'incise comme principal et ayant pour complément les paroles rapportées :

> *Il dit : « Ne pleurez point : Trois jours au plus rendront mon âme satisfaite. »* (Jean de La Fontaine, **Les deux pigeons**, 1678)

Cependant, du point de vue de l'apport informationnel de la phrase, c'est l'inverse : les paroles rapportées constituent l'élément de premier plan, l'incise visant à identifier la source du discours rapporté.

> **Remarque**
> Dans certains cas, l'incise prend une ampleur inhabituelle, visant à mettre au premier plan le commentaire énonciatif.
>
> *Précisément, me dit-il tout à coup comme si la cause était jugée et après m'avoir laissé bafouiller en face des yeux immobiles qui ne me quittaient pas un instant, j'ai le fils d'un de mes amis qui, mutatis mutandis, est comme vous (et il prit pour parler de nos dispositions communes le même ton rassurant que si elles avaient été des dispositions non pas à la littérature, mais au rhumatisme et s'il avait voulu me montrer qu'on n'en mourait pas).* (Marcel Proust, **À l'ombre des jeunes filles en fleurs**, 1919) (La parenthèse constitue une proposition incidente.)

Les verbes en incise sont principalement les verbes du dire (*dire, répondre, s'écrier, expliquer, admettre, faire*) parfois avec un sens additionnel (*continuer, répéter, s'étonner*, etc.) ; et des verbes de connaissance (*apprendre, estimer, croire*, etc.).

> — *À ce stade, c'est difficile à dire,* **admit Ziegler avec un œil noir en direction du juge.** (Bernard Minier, **Glacé**, 2011)
>
> *Tu ne sais même pas ce que tu veux,* **aboya-t-il.** (Philippe Djian, **Marlène**, 2017)

2. Les phrases incidentes

Une phrase incidente est insérée comme une incise (avec les mêmes propriétés de ponctuation ou d'intonation), mais il s'agit d'une phrase complète. La phrase incidente comporte souvent un pronom (*le, ceci*) ou un adverbe (*ainsi*) renvoyant au reste de l'énoncé.

> *À l'intérieur de la pièce attenante* – **on le devine** – *un corps gît dans un cercueil.* (Éric-Emmanuel Schmitt, **La tectonique des sentiments**, 2008)
>
> *« Il »,* **on s'en doute,** *c'est Dieu, et Paul prie nuit et jour pour qu'Il veuille bien faire voir à ses correspondants quelle espérance leur ouvre Son appel.* (Emmanuel Carrère, **Le Royaume**, 2014)

PARTIE 6 Au-delà de la phrase

La phrase incidente marque une intervention personnelle de celui qui parle ou qui écrit, destinée à apprécier, à appuyer, à atténuer, à rectifier, à exprimer une émotion, etc. En d'autres mots, elle est un commentaire sur l'énonciation.

> *Il soulevait et soutenait parfois d'énormes poids sur son dos, et remplaçait dans l'occasion cet instrument qu'on appelle cric et qu'on appelait jadis orgueil, d'où a pris nom, **soit dit en passant**, la rue Montorgueil près des halles de Paris.* (Victor Hugo, **Les misérables**, 1862)
>
> *Et même, **tenez-vous bien**, elle le condamna à la peine de mort!* (Marc Bressant, **La citerne**, 2009)
>
> *Avec l'âge, **je le répète**, mon pouvoir de rêverie s'était amélioré.* (Simon Liberati, **Eva**, 2015)

> **Remarque**
> La phrase incidente peut être non verbale, formée par exemple d'un adverbe, d'une interjection ou d'une locution sans verbe.
> Un autre témoin, **heureusement**, a aperçu l'enfant. (Armel Job, **Tu ne jugeras point**, 2009)
> Je n'ai pas, **Dieu merci**, les inclinations fort patibulaires ; et, parmi mes confrères que je vois se mêler de beaucoup de petits commerces, je sais tirer adroitement mon épingle du jeu. (Molière, **L'avare**, 1668)
> Mais M. Lanternau ne regardait pas l'île, il regardait papa, et, **quelle drôle d'idée**, il a tenu absolument à lui raconter ce qu'il avait mangé dans un restaurant avant de partir en vacances. (René Goscinny, **Les vacances du petit Nicolas**, 1962)
> Elle s'en voulut toute sa vie de s'être dérobée à l'amour maternel pendant quelques semaines ou quelques mois, **je ne sais au juste**, et son erreur, **à mon avis**, fut de ne rien laisser ignorer à sa fille du sentiment pénible qui la rongeait de lui avoir manqué gravement. (Marie NDiaye, **La Cheffe, roman d'une cuisinière**, 2016)

CHAPITRE **2**

Le discours rapporté

1. Définition 495
2. Le discours direct 496
3. Le discours indirect 496
4. Le discours indirect libre 500

1. Définition

Lorsqu'on rapporte les paroles d'autrui et qu'on les intègre à son propre discours, il s'agit d'un discours rapporté. Ces paroles peuvent avoir été réellement tenues par autrui ou elles peuvent lui être attribuées ; un locuteur peut également rapporter ses propres paroles telles qu'il les a tenues antérieurement.

> *Le commissaire me rassura et déclara que je pourrais repartir avec Jérémie, mais je devais avertir le garçon qu'ici, entre ces murs, on ne voulait plus entendre parler de lui.* (Philippe Djian, *Impardonnables*, 2009)
>
> *Alors je me suis mis à pleurer, j'ai dit que ce n'était pas juste et que je quitterais l'école et qu'on me regretterait bien.* (René Goscinny, *Le petit Nicolas*, 1960)

Le discours rapporté est narrativisé quand il est résumé par un verbe de parole, et qu'il prend place dans le récit sans aucune démarcation.

> *D'abord la mère et le fils se disputèrent la parole pour raconter les détails à la duchesse, qui dans ses réponses eut grand soin de ne mettre en avant aucune idée.* (Stendhal, *La chartreuse de Parme*, 1839)
>
> *Sur le seuil de la maison de Dieu, les deux hommes conversèrent encore un peu.* (Gilbert Sinoué, *Avicenne ou La route d'Ispahan*, 1989)

PARTIE **6**   Au-delà de la phrase

2. Le discours direct

Le discours (ou style) direct consiste à rapporter, en les citant textuellement, les paroles ou les pensées prononcées par quelqu'un ou attribuées à quelqu'un. C'est la forme de discours rapporté qui se présente comme la plus fidèle ; cependant, le discours rapporté au style direct est toujours une construction (dans la fiction) ou une reconstruction (dans le discours journalistique, par exemple), dans la mesure où l'on ne rapporte pas littéralement tous les aspects du discours réellement tenu, tels que les hésitations, les répétitions, les interruptions, etc.

> Guillemets
> p. 45

Le discours direct est visuellement démarqué par des signes de ponctuation : il est encadré par des guillemets ou, en cas de dialogue suivi, chaque réplique est introduite par un tiret long (ou tiret cadratin). Le discours direct est généralement introduit par une phrase en incise, composée d'un verbe de parole (*déclarer, dire, répondre,* etc.), d'un sujet renvoyant au locuteur (*il, je,* etc.), et parfois d'un commentaire de l'énonciateur (*sans états d'âme, lentement,* etc.).

> Tiret
> p. 46

> Incises
> p. 492

« Le professeur Bestombes, mis au courant de ce projet, s'y déclara particulièrement favorable. Il donna même une interview à cette occasion et le même jour aux envoyés d'un grand « Illustré national » qui nous photographia tous ensemble sur le perron de l'hôpital aux côtés de la belle sociétaire. « C'est le plus haut devoir des poètes, pendant les heures tragiques que nous traversons, déclara le professeur Bestombes, qui n'en ratait pas une, de nous redonner le goût de l'Épopée ! » (Louis-Ferdinand Céline, *Voyage au bout de la nuit*, 1952)

C'est alors qu'elle dit : « C'est drôle qu'on se soit retrouvés. Samedi soir je fais une grande soirée pour mon anniversaire. Ça serait bien que tu viennes.
— ...
— Tu es là ?
— Euh... non... non, malheureusement samedi, je ne suis pas là... je pars aux États-Unis avec ma fille... » (David Foenkinos, *Je vais mieux*, 2013)

Le discours direct fait usage de marques qui renvoient directement aux participants et à la situation qui est rapportée (*je, tu, ma fille, samedi soir,* etc.). Les temps sont choisis en fonction du moment de la parole : le présent correspond au présent de l'énonciation.

3. Le discours indirect

Le discours (ou style) indirect consiste à rapporter les paroles ou les pensées de quelqu'un, non plus en les citant textuellement comme dans le style direct, mais en les subordonnant à un verbe principal du type *dire* (*il répondit que, elle affirma que, ils demandèrent si,* etc.) :

CHAPITRE **2** Le discours rapporté

> *Dans le cimetière, des maçons construisaient à la hâte un petit caveau à deux places. Je demandai à mon oncle **pourquoi** on ne mettait pas papa et maman dans son immense caveau à lui. Il me répondit que lui seul aurait à subir cette honte.* (Jérôme Ferrari, **Dans le secret**, 2012)

1. Les verbes introducteurs

Les verbes introducteurs du discours direct peuvent être neutres (*dire que, rapporter que*) ou indiquer un jugement du locuteur qui rapporte les paroles d'autrui (*se plaindre que, douter si, prétendre que,* etc.)

> Pas plus tard qu'hier, j'ai eu une prise de bec avec un père, un banquier bardé de diplômes et de décorations, qui **se plaignait que** son fils n'ait que quatorze de moyenne. (Katherine Pancol, **La valse lente des tortues**, 2008)
>
> Quand je circulais, des dames me harponnaient aussitôt **en gloussant qu'**elles m'avaient vue à la télévision. (Amélie Nothomb, **Pétronille**, 2014)
>
> Bon, je continue : Ahmed est né un jour ensoleillé. Son père **prétend que** le ciel était couvert ce matin-là, et que ce fut Ahmed qui apporta la lumière dans le ciel. Admettons ! (Tahar Ben Jelloun, **L'enfant de sable**, 1986)

2. Les modifications syntaxiques

La subordination du discours rapporté à un verbe provoque des modifications qui dépendent du type de phrase. Au style indirect,
- la phrase déclarative est introduite par un verbe de dire suivi de *que* (1) ; elle forme une subordonnée conjonctive complément du verbe ;
- la phrase interrogative totale est introduite par un verbe exprimant l'interrogation suivi de *si* (2) ; la phrase interrogative partielle est introduite par le mot interrogatif utilisé au style direct (*pourquoi, comment, qui,* etc.) (3) ;
- la phrase injonctive est introduite par un verbe d'ordre suivi d'une subordonnée introduite par *que* (4) ou d'une subordonnée infinitive (5) ;
- la phrase exclamative est rare au style indirect ; elle peut être introduite par *comme* (6).

> Comme je **disais que** j'étais heureux de la revoir, elle parut surprise ; et quand **j'expliquai que** j'étais le Dr Hampstadt et **que** nous nous étions rencontrés la veille, elle **répliqua que** je ne devrais pas parler ainsi. (Bernard Quiriny, **Histoires assassines**, 2017) (1)
>
> J'ignore **si** l'on déguste des merguez au paradis. (Yann Moix, **Naissance**, 2013) (2)
>
> Tu me **demandes pourquoi** je me suis mis à écrire avec tant de rage à bord de cette maison sur pilotis. (Éric Faye, **L'homme sans empreintes**, 2008) (3)

> *Tandis que la voiture longeait la Seine, il **ordonnait que** l'on s'arrêtât.* (Jean-Baptiste Del Amo, *Une éducation libertine*, 2008) (4)
>
> *Sans explication, père t'a **ordonné de** ranger le bijou de ta mère.* (Carole Martinez, *La terre qui penche*, 2015) (5)
>
> *Étonnant **comme parfois on prend des résolutions**, on se dit que tout sera ainsi dorénavant, et il suffit d'un mouvement infime des lèvres pour casser l'assurance d'une certitude qui paraissait éternelle.* (David Foenkinos, *La délicatesse*, 2012) (6)

3. Les changements de temps, de mode et de personne

La transposition du discours direct en discours indirect impose certains changements de mode, de temps et de personne.

a) Le mode

L'impératif est remplacé par le subjonctif, ou plus souvent par l'infinitif ; les autres modes ne subissent pas de changement. Ainsi, l'impératif *Pars !* devient au style indirect :

> *Il souhaite **que je parte** samedi par le vol Air China de 13 h 40.* (Serge Bramly, *Le premier principe, le second principe*, 2008)
>
> *Il m'a donné une petite auto et puis il m'a dit **de partir**.* (René Goscinny, *Le petit Nicolas*, 1960)

b) Le temps

Si la phrase introductive est au présent ou au futur, aucun changement n'a lieu quant à l'emploi des temps. Si la phrase introductive est au passé, le discours indirect emploie l'imparfait ou le passé simple, le plus-que-parfait ou le conditionnel, conformément à la concordance des temps.

Rapport entre le temps de la principale et de la subordonnée	Verbe principal au présent	Verbe principal au passé (passé composé, imparfait, passé simple, etc.)
Simultanéité	**Présent** *Philippe dit qu'il m'**aime** et il dort avec une autre ?* (Katherine Pancol, *Les écureuils de Central Park sont tristes le lundi*, 2010)	**Imparfait ou passé simple** *Elle disait qu'elle **voulait** son duvet.* (Virginie Despentes, *Vernon Subutex 2*, 2015)

CHAPITRE **2** Le discours rapporté

Rapport entre le temps de la principale et de la subordonnée	Verbe principal au présent	Verbe principal au passé (passé composé, imparfait, passé simple, etc.)
Antériorité	**Passé composé, passé simple, imparfait** *Elle dit qu'elle **a vu** le diable.* (Véronique Olmi, **Bakhita**, 2017) *On dit qu'elle **alla voir** sa cousine, après la rencontre avec l'ange.* (Léonora Miano, **Crépuscule du tourment**, 2016)	**Plus-que-parfait** *Je lui ai dit que j'**avais vu** Lambert sur la tombe.* (Claudie Gallay, **Les déferlantes**, 2011)
Postériorité	**Futur simple ou antérieur** *Lili dit qu'il vous **faudra** la faire réchauffer sur le gaz.* (Claudie Gallay, **Les déferlantes**, 2011)	**Conditionnel présent ou passé** *Il disait que, sans toi, il **aurait fini** dans la rue.* (Joël Dicker, **Le livre des Baltimore**, 2015)

> **Remarques**
> 1. Un présent peut être conservé dans le discours indirect pour exprimer une vérité générale ou si le locuteur prend à son compte le discours rapporté :
> *Qui donc disait que la poésie **s'arrête** où dans les vers apparaît l'inversion ?* (Louis Aragon, **Le crève-cœur**, 1941)
> *C'est pour ça que je disais que tu **es** un peu injuste.* (Mohammed Dib, **La grande maison**, 1952)
> 2. On peut garder un futur dans le discours indirect s'il marque une postériorité par rapport au moment où le discours est rapporté :
> *Il a dit que Godot **viendra** sûrement demain.* (Samuel Beckett, **En attendant Godot**, 1952)

c) *La personne*

La 1re et la 2e personne sont remplacées par la 3e personne si on rapporte les propos d'une tierce personne en son absence et en l'absence de son allocutaire :
Je te comprends. → *[Elle a dit] qu'elle le comprenait.*

On a cependant la 1re personne quand le narrateur rapporte des paroles qui le concernent lui-même ou qui concernent le groupe dont il fait partie : *[J'ai dit] que je le comprenais.*

On a la 2ᵉ personne quand le narrateur rapporte des paroles qui concernent celui ou ceux à qui il les rapporte : *[Tu as dis] que tu le comprenais.*

4. Le discours indirect libre

Parfois les propositions du discours indirect, au lieu d'être subordonnées à un verbe déclaratif, se présentent sans verbe introductif et sans *que* subordonnant, le verbe de dire étant implicitement contenu dans ce qui précède : c'est le style indirect libre.

> *Lorsqu'elle tournait ses clés dans la serrure, la voisine ouvrit son volet et lui cria :*
> *— L'abbé vous a cherchée. Il est venu deux fois.*
> *— Ah bon ? Merci de me le dire. Je vais à la cure.*
> *— Je pense que vous ne le trouverez pas. Une voiture l'a emmené tout à l'heure.*
> *Une voiture ? Non seulement l'abbé ne conduisait pas mais il ne possédait évidemment pas de voiture.* (Éric-Emmanuel Schmitt, **Concerto à la mémoire d'un ange**, 2010)

Remarque

Le plus souvent, le style direct, le style indirect, le style indirect libre et le discours rapporté narrativisé alternent dans les textes.

> *Elle s'est alors mise à parler de son fils* [= discours rapporté narrativisé]. *Un fils unique, et ça l'attristait. Elle aurait voulu avoir un deuxième enfant. Mais bon, elle avait divorcé et n'était pas en couple pour le moment* [= style indirect libre]. *C'était exactement ce que j'avais imaginé de sa vie, pensai-je en passant. Elle a continué à évoquer son fils, mais je ne l'écoutais pas vraiment* [= discours rapporté narrativisé]. (David Foenkinos, **Je vais mieux**, 2013)

PARTIE **7**

Annexes

CHAPITRE 1
Nouvelle orthographe 503

CHAPITRE 2
Féminisation 513

CHAPITRE 3
Tableaux de conjugaison 517

CHAPITRE **1**

Nouvelle orthographe

1. Les rectifications de l'orthographe de 1990 503
2. Règles modifiées 504
3. Recommandations pour la création
de mots nouveaux 507
4. Graphies particulières fixées ou modifiées 507

1. Les rectifications de l'orthographe de 1990

Le 6 décembre 1990, le Journal officiel de la République française publiait, sous le titre *Les rectifications de l'orthographe*, les propositions du Conseil supérieur de la langue française, mis en place par le Premier ministre, relatives à une harmonisation de quelques règles de l'orthographe française.

Ces recommandations[1] peuvent être appliquées par tous les usagers de la langue et l'Académie précise qu'« **aucune des deux graphies [ni l'ancienne ni la nouvelle] ne peut être tenue pour fautive** ».

Ces propositions sont présentées sous forme :
- de sept règles d'application générale ;
- de recommandations à suivre lors de la création de mots nouveaux ;
- de modifications de graphies particulières (mots composés, mots étrangers, anomalies).

---

1. Texte officiel : http://www.academie-francaise.fr/sites/academie-francaise.fr/files/rectifications_1990.pdf [page consultée en juillet 2018]. Liste complète des mots touchés par les rectifications : http://www.renouvo.org/liste.php?t=3 [page consultée en juillet 2018].

2. Règles modifiées

1. Trait d'union pour les numéraux

Trait d'union p. 50

On lie par des traits d'union les numéraux formant un nombre complexe à l'exception de *million* et *milliard* qui sont des noms :

Ancienne orthographe	Nouvelle orthographe
vingt-quatre	vingt-quatre (inchangé)
quarante et un	quarante-et-un
sept-cent mille trois-cent-vingt et un	sept-cent-mille-trois-cent-vingt-et-un
deux millions trois cent mille	deux millions trois-cent-mille

2. Singulier et pluriel des noms composés comportant un trait d'union

Pluriel des noms composés p. 107

Les noms composés d'un verbe et d'un nom ou d'une préposition et d'un nom suivent la règle des mots simples : ils prennent la marque du pluriel seulement quand ils sont au pluriel et cette marque est portée sur le second élément.

Ancienne orthographe	Nouvelle orthographe
un cure-dent(s), des cure-dents	un cure-dent, des cure-dents
un sèche-cheveux, des sèche-cheveux	un sèche-cheveu, des sèche-cheveux
un lave-vaisselle, des lave-vaisselle	un lave-vaisselle, des lave-vaisselles
un sans-papier(s), des sans-papier(s)	un sans-papier, des sans-papiers

Cependant, quand l'élément nominal prend une majuscule ou quand il est précédé d'un article singulier, il ne prend pas de marque de pluriel : *des prie-Dieu, des trompe-l'œil, des trompe-la-mort*.

3. Accent grave

Conformément à la prononciation courante, on écrit avec un accent grave le *e* situé en fin de syllabe suivi d'une syllabe avec un *e* muet

- au présent (de l'indicatif, du subjonctif et de l'impératif), au futur et au conditionnel des verbes tels que *céder*, *interpréter*, *régler* (où l'infinitif présente la séquence *é* + consonne(s) + *er*) ;

Orthographe antérieure à 1990	Nouvelle orthographe
je cède, je céderai	je cède, je cèderai
nous interpréterons	nous interprèterons
vous réglerez	vous règlerez

- au présent (de l'indicatif, du subjonctif et de l'impératif), au futur et au conditionnel de tous les verbes en *-eler* ou *-eter* (et de leurs dérivés en *-ment*) ;

CHAPITRE 1 Nouvelle orthographe

Orthographe antérieure à 1990	Nouvelle orthographe
je pèle, il pèle	je pèle, il pèle (inchangé)
il ruisselle, un ruissellement	il ruissèle, un ruissèlement
tu étiquetteras	tu étiquèteras

> **Remarque**
> Ne sont pas concernés *appeler, jeter* et leurs composés : *il jette, elle appellera*.

- dans les formes verbales *puissè-je, dussè-je, trouvè-je*...
- dans les mots pour lesquels l'usage hésitait entre deux graphies : *é* ou *è*.

Orthographe antérieure à 1990	Nouvelle orthographe
avènement *mais* événement	avènement, évènement
assèchement *mais* sécheresse	assèchement, sècheresse
crème *mais* crémerie	crème, crèmerie
règlement *mais* réglementer	règlement, règlementer

> **Remarque**
> Ne sont pas concernés les préfixes *dé-* et *pré-* (*dégeler, prélever*) et les *é* à l'initiale de mot (*élevage, émeraude*, etc.) ; *médecin, médecine*.

4. Accent circonflexe sur *i* et *u*

On ne met pas d'accent circonflexe sur *i* et sur *u*.

Orthographe antérieure à 1990	Nouvelle orthographe
il paraît	il parait
île	ile
août	aout
goûter	gouter

On maintient cependant un accent circonflexe dans les deux cas suivants :
- dans les mots où il apporte une distinction de sens utile (l'exception ne concerne pas les dérivés et les composés de ces mots) :

Nouvelle orthographe : maintien du circonflexe	Pour éviter la confusion avec
payer son dû (la somme due, dument)	voir du pays
être sûr de soi (surs, sure, sures)	être sur un toit
elle croît, elle crût (verbe *croître* ; mais *accroitre*)	elle croit, elle crut (verbe *croire*)
faire un jeûne	paraitre jeune pour son âge
un fruit mûr (des framboises mures)	un mur aveugle

- dans la conjugaison où il marque une terminaison, on maintient l'accent circonflexe pour uniformiser les terminaisons : *nous suivîmes, nous voulûmes*, comme *nous aimâmes* ; *vous suivîtes, vous voulûtes*, comme *vous aimâtes* ; *qu'il suivît, qu'il voulût,* comme *qu'il aimât* ; *qu'il eût suivi, il eût voulu,* comme *qu'il eût aimé* ; *nous voulûmes qu'il prît la parole.*

> **Remarques**
> 1. Cette mesure entraine la rectification de certaines anomalies étymologiques, en établissant des régularités. On écrit *mu* (comme déjà *su, tu, vu, lu*), *plait* (comme déjà *tait, fait*), *piqure, surpiqure* (comme déjà *morsure*), *traine, traitre*, et leurs dérivés (comme déjà *gaine, haine, faine*), et *ambigument, assidument, congrument, continument, crument, dument, goulument, incongrument, indument, nument* (comme déjà *absolument, éperdument, ingénument, résolument*).
> 2. Aucune modification n'est apportée aux noms propres ni aux adjectifs issus de ces noms (*Nîmes, nîmois*).

5. Tréma

On place le tréma sur la voyelle qui doit être prononcée : *aigüe* (et les dérivés, comme *suraigüe*, etc.), *ambigüe, exigüe, contigüe, ambigüité, exigüité, contigüité, cigüe*. Ces mots appliquent ainsi la règle générale : le tréma indique qu'une lettre (*u*) doit être prononcée (comme voyelle ou comme semi-voyelle) séparément de la lettre précédente (*g*). Le même usage du tréma s'applique aux mots où une suite *-gu-* ou *-geu-* conduit à des prononciations défectueuses (*il argüe* [ilaʀgy] prononcé comme *il nargue* [ilnaʀg]). On écrit donc : *il argüe* (et toute la conjugaison du verbe *argüer*) ; *gagüre, mangeüre, rongeüre, vergeüre*.

Orthographe antérieure à 1990	Nouvelle orthographe
ambiguë	ambigüe
gageure	gageüre

6. Participe passé *laissé* + infinitif

Accord du participe passé de *faire* + infinitif p. 408

Le participe passé de *laisser* suivi d'un infinitif est rendu invariable : il joue en effet devant l'infinitif un rôle d'auxiliaire analogue à celui de *faire*, qui est toujours invariable dans ce cas. Le participe passé de *laisser* suivi d'un infinitif est donc invariable dans tous les cas.

Orthographe antérieure à 1990	Nouvelle orthographe
Elle s'est laissée mourir.	Elle s'est laissé mourir (comme déjà : elle s'est fait maigrir)
Elle s'est laissé séduire.	Elle s'est laissé séduire. (inchangé)
Je les ai laissés partir.	Je les ai laissé partir (comme déjà : je les ai fait partir)

7. Singulier et pluriel des mots empruntés

Les noms ou adjectifs d'origine étrangère ont un singulier et un pluriel réguliers : *un zakouski, des zakouskis ; un ravioli, des raviolis ; un graffiti, des graffitis ; un lazzi, des lazzis ; un confetti, des confettis ; un scénario, des scénarios ; un jazzman, des jazzmans*, etc. On choisit comme forme du singulier la forme la plus fréquente, même s'il s'agit d'un pluriel dans la langue d'emprunt du mot.

Ces mots forment leur pluriel avec un *-s* non prononcé (*des matchs, des lands, des lieds, des solos, des apparatchiks*). Il en est de même pour les noms d'origine latine (*des maximums, des médias*). Cette proposition ne s'applique pas aux mots ayant conservé une valeur de citation (*des mea culpa*).

Cependant, comme il est normal en français, les mots terminés par *-s*, *-x* et *-z* ne prennent pas de marque supplémentaire pour former leur pluriel : *un boss, des boss ; un kibboutz, des kibboutz ; un box, des box*.

En outre, le pluriel de mots composés étrangers se trouve simplifié par la soudure : *des covergirls, des bluejeans, des ossobucos, des weekends, des hotdogs*.

3. Recommandations pour la création de mots nouveaux

Lorsqu'un mot nouveau est créé, et en cas de concurrence entre plusieurs formes, le principe général est de privilégier la forme la plus simple. En particulier, on privilégiera :

- la soudure des mots composés (à la place du trait d'union) dans le cas où le mot est bien ancré dans l'usage et ressenti comme un seul mot : *antimoustique, intrascolaire, biodéchet, supercellule*, etc. ;
- l'accentuation régulière des mots empruntés et des néologismes (*artéfact, braséro, en loucedé*), en omettant l'accent circonflexe sur *i* et *u* dans les nouveaux mots (*repose-flute*) ;
- la formation selon les règles régulières du français du singulier et du pluriel des mots empruntés : *des ciabattas, des hula-hoops, des stilettos*, etc. ;
- pour les emprunts, l'adoption des formes correspondant à la graphie du français : *padel* (plutôt que *paddle*), *kawaï* (plutôt que *kawaii*), *musli* (plutôt que *muesli*), *taliatelle* (plutôt que *tagliatelle*), *paélia* (plutôt que *paella*), *kidnapeur* (plutôt que *kidnapper*), etc.

4. Graphies particulières fixées ou modifiées

Il existe de nombreux mots dont la graphie était irrégulière ou variable : avant les rectifications orthographiques de 1990, on en a dénombré plus de 5 000 qui étaient répertoriés avec des graphies différentes selon les dictionnaires. Soit ces graphies ont été rectifiées, soit on a retenu la variante qui permettait de créer les plus larges régularités. La liste complète des formes rectifiées se trouve sur le site du Réseau pour la nouvelle orthographe du français[1]. Nous présentons ici quelques

---

1. Liste complète des mots touchés par les rectifications : http://www.renouvo.org/liste.php?t=3 [page consultée en juillet 2018].

listes organisées selon la fréquence des mots ou selon les types de rectifications (soudure, accents, etc.).

1. Mots fréquents

abime	**assoir**	**disparaitre** – *il disparait, il disparaitra, il disparaitrait*	**mure** (nom fém.)
accroitre – *il accroit, il accroitra, il accroitrait*			
aigu, aigüe	**boite**	**entrainer**	**murir**
alléger – *il allègera, il allègerait*	**brulant**, ante	**évènement**	**naitre** – *il nait, il naitra, il naitrait*
allègrement	**bruler**	**flute**	**paraitre** – *il parait, il paraitra, il paraitrait*
allégretto, des allégrettos	**brulure**	**fraicheur**	**rafraichir**
allégro	**bucheron**, onne	**gite**	**reconnaitre** – *il reconnait, il reconnaitra, il reconnaitrait*
alléguer – *il allèguera, il allèguerait*	**céder** – *il cèdera, il cèderait*	**gout**	**révolver**
allo	**chaine**	**gouter** (nom et verbe)	**sècheresse**
allume-cigare, des allume-cigares	**cloitre**	**ile**	**sûr**, sure
allume-feu, des allume-feux	**connaitre** – *il connait, il connaitra, il connaitrait*	**maitre**, maitresse	**surcroit**
aout	**couter**	**maitrise**	**surement**
apparaitre – *il apparait, il apparaitra, il apparaitrait*	**couteux**, euse	**maximum**, des maximums	**trainer**
après-midi (fém. ou masc.)	**croute**	**méconnaitre**	**traitre**
à priori (adv.)	**dégout**	**minimum**, des minimums	**voute**
apriori (nom), des aprioris	**diner** (nom et verbe)	**mûr**, mure (adj.)	

CHAPITRE **1** Nouvelle orthographe

2. Soudure de mots

Lorsqu'un mot est composé à partir de plusieurs mots, on préfère la graphie soudée (sans espace ni trait d'union), qu'il s'agisse de noms composés sur la base d'un élément verbal généralement suivi d'une forme nominale ou de *tout* ; d'onomatopées ou de formations expressives ; ou de mots empruntés à d'autres langues.

a) Noms composés (verbe + nom, verbe + **tout**)

arrachepied (d')	croquemitaine	passepasse	risquetout
boutentrain	croquemonsieur	piquenique	tapecul
brisetout	croquemort	porteclé	tirebouchon
chaussetrappe	croquenote	portecrayon	tirebouchonner
clochepied (à)	faitout	portemine	tirefond
coupecoupe	fourretout	portemonnaie	tournedos
couvrepied	mangetout	portevoix	vanupied
crochepied	mêletout	poucepied	
croquemadame	passepartout	poussepousse	

b) Noms et adjectifs composés

arcboutant	bassecourier	chèvrepied	lieudit
autostop	basselisse	cinéroman	millefeuille
autostoppeur, euse	basselissier	hautecontre	millepatte
bassecontre	bassetaille	hautelisse	millepertuis
bassecontriste	branlebas	hautparleur	platebande
bassecour	chauvesouris	jeanfoutre	potpourri
prudhomme	saufconduit	vélopousse	
quotepart	téléfilm	véloski	
sagefemme	terreplein	vélotaxi	

c) Onomatopées et formations expressives

blabla	grigri	pingpong	traintrain
bouiboui	kifkif	prêchiprêcha	troutrou
coincoin	mélimélo	tamtam	tsétsé
froufrou	pêlemêle	tohubohu	

d) Noms composés empruntés

- **D'origine latine (employés comme noms)**

| apriori | exlibris | exvoto | statuquo | vadémécum |

- **D'origine étrangère**

baseball	covergirl	hotdog	sidecar
basketball	cowboy	lockout	striptease
blackout	fairplay	majong	volleyball
bluejean	globetrotteur	motocross	weekend
chichekébab	handball	ossobuco	
chowchow	harakiri	pipeline	

3. Accents

a) Mots dont la prononciation a changé

On munit d'un accent les mots de la liste suivante où il avait été omis, ou dont la prononciation a changé.

asséner	gélinotte	recépée	sèneçon
bélitre	québécois	recéper	sénescence
bésicles	recéler	réclusionnaire	sénestre
démiurge	recépage	réfréner	

b) Anomalies

L'accent est modifié sur les mots suivants qui avaient échappé à la régularisation entreprise par l'Académie française aux XVIIIe et XIXe siècles, et qui se conforment ainsi à la règle générale d'accentuation.

abrègement	complètement (nom)	empiètement	règlementation
affèterie	crèmerie	évènement	règlementer
allègement	crèteler	fèverole	sècheresse
allègrement	crènelage	hébètement	sècherie
assèchement	crèneler	règlementaire	sènevé
cèleri	crènelure	règlementairement	vènerie

c) Accentuation des mots empruntés

- **Mots d'origine latine**

artéfact	exéquatur	placébo	tépidarium
critérium	facsimilé	proscénium	vadémécum
déléatur	jéjunum	référendum	vélarium
délirium trémens	linoléum	satisfécit	vélum
désidérata	média	sénior	véto
duodénum	mémento	sérapéum	
exéat	mémorandum	spéculum	

- **Mots empruntés à d'autres langues**

allégretto	condottière	pédigrée	sombréro
allégro	décrescendo	pérestroïka	téocalli
braséro	diésel	péséta	trémolo
candéla	édelweiss	péso	zarzuéla
chébec	imprésario	piéta	
chéchia	kakémono	révolver	
cicérone	méhalla	séquoia	

4. Diverses anomalies

Les rectifications proposées par l'Académie (en 1975) sont reprises et complétées par quelques rectifications de même type.

absout, absoute (participe, au lieu de absous, absoute)	appâts (au lieu de appas)	assoir, rassoir, sursoir (au lieu de asseoir, etc.)[1]	bizut (au lieu de bizuth)[2]
bonhommie (au lieu de bonhomie)	boursoufflement (au lieu de boursouflement)	boursouffler (au lieu de boursoufler)	boursoufflure (au lieu de boursouflure)
cahutte (au lieu de cahute)	charriot (au lieu de chariot)	chaussetrappe (au lieu de chausse-trape)	combattif (au lieu de combatif)

---

[1]. Le *e* ne se prononce plus. L'Académie française écrit déjà *j'assois* (à côté de *j'assieds*), *j'assoirai*, etc. (mais *je surseoirai*). *Assoir* s'écrit désormais comme *voir* (ancien français *veoir*), *choir* (ancien français *cheoir*), etc.
[2]. À cause de *bizuter*, *bizutage*.

combattivité (au lieu de combativité)	cuisseau (au lieu de cuissot)	déciller (au lieu de dessiller)[1]	dissout, dissoute (au lieu de dissous, dissoute)
douçâtre (au lieu de douceâtre)[2]	embattre (au lieu de embatre)	exéma (au lieu de eczéma) et ses dérivés[3]	guilde (au lieu de ghilde, graphie d'origine étrangère)
homéo- (au lieu de homoeo-)	imbécilité (au lieu de imbécillité)	innommé (au lieu de innomé)	levreau (au lieu de levraut)
nénufar (au lieu de nénuphar)[4]	ognon (au lieu de oignon)	pagaille (au lieu de pagaïe, pagaye)[5]	persifflage (au lieu de persiflage)
persiffler (au lieu de persifler)	persiffleur (au lieu de persifleur)	ponch (boisson, au lieu de punch)[6]	prudhommal (avec soudure) (au lieu de prud'homal)
prudhommie (avec soudure) (au lieu de prud'homie)	relai (au lieu de relais)[7]	saccarine (au lieu de saccharine) et ses nombreux dérivés	sconse (au lieu de skunks)[8]
sorgo (au lieu de sorgho, graphie d'origine étrangère)	sottie (au lieu de sotie)	tocade (au lieu de toquade)	ventail (au lieu de vantail)[9]

- On écrit en *-iller* les noms suivants anciennement en *-illier*, où le *i* qui suit la consonne ne s'entend pas (comme *poulailler*, *volailler*) : *joailler, marguiller, ouillère, quincailler, serpillère*.
- On écrit avec un seul *l* (comme *bestiole, camisole, profiterole*, etc.) les noms suivants : *barcarole, corole, fumerole, girole, grole, guibole, mariole*, et les mots moins fréquents : *bouterole, lignerole, muserole, rousserole, tavaïole, trole*. Cette terminaison se trouve ainsi régularisée, à l'exception de *folle, molle, colle* et ses composés.
- Le *e* muet n'est pas suivi d'une consonne double dans les mots suivants qui rentrent ainsi dans les alternances régulières (*lunette, lunetier*, comme *noisette, noisetier* ; *prunelle, prunelier*, comme *chamelle, chamelier*, etc.) ; *interpeler* (au lieu de *interpeller*) ; *dentelière* (au lieu de *dentellière*) ; *lunetier* (au lieu de *lunettier*) ; *prunelier* (au lieu de *prunellier*).

---

1. À rapprocher de *cil*. Rectification d'une ancienne erreur d'étymologie.
2. La graphie *cea* est une ancienne graphie rendue inutile par l'emploi de la cédille.
3. La suite *cz* est exceptionnelle en français. *Exéma* comme *examen*
4. Mot d'origine arabo-persane. L'Académie a toujours écrit *nénufar*, sauf dans la huitième édition (1932-1935).
5. Des trois graphies de ce mot, celle-ci est la plus conforme aux règles et la moins ambigüe.
6. Cette graphie évite l'homographie avec *punch* (coup de poing) et l'hésitation sur la prononciation
7. Comparer *relai-relayer* avec *balai-balayer*, *essai-essayer*, etc.
8. Des sept graphies qu'on trouve actuellement, celle-ci est la plus conforme aux règles et la moins ambigüe.
9. À rapprocher de *vent* ; rectification d'une ancienne erreur d'étymologie

CHAPITRE 2

| Féminisation

1. Introduction 513
2. Règles morphologiques 514
3. Règles syntaxiques 515
4. Écriture inclusive 515

1. Introduction

Depuis quelques dizaines d'années, différents pays de la francophonie ont publié des règles destinées à féminiser les noms de métier, de fonction, de grade ou de titre. Ce fut le cas dès 1979 au Québec, puis la France, la Suisse et la Belgique adoptèrent progressivement des mesures similaires.

Ce mouvement vise à adapter la langue à l'évolution de notre société, en reconnaissant la place que les femmes occupent désormais dans la vie publique. En 1998, le gouvernement français a demandé un nouveau rapport à la commission générale de terminologie et néologie qui a abouti à la publication, en 1999, d'un *Guide d'aide à la féminisation* et, en 2000, d'une *Note du ministère de l'Éducation nationale* relative à la féminisation des noms[1].

Ces règles respectent les principes généraux en usage dans la langue. Elles ont force de loi dans les textes officiels et les documents administratifs, mais elles ne peuvent bien sûr être contraignantes pour les particuliers.

Pour plus d'informations, on pourra consulter la « Circulaire du 11 mars 1986 relative à la féminisation des noms de métier, fonction, grade ou titre » parue au *Journal officiel de la République française* du 16 mars 1986. Ou les brochures *Au féminin. Guide de féminisation des titres de fonction et des textes* (Office de la langue française, Les Publications du Québec, 1991) ; *Mettre au féminin, Guide de féminisation des noms de métier, fonction, grade ou titre* (Communauté française de Belgique, Service de la langue française, 1994) ; *Femme, j'écris ton nom* (INALF – La Documentation française, 1999). Ou encore l'ouvrage d'Anne Dister et de Marie-Louise Moreau *Féminiser ? Vraiment pas sorcier ! La féminisation des noms de métiers, fonctions, grades et titres* publié en 2009 chez De Boeck Duculot.

---

[1]. Ces documents sont disponibles en ligne : http://www.culture.gouv.fr/Espace-documentation/Documentation-administrative/Le-guide-d-aide-a-la-feminisation-des-noms-de-metiers-titres-grades-et-fonctions-1999 ; http://www.ladocumentationfrancaise.fr/var/storage/rapports-publics/994001174.pdf ; http://www.ciep.fr/chroniq/femi/femi.htm ; http://www.cfwb.be/franca/femini/feminin.htm.

> Féminin des noms animés
> p. 89

2. Règles morphologiques

1. Noms terminés au masculin par une voyelle dans l'écriture

a) *Cas général*

D'une manière générale, le féminin est formé par l'adjonction d'un *-e* final à la forme masculine : *une chargée de cours, une députée, une préposée, une apprentie.*

b) *Cas particuliers*

Si la voyelle terminant le masculin est déjà *-e*, la forme féminine est identique à la forme masculine (ces formes sont dites *épicènes*) et seul le déterminant varie : *une aide, une architecte, une comptable, une dactylographe, une diplomate, une ministre, une secrétaire.*

On ne crée plus de nouveaux mots en *-esse*, le procédé paraissant vieilli. Toutefois, les emplois consacrés par l'usage sont toujours admis : *une poétesse.*

Si la voyelle est *-a* ou *-o*, la forme féminine est identique à la forme masculine : *une para (commando), une dactylo, une imprésario.*

2. Noms terminés au masculin par une consonne dans l'écriture

a) *Cas général*

D'une manière générale, le féminin se construit par l'adjonction d'un *-e* final à la forme masculine : *une agente, une artisane, une avocate, une échevine, une experte, une lieutenante, une magistrate, une marchande, une présidente, une principale.*

Cette règle générale s'assortit dans certains cas de conséquences orthographiques :

- **le redoublement de la consonne finale :**

-el / -elle : *une contractuelle.*

-ien / -ienne : *une chirurgienne, une doyenne, une mécanicienne, une pharmacienne.*

-on / -onne : *une maçonne.*

- **l'apparition d'un accent grave :**

-er / -ère : *une conseillère, une huissière, une officière, une ouvrière.*

-et / -ète : *une préfète.*

Cas particuliers : *une chef, une conseil (juridique), une écrivain*[1]*, une mannequin, une marin, une médecin.*

---

[1]. On acceptera aussi *une écrivaine*, l'usage devant trancher.

b) Lorsque le nom masculin se termine par -eur

La forme féminine se termine par -*euse* lorsqu'au nom correspond un verbe en rapport sémantique direct (par ex. *chercher – chercheuse*) : une carreleuse, une chercheuse, une contrôleuse, une vendeuse.

La forme féminine est identique à la forme masculine lorsqu'au nom ne correspond pas de verbe ayant un sens identique (par ex. *procurer – procureur*)[1] : une docteur, une ingénieur, une procureur, une professeur.

Cas particuliers : une ambassadrice, une chroniqueuse.

c) Lorsque le nom masculin se termine par -teur

La forme féminine se termine par -*teuse* lorsqu'il existe un verbe correspondant qui comporte un *t* dans sa terminaison (par ex. *acheteuse – acheter*) : une acheteuse, une rapporteuse, une toiletteuse.

Cas particuliers : une éditrice, une exécutrice, une inspectrice.

La forme féminine se termine par -*trice* lorsqu'il n'existe aucun verbe correspondant ou lorsque le verbe correspondant ne comporte pas de *t* dans sa terminaison (par ex. *directrice – diriger*) : une administratrice, une apparitrice, une aviatrice, une directrice, une éducatrice, une rédactrice, une rectrice.

3. Règles syntaxiques

On recourt systématiquement aux déterminants féminins : une architecte, la comptable, cette présidente. Il en est de même avec les appellations complexes : une agent de change.

Les adjectifs et les participes en relation avec les noms concernés s'accordent systématiquement au féminin, y compris dans les appellations professionnelles complexes : une conseillère principale, une contrôleuse adjointe, une ingénieur technicienne, une première assistante, la doyenne, la présidente directrice générale.

4. Écriture inclusive

À la base de l'écriture inclusive se trouve le constat que nos représentations sociales (comme le rôle et la place de l'homme et de la femme dans la société) sont influencées par le langage que nous utilisons. En d'autres termes, la défense de l'égalité entre les femmes et les hommes demande que l'on s'interroge sur

---

1. Les dispositions québécoises et suisses prévoient dans ces cas des formes en -*eure* (ex. : *professeure*). Les usagers auront la possibilité de choisir entre ces formes et celles adoptées ici, l'usage devant trancher dans les décennies qui viennent. Pour *docteur*, on laissera le choix entre une docteur et une doctoresse.

la place que l'on accorde aux différents genres quand on s'exprime et que l'on évite, notamment, d'abuser du masculin générique.

Le point qui est peut-être le plus important de toutes les dispositions concerne les dénominations qui permettent d'identifier des personnes individuelles. L'accord en genre des noms de fonctions, grades, métiers et titres est un mouvement tout à fait naturel dans la langue (qui dispose de toutes les règles nécessaires pour féminiser les noms qui n'existaient anciennement qu'au masculin) et qui progresse dans l'usage. On recommande d'utiliser ces noms féminisés ainsi que des déterminants au féminin : *madame la présidente, une ingénieur en chef,* etc. Dans le même esprit, on évitera de féminiser les noms de métiers ou de fonctions en leur apposant le mot *femme* (*une femme écrivain, une femme peintre, une femme peintre*, etc.).

> Féminin des noms animés p. 89

Ensuite, quand on fait référence à un groupe mixte de personnes, on peut assurer la visibilité des deux sexes de différentes manières : en recourant aux deux genres (*les étudiantes et les étudiants*), en utilisant des mots épicènes, c'est-à-dire, qui ont la même forme aux deux genres (*les artistes, les cadres du parti, le personnel soignant,* etc.) ou en adoptant un procédé graphique pour expliciter la morphologie des deux genres. Cela revient concrètement à utiliser le point médian (*les étudiant·e·s*) ou des parenthèses : *chef(fe) de service*.

> Point médian, p. 52

Comme dans tous les domaines, l'abus nuit en tout. On évitera donc à tout prix un usage irraisonné comme : *Cher.e.s Doyen.ne.s et Cher.e.s Président.e.s d'Instituts*. On constate en effet que ce type d'écriture rend le décodage complexe et peut représenter un obstacle de taille pour les lecteurs faibles ou les apprenants du français. N'oublions pas que le but est d'être inclusif… de tous !

CHAPITRE **3**

Tableaux de conjugaison

1. Les verbes auxiliaires 517
2. Les verbes du premier groupe (*-er*) 519
3. Les verbes du deuxième groupe (*-ir*) 520
4. Les verbes du troisième groupe
   (*-oir*, *-re*, et certains *-ir*) 521
5. Conjugaison des verbes irréguliers
   et des verbes défectifs 524

1. Les verbes auxiliaires

AVOIR							
*Mais d'esprit, ô le plus lamentable des êtres, Vous n'en eûtes jamais un atome, et de lettres Vous n'**avez** que les trois qui forment le mot : sot !* (EDMOND ROSTAND, *Cyrano de Bergerac*, 1897)							
Indicatif							
Présent		Imparfait		Passé simple		Futur simple		Conditionnel présent	
j'	ai	j'	avais	j'	eus	j'	aurai	j'	aurais
tu	as	tu	avais	tu	eus	tu	auras	tu	aurais
il/elle	a	il/elle	avait	il/elle	eut	il/elle	aura	il/elle	aurait
nous	avons	nous	avions	nous	eûmes	nous	aurons	nous	aurions
vous	avez	vous	aviez	vous	eûtes	vous	aurez	vous	auriez
ils/elles	ont	ils/elles	avaient	ils/elles	eurent	ils/elles	auront	ils/elles	auraient
Passé composé		Plus-que-parfait		Passé antérieur		Futur antérieur		Conditionnel passé	
j'	ai eu	j'	avais eu	j'	eus eu	j'	aurai eu	j'	aurais eu
tu	as eu	tu	avais eu	tu	eus eu	tu	auras eu	tu	aurais eu
il/elle	a eu	il/elle	avait eu	il/elle	eut eu	il/elle	aura eu	il/elle	aurait eu
nous	avons eu	nous	avions eu	nous	eûmes eu	nous	aurons eu	nous	aurions eu
vous	avez eu	vous	aviez eu	vous	eûtes eu	vous	aurez eu	vous	auriez eu
ils/elles	ont eu	ils/elles	avaient eu	ils/elles	eurent eu	ils/elles	auront eu	ils/elles	auraient eu

AVOIR

Indicatif / Subjonctif / Impératif

Subjonctif								Impératif	
Présent		Imparfait		Passé		Plus-que-parfait		Présent	Passé
que j'	aie	que j'	eusse	que j'	aie eu	que j'	eusse eu	aie	aie eu
que tu	aies	que tu	eusses	que tu	aies eu	que tu	eusses eu		
qu'il/elle	ait	qu'il/elle	eût	qu'il/elle	ait eu	qu'il/elle	eût eu		
que nous	ayons	que nous	eussions	que nous	ayons eu	que nous	eussions eu	ayons	ayons eu
que vous	ayez	que vous	eussiez	que vous	ayez eu	que vous	eussiez eu	ayez	ayez eu
qu'ils/elles	aient	qu'ils/elles	eussent	qu'ils/elles	aient eu	qu'ils/elles	eussent eu		

Infinitif		Participe	
Présent	Passé	Présent	Passé
avoir	avoir eu	ayant	eu, eue, ayant eu

Pour les conjugaisons avec l'auxiliaire *avoir*, cf. p. 247.

ÊTRE

On ne peut être et avoir été, il y a ceux qui arrivent, ceux qui partent, et entre les deux un infranchissable fossé. (BOUALEM SANSAL, *Rue Darwin*, 2011)

Indicatif

Présent		Imparfait		Passé simple		Futur simple		Conditionnel présent	
je	suis	j'	étais	je	fus	je	serai	je	serais
tu	es	tu	étais	tu	fus	tu	seras	tu	serais
il/elle	est	il/elle	était	il/elle	fut	il/elle	sera	il/elle	serait
nous	sommes	nous	étions	nous	fûmes	nous	serons	nous	serions
vous	êtes	vous	étiez	vous	fûtes	vous	serez	vous	seriez
ils/elles	sont	ils/elles	étaient	ils/elles	furent	ils/elles	seront	ils/elles	seraient
Passé composé		Plus-que-parfait		Passé antérieur		Futur antérieur		Conditionnel passé	
j'	ai été	j'	avais été	j'	eus été	j'	aurai été	j'	aurais été
tu	as été	tu	avais été	tu	eus été	tu	auras été	tu	aurais été
il/elle	a été	il/elle	avait été	il/elle	eut été	il/elle	aura été	il/elle	aurait été
nous	avons été	nous	avions été	nous	eûmes été	nous	aurons été	nous	aurions été
vous	avez été	vous	aviez été	vous	eûtes été	vous	aurez été	vous	auriez été
ils/elles	ont été	ils/elles	avaient été	ils/elles	eurent été	ils/elles	auront été	ils/elles	auraient été

Subjonctif / Impératif

Subjonctif								Impératif	
Présent		Imparfait		Passé		Plus-que-parfait		Présent	Passé
que je	sois	que je	fusse	que j'	aie été	que j'	eusse été	sois	aie été
que tu	sois	que tu	fusses	que tu	aies été	que tu	eusses été		
qu'il/elle	soit	qu'il/elle	fusse	qu'il/elle	ait été	qu'il/elle	eût été		
que nous	soyons	que nous	fussions	que nous	ayons été	que nous	eussions été	soyons	ayons été
que vous	soyez	que vous	fussiez	que vous	ayez été	que vous	eussiez été	soyez	ayez été
qu'ils/elles	soient	qu'ils/elles	fussent	qu'ils/elles	aient été	qu'ils/elles	eussent été		

Infinitif		Participe	
Présent	Passé	Présent	Passé
être	avoir été	étant, ayant été	été

Pour les conjugaisons avec l'auxiliaire *être*, cf. p. 246.

CHAPITRE 3 Tableaux de conjugaison

2. Les verbes du premier groupe (-er)

VERBES EN -ER : PENSER

« Je pense donc je suis » devient « Je pose donc je suis ». (FRÉDÉRIC BEIGBEDER, *Une vie sans fin*, 2018)

Indicatif				Subjonctif			
Présent		Passé composé		Présent		Passé	
je	pense	j'	ai pensé	que je	pense	que j'	aie pensé
tu	penses	tu	as pensé	que tu	penses	que tu	aies pensé
il/elle	pense	il/elle	a pensé	qu'il/elle	pense	qu'il/elle	ait pensé
nous	pensons	nous	avons pensé	que nous	pensions	que nous	ayons pensé
vous	pensez	vous	avez pensé	que vous	pensiez	que vous	ayez pensé
ils/elles	pensent	ils/elles	ont pensé	qu'ils/elles	pensent	qu'ils/elles	aient pensé
Imparfait		Plus-que-parfait		Imparfait		Plus-que-parfait	
je	pensais	j'	avais pensé	que je	pensasse	que j'	eusse pensé
tu	pensais	tu	avais pensé	que tu	pensasses	que tu	eusses pensé
il/elle	pensait	il/elle	avait pensé	qu'il/elle	pensât	qu'il/elle	eût pensé
nous	pensions	nous	avions pensé	que nous	pensassions	que nous	eussions pensé
vous	pensiez	vous	aviez pensé	que vous	pensassiez	que vous	eussiez pensé
ils/elles	pensaient	ils/elles	avaient pensé	qu'ils/elles	pensassent	qu'ils/elles	eussent pensé
Passé simple		Passé antérieur		Impératif			
je	pensai	j'	eus pensé	Présent		Passé	
tu	pensas	tu	eus pensé	pense		aie pensé	
il/elle	pensa	il/elle	eut pensé				
nous	pensâmes	nous	eûmes pensé	pensons		ayons pensé	
vous	pensâtes	vous	eûtes pensé	pensez		ayez pensé	
ils/elles	pensèrent	ils/elles	eurent pensé	Infinitif			
Futur simple		Futur antérieur		Présent		Passé	
je	penserai	j'	aurai pensé	penser		avoir pensé	
tu	penseras	tu	auras pensé				
il/elle	pensera	il/elle	aura pensé				
nous	penserons	nous	aurons pensé				
vous	penserez	vous	aurez pensé				
ils/elles	penseront	ils/elles	auront pensé	Participe			
Conditionnel présent		Conditionnel passé		Présent		Passé	
je	penserais	j'	aurais pensé	pensant		pensé, pensée, pensés, pensées	
tu	penserais	tu	aurais pensé				
il/elle	penserait	il/elle	aurait pensé				
nous	penserions	nous	aurions pensé				
vous	penseriez	vous	auriez pensé				
ils/elles	penseraient	ils/elles	auraient pensé				

Les verbes en -er sont les plus nombreux et constituent la vraie conjugaison régulière du français (cf. p. 249). La plupart des verbes de création récente appartiennent à cette classe.
Se conjuguent sur ce modèle : *manger, chanter, aimer, rêver, voler, voyager*, etc.

3. Les verbes du deuxième groupe (-ir)

VERBES EN -IR (AVEC PARTICIPE PRÉSENT EN -ISSANT) : FINIR

— *Je suis ici, messieurs, leur dit-il en finissant son allocution, pour vous apprendre le latin.* (STENDHAL, *Le Rouge et le Noir*, 1830)

Indicatif				Subjonctif			
Présent		**Passé composé**		**Présent**		**Passé**	
je	finis	j'	ai fini	que je	finisse	que j'	aie fini
tu	finis	tu	as fini	que tu	finisses	que tu	aies fini
il/elle	finit	il/elle	a fini	qu'il/elle	finisse	qu'il/elle	ait fini
nous	finissons	nous	avons fini	que nous	finissions	que nous	ayons fini
vous	finissez	vous	avez fini	que vous	finissiez	que vous	ayez fini
ils/elles	finissent	ils/elles	ont fini	qu'ils/elles	finissent	qu'ils/elles	aient fini
Imparfait		**Plus-que-parfait**		**Imparfait**		**Plus-que-parfait**	
j'	finissais	j'	avais fini	que j'	finisse	que j'	eusse fini
tu	finissais	tu	avais fini	que tu	finisses	que tu	eusses fini
il/elle	finissait	il/elle	avait fini	qu'il/elle	finît	qu'il/elle	eût fini
nous	finissions	nous	avions fini	que nous	finissions	que nous	eussions fini
vous	finissiez	vous	aviez fini	que vous	finissiez	que vous	eussiez fini
ils/elles	finissaient	ils/elles	avaient fini	qu'ils/elles	finissent	qu'ils/elles	eussent fini
Passé simple		**Passé antérieur**		**Impératif**			
je	finis	j'	eus fini	**Présent**		**Passé**	
tu	finis	tu	eus fini	finis		aie fini	
il/elle	finit	il/elle	eut fini				
nous	finîmes	nous	eûmes fini	finissons		ayons fini	
vous	finîtes	vous	eûtes fini	finissez		ayez fini	
ils/elles	finirent	ils/elles	eurent fini	**Infinitif**			
Futur simple		**Futur antérieur**		**Présent**		**Passé**	
je	finirai	j'	aurai fini	finir		avoir fini	
tu	finiras	tu	auras fini				
il/elle	finira	il/elle	aura fini				
nous	finirons	nous	aurons fini				
vous	finirez	vous	aurez fini				
ils/elles	finiront	ils/elles	auront fini	**Participe**			
Conditionnel présent		**Conditionnel passé**		**Présent**		**Passé**	
je	finirais	j'	aurais fini	finissant		fini, finie, finis, finies	
tu	finirais	tu	aurais fini				
il/elle	finirait	il/elle	aurait fini				
nous	finirions	nous	aurions fini				
vous	finiriez	vous	auriez fini				
ils/elles	finiraient	ils/elles	auraient fini				

Les verbes du 2ᵉ groupe donnent occasionnellement des néologismes : *alunir, amerrir*, etc. Cette classe se distingue des autres verbes en *-ir* par un participe présent en *-issant* : *finissant* (à comparer à *sentir, sentant*).

4. Les verbes du troisième groupe (*-oir, -re,* et certains *-ir*)

À côté des deux classes vivantes *(-er, -ir)*, il existe une troisième classe rassemblant des verbes en *-ir* (sans *-iss-*), en *-oir* ou en *-re*. Cette troisième classe n'accueille plus de verbe nouveau et s'appauvrit peu à peu (cf. p. 249). Elle comporte un grand nombre de verbes irréguliers ou défectifs (c'est-à-dire dont certaines formes de conjugaison sont inutilisées).

VERBES EN *-IR* (DONT LE PART. PRÉS. N'EST PAS EN *-ISSANT*) : SENTIR

*Un homme – ou une femme – jeune et en bonne santé aurait plutôt tendance à se **sentir** immortel.* (JEAN D'ORMESSON, *C'est une chose étrange à la fin que le monde*, 2010)

Indicatif				Subjonctif			
Présent		Passé composé		Présent		Passé	
je	sens	j'	ai senti	que je	sente	que j'	aie senti
tu	sens	tu	as senti	que tu	sentes	que tu	aies senti
il/elle	sent	il/elle	a senti	qu'il/elle	sente	qu'il/elle	ait senti
nous	sentons	nous	avons senti	que nous	sentions	que nous	ayons senti
vous	sentez	vous	avez senti	que vous	sentiez	que vous	ayez senti
ils/elles	sentent	ils/elles	ont senti	qu'ils/elles	sentent	qu'ils/elles	aient senti
Imparfait		Plus-que-parfait		Imparfait		Plus-que-parfait	
je	sentais	j'	avais senti	que je	sentisse	que j'	eusse senti
tu	sentais	tu	avais senti	que tu	sentisses	que tu	eusses senti
il/elle	sentait	il/elle	avait senti	qu'il/elle	sentît	qu'il/elle	eût senti
nous	sentions	nous	avions senti	que nous	sentissions	que nous	eussions senti
vous	sentiez	vous	aviez senti	que vous	sentissiez	que vous	eussiez senti
ils/elles	sentaient	ils/elles	avaient senti	qu'ils/elles	sentissent	qu'ils/elles	eussent senti
Passé simple		Passé antérieur		Impératif			
je	sentis	j'	eus senti	Présent		Passé	
tu	sentis	tu	eus senti	sens		aie senti	
il/elle	sentit	il/elle	eut senti				
nous	sentîmes	nous	eûmes senti	sentons		ayons senti	
vous	sentîtes	vous	eûtes senti	sentez		ayez senti	
ils/elles	sentirent	ils/elles	eurent senti	Infinitif			
Futur simple		Futur antérieur		Présent		Passé	
je	sentirai	j'	aurai senti	sentir		avoir senti	
tu	sentiras	tu	auras senti				
il/elle	sentira	il/elle	aura senti				
nous	sentirons	nous	aurons senti				
vous	sentirez	vous	aurez senti				
ils/elles	sentiront	ils/elles	auront senti	Participe			
Conditionnel présent		Conditionnel passé		Présent		Passé	
je	sentirais	j'	aurais senti	sentant		senti, sentie, sentis, senties	
tu	sentirais	tu	aurais senti				
il/elle	sentirait	il/elle	aurait senti				
nous	sentirions	nous	aurions senti				
vous	sentiriez	vous	auriez senti				
ils/elles	sentiraient	ils/elles	auraient senti				

Se conjuguent sur ce modèle : *ressentir, pressentir*, etc.

VERBES EN -OIR

Il reçut ce don merveilleux comme un moujik des Trois Visages de la peur, le regard farouche, sans esquisser le moindre geste. (FOUAD LAROUI, *Une année chez les Français*, 2010)

Indicatif				Subjonctif			
Présent		**Passé composé**		**Présent**		**Passé**	
je	reçois	j'	ai reçu	que je	reçoive	que j'	aie reçu
tu	reçois	tu	as reçu	que tu	reçoives	que tu	aies reçu
il/elle	reçoit	il/elle	a reçu	qu'il/elle	reçoive	qu'il/elle	ait reçu
nous	recevons	nous	avons reçu	que nous	recevions	que nous	ayons reçu
vous	recevez	vous	avez reçu	que vous	receviez	que vous	ayez reçu
ils/elles	reçoivent	ils/elles	ont reçu	qu'ils/elles	reçoivent	qu'ils/elles	aient reçu
Imparfait		**Plus-que-parfait**		**Imparfait**		**Plus-que-parfait**	
je	recevais	j'	avais reçu	que je	reçusse	que j'	eusse reçu
tu	recevais	tu	avais reçu	que tu	reçusses	que tu	eusses reçu
il/elle	recevait	il/elle	avait reçu	qu'il/elle	reçût	qu'il/elle	eût reçu
nous	recevions	nous	avions reçu	que nous	reçussions	que nous	eussions reçu
vous	receviez	vous	aviez reçu	que vous	reçussiez	que vous	eussiez reçu
ils/elles	recevaient	ils/elles	avaient reçu	qu'ils/elles	reçussent	qu'ils/elles	eussent reçu
Passé simple		**Passé antérieur**		**Impératif**			
je	reçus	j'	eus reçu	**Présent**		**Passé**	
tu	reçus	tu	eus reçu	reçois		aie reçu	
il/elle	reçut	il/elle	eut reçu				
nous	reçûmes	nous	eûmes reçu	recevons		ayons reçu	
vous	reçûtes	vous	eûtes reçu	recevez		ayez reçu	
ils/elles	reçurent	ils/elles	eurent reçu	**Infinitif**			
Futur simple		**Futur antérieur**		**Présent**		**Passé**	
je	recevrai	j'	aurai reçu	recevoir		avoir reçu	
tu	recevras	tu	auras reçu				
il/elle	recevra	il/elle	aura reçu				
nous	recevrons	nous	aurons reçu				
vous	recevrez	vous	aurez reçu				
ils/elles	recevront	ils/elles	auront reçu	**Participe**			
Conditionnel présent		**Conditionnel passé**		**Présent**		**Passé**	
je	recevrais	j'	aurais reçu	recevant, ayant reçu		reçu, reçue, reçus, reçues	
tu	recevrais	tu	aurais reçu				
il/elle	recevrait	il/elle	aurait reçu				
nous	recevrions	nous	aurions reçu				
vous	recevriez	vous	auriez reçu				
ils/elles	recevraient	ils/elles	auraient reçu				

VERBES EN -RE

Les parents de mon camarade habitaient Fez et nous nous **rendîmes** *chez eux en autocar.* (ROMAIN GARY, *La promesse de l'aube*, 1960)

Indicatif				Subjonctif			
Présent		Passé composé		Présent		Passé	
je	rends	j'	ai rendu	que je	rende	que j'	aie rendu
tu	rends	tu	as rendu	que tu	rendes	que tu	aies rendu
il/elle	rend	il/elle	a rendu	qu'il/elle	rende	qu'il/elle	ait rendu
nous	rendons	nous	avons rendu	que nous	rendions	que nous	ayons rendu
vous	rendez	vous	avez rendu	que vous	rendiez	que vous	ayez rendu
ils/elles	rendent	ils/elles	ont rendu	qu'ils/elles	rendent	qu'ils/elles	aient rendu
Imparfait		Plus-que-parfait		Imparfait		Plus-que-parfait	
je	rendais	j'	avais rendu	que je	rendisse	que j'	eusse rendu
tu	rendais	tu	avais rendu	que tu	rendisses	que tu	eusses rendu
il/elle	rendait	il/elle	avait rendu	qu'il/elle	rendît	qu'il/elle	eût rendu
nous	rendions	nous	avions rendu	que nous	rendissions	que nous	eussions rendu
vous	rendiez	vous	aviez rendu	que vous	rendissiez	que vous	eussiez rendu
ils/elles	rendent	ils/elles	avaient rendu	qu'ils/elles	rendissent	qu'ils/elles	eussent rendu
Passé simple		Passé antérieur		Impératif			
je	rendis	j'	eus rendu	Présent		Passé	
tu	rendis	tu	eus rendu	rends		aie rendu	
il/elle	rendit	il/elle	eut rendu				
nous	rendîmes	nous	eûmes rendu	rendons		ayons rendu	
vous	rendîtes	vous	eûtes rendu	rendez		ayez rendu	
ils/elles	rendirent	ils/elles	eurent rendu	Infinitif			
Futur simple		Futur antérieur		Présent		Passé	
je	rendrai	j'	aurai rendu	rendre		avoir rendu	
tu	rendras	tu	auras rendu				
il/elle	rendra	il/elle	aura rendu				
nous	rendrons	nous	aurons rendu				
vous	rendrez	vous	aurez rendu				
ils/elles	rendront	ils/elles	auront rendu	Participe			
Conditionnel présent		Conditionnel passé		Présent		Passé	
je	rendrais	j'	aurais rendu	rendant		rendu, rendue, rendus, rendues	
tu	rendrais	tu	aurais rendu	ayant rendu			
il/elle	rendrait	il/elle	aurait rendu				
nous	rendrions	nous	aurions rendu				
vous	rendriez	vous	auriez rendu				
ils/elles	rendraient	ils/elles	auraient rendu				

5. Conjugaison des verbes irréguliers et des verbes défectifs

ABSOUDRE v. tr.

*Heureux et jugé, ou **absous** et misérable.* (ALBERT CAMUS, *La chute*, 1956)

Temps simples

Indicatif

Présent		Imparfait		Futur simple		Conditionnel présent	
j'	absous	j'	absolvais	j'	absoudrai	j'	absoudrais
tu	absous	tu	absolvais	tu	absoudras	tu	absoudrais
il/elle	absout	il/elle	absolvait	il/elle	absoudra	il/elle	absoudrait
nous	absolvons	nous	absolvions	nous	absoudrons	nous	absoudrions
vous	absolvez	vous	absolviez	vous	absoudrez	vous	absoudriez
ils/elles	absolvent	ils/elles	absolvaient	ils/elles	absoudront	ils/elles	absoudraient

Subjonctif		Impératif	Infinitif	Participe
Présent		Présent	Présent	Présent
que j'	absolve	absous	absoudre	absolvant
que tu	absolves			
qu'il/elle	absolve		Passé	Passé
que nous	absolvions	absolvons	avoir absout	absout (absous), absoute, absoutes
que vous	absolviez	absolvez		
qu'ils/elles	absolvent			

La formation des participes passés de ce verbe présentait une irrégularité avec la forme *absous* au masc. (cf. exemple de Camus, ci-dessus) et la forme *absoute* au fém. La nouvelle orthographe a rétabli la régularité en autorisant la forme *absout* au masc. en parallèle avec la forme *absoute* du fém.
Se conjugue sur ce modèle : *dissoudre*.

ACCROITRE v. tr.

*J'assistais aux séances de dictée qui m'apprirent à admirer l'écrivain et qui **accrurent** mon estime pour son acolyte dévouée.* (AMÉLIE NOTHOMB, *Le voyage d'hiver*, 2009)

Temps simples

Indicatif

Présent		Imparfait		Passé simple		Futur simple		Conditionnel présent	
j'	accrois	j'	accroissais	j'	accrus	j'	accroitrai	j'	accroitrais
tu	accrois	tu	accroissais	tu	accrus	tu	accroitras	tu	accroitrais
il/elle	accroit	il/elle	accroissait	il/elle	accrut	il/elle	accroitra	il/elle	accroitrait
nous	accroissons	nous	accroissions	nous	accrûmes	nous	accroitrons	nous	accroitrions
vous	accroissez	vous	accroissiez	vous	accrûtes	vous	accroitrez	vous	accroitriez
ils/elles	accroissent	ils/elles	accroissaient	ils/elles	accrurent	ils/elles	accroitront	ils/elles	accroitront

Subjonctif		Imparfait		Impératif	Infinitif	Participe
Présent		Imparfait		Présent	Présent	Présent
que j'	accroisse	que j'	accrusse	accrois	accroitre	accroissant
que tu	accroisses	que tu	accrusses			
qu'il/elle	accroisse	qu'il/elle	accrût		Passé	Passé
que nous	accroissions	que nous	accrussions	accroissons	Avoir/ être accru	accru, accrue, accrus, accrues
que vous	accroissiez	que vous	accrussiez	accroissez		
qu'ils/elles	accroissent	qu'ils/elles	accrussent			

Aux temps composés, le verbe prend *avoir* (1) ou *être* (2) selon la nuance de la pensée : *La soirée avait accru sa fascination, avait aiguisé sa curiosité, son désir de découverte.* (JEAN-BAPTISTE DEL AMO, *Une éducation libertine*, 2008) (1) ; *Avec l'âge, mon champ de rêverie s'est accru*, SIMON LIBERATI, *Eva*, 2015) (2).
Se conjuguent sur ce modèle : *décroitre, recroitre*.

CHAPITRE 3 Tableaux de conjugaison

ACQUÉRIR v. tr.

Tant de peuples relèvent la tête, acquièrent leur liberté, alors pourquoi pas moi ? (DRISS CHRAÏBI, *La civilisation, ma mère !…*, 1972)

Temps simples

Indicatif

Présent		Imparfait		Passé simple		Futur simple		Conditionnel présent	
j'	acquiers	j'	acquérais	j'	acquis	j'	acquerrai	j'	acquerrais
tu	acquiers	tu	acquérais	tu	acquis	tu	acquerras	tu	acquerrais
il/elle	acquiert	il/elle	acquérait	il/elle	acquit	il/elle	acquerra	il/elle	acquerrait
nous	acquérons	nous	acquérions	nous	acquîmes	nous	acquerrons	nous	acquerrions
vous	acquérez	vous	acquériez	vous	acquîtes	vous	acquerrez	vous	acquerriez
ils/elles	acquièrent	ils/elles	acquéraient	ils/elles	acquirent	ils/elles	acquerront	ils/elles	acquerraient

Subjonctif				Impératif	Infinitif	Participe
Présent		Imparfait		Présent	Présent	Présent
que j'	acquière	que j'	acquisse	acquiers	acquérir	acquérant
que tu	acquières	que tu	acquisses			
qu'il/elle	acquière	qu'il/elle	acquît		Passé	Passé
que nous	acquérions	que nous	acquissions	acquérons	avoir acquis	acquis, acquise, acquises
que vous	acquériez	que vous	acquissiez	acquérez		
qu'ils/elles	acquièrent	qu'ils/elles	acquissent			

Se conjuguent sur ce modèle : *enquérir (s'), reconquérir, requérir.*
Aux temps composés, *s'enquérir* fonctionne avec *être* : *Il l'a examiné sans émettre de doutes sur son authenticité et s'est enquis de ma santé.* (JEAN-MICHEL GUENASSIA, *Le club des incorrigibles optimistes*, 2009)

ADVENIR v. tr.

Ensuite, advienne que pourra. (DIDIER VAN CAUWELAERT, *Jules, etc.*, 2015)

Temps simples

Indicatif

Présent		Imparfait		Passé simple		Futur simple		Conditionnel présent	
il/elle	advient	il/elle	advenait	il/elle	advint	il/elle	adviendra	il/elle	adviendrait
ils/elles	adviennent	ils/elles	advenaient	ils/elles	advinrent	ils/elles	adviendront	ils/elles	adviendraient

Subjonctif				Infinitif		Participe	
Présent		Imparfait		Présent	Passé	Présent	Passé
qu'il/elle	advienne	qu'il/elle	advînt	advenir	être advenu	advenant	advenu, advenue, advenus, advenues
qu'ils/elles	adviennent	qu'ils/elles	advinssent				

Aux temps composés, le verbe prend *être* : *Sais-tu ce qui serait advenu d'Agamemnon, si tu ne l'avais pas occis ?* (JEAN-PAUL SARTRE, *Huis clos*, 1947)
Le participe présent *advenant* s'utilise dans les contrats, dans le sens de « s'il arrive » : *Le décès advenant de l'un des deux.* (CLAUDE-MARIE GATTEL, *Nouveau dictionnaire portatif de la langue française*, 1797)

PARTIE 7   Annexes

ALLER v. intr.

*Qu'ils **aillent** se rendre à l'ennemi, s'ils préfèrent…* (Assia Djebar, *L'Amour, la fantasia*, 1985)

Temps simples

Indicatif

Présent		Imparfait		Passé simple		Futur simple		Conditionnel présent	
je	vais	j'	allais	j'	allai	j'	irai	j'	irais
tu	vas	tu	allais	tu	allas	tu	iras	tu	irais
il/elle	va	il/elle	allait	il/elle	alla	il/elle	ira	il/elle	irait
nous	allons	nous	allions	nous	allâmes	nous	irons	nous	irions
vous	allez	vous	alliez	vous	allâtes	vous	irez	vous	iriez
ils/elles	vont	ils/elles	allaient	ils/elles	allèrent	ils/elles	iront	ils/elles	iraient

Subjonctif				Impératif		Infinitif		Participe	
Présent		Imparfait		Présent		Présent		Présent	
que j'	aille	que j'	allasse	va		aller		allant	
que tu	ailles	que tu	allasses						
qu'il/elle	aille	qu'il/elle	allât			Passé		Passé	
que nous	allions	que nous	allassions	allons		être allé		allé, allée, allés, allées	
que vous	alliez	que vous	allassiez	allez					
qu'ils/elles	aillent	qu'ils/elles	allassent						

À l'impératif présent, *va* devient *vas* dans la tournure *vas-y* : *Vas-y, on t'écoute*, (Daniel Pennac, *Au bonheur des ogres*, 1985). Aux temps composés, il prend *être* : *Moi, j'y suis allée une fois et je n'y suis jamais retournée*. (Katherine Pancol, *La valse lente des tortues*, 2008)
La forme complexe *s'en aller* se forme comme *aller*. Notons que, à l'impératif présent, le pronom *se* place entre le verbe et *en* (*va-t'en, allons-nous-en, allez-vous-en*) et que, aux temps composés, *être* se place entre *en* et le participe : *Je m'en suis allé dans les champs pour coucher à la belle étoile*, (Victor Hugo, *Les misérables*, 1862)

ASSAILLIR v. tr.

*Le froid m'**assaille**.* (Éric-Emmanuel Schmitt, *L'homme qui voyait à travers les visages*, 2016)

Temps simples

Indicatif

Présent		Imparfait		Passé simple		Futur simple		Conditionnel présent	
j'	assaille	j'	assaillais	j'	assaillis	j'	assaillirai	j'	assaillirais
tu	assailles	tu	assaillais	tu	assaillis	tu	assailliras	tu	assaillirais
il/elle	assaille	il/elle	assaillait	il/elle	assaillit	il/elle	assaillira	il/elle	assaillirait
nous	assaillons	nous	assaillions	nous	assaillîmes	nous	assaillirons	nous	assaillirions
vous	assaillez	vous	assailliez	vous	assaillîtes	vous	assaillirez	vous	assailliriez
ils/elles	assaillent	ils/elles	assaillaient	ils/elles	assaillirent	ils/elles	assailliront	ils/elles	assailliraient

Subjonctif				Impératif		Infinitif		Participe	
Présent		Imparfait		Présent		Présent		Présent	
que j'	assaille	que j'	assaillisse	assaille		assaillir		assaillant	
que tu	assailles	que tu	assaillisses						
qu'il/elle	assaille	qu'il/elle	assaillît			Passé		Passé	
que nous	assaillions	que nous	assaillissions	assaillons		avoir assailli		assailli, assaillie, assaillis, assaillies	
que vous	assailliez	que vous	assaillissiez	assaillez					
qu'ils/elles	assaillent	qu'ils/elles	assaillirent						

Se conjuguent sur ce modèle : *défaillir, tressaillir*.
Selon l'Académie, *défaillir* n'est plus usité qu'au pluriel du présent de l'indicatif, à l'imparfait, au passé simple, au passé composé, à l'infinitif et au participe présent.

CHAPITRE **3** Tableaux de conjugaison

ASSOIR (ASSEOIR) v. tr.

Si c'est un truc pour faire connaissance, assieds-toi sur les freins ! (KATHERINE PANCOL, *Les écureuils de Central Park sont tristes le lundi*, 2010)
Alors, je m'assois… (KATHERINE PANCOL, *Les écureuils de Central Park sont tristes le lundi*, 2010)

Temps simples

Indicatif

Présent		Imparfait		Passé simple		Futur simple		Conditionnel présent	
j'	assois ou assieds	j'	assoyais ou asseyais	j'	assis	j'	assoirai ou assiérai	j'	assoirais ou assiérais
tu	assois ou assieds	tu	assoyais ou asseyais	tu	assis	tu	assoiras ou assiéras	tu	assoirais ou assiérais
il/elle	assoit ou assied	il/elle	assoyait ou asseyait	il/elle	assit	il/elle	assoira ou assiéra	il/elle	assoirait ou assiérait
nous	assoyons ou asseyons	nous	assoyions ou asseyions	nous	assîmes	nous	assoirons ou assiérons	nous	assoirions ou assiérions
vous	assoyez ou asseyez	vous	assoyiez ou asseyiez	vous	assîtes	vous	assoirez ou assiérez	vous	assoiriez ou assiériez
ils/elles	assoient ou asseyent	ils/elles	assoyaient ou asseyaient	ils/elles	assirent	ils/elles	assoiront ou assiéront	ils/elles	assoiraient ou assiéraient

Subjonctif				Impératif	Infinitif	Participe
Présent		Imparfait		Présent	Présent	Présent
que j'	assoie ou asseye	que j'	assisse	assois ou assieds	assoir (asseoir)	assoyant ou asseyant
que tu	assoies ou asseyes	que tu	assisses			
qu'il/elle	assoie ou asseye	qu'il/elle	assît		Passé	Passé
que nous	assoyions ou asseyions	que nous	assissions	assoyons ou asseyons	avoir assis	assis, assise, assises
que vous	assoyiez ou asseyiez	que vous	assissiez	assoyez ou asseyez		
qu'ils/elles	assoient ou asseyent	qu'ils/elles	assissent			

La nouvelle orthographe du verbe, *assoir*, vise à renforcer la cohérence du système : le *e* ne se prononce plus et on écrit déjà *j'assois, j'assoirai* (à côté de *j'assieds, j'assiérai*, etc.). Il est supprimé comme cela a été le cas auparavant pour *voir* (anc. fr. *veoir*) et *choir* (anc. fr. *cheoir*).
Se conjugue sur ce modèle : *rassoir* (*rasseoir*).

BATTRE v. tr.

*Elle eut un mouvement de recul et **battit** en retraite.* (YANN MARTEL, *L'histoire de Pi*, 2001)

Temps simples

Indicatif

Présent		Imparfait		Passé simple		Futur simple		Conditionnel présent	
je	bats	je	battais	je	battis	je	battrai	je	battrais
tu	bats	tu	battais	tu	battis	tu	battras	tu	battrais
il/elle	bat	il/elle	battait	il/elle	battit	il/elle	battra	il/elle	battrait
nous	battons	nous	battions	nous	battîmes	nous	battrons	nous	battrions
vous	battez	vous	battiez	vous	battîtes	vous	battrez	vous	battriez
ils/elles	battent	ils/elles	battaient	ils/elles	battirent	ils/elles	battront	ils/elles	battraient

PARTIE 7   Annexes

BATTRE v. tr.

Subjonctif				Impératif	Infinitif	Participe
Présent		**Imparfait**		**Présent**	**Présent**	**Présent**
que je	batte	que je	battisse	bats	battre	battant
que tu	battes	que tu	battisses			
qu'il/elle	batte	qu'il/elle	battît		**Passé**	**Passé**
que nous	battions	que nous	battissions	battons	avoir battu	battu, battue,
que vous	battiez	que vous	battissiez	battez		battus, battues
qu'ils/elles	battent	qu'ils/elles	battissent			

Se conjuguent sur ce modèle : *abattre, combattre, débattre, ébattre (s'), rabattre, rebattre*.
Aux temps composés, le verbe s'*ébattre* se conjugue avec *être* : *Ils se sont ébattus pendant deux grosses heures*, (JOSEPH JOUBERT, *Pensées, maximes, essais et correspondance*, 1861)

BOIRE v. tr.

J'ai bu la tasse, tchin tchin ! (MICHEL BUSSI, *Le temps est assassin*, 2016)

Temps simples
Indicatif

Présent		Imparfait		Passé simple		Futur simple		Conditionnel présent	
je	bois	je	buvais	je	bus	je	boirai	je	boirais
tu	bois	tu	buvais	tu	bus	tu	boiras	tu	boirais
il/elle	boit	il/elle	buvait	il/elle	but	il/elle	boira	il/elle	boirait
nous	buvons	nous	buvions	nous	bûmes	nous	boirons	nous	boirions
vous	buvez	vous	buviez	vous	bûtes	vous	boirez	vous	boiriez
ils/elles	boivent	ils/elles	buvaient	ils/elles	burent	ils/elles	boiront	ils/elles	boiraient

Subjonctif				Impératif	Infinitif	Participe
Présent		**Imparfait**		**Présent**	**Présent**	**Présent**
que je	boive	que je	busse	bois	boire	buvant
que tu	boives	que tu	busses			
qu'il/elle	boive	qu'il/elle	bût		**Passé**	**Passé**
que nous	buvions	que nous	bussions	buvons	avoir bu	bu, bue, bus, bues
que vous	buviez	que vous	bussiez	buvez		
qu'ils/elles	boivent	qu'ils/elles	bussent			

BOUILLIR v. intr.

Tu bous à l'intérieur et te demandes quel est ce créateur qui distribue son huile à la va-comme-je-te-pousse, si généreux avec les uns, parcimonieux avec d'autres. (VÉNUS KHOURY-GHATA, *Sept pierres pour la femme adultère*, 2007)

Temps simples
Indicatif

Présent		Imparfait		Passé simple		Futur simple		Conditionnel présent	
je	bous	je	bouillais	je	bouillis	je	bouillirai	je	bouillirais
tu	bous	tu	bouillais	tu	bouillis	tu	bouilliras	tu	bouillirais
il/elle	bout	il/elle	bouillait	il/elle	bouillit	il/elle	bouillira	il/elle	bouillirait
nous	bouillons	nous	bouillions	nous	bouillîmes	nous	bouillirons	nous	bouillirions
vous	bouillez	vous	bouilliez	vous	bouillîtes	vous	bouillirez	vous	bouilliriez
ils/elles	bouillent	ils/elles	bouillaient	ils/elles	bouillirent	ils/elles	bouilliront	ils/elles	bouilliraient

CHAPITRE **3** Tableaux de conjugaison

BOUILLIR v. intr.

Subjonctif				Impératif	Infinitif	Participe
Présent		Imparfait		Présent	Présent	Présent
que je	bouille	que je	bouillisse	bous	bouillir	bouillant
que tu	bouilles	que tu	bouillisses			
qu'il/elle	bouille	qu'il/elle	bouillît		Passé	Passé
que nous	bouillions	que nous	bouillissions	bouillons	avoir bouilli	bouilli, bouillie, bouillis, bouillies
que vous	bouilliez	que vous	bouillissiez	bouillez		
qu'ils/elles	bouillent	qu'ils/elles	bouillissent			

BRAIRE v. tr.

Certes d'autres mammifères chantent : l'homme, mais aussi le chien qui aboie, l'âne qui **brait**, *le renard qui glapit, le chat qui miaule.* (FRANÇOIS GARDE, *La baleine dans tous ses états*, 2016)

Temps simples							
Indicatif							
Présent		Imparfait		Futur simple		Conditionnel présent	
il/elle	brait	il/elle	brayait	il/elle	braira	il/elle	brairait
ils/elles	braient	ils/elles	brayaient	ils/elles	brairont	ils/elles	brairaient
Subjonctif		Infinitif		Participe			
Présent		Présent	Passé	Présent	Passé		
qu'il/elle	braie	braire	avoir brait	brayant	brait		
qu'ils/elles	braient						

Le participe passé *brait* ne connaît ni féminin ni pluriel. Les formes de l'indicatif imparfait sont rares : *Je crois même que je brayais des blasphèmes contre la géométrie et l'algèbre...* (ANATOLE FRANCE, *La vie en fleur*, 1922)

BRUIRE v. intr.

Une fermeture à glissière qu'on défait. Des vêtements qui **bruissent**. (NANCY HUSTON, *Danse noire*, 2013)

Temps simples						
Indicatif				Infinitif	Participe	
Présent		Imparfait		Présent	Présent	
il/elle	bruit	il/elle	bruissait	bruire	bruissant	
ils/elles	bruissent	ils/elles	bruissaient			

À l'imparfait, nous pouvons trouver les formes archaïques *bruyait* et *bruyaient*. Le participe présent *bruissant* n'est plus utilisé que comme adjectif : *Le silence s'avérait bruissant de pensées, de pulsions, d'élans, de frustrations.* (ÉRIC-EMMANUEL SCHMITT, *Les perroquets de la place d'Arezzo*, 2013)

CHOIR v. intr.

Un homme qui **a chu** *n'est pas déchu... à condition qu'il* **choie** *bien !* (RAYMOND DEVOS, *Le savoir choir*)

Temps simples							
Indicatif							
Présent		Passé simple		Futur simple		Conditionnel présent	
je	chois	je	chus	je	choirai ou cherrai	je	choirais ou cherrais
tu	chois	tu	chus	tu	choiras ou cherras	tu	choirais ou cherrais
il/elle	choit	il/elle	chut	il/elle	choira ou cherra	il/elle	choirait ou cherrait
nous	choyons	nous	chûmes	nous	choirons ou cherrons	nous	choirions ou cherrions
vous	choyez	vous	chûtes	vous	choirez ou cherrez	vous	choiriez ou cherriez
ils/elles	choient	ils/elles	churent	ils/elles	choiront ou cherront	ils/elles	choiraient ou cherraient

PARTIE 7   Annexes

CHOIR v. intr.

Subjonctif		Infinitif		Participe	
Imparfait		Présent	Passé	Passé	
qu'il/elle	chût	choir	avoir chu	chu, chue, chus, chues	

Ce verbe signifie « tomber, être entraîné vers le bas ». Il s'utilise uniquement en contexte littéraire ou par plaisanterie. Les variantes *cherrai, cherras,* etc. sont rares : *Tire la chevillette et la bobinette cherra.* (CHARLES PERRAULT, *Le petit chaperon rouge,* 1697)
Contrairement à ce que disent certains dictionnaires, ce verbe n'apparaît pas qu'à l'infinitif, mais se retrouve encore conjugué chez plusieurs auteurs. *J'ignore où je chois !* (EDMOND ROSTAND, *Cyrano de Bergerac,* 1897), *Une île chue.* (GWENAËLLE AUBRY, *Perséphone 2014,* 2016) ; *Un papier chu.* (YANN MOIX, *Naissance,* 2013) ; *Yersin ne choit pas.* (PATRICK DEVILLE, *Peste & choléra,* 2012)

CLORE v. tr.

Il a clos le chapitre en disant que, de toute manière, c'était de l'histoire ancienne. (DIDIER VAN CAUWELAERT, *Le principe de Pauline,* 2014)

Temps simples									
Indicatif						Subjonctif		Impératif	Participe
Présent		Futur simple		Conditionnel présent		Présent		Présent	Passé
je	clos	je	clorai	je	clorais	que je	close	clos	clos, close, closes
tu	clos	tu	cloras	tu	clorais	que tu	closes		
il/elle	clôt	il/elle	clora	il/elle	clorait	qu'il/elle	close	Infinitif	
		nous	clorons	nous	clorions	que nous	closions	Présent	Passé
		vous	clorez	vous	cloriez	que vous	closiez	clore	avoir clos
ils/elles	closent	ils/elles	cloront	ils/elles	cloraient	qu'ils/elles	closent		

Les formes du futur simple et du subjonctif présent sont rares.
Se conjugue sur ce modèle : *déclore.* Ce verbe n'est plus utilisé que dans la langue littéraire, à l'infinitif et au participe passé : *Les bouches se sont décloses.* (JEAN-CLAUDE GARRIGUES, *La vie en crue,* 2011)

CONCLURE v. tr.

Je conclus qu'il faut qu'on s'entraide. (JEAN DE LA FONTAINE, *L'âne et le chien,* *Fables,* 1694)

Temps simples									
Indicatif									
Présent		Imparfait		Passé simple		Futur simple		Conditionnel présent	
je	conclus	je	concluais	je	conclus	je	conclurai	je	conclurais
tu	conclus	tu	concluais	tu	conclus	tu	concluras	tu	conclurais
il/elle	conclut	il/elle	concluait	il/elle	conclut	il/elle	conclura	il/elle	conclurait
nous	concluons	nous	concluions	nous	conclûmes	nous	conclurons	nous	conclurions
vous	concluez	vous	concluiez	vous	conclûtes	vous	conclurez	vous	concluriez
ils/elles	concluent	ils/elles	concluaient	ils/elles	conclurent	ils/elles	concluront	ils/elles	concluraient
Subjonctif				Impératif		Infinitif		Participe	
Présent		Imparfait		Présent		Présent		Présent	
que je	conclue	que je	conclusse	conclus		conclure		concluant	
que tu	conclues	que tu	conclusses						
qu'il/elle	conclue	qu'il/elle	conclût			Passé		Passé	
que nous	concluions	que nous	conclussions	concluons		avoir conclu		conclu, conclue, conclus, conclues	
que vous	concluiez	que vous	conclussiez	concluez					
qu'ils/elles	concluent	qu'ils/elles	conclussent						

Se conjuguent sur ce modèle : *exclure, inclure.*
Le participe passé d'*inclure* prend la forme *inclus, incluse, incluses* : *Nous ne sommes pas* ***inclus*** *dans cette majorité.* (HYAM YARED, *Tout est halluciné,* 2016), souvent précédé de *ci-* (*Veuillez trouver ci-inclus*).

CONDUIRE v. tr.

Là il monta dans un cabriolet qui le conduisit à l'esplanade de l'Observatoire. (VICTOR HUGO, *Les misérables*, 1862)

Temps simples

Indicatif

Présent		Imparfait		Passé simple		Futur simple		Conditionnel présent	
je	conduis	je	conduisais	je	conduisis	je	conduirai	je	conduirais
tu	conduis	tu	conduisais	tu	conduisis	tu	conduiras	tu	conduirais
il/elle	conduit	il/elle	conduisait	il/elle	conduisit	il/elle	conduira	il/elle	conduirait
nous	conduisons	nous	conduisions	nous	conduisîmes	nous	conduirons	nous	conduirions
vous	conduisez	vous	conduisiez	vous	conduisîtes	vous	conduirez	vous	conduiriez
ils/elles	conduisent	ils/elles	conduisaient	ils/elles	conduisirent	ils/elles	conduiront	ils/elles	conduiraient

Subjonctif				Impératif	Infinitif	Participe
Présent		Imparfait		Présent	Présent	Présent
que je	conduise	que je	conduisisse	conduis	conduire	conduisant
que tu	conduises	que tu	conduisisses			
qu'il/elle	conduise	qu'il/elle	conduisît		Passé	Passé
que nous	conduisions	que nous	conduisissions	conduisons	avoir conduit	conduit, conduite,
que vous	conduisiez	que vous	conduisissiez	conduisez		conduits, conduites
qu'ils/elles	conduisent	qu'ils/elles	conduisissent			

Se conjuguent sur ce modèle : *construire, cuire, déduire, détruire, éconduire, enduire, induire, instruire, introduire, nuire, produire, reconduire, reconstruire, recuire, réduire, reproduire, séduire, traduire.*
Le participe passé de *nuire* ne prend pas de *-t* : *Dès le départ, ça a nui à nos relations.* (BLANDINE LE CALLET, *La ballade de Lila K*, 2010)

CONNAITRE (CONNAÎTRE) v. tr.

Tu connaîtras plus tard le bonheur que tu avais. (ALBERT CAMUS, *L'étranger*, 1942)

Temps simples

Indicatif

Présent		Imparfait		Passé simple		Futur simple		Conditionnel présent	
je	connais	je	connaissais	je	connus	je	connaitrai	je	connaitrais
tu	connais	tu	connaissais	tu	connus	tu	connaitras	tu	connaitrais
il/elle	connait	il/elle	connaissait	il/elle	connut	il/elle	connaitra	il/elle	connaitrait
nous	connaissons	nous	connaissions	nous	connûmes	nous	connaitrons	nous	connaitrions
vous	connaissez	vous	connaissiez	vous	connûtes	vous	connaitrez	vous	connaitriez
ils/elles	connaissent	ils/elles	connaissaient	ils/elles	connurent	ils/elles	connaitront	ils/elles	connaitraient

Subjonctif				Impératif	Infinitif	Participe
Présent		Imparfait		Présent	Présent	Présent
que je	connaisse	que je	connusse	connais	connaitre (connaître)	connaissant
que tu	connaisses	que tu	connusses			
qu'il/elle	connaisse	qu'il/elle	connût		Passé	Passé
que nous	connaissions	que nous	connussions	connaissons	avoir connu	connu, connue,
que vous	connaissiez	que vous	connussiez	connaissez		connus, connues
qu'ils/elles	connaissent	qu'ils/elles	connussent			

Se conjuguent sur ce modèle les verbes en *-aitre* : *apparaitre, comparaitre, disparaitre, méconnaitre, paraitre, réapparaitre, reconnaitre, reparaitre, transparaitre.*

PARTIE 7 Annexes

COUDRE v. tr.

Et maintenant, cousez ! (ALEXIS JENNI, *L'art français de la guerre*, 2011)

Temps simples

Indicatif

Présent		Imparfait		Passé simple		Futur simple		Conditionnel présent	
je	couds	je	cousais	je	cousis	je	coudrai	je	coudrais
tu	couds	tu	cousais	tu	cousis	tu	coudras	tu	coudrais
il/elle	coud	il/elle	cousait	il/elle	cousit	il/elle	coudra	il/elle	coudrait
nous	cousons	nous	cousions	nous	cousîmes	nous	coudrons	nous	coudrions
vous	cousez	vous	cousiez	vous	cousîtes	vous	coudrez	vous	coudriez
ils/elles	cousent	ils/elles	cousaient	ils/elles	cousirent	ils/elles	coudront	ils/elles	coudraient

Subjonctif				Impératif	Infinitif	Participe	
Présent		Imparfait		Présent	Présent	Présent	
que je	couse	que je	cousisse	couds	coudre	cousant	
que tu	couses	que tu	cousisses				
qu'il/elle	couse	qu'il/elle	cousît		Passé	Passé	
que nous	cousions	que nous	cousissions	cousons	avoir cousu	cousu, cousue,	
que vous	cousiez	que vous	cousissiez	cousez		cousus, cousues	
qu'ils/elles	cousent	qu'ils/elles	cousissent				

Se conjuguent sur ce modèle : *découdre, recoudre.*

COURIR v. tr.

Elle courut à toutes jambes jusqu'à la souche. (JOËL DICKER, *La vérité sur l'affaire Harry Quebert*, 2012)

Temps simples

Indicatif

Présent		Imparfait		Passé simple		Futur simple		Conditionnel présent	
je	cours	je	courais	je	courus	je	courrai	je	courrais
tu	cours	tu	courais	tu	courus	tu	courras	tu	courrais
il/elle	court	il/elle	courait	il/elle	courut	il/elle	courra	il/elle	courrait
nous	courons	nous	courions	nous	courûmes	nous	courrons	nous	courrions
vous	courez	vous	couriez	vous	courûtes	vous	courrez	vous	courriez
ils/elles	courent	ils/elles	couraient	ils/elles	coururent	ils/elles	courront	ils/elles	courraient

Subjonctif				Impératif	Infinitif	Participe	
Présent		Imparfait		Présent	Présent	Présent	
que je	coure	que je	courusse	cours	courir	courant	
que tu	coures	que tu	courusses				
qu'il/elle	coure	qu'il/elle	courût		Passé	Passé	
que nous	courions	que nous	courussions	courons	avoir couru	couru, courue,	
que vous	couriez	que vous	courussiez	courez		courus, courues	
qu'ils/elles	courent	qu'ils/elles	courussent				

Se conjuguent sur ce modèle : *accourir, concourir, discourir, encourir, parcourir, recourir, secourir.*

CHAPITRE 3 Tableaux de conjugaison

COUVRIR v. tr.

*Un jour, je lui saisis la main et, presque sans m'en rendre compte, je la **couvris** de baisers.* (ÉRIC-EMMANUEL SCHMITT, *Le sumo qui ne pouvait pas grossir*, 2009)

Temps simples

Indicatif

Présent		Imparfait		Passé simple		Futur simple		Conditionnel présent	
je	couvre	je	couvrais	je	couvris	je	couvrirai	je	couvrirais
tu	couvres	tu	couvrais	tu	couvris	tu	couvriras	tu	couvrirais
il/elle	couvre	il/elle	couvrait	il/elle	couvrit	il/elle	couvrira	il/elle	couvrirait
nous	couvrons	nous	couvrions	nous	couvrîmes	nous	couvrirons	nous	couvririons
vous	couvrez	vous	couvriez	vous	couvrîtes	vous	couvrirez	vous	couvririez
ils/elles	couvrent	ils/elles	couvraient	ils/elles	couvrirent	ils/elles	couvriront	ils/elles	couvriraient

Subjonctif				Impératif	Infinitif	Participe
Présent		Imparfait		Présent	Présent	Présent
que je	couvre	que je	couvrisse	couvre	couvrir	couvrant
que tu	couvres	que tu	couvrisses			
qu'il/elle	couvre	qu'il/elle	couvrît		Passé	Passé
que nous	couvrions	que nous	couvrissions	couvrons	avoir couvert	couvert, couverte, couverts, couvertes
que vous	couvriez	que vous	couvrissiez	couvrez		
qu'ils/elles	couvrent	qu'ils/elles	couvrissent			

Se conjuguent sur ce modèle : *découvrir, entrouvrir, offrir, ouvrir, recouvrir, rouvrir, souffrir.*

CRAINDRE v. tr.

*Elle ne **craint** pas de regarder les hommes dans les yeux.* (FAWZIA ZOUARI, *Le corps de ma mère*, 2016)

Temps simples

Indicatif

Présent		Imparfait		Passé simple		Futur simple		Conditionnel présent	
je	crains	je	craignais	je	craignis	je	craindrai	je	craindrais
tu	crains	tu	craignais	tu	craignis	tu	craindras	tu	craindrais
il/elle	craint	il/elle	craignait	il/elle	craignit	il/elle	craindra	il/elle	craindrait
nous	craignons	nous	craignions	nous	craignîmes	nous	craindrons	nous	craindrions
vous	craignez	vous	craigniez	vous	craignîtes	vous	craindrez	vous	craindriez
ils/elles	craignent	ils/elles	craignaient	ils/elles	craignirent	ils/elles	craindront	ils/elles	craindraient

Subjonctif				Impératif	Infinitif	Participe
Présent		Imparfait		Présent	Présent	Présent
que je	craigne	que je	craignisse	crains	craindre	craignant
que tu	craignes	que tu	craignisses			
qu'il/elle	craigne	qu'il/elle	craignît		Passé	Passé
que nous	craignions	que nous	craignissions	craignons	avoir craint	craint, crainte, craints, craintes
que vous	craigniez	que vous	craignissiez	craignez		
qu'ils/elles	craignent	qu'ils/elles	craignissent			

Se conjuguent sur ce modèle : *adjoindre, astreindre, atteindre, ceindre, conjoindre, contraindre, dépeindre, déteindre, disjoindre, empreindre, enceindre, enfreindre, enjoindre, éteindre, feindre, geindre, joindre, oindre, peindre, plaindre, poindre, rejoindre, repeindre, restreindre, teindre.*
Le verbe *oindre* ne s'emploie plus qu'à l'infinitif (1) et au participe passé (2) : *Il fallait l'amadouer, la tartiner de douceur, l'**oindre** de compliments.* (KATHERINE PANCOL, *Les écureuils de Central Park sont tristes le lundi*, 2010) (1) ; *Seulement le corps **oint** de crème solaire protection 50.* (FRÉDÉRIC BEIGBEDER, *Une vie sans fin*, 2018) (2)
Poindre n'est plus utilisé qu'à l'infinitif : *L'aube allait **poindre**, et je n'avais toujours pas sommeil.* (JACQUELINE HARPMAN, *Moi qui n'ai pas connu les hommes*, 1995), à la troisième personne de l'indicatif ou du subjonctif présent et du futur simple : *Avant que l'aube ne **pointe**.* (NEDJMA, *L'amande*, 2004)

CROIRE v. tr.

Je n'en croyais pas mes yeux tellement il était proche. (YANN MARTEL, *L'histoire de Pi*, 2001)

Temps simples

Indicatif

Présent		Imparfait		Passé simple		Futur simple		Conditionnel présent	
je	crois	je	croyais	je	crus	je	croirai	je	croirais
tu	crois	tu	croyais	tu	crus	tu	croiras	tu	croirais
il/elle	croit	il/elle	croyait	il/elle	crut	il/elle	croira	il/elle	croirait
nous	croyons	nous	croyions	nous	crûmes	nous	croirons	nous	croirions
vous	croyez	vous	croyiez	vous	crûtes	vous	croirez	vous	croiriez
ils/elles	croient	ils/elles	croyaient	ils/elles	crurent	ils/elles	croiront	ils/elles	croiraient

Subjonctif				Impératif	Infinitif	Participe	
Présent		Imparfait		Présent	Présent	Présent	
que je	croie	que je	crusse	crois	croire	croyant	
que tu	croies	que tu	crusses				
qu'il/elle	croie	qu'il/elle	crût		Passé	Passé	
que nous	croyions	que nous	crussions	croyons	avoir cru	cru, crue, crus, crues	
que vous	croyiez	que vous	crussiez	croyez			
qu'ils/elles	croient	qu'ils/elles	crussent				

Se conjugue sur ce modèle : *accroire*.

CROITRE (CROÎTRE) v. intr.

Mon importance à bord croissait prodigieusement de jour à jour. (LOUIS-FERDINAND CÉLINE, *Voyage au bout de la nuit*, 1932)

Temps simples

Indicatif

Présent		Imparfait		Passé simple		Futur simple		Conditionnel présent	
je	croîs	je	croissais	je	crûs	je	croitrai	je	croitrais
tu	croîs	tu	croissais	tu	crûs	tu	croitras	tu	croitrais
il/elle	croît	il/elle	croissait	il/elle	crût	il/elle	croitra	il/elle	croitrait
nous	croissons	nous	croissions	nous	crûmes	nous	croitrons	nous	croitrions
vous	croissez	vous	croissiez	vous	crûtes	vous	croitrez	vous	croitriez
ils/elles	croissent	ils/elles	croissaient	ils/elles	crûrent	ils/elles	croitront	ils/elles	croitraient

Subjonctif				Impératif	Infinitif	Participe	
Présent		Imparfait		Présent	Présent	Présent	
que je	croisse	que je	crusse	croîs	croitre (croître)	croissant	
que tu	croisses	que tu	crusses				
qu'il/elle	croisse	qu'il/elle	crût		Passé	Passé	
que nous	croissions	que nous	crussions	croissons	avoir crû	crû, crue, crus, crues	
que vous	croissiez	que vous	crussiez	croissez			
qu'ils/elles	croissent	qu'ils/elles	crussent				

En nouvelle orthographe, l'accent circonflexe n'est conservé sur les lettres *i* et *u* qu'aux 1re et 2e personnes du pluriel du passé simple et sur les mots qui seraient homographes sans cet accent. On distingue de cette manière, *je croîs* et *je crois* (croire) ainsi que *je crûs* et *je crus* (croire).

CHAPITRE **3** Tableaux de conjugaison

CUEILLIR v. tr.

*Dire qu'on vient de se donner tant de chaleur et qu'elle me **cueille** à froid.* (DANIEL PENNAC, *La petite marchande de prose*, 1989)

Temps simples
Indicatif

Présent		Imparfait		Passé simple		Futur simple		Conditionnel présent	
je	cueille	je	cueillais	je	cueillis	je	cueillerai	je	cueillerais
tu	cueilles	tu	cueillais	tu	cueillis	tu	cueilleras	tu	cueillerais
il/elle	cueille	il/elle	cueillait	il/elle	cueillit	il/elle	cueillera	il/elle	cueillerait
nous	cueillons	nous	cueillions	nous	cueillîmes	nous	cueillerons	nous	cueillerions
vous	cueillez	vous	cueilliez	vous	cueillîtes	vous	cueillerez	vous	cueilleriez
ils/elles	cueillent	ils/elles	cueillaient	ils/elles	cueillirent	ils/elles	cueilleront	ils/elles	cueilleraient

Subjonctif				Impératif	Infinitif	Participe
Présent		Imparfait		Présent	Présent	Présent
que je	cueille	que je	cueillisse	cueille	cueillir	cueillant
que tu	cueilles	que tu	cueillisses			
qu'il/elle	cueille	qu'il/elle	cueillît		Passé	Passé
que nous	cueillions	que nous	cueillissions	cueillons	avoir cueilli	cueilli, cueillie, cueillis, cueillies
que vous	cueilliez	que vous	cueillissiez	cueillez		
qu'ils/elles	cueillent	qu'ils/elles	cueillissent			

Se conjuguent sur ce modèle : *accueillir, recueillir.*

DÉCHOIR v. intr.

*C'est aujourd'hui qu'il chute, qu'il **déchoit**, que tout s'arrête.* (GAËLLE PINGAULT, *Avant de quitter la rame*, 2017)

Temps simples
Indicatif

Présent		Passé simple		Futur simple		Conditionnel présent	
je	déchois	je	déchus	je	déchoirai	je	déchoirais
tu	déchois	tu	déchus	tu	déchoiras	tu	déchoirais
il/elle	déchoit	il/elle	déchut	il/elle	déchoira	il/elle	déchoirait
nous	déchoyons	nous	déchûmes	nous	déchoirons	nous	déchoirions
vous	déchoyez	vous	déchûtes	vous	déchoirez	vous	déchoiriez
ils/elles	déchoient	ils/elles	déchurent	ils/elles	déchoiront	ils/elles	déchoiraient

Subjonctif				Infinitif	Participe
Présent		Imparfait		Présent	Passé
que je	déchoie	que je	déchusse	déchoir	déchu, déchue, déchus, déchues
que tu	déchoies	que tu	déchusses		
qu'il/elle	déchoie	qu'il/elle	déchût	Passé	
que nous	déchoyions	que nous	déchussions	avoir ou être déchu	
que vous	déchoyiez	que vous	déchussiez		
qu'ils/elles	déchoient	qu'ils/elles	déchussent		

Aux temps composés, le verbe fonctionne, selon la nuance de la pensée, avec *avoir* ou *être* :
Ils ont déchu, ils ne méritent pas de vivre, ils ont trahi la patrie et son Führer hargneux. (MATHIAS ENARD, *Zone*, 2008) ; *Elle mentionne qu'il **a été déchu** de ses droits civiques et de sa nationalité.* (DOMINIQUE COSTERMANS, *Outre-mère*, 2017)

DEVOIR v. tr.

*Je vous **dois** la vie et je ne saurais trop vous en remercier.* (DENIS DIDEROT, *Jacques le fataliste et son maître*, 1796)

Temps simples

Indicatif

Présent		Imparfait		Passé simple		Futur simple		Conditionnel présent	
je	dois	je	devais	je	dus	je	devrai	je	devrais
tu	dois	tu	devais	tu	dus	tu	devras	tu	devrais
il/elle	doit	il/elle	devait	il/elle	dut	il/elle	devra	il/elle	devrait
nous	devons	nous	devions	nous	dûmes	nous	devrons	nous	devrions
vous	devez	vous	deviez	vous	dûtes	vous	devrez	vous	devriez
ils/elles	doivent	ils/elles	devaient	ils/elles	durent	ils/elles	devront	ils/elles	devraient

Subjonctif				Impératif	Infinitif	Participe
Présent		Imparfait		Présent	Présent	Présent
que je	doive	que je	dusse	dois	devoir	devant
que tu	doives	que tu	dusses			
qu'il/elle	doive	qu'il/elle	dût		Passé	Passé
que nous	devions	que nous	dussions	devons	avoir dû	dû, due, dus, dues
que vous	deviez	que vous	dussiez	devez		
qu'ils/elles	doivent	qu'ils/elles	dussent			

Les formes de l'impératif présent sont très peu usitées.
Se conjugue sur ce modèle : *recevoir*.

DIRE v. tr.

***Dis** ce que tu as à dire.* (MOHAMMED DIB, *La grande maison*, 1952)

Temps simples

Indicatif

Présent		Imparfait		Passé simple		Futur simple		Conditionnel présent	
je	dis	je	disais	je	dis	je	dirai	je	dirais
tu	dis	tu	disais	tu	dis	tu	diras	tu	dirais
il/elle	dit	il/elle	disait	il/elle	dit	il/elle	dira	il/elle	dirait
nous	disons	nous	disions	nous	dîmes	nous	dirons	nous	dirions
vous	dites	vous	disiez	vous	dîtes	vous	direz	vous	diriez
ils/elles	disent	ils/elles	disaient	ils/elles	dirent	ils/elles	diront	ils/elles	diraient

Subjonctif				Impératif	Infinitif	Participe
Présent		Imparfait		Présent	Présent	Présent
que je	dise	que je	disse	dis	dire	disant
que tu	dises	que tu	disses			
qu'il/elle	dise	qu'il/elle	dît		Passé	Passé
que nous	disions	que nous	dissions	disons	avoir dit	dit, dite, dits, dites
que vous	disiez	que vous	dissiez	dites		
qu'ils/elles	disent	qu'ils/elles	dissent			

Se conjuguent sur ce modèle : *contredire, dédire (se), interdire, médire, prédire, redire*.
Mais la seconde personne du pluriel de l'indicatif présent et la seconde personne du pluriel de l'impératif présent des verbes *dédire, contredire, interdire, médire, prédire* se distinguent du verbe *dire* : *vous contredisez, vous dédisez, vous interdisez, vous médisez, vous prédisez* :
*Vous vous **contredisez** déjà, Miss Queen. Vous auriez dû mieux préparer vos mensonges !* (MICHEL BUSSI, *Gravé dans le sable*, 2014) ; *Vous m'**interdisez** de revoir Élina ?* (ÉRIC-EMMANUEL SCHMITT, *La tectonique des sentiments*, 2008) ; *Ne **médisez** pas, ne jugez pas, tenez votre langue.* (EMMANUEL CARRÈRE, *Le royaume*, 2014)

CHAPITRE **3** Tableaux de conjugaison

DORMIR v. intr.

Je m'étirai dans mon lit, j'avais dormi comme un bébé. (AGNÈS MARTIN-LUGAND, *Les gens heureux lisent et boivent du café*, 2013)

Temps simples

Indicatif

Présent		Imparfait		Passé simple		Futur simple		Conditionnel présent	
je	dors	je	dormais	je	dormis	je	dormirai	je	dormirais
tu	dors	tu	dormais	tu	dormis	tu	dormiras	tu	dormirais
il/elle	dort	il/elle	dormait	il/elle	dormit	il/elle	dormira	il/elle	dormirait
nous	dormons	nous	dormions	nous	dormîmes	nous	dormirons	nous	dormirions
vous	dormez	vous	dormiez	vous	dormîtes	vous	dormirez	vous	dormiriez
ils/elles	dorment	ils/elles	dormaient	ils/elles	dormirent	ils/elles	dormiront	ils/elles	dormiraient

Subjonctif				Impératif	Infinitif	Participe
Présent		Imparfait		Présent	Présent	Présent
que je	dorme	que je	dormisse	dors	dormir	dormant
que tu	dormes	que tu	dormisses			
qu'il/elle	dorme	qu'il/elle	dormît		Passé	Passé
que nous	dormions	que nous	dormissions	dormons	avoir dormi	dormi
que vous	dormiez	que vous	dormissiez	dormez		
qu'ils/elles	dorment	qu'ils/elles	dormissent			

Se conjuguent sur ce modèle : *endormir, rendormir*.
Le féminin du participe passé *dormie* est très rare : *Trois nuits mal dormies*. (ALFRED DE MUSSET, *Les marrons du feu, Premières poésies*, 1829)
Pour *rendormir*, contrairement à *dormir*, le féminin du participe passé (*rendormie*) est courant : *Ça y est, Verdun s'est rendormie*. (DANIEL PENNAC, *La fée carabine*, 1987). Aux temps composés, il fonctionne avec être : *Je ne crois pas m'être rendormie*. (DELPHINE DE VIGAN, *D'après une histoire vraie*, 2015)

ÉCHOIR v. intr.

Voici pourtant un cas où tout l'honneur échut. (JEAN DE LA FONTAINE, *Le loup et le renard, Fables*, 1694)

Temps simples

Indicatif				Infinitif		Participe	
Présent	Passé simple	Futur simple	Conditionnel présent	Présent	Passé	Présent	Passé
il/elle échoit	il/elle échut	il/elle échoira	il/elle échoirait	échoir	être échu	échéant	échu, échue, échus, échues
ils/elles échoient		ils/elles échoiront	ils/elles échoiraient				

La forme *échet* à l'indicatif présent est une forme juridique : *C'est ce que l'on dit en Bourgogne, que ce qui échet au père échet au fils.* (PHILIPPE-ANTOINE MERLIN, *Répertoire universel et raisonné de jurisprudence*, 1813).
On trouve des formes archaïques pour le futur simple (*écherra, écherront*) et pour le conditionnel présent (*écherrait, écherraient*).
Aux temps composés, le verbe se forme avec être : *Un vignoble entier lui était échu par héritage, nous expliqua-t-il.* (LOUIS-FERDINAND CÉLINE, *Voyage au bout de la nuit*, 1932)

ÉCLORE v. intr.

Fantine était un de ces êtres comme il en éclôt, pour ainsi dire, au fond du peuple. (VICTOR HUGO, *Les misérables*, 1862)

Temps simples

Indicatif						Subjonctif	
Présent		Futur simple		Conditionnel présent		Présent	
il/elle	éclôt	il/elle	éclora	il/elle	éclorait	qu'il/elle	éclose
ils/elles	éclosent	ils/elles	écloront	ils/elles	écloraient	qu'ils/elles	éclosent

537

PARTIE 7   Annexes

ÉCLORE v. intr.		
Impératif	Infinitif	Participe
Présent	Présent Passé	Passé
éclos	éclore avoir ou être éclos	éclos, éclose, écloses

Selon le Littré, on trouve une conjugaison complète à l'indicatif présent (*j'éclos, tu éclos, il éclôt, nous éclosons, vous éclosez, ils éclosent*), ainsi qu'à l'imparfait (*j'éclosais*), au futur (*j'éclorai*), au conditionnel (*j'éclorais*) et au subjonctif présent (*que j'éclose*). Aux temps composés, le verbe se construit avec *avoir* (1) ou *être* (2) : *À présent, le jour avait éclos, lumineux et chatoyant.* (VINCENT ENGEL, *Nous sommes tous des faits divers*, 2013) (1) ; *Plusieurs générations y sont écloses, les yeux plus grands que l'horizon.* (YASMINA KHADRA, *L'attentat*, 2005) (2)

ÉCRIRE v. tr.						
Bref, j'écrivis pour mon plaisir. (JEAN-PAUL SARTRE, Les mots, 1964)						
Temps simples						
Indicatif						
Présent		Imparfait		Passé simple		Futur simple		Conditionnel présent
j'	écris	j'	écrivais	j'	écrivis	j'	écrirai	j'	écrirais
tu	écris	tu	écrivais	tu	écrivis	tu	écriras	tu	écrirais
il/elle	écrit	il/elle	écrivait	il/elle	écrivit	il/elle	écrira	il/elle	écrirait
nous	écrivons	nous	écrivions	nous	écrivîmes	nous	écrirons	nous	écririons
vous	écrivez	vous	écriviez	vous	écrivîtes	vous	écrirez	vous	écririez
ils/elles	écrivent	ils/elles	écrivaient	ils/elles	écrivirent	ils/elles	écriront	ils/elles	écriraient
Subjonctif		Impératif		Infinitif		Participe	
Présent		Imparfait		Présent		Présent		Présent
que j'	écrive	que j'	écrivisse	écris		écrire		écrivant
que tu	écrives	que tu	écrivisses					
qu'il/elle	écrive	qu'il/elle	écrivît			Passé		Passé
que nous	écrivions	que nous	écrivissions	écrivons		avoir écrit		écrit, écrite, écrits, écrites
que vous	écriviez	que vous	écrivissiez	écrivez				
qu'ils/elles	écrivent	qu'ils/elles	écrivissent					

Se conjuguent sur ce modèle : *circonscrire, décrire, inscrire, prescrire, proscrire, récrire, souscrire, transcrire.*

ENCLORE v. tr.							
Un monde qui se limitait pour moi à la propriété, à ses jardins et à nos vergers, eux-mêmes enclos dans les orangeraies de Ayn Chir, que les spéculateurs commençaient à dévaster. (CHARIF MAJDALANI, Villa des femmes, 2015)							
Temps simples							
Indicatif						Subjonctif		Impératif
Présent		Futur simple		Conditionnel présent		Présent		Présent
j'	enclos	j'	enclorai	j'	enclorais	que j'	enclose	enclos
tu	enclos	tu	encloras	tu	enclorais	que tu	encloses	
il/elle	enclôt	il/elle	enclora	il/elle	enclorait	qu'il/elle	enclose	
nous	enclosons	nous	enclorons	nous	enclorions	que nous	enclosions	enclosons
vous	enclosez	vous	enclorez	vous	encloriez	que vous	enclosiez	enclosez
ils/elles	enclosent	ils/elles	encloront	ils/elles	encloraient	qu'ils/elles	enclosent	
Infinitif				Participe			
Présent		Passé		Présent		Passé	
enclore		avoir enclos		enclosant		enclos, enclose, encloses	

Par analogie avec *il clôt*, on écrit *il enclôt* : *On enclôt plus de trois mille hectares.* (ÉRIC VUILLARD, *14 juillet*, 2016). Il y a cependant une hésitation sur l'orthographe de cette forme : alors que le Dictionnaire de l'Académie (9ᵉ édition) et le Larousse mettent un accent circonflexe, le Petit Robert et le Bescherelle n'en mettent pas.

CHAPITRE 3 Tableaux de conjugaison

ENVOYER v. tr.

Tu m'as envoyé promener. (SAMUEL BECKETT, *Fin de partie*, 1957)

Temps simples

Indicatif

Présent		Imparfait		Passé simple		Futur simple		Conditionnel présent	
j'	envoie	j'	envoyais	j'	envoyai	j'	enverrai	j'	enverrais
tu	envoies	tu	envoyais	tu	envoyas	tu	enverras	tu	enverrais
il/elle	envoie	il/elle	envoyait	il/elle	envoya	il/elle	enverra	il/elle	enverrait
nous	envoyons	nous	envoyions	nous	envoyâmes	nous	enverrons	nous	enverrions
vous	envoyez	vous	envoyiez	vous	envoyâtes	vous	enverrez	vous	enverriez
ils/elles	envoient	ils/elles	envoyaient	ils/elles	envoyèrent	ils/elles	enverront	ils/elles	enverraient

Subjonctif / Impératif / Infinitif / Participe

Présent		Imparfait		Présent	Présent	Présent	
que j'	envoie	que j'	envoyasse	envoie	envoyer	envoyant	
que tu	envoies	que tu	envoyasses				
qu'il/elle	envoie	qu'il/elle	envoyât		Passé	Passé	
que nous	envoyions	que nous	envoyassions	envoyons	avoir envoyé	envoyé, envoyée,	
que vous	envoyiez	que vous	envoyassiez	envoyez		envoyés, envoyées	
qu'ils/elles	envoient	qu'ils/elles	envoyassent				

Se conjugue sur ce modèle : *renvoyer*.

FAILLIR v. intr.

J'ai failli cent fois y laisser ma peau. (GILBERT SINOUÉ, *Avicenne ou la route d'Ispahan*, 1989)

Temps simples

Indicatif / Infinitif / Participe

Passé simple		Futur simple		Conditionnel présent		Présent	Passé
je	faillis	je	faillirai	je	faillirais	faillir	failli, faillie, faillis, faillies
tu	faillis	tu	failliras	tu	faillirais		
il/elle	faillit	il/elle	faillira	il/elle	faillirait	Passé	
nous	faillîmes	nous	faillirons	nous	faillirions	avoir failli	
vous	faillîtes	vous	faillirez	vous	failliriez		
ils/elles	faillirent	ils/elles	failliront	ils/elles	failliraient		

Quand on utilise *faillir* dans le sens de *faire faillite*, le verbe se calque sur *finir*.

FAIRE v. tr.

Comme quoi l'habit ne fait pas le moine et le tablier blanc, le charcutier honnête. (KATHERINE PANCOL, *Les écureuils de Central Park sont tristes le lundi*, 2010)

Temps simples

Indicatif

Présent		Imparfait		Passé simple		Futur simple		Conditionnel présent	
je	fais	je	faisais	je	fis	je	ferai	je	ferais
tu	fais	tu	faisais	tu	fis	tu	feras	tu	ferais
il/elle	fait	il/elle	faisait	il/elle	fit	il/elle	fera	il/elle	ferait
nous	faisons	nous	faisions	nous	fîmes	nous	ferons	nous	ferions
vous	faites	vous	faisiez	vous	fîtes	vous	ferez	vous	feriez
ils/elles	font	ils/elles	faisaient	ils/elles	firent	ils/elles	feront	ils/elles	feraient

PARTIE 7   Annexes

FAIRE v. tr.

Subjonctif				Impératif	Infinitif	Participe
Présent		Imparfait		Présent	Présent	Présent
que je	fasse	que je	fisse	fais	faire	faisant
que tu	fasses	que tu	fisses			
qu'il/elle	fasse	qu'il/elle	fît		Passé	Passé
que nous	fassions	que nous	fissions	faisons	avoir fait	fait, faite, faits, faites
que vous	fassiez	que vous	fissiez	faites		
qu'ils/elles	fassent	qu'ils/elles	fissent			

Se conjuguent sur ce modèle : *contrefaire, défaire, parfaire, refaire, satisfaire, surfaire.*

FALLOIR v. intr.

Il s'en fallut de peu que je ne renonçasse à la littérature. (JEAN-PAUL SARTRE, *Les mots*, 1964)

Temps simples					
Indicatif					
Présent		Imparfait		Passé simple	Futur simple	Conditionnel présent
il/elle	faut	il/elle	fallait	il/elle	fallut	il/elle	faudra	il/elle	faudrait
Subjonctif				Infinitif		Participe
Présent		Imparfait		Présent	Passé	Passé
qu'il/elle	faille	qu'il/elle	fallût	falloir	avoir fallu	fallu

FRIRE v. tr.

Rouget est frit ! (GUSTAVE FLAUBERT, *L'éducation sentimentale*, 1869)

Temps simples						
Indicatif				Impératif	Infinitif	Participe
Présent	Futur simple	Conditionnel présent	Présent	Présent	Passé
je	fris	je	frirai	je	frirais	Fris	frire	frit, frite, frits, frites
tu	fris	tu	friras	tu	frirais			
il/elle	frit	il/elle	frira	il/elle	frirait		Passé	
		nous	frirons	nous	fririons		avoir frit	
		vous	frirez	vous	fririez			
		ils/elles	friront	ils/elles	friraient			

Les formes du futur simple, du conditionnel présent et de l'impératif sont rares. Les autres formes sont suppléées au moyen des temps du verbe *faire* : *Ça, ou bien le soleil qui lui faisait frire les méninges.* (YANN MARTEL, *L'histoire de Pi*, 2001)

FUIR v. tr.

Courage fuyons. (YVES ROBERT, *Courage fuyons*, 1979)

Temps simples					
Indicatif					
Présent		Imparfait		Passé simple	Futur simple	Conditionnel présent
je	fuis	je	fuyais	je	fuis	je	fuirai	je	fuirais
tu	fuis	tu	fuyais	tu	fuis	tu	fuiras	tu	fuirais
il/elle	fuit	il/elle	fuyait	il/elle	fuit	il/elle	fuira	il/elle	fuirait
nous	fuyons	nous	fuyions	nous	fuîmes	nous	fuirons	nous	fuirions
vous	fuyez	vous	fuyiez	vous	fuîtes	vous	fuirez	vous	fuiriez
ils/elles	fuient	ils/elles	fuyaient	ils/elles	fuirent	ils/elles	fuiront	ils/elles	fuiraient

CHAPITRE **3** Tableaux de conjugaison

FUIR v. tr.

	Subjonctif			Impératif	Infinitif	Participe
Présent		Imparfait		Présent	Présent	Présent
que je	fuie	que je	fuisse	fuis	fuir	fuyant
que tu	fuies	que tu	fuisses			
qu'il/elle	fuie	qu'il/elle	fuît		Passé	Passé
que nous	fuyions	que nous	fuissions	fuyons	avoir fui	fui, fuie, fuis, fuies
que vous	fuyiez	que vous	fuissiez	fuyez		
qu'ils/elles	fuient	qu'ils/elles	fuissent			

Se conjugue sur ce modèle : *enfuir (s')*.
Les formes du subjonctif imparfait sont rares. Aux temps composés, *s'enfuir* fonctionne avec *être* : *Tintin se serait enfui*. (ALAIN BERENBOOM, *Hong Kong Blues*, 2017)

GÉSIR v. intr.

Il gisait là, assommé par son illusion. (DANIEL RONDEAU, *J'écris parce que je chante mal*, 2010)

Temps simples							
Indicatif						Infinitif	Participe
Présent				Imparfait		Présent	Présent
je	gis	nous	gisons	je	gisais	nous	gisions	gésir	gisant
tu	gis	vous	gisez	tu	gisais	vous	gisiez		
il/elle	gît	ils/elles	gisent	il/elle	gisait	ils/elles	gisaient		

HAÏR v. tr.

*J'ai beau souffrir mais mon cœur revient vers toi
Et je me hais de t'aimer comme ça.* (ROHFF, *Hysteric love*, 2008)

Temps simples											
Indicatif											
Présent		Imparfait		Passé simple		Futur simple		Conditionnel présent	
je	hais	je	haïssais	je	haïs	je	haïrai	je	haïrais
tu	hais	tu	haïssais	tu	haïs	tu	haïras	tu	haïrais
il/elle	hait	il/elle	haïssait	il/elle	haït	il/elle	haïra	il/elle	haïrait
nous	haïssons	nous	haïssions	nous	haïmes	nous	haïrons	nous	haïrions
vous	haïssez	vous	haïssiez	vous	haïtes	vous	haïrez	vous	haïriez
ils/elles	haïssent	ils/elles	haïssaient	ils/elles	haïrent	ils/elles	haïront	ils/elles	haïraient

Subjonctif				Impératif	Infinitif	Participe
Présent		Imparfait		Présent	Présent	Présent
que je	haïsse	que je	haïsse	hais	haïr	haïssant
que tu	haïsses	que tu	haïsses			
qu'il/elle	haïsse	qu'il/elle	haït		Passé	Passé
que nous	haïssions	que nous	haïssions	haïssons	avoir haï	haï, haïe, haïs, haïes
que vous	haïssiez	que vous	haïssiez	haïssez		
qu'ils/elles	haïssent	qu'ils/elles	haïssent			

Les formes du passé simple et du subjonctif imparfait sont rares.

PARTIE 7 Annexes

LIRE v. tr.

Apprends à dissimuler, on lit en toi comme dans un livre ouvert. (KATHERINE PANCOL, *La valse lente des tortues*, 2008)

Temps simples

Indicatif

Présent		Imparfait		Passé simple		Futur simple		Conditionnel présent	
je	lis	je	lisais	je	lus	je	lirai	je	lirais
tu	lis	tu	lisais	tu	lus	tu	liras	tu	lirais
il/elle	lit	il/elle	lisait	il/elle	lut	il/elle	lira	il/elle	lirait
nous	lisons	nous	lisions	nous	lûmes	nous	lirons	nous	lirions
vous	lisez	vous	lisiez	vous	lûtes	vous	lirez	vous	liriez
ils/elles	lisent	ils/elles	lisaient	ils/elles	lurent	ils/elles	liront	ils/elles	liraient

Subjonctif				Impératif	Infinitif		Participe	
Présent		Imparfait		Présent	Présent		Présent	
que je	lise	que je	lusse	lis	lire		lisant	
que tu	lises	que tu	lusses					
qu'il/elle	lise	qu'il/elle	lût		Passé		Passé	
que nous	lisions	que nous	lussions	lisons	avoir lu		lu, lue, lus, lues	
que vous	lisiez	que vous	lussiez	lisez				
qu'ils/elles	lisent	qu'ils/elles	lussent					

Se conjuguent sur ce modèle : *élire, réélire, relire*.

LUIRE v. intr.

Son front luisait de transpiration. (DAVID FOENKINOS, *Les souvenirs*, 2011)

Temps simples

Indicatif

Présent		Imparfait		Passé simple		Futur simple		Conditionnel présent	
je	luis	je	luisais	je	luisis	je	luirai	je	luirais
tu	luis	tu	luisais	tu	luisis	tu	luiras	tu	luirais
il/elle	luit	il/elle	luisait	il/elle	luisit	il/elle	luira	il/elle	luirait
nous	luisons	nous	luisions	nous	luisîmes	nous	luirons	nous	luirions
vous	luisez	vous	luisiez	vous	luisîtes	vous	luirez	vous	luiriez
ils/elles	luisent	ils/elles	luisaient	ils/elles	luisirent	ils/elles	luiront	ils/elles	luiraient

Subjonctif				Impératif	Infinitif		Participe	
Présent		Imparfait		Présent	Présent		Présent	
que je	luise	que je	luisisse	luis	luire		luisant	
que tu	luises	que tu	luisisses					
qu'il/elle	luise	qu'il/elle	luisît		Passé		Passé	
que nous	luisions	que nous	luisissions	luisons	avoir lui		lui	
que vous	luisiez	que vous	luisissiez	luisez				
qu'ils/elles	luisent	qu'ils/elles	luisissent					

Les formes du passé simple et du subjonctif imparfait sont peu usitées.
Se conjugue sur ce modèle : *reluire*.

CHAPITRE 3 Tableaux de conjugaison

MAUDIRE v. tr.

On **maudit** *le sort lorsqu'il nous est contraire ; pourquoi ne pas le remercier lorsqu'il nous favorise ?* (ALBERT MEMMI, *Bonheurs : 52 semaines*, 1992)

Temps simples

Indicatif

Présent		Imparfait		Passé simple		Futur simple		Conditionnel présent	
je	maudis	je	maudissais	je	maudis	je	maudirai	je	maudirais
tu	maudis	tu	maudissais	tu	maudis	tu	maudiras	tu	maudirais
il/elle	maudit	il/elle	maudissait	il/elle	maudit	il/elle	maudira	il/elle	maudirait
nous	maudissons	nous	maudissions	nous	maudîmes	nous	maudirons	nous	maudirions
vous	maudissez	vous	maudissiez	vous	maudîtes	vous	maudirez	vous	maudiriez
ils/elles	maudissent	ils/elles	maudissaient	ils/elles	maudirent	ils/elles	maudiront	ils/elles	maudiraient

Subjonctif				Impératif	Infinitif	Participe
Présent		Imparfait		Présent	Présent	Présent
que je	maudisse	que je	maudisse	maudis	maudire	maudissant
que tu	maudisses	que tu	maudisses			
qu'il/elle	maudisse	qu'il/elle	maudît		Passé	Passé
que nous	maudissions	que nous	maudissions	maudissons	avoir maudit	maudit, maudite,
que vous	maudissiez	que vous	maudissiez	maudissez		maudits, maudites
qu'ils/elles	maudissent	qu'ils/elles	maudissent			

MENTIR v. tr.

Inutile de se donner du mal : elle sait quand je **mens** *ou fais le malin.* (SERGE MOATI, *Villa Jasmin*, 2003)

Temps simples

Indicatif

Présent		Imparfait		Passé simple		Futur simple		Conditionnel présent	
je	mens	je	mentais	je	mentis	je	mentirai	je	mentirais
tu	mens	tu	mentais	tu	mentis	tu	mentiras	tu	mentirais
il/elle	ment	il/elle	mentait	il/elle	mentit	il/elle	mentira	il/elle	mentirait
nous	mentons	nous	mentions	nous	mentîmes	nous	mentirons	nous	mentirions
vous	mentez	vous	mentiez	vous	mentîtes	vous	mentirez	vous	mentiriez
ils/elles	mentent	ils/elles	mentaient	ils/elles	mentirent	ils/elles	mentiront	ils/elles	mentiraient

Subjonctif				Impératif	Infinitif	Participe
Présent		Imparfait		Présent	Présent	Présent
que je	mente	que je	mentisse	mens	mentir	mentant
que tu	mentes	que tu	mentisses			
qu'il/elle	mente	qu'il/elle	mentît		Passé	Passé
que nous	mentions	que nous	mentissions	mentons	avoir menti	menti
que vous	mentiez	que vous	mentissiez	mentez		
qu'ils/elles	mentent	qu'ils/elles	mentissent			

Se conjuguent sur ce modèle : *consentir, démentir, départir, partir, pressentir, repartir, repentir (se), ressentir, ressortir, sentir, sortir*. Mais contrairement à *mentir* ces verbes possèdent une forme de participe passé au féminin et au pluriel (*parti, partie, partis, parties*, etc.) : *Elle s'était sentie terriblement seule*, (KATHERINE PANCOL, *Les écureuils de Central Park sont tristes le lundi*, 2010) ; *Cette version m'a été plusieurs fois démentie*. (DELPHINE DE VIGAN, *Rien ne s'oppose à la nuit*, 2011). Dans son sens de « partager », le verbe *partir* ne s'emploie plus que dans l'expression *avoir maille à partir avec quelqu'un* : *Qui n'avait jamais eu maille à partir avec la police*. (BERNARD MINIER, *Glacé*, 2011)
Aux temps composés :
– *partir, repartir, repentir, ressortir* fonctionnent avec *être* : *De Soto s'était repenti d'avoir été brutal lors de leur première rencontre*. (ÉRIC VUILLARD, *Conquistadors*, 2009)
– *repartir* se conjugue avec *être* quand il signifie « partir de nouveau » : *Il est reparti, fier*. (DANIEL RONDEAU, *J'écris parce que je chante mal*, 2010) et avec *avoir* quand il signifie « répondre » (*j'ai reparti*).
– *sortir*, au sens transitif, fonctionne avec *avoir*, tandis qu'au sens intransitif, il fonctionne avec *être* : *Iris était sortie de clinique*. (KATHERINE PANCOL, *La valse lente des tortues*, 2008)

METTRE v. tr.

*Nous nous **mîmes** à plusieurs pour préparer le repas car nous avions très faim.* (Mahi Binebine, *Les étoiles de Sidi Moumen*, 2010)

Temps simples

Indicatif

Présent		Imparfait		Passé simple		Futur simple		Conditionnel présent	
je	mets	je	mettais	je	mis	je	mettrai	je	mettrais
tu	mets	tu	mettais	tu	mis	tu	mettras	tu	mettrais
il/elle	met	il/elle	mettait	il/elle	mit	il/elle	mettra	il/elle	mettrait
nous	mettons	nous	mettions	nous	mîmes	nous	mettrons	nous	mettrions
vous	mettez	vous	mettiez	vous	mîtes	vous	mettrez	vous	mettriez
ils/elles	mettent	ils/elles	mettaient	ils/elles	mirent	ils/elles	mettront	ils/elles	mettraient

Subjonctif				Impératif	Infinitif	Participe	
Présent		**Imparfait**		**Présent**	**Présent**	**Présent**	
que je	mette	que je	misse	mets	mettre	mettant	
que tu	mettes	que tu	misses				
qu'il/elle	mette	qu'il/elle	mît		**Passé**	**Passé**	
que nous	mettions	que nous	missions	mettons	avoir mis	mis, mise, mises	
que vous	mettiez	que vous	missiez	mettez			
qu'ils/elles	mettent	qu'ils/elles	missent				

Se conjuguent sur ce modèle : *admettre, commettre, compromettre, démettre, émettre, entremettre (s'), omettre, permettre, promettre, remettre, soumettre, transmettre.*
Aux temps composés, *s'entremettre* fonctionne avec *être* : *Il s'est **entremis** entre les deux frères pour les réconcilier.* (*Dictionnaire de l'Académie*)

MOUDRE v. tr.

*Je **mouds** le café.* (Jules Renard, *Poil de carotte*, 1894)

Temps simples

Indicatif

Présent		Imparfait		Passé simple		Futur simple		Conditionnel présent	
je	mouds	je	moulais	je	moulus	je	moudrai	je	moudrais
tu	mouds	tu	moulais	tu	moulus	tu	moudras	tu	moudrais
il/elle	moud	il/elle	moulait	il/elle	moulut	il/elle	moudra	il/elle	moudrait
nous	moulons	nous	moulions	nous	moulûmes	nous	moudrons	nous	moudrions
vous	moulez	vous	mouliez	vous	moulûtes	vous	moudrez	vous	moudriez
ils/elles	moulent	ils/elles	moulaient	ils/elles	moulurent	ils/elles	moudront	ils/elles	moudraient

Subjonctif				Impératif	Infinitif	Participe	
Présent		**Imparfait**		**Présent**	**Présent**	**Présent**	
que je	moule	que je	moulusse	mouds	moudre	moulant	
que tu	moules	que tu	moulusses				
qu'il/elle	moule	qu'il/elle	moulût		**Passé**	**Passé**	
que nous	moulions	que nous	moulussions	moulons	avoir moulu	moulu, moulue, moulus, moulues	
que vous	mouliez	que vous	moulussiez	moulez			
qu'ils/elles	moulent	qu'ils/elles	moulussent				

CHAPITRE **3** Tableaux de conjugaison

MOURIR v. intr.

Je me meurs, mon Dieu ! (ALEXANDRE DUMAS, *Le Comte de Monte-Cristo*, 1844)

Temps simples
Indicatif

Présent		Imparfait		Passé simple		Futur simple		Conditionnel présent	
je	meurs	je	mourais	je	mourus	je	mourrai	je	mourrais
tu	meurs	tu	mourais	tu	mourus	tu	mourras	tu	mourrais
il/elle	meurt	il/elle	mourait	il/elle	mourut	il/elle	mourra	il/elle	mourrait
nous	mourons	nous	mourions	nous	mourûmes	nous	mourrons	nous	mourrions
vous	mourez	vous	mouriez	vous	mourûtes	vous	mourrez	vous	mourriez
ils/elles	meurent	ils/elles	mouraient	ils/elles	moururent	ils/elles	mourront	ils/elles	mourraient

Subjonctif				Impératif	Infinitif	Participe
Présent		Imparfait		Présent	Présent	Présent
que je	meure	que je	mourusse	meurs	mourir	mourant
que tu	meures	que tu	mourusses			
qu'il/elle	meure	qu'il/elle	mourût		Passé	Passé
que nous	mourions	que nous	mourussions	mourons	être mort	mort, morte, morts, mortes
que vous	mouriez	que vous	mourussiez	mourez		
qu'ils/elles	meurent	qu'ils/elles	mourussent			

Aux temps composés, le verbe fonctionne avec *être* : *Il est mort en silence.* (AHMED MARZOUKI, *Tazmamart – Cellule 10*, 2000)

MOUVOIR v. intr.

L'origine obscure ne bouge plus, le passé s'immobilise, plus rien ne se meut. (ALEXIS JENNI, *L'art français de la guerre*, 2011)

Temps simples
Indicatif

Présent		Imparfait		Passé simple		Futur simple		Conditionnel présent	
je	meus	je	mouvais	je	mus	je	mouvrai	je	mouvrais
tu	meus	tu	mouvais	tu	mus	tu	mouvras	tu	mouvrais
il/elle	meut	il/elle	mouvait	il/elle	mut	il/elle	mouvra	il/elle	mouvrait
nous	mouvons	nous	mouvions	nous	mûmes	nous	mouvrons	nous	mouvrions
vous	mouvez	vous	mouviez	vous	mûtes	vous	mouvrez	vous	mouvriez
ils/elles	meuvent	ils/elles	mouvaient	ils/elles	murent	ils/elles	mouvront	ils/elles	mouvraient

Subjonctif				Impératif	Infinitif	Participe
Présent		Imparfait		Présent	Présent	Passé
que je	meuve	que je	musse	meus	mouvoir	mu, mue, mus, mues
que tu	meuves	que tu	musses			
qu'il/elle	meuve	qu'il/elle	mût		Passé	
que nous	mouvions	que nous	mussions	mouvons	avoir mu	
que vous	mouviez	que vous	mussiez	mouvez		
qu'ils/elles	meuvent	qu'ils/elles	mussent			

Le participe passé, *mu*, s'écrit sans accent circonflexe. Il n'y a plus d'accent circonflexe sur les lettres *i* et *u* dans la nouvelle orthographe (sauf aux 1ʳᵉ et 2ᵉ personnes du pluriel du passé simple et pour distinguer des mots qui seraient homographes sans cela).
Se conjuguent sur ce modèle : *émouvoir, promouvoir*, mais les participes passés de ces verbes ne prennent jamais d'accent circonflexe : *Son attitude m'a ému.* (DAVID FOENKINOS, *Les souvenirs*, 2011)

PARTIE 7   Annexes

NAITRE (NAÎTRE) v. intr.

Je naissais pour mourir. (JEAN-PAUL SARTRE, **Les mots**, 1964)

Temps simples
Indicatif

Présent		Imparfait		Passé simple		Futur simple		Conditionnel présent	
je	nais	je	naissais	je	naquis	je	naitrai	je	naitrais
tu	nais	tu	naissais	tu	naquis	tu	naitras	tu	naitrais
il/elle	nait	il/elle	naissait	il/elle	naquit	il/elle	naitra	il/elle	naitrait
nous	naissons	nous	naissions	nous	naquîmes	nous	naitrons	nous	naitrions
vous	naissez	vous	naissiez	vous	naquîtes	vous	naitrez	vous	naitriez
ils/elles	naissent	ils/elles	naissaient	ils/elles	naquirent	ils/elles	naitront	ils/elles	naitraient

Subjonctif				Impératif	Infinitif		Participe	
Présent		Imparfait		Présent	Présent		Présent	
que je	naisse	que je	naquisse	nais	naitre (naître)		naissant	
que tu	naisses	que tu	naquisses					
qu'il/elle	naisse	qu'il/elle	naquît		Passé		Passé	
que nous	naissions	que nous	naquissions	naissons	être né		né, née, nés, nées	
que vous	naissiez	que vous	naquissiez	naissez				
qu'ils/elles	naissent	qu'ils/elles	naquissent					

Aux temps composés, le verbe se conjugue avec être : *Il traînait cette mine sombre propre à ceux qui sont nés pour être malheureux.* (MAHI BINEBINE, **Les étoiles de Sidi Moumen**, 2010)
Se conjugue sur ce modèle : *renaitre*, mais ce verbe n'a pas de participe passé et ne peut donc pas être conjugué aux temps composés.

PAITRE (PAÎTRE) v. tr.

Paissons l'herbe, broutons ; mourons de faim plutôt. (JEAN DE LA FONTAINE, **Le loup et les bergers**, Fables, 1694)

Temps simples
Indicatif

Présent		Imparfait		Futur simple		Conditionnel présent	
je	pais	je	paissais	je	paitrai	je	paitrais
tu	pais	tu	paissais	tu	paitras	tu	paitrais
il/elle	pait	il/elle	paissait	il/elle	paitra	il/elle	paitrait
nous	paissons	nous	paissions	nous	paitrons	nous	paitrions
vous	paissez	vous	paissiez	vous	paitrez	vous	paitriez
ils/elles	paissent	ils/elles	paissaient	ils/elles	paitront	ils/elles	paitraient

Subjonctif		Impératif	Infinitif	Participe
Présent		Présent	Présent	Présent
que je	paisse	pais	paitre (paître)	paissant
que tu	paisses			
qu'il/elle	paisse			
que nous	paissions	paissons		
que vous	paissiez	paissez		
qu'ils/elles	paissent			

Il n'y a plus d'accent circonflexe sur les lettres *i* et *u* (sauf aux 1re et 2e personnes du pluriel du passé simple et pour distinguer des mots qui seraient homographes sans cela). On écrit donc dans la nouvelle orthographe : *il pait (il paît), je paitrai (je paîtrai), je paitrais (je paîtrais)*, etc.
Se conjugue sur ce modèle : *repaitre*, qui est surtout utilisé au participe passé (1) et à l'infinitif (2), mais d'autres formes conjuguées sont également possibles (3) : *Elle sort seule, repue et réjouie.* (BERNARD WERBER, **La révolution des fourmis**, 1996) (1) ; *Gaspard se montrait aussi soucieux de satisfaire la comtesse que de repaître son mari.* (JEAN-BAPTISTE DEL AMO, **Une éducation libertine**, 2009) (2) ; *Si l'homme est mauvais et qu'il ne peut rien faire pour se sauver, autant en effet qu'il pèche tout son soûl et se repaisse de sa propre horreur.* (JEAN-CHRISTOPHE RUFIN, **Rouge Brésil**, 2001) (3)
Le verbe est plus fréquemment utilisé sous sa forme pronominale *(se repaitre).*

CHAPITRE **3** Tableaux de conjugaison

PLAIRE v. intr.

*Vous ferez comme il vous **plaira**, voyez-vous.* (MAURICE MAETERLINCK, *Pelléas et Mélisande*, 1892)

Temps simples

Indicatif

Présent		Imparfait		Passé simple		Futur simple		Conditionnel présent	
je	plais	je	plaisais	je	plus	je	plairai	je	plairais
tu	plais	tu	plaisais	tu	plus	tu	plairas	tu	plairais
il/elle	plait	il/elle	plaisait	il/elle	plut	il/elle	plaira	il/elle	plairait
nous	plaisons	nous	plaisions	nous	plûmes	nous	plairons	nous	plairions
vous	plaisez	vous	plaisiez	vous	plûtes	vous	plairez	vous	plairiez
ils/elles	plaisent	ils/elles	plaisaient	ils/elles	plurent	ils/elles	plairont	ils/elles	plairaient

Subjonctif				Impératif	Infinitif		Participe	
Présent		Imparfait		Présent	Présent		Présent	
que je	plaise	que je	plusse	plais	plaire		plaisant	
que tu	plaises	que tu	plusses					
qu'il/elle	plaise	qu'il/elle	plût		Passé		Passé	
que nous	plaisions	que nous	plussions	plaisons	avoir plu		plu	
que vous	plaisiez	que vous	plussiez	plaisez				
qu'ils/elles	plaisent	qu'ils/elles	plussent					

Se conjuguent sur ce modèle : *complaire, déplaire.*

PLEUVOIR v. intr.

Il pleuvait à torrent, ce 23 mars. (GUILLAUME MUSSO, *Parce que je t'aime*, 2007)

Temps simples

Indicatif

Présent		Imparfait		Passé simple		Futur simple		Conditionnel présent	
il/elle	pleut	il/elle	pleuvait	il/elle	plut	il/elle	pleuvra	il/elle	pleuvrait

Subjonctif				Infinitif	Participe	
Présent		Imparfait		Présent	Présent	
qu'il/elle	pleuve	qu'il/elle	plût	pleuvoir	pleuvant	
				Passé	Passé	
				avoir plu	plu	

POUVOIR v. tr.

Crois-tu qu'on puisse mourir d'amour ? (GILBERT SINOUÉ, *Avicenne ou la route d'Ispahan*, 1989)

Temps simples

Indicatif

Présent		Imparfait		Passé simple		Futur simple		Conditionnel présent	
je	peux	je	pouvais	je	pus	je	pourrai	je	pourrais
tu	peux	tu	pouvais	tu	pus	tu	pourras	tu	pourrais
il/elle	peut	il/elle	pouvait	il/elle	put	il/elle	pourra	il/elle	pourrait
nous	pouvons	nous	pouvions	nous	pûmes	nous	pourrons	nous	pourrions
vous	pouvez	vous	pouviez	vous	pûtes	vous	pourrez	vous	pourriez
ils/elles	peuvent	ils/elles	pouvaient	ils/elles	purent	ils/elles	pourront	ils/elles	pourraient

PARTIE **7**   Annexes

POUVOIR v. tr.					
Subjonctif				**Infinitif**	**Participe**
Présent		*Imparfait*		*Présent*	*Présent*
que je	puisse	que je	pusse	pouvoir	pouvant
que tu	puisses	que tu	pusses		
qu'il/elle	puisse	qu'il/elle	pût	*Passé*	*Passé*
que nous	puissions	que nous	pussions	avoir pu	pu
que vous	puissiez	que vous	pussiez		
qu'ils/elles	puissent	qu'ils/elles	pussent		

PRENDRE

J'ai été pris la main dans le sac, pour ainsi dire. (JOSEPH ANDRAS, *De nos frères blessés*, 2016)

Temps simples									
Indicatif									
Présent		*Imparfait*		*Passé simple*		*Futur simple*		*Conditionnel présent*	
je	prends	je	prenais	je	pris	je	prendrai	je	prendrais
tu	prends	tu	prenais	tu	pris	tu	prendras	tu	prendrais
il/elle	prend	il/elle	prenait	il/elle	prit	il/elle	prendra	il/elle	prendrait
nous	prenons	nous	prenions	nous	prîmes	nous	prendrons	nous	prendrions
vous	prenez	vous	preniez	vous	prîtes	vous	prendrez	vous	prendriez
ils/elles	prennent	ils/elles	prenaient	ils/elles	prirent	ils/elles	prendront	ils/elles	prendraient
Subjonctif				**Impératif**		**Infinitif**		**Participe**	
Présent		*Imparfait*		*Présent*		*Présent*		*Présent*	
que je	prenne	que je	prisse	prends		prendre		prenant	
que tu	prennes	que tu	prisses						
qu'il/elle	prenne	qu'il/elle	prît			*Passé*		*Passé*	
que nous	prenions	que nous	prissions	prenons		avoir pris		pris, prise, prises	
que vous	preniez	que vous	prissiez	prenez					
qu'ils/elles	prennent	qu'ils/elles	prissent						

Se conjuguent sur ce modèle : *apprendre, comprendre, désapprendre, entreprendre, éprendre (s'), méprendre (se), rapprendre, reprendre, surprendre.*
Aux temps composés, s'éprendre et se méprendre, fonctionnent avec être : Les Moati de ce temps-là *s'étaient épris de la France des Lumières.* (SERGE MOATI, *Villa Jasmin*, 2003) ; Disons-le, Marius *s'était mépris* sur le cœur de son grand-père. (VICTOR HUGO, *Les misérables*, 1862)

CHAPITRE **3** Tableaux de conjugaison

RECEVOIR v. tr.

Chacun reçoit, un jour ou l'autre, un signe qui le renseigne sur son destin. (NEDJMA, *L'amande*, 2004)

Temps simples

Indicatif

Présent		Imparfait		Passé simple		Futur simple		Conditionnel présent	
je	reçois	je	recevais	je	reçus	je	recevrai	je	recevrais
tu	reçois	tu	recevais	tu	reçus	tu	recevras	tu	recevrais
il/elle	reçoit	il/elle	recevait	il/elle	reçut	il/elle	recevra	il/elle	recevrait
nous	recevons	nous	recevions	nous	reçûmes	nous	recevrons	nous	recevrions
vous	recevez	vous	receviez	vous	reçûtes	vous	recevrez	vous	recevriez
ils/elles	reçoivent	ils/elles	recevaient	ils/elles	reçurent	ils/elles	recevront	ils/elles	recevraient

Subjonctif				Impératif		Infinitif		Participe	
Présent		Imparfait		Présent		Présent		Présent	
que je	reçoive	que je	reçusse	reçois		recevoir		recevant	
que tu	reçoives	que tu	reçusses						
qu'il/elle	reçoive	qu'il/elle	reçût			Passé		Passé	
que nous	recevions	que nous	reçussions	recevons		avoir reçu		reçu, reçue, reçus, reçues	
que vous	receviez	que vous	reçussiez	recevez					
qu'ils/elles	reçoivent	qu'ils/elles	reçussent						

RENDRE v. tr.

Elle l'avait achevé la veille du jour où elle donna la vie et qui était aussi celui où elle rendit l'âme. (MARCUS MALTE, *Le garçon*, 2016)

Temps simples

Indicatif

Présent		Imparfait		Passé simple		Futur simple		Conditionnel présent	
je	rends	je	rendais	je	rendis	je	rendrai	je	rendrais
tu	rends	tu	rendais	tu	rendis	tu	rendras	tu	rendrais
il/elle	rend	il/elle	rendait	il/elle	rendit	il/elle	rendra	il/elle	rendrait
nous	rendons	nous	rendions	nous	rendîmes	nous	rendrons	nous	rendrions
vous	rendez	vous	rendiez	vous	rendîtes	vous	rendrez	vous	rendriez
ils/elles	rendent	ils/elles	rendaient	ils/elles	rendirent	ils/elles	rendront	ils/elles	rendraient

Subjonctif				Impératif		Infinitif		Participe	
Présent		Imparfait		Présent		Présent		Présent	
que je	rende	que je	rendisse	rends		rendre		rendant	
que tu	rendes	que tu	rendisses						
qu'il/elle	rende	qu'il/elle	rendît			Passé		Passé	
que nous	rendions	que nous	rendissions	rendons		avoir rendu		rendu, rendue, rendus, rendues	
que vous	rendiez	que vous	rendissiez	rendez					
qu'ils/elles	rendent	qu'ils/elles	rendissent						

Se conjuguent sur ce modèle : les verbes en -*dre* (sauf prendre et ses composés) : *attendre, condescendre, confondre, défendre, descendre, entendre, fondre, mordre, morfondre (se), perdre, redescendre, remordre, suspendre, tendre, tondre, tordre, correspondre, démordre, dépendre, détendre, détordre, distendre, épandre, fendre, pendre, pondre, pourfendre, prétendre, redescendre, refondre, répandre, repentre, répondre, vendre, étendre, refendre.*
Aux temps composés :
– *descendre* et *redescendre* fonctionnent, selon la nuance de la pensée, avec *avoir* (1) ou *être* (2) : *J'ai redescendu l'escalier jusqu'au rez-de-chaussée.* (DIDIER VAN CAUWELAERT, *Attirances*, 2009) (1) ; *On est redescendu place de Clichy.* (DIDIER VAN CAUWELAERT, *Les témoins de la mariée*, 2010) (2) ;
– *se morfondre* fonctionne avec *être* : *Elles se sont morfondues quarante ans.* (ÉRIC-EMMANUEL SCHMITT, *Le sumo qui ne pouvait pas grossir*, 2009)

RÉSOUDRE v. tr.

*J'envie ces gens qui **résolvent** un à un les problèmes – ou le croient.* (Éric-Emmanuel Schmitt, *L'homme qui voyait à travers les visages*, 2016)

Temps simples

Indicatif

Présent		Imparfait		Passé simple		Futur simple		Conditionnel présent	
je	résous	je	résolvais	je	résolus	je	résoudrai	je	résoudrais
tu	résous	tu	résolvais	tu	résolus	tu	résoudras	tu	résoudrais
il/elle	résout	il/elle	résolvait	il/elle	résolut	il/elle	résoudra	il/elle	résoudrait
nous	résolvons	nous	résolvions	nous	résolûmes	nous	résoudrons	nous	résoudrions
vous	résolvez	vous	résolviez	vous	résolûtes	vous	résoudrez	vous	résoudriez
ils/elles	résolvent	ils/elles	résolvaient	ils/elles	résolurent	ils/elles	résoudront	ils/elles	résoudraient

Subjonctif				Impératif	Infinitif	Participe
Présent		Imparfait		Présent	Présent	Présent
que je	résolve	que je	résolusse	résous	résoudre	résolvant
que tu	résolves	que tu	résolusses			
qu'il/elle	résolve	qu'il/elle	résolût		Passé	Passé
que nous	résolvions	que nous	résolussions	résolvons	avoir résolu	résolu, résolue,
que vous	résolviez	que vous	résolussiez	résolvez		résolus, résolues
qu'ils/elles	résolvent	qu'ils/elles	résolussent			

On peut trouver d'autres formes pour le participe passé : *résous, résoute, résoutes*. Au féminin cette forme est très rare.

RÉSULTER v. tr.

*Il en **résulte** un effet saisissant et tragique.* (Victor Hugo, *Les misérables*, 1862)

Temps simples

Indicatif

Présent		Imparfait		Passé simple		Futur simple		Conditionnel présent	
il/elle	résulte	il/elle	résultait	il/elle	résulta	il/elle	résultera	il/elle	résulterait

Subjonctif				Infinitif	Participe
Présent		Imparfait		Présent	Présent
				résulter	résultant
qu'il/elle	résulte	qu'il/elle	résultât	Passé	Passé
				avoir ou être résulté	résulté, résultée, résultés, résultées

Aux temps composés, le verbe fonctionne avec *avoir* pour marquer une action (1) ou avec *être* pour marquer l'état (2) : *Cependant aucune arrestation n'en **a résulté**.* (Morgan Sportès, *Ils ont tué Pierre Overney*, 2008) (1) ; *Il a [...] revendiqué la responsabilité des actes qu'il avait commis en ce sens, y compris des morts qui en **étaient résultés**.* (Marc Bressant, *La citerne*, 2009) (2)

RIRE v. intr.

*Et puis elle **a ri** un petit coup, elle m'a serré la main très fort et elle m'a dit de ne pas avoir peur mon chéri.* (René Goscinny, *Les vacances du petit Nicolas*, 1962)

Temps simples

Indicatif

Présent		Imparfait		Passé simple		Futur simple		Conditionnel présent	
je	ris	je	riais	je	ris	je	rirai	je	rirais
tu	ris	tu	riais	tu	ris	tu	riras	tu	rirais
il/elle	rit	il/elle	riait	il/elle	rit	il/elle	rira	il/elle	rirait
nous	rions	nous	riions	nous	rîmes	nous	rirons	nous	ririons
vous	riez	vous	riiez	vous	rîtes	vous	rirez	vous	ririez
ils/elles	rient	ils/elles	riaient	ils/elles	rirent	ils/elles	riront	ils/elles	riraient

CHAPITRE **3** Tableaux de conjugaison

RIRE v. intr.

Subjonctif				Impératif	Infinitif	Participe
Présent		Imparfait		Présent	Présent	Présent
que je	rie	que je	risse	ris	rire	riant
que tu	ries	que tu	risses			
qu'il/elle	rie	qu'il/elle	rît		Passé	Passé
que nous	riions	que nous	rissions	rions	avoir ri	ri
que vous	riiez	que vous	rissiez	riez		
qu'ils/elles	rient	qu'ils/elles	rissent			

Se conjugue sur ce modèle : *sourire*.

ROMPRE v. tr.

Il rompit le silence en le quittant. (KATHERINE PANCOL, ***Les écureuils de Central Park sont tristes le lundi***, 2010)

Temps simples
Indicatif

Présent		Imparfait		Passé simple		Futur simple		Conditionnel présent	
je	romps	je	rompais	je	rompis	je	romprai	je	romprais
tu	romps	tu	rompais	tu	rompis	tu	rompras	tu	romprais
il/elle	rompt	il/elle	rompait	il/elle	rompit	il/elle	rompra	il/elle	romprait
nous	rompons	nous	rompions	nous	rompîmes	nous	romprons	nous	romprions
vous	rompez	vous	rompiez	vous	rompîtes	vous	romprez	vous	rompriez
ils/elles	rompent	ils/elles	rompaient	ils/elles	rompirent	ils/elles	rompront	ils/elles	rompraient

Subjonctif				Impératif	Infinitif	Participe
Présent		Imparfait		Présent	Présent	Présent
que je	rompe	que je	rompisse	romps	rompre	rompant
que tu	rompes	que tu	rompisses			
qu'il/elle	rompe	qu'il/elle	rompît		Passé	Passé
que nous	rompions	que nous	rompissions	rompons	avoir rompu	rompu, rompue, rompus, rompues
que vous	rompiez	que vous	rompissiez	rompez		
qu'ils/elles	rompent	qu'ils/elles	rompissent			

Se conjugue sur ce modèle : *corrompre*.

SAILLIR v. intr. (« s'accoupler »)

Les fruits mûrissent, saillis par les guêpes. (EUGÈNE SAVITZKAYA, ***Fraudeur***, 2015)

Temps simples
Indicatif

Présent		Imparfait		Passé simple		Futur simple		Conditionnel présent	
il/elle	saillit	il/elle	saillissait	il/elle	saillit	il/elle	saillira	il/elle	saillirait
ils/elles	saillissent	ils/elles	saillissaient	ils/elles	saillissent	ils/elles	sailliront	ils/elles	sailliraient

Subjonctif				Infinitif		Participe	
Présent		Imparfait		Présent	Passé	Présent	Passé
qu'il/elle	saillisse	qu'il/elle	saillît	saillir	avoir sailli	saillant	sailli, saillie, saillis, saillies
qu'ils/elles	saillissent	qu'ils/elles	saillissent				

Se conjuguent sur ce modèle : *défaillir, tressaillir*.
À ne pas confondre avec le verbe *saillir* au sens de « sortir, s'élancer ».

PARTIE 7 Annexes

SAILLIR v. intr. (« sortir, s'élancer, être en saillie, former un relief »)

*La première vertèbre, pareille à un kyste osseux, **saille** entre les épaules.* (JEAN-BAPTISTE DEL AMO, *Règne animal*, 2016)

Temps simples

Indicatif

Présent		Imparfait		Passé simple		Futur simple		Conditionnel présent	
il/elle	saille	il/elle	saillait	il/elle	saillit	il/elle	saillera	il/elle	saillerait
ils/elles	saillent	ils/elles	saillaient	ils/elles	saillirent	ils/elles	sailleront	ils/elles	sailleraient

Subjonctif				Infinitif	Participe
Présent		Imparfait		Présent	Présent
qu'il/elle	saille	qu'il/elle	saillît	saillir	saillissant
qu'ils/elles	saillent	qu'ils/elles	saillissent	Passé	Passé
				avoir sailli	sailli, saillie, saillis, saillies

À ne pas confondre avec le verbe transitif *saillir* au sens de « s'accoupler ».

SAVOIR v. tr.

*Je **sus** alors avec une certitude définitive que j'en serais capable.* (AMÉLIE NOTHOMB, *Le fait du prince*, 2008)

Temps simples

Indicatif

Présent		Imparfait		Passé simple		Futur simple		Conditionnel présent	
je	sais	je	savais	je	sus	je	saurai	je	saurais
tu	sais	tu	savais	tu	sus	tu	sauras	tu	saurais
il/elle	sait	il/elle	savait	il/elle	sut	il/elle	saura	il/elle	saurait
nous	savons	nous	savions	nous	sûmes	nous	saurons	nous	saurions
vous	savez	vous	saviez	vous	sûtes	vous	saurez	vous	sauriez
ils/elles	savent	ils/elles	savaient	ils/elles	surent	ils/elles	sauront	ils/elles	sauraient

Subjonctif				Impératif		Infinitif	Participe
Présent		Imparfait		Présent		Présent	Présent
que je	sache	que je	susse	sache		savoir	sachant
que tu	saches	que tu	susses				
qu'il/elle	sache	qu'il/elle	sût			Passé	Passé
que nous	sachions	que nous	sussions	sachons		avoir su	su, sue, sus, sues
que vous	sachiez	que vous	sussiez	sachez			
qu'ils/elles	sachent	qu'ils/elles	sussent				

SEOIR v. intr.

*Cela vous **sied** de vous moquer de moi.* (ANNE CUNEO, *Le maître de Garamond*, 2002)

Temps simples

Indicatif								Subjonctif		Infinitif	Participe
Présent		Imparfait		Futur simple		Conditionnel présent		Présent		Présent	Présent
il/elle	sied	il/elle	seyait	il/elle	siéra	il/elle	siérait	qu'il/elle	siée	seoir	seyant
ils/elles	siéent	ils/elles	seyaient	ils/elles	siéront	ils/elles	siéraient	qu'ils/elles	siéent		

Ce verbe ne connaît pas de temps composés. On note également le participe présent *séant*, qui n'est plus usité que comme adjectif (1) et le participe passé *sis, sise, sises* (2) : *Il n'est pas **séant** de conserver une arme en pénétrant chez quelqu'un.* (NICOLAS BOUVIER, *L'usage du monde*, 1963) (1) ; *La région **sise** à mi-chemin de Byrsa et de la mer.* (FAWZI MELLAH, *Elissa, la reine vagabonde*, 1988) (2)
Se conjugue sur ce modèle : *messeoir*, qui n'est plus utilisé qu'à l'infinitif.

CHAPITRE **3** Tableaux de conjugaison

SERVIR v. tr.

Messieurs, je sers Dieu et le roi ! (ALEXIS JENNI, *La conquête des îles de la terre ferme*, 2017)

Temps simples

Indicatif

Présent		Imparfait		Passé simple		Futur simple		Conditionnel présent	
je	sers	je	servais	je	servis	je	servirai	je	servirais
tu	sers	tu	servais	tu	servis	tu	serviras	tu	servirais
il/elle	sert	il/elle	servait	il/elle	servit	il/elle	servira	il/elle	servirait
nous	servons	nous	servions	nous	servîmes	nous	servirons	nous	servirions
vous	servez	vous	serviez	vous	servîtes	vous	servirez	vous	serviriez
ils/elles	servent	ils/elles	servaient	ils/elles	servirent	ils/elles	serviront	ils/elles	serviraient

Subjonctif				Impératif		Infinitif		Participe	
Présent		Imparfait		Présent		Présent		Présent	
que je	serve	que je	servisse	sers		servir		servant	
que tu	serves	que tu	servisses						
qu'il/elle	serve	qu'il/elle	servît			Passé		Passé	
que nous	servions	que nous	servissions	servons		avoir servi		servi, servie, servis, servies	
que vous	serviez	que vous	servissiez	servez					
qu'ils/elles	servent	qu'ils/elles	servissent						

Se conjuguent sur ce modèle : *desservir, resservir*.

SUFFIRE v. intr.

Cela me suffit amplement. (DRISS CHRAÏBI, *La civilisation, ma mère !…*, 1972)

Temps simples

Indicatif

Présent		Imparfait		Passé simple		Futur simple		Conditionnel présent	
je	suffis	je	suffisais	je	suffis	je	suffirai	je	suffirais
tu	suffis	tu	suffisais	tu	suffis	tu	suffiras	tu	suffirais
il/elle	suffit	il/elle	suffisait	il/elle	suffit	il/elle	suffira	il/elle	suffirait
nous	suffisons	nous	suffisions	nous	suffîmes	nous	suffirons	nous	suffirions
vous	suffisez	vous	suffisiez	vous	suffîtes	vous	suffirez	vous	suffiriez
ils/elles	suffisent	ils/elles	suffisaient	ils/elles	suffirent	ils/elles	suffiront	ils/elles	suffiraient

Subjonctif				Impératif		Infinitif		Participe	
Présent		Imparfait		Présent		Présent		Présent	
que je	suffise	que je	suffise	suffis		suffire		suffisant	
que tu	suffises	que tu	suffises						
qu'il/elle	suffise	qu'il/elle	suffit			Passé		Passé	
que nous	suffisions	que nous	suffisions	suffisons		avoir suffi		suffi	
que vous	suffisiez	que vous	suffisiez	suffisez					
qu'ils/elles	suffisent	qu'ils/elles	suffisent						

Se conjuguent sur ce modèle : *circoncire, confire*.
Le participe passé de *circoncire* est en -s (*circoncis, circoncises, circoncises*) et le participe passé de *confire* est en -t (*confit, confite, confits, confites*) : *Ça craint rien, y a tout qu'est confit dans la Javel.* (ANNA GAVALDA, *Fendre l'armure*, 2017)

SUIVRE v. tr.

*Richard et lui la **suivirent** des yeux.* (PHILIPPE DJIAN, *Incidences, L'amour est un crime parfait*, 2010)

Temps simples

Indicatif

Présent		Imparfait		Passé simple		Futur simple		Conditionnel présent	
je	suis	je	suivais	je	suivis	je	suivrai	je	suivrais
tu	suis	tu	suivais	tu	suivis	tu	suivras	tu	suivrais
il/elle	suit	il/elle	suivait	il/elle	suivit	il/elle	suivra	il/elle	suivrait
nous	suivons	nous	suivions	nous	suivîmes	nous	suivrons	nous	suivrions
vous	suivez	vous	suiviez	vous	suivîtes	vous	suivrez	vous	suivriez
ils/elles	suivent	ils/elles	suivaient	ils/elles	suivirent	ils/elles	suivront	ils/elles	suivraient

Subjonctif				Impératif	Infinitif	Participe
Présent		Imparfait		Présent	Présent	Présent
que je	suive	que je	suivisse	suis	suivre	suivant
que tu	suives	que tu	suivisses			
qu'il/elle	suive	qu'il/elle	suivît		**Passé**	**Passé**
que nous	suivions	que nous	suivissions	suivons	avoir suivi	suivi, suivie, suivis, suivies
que vous	suiviez	que vous	suivissiez	suivez		
qu'ils/elles	suivent	qu'ils/elles	suivissent			

Se conjuguent sur ce modèle : *ensuivre (s'), poursuivre*.
Le verbe *s'ensuivre* n'est usité qu'à l'infinitif et aux troisièmes personnes de chaque temps : *Une longue scène s'ensuivit.* (SIMONE DE BEAUVOIR, *Mémoires d'une jeune fille rangée*, 1958).
Aux temps composés, le verbe fonctionne avec *être* : *La période qui s'est ensuivie a été chaotique.* (ANNE CUNEO, *Le maître de Garamond*, 2002)

SURSOIR (SURSEOIR) v. intr.

*Just eut l'espoir que Villegagnon **surseoirait** à l'explosion.* (JEAN-CHRISTOPHE RUFIN, *Rouge Brésil*, 2001)

Temps simples

Indicatif

Présent		Imparfait		Passé simple		Futur simple		Conditionnel présent	
je	sursois	je	sursoyais	je	sursis	je	sursoirai	je	sursoirais
tu	sursois	tu	sursoyais	tu	sursis	tu	sursoiras	tu	sursoirais
il/elle	sursoit	il/elle	sursoyait	il/elle	sursit	il/elle	sursoira	il/elle	sursoirait
nous	sursoyons	nous	sursoyions	nous	sursîmes	nous	sursoirons	nous	sursoirions
vous	sursoyez	vous	sursoyiez	vous	sursîtes	vous	sursoirez	vous	sursoiriez
ils/elles	sursoient	ils/elles	sursoyaient	ils/elles	sursirent	ils/elles	sursoiront	ils/elles	sursoiraient

Subjonctif				Impératif	Infinitif	Participe
Présent		Imparfait		Présent	Présent	Présent
que je	sursoie	que je	sursisse	sursois	sursoir (surseoir)	sursoyant
que tu	sursoies	que tu	sursisses			
qu'il/elle	sursoie	qu'il/elle	sursît		**Passé**	**Passé**
que nous	sursoyions	que nous	sursissions	sursoyons	avoir sursis	sursis
que vous	sursoyiez	que vous	sursissiez	sursoyez		
qu'ils/elles	sursoient	qu'ils/elles	sursissent			

La nouvelle orthographe du verbe, *sursoir*, vise à renforcer la cohérence du système : le *e*, qui ne se prononce pas, n'était plus présent qu'au futur et au conditionnel : on écrivait déjà *je sursois, je sursoyais*, etc.

TAIRE v. tr.

Tais-toi, Jérémy. (DANIEL PENNAC, *Au bonheur des ogres*, 1985)

Temps simples

Indicatif

Présent		Imparfait		Passé simple		Futur simple		Conditionnel présent	
je	tais	je	taisais	je	tus	je	tairai	je	tairais
tu	tais	tu	taisais	tu	tus	tu	tairas	tu	tairais
il/elle	tait	il/elle	taisait	il/elle	tut	il/elle	taira	il/elle	tairait
nous	taisons	nous	taisions	nous	tûmes	nous	tairons	nous	tairions
vous	taisez	vous	taisiez	vous	tûtes	vous	tairez	vous	tairiez
ils/elles	taisent	ils/elles	taisaient	ils/elles	turent	ils/elles	tairont	ils/elles	tairaient

Subjonctif				Impératif	Infinitif	Participe	
Présent		Imparfait		Présent	Présent	Présent	
que je	taise	que je	tusse	tais	taire	taisant	
que tu	taises	que tu	tusses				
qu'il/elle	taise	qu'il/elle	tût		Passé	Passé	
que nous	taisions	que nous	tussions	taisons	avoir tu	tu, tue, tus, tues	
que vous	taisiez	que vous	tussiez	taisez			
qu'ils/elles	taisent	qu'ils/elles	tussent				

TENIR v. tr.

Je tiens à toi, tu tiens à moi, donc je m'en vais. (ÉRIC-EMMANUEL SCHMITT, *Les perroquets de la place d'Arezzo*, 2013)

Temps simples

Indicatif

Présent		Imparfait		Passé simple		Futur simple		Conditionnel présent	
je	tiens	je	tenais	je	tins	je	tiendrai	je	tiendrais
tu	tiens	tu	tenais	tu	tins	tu	tiendras	tu	tiendrais
il/elle	tient	il/elle	tenait	il/elle	tint	il/elle	tiendra	il/elle	tiendrait
nous	tenons	nous	tenions	nous	tînmes	nous	tiendrons	nous	tiendrions
vous	tenez	vous	teniez	vous	tîntes	vous	tiendrez	vous	tiendriez
ils/elles	tiennent	ils/elles	tenaient	ils/elles	tinrent	ils/elles	tiendront	ils/elles	tiendraient

Subjonctif				Impératif	Infinitif	Participe	
Présent		Imparfait		Présent	Présent	Présent	
que je	tienne	que je	tinsse	tiens	tenir	tenant	
que tu	tiennes	que tu	tinsses				
qu'il/elle	tienne	qu'il/elle	tînt		Passé	Passé	
que nous	tenions	que nous	tinssions	tenons	avoir tenu	tenu, tenue, tenus, tenues	
que vous	teniez	que vous	tinssiez	tenez			
qu'ils/elles	tiennent	qu'ils/elles	tinssent				

Se conjuguent sur ce modèle : *abstenir (s'), appartenir, circonvenir, contenir, contrevenir, convenir, détenir, devenir, disconvenir, entretenir, intervenir, maintenir, obtenir, parvenir, prévenir, provenir, ressouvenir (se), redevenir, revenir, soutenir, souvenir (se), subvenir, survenir, venir.*
Aux temps composés :
– les verbes *s'abstenir, devenir, intervenir, parvenir, provenir, se ressouvenir, redevenir, se souvenir, survenir* et *venir* prennent l'auxiliaire *être* et non pas *avoir* : *Il est devenu fou, complètement fou !* (DIDIER VAN CAUWELAERT, *Attirances*, 2005)
– *convenir* se construit avec *avoir* dans le sens de « plaire, être à propos » (1) ou avec *être* dans le sens « faire un accord » (2) : *L'éclairage aurait convenu à un enterrement clandestin.* (AMÉLIE NOTHOMB, *Pétronille*, 2014) (1) ; *Nous étions convenus de plaider non coupable.* (MICHEL BUSSI, *Gravé dans le sable*, 2014) (2)
– *disconvenir* fonctionne avec *être* dans le sens de « ne pas convenir d'une chose » (1) et avec *avoir* dans le sens « ne pas convenir à » (2) : *Il n'est pas disconvenu de cette vérité* (1) ; *Cette mesure a disconvenu à beaucoup de gens* (2).

TRAIRE v. tr.

*Tout ce qui est **trait** indique l'attachement.* (**BERNARD WERBER**, *La révolution des fourmis*, 1996)

Temps simples

Indicatif

Présent		Imparfait		Futur simple		Conditionnel présent	
je	trais	je	trayais	je	trairai	je	trairais
tu	trais	tu	trayais	tu	trairas	tu	trairais
il/elle	trait	il/elle	trayait	il/elle	traira	il/elle	trairait
nous	trayons	nous	trayions	nous	trairons	nous	trairions
vous	trayez	vous	trayiez	vous	trairez	vous	trairiez
ils/elles	traient	ils/elles	trayaient	ils/elles	trairont	ils/elles	trairaient

Subjonctif

Présent	
que je	traie
que tu	traies
qu'il/elle	traie
que nous	trayions
que vous	trayiez
qu'ils/elles	traient

Impératif

Présent		
trais	trayons	trayez

Infinitif

Présent	Passé
traire	avoir trait

Participe

Présent	Passé
trayant	trait, traite, traits, traites

Se conjuguent sur ce modèle : *abstraire, distraire, extraire, soustraire.*

VAINCRE v. tr.

*Le jour n'est pas lointain où l'homme **vaincra** la maladie, l'angoisse et la mort.* (**BERNARD QUIRINY**, *Histoires assassines*, 2015)

Temps simples

Indicatif

Présent		Imparfait		Passé simple		Futur simple		Conditionnel présent	
je	vaincs	je	vainquais	je	vainquis	je	vaincrai	je	vaincrais
tu	vaincs	tu	vainquais	tu	vainquis	tu	vaincras	tu	vaincrais
il/elle	vainc	il/elle	vainquait	il/elle	vainquit	il/elle	vaincra	il/elle	vaincrait
nous	vainquons	nous	vainquions	nous	vainquîmes	nous	vaincrons	nous	vaincrions
vous	vainquez	vous	vainquiez	vous	vainquîtes	vous	vaincrez	vous	vaincriez
ils/elles	vainquent	ils/elles	vainquaient	ils/elles	vainquirent	ils/elles	vaincront	ils/elles	vaincraient

Subjonctif

Présent		Imparfait	
que je	vainque	que je	vainquisse
que tu	vainques	que tu	vainquisses
qu'il/elle	vainque	qu'il/elle	vainquît
que nous	vainquions	que nous	vainquissions
que vous	vainquiez	que vous	vainquissiez
qu'ils/elles	vainquent	qu'ils/elles	vainquissent

Impératif

Présent
vaincs
vainquons
vainquez

Infinitif

Présent
vaincre

Passé
avoir vaincu

Participe

Présent
vainquant

Passé
vaincu, vaincue, vaincus, vaincues

Se conjugue sur ce modèle : *convaincre.*

VALOIR v. tr.

Valait mieux que je sache à quoi m'en tenir sur les habitudes de la maison. (LOUIS-FERDINAND CÉLINE, *Voyage au bout de la nuit*, 1932)

Temps simples

Indicatif

Présent		Imparfait		Passé simple		Futur simple		Conditionnel présent	
je	vaux	je	valais	je	valus	je	vaudrai	je	vaudrais
tu	vaux	tu	valais	tu	valus	tu	vaudras	tu	vaudrais
il/elle	vaut	il/elle	valait	il/elle	valut	il/elle	vaudra	il/elle	vaudrait
nous	valons	nous	valions	nous	valûmes	nous	vaudrons	nous	vaudrions
vous	valez	vous	valiez	vous	valûtes	vous	vaudrez	vous	vaudriez
ils/elles	valent	ils/elles	valaient	ils/elles	valurent	ils/elles	vaudront	ils/elles	vaudraient

Subjonctif				Impératif	Infinitif	Participe
Présent		Imparfait		Présent	Présent	Présent
que je	vaille	que je	valusse	vaux	valoir	valant
que tu	vailles	que tu	valusses			
qu'il/elle	vaille	qu'il/elle	valût		Passé	Passé
que nous	valions	que nous	valussions	valons	avoir valu	valu, value, valus, values
que vous	valiez	que vous	valussiez	valez		
qu'ils/elles	vaillent	qu'ils/elles	valussent			

Se conjuguent sur ce modèle : *équivaloir, prévaloir*.
Les participes passés *équivalu* et *prévalu* ne connaissent ni féminin ni pluriel.
Pour le verbe *prévaloir*, les formes du subjonctif présent diffèrent : *que je prévale, que tu prévales, qu'il prévale, que nous prévalions, que vous prévaliez, qu'ils prévalent.*

VÊTIR v. tr.

Je me vêtais comme il fallait que je me vête. (LYDIE SALVAYRE, *Tout homme est une nuit*, 2017)

Temps simples

Indicatif

Présent		Imparfait		Passé simple		Futur simple		Conditionnel présent	
je	vêts	je	vêtais	je	vêtis	je	vêtirai	je	vêtirais
tu	vêts	tu	vêtais	tu	vêtis	tu	vêtiras	tu	vêtirais
il/elle	vêt	il/elle	vêtait	il/elle	vêtit	il/elle	vêtira	il/elle	vêtirait
nous	vêtons	nous	vêtions	nous	vêtîmes	nous	vêtirons	nous	vêtirions
vous	vêtez	vous	vêtiez	vous	vêtîtes	vous	vêtirez	vous	vêtiriez
ils/elles	vêtent	ils/elles	vêtaient	ils/elles	vêtirent	ils/elles	vêtiront	ils/elles	vêtiraient

Subjonctif				Impératif	Infinitif	Participe
Présent		Imparfait		Présent	Présent	Présent
que je	vête	que je	vêtisse	vêts	vêtir	vêtant
que tu	vêtes	que tu	vêtisses			
qu'il/elle	vête	qu'il/elle	vêtît		Passé	Passé
que nous	vêtions	que nous	vêtissions	vêtons	avoir vêtu	vêtu, vêtue, vêtus, vêtues
que vous	vêtiez	que vous	vêtissiez	vêtez		
qu'ils/elles	vêtent	qu'ils/elles	vêtissent			

Se conjuguent sur ce modèle : *dévêtir, revêtir*.

PARTIE 7 Annexes

VIVRE v. tr.

*Il me dit que, lui, à dix-sept ans, il **avait** déjà **vécu** mille vies…* (KATHERINE PANCOL, *Les écureuils de Central Park sont tristes le lundi*, 2010)

Temps simples

Indicatif

Présent		Imparfait		Passé simple		Futur simple		Conditionnel présent	
je	vis	je	vivais	je	vécus	je	vivrai	je	vivrais
tu	vis	tu	vivais	tu	vécus	tu	vivras	tu	vivrais
il/elle	vit	il/elle	vivait	il/elle	vécut	il/elle	vivra	il/elle	vivrait
nous	vivons	nous	vivions	nous	vécûmes	nous	vivrons	nous	vivrions
vous	vivez	vous	viviez	vous	vécûtes	vous	vivrez	vous	vivriez
ils/elles	vivent	ils/elles	vivaient	ils/elles	vécurent	ils/elles	vivront	ils/elles	vivraient

Subjonctif				Impératif	Infinitif	Participe
Présent		Imparfait		Présent	Présent	Présent
que je	vive	que je	vécusse	vis	vivre	vivant
que tu	vives	que tu	vécusses			
qu'il/elle	vive	qu'il/elle	vécût		Passé	Passé
que nous	vivions	que nous	vécussions	vivons	avoir vécu	vécu, vécue, vécus, vécues
que vous	viviez	que vous	vécussiez	vivez		
qu'ils/elles	vivent	qu'ils/elles	vécussent			

Se conjuguent sur ce modèle : *revivre, survivre*.

VOIR v. tr.

*Quand l'œil **voit** noir, l'esprit **voit** trouble.* (VICTOR HUGO, *Les misérables*, 1862)

Temps simples

Indicatif

Présent		Imparfait		Passé simple		Futur simple		Conditionnel présent	
je	vois	je	voyais	je	vis	je	verrai	je	verrais
tu	vois	tu	voyais	tu	vis	tu	verras	tu	verrais
il/elle	voit	il/elle	voyait	il/elle	vit	il/elle	verra	il/elle	verrait
nous	voyons	nous	voyions	nous	vîmes	nous	verrons	nous	verrions
vous	voyez	vous	voyiez	vous	vîtes	vous	verrez	vous	verriez
ils/elles	voient	ils/elles	voyaient	ils/elles	virent	ils/elles	verront	ils/elles	verraient

Subjonctif				Impératif	Infinitif	Participe
Présent		Imparfait		Présent	Présent	Présent
que je	voie	que je	visse	vois	voir	voyant
que tu	voies	que tu	visses			
qu'il/elle	voie	qu'il/elle	vît		Passé	Passé
que nous	voyions	que nous	vissions	voyons	avoir vu	vu, vue, vus, vues
que vous	voyiez	que vous	vissiez	voyez		
qu'ils/elles	voient	qu'ils/elles	vissent			

Se conjuguent sur ce modèle : *entrevoir, pourvoir, prévoir, revoir*.
Même si *pourvoir* est formé sur le même modèle que *voir*, plusieurs formes sont différentes : le passé simple (1), le futur simple (2), le conditionnel présent (3) et le subjonctif imparfait (4) : *M. Morrel **pourvut** à tous les frais de son enterrement.* (ALEXANDRE DUMAS, *Le Comte de Monte-Cristo*, 1844) (1) ; *Dieu y **pourvoira**.* (CAROLE MARTINEZ, *Du domaine des murmures*, 2011) (2) ; *Le nom qu'elle s'était donné signifiait abondance, et le destin **pourvoirait** à ses besoins.* (LÉONORA MIANO, *Crépuscule du tourment*, 2016) (3) ; *Les dieux seuls ont voulu que sous les plis du ciel la terre se **pourvût** de biologies nouvelles.* (YANN MOIX, *Naissance*, 2013) (4)
Pour le verbe *prévoir*, les formes du futur simple (*je prévoirai*) et du conditionnel présent (*je prévoirais*) diffèrent : *Bien entendu, on **prévoirait** que ce partage était fait à titre provisoire.* (MARC BRESSANT, *Un si petit territoire*, 2017)

CHAPITRE **3** Tableaux de conjugaison

VOULOIR v. tr.							
Maintenant **veuillez** *écrire.* (Victor Hugo, *Les misérables*, 1862)							
Temps simples							
Indicatif							
Présent		Imparfait		Passé simple		Futur simple		Conditionnel présent
je	veux	je	voulais	je	voulus	je	voudrai	je	voudrais
tu	veux	tu	voulais	tu	voulus	tu	voudras	tu	voudrais
il/elle	veut	il/elle	voulait	il/elle	voulut	il/elle	voudra	il/elle	voudrait
nous	voulons	nous	voulions	nous	voulûmes	nous	voudrons	nous	voudrions
vous	voulez	vous	vouliez	vous	voulûtes	vous	voudrez	vous	voudriez
ils/elles	veulent	ils/elles	voulaient	ils/elles	voulurent	ils/elles	voudront	ils/elles	voudraient
Subjonctif				**Impératif**		**Infinitif**		**Participe**
Présent		Imparfait		Présent		Présent		Présent
que je	veuille	que je	voulusse	veuille ou veux		vouloir		voulant
que tu	veuilles	que tu	voulusses					
qu'il/elle	veuille	qu'il/elle	voulût			Passé		Passé
que nous	voulions	que nous	voulussions	veuillons ou voulons		avoir voulu		voulu, voulue, voulus, voulues
que vous	vouliez	que vous	voulussiez	veuillez ou voulez				
qu'ils/elles	veuillent	qu'ils/elles	voulussent					

Les verbes très défectifs ou rares

Accroire (v. *croire*)
Il n'est utilisé qu'à l'infinitif précédé du verbe *faire*.

> " *On lui ferait* **accroire** *tout ce qu'on voudrait.* (Georges Sand, *La mare au diable*, 1846) "

Apparoir
Il n'est utilisé que dans le domaine de la justice, à l'infinitif et à la 3e personne du singulier de manière impersonnelle.

> " *Monsieur a tort de penser à ma nièce, dit Nicolas, puisqu'il* **appert** *des événements récents que Monsieur Chick a fait son choix le premier…* (Boris Vian, *L'écume des jours*, 1947) "

Chaloir
Il n'est utilisé que de manière impersonnelle, dans des expressions figées : *il ne m'en chaut, il ne m'en chaut guère, peu me chaut*.

> " *Ainsi passait-il de « Peu me* **chaut** *» à « Rien à cirer », de « Cesse de m'emberlificoter, facétieux lutin » à « Te fiche pas de moi, crétin ! ».* (Éric-Emmanuel Schmitt, *Ulysse from Bagdad*, 2008) "

Comparoir
Ce terme de procédure, verbe archaïque pour « comparaitre », est utilisé seulement à l'infinitif. Le participe présent issu de ce verbe, *comparant*, est utilisé comme adjectif ou comme nom.

Férir
Ce verbe n'est plus usité qu'à l'infinitif dans l'expression « sans coup férir » (1) ; et qu'au participe passé « féru, férue » (2).

> *Comme ça, ils se débarrassent des deux sans coup **férir**.* (BERNARD WERBER, *Les fourmis*, 1991) (1)
>
> *Je ne suis pas **férue** de littérature, mais je pensais à Homère, Ossian, Shakespeare.* (ÉRIC FAYE, *L'homme sans empreintes*, 2008) (2)

Forfaire
Ce verbe n'est plus usité qu'à l'infinitif (1) et aux temps composés (2).

> *Il a rompu avec elle plutôt que de **forfaire** à une certaine idée qu'il s'en faisait* (LYDIE SALVAYRE, *BW*, 2009) (1)
>
> *J'ai **forfait** à l'honneur d'être ton chevalier.* (ALEXANDRE SOUMET, *Jeanne d'Arc*, 1825) (2)

Issir
Il n'existe plus qu'au participe passé (*issu, issue, issus, issues*), soit employé seul (1), soit employé avec être (2).

> *Leur casque leur donne des allures de princes preux, **issus** d'un Moyen Âge de légende.* (BERNARD WERBER, *Le jour des fourmis*, 1992) (1)
>
> *Il ne sait pas qu'il est **issu** du ventre de sa mère* (MARCUS MALTE, *Le garçon*, 2016) (2)

Occire
Ce verbe ne s'emploie plus que par plaisanterie à l'infinitif (1), au participe passé (2) et aux temps composés (3).

> *Faut **occire** à froid !* (KATHERINE PANCOL, *Les yeux jaunes des crocodiles*, 2006) (1)
>
> *Son visage qui tenait à la fois du giton et du lièvre **occis**.* (FRÉDÉRIC VERGER, *Arden*, 2013) (2)
>
> *Sais-tu ce qui serait advenu d'Agamemnon, si tu ne l'avais pas **occis** ?* (JEAN-PAUL SARTRE, *Huis clos*, 1944) (3)

Ouïr
Ce verbe ne s'emploie plus qu'à l'infinitif (1) et au participe passé (2).

> *Je suis malade d'**ouïr** les paroles bienheureuses.* (GUILLAUME APOLLINAIRE, *Zone*, *Alcools*, 1913) (1)
>
> *Est-ce que vous auriez **ouï** dire quelque chose de mon fils ?* (MOLIÈRE, *Les fourberies de Scapin*, 1671) (2)

Quérir
Ce verbe ne s'emploie plus qu'à l'infinitif après *aller* (1), *venir* (2) et *envoyer* (3).

> *Amandine alla* **quérir** *un gobelet.* (BERNARD WERBER, **Les Thanatonautes**, 1994) (1)
>
> *En y allant, elle trouva un gentilhomme qui la venait* **quérir** *de la part de madame la dauphine.* (MADAME DE LA FAYETTE, **La princesse de Clèves**, 1678) (2)
>
> *Deux jours plus tard, elle envoya* **quérir** *Béchir et convoqua également son mari.* (FAWZIA ZOUARI, **Le corps de ma mère**, 2016) (3)

Ravoir (v. *avoir*)
Ce verbe ne s'emploie plus qu'à l'infinitif :

> *Je peux* **ravoir** *une coupe ?* (DIDIER VAN CAUWELAERT, **Double identité**, 2012)

Les formes du futur simple (*je raurai*) et du conditionnel présent (*je raurais*) appartiennent à la langue familière.

Reclure
Ce verbe ne s'emploie plus qu'à l'infinitif (1) et au participe passé (2).

> *Se taire comme il sut se taire, s'effacer comme il sut s'effacer, se* **reclure** *comme il sut se reclure relève de la mystique dans le divertissemonde.* (YANN MOIX, **Naissance**, 2013) (1)
>
> *À Tous en France où nous sommes* **reclus***.* (LOUIS ARAGON, **Les yeux d'Elsa**, 1942) (2)

Sourdre
Il n'est plus usité qu'à l'infinitif (1), aux troisièmes personnes de l'indicatif présent (2) et au participe présent (3).

> *La colère commença de* **sourdre** *à nouveau dans son ventre.* (JEAN-BAPTISTE DEL AMO, **Une éducation libertine**, 2008) (1)
>
> *De derrière la porte* **sourdent** *des reniflements, des pleurs.* (ÉRIC-EMMANUEL SCHMITT, **L'homme qui voyait à travers les visages**, 2016) (2)
>
> *Nuit tombée, le bureau du divisionnaire Cercaire était éclairé a giorno, comme à n'importe quelle heure de la journée, par la même lumière homogène, de celles qui,* **sourdant** *à la fois des murs et du plafond, annulent les ombres, découpent froidement dans l'espace les contours de la vérité vraie.* (DANIEL PENNAC, **La fée carabine**, 1987) (3)

Tistre ou tître (= tisser)
Il n'est plus employé qu'au participe passé (*tissu, tissue, tissus, tissues*) et aux temps composés.

> *Leur voile est de la nuit* **tissue***.* (VICTOR HUGO, **Les misérables**, 1862)

Index des auteurs

A

Alard Nelly 132, 142, 162, 163, 191, 193, 208, 277, 285, 464, 488
Albert II de Belgique 26
Alikavazovic Jakuta 43, 148, 199, 213
Alvarez Herrera Elizabeth 161
Andras Joseph 301, 316, 548
Anonyme (*proverbes et dictons*) 129, 147, 201, 214, 218, 260, 302, 339, 340, 482, 483
Anouilh Jean 216, 301
Antoine Hubert 397, 489
Apollinaire Guillaume 78, 81, 95, 96, 206, 231, 234, 245, 296, 430, 560
Aragon Louis 115, 294, 429, 479, 499, 561
Arno 104
Auber Daniel-François-Esprit 97
Aubry Gwenaëlle 120, 131, 193, 387, 399, 530
Aubry Octave 194
Aymé Marcel 99, 169, 217, 234, 257, 263, 269, 280, 282, 289, 296, 306, 326, 357, 364, 436, 441, 444, 446, 450, 454, 459

B

Baldacchino Isabelle 339
Balzac (de) Honoré 49, 95, 101, 105, 122, 126, 142, 147, 159, 165, 173, 185, 204, 227, 240, 243, 258, 281, 294, 303, 315, 338, 363, 373, 374, 409, 432, 462, 478
Barbara 120, 193
Barbeau-Lavalette Anaïs 116, 124, 157, 163, 172, 184, 188, 230, 234, 289, 403, 452
Barbery Muriel 227, 246, 273, 290, 302
Barjavel René 99, 135, 208, 213, 220, 230, 295, 313, 345, 349, 361, 404, 410, 458, 478
Barrès Maurice 364
Barthes Roland 47
Baudelaire Charles 39, 42, 97, 214, 315, 375, 452
Bazin Hervé 49, 143, 207
Beaumarchais (de) Pierre-Augustin Caron 93, 121, 139, 203, 407
Beauvoir (de) Simone 213, 217, 223, 246, 260, 309, 326, 451, 453, 461, 475, 489, 554
Beckett Samuel 123, 246, 306, 310, 388, 491, 499, 539
Beigbeder Frédéric 125, 188, 197, 201, 238, 259, 306, 315, 334, 359, 367, 391, 433, 436, 448, 490, 519, 533
Ben Jelloun Tahar 132, 142, 173, 259, 278, 304, 319, 421, 438, 441, 479, 481, 497
Benacquista Tonino 129, 187, 361, 388, 398, 445, 481
Benoziglio Jean-Luc 25
Berenboom Alain 46, 98, 107, 130, 198, 208, 218, 303, 337, 352, 368, 389, 423, 541
Berger Michel 220
Binebine Mahi 544, 546
Binet Laurent 34, 43, 45, 120, 128, 141, 186, 189, 205, 215, 273, 313, 315, 348, 363, 370, 372, 375, 384, 388, 389, 390, 408, 413, 420, 443, 455, 491
Biolay Benjamin 140
Blais Marie-Claire 134
Bobin Christian 202
Boileau Nicolas 198
Boltanski Christophe 153, 175, 189, 208, 332, 354, 457
Bosc Adrien 269, 348, 480
Bosco Henry 98
Bossuet Jacques-Bénigne 297, 431
Bostnavaron François 100
Bouissou Sylvie 113
Boulle Pierre 304
Bourdeaut Olivier 491
Bouvier Nicolas 98, 148, 165, 246, 251, 275, 277, 300, 319, 386, 394, 396, 427, 552
Bramly Serge 46, 100, 108, 142, 153, 250, 271, 279, 336, 450, 467, 490, 498
Brassens Georges 26, 27
Brel Jacques 140, 180, 230
Bressant Marc 47, 49, 72, 134, 144, 146, 153, 173, 219, 248, 261, 310, 358, 374, 418, 421, 494, 550, 558
Bruel Patrick 209
Bruyère (de la) Jean 25, 42, 43, 396
Bussi Michel 60, 76, 98, 106, 111, 114, 125, 135, 138, 157, 165, 172, 176, 193, 196, 211,

INDEX DES AUTEURS

213, 220, 224, 225, 238, 257, 287, 289, 316, 389, 390, 454, 462, 481, 528, 536, 555

C

Camus Albert 144, 200, 221, 228, 247, 259, 261, 265, 270, 277, 322, 338, 339, 358, 361, 392, 404, 418, 428, 437, 480, 524, 531
Carrère Emmanuel 41, 101, 111, 113, 126, 135, 153, 158, 174, 180, 186, 196, 207, 252, 266, 293, 338, 351, 357, 376, 378, 384, 390, 402, 405, 410, 430, 452, 480, 483, 493, 536
Carret Martine 88
Ceci Jean-Marc 130, 176, 302
Céline Louis-Ferdinand 81, 120, 139, 145, 147, 157, 236, 267, 299, 313, 347, 389, 399, 410, 421, 437, 463, 476, 492, 496, 534, 537, 557
Cendrars Blaise 217, 225, 245, 264, 474
Chalandon Sorj 99, 119, 135, 160, 167, 206, 220, 309, 313, 332, 335, 352, 356, 379, 383, 434, 441, 482
Chateaubriand (de) François-René 42, 97, 282, 366
Chedid Andrée 285, 295, 314
Cherhal Jeanne 27
Chessex Jacques 149, 226, 465
Chokron David 161
Chraïbi Driss 143, 180, 183, 209, 232, 441, 477, 525, 553
Claudel Philippe 39
Clermont-Tonnerre (de) Adelaïde 95, 115, 166, 180, 186, 190, 198, 229, 271, 290, 292, 359, 379, 405, 407, 437, 446, 466, 469
Cocteau Jean 112, 127, 162, 204, 281, 308, 322, 379
Coffin Pierre 219
Cohen Albert 29, 78, 106, 144, 148, 160, 210, 231, 246, 252, 266, 269, 274, 276, 334, 337, 352, 358, 368, 378, 380, 383, 392, 421, 462, 463, 468, 473, 480, 489

Colette 137
Constant Benjamin 143
Corneille Pierre 25, 39, 115, 204, 371, 488
Costermans Dominique 183, 252, 363, 406, 454, 535
Cros Charles 34
Cuneo Anne 132, 136, 157, 193, 226, 246, 259, 304, 442, 462, 465, 475, 552, 554
Cusset Catherine 113, 114, 123, 125, 147, 156, 177, 183, 186, 204, 224, 228, 267, 279, 280, 293, 373, 378, 380, 382, 391, 421, 423, 425, 437, 450, 454, 455, 492

D

Damas Geneviève 137, 290, 332, 361, 451, 472
Daoud Kamel 140, 159, 197, 210, 272, 281, 308, 333, 358
Darrieussecq Marie 308
Dassin Joe 213
Daudet Alphonse 146, 205, 210, 262, 286, 313, 389, 404, 441, 459
Debrocq Aliénor 212
Declerck Patrick 47, 131, 169, 187, 198, 202, 309, 340
Del Amo Jean-Baptiste 126, 141, 224, 265, 277, 303, 366, 372, 378, 401, 421, 423, 440, 458, 469, 483, 498, 524, 546, 552, 561
Delacourt Grégoire 262, 297, 360, 431
Deloffre Virginie 124, 144, 192, 209, 295, 325, 351, 388, 413
Demoulin Laurent 100, 223, 308, 351, 376
Descartes René 320
Desnos Robert 417
Despentes Virginie 29, 71, 77, 81, 149, 170, 175, 205, 222, 229, 238, 247, 264, 272, 277, 304, 337, 352, 377, 403, 405, 410, 418, 432, 439, 450, 451, 460, 476, 498
Deville Patrick 144, 156, 198, 202, 207, 211, 225, 261, 297,

338, 347, 379, 392, 394, 399, 444, 530
Devos Raymond 529
Dib Mohammed 147, 176, 197, 295, 308, 475, 499, 536
Dicker Joël 120, 127, 134, 137, 139, 157, 158, 174, 186, 191, 210, 215, 286, 301, 307, 321, 347, 350, 361, 378, 390, 399, 409, 420, 436, 446, 448, 449, 463, 464, 473, 492, 499, 532
Dickner Nicolas 117
Diderot Denis 78, 133, 186, 204, 210, 239, 269, 294, 350, 443, 466, 468, 536
Djavadi Négar 120, 145, 160, 164, 201, 308, 356, 419
Djebar Assia 526
Djian Philippe 27, 104, 113, 116, 138, 162, 184, 212, 215, 226, 247, 252, 285, 314, 317, 321, 343, 356, 378, 380, 397, 403, 407, 421, 435, 442, 460, 466, 467, 471, 488, 490, 493, 495, 554
Ducharme Réjean 139, 297
Dumas Alexandre 127, 130, 175, 176, 179, 191, 195, 206, 209, 225, 229, 233, 275, 286, 294, 305, 314, 315, 349, 409, 438, 545, 558
Dumas fils Alexandre 181, 218, 334, 375, 429
Dumont Agnès 436
Duras Marguerite 38, 47, 89, 120, 128, 187, 224, 356, 361, 365, 367, 368, 376, 408, 457, 482, 487
Duteurtre Benoît 103

E

Echenoz Jean 97, 258, 270, 290, 316, 322, 351, 375, 418, 429, 440, 467
Éluard Paul 314, 341
Emmanuel François 339, 359, 367, 368, 430, 439, 463
Énard Mathias 39, 41, 95, 116, 155, 159, 168, 214, 260, 270, 337, 347, 357, 372, 373, 390, 412, 418, 481, 535
Encaoua Myriam 116

INDEX DES AUTEURS

Engel Vincent 81, 139, 140, 185, 188, 191, 239, 243, 257, 266, 308, 334, 370, 386, 400, 401, 403, 422, 434, 437, 440, 446, 454, 538
Enzo Enzo 219
Ernaux Annie 161, 271, 384, 476
Estienne d'Orves (d') Nicolas 40, 77, 127, 229, 310, 337, 404, 469

F

Faye Éric 25, 40, 95, 96, 190, 218, 232, 253, 275, 350, 386, 497, 560
Faye Gaël 201, 302, 382, 412, 448, 475
Fénelon (de) François 193
Fénéon Félix 200
Ferrari Jérôme 105, 133, 176, 193, 272, 303, 348, 371, 395, 396, 399, 440, 448, 475, 489, 497
Filippis (De) Vittorio 162
Flaubert Gustave 146, 173, 190, 194, 208, 209, 231, 246, 281, 290, 302, 362, 364, 379, 380, 401, 402, 427, 481, 491, 540
Foenkinos David 39, 88, 137, 146, 159, 197, 199, 205, 210, 217, 218, 219, 248, 264, 277, 295, 306, 362, 388, 404, 432, 445, 449, 496, 498, 500, 542, 545
Fontaine (de la) Jean 44, 49, 133, 182, 195, 214, 219, 294, 296, 303, 304, 316, 324, 327, 341, 342, 363, 370, 474, 483, 493, 530, 537, 546
Fouassier Luc-Michel 100
Fournier Alain 42, 99, 147, 194, 305, 320
Fournier Jean-Louis 123, 137, 146, 199, 251, 267, 302, 337, 348, 385, 387, 451
France Anatole 104, 399, 529
Franquin 321

G

Gainsbourg Serge 303
Gallay Claudie 196, 252, 296, 309, 363, 391, 427, 472, 499

Garat Anne-Marie 26, 335
Garcin Jérôme 318
Garde François 97, 98, 126, 134, 145, 161, 170, 308, 317, 357, 361, 374, 382, 385, 428, 430, 434, 444, 455, 529
Garrigues Jean-Claude 104, 391, 530
Gary Romain 49, 146, 204, 207, 228, 263, 307, 319, 356, 483, 523
Gattel Claude-Marie 525
Gaudé Laurent 39, 41, 119, 133, 164, 181, 217, 218, 234, 247, 269, 280, 281, 298, 349, 350, 379, 396, 412, 421, 431, 432, 440, 454, 458, 469, 479, 480
Gaulle (de) Charles 316
Gavalda Anna 43, 222, 225, 232, 250, 270, 272, 282, 298, 311, 327, 456, 553
Gide André 44, 298, 401, 468
Giono Jean 72, 81, 189, 195, 222, 239, 335, 363, 377, 400, 402, 466, 471, 474
Giraudoux Jean 155, 192, 227, 364
Goffette Guy 148, 222, 271, 274, 441, 442, 463, 472
Gorgün Kenan 148
Goscinny René 159, 176, 209, 231, 234, 257, 282, 290, 325, 337, 387, 408, 413, 430, 432, 449, 453, 480, 494, 495, 498, 550
Grand Corps Malade 140, 456, 462
Grangé Jean-Christophe 90, 122, 133, 172, 192, 228, 261, 278, 304, 363, 402, 403, 468
Grangereau Philippe 88
Grémillon Hélène 133, 150, 195, 236, 247, 301, 350, 390, 443
Grimbert Philippe 161, 448
Guenassia Jean-Michel 115, 121, 124, 125, 151, 159, 162, 168, 182, 184, 199, 208, 214, 225, 247, 259, 291, 308, 316, 318, 338, 344, 352, 364, 368, 397, 427, 440, 462, 465, 487, 490, 525

Guez Olivier 100, 111, 142, 143, 150, 155, 167, 212, 253, 441, 445, 464
Gunzig Thomas 42, 257, 337, 400, 477

H

Haenel Yannick 129, 145, 148, 162, 207, 304, 309, 355, 359, 455, 472, 474
Hallyday Johnny 192, 220, 379
Harpman Jacqueline 49, 119, 206, 261, 280, 373, 413, 444, 449, 459
Hémon Louis 138, 421, 459, 468, 469
Hergé 276, 326
Higelin Jacques 314
Hollande François 220
Houellebecq Michel 88, 112, 157, 172, 203, 297, 335, 374, 456
Hugo Victor 25, 29, 40, 44, 45, 49, 69, 121, 136, 142, 147, 148, 165, 175, 176, 186, 191, 192, 195, 197, 200, 205, 211, 213, 216, 220, 223, 225, 268, 293, 302, 306, 319, 324, 339, 358, 363, 367, 375, 386, 391, 396, 404, 406, 407, 414, 438, 439, 453, 463, 465, 469, 473, 488, 491, 494, 526, 531, 537, 548, 550, 558, 559, 561
Huston Nancy 90, 127, 148, 150, 169, 208, 223, 227, 236, 246, 252, 291, 301, 326, 335, 337, 361, 367, 371, 379, 381, 388, 418, 450, 454, 490, 529

I

Incardona Joseph 348
Ionesco Eugène 45, 139

J

Jaenada Philippe 45, 49, 131, 164, 173, 195, 221, 224, 265, 277, 283, 286, 360, 373, 375, 383, 384, 421, 422, 428, 445, 453, 480

INDEX DES AUTEURS

Japrisot Sébastien 25, 184, 191, 312, 357, 385, 392, 394, 445, 475
Jeanmart Hedwige 124, 169, 182, 202, 286, 382, 391, 437, 474
Jenni Alexis 40, 126, 134, 135, 137, 141, 143, 147, 185, 186, 192, 206, 219, 224, 238, 268, 289, 313, 351, 361, 383, 398, 399, 417, 427, 428, 431, 450, 460, 465, 476, 532, 545, 553
Job Armel 104, 142, 162, 191, 197, 205, 285, 399, 440, 494
Joncour Serge 40, 103, 112, 126, 135, 143, 145, 195, 206, 226, 261, 281, 300, 348, 380, 388, 412, 428, 455, 457, 458, 466, 467, 474
Joubert Joseph 528
Jousse Hélène 111, 114, 365

K

Kaddour Hédi 142, 155, 164, 234, 365, 431, 473
Kateb Yacine 156, 312, 356
Kerangal (de) Maylis 140, 207, 373, 488
Khadra Yasmina 538
Khoury-Ghata Vénus 128, 528
Kourouma Ahmadou 132, 136, 411, 455
Kundera Milan 43

L

La Fayette (Madame de) 169, 322, 361, 462, 561
Laberge Marie 210
Laclos (de) Choderlos 43, 46, 112, 190, 216, 240, 265, 273, 275, 304, 351, 400, 406, 453, 460, 465
Laferrière Dany 127, 199, 376, 377, 440, 452, 492
Lahens Yanick 165, 167, 175, 473
Lamartine (de) Alphonse 211, 283, 342
Lapeyre Patrick 106, 129, 137, 160, 165, 170, 202, 227, 290, 349, 351, 413

Lapointe Pierre 25, 141
Lardeyret Guy 162
Laroui Fouad 379, 522
Larousserie David 250
Lavoisier (de) Antoine Laurent 240
Lazar Liliana 41, 164, 188, 196, 281, 284, 454
Le Callet Blandine 117, 167, 247, 289, 313, 371, 377, 433, 531
Le Clézio Jean-Marie-Gustave 131
Leblanc Maurice 185, 263, 289, 451
Legardinier Gilles 129, 211, 215, 306, 405, 422, 423, 426
Lemaitre Pierre 40, 41, 42, 44, 98, 108, 114, 126, 138, 146, 155, 159, 161, 185, 187, 205, 239, 246, 258, 275, 284, 286, 287, 297, 303, 306, 307, 322, 333, 334, 337, 347, 368, 376, 410, 411, 421, 431, 435, 436, 442, 446, 450, 466, 476
Leroux Gaston 100, 136, 169, 195, 235, 377
Lethève Jacques 106
Lévy Marc 62, 225, 226, 232
Liberati Simon 28, 122, 155, 157, 167, 168, 175, 212, 280, 349, 351, 396, 403, 423, 478, 494, 524
Lindon Mathieu 292
Loti Pierre 298
Louis Édouard 398, 428, 456
Lunatik 189

M

Maalouf Amin 350, 374
Madelaine Océane 136, 163, 294, 335, 389
Maeterlinck Maurice 148, 176, 209, 239, 248, 307, 322, 547
Magnan Pierre 68
Majdalani Charif 49, 307, 538
Malègue Joseph 101
Mallarmé Stéphane 236, 251
Malraux André 206
Malte Marcus 114, 128, 133, 142, 145, 174, 190, 197, 203, 210, 220, 222, 240, 351, 390, 393, 395, 397, 398, 478, 490, 549, 560
Manoukian Pascal 128, 145, 163, 165, 192, 213, 276, 287, 293, 294
Martel Yann 49, 129, 143, 168, 210, 263, 312, 383, 400, 410, 435, 440, 458, 460, 474, 527, 534, 540
Martinez Carole 114, 122, 161, 165, 166, 194, 220, 223, 252, 295, 358, 372, 376, 400, 407, 409, 426, 498, 558
Martin-Lugand Agnès 134, 163, 188, 199, 226, 307, 537
Marzouki Ahmed 395, 545
Maupassant (de) Guy 112, 114, 234
Mauriac François 299
Maurois André 193
Mauvignier Laurent 39, 188, 263, 266, 276, 280, 301, 350, 352, 363, 388, 389, 426, 428, 462, 492
Mellah Fawzi 174, 552
Memmi Albert 543
Menegoz Mathias 101, 230, 296, 313, 343, 402
Mérimée Prosper 145, 161
Merlin Philippe-Antoine 537
Miano Léonora 99, 103, 111, 116, 120, 134, 146, 159, 164, 177, 198, 222, 271, 308, 337, 359, 362, 420, 435, 474, 499, 558
Michon Pierre 313
Millet Richard 138
Minier Bernard 126, 148, 208, 247, 274, 295, 409, 423, 464, 474, 493, 543
Moati Serge 543, 548
Modiano Patrick 131, 182, 199, 212, 215, 375, 376, 377, 386
Moix Yann 40, 43, 55, 56, 106, 127, 130, 133, 166, 175, 199, 214, 265, 278, 294, 296, 297, 309, 348, 384, 390, 431, 436, 439, 445, 448, 497, 530, 558, 561
Molière 144, 174, 203, 210, 216, 264, 331, 338, 341, 472, 475, 494, 560
Montaigne (de) Michel 258
Montesquieu 40, 400, 401

INDEX DES AUTEURS

Montherlant (de) Henry 193, 205
Mouawad Wadji 200
Mukasonga Scholastique 141, 192, 239, 303
Mulder (de) Caroline 174, 233, 298, 315, 338, 350, 351, 401, 420, 435, 463
Murail Marie-Aude 124, 162, 192, 253, 308
Musset (de) Alfred 28, 145, 146, 186, 203, 209, 211, 226, 290, 308, 402, 408, 537
Musso Guillaume 62, 90, 125, 193, 225, 290, 315, 413, 443, 464, 477, 483, 547

N

NDiaye Marie 33, 106, 145, 146, 157, 216, 271, 285, 299, 305, 360, 364, 379, 413, 437, 448, 460, 464, 465, 494
Nedjma 533, 549
Nguyen Hoai Huong 81, 229, 264, 349
Nimier Roger 414
Nothomb Amélie 33, 42, 47, 65, 111, 129, 174, 180, 184, 196, 207, 213, 215, 216, 218, 234, 257, 268, 277, 309, 318, 342, 350, 358, 363, 364, 365, 371, 375, 384, 398, 399, 426, 440, 457, 459, 463, 466, 472, 478, 491, 497, 524, 552, 555

O

Olmi Véronique 146, 280, 368, 419, 430, 499
Ono-Dit-Biot Christophe 19, 34, 120, 146, 160, 209, 223, 235, 247, 284, 300, 332, 374, 425, 429, 441, 469
Orelsan 456
Ormesson (d') Jean 99, 122, 147, 211, 258, 317, 392, 396, 432, 521

P

Pagnol Marcel 231, 271, 278, 363, 410

Pancol Katherine 44, 112, 114, 117, 120, 126, 158, 167, 177, 179, 189, 195, 199, 215, 226, 227, 246, 248, 270, 277, 282, 289, 291, 292, 306, 308, 315, 319, 357, 370, 373, 376, 387, 396, 422, 427, 434, 476, 479, 489, 493, 497, 498, 526, 527, 533, 539, 542, 543, 551, 558, 560
Pascal Blaise 297
Pennac Daniel 72, 81, 114, 129, 139, 144, 188, 208, 210, 238, 260, 268, 276, 278, 284, 291, 308, 359, 360, 370, 375, 377, 394, 397, 400, 406, 409, 411, 436, 449, 469, 473, 476, 526, 535, 537, 555, 561
Peretti (de) Nicolas 77
Piaf Édith 181, 190
Pingault Gaëlle 25, 535
Pingault Véronique 460
Poincaré Henri 270
Polnareff Michel 211, 220
Postel Alexandre 129, 141, 159, 176, 179, 203, 246, 377, 390, 399, 435
Poulain Catherine 104, 122, 180, 221, 238, 246, 267, 278, 296, 409, 412, 472, 488, 491
Prévert Jacques 151, 237, 276, 349
Proust Marcel 48, 78, 81, 95, 110, 132, 160, 163, 164, 173, 191, 194, 199, 202, 208, 216, 217, 219, 220, 224, 226, 236, 238, 258, 260, 267, 282, 286, 294, 296, 301, 305, 312, 322, 333, 358, 377, 395, 406, 408, 410, 429, 435, 436, 439, 442, 443, 454, 457, 459, 471, 473, 474, 482, 489, 493

Q

Queneau Raymond 203, 414
Quiriny Bernard 46, 93, 114, 131, 147, 157, 179, 181, 195, 196, 204, 281, 306, 397, 406, 459, 497, 556

R

Racine Jean 97, 130, 133, 139, 162, 174, 177, 190, 209, 217, 236, 319, 407, 465

Rahimi Atiq 292
Ramuz Charles-Ferdinand 165, 188, 277, 290, 296, 311
Raulin Nathalie 105
Raynaud Fernand 257
Recondo (de) Léonor 40
Renard Jules 87, 127, 300, 461, 544
Renaud Chris 219
Reza Yasmina 107, 169, 237, 286, 287, 304, 305, 350, 367, 372, 388, 404, 477, 492
Rimbaud Arthur 28, 29, 34, 39, 100, 124, 163, 166, 208, 223, 324, 365, 452
Robert Yves 540
Rochefoucauld (de La) François 297
Roegiers Patrick 44
Rohff 541
Roland Nicole 314, 386
Rondeau Daniel 43, 138, 158, 173, 174, 216, 227, 230, 258, 299, 315, 316, 319, 340, 385, 408, 412, 420, 426, 473, 541, 543
Rostain Michel 111, 169, 187, 228, 270, 272, 278, 411
Rostand Edmond 240, 298, 305, 326, 339, 517, 530
Rousseau Jean-Jacques 205, 356
Roy Gabrielle 456
Rufin Jean-Christophe 41, 98, 158, 273, 275, 284, 349, 360, 370, 371, 372, 418, 427, 429, 437, 467, 469, 546, 554

S

Sagan Françoise 40
Saint-Exupéry (de) Antoine 148, 212, 229, 243, 325, 378, 389, 480
Salvayre Lydie 88, 121, 161, 173, 185, 186, 200, 204, 207, 213, 217, 239, 320, 326, 349, 372, 428, 434, 446, 457, 461, 476, 557, 560
Sam Anna 192, 202
Sand Georges 559
Sansal Boualem 45, 134, 148, 161, 174, 270, 277, 278, 378, 398, 438, 443, 455, 518

INDEX DES AUTEURS

Sartre Jean-Paul 56, 71, 97, 105, 124, 128, 133, 146, 188, 194, 195, 215, 240, 264, 273, 361, 372, 387, 472, 525, 538, 540, 546, 560
Savitzkaya Eugène 158, 161, 217, 303, 360, 401, 551
Schmitt Éric-Emmanuel 56, 97, 160, 163, 181, 190, 193, 201, 205, 207, 209, 216, 221, 227, 248, 252, 282, 297, 302, 305, 309, 311, 322, 345, 376, 438, 449, 458, 462, 463, 464, 467, 469, 493, 500, 526, 529, 533, 536, 549, 550, 555, 559, 561
Sefrioui Ahmed 216, 264
Ségur (Comtesse de) 146, 216, 262, 266, 305, 365, 423, 436, 475, 481
Seignolle Claude 104
Serafini Tonino 69
Sfar Joann 317
Simenon Georges 135, 172, 336, 491
Sinoué Gilbert 124, 168, 190, 202, 210, 214, 226, 256, 280, 308, 310, 319, 334, 403, 408, 439, 461, 473, 495, 539, 547
Slimani Leïla 99, 131, 135, 207, 231, 243, 260, 367, 380, 413, 420, 428, 434
Soumet Alexandre 560
Sportès Morgan 79, 135, 144, 166, 169, 170, 227, 282, 287, 294, 303, 304, 314, 354, 386, 550
Steeman Stanislas-André 301
Stendhal 46, 121, 128, 146, 147, 195, 200, 223, 227, 262, 266, 267, 280, 295, 317, 332, 342, 351, 367, 386, 392, 397, 406, 407, 431, 443, 451, 455, 467, 482, 495, 520
Stromae 26

T

Taïa Abdellah 358
Taine Hippolyte-Adolphe 158

Tesson Sylvain 88, 123, 155, 207, 234, 267, 394, 396, 397, 423, 445, 461, 479
Teulé Jean 190, 211, 247
Théveniaud Pauline 116
Thibaudeau Victor 345
Thibaut Gilles 379
Tirtiaux Bernard 173, 449
Tournier Michel 41, 113, 209, 279, 285, 367, 370, 390
Toussaint Jean-Philippe 77, 117, 161, 284, 322, 342, 373, 383, 490
Tremblay Michel 219, 296
Tremblay Larry 133, 190, 211, 233, 265, 274, 365, 411, 432
Troyat Henry 182
Truc Olivier 41, 117, 144, 150, 153, 199, 228, 262, 290, 299, 317, 387, 421

U

Uderzo Albert 387

V

Valéry Paul 432
Valognes Aurélie 107, 131, 163, 172, 226, 304, 399, 437, 439
Van Cauwelaert Didier 26, 95, 96, 180, 196, 204, 206, 210, 225, 239, 273, 274, 299, 332, 352, 375, 398, 402, 420, 463, 525, 530, 549, 555, 561
Van Ommeslaghe Pierre 164
Vargas Fred 143, 202, 224, 251, 300
Vautier Dominique 388
Verger Frédéric 127, 149, 160, 164, 172, 173, 267, 303, 309, 358, 383, 400, 422, 560
Verlaine Paul 284
Vernes Jules 227, 273
Vian Boris 228, 239, 306, 559
Vigan (de) Delphine 72, 134, 143, 171, 192, 204, 239, 272, 307, 333, 339, 348, 366, 382, 422, 438, 445, 446, 476, 537, 543
Vigny (de) Alfred 379
Volkoff Vladimir 153
Voltaire 103, 143, 174, 190, 193, 201, 268, 337, 373, 399, 492
Vuillard Éric 35, 103, 134, 147, 149, 150, 187, 194, 198, 236, 304, 308, 315, 397, 418, 472, 474, 538, 543

W

Werber Bernard 81, 114, 123, 142, 159, 160, 162, 167, 203, 238, 248, 252, 258, 265, 275, 291, 304, 315, 320, 332, 334, 335, 336, 352, 355, 356, 364, 366, 375, 378, 384, 392, 397, 398, 405, 411, 414, 420, 546, 556, 560, 561
Weyergans François 144, 172, 209, 304
Wolf Francis 147

Y

Yared Hyam 48, 156, 172, 230, 530
Yourcenar Marguerite 42, 97, 130, 204, 214, 252, 291, 348, 397, 402, 431, 465, 479

Z

Zeniter Alice 26, 106, 179, 198, 199, 228, 349, 354, 355, 482
Zola Émile 110, 138, 147, 155, 162, 189, 217, 228, 236, 263, 275, 290, 291, 294, 313, 349, 404, 408, 413, 423, 455, 462, 479
Zouari Fawzia 165, 533, 561

Index des notions

A

Acception 86
À travers / au travers de 314
Abattre (v. *battre*) 528
Abrègement 77
Abréviation 77
- points de suspension 43
Absoudre 524
Abstenir (s') (v. *tenir*) 555
Abstraire (v. *traire*) 556
Accent
- aigu 35
- circonflexe 36, 505
- grave 36, 504
- tréma 37, 506
Accent (tonique)
- accent d'insistance ou emphatique 28
- accent final 28
- accent initial 28
- groupe accentuel 28
Accord
- chaine d'~ 394
- définition 393
- du participe passé 403
- du verbe avec le sujet 395
Accourir (v. *courir*) 532
Accroire 559
Accroire (v. *croire*) 534

Accroitre 524
Accueillir (v. *cueillir*) 535
Acquérir 525
Acronyme 76
Acte de langage 333
- au présent 257
Adjectif
- accord 157
- comparatif 171
- composé 160
- de couleur (accord) 160
- degré 168
- épithète (place) 166
- épithète (vs attribut) 113
- groupe adjectival 176
- numéral ordinal 175
- pris adverbialement 162, 293
- qualificatif 149
- superlatif 174
Adjectif verbal
- converti en nom 284
- emploi 282, 284
- et participe présent 279
Adjoindre (v. *craindre*) 533
Admettre (v. *mettre*) 544
Advenir 525
Adverbe
- adjectif employé comme ~ 290
- complément de l'~ 291
- d'affirmation 301
- de lieu 300

- de manière 293
- de négation 301
- de phrase 290
- de quantité / intensité 295
- de temps 298
- définition 289
- en *-ment* 292
- explétif 290
- forme simple et composée 291
- locution 291
- par conversion 292
- pronominal 185
- sens de l'~ 293
Aimer (v. *penser*) 519
Alinéa 47
Aller 526
- ~ + participe présent 280
Allez 274
Alphabet phonétique 20
- usage des crochets 45
Alunir (v. *finir*) 520
Ambigüité
- lexicale 345
- syntaxique 345
Amerrir (v. *finir*) 520
Anacoluthe 345, 483
Analogie (dans la formation des mots) 77
Anaphore 180, 197
Anti- 65
Antonomase 88
Antonyme 82
Apostrophe
- et élision 48
Apostrophe (mot mis en) 342

Apparaitre (v. *connaitre*) 531
Apparoir 559
Appartenir (v. *tenir*) 555
Apposition 114
Apprendre (v. *prendre*) 548
Après que (+ indicatif) 454
Archaïsme 62
Article (déterminant) 122
Aspect (du verbe) 233
- grammatical 233
- lexical 233
- sémantique 233
Assaillir 526
Assimilation, voir Consonne
Assoir (asseoir) 527
Astérisque 46
Astreindre (v. *craindre*) 533
Atone
- pronom ~ ou conjoint 188, 189
- syllabe ~ 28
Atteindre (v. *craindre*) 533
Attendre (v. *rendre*) 549
Attendu (accord) 405
Atténuation
- avec le conditionnel passé 267

INDEX DES NOTIONS

- avec le conditionnel présent 266
- avec le plus-que-parfait 264
- avec l'imparfait 261

Attribut
- comparé à l'épithète 113
- définition 355
- du complément d'objet direct 356
- du complément d'objet direct (verbes introducteurs) 357
- du sujet 355
- nature 358
- verbes attributifs 356

Autant 296

Auxiliaire 245
- *avoir* 247
- cas particuliers pour le choix de l'~ 248
- *être* 246

Avoir 247, 517

Avoir l'air + adj. (accord) 159, 413

B

Barbarisme 78
Barre oblique 47
Battre 527
Béni/Bénit 251
Blanc typographique 48
Boire 528
Bouillir 528
Braire 529
Bruire 529
But (prop. subord.) 457

C

Ça (sujet impersonnel) 225
Capitales (lettres) 34
Cataphore 180
Causative (construction) 479

Cause (prop. subord.) 454
Cédille 38
Ceindre (v. *craindre*) 533
Cent 136
Certain (déterminant) 144
Césure (du mot) 51
Chaines d'accords 394
Chaloir 559
Chanter (v. *penser*) 519
Choir 529
Ci-joint (accord) 291, 406
Circoncire (v. *suffire*) 553
Circonscrire (v. *écrire*) 538
Circonstancielle (proposition subordonnée) 447-472
Circonvenir (v. *tenir*) 555
Classe d'objets 86
Classes grammaticales 55
Clore 530
Combattre (v. *battre*) 528
Commettre (v. *mettre*) 544
Comparaison (prop. subord.) 464
Comparaitre (v. *connaitre*) 531
Comparatif
- adjectif 171
- complément 172
- formation 171

Comparoir 560
Complaire (v. *plaire*) 547
Complément (du verbe)
- accessoire 354
- circonstanciel 366
- commun à plusieurs verbes 363
- d'agent 365

- d'objet direct 359
- d'objet indirect 359, 361
- d'objet interne 365, 386
- de phrase 368
- du nom, de l'adjectif, de l'adverbe 342
- essentiel 355, 364

Composition 70
- hybride 72
- noms composés 71
- savante 72

Comprendre (v. *prendre*) 548
Compromettre (v. *mettre*) 544
Concession (prop. subord.) 467
Conclure 530
Concordance des temps 471-475
Concourir (v. *courir*) 532
Condescendre (v. *rendre*) 549
Condition (prop. subord.) 461
Conditionnel
- passé 267
- passé en concurrence avec le subj. plus-que-parfait 268
- présent 266
- temps vs mode 257

Conduire 531
Confire (v. *suffire*) 553
Confondre (v. *rendre*) 549
Conjoindre (v. *craindre*) 533
Conjonction
- de coordination 318
- de subordination 322
- définition 317
- locution 317

Conjugaison 249
- impersonnelle 255
- tableaux de ~ 517-561
- verbes intransitifs avec l'auxiliaire *être* 254

- verbes irréguliers et défectifs 255
- vivante/morte 250

Connaitre (*connaître*) 531
Connecteur (de discours) 274, 299, 300, 321, 489-492
Consentir (v. *mentir*) 543
Conséquence (prop. subord.) 458
Consonne
- assimilation 24
- géminée 23
- lieu d'articulation 22
- mode d'articulation 22
- redoublement 91
- sourde ou sonore 23
- tableau des ~ 23

Construire (v. *conduire*) 531
Contenir (v. *tenir*) 555
Contraindre (v. *craindre*) 533
Contredire (v. *dire*) 536
Contrefaire (v. *faire*) 540
Contrevenir (v. *tenir*) 555
Convaincre (v. *vaincre*) 556
Convenir (v. *tenir*) 555
Conversion 69
- adverbes 292

Coordination
- conjonction de ~ 318
- de phrases 419, 488

Corrélation
- de phrases 419
- et comparaison 466
- et conséquence 459
- et subordination 447, 450
- *si... c'est que* (explication) 456

INDEX DES NOTIONS

Correspondre (v. *rendre*) 549
Corrompre (v. *rompre*) 551
Coudre 532
Courir 532
Couvrir 533
Craindre 533
Crochets 45
Croire 534
Croître (*croître*) 534
Cueillir 535
Cuire (v. *conduire*) 531

D

Davantage 297
De
- et article partitif 127
- introducteur de l'infinitif 360
- préposition 310
Débattre (v. *battre*) 528
Débit (de parole) 29
Déchoir 535
Déclarative (phrase) 370
Déclore (v. *clore*) 530
Découdre (v. *coudre*) 532
Découvrir (v. *couvrir*) 533
Décrire (v. *écrire*) 538
Décroître (v. *accroître*) 524
Dédire (se) (v. *dire*) 536
Déduire (v. *conduire*) 531
Défaillir (v. *assaillir*) 526, 551
Défaire (v. *faire*) 540
Défectif
- définition 255
- impératif mode ~ 230
Défendre (v. *rendre*) 549
Défigement 72
Déictique
- pronom 181
- sens ~ 131

Démentir (v. *mentir*) 543
Démettre (v. *mettre*) 544
Demi (accord) 162
Démonstratif
- déterminant 130
- pronom 197
Démordre (v. *rendre*) 549
Départir (v. *mentir*) 543
Dépeindre (v. *craindre*) 533
Dépendre (v. *rendre*) 549
Déplacement (d'un constituant) 343
Déplaire (v. *plaire*) 547
Dérivation 62
Désapprendre (v. *prendre*) 548
Descendre (v. *rendre*) 549
Desservir (v. *servir*) 553
Détachement 387
- de l'adverbe 308
- et virgule 41
- phrase avec ~ 387
Déteindre (v. *craindre*) 533
Détendre (v. *rendre*) 549
Détenir (v. *tenir*) 555
Déterminant
- article défini 122, 130
- article défini élidé 123
- article indéfini 125
- article partitif 127
- définition et types 119
- démonstratif 130
- exclamatif 139
- indéfini 139
- interrogatif 139
- nominal 141
- numéral 135
- omission du ~ 129
- possessif 132
- relatif 138
Détordre (v. *rendre*) 549

Détruire (v. *conduire*) 531
Deux points 43
Devenir (v. *tenir*) 555
Dévêtir (v. *vêtir*) 557
Devoir 536
Dicton, voir Proverbe
Didascalies 45
Diérèse 24
Diphtongue 24
Dire 536
Disconvenir (v. *tenir*) 555
Discourir (v. *courir*) 532
Discours direct
- guillemets 45
Discours rapporté
- définition 495
- narrativisé 495
- style direct 496
- style indirect 496
- style indirect libre 500
Disjoindre (v. *craindre*) 533
Dislocation (de la phrase), voir Détachement
Disparaître (v. *connaître*) 531
Dissoudre (v. *absoudre*) 524
Distendre (v. *rendre*) 549
Distraire (v. *traire*) 556
Dont (emplois) 208
Dormir 537
Dû 37
Durant / Pendant 314

E

E muet 27
Ébattre (s') (v. *battre*) 528
Échoir 537
Éclore 537
Éconduire (v. *conduire*) 531
Écrire 538

Écriture inclusive 515
- féminisation des noms animés 89
Écriture (système d') 31
Élire (v. *lire*) 542
Élision 25
Ellipse 338
- dans la comparaison 464
- dans la subordonnée participiale 483
- et coordination 338
Émettre (v. *mettre*) 544
Émouvoir (v. *mouvoir*) 545
Empreindre (v. *craindre*) 533
Emprunts 59, 61
En
- partitif 212
- pronom adverbial 185
- pronom personnel 195
En même temps 56
Enceindre (v. *craindre*) 533
Enclore 538
Encourir (v. *courir*) 532
Endormir (v. *dormir*) 537
Enduire (v. *conduire*) 531
Enfreindre (v. *craindre*) 533
Enfuir (s') (v. *fuir*) 541
Enjoindre (v. *craindre*) 533
Énoncé 333
Énonciation
- adverbe d'~ 290, 305
- complément de phrase 336, 368
- définition 334
- interjection 325
Enquérir (s') (v. *acquérir*) 525

INDEX DES NOTIONS

Ensuivre (s')
(v. *suivre*) 554
Entendre (v. *rendre*) 549
Entre (mots
composés avec) 49
Entremettre (s')
(v. *mettre*) 544
Entreprendre
(v. *prendre*) 548
Entretenir (v. *tenir*) 555
Entrevoir (v. *voir*) 558
Entrouvrir (v. *couvrir*) 533
Envoyer 539
Épandre (v. *rendre*) 549
Épicène 95
Épithète 113
 - et attribut 113
Éprendre (s')
(v. *prendre*) 548
Équivaloir (v. *valoir*) 557
Est-ce que 209, 306
Et
 - emplois de *et* 318
 - répétition de *et* 39
Étant donné
 - accord 405
Éteindre (v. *craindre*) 533
Étendre (v. *rendre*) 549
Être 518
 - auxiliaire 246
**Étymologie
populaire** 60, 79
Excepté (accord) 405
Exclamatif
 - déterminant 139
 - phrase 379
Exclure (v. *conclure*) 530
Explétif
 - adverbe 290
 - mot 342
Extraire (v. *traire*) 556

F

Fabricant / Fabriquant 284
Factitive (construction) 479

Faillir 539
Faire 539
Falloir 540
Fatigant / Fatiguant 283
Feindre (v. *craindre*) 533
Féminin
 - de l'adjectif 150
 - des noms animés 89
Féminisation 516
Fendre (v. *rendre*) 549
Férir 560
Feu 163
Figement 391
 - de la phrase 339
 - défigement 72
 - du mot 70
 - verbe support 360
Finir 520
**Fonction
grammaticale** 55
Fondre (v. *rendre*) 549
Forfaire 560
Fort 163
Fractomorphème 76
Frire 540
Fuir 540
Futur
 - antérieur 265
 - auxiliaire modal de ~ 264
 - *devoir* + infinitif 463
 - emplois 264, 265
 - *aller* + infinitif 264
 - présent à valeur de ~ 264

G

Gaiment 292
Gallicisme 78
Geindre (v. *craindre*) 533
Genre
 - du nom 88
 - noms à double ~ 96
 - noms épicènes 95
Gérondif 282
Gésir 541
Graphème 31
Groupe
 - adjectival 176
 - nominal 112

 - prépositionnel 115
 - verbal 222
Guillemets
 - emploi 45
 - français et anglais 46

H

H muet 23, 32
Haïr 541
Héros 23, 94
Hiatus 24
Homonyme 80
Huit (élision devant ~) 25
Hypothèse (prop. subord.) 461

I

Il était une fois 391
Il y a 391
Imparfait
 - atténuation 261
 - caractère inaccompli 260
 - emploi 260
Impératif
 - emploi 273
 - passé 274
Imperfectif (aspect) 233
Impersonnel
 - phrase 385
 - verbe 225
Inchoatif (aspect) 234
Incidente (phrase) 493
Incise (phrase en) 492
Inclure (v. *conclure*) 530
Indéfini
 - déterminant 139
 - pronom 211
Indicatif
 - définition 229
 - tableau des temps 256
Induire (v. *conduire*) 531
Infinitif 274
 - de narration 275
 - d'exclamation 275

 - d'interrogation 275
 - d'ordre 276
 - emploi comme nom 277
 - précédé d'un auxiliaire modal 276
Injonctive (phrase) 378
Inscrire (v. *écrire*) 538
Instruire (v. *conduire*) 531
Interdire (v. *dire*) 536
Interjection 325
Interrogatif
 - adverbe 306
 - déterminant 139
 - phrase 371
 - pronom 208
Interrogation
 - avec inversion 375
 - indirecte 376, 442
 - partielle 374
 - totale 371
Intervenir (v. *tenir*) 555
Intonation 28
Introducteur (*il y a*) 391
Issir 560
Italiques
(caractères) 33
Itératif (aspect) 234

J

Joindre (v. *craindre*) 533
Juxtaposition
 - de phrases 39, 487
 - éléments séparés par une virgule 39
 - et parataxe 488

L

La plupart des + N (accord du verbe) 397
Le peu de + N (accord du verbe) 397
Lettres
 - de l'alphabet 33
 - grecques 32

INDEX DES NOTIONS

Lexique 31
Liaison 26
Linéarité (de la phrase) 341
Lire 542
Luire 542

M

Maintenir (v. tenir) 555
Mais
 - virgule avant ~ 40
Majuscules 33
 - noms de fêtes 35
 - noms propres 34
 - points cardinaux 34
 - titres d'œuvres 34
 - titres et fonctions 34
Manger (v. penser) 519
Manière (prop. subord.) 464
Marqueur (de discours), voir Connecteur
Maudire 543
Méconnaitre (v. connaitre) 531
Médian (point) 52
Médire (v. dire) 536
Mentir 543
Méprendre (se) (v. prendre) 548
Messeoir (v. seoir) 552
Mettre 544
Mille 136
Mode (du verbe) 229
Mordre (v. rendre) 549
Morfondre (se) (v. rendre) 549
Mot(s)
 - calques 61
 - classes de ~ 55-57
 - définition 55
 - emprunts 61
 - explétif 342
 - famille de ~ 79
 - formation 61
 - formation par contamination 78
 - formation parasynthétique 63

 - grammatical 56
 - lexical 56
 - mis en apostrophe 342
 - multiplicatif 176
 - ~ phrase 301
Moudre 544
Mourir 545
Mouvoir 545

N

Naitre (naître) 546
Ne
 - adverbe de négation 302
 - explétif 305
Négation
 - partielle 382
 - restrictive 383
 - totale 382
Négative (phrase) 382
Néologisme 62
Nom
 - commun 86
 - composé 85
 - comptable et massif 86
 - définition 85
 - expansion du ~ 113
 - groupe nominal 95
 - locution nominale 85
 - nombre 101
 - ~ propre 87
Nombre (du nom) 101
Nombres
 - et trait d'union 50
Nous (inclusif, exclusif, majestatif, de modestie) 183
Nouvelle orthographe 503
 - accent aigu 35, 36
 - accent circonflexe 36
 - mots fréquents 508
 - recommandation pour mots nouveaux 507
 - rectification des anomalies 511
 - règles 504
Nuire (v. conduire) 531

Numéral (déterminant) 135

O

Objet, voir Complément d'objet
Obtenir (v. tenir) 555
Occire 560
Offrir (v. couvrir) 533
Oindre (v. craindre) 533
Omettre (v. mettre) 544
On (pronom indéfini) 214
 - accord du verbe avec ~ 403, 407
Onomatopées 76
Onze (élision devant ~) 25
Opposition (prop. subord.) 467
Ordre des mots
 - et fonction syntaxique 344
 - et linéarité 341
Orthographe
 - définition 31
 - nouvelle ~ 503
Oui (élision devant ~) 25
Ouïr 560
Ouvrir (v. couvrir) 533

P

Paitre (paître) 546
Paraitre (v. connaitre) 531
Parataxe (juxtaposition par ~) 488
Parcourir (v. courir) 532
Parenthèses 44
 - crochets 45
Parfaire (v. faire) 540
Paronymie 80
Participe passé
 - accord (couter, peser, mesurer) 406

 - accord (dans la langue parlée) 404
 - accord (dit, dû, pu, cru, su, voulu) 408
 - accord (employé avec avoir) 404
 - accord (employé avec être) 403
 - accord (fait/laissé + infinitif) 410, 506
 - accord (suivi d'un infinitif) 409
 - accord (précédé de en) 408
 - accord (règles générales) 403
 - accord (temps surcomposés) 404
 - accord (verbes impersonnels) 407
 - accord (verbes pronominaux) 411
 - employé comme adjectif 286
 - employé dans les temps composés 286
 - forme passive 286
Participe présent
 - comparé à l'adjectif verbal 279
 - emploi 281
 - et gérondif 282
Partir (v. mentir) 543
Parvenir (v. tenir) 555
Passé antérieur 262
Passé composé
 - caractère accompli 260
 - temps du récit 259
Passé simple 262
Passif impersonnel 236
Passive
 - phrase 384
 - voix 235
Peindre (v. craindre) 533
Pendre (v. rendre) 549
Penser 519
Perdre (v. rendre) 549
Perfectif (aspect) 233

INDEX DES NOTIONS

Permettre (v. *mettre*) 544
Phonèmes 19
Phonétique 19
Phrase
- assertive 369
- avec détachement 387
- complexe 417
- constituants de la ~ 343
- de base (minimale) 334
- déclarative 370
- définition 331
- elliptique 338
- emphatique 389
- en *il y a* 391
- étendue 335
- exclamative 379
- figée 339
- formes de 381
- impersonnelle 385
- incidente 493
- injonctive 378
- interrogative 371
- négative 382
- non verbale 336
- non verbale en incise 494
- optative 379
- ordre des mots 370
- passive 384
- situationnelle 339
- types de 369

Plaindre (v. *craindre*) 533
Plaire 547
Pleuvoir 547
Pluriel
- adjectifs 155
- noms à double forme 103
- noms communs 102
- noms composés 107
- noms étrangers 110
- noms par conversion 111
- noms propres 105

Plus-que-parfait 263
Poindre (v. *craindre*) 533
Point
- abréviation par le ~ 48
- de suspension 42
- d'exclamation 44
- d'interrogation 44
- final de phrase 38
- médian 52

Point-virgule 42
Ponctuation 38
Pondre (v. *rendre*) 549
Possessif
- déterminant 132
- pronom 196

Pourfendre (v. *rendre*) 549
Poursuivre (v. *suivre*) 554
Pourvoir (v. *voir*) 558
Pouvoir 547
Pragmatique 333
Prédicat 332
Prédire (v. *dire*) 536
Préfixes 62
- d'origine latine ou grecque 63-65

Prendre 548
Préposition
- définition 309
- locution 310
- répétition de la ~ 312

Prescrire (v. *écrire*) 538
Présent
- emploi 257
- historique 258

Presqu'ile 49
Pressentir (v. *mentir*) 543
Pressentir (v. *sentir*) 521
Présupposition 389
Prêt de / Prêt à 315
Prétendre (v. *rendre*) 549
Prévaloir (v. *valoir*) 557
Prévenir (v. *tenir*) 555
Prévoir (v. *voir*) 558
Procès (exprimé par le verbe) 222
Produire (v. *conduire*) 531
Promettre (v. *mettre*) 544
Promouvoir (v. *mouvoir*) 545
Pronom
- adverbial 185
- conjoint (ou atone) 187
- définition 179
- démonstratif 197
- disjoint (ou tonique) 187
- indéfini 211
- interrogatif 208
- les compléments du ~ 219
- nominal 181
- personnel 182
- personnel sujet 188
- possessif 196
- réciproque 194
- réfléchi 186, 193
- relatif 200
- relatif indéfini 202
- représentant 180

Pronominal (verbe), voir Verbe
Proposition circonstancielle
- de but 457
- de cause 454
- de condition / hypothèse 461
- de conséquence 458
- de manière / comparaison 463
- de restriction 467
- de temps 451
- d'opposition 467

Proposition corrélative
- de comparaison 464
- d'opposition / concession 468

Proposition relative
- antécédent 201
- attributive 427
- déterminative (restrictive) 426
- explicative (appositive) 426

Proposition subordonnée
- circonstancielle 447
- circonstancielle du verbe / de la phrase 449
- complément de l'adjectif 445
- complément du nom 444
- complément du présentatif 441
- complétive 435
- conjonctive 433
- corrélative 450, 451
- en apposition 445
- exclamative 497
- exclamative indirecte 442
- infinitive 478
- pseudo-coordonnée 449
- relative 425
- relative adjective 426
- relative sans antécédent (substantive) 429
- tableau des fonctions 420

Proscrire (v. *écrire*) 538
Prosodie 27
Provenir (v. *tenir*) 555
Proverbe
- définition 339
- dictons 340
- exemples 129, 147, 214, 218, 276, 302, 339, 340, 482

Q

Qualificatif (adjectif) 149
Que je sache 270
Quelque
- déterminant 143
- *Quelque / Quel que* 143

Quérir 561
Question rhétorique 211, 377
Quoi que / Quoique 206

R

Rabattre (v. *battre*) 528
Racine 63
Radical
- du verbe 241
- d'un mot 62
- radicaux grecs et latins 73

INDEX DES NOTIONS

Lexique 31
Liaison 26
Linéarité (de la phrase) 341
Lire 542
Luire 542

M

Maintenir (v. *tenir*) 555
Mais
  - virgule avant ~ 40
Majuscules 33
  - noms de fêtes 35
  - noms propres 34
  - points cardinaux 34
  - titres d'œuvres 34
  - titres et fonctions 34
Manger (v. *penser*) 519
Manière (prop. subord.) 464
Marqueur (de discours), voir **Connecteur**
Maudire 543
Méconnaitre (v. *connaitre*) 531
Médian (point) 52
Médire (v. *dire*) 536
Mentir 543
Méprendre (se) (v. *prendre*) 548
Messeoir (v. *seoir*) 552
Mettre 544
Mille 136
Mode (du verbe) 229
Mordre (v. *rendre*) 549
Morfondre (se) (v. *rendre*) 549
Mot(s)
  - calques 61
  - classes de ~ 55-57
  - définition 55
  - emprunts 61
  - explétif 342
  - famille de ~ 79
  - formation 61
  - formation par contamination 78
  - formation parasynthétique 63
  - grammatical 56
  - lexical 56
  - mis en apostrophe 342
  - multiplicatif 176
  - ~ phrase 301
Moudre 544
Mourir 545
Mouvoir 545

N

Naitre (*naître*) 546
Ne
  - adverbe de négation 302
  - explétif 305
Négation
  - partielle 382
  - restrictive 383
  - totale 382
Négative (phrase) 382
Néologisme 62
Nom
  - commun 86
  - composé 85
  - comptable et massif 86
  - définition 85
  - expansion du ~ 113
  - groupe nominal 95
  - locution nominale 85
  - nombre 101
  - ~ propre 87
Nombre (du nom) 101
Nombres
  - et trait d'union 50
Nous **(inclusif, exclusif, majestatif, de modestie)** 183
Nouvelle orthographe 503
  - accent aigu 35, 36
  - accent circonflexe 36
  - mots fréquents 508
  - recommandation pour mots nouveaux 507
  - rectification des anomalies 511
  - règles 504
Nuire (v. *conduire*) 531

Numéral (déterminant) 135

O

Objet, voir **Complément d'objet**
Obtenir (v. *tenir*) 555
Occire 560
Offrir (v. *couvrir*) 533
Oindre (v. *craindre*) 533
Omettre (v. *mettre*) 544
On **(pronom indéfini)** 214
  - accord du verbe avec ~ 403, 407
Onomatopées 76
Onze **(élision devant ~)** 25
Opposition (prop. subord.) 467
Ordre des mots
  - et fonction syntaxique 344
  - et linéarité 341
Orthographe
  - définition 31
  - nouvelle ~ 503
Oui **(élision devant ~)** 25
Ouïr 560
Ouvrir (v. *couvrir*) 533

P

Paitre (*paître*) 546
Paraitre (v. *connaitre*) 531
Parataxe (juxtaposition par ~) 488
Parcourir (v. *courir*) 532
Parenthèses 44
  - crochets 45
Parfaire (v. *faire*) 540
Paronymie 80
Participe passé
  - accord (*couter, peser, mesurer*) 406
  - accord (dans la langue parlée) 404
  - accord (*dit, dû, pu, cru, su, voulu*) 408
  - accord (employé avec *avoir*) 404
  - accord (employé avec *être*) 403
  - accord (*fait/laissé* + infinitif) 410, 506
  - accord (suivi d'un infinitif) 409
  - accord (précédé de *en*) 408
  - accord (règles générales) 403
  - accord (temps surcomposés) 404
  - accord (verbes impersonnels) 407
  - accord (verbes pronominaux) 411
  - employé comme adjectif 286
  - employé dans les temps composés 286
  - forme passive 286
Participe présent
  - comparé à l'adjectif verbal 279
  - emploi 281
  - et gérondif 282
Partir (v. *mentir*) 543
Parvenir (v. *tenir*) 555
Passé antérieur 262
Passé composé
  - caractère accompli 260
  - temps du récit 259
Passé simple 262
Passif impersonnel 236
Passive
  - phrase 384
  - voix 235
Peindre (v. *craindre*) 533
Pendre (v. *rendre*) 549
Penser 519
Perdre (v. *rendre*) 549
Perfectif (aspect) 233

INDEX DES NOTIONS

Permettre (v. *mettre*) 544
Phonèmes 19
Phonétique 19
Phrase
- assertive 369
- avec détachement 387
- complexe 417
- constituants de la ~ 343
- de base (minimale) 334
- déclarative 370
- définition 331
- elliptique 338
- emphatique 389
- en *il y a* 391
- étendue 335
- exclamative 379
- figée 339
- formes de 381
- impersonnelle 385
- incidente 493
- injonctive 378
- interrogative 371
- négative 382
- non verbale 336
- non verbale en incise 494
- optative 379
- ordre des mots 370
- passive 384
- situationnelle 339
- types de 369

Plaindre (v. *craindre*) 533
Plaire 547
Pleuvoir 547
Pluriel
- adjectifs 155
- noms à double forme 103
- noms communs 102
- noms composés 107
- noms étrangers 110
- noms par conversion 111
- noms propres 105

Plus-que-parfait 263
Poindre (v. *craindre*) 533
Point
- abréviation par le ~ 48
- de suspension 42

- d'exclamation 44
- d'interrogation 44
- final de phrase 38
- médian 52

Point-virgule 42
Ponctuation 38
Pondre (v. *rendre*) 549
Possessif
- déterminant 132
- pronom 196

Pourfendre (v. *rendre*) 549
Poursuivre (v. *suivre*) 554
Pourvoir (v. *voir*) 558
Pouvoir 547
Pragmatique 333
Prédicat 332
Prédire (v. *dire*) 536
Préfixes 62
- d'origine latine ou grecque 63-65

Prendre 548
Préposition
- définition 309
- locution 310
- répétition de la ~ 312

Prescrire (v. *écrire*) 538
Présent
- emploi 257
- historique 258

Presqu'ile 49
Pressentir (v. *mentir*) 543
Pressentir (v. *sentir*) 521
Présupposition 389
Prêt de / Prêt à 315
Prétendre (v. *rendre*) 549
Prévaloir (v. *valoir*) 557
Prévenir (v. *tenir*) 555
Prévoir (v. *voir*) 558
Procès (exprimé par le verbe) 222
Produire (v. *conduire*) 531
Promettre (v. *mettre*) 544
Promouvoir (v. *mouvoir*) 545
Pronom
- adverbial 185

- conjoint (ou atone) 187
- définition 179
- démonstratif 197
- disjoint (ou tonique) 187
- indéfini 211
- interrogatif 208
- les compléments du ~ 219
- nominal 181
- personnel 182
- personnel sujet 188
- possessif 196
- réciproque 194
- réfléchi 186, 193
- relatif 200
- relatif indéfini 202
- représentant 180

Pronominal (verbe), voir Verbe
Proposition circonstancielle
- de but 457
- de cause 454
- de condition / hypothèse 461
- de conséquence 458
- de manière / comparaison 463
- de restriction 467
- de temps 451
- d'opposition 467

Proposition corrélative
- de comparaison 464
- d'opposition / concession 468

Proposition relative
- antécédent 201
- attributive 427
- déterminative (restrictive) 426
- explicative (appositive) 426

Proposition subordonnée
- circonstancielle 447
- circonstancielle du verbe / de la phrase 449
- complément de l'adjectif 445
- complément du nom 444

- complément du présentatif 441
- complétive 435
- conjonctive 433
- corrélative 450, 451
- en apposition 445
- exclamative 497
- exclamative indirecte 442
- infinitive 478
- pseudo-coordonnée 449
- relative 425
- relative adjective 426
- relative sans antécédent (substantive) 429
- tableau des fonctions 420

Proscrire (v. *écrire*) 538
Prosodie 27
Provenir (v. *tenir*) 555
Proverbe
- définition 339
- dictons 340
- exemples 129, 147, 214, 218, 276, 302, 339, 340, 482

Q

Qualificatif (adjectif) 149
Que je sache 270
Quelque
- déterminant 143
- *Quelque / Quel que* 143

Quérir 561
Question rhétorique 211, 377
Quoi que / Quoique 206

R

Rabattre (v. *battre*) 528
Racine 63
Radical
- du verbe 241
- d'un mot 62
- radicaux grecs et latins 73

574

INDEX DES NOTIONS

Rapprendre
   (v. *prendre*) 548
Rassoir (rasseoir)
   (v. *assoir*) 527
Ravoir 561
Réapparaitre
   (v. *connaitre*) 531
Rebattre (v. *battre*) 528
Recevoir 522, 549
Recevoir (v. *devoir*) 536
Reclure 561
Reconduire
   (v. *conduire*) 531
Reconnaitre
   (v. *connaitre*) 531
Reconquérir
   (v. *acquérir*) 525
Reconstruire
   (v. *conduire*) 531
Recoudre (v. *coudre*) 532
Recourir (v. *courir*) 532
Recouvrir (v. *couvrir*) 533
Récrire (v. *écrire*) 538
Recroitre (v. *accroitre*) 524
Recueillir (v. *cueillir*) 535
Recuire (v. *conduire*) 531
Récursivité 417
Redescendre
   (v. *rendre*) 549
Redevenir (v. *tenir*) 555
Redire (v. *dire*) 536
Réduire (v. *conduire*) 531
Réélire (v. *lire*) 542
Refaire (v. *faire*) 540
Refendre (v. *rendre*) 549
Référent (fonction référentielle) 56
Réfléchi (verbe pronominal) 238
Refondre (v. *rendre*) 549

Rejoindre (v. *craindre*) 533
Relatif/Relative
   - déterminant 138
   - pronom ~ 200
   - proposition subordonnée ~ 425-432
Relire (v. *lire*) 542
Reluire (v. *luire*) 542
Remettre (v. *mettre*) 544
Remordre (v. *rendre*) 549
Renaitre (v. *naitre*) 546
Rendormir (v. *dormir*) 537
Rendre 523, 549
Renvoyer (v. *envoyer*) 539
Repaitre (v. *paitre*) 546
Répandre (v. *rendre*) 549
Reparaitre
   (v. *connaitre*) 531
Repartir (v. *mentir*) 543
Repeindre
   (v. *craindre*) 533
Rependre (v. *rendre*) 549
Repentir (se)
   (v. *mentir*) 543
Répétition
   - effet d'insistance 40
Répondre (v. *rendre*) 549
Reprendre
   (v. *prendre*) 548
Reproduire
   (v. *conduire*) 531
Requérir (v. *acquérir*) 525
Résoudre 550
Ressentir (v. *mentir*) 543
Ressentir (v. *sentir*) 521
Resservir (v. *servir*) 553

Ressortir (v. *mentir*) 543
Ressouvenir (se)
   (v. *tenir*) 555
Restreindre
   (v. *craindre*) 533
Restriction (prop. subord.) 467
Résulter 550
Revenir (v. *tenir*) 555
Rêver (v. *penser*) 519
Revêtir (v. *vêtir*) 557
Revivre (v. *vivre*) 558
Revoir (v. *voir*) 558
Rhème 332
Rire 550
Rompre 551
Rouvrir (v. *couvrir*) 533
Rythme 29

S

Saillir 551, 552
Satisfaire (v. *faire*) 540
Savoir 552
Se (dé)plaire
   - accord du participe passé 412
Se rire
   - accord du participe passé 412
Secourir (v. *courir*) 532
Séduire (v. *conduire*) 531
Sémantique 332
Semi-auxiliaire 246
Semi-voyelle (ou semi-consonne) 23
Sentir 521
Sentir (v. *mentir*) 543
Seoir 552
Servir 553
Sigle 76
Signes de ponctuation, voir **Ponctuation**
Soi-disant 195
Soit/Soient 270
Solécisme 78, 316

Sortir (v. *mentir*) 543
Soudure
   - dans les mots nouveaux 73, 507
Souffrir (v. *couvrir*) 533
Soumettre (v. *mettre*) 544
Sourdre 561
Sourire (v. *rire*) 551
Souscrire (v. *écrire*) 538
Soustraire (v. *traire*) 556
Soutenir (v. *tenir*) 555
Souvenir (se) (v. *tenir*) 555
Style
   - direct 496
   - indirect 496
   - indirect libre 500
   - informel (ou parlé) 26, 29, 38, 259, 268, 299, 325, 352, 375, 376, 404, 455
Subjonctif
   - emplois figés 269
   - en proposition subordonnée 270-273, 475, 476
   - tableau des temps 268
Subordination
   - définition 418
   - et coordination 449
   - et corrélation 459
   - inverse 453
Substantif, voir **Nom**
Substitution 343
Subvenir (v. *tenir*) 555
Succéder (se) 412
Suffire 553
Suffixes 62
   - principaux ~ 66-69
Suivre 554
Sujet
   - absence de ~ dans la phrase 352
   - apparent 185
   - définition 347
   - grammatical (*il*) 385

INDEX DES NOTIONS

- identification du ~ 347
- impersonnel (*il*) 352
- nature syntaxique 348
- nom collectif 396
- position du ~ 349
- pronom personnel ~ 188

Superlatif (adjectif) 174
Suppression (d'un constituant) 344
Sur 316
Surcomposé (temps) 233, 257
Surfaire (v. faire) 540
Sur-le-champ 298
Surprendre (v. prendre) 548
Sursoir (surseoir) 554
Survenir (v. tenir) 555
Survivre (v. vivre) 558
Suspendre (v. rendre) 549
Syllabe 19
Syllepse (accord par) 182, 184, 215
Synérèse 24
Synonyme 82

T

Taire 555
Tautologie (dans la formation des mots) 78
Teindre (v. craindre) 533
Tel 148
Temps (prop. subord.) 451
Temps (simple, composé, surcomposé) 232

Tendre (v. rendre) 549
Tenir 555
Terminaison (du verbe) 241
Tests syntaxiques 354
Thème/Rhème 332, 389, 391, 392
Timbre, voir Voyelle
Tiret
  - et dialogue 46
  - et trait d'union 50
Tistre ou Tître 561
Ton 29
Tondre (v. rendre) 549
Tordre (v. rendre) 549
Tout
  - déterminant 144
  - déterminant/ adverbe/ adjectif/ pronom/nom 146
Traduire (v. conduire) 531
Traire 556
Trait d'union 50
  - césure du mot 51
  - soudure du mot 50
Transcrire (v. écrire) 538
Transmettre (v. mettre) 544
Transparaitre (v. connaitre) 531
Tréma 37
Tressaillir (v. assaillir) 526, 551
Tu (élision de ~) 26
Type de phrase
  - affirmative 382
  - clivée/emphatique 389
  - déclarative 370
  - définition 369
  - exclamative 369

- injonctive 378
- interrogative 371
- simple 332

V

Vaincre 556
Valoir 557
Vendre (v. rendre) 549
Venir (v. tenir) 555
Verbe
  - accord du ~ avec le sujet 395
  - accord du ~ avec plusieurs sujets 400
  - aspect 233
  - attributif (ou copule) 224
  - auxiliaire 245
  - définition 221
  - impersonnel 225, 385, 407
  - intransitif 224
  - locution verbale 222
  - météorologique 386
  - mode 229, 230
  - nombre et personnes 240
  - pronominal (ou réfléchi) 236
  - pronominal passif 240
  - pronominal réciproque 239
  - pronominal subjectif 240
  - support 228, 360
  - temps 231
  - transitif 223
  - voix active ou passive 234

Vêtir 557
Veuillez 274
Vingt 136
Virgule 39
  - devant *mais, or, donc, car* 40

- entre éléments de même statut 39
- entre éléments de statut différent 40
- et détachement 41, 387
- mot en apostrophe 42
- phrase incidente 41
- virgule interdite 42

Vive/Vivent 270
Vivre 558
Voici, voilà 310
Voir 558
Voix
  - active 235
  - passive 235
Voler (v. penser) 519
Vouloir 559
Vous (de politesse) 184
Vouvoiement 184
Voyager (v. penser) 519
Voyelle 20
  - *e* muet 21
  - longue ou brève 21
  - tableau des voyelles 21
  - timbre 20

Y

Y
  - pronom adverbial 185
  - pronom personnel 195
Yod, voir Semi-voyelle

Z

Zeugme 318

Achevé d'imprimer en octobre 2018 par Wilco aux Pays-Bas
N° d'imprimer : 273117
N° éditeur : 2018-0051